《辞源》修订资料索引

史建桥　乔永　徐从权　编

2019年·北京

图书在版编目(CIP)数据

《辞源》修订资料索引 / 史建桥,乔永,徐从权编. —北京:
商务印书馆,2019
ISBN 978-7-100-17285-1

Ⅰ.①辞… Ⅱ.①史…②乔…③徐… Ⅲ.①《辞源》—
研究资料—索引 Ⅳ.①H164

中国版本图书馆 CIP 数据核字(2019)第 063010 号

权利保留,侵权必究。

CÍYUÁN XIŪDÌNG ZĪLIÀO SUǑYǏN
《辞源》修订资料索引
史建桥 乔永 徐从权 编

商 务 印 书 馆
(北京王府井大街36号 邮政编码100710)
商 务 印 书 馆 发 行
北京艺辉伊航图文有限公司印刷
ISBN 978-7-100-17285-1

2019年6月第1版　　　开本 787×1092　1/16
2019年6月北京第1次印刷　印张 20¾
定价:55.00元

体　　例

一、本索引分语词与百科两大类，其下各自单列分类标题，收录民国以来的《辞源》涉及的古汉语语词和百科参考文章，供《辞源》修订参考。

二、索引以文章的汉字拼音为标准，采取升序排列，标点符号不列入排序标准。如遇到非汉字类的字符，如数字、甲骨文、金文等，根据前后文情况单独列序。

三、刊物中的文章排列顺序如下：篇名，著者，刊物，年份期数。1949年以前的刊物保留卷数，特定的称呼按原刊保留。例如：

　　按语言的社会性原则释义，赵应铎，辞书研究，1982年第2期

　　两汉州制新考，辛德勇，文史，2007年第1辑

　　叶适在中国哲学史上之位置，何格恩，岭南学报，1933年第2卷第4期

　　召穆公传，丁山，国立中央研究院历史语言研究所集刊，1930年第2本第1分

四、著作中的文章排列顺序如下：篇名，著者，著作，出版社，年份。例如：

　　释"无终"，裘锡圭，裘锡圭学术文化随笔，中国青年出版社，1999年

五、报纸中的文章排列顺序如下：篇名，著者，报纸名，年月日。例如：

　　曹雪芹的籍贯，李西郊，文汇报，1962年8月29日

六、一篇文章有两个以上作者时，按原作顺序先后排列，有著、译者之分时尽可能按原文面貌排列。例如：

　　"风闻"源流考，刘长江，秦静，求索，2008年第1期

　　庄子考，〔日〕武内义雄（著），王古鲁（译），图书馆学季刊，1930年第4卷第2期

七、期刊版面与期刊名之间用"·"连接。例如：

　　汉语系词研究评议，杨琳，烟台大学学报·哲学社会科学版，1993年第4期

八、由于搜集信息的水平有限，部分文章的信息不够全面，按照已查阅到的资料原貌予以保留。例如：

　　璆琳考证，章鸿钊，地学杂志，1918年

　　弭兵古义，王式通，青鹤，第5卷第2、4、6、8、10、12、14、16期，1936年12月—1937年7月

　　顾炎武，江苏研究，1935年第1卷第2期

目　　录

第一部分　语词索引分类 ... 1

一、辞书探讨 ... 1
  （一）与辞书编纂相关的理论方法及经验 ... 1
  （二）具体辞书探讨 ... 11

二、文字考证 ... 30

三、词语考释 ... 45

四、古籍阐释 ... 97
  （一）古籍中的语词考释 ... 97
  （二）古籍整理与版本校勘 ... 115
  （三）古籍书目及篇章解读 ... 117

第二部分　百科索引分类 ... 121

一、地名 ... 121

二、人名 ... 135

三、文献 ... 220

四、职官 ... 231

五、动物 ... 236

六、植物 ... 238

七、器物 ... 239

八、矿物 ... 254

九、典章制度 ... 255

十、天文历法 ... 276

十一、经籍学术 ... 279

十二、文学艺术 ... 303

十三、宗教信仰 ... 307

十四、民俗游艺 ... 311

十五、起居经营 ... 321

后记 ... 323

第一部分　语词索引分类

一、辞书探讨

（一）与辞书编纂相关的理论方法及经验

按语言的社会性原则释义,赵应铎,辞书研究,1982年第2期
按照词义的形象特征整理引申系列,宋永培等,辞书研究,1987年第2期
百科词汇比喻义项的确立,张立茂,辞书研究,1986年第2期
褒贬词构成略说,任远,浙江师范大学学报·社会科学版,1982年第3期
本字与借字切莫颠倒,王海根,语文研究,1987年第1期
鼻音韵尾等音节的交替与若干双音词的关系,许德楠,辞书研究,1980年第3期
比较互训举例,董为光,辞书研究,1986年第1期
比喻义及其释义,应雨田,辞书研究,1992年第4期
"避讳不始于秦"说,郑慧生,人文杂志,2000年第2期
避讳与谱牒,王建,华夏文化,1999年第2期
避讳之根,王建,寻根,1999年第1期
编好规范字典,促进语文规范,朱新均,语文建设,1998年第3期
编写大型汉语字典要担负起处理文字的责任,程二如,词典研究丛刊,1981年第3辑
编字典和"抄书",左大成,辞书研究,1988年第1期
编纂汉语学习词典的几点理论思考,张伟等,辞书研究,1999年第5期
标注词性不妨从虚词开始,徐永真,辞书研究,1983年第5期
表名物词义项划分之比较,符淮青,辞书研究,1993年第3期
不同词典中对比喻用法的处理,孙桂霞,外语教学,1999年第2期
不要泥古,冯英子,辞书研究,1982年第2期
部分异体字的特征、性质和来源,黄颂康,辞书研究,1991年第5期
成语的义体和义场,张宗华,辞书研究,1984年第4期
成语鉴别与成语词典收词标准的量化定性研究,乔永,语文研究,2006年第4期
成语释义略议,张世挺,辞书研究,1982年第3期
成语溯源规范浅议,王光汉,辞书研究,1994年第6期
成语引源散论,梁之抑,辞书研究,1980年第1期
成语引源问题说略,陈汝法,辞书研究,1981年第4期
成语注音问题再研究,马志伟,乔永,辞书研究,2007年第5期
传统释义的"剥削"概念误在何处:对中西经济学辞书关于"剥削"一词释义所作的比较分析,杨尧忠,中南财经大学学报,2000年第1期
词的本义应是第一义项,王力,辞书研究,1984年第2期
"词的比喻义"缘何受青睐,徐昊,辞书研究,1998年第4期
词的表层"所指义"、深层"隐含义"与辞书编纂,苏宝荣,辞书研究,1988年第1期
词的释义方式,符淮青,辞书研究,1980年第2期
词的释义方式剖析,符淮青,辞书研究,1992年第2期
词的释义用语与比喻、借代、形容:《现代汉语词典》部分条目不当举隅,秦存钢,信阳师院学报,1986年第3期
词的同一性和词目的分立问题,张拱贵,辞书研究,1979年第1期
词的同义关系和词性,刘叔新,词汇学和词典学问题研究,天津人民出版社,1984年
词的义系、义点、义位与语文词典的义项,苏宝荣等,辞书研究,1999年第1期
词的意义和词的用法,盛九畴,辞书研究,1982年第2期
词的意义、结构的意义与词典释义,谭景春,中国语文,2000年第1期
词的语义域和词典,徐青,辞书研究,1981年第1期
词典标注词性的两项基本原则,黄华,辞书研究,1999年第1期

词典标注词性浅谈，陈瑞国，理论学习月刊，1994 年第 9 期
词典的依附性和词典学的独立性，汪耀楠，辞书研究，1991 年第 2 期
词典的语言释义和语用释义，苏宝荣，辞书研究，1994 年第 1 期
词典对同义词中细微义别的处理，张履祥，辞书研究，1984 年第 6 期
词典释例的作用及配例原则，冯清高，广东民族学院学报，1993 年第 2 期
词典释义的比较，符淮青，辞书研究，1990 年第 1 期
词典释义的规范化进程，曹聪孙，辞书研究，1997 年第 3 期
词典释义的两个层次，汪耀楠，辞书研究，1991 年第 1 期
词典释义与词语教学，段晓平，杭州师院学报，1996 年第 2 期
词典释义与训诂，王光汉，安徽理工大学学报·社会科学版，2006 年第 2 期
词典溯源举隅，田忠侠，哈尔滨师专学报，1985 年第 1 期
词典引源问题二三识，陈汝法，辞书研究，1982 年第 5 期
词典应当怎样排除词语的偶发义，季素彩，辞书研究，1996 年第 3 期
词典硬伤举例，舒宝璋，辞书研究，2004 年第 4 期
词典注音的分词连写问题，闵家骥，辞书研究，1980 年第 3 期
"词化单位"略论，王邦安，辞书研究，1988 年第 1 期
词汇的汰旧与词典条目的更新，周荐，语文研究，2014 年第 3 期
词汇关系组与词典收词，王楠，语文研究，2015 年第 3 期
词目的确定和词汇的范围，刘叔新，词汇学和词典学问题研究，天津人民出版社，1984 年
词书注释不应从引申义入手，宋万学，辽宁师院学报，1979 年第 6 期
词项层次与义项层次，郭良夫，辞书研究，1988 年第 5 期
词生标注问题两则，陆丙甫，辞书研究，1983 年第 5 期
词性标注与释文结构，张立茂等，辞书研究，1983 年第 5 期
词性和词的释义，刘叔新，词汇学和词典学问题研究，天津人民出版社，1984 年
词义单位的划分和义项，符淮青，辞书研究，1995 年第 1 期
词义的层次与义素的类型：语文词典释义新探，苏宝荣，河北师大学报，1996 年第 3 期

词义的判定原则，王光汉，安徽大学学报·哲学社会科学版，1983 年第 2 期
词义的确定与义项的建立，吴永德，辞书研究，1984 年第 2 期
词义的系统性、两重性与辞书编纂，苏宝荣，辞书研究，1985 年第 1 期
词义的语境偏移与语文词典释义，苏宝荣，河北师大学报，1994 年第 2 期
词义的自由度与词典释义，陈克炯，辞书研究，1991 年第 5 期
词义和构成词的语素义的关系，符淮青，辞书研究，1981 年第 1 期
词义与语文词典释义，潘竟翰，辞书研究，1994 年第 5 期
词义注释里的语法问题，李临定，中国语文，1966 年第 1 期
词语的意义和随想，刘叔新，辞书研究，1980 年第 4 期
词语释义管见，马挺生，语言教学与研究，1984 年第 3 期
词语训释的时代性原则，颜春峰，江西社会科学，2004 年第 2 期
词组义与词典释义考探，徐时仪，辞书研究，2006 年第 1 期
辞典收词问题点滴，鲍延毅，枣庄师范专科学校学报，2001 年第 4 期
辞书编写中有关义项处理的几个新问题，赵大明，语言文字应用，1996 年第 4 期
辞书编纂与成人教育，唐超群，辞书研究，1994 年第 2 期
辞书编纂与古籍整理刍议，左民安，辞书研究，1988 年第 1 期
辞书编纂与入声兼韵字，程观林，辞书研究，1991 年第 6 期
辞书编纂与食古泥古，王光汉，安徽大学学报·哲学社会科学版，1990 年第 1 期
辞书编纂中的训诂问题：从《简明古汉语字典》谈起，四维，四川大学学报，1988 年第 1 期
辞书补正，朱松山，洛阳师专学报，1990 年第 1 期
辞书出版工作的回顾与思考，左大成，辞书研究，1989 年第 1 期
辞书的通假说明中存在的问题，王海根，徐州师院学报，1983 年第 2 期
辞书发展与文化产业，杜翔，辞书研究，2013 年第 1 期
辞书和拼音，周有光，辞书研究，1989 年第 2 期
辞书释文用语及其使用规范，王光汉，安徽广播电视大学学报，2006 年第 4 期

辞书释文中的时间问题,孙从远,辞书研究,1996年第2期
辞书释义二疑,陈鸿儒,华侨大学学报,1995年第1期
辞书释义简论,李子云,安徽教育学院学报,1997年第1期
辞书释义琐议,吴永德,语言文字应用,1996年第1期
辞书释义中比喻和比拟的划界问题,蔡正学,辞书研究,1996年第4期
辞书释字应慎用"同",刘庆俄,语文研究,1997年第2期
辞书通假误注事例,王海根,江苏大学学报·高教研究版,1986年第1期
辞书误引书证评议,梁冬青,广东教育学院学报,2007年第2期
辞书与错字,王光汉,辞书研究,1997年第6期
辞书与典故,王光汉,辞书研究,1996年第4期
辞书与书证,王光汉,安徽大学学报,1995年第6期
辞书与文学,王光汉,辞书研究,2006年第3期
辞书与姓氏,王光汉,辞书研究,1989年第6期
辞书与语言,王光汉,辞书研究,1991年第2期
辞书源流初探[上],郭文瑞,河北大学学报·哲学社会科学版,1980年第1期
辞书源流初探[下],郭文瑞,河北大学学报·哲学社会科学版,1980年第2期
辞书中成语注音的分词连写问题,毛永波,中国辞书论集1997,商务印书馆,1999年
从词义变化说起,于皋,辞书研究,1982年第3期
从词与词的组合上划分多义词的义项,赵应铎,辞书研究,1995年第1期
从方法论的视角论古汉语词类活用说的偏误,邓明,语文研究,2011年第2期
从汉儒声训看上古韵部(上)——兼论阴、阳、入三声分立,祝敏彻,兰州大学学报·社会科学版,1984年第2期
从汉儒声训看上古韵部(下)——兼论阴、阳、入三声分立,祝敏彻,兰州大学学报·社会科学版,1984年第3期
从《说文》看繁简字的关系,陈焕良,古汉语研究,1998年第1期
从谓词到体词的转化谈汉语词典标注词性的必要性,董秀芳,辞书研究,1999年第1期
从"武"的本义谈因字求本义的原则,陆宗达,王宁,辞书研究,1984年第5期
从"㗅㗅""误误"谈语文辞书的字形规范,刘蕴璇,语文建设,1996年第12期
从"飑"字的释义看旧字典的缺点,李景白,词典研究丛刊,1980年第1辑
从"整除"释义说起,蒋述尤,辞书研究,1992年第4期
从"着"与"教"的注音谈辞书注音原则,杨月蓉,辞书研究,2004年第3期
大型辞书引例略谈,汪耀楠,武汉师院学报,1982年第5期
大型汉语辞书注音一议:从"硕"字注音谈起,周长楫,辞书研究,1997年第5期
大型汉语字典中处理复音词的几点意见,高振业,词典研究丛刊,1981年第3辑
大型汉语字典中的例证问题,单殿元,词典研究丛刊,1983年第5辑
大型汉语字典中的异体字、通假字问题,刘又辛,中国语文,1979年第4期
大型语文词典释义的特点和要求,汪耀楠,祝注先,辞书研究,1982年第3期
大型字典单字释义问题再议,朱城,语言研究,2006年第1期
单语外向型汉语学习词典的理论与实践,G.Liu,辞书研究,1999年第5期
当代汉语词典的词与非词问题,刘丹青,辞书研究,1987年第5期
当前的审音工作,徐世荣,词书和语言,湖北辞书出版社,1985年
道是无理却有理:关于"小尼"的一条用例,宋芳彦,辞书研究,1990年第4期
等义词刍议,颜洽茂,福州大学学报·哲学社会科学版,2002年第4期
典故与典故语辞的释义,戴长江,淮北煤师院学报·哲学社会科学版,1996年第2期
典故源流与辞书释义,徐成志,辞书研究,1986年第3期
动词的组合特征与义项的确立,刘宁生,词典和词典编纂的学问,上海辞书出版社,1985年
动词名词兼类问题,陆丙甫,辞书研究,1981年第1期
读书札记——订误,徐仁甫,怀化学院学报,1988年第1期
读书札记——匡谬,徐仁甫,怀化学院学报,1989年第3期
"断取"造词与辞典释义:从释义用语"比喻"的误用谈起,谭永祥,辞书研究,1991年第4期
对词义作科学的说明,于光远,辞书研究,1983年第2期

对规范词典编排上的一点建议,薛禄芝,辞书研究,
　　1999年第3期
对汉字古今字的再界定,康健,贵州师范大学学报·社
　　科版,2002年第1期
对外汉语学习词典的编写,周小兵,辞书研究,1997
　　年第1期
对外汉语学习词典对语素、词的结合能力的说明,李
　　红印,辞书研究,1999年第5期
对外汉语学习词典如何标注词性,李红印,辞书研究,
　　1999年第1期
"对文"及相关概念辨,黄金贵、李艳,浙江大学学报·
　　人文社科版,2004年第3期
多义词义项的概括和区分,汪耀楠,辞书研究,1982
　　年第2期
多义词义项间的关系,符淮青,辞书研究,1983年第6期
多义项该如何排列,潘述羊,词典研究丛刊,1980年
　　第1辑
反相释义与描写释义,冯瑞生,语言文字应用,1997
　　年第2期
反训释例,林青,辞书研究,1984年第1期
反训研究中的两个问题,林仲湘,词典研究丛刊,1985
　　年第6辑
反义词定义的刍议,钱倚云,语文学习,1982年第1期
泛论古汉语虚词词典,杨起予,辞书研究,1991年第3期
"〈方〉"可否去掉,张向群,辞书研究,1990年第3期
方言语词文化训释刍议,杨振国,盐城师专学报,1998
　　年第2期
非系统音变与词典注音,曹聪孙,天津师大学报,1984
　　年第5期
粉红鹅黄当细察:词语释义之精确与模糊,刘寿南,辞
　　书研究,1990年第6期
概念与义项,宛志文,辞书研究,1983年第3期
港版语文字典在粤音标注方面的一些问题,黄大方,
　　汕头大学学报,1996年第6期
工具书的字形有点儿乱,费锦昌,辞书研究,2000年
　　第3期
工具书探幽一例——语文释义和百科释义的分野,曹
　　聪孙,津图学刊,2003年第5期
古代白话词汇研究与汉语词典的编纂,徐时仪,喀什
　　师范学院学报,1997年第3期
古代白话词语与大型语文辞书修订,王锳,辞书研究,
　　1991年第6期
古代汉语色彩词的特点,乔秋颖,徐州师范大学学报·
哲学社会科学版,1997年第3期
古代汉语中双音程度副词的产生与发展,武振玉,新
　　疆师范大学学报·哲学社会科学版,2005年第2期
古代释义元语言的文化内容及特点,王建莉,内蒙古
　　社会科学·汉文版,2007年第4期
古代图书出版格局与传统文化,于翠玲,图书与情报,
　　2005年第6期
古典文献专书辞典的词性标注问题,周淑萍,辞书研
　　究,1999年第1期
古汉语词类活用研究与辞书编纂,党怀兴,辞书研究,
　　1999年第2期
古汉语词义的历史考证法,冯利,辞书研究,1986年
　　第5期
古汉语词义研究,陆宗达、王宁,辞书研究,1981年第
　　2期
古汉语通假字释例,王海根,苏州大学学报·哲学社会
　　科学版,1983年第4期
古籍校勘与音韵,王瑞来,古籍整理研究学刊,1987
　　年第3期
古籍整理与训诂学,王海根,徐州师范大学学报·哲学
　　社会科学版,1985年第1期
"古今兼收,源流并重"随想,钱剑夫,辞书研究,1981
　　年第1期
古今字的文化史内涵及其在辞书中的处理问题,锐
　　声,辞书研究,1992年第5期
古今字和通假字的关系,朱峻之,广西民族学院学报·
　　哲学社会科学版,1984年第2期
"古今字"研究平议——兼谈字典词书中对"古今字"
　　的处理,孙雍长,五邑大学学报·自然科学版,1994
　　年第5期
古今字与古文字本义的考释,袁庆德,大连教育学院
　　学报,2002年第1期
古清音声母入声字的读音问题:辞书审音注音刍议之
　　二,周长楫,辞书研究,1988年第2期
古人名字的音读,朱积孝,青海师专学报,1987年第1期
古书的句读及其符号,朱积孝,晋阳学刊,1987年第4期
古书正文与解说体例考,钱玄,南京师大学报·社会科
　　学版,1981年第2期
古文词语注译商兑,朱维德,衡阳师范学院学报,1995
　　年第1期
古文点注疑误举例,隋文昭,古籍整理研究学刊,1993
　　年第2期
关于编写生僻字,贺明元,词典研究丛刊,1981年第3辑

关于编写通俗字典的几点意见,秉仁,语文学习,1952年第8期
关于词的比喻义的建立,冯轸,辞书研究,1996年第3期
关于词典释义的几个问题,黎千驹,吉安师专学报,1998年第2期
关于词典中单语释义的一点探讨,贺永彬,语文月刊,1990年第10期
关于典故溯源的再思考,王光汉,古汉语研究,2000年第4期
关于多义词义项划分的问题,杨桦,成都大学学报,1985年第5期
关于规范型词典的收词问题,晁继周,语言文字应用,1995年第2期
关于汉语词典的字词标注问题,孙全洲,辞书研究,1993年第1期
关于汉语词义和语源研究的几个问题,刘又辛,西南师范大学学报·人文社会科学版,1978年第1期
关于汉语词义和语源研究的几个问题(续),刘又辛,西南师范大学学报·人文社会科学版,1978年第2期
关于汉语语音发展的若干问题——《汉语史稿》(上册)读后感想,周斌武,学术月刊,1958年第2期
关于破读字及其在现行词典中的标音问题,刘剑三,辞书研究,1996年第2期
关于确立义项的几个问题,赵应铎,安徽大学学报,1979年第3期
关于释义中置前的提示词,于石,辞书研究,1996年第2期
关于"统言""析言"的类型和本质,李亚民,辞书研究,1987年第6期
关于"义项"认识的歧异,王粤汉,湖北大学学报,1991年第2期
关于异体字的两个问题,曹先擢,辞书研究,1983年第2期
关于由名词转变成的形容词的释义问题,谭景春,辞书研究,2001年第1期
关于语文辞书词性标注的探讨,李志江,语文建设,1999年第5期
贯彻规范标准不能胶柱鼓瑟,范晓耘,辞书研究,1999年第6期
规范略识,董琨,语文建设,1998年第5期
规范型汉语词典应适当增收北京话词语,贾采珠,语文建设,1994年第7期

规律乎,例外乎?——辞书审音注音刍议,周长楫,辞书研究,1990年第3期
汉语成语中词类的特殊作用,季素彩,河北大学学报·哲学社会科学版,1993年第4期
汉语词典标注性问题,钟棪,辞书研究,1980年第1期
汉语词典的审音原则,潘悟云,辞书研究,1984年第5期
汉语词典释义的不精细现象,陈晓鸥,辞书研究,1997年第1期
汉语词汇的统计研究与词典编纂,王还,辞书研究,1986年第4期
汉语词语的表达色彩与语文辞书的释义规范,胡中文,中国语文,1999年第4期
汉语辞书简论(上),郭文瑞,河北大学学报·哲学社会科学版,1982年第4期
汉语辞书简论(下),郭文瑞,河北大学学报·哲学社会科学版,1983年第3期
汉语辞书中词性标注引发的相关问题,程荣,中国语文,1999年第3期
《汉语大词典》书证补,谭代龙,西昌学院学报·自然科学版,2001年第4期
汉语基本颜色词比较研究,解海江,鲁东大学学报·哲学社会科学版,2008年第1期
汉语计量研究与语文辞书编纂,李兆麟,辞书研究,1991年第3期
汉语历史音韵研究之辨伪与求真,周守晋,古汉语研究,2005年第2期
汉语面部语义场历史演变——兼论汉语词汇史研究方法论的转折,解海江,古汉语研究,1993年第4期
汉语俗字续考(之一)——利用文献材料考释俗字,杨宝忠,河北大学学报·哲学社会科学版,2002年第1期
汉语"说类词"的历时演变与共时分布,汪维辉,中国语文,2003年第4期
汉语同源词刍议,孟蓬生,河北学刊,1994年第4期
汉语文化词语释义问题,毛远明,辞书研究,2004年第3期
汉语系词研究评议,杨琳,烟台大学学报·哲学社会科学版,1993年第4期
汉语语素组合关系与辞书释义,苏宝荣,辞书研究,1999年第4期
汉语语文词典标注词性的难点,赵大明,辞书研究,1999年第1期
汉语字典、词典中轻声字的处理问题,曹乃木,中国语

文通讯,1979年第1、2期
汉语字典词典注音中的几个问题,詹伯慧,中国语文,1979年第2期
汉字部首概论,左民安,宁夏大学学报·人文社会科学版,1990年第4期
汉字单字的解说,祝注先,词典研究丛刊,1983年第5辑
汉字古形古音古义体系的研究与前闻六经,宋永培,暨南学报·人文科学与社会科学版,2003年第6期
汉字假借义试谈,甄尚灵,词典研究丛刊,1980年第1辑
汉字形体讹变说,季素彩,汉字文化,1994年第2期
汉字与汉语词发展中的"背离"与"互补"特点,苏新春,汉字文化,1993年第3期
合音词、"反切成词"及其在词典中的释义,章也,辞书研究,1987年第2期
"基本义"的揲法值得商榷,唐超群,华中师范大学报·人文社会科学版,1984年第5期
几个词的训释缺陷,康国章、陈鹏飞,殷都学刊,2000年第1期
简析现代汉语词语新义形成的规律和趋势,诸丞亮,辞书研究,1991年第1期
建立义项注意的几个问题:编写《汉语大字典》贝部送审稿杂札记,陈壬秋,西南民族学院学报,1981年第4期
借鉴·纠谬·提高,张履祥,辞书研究,1994年第3期
精庄双声补证,孙剑艺,固原师专学报,1991年第1期
聚合关系与词义描述,郑述谱,辞书研究,1983年第2期
考察用典与唐诗整理,王光汉,安徽教育学院学报,1995年第3期
历史事实与历史真实,周守晋,读书,1997年第9期
历史语文词典的义项,林青,辞书研究,1986年第1期
例证十要,卢润祥,辞书研究,1992年第2期
例证与义项要相合,李清池,辞书研究,1987年第4期
"詈词"标注及其他,刘福根,辞书研究,1999年第2期
联绵词训释的几个问题,张履祥等,辞书研究,1990年第3期
"列锦"建格的前前后后——兼与《大学修辞》商榷,谭永祥,修辞学习,1995年第5期
略论"读若",谢纪锋,辞书研究,1985年第3期
略论词典附录,曹聪孙,辞书研究,1992年第4期
略论词典释义中的继承和抄袭,符淮青,辞书研究,1995年第3期
略论古书异文的应用,王彦坤,暨南学报·哲学社会科学版,1987年第1期

略论语讳的类型与构成,曹志耘,韶关大学学报·社会科学版,1996年第1期
略谈《金部》编写中新义项的建立及金属元素字的释义,谢光琼,四川师大学报,1991年第4期
略谈词典词目释文的简洁性,林立,大学出版,1995年第2期
略谈辞书的解说和书证,苑育新,辞书研究,1980年第2期
略谈古代汉语借词的溯源和准确释义问题,徐文堪,辞书论集,知识出版社,1987年
略谈现代汉语新词,王邦安,思维与智慧,1988年第5期
略谈准确释义问题,梁式中,辞书研究,1980年第1期
略谈字典编撰的历史继承,杜道生,四川师大学报,1991年第4期
论词的时代性和地域性,汪维辉,语言研究,2006年第2期
论词典释义的几个问题,王群,辞书研究,1998年第1期
论词典释义中的指代义,任远,辞书研究,1983年第1期
论词条安排和义项划分,王德春,词典和词典编纂的学问,上海辞书出版社,1985年
论词义的性质和词典的释义,常月华,许昌师专学报,1995年第3期
论词义和释义的几个问题,徐青,词典和词典编纂的学问,上海辞书出版社,1985年
论词义训释,王宁,辞书研究,1988年第1期
论辞书释义的借鉴,赵应铎,安徽大学学报,1994年第4期
论辞书字形规范,刘蕴璇,汉字文化,1998年第4期
论大型字典的古文字形体解释,张雪明,辞书研究,1982年第3期
论大型字典古文字形体的解说方法,杜佐华,辞书研究,1988年第1期
论典故词的词义特征,王光汉,古汉语研究,1997年第4期
论多词语对释,梁式中,词典和词典编纂的学问,上海辞书出版社,1985年
论反训,吴永坤,兰州大学学报,1985年第2期
论古文字的兼并与消亡,夏渌,武汉大学学报·人文科学版,1991年第2期
论汉语词典应标明词类,周艺,上海师院学报,1984年第2期
论汉字和汉语的起源,唐善纯,南京社会科学,1990年第5期

论"假借"与"通假",徐莉莉,天津师范大学学报·社会科学版,2002年第5期
论假借与通假的差异,陆福庆、张立茂,词典和词典编纂的学问,上海辞书出版社,1985年
论历史音变与字典编纂的关系,熊月安,四川师大学报,1991年第4期
论同源词语音关系的双重性,孟蓬生,古籍整理研究学刊,2000年第6期
论校勘与句读,任远,浙江师范大学学报·社会科学版,1992年第2期
论训诂与句读,任远,浙江师范大学学报·社会科学版,1994年第5期
论义项的概括与分合,邹酆,辞书研究,1980年第4期
论义项的建立,杨金鼎,辞书研究,1987年第4期
论义项的确立和列序,岳梅珍,衡阳师专学报,1995年第2期
论亦声,季素彩,河北师院学报·社会科学版,1996年第3期
论异形词整理的原则,晁继周,中国语文,2004年第1期
论"音随义转",姚永铭,古汉语研究,1999年第2期
论语词源流及其词目释义,张述铮,聊城师院学报,1984年第3期
论语文词典中字头释义的统一,唐超群,辞书研究,1985年第1期
论语义派生的一般规律,邹酆,辞书研究,1982年第6期
论字典、词典、语典三分,温端政,辞书研究,2014年第2期
论"字说"现象,林志强,福建师范大学学报·哲学社会科学版,1995年第2期
漫谈释义的歧义,陈忠诚,辞书研究,1980年第1期
名词动词兼类和词典标注词性问题,林立,辞书研究,1982年第1期
名词解释,王剑英,历史教学,1956年第8期
名物词的释义,符淮青,辞书研究,1982年第3期
明白辨析同义词,刘文义,辞书研究,1984年第2期
"破读"浅说,鲍延毅,徐州师范学院学报·哲学社会科学版,1980年第1期
破读音的处理问题,唐作藩,辞书研究,1979年第2期
普通话"清入"的归调问题,田光明,辞书研究,1981年第1期
普通语文词典中法学术语的释义,谯绍萍,辞书研究,1999年第6期
前人注解的舍取,顾绍柏,辞书研究,1981年第4期

浅议新《现汉》"〈口〉"标注的取消,杨金华,辞书研究,1998年第3期
轻声、儿化、音节处理及其他:辞书审音注音刍议之一,周长楫,辞书研究,1986年第2期
轻重唇音的标注,杨剑桥,辞书研究,1984年第1期
区分词意训诂和文意训诂,冯利,辞书研究,1983年第3期
人称代词的释义探讨,陈元胜,辞书研究,1982年第6期
认知心理学在《汉字教学字典》研编中的应用,杨继本,心理科学,1995年第1期
如何弘扬华夏文化,周有光,群言,2005年第10期
《三礼辞典》自序,钱玄,古籍整理研究学刊,1990年第1期
上读法——上古典籍读法之谜,郑慧生,历史研究,1997年第3期
社会民俗语源例析——兼作对辞书相关条目的订补,孙剑艺,民俗研究,2005年第1期
审音述闻,赵振铎,词典研究丛刊,1981年第2辑
生僻字音义的探索,李景白,辞书研究,1985年第3期
使用规范字典 增强规范意识,柳斌,语文建设,1998年第3期
试编一本对外汉语教学用的词典,王还,辞书研究,1988年第4期
试论词的比拟义,黎新第,辞书研究,1990年第5期
试论词典编写的义项分合,李开,淮阴师专学报,1985年第5期
试论词典的词形规范,湘语,辞书研究,1996年第3期
试论词典的通假处理及其意义,陆锡兴,词典研究丛刊,1983年第5辑
试论辞书编纂者以又音别义造成的字词音义混乱,罗积勇,武汉大学学报,1998年第4期
试论大型语文词典的义项详备原则,洪笃仁,语言教学与研究,1989年第1期
试论大型字书释义的历史性和科学性:编写《汉语大字典》札记,汪耀楠,词典研究丛刊,1983年第5辑
试论兼类词的义项建立原则,陆福庆,辞书研究,1987年第1期
试论日语借词与古汉语之间的传承关系,史式,词典研究丛刊,1982年第4辑
试论俗体字的"返祖现象"——现代字体、标志设计的一大趋向,季素彩,汉字文化,2005年第4期
试论现代汉语规范字典的特点,苏培成,辞书研究,1999年第4期

试论义项的网络系统,陈汝法,辞书研究,1990年第2期
试论语文词典对自由词组的收录,甘于恩,辞书研究,1987年第1期
试论语文辞书义项内部的一致性,李志江,中国辞书论集1997,商务印书馆,1999年
试论掌握辞书中古汉语多义词的方法,朱峻之,广西民族学院学报·哲学社会科学版,1985年第4期
试述释文的同一性和差异性,章心绰,辞书研究,1986年第5期
试说"释文",祝注先,词典研究丛刊,1985年第6辑
试谈辞书释义的层次——兼议"嫁"的解释,徐光烈,辞书研究,1998年第4期
释义的准确性和模糊性,赵恩柱,辞书研究,1986年第2期
释义和例证的一致,唐超群,辞书研究,1982年第4期
释义和语法结构,徐国强,辞书研究,1982年第4期
释义十要,卢润祥,辞书研究,1997年第1期
释义问题随想,方福仁,辞书研究,1980年第3期
释义中的区别性特点问题,刘叔新,语言文字应用,1994年第1期
释义中的相对和反义关系,刘叔新,辞书研究,1986年第2期
释义最好顾及词源,杨剑桥,辞书研究,1985年第4期
书例和释义,华天,辞书研究,1983年第1期
书证的采择,张应德等,辞书研究,1981年第4期
书证的思想性,宋芳彦,齐鲁学刊,1985年第5期
书证年代的断定,张振江,辞书研究,1986年第3期
熟语释义与"语性"的关系,张宗华,辞书研究,1983年第3期
述者之谓明:字典要充分采纳前人的研究成果,晏炎吾,词典研究丛刊,1987年第8辑
双音词偏误的词汇语义学分析,朱志平,汉语学习,2004年第2期
说到怎么分出义项,俞敏,辞书研究,1984年第1期
说非义立项,鄢先觉,辞书研究,1991年第3期
宋代文化造极的见证者——宋体字,徐建平,开封大学学报,2003年第3期
俗体文字类型粗梳,季素彩,汉字文化,2004年第2期
"俗文字学"诠释方法略论,季素彩,汉字文化,2003年第4期
俗字的产生与字词书,锐声,辞书研究,1994年第5期
榫接与斩裂——汉语字词典字条义项与词条义项关系略析,周荐,语文研究,2010年第4期

谈表人的专有名词的艺术化用法,王邦安,思维与智慧,1986年第2期
谈成语新义,姚鹏慈,辞书研究,1986年第4期
谈词书中的"通义项",程二如,词典研究丛刊,1985年第6辑
谈词义在汉字构形中的转化方式,王立军,语文研究,2012年第2期
谈辞书的凡例,夏南强,辞书研究,2002年第2期
谈大型汉语辞书对异体字的处理,邵世强,词典研究丛刊,1986年第7辑
谈大型历时词典编写和修订中复词条目的注音,孙玉文,古汉语研究,2013年第3期
谈隔音符号的使用,马国金,辞书研究,1985年第3期
谈古汉语字典的释形释音释义:《王力古汉语字典》编后,刘尚慈,辞书研究,2002年第6期
谈古书虚字的辨析方法,季素彩,河北大学学报·哲学社会科学版,1988年第4期
谈汉语学习词典的科学性问题,李禄兴,辞书研究,1999年第5期
谈释义,杨金鼎,上海师院学报,1982年第2期
谈书证,王涛,辞书研究,1981年第1期
谈谈词典如何揭示词的语法功能,林立,辞书研究,1983年第5期
谈谈词典中的古今字,吴琦幸,辞书研究,1982年第5期
谈谈《辞源》中通用字的训释问题,朱英贵,都江教育学院学报,1993年第2期
谈谈反切,曹先擢,辞书研究,1981年第4期
谈谈汉语"合音词"释义,陈元胜,辞书研究,1983年第6期
谈谈"同"与"通",祝敏彻,辞书研究,1980年第3期
谈谈《现代汉语词典》的注释形式,刘庆隆,语文研究,1982年第2期
谈谈语录的运用,王知伊,辞书研究,1980年第2期
谈谈语文词典的释义问题,董树人,语文建设,1999年第1期
谈谈字的本义和引申义,刘又辛,词典研究丛刊,1981年第2辑
谈谈字典的用处,玄常,语文学习,1956年第6期
谈同训,郑远汉,辞书研究,1980年第2期
谈望文生义,胡昭镕,辞书研究,1980年第3期
谈义项的建立与分合,张清源,词典研究丛刊,1980年第1辑
谈义序,叶楚强,辞书研究,1980年第3期

谈异体字:为贺辞书研究百期作,赵振铎,辞书研究,
　　1996年第6期
谈引证,鄢先觉,辞书研究,1983年第2期
谈语文词典的释义,吴崇耕,中国语文,1978年第3期
谈语文词典的准确释义,陈增杰,温州师专学报,1984
　　年第2期
谈语文词典中短语的溯源与释义,薛克谬,河北大学
　　学报,1996年第4期
谈语文词典中异形短语的处理,薛克谬,承德民族师
　　专学报,1995年第2期
谈中小型字书的汉字规范,高更生,辞书研究,1996
　　年第3期
谈字典的规范性,李运益,西南师院学报,1981年第4期
谈字典的修订工作:写在《汉语大字典》全书出齐的时
　　候,天水,辞书研究,1990年第5期
探求本义的一条途径,胡从曾,辞书研究,1984年第5期
特种字典类型初探,刘蕴璇,内蒙古社会科学,1995
　　年第2期
通假与同源,伍宗文,词典研究丛刊,1989年第10辑
通假字古今字浅论,徐流,词典研究丛刊,1985年第6辑
通假字小议,盛九畴,辞书研究,1980年第1期
通假字再议,盛九畴,辞书研究,1982年第5期
通俗语源与词典释义,唐超群,辞书研究,1986年第5期
通俗字典和冷僻字,胡帆,大公报,1952年12月15日
通俗字典应该收些冷僻字吗,马达,大公报,1952年
　　10月20日
通俗字典中不必选收冷僻字,汪家祉,大公报,1952
　　年12月25日
"同律引申"与语文词典的释义,冯利,辞书研究,1986
　　年第2期
同谐声的同源字族与辞书中的通假字,房建昌,辞书
　　研究,1982年第5期
同形词与"词"的意义范围:析《现代汉语词典》的同形
　　词词目,苏新春,辞书研究,2000年第5期
同义词词典怎样处理词性,刘叔新,辞书研究,1983
　　年第3期
同义词释义的历史演变及其局限,高兴,辞书研究,
　　1986年第2期
同义词语及其释义,韩敬体,辞书研究,1981年第1期
同义复词的收、释刍议,徐流,辞书研究,1993年第5期
同音同形的"是"的分化,范晓,辞书研究,1996年第2期
同源词典研究和同源词典,杨剑桥,辞书研究,1988
　　年第5期

同源词方言证诂,彭逢澍,古汉语研究,1997年第2期
同源字以双声挚乳说,孟蓬生,河北学刊,1990年第2期
突出"规范",特色鲜明,杨润陆,语文建设,1998年第
　　5期
外国学生现代汉语常用词词典编纂散论,李晓琪,世
　　界汉语教学,1997年第3期
"望文生义"是"一种新的辞格类型"吗?——《兼判
　　"别解""断取"诸格之聚讼案》再判,谭永祥,修辞学
　　习,1996年第3期
《文选》标注小议,陈增杰,辞书研究,1983年第6期
文学形象专名通引再议,陈燎,辞书研究,1983年第5期
文学作品中人物词汇的义位和义素探讨,曹聪孙,辞
　　书研究,1983年第2期
文言虚词训诂十避,尹黎云,辞书研究,1989年第4期
文字的动态考译方法与词典本义,苏宝荣,辞书研究,
　　1993年第1期
文字的多源性与字书本义的说解,苏宝荣,辞书研究,
　　1988年第5期
我国古代字典排检体例的演变研究,袁世旭,王东海,
　　语文研究,2011年第3期
无意义区别的两读应择一而定,刘保今,辞书研究,
　　1988年第3期
"五笔字型"对汉字规范化的作用与影响,苏新春,广
　　州大学学报·社会科学版,1993年第2期
武威汉代医简异体字考,徐莉莉,天津师范大学学报·
　　社会科学版,2005年第1期
闲谈简体字,周有光,群言,2006年第9期
现代汉语词典义项序列与"基本义",唐超群,辞书研
　　究,1983年第6期
现代汉语单音词的范围、性质和地位,王世友,语言文
　　字应用,2000年第1期
现代汉语中的使动义项,徐祖友,词典研究丛刊,1987
　　年第8辑
现代汉语字词典的注音,刘庆隆,辞书研究,1993年
　　第5期
现代汉字部首与古代哲学思想,季素彩,汉字文化,
　　1999年第1期
相关词词义的横向考释,徐成志,辞书研究,1993年
　　第2期
小谈释义及其他,陆宗达,辞书研究,1984年第1期
小谈异体字的处理,沈建民,辞书研究,1984年第6期
小型字典释义的几个问题,梁式中,辞书研究,1982
　　年第3期

修辞派生的特征和类型,邹酆,辞书研究,1982年第5期
修订《辞源》查书工作的几点感受,许振生,词典研究丛刊,1986年第7辑
训诂札记三则,赵小刚,宁夏大学学报·人文社会科学版,1988年第2期
训诂锥指,赵小刚,宁夏大学学报·人文社会科学版,2005年第3期
要有特色,要有创新,于石,辞书研究,1996年第4期
也谈词的冠源,龙双林,辞书研究,1992年第4期
也谈双关语和判断,王邦安,思维与智慧,1986年第6期
也谈新旧字形和语文辞书字形规范,李义琳,林仲湘,语文建设,1997年第4期
也谈义项的建立和分合,张静书,词典研究丛刊,1981年第3辑
一些多音字的音应简化,林廉,辞书研究,1991年第5期
义位的组合意义,张庆云,辞书研究,1995年第1期
"义位"论,唐超群,华中师大学报,1988年第1期
义项的共性和个性,陈汝法,辞书研究,1985年第2期
义项的性质和分合,符淮青,辞书研究,1981年第3期
"义项分合说"质疑,汪耀楠,辞书研究,1984年第4期
义项概说,吴琦幸,辞书研究,1982年第3期
义项琐谈:《谈义项的建立与分合》读后,赵振铎,词典研究丛刊,1980年第1辑
义项·义位·概念,唐超群,辞书研究,1985年第6期
异读处理小议,周诗惠,辞书研究,1983年第3期
异体字("重文")漫议,李义琳,广西师院学报·哲社版,2001年第4期
异形词规范中的"形简"原则,邹玉华,语文建设,2001年第8期
音谬不是方言,王丹,黄梅戏艺术,1981年第2期
引书证必须吃透原文,程二如,词典研究丛刊,1983年第5辑
引用注疏三注意,夏蔚文,辞书研究,1982年第4期
应当避免"未列目字",杨宗义,辞书研究,1986年第3期
应该编撰搜罗全备之古汉语通假字典,王海根,徐州师院学报,1992年第1期
"迎接"义动词的历时演变和地域分布,刘宝霞,张美兰,语文研究,2014年第3期
由借代而来,非比喻所得,蔡正学,辞书研究,1993年第5期
有关异体字问题的思考:兼谈《现代汉语词典》的遗憾,萧振华,中国出版,1997年第11期
有重点地反映汉字字音的历史发展,梁德曼,辞书研究,1983年第2期
与名家论古文注释,汪少华,中国典籍与文化,2003年第2期
语词词典的编纂与现代汉语规范化,程荣,语言文字应用,1996年第2期
语词词典中专科术语的选词与释义,鲍克怡,辞书研究,1982年第6期
语文词典本义的单一性释义,唐超群,辞书研究,1983年第5期
语文词典的词性标注问题,郭锐,中国语文,1999年第2期
语文词典的互训问题,陆尊梧,辞书研究,1982年第4期
语文词典的义项排列,邹酆,辞书研究,1981年第3期
语文词典释误说因,谢庆芳,辞书研究,1991年第5期
语文词典释义的附加内容,鲍克怡,辞书研究,1986年第2期
语文词典释义的括注用法,陆福庆,辞书研究,1988年第3期
语文词典释义的系统性和整体性,陈汝法,辞书研究,1987年第5期
语文词典释义引注初探,刘秉铮,词典研究丛刊,1985年第6辑
语文词典书证失当举例,陈林茂,辞书研究,1980年第3期
语文词典条目收选编排中的几个问题,程荣,语文建设,1996年第7期
语文词典选收新、旧词语的原则,陈庆祐,辞书研究,1999年第4期
语文词典引书体例小议,陈增杰,词典研究丛刊,1987年第8辑
语文词典中百科词汇的注释问题,文大生,中国语文,1982年第6期
语文词典中的"标旧"问题,张履祥,辞书研究,1981年第4期
语文词典中系列条目的处理,陈增杰,辞书研究,1991年第2期
语文词典中虚词的词性标注,章也,辞书研究,1983年第5期
语文辞典释义初探,张履祥,辞书研究,1981年第1期
语文辞典音项概说,玉吉尧,语言研究,1991年增刊
语文性辞书释义中的"描写和说明式",张在德,词典研究丛刊,1983年第5辑
语文学习词典的创新与释义问题探讨:评《现代汉语

学习词典》,章宜华,辞书研究,1999 年第 5 期
语言资料和释义的关系的几个问题,王佩增,辞书研究,1981 年第 4 期
语义成分分析的理论与辞典的释义,凌德祥,安徽教育学院学报,1993 年第 1 期
语源义研究与词典释义溯源,徐时仪,中国辞书论集 1997,商务印书馆,1999 年
在楷书汉字上下功夫,天水,辞书研究,1983 年第 2 期
造字时有通借证,杨树达,复旦学报·社会科学版,1944 年第 1 期
怎样注音、订音和正音,严学宭,辞书研究,1980 年第 3 期
"折骈为单"与"物性喻人"(辞书训诂小议),掬师,华东师大学报,1981 年第 4 期
这不是小循环互训,宋芳颜,辞书研究,1983 年第 2 期
正本清源与字典编纂,刘成德,古汉语研究,1999 年第 3 期
中国:辞典的源,杨正业,四川师范学院学报·哲学社会科学版,2001 年第 3 期
中国古代辞典学试论(上),钱剑夫,辞书研究,1989 年第 1 期
中国古代辞典学试论(下),钱剑夫,辞书研究,1989 年第 2 期
中国古代图书编辑、出版概念考论,于翠玲,陕西广播电视大学学报,2005 年第 4 期
中国早期避讳的一些问题,王建,贵州教育学院学报,1999 年第 3 期
中型现代汉语词典编纂法(初稿),郑奠等,中国语文,1956 年第 7、8、9 期
朱骏声的"转注"、"假借"说,徐莉莉,辞书研究,1988 年第 3 期
注音札记,黎新第,词典研究丛刊,1981 年第 3 辑
转注研究的研究,汪耀楠,词典研究丛刊,1987 年第 8 辑
转注异说辩证,孙剑艺,固原师专学报,1989 年第 3 期
准确释义漫谈,祝注先,辞书研究,1981 年第 1 期
资料工作是编写字典的重要基础,鄢先觉,词典研究丛刊,1983 年第 5 辑
字、词典对字的注释不该如此歧异,魏励,辞书研究,1991 年第 2 期
字、词典汉字字头处理和排列方式改良刍议,曹乃木,辞书研究,2002 年第 6 期
字词典中对旧繁体、异体等的处理问题,锐声,辞书研究,1991 年第 5 期

字典,午言,大公报,1951 年 2 月 23 日
字典编撰中字义的判定,李道明,四川师大学报,1991 年第 4 期
字典辞书中之反切问题,赵兰庭,国语周刊,1941 年第 3 期
字典的注音,蔡剑飞,青年界,1948 年第 5 卷第 5 期
字典分立字头的问题,宋芳彦,辞书研究,1998 年第 5 期
字典例句刍议,鄢先觉,词典研究丛刊,1981 年第 2 辑
字典论稿·古文字形体的收列和字形解说,赵振铎,辞书研究,1990 年第 4 期
字典论稿·收字杂议,赵振铎,辞书研究,1990 年第 1 期
字典论稿·说讹字,赵振铎,辞书研究,1990 年第 2 期
字典论稿·音项及有关问题,赵振铎,辞书研究,1990 年第 5 期
字典论稿·引例诸忌及有关问题,赵振铎,辞书研究,1991 年第 4 期
字典论稿·有关释义的几个问题,赵振铎,辞书研究,1991 年第 2 期
字典论稿·字的通假义,赵振铎,辞书研究,1991 年第 1 期
字典论稿·字的举例,赵振铎,辞书研究,1991 年第 3 期
字典论稿·字义的类型,赵振铎,辞书研究,1990 年第 6 期
字典论稿·字源考订与字头编排,赵振铎,辞书研究,1990 年第 3 期
字典义项的完整概括,邹酆,词典研究丛刊,1985 年第 6 辑
字典杂议,赵振铎,词典研究丛刊,1987 年第 8 辑
字典注音的矛盾亟待解决,谢发宝,语文园地,1984 年第 1 期
字典资料工作的反思,赵振铎,辞书研究,1998 年第 2 期
字际关系与历史汉字的今读审订,蔡梦麒、张晓凤,古汉语研究,2010 年第 3 期
字书训诂和传注训诂,石云孙,安徽师大学报,1984 年第 2 期
字形义与词义:词典编纂随笔,张联荣,辞书研究,1995 年第 4 期
字音三疑,俞忠鑫,辞书研究,1997 年第 1 期

(二) 具体辞书探讨

按《新华》《现汉》整理《一异表》修正的 28 个字,朱斌,

辞书研究,1999年第4期
白璧微瑕:《辞源》求源中的一个失误,刘运好,辞书研究,1994年第5期
白璧微瑕:对《汉语大字典》第二卷的两点意见,陈富槐,玉林师专学报,1990年第2期
白璧微瑕,美中不足:评《现代汉语词典》成语的释义,张德继,太行学刊,1995年第3期
白璧微瑕说字典,徐向东,辞书研究,1996年第3期
白玉微瑕——对《古代汉语》的一些商榷,史佩信,上海师范大学学报·哲学社会科学版,1997年第2期
百尺竿头还望高:《辞源》不足初探,陆华兴,常州工业技术学院学报,1999年第3期
必须编辑一本《普通话字典》,刘永平,中国语文,1953年第3期
必须注意词典注释的准确性:兼评《现代汉语词典》,林立,编辑之友,1995年第4期
别树一帜的形声部首字典,胡连芳,广东图书馆学刊,1984年第4期
卜辞释序分析二例,濮茅左,中原文物,1983年第3期
补苴罅漏,张皇幽眇:评介田忠侠新著《辞源续考》,田兆民,北方论丛,1993年第5期
不该出现的严重失误:《语言大典》指瑕,陈晓明,范亚林,中国图书评论,1992年第3期
不怕"四不像",但求能实用:《汉语小词典》编写上的一点尝试,刘韵玲,辞书研究,1981年第1期
参考旧籍,订正《新华字典》,杨洪清,辞书研究,1986年第5期
参与编辑《辞源》之后,刘叶秋,辞书研究,1984年第3期
草书的发展演变与《真草互读大字典》的诞生,傅以新,中国书画报,1999年4月22日
常用成语探源补证,李一华,天津师范大学学报·社会科学版,1983年第2期
常用成语探源——对《辞海》(修订稿)所收成语有关出处引例的补正,李一华,语文研究,1983年第4期
常用成语探源——对《辞源》所收成语有关出处引例的补证,李一华,北京大学学报,1983年第3期
常用成语探源(上)——对《汉语成语词典》(修订本)所收成语有关出处引例的补正,李一华,语文研究,1984年第2期
常用成语探源(中)——对《汉语成语词典》(修订本)所收成语有关出处引例的补正,李一华,语文研究,1984年第3期
常用成语探源(下)——对《汉语成语词典》(修订本)所收成语有关出处引例的补正,李一华,语文研究,1984年第4期
《常用汉字字源手册》指瑕六则,范常喜,辞书研究,2006年第4期
陈德芸著作兼发明的德芸字典,张凤,图年评论,1933年第1卷第12期
"持其踵"新解,李小平,云梦学刊,1983年第Z1期
"处女(的)"的转义及其同文化的关系,伍铁平,四川外语学院学报,1999年第2期
创新和投入才能提高词书的质量:我们是怎样编写《现代汉语规范字典》的,李行健,语言文字应用,1998年第1期
创新、实用、多功能:评《新编汉语多功能词典》,刘兰英,语文研究,1990年第2期
词语的分群考释与《汉语大词典》条目订补,姚美玲,山西师大学报·社会科学版,2002年第1期
词源词典:类型学初探,梁协力,语言学动态,1978年第2期
《辞海》(89年版)考辨,田忠侠,长沙水电师院社会科学学报,1994年第2期
《辞海》(1999年版)若干词条指瑕,朱东根,韶关学院学报,2008年第2期
《辞海》"睡"字说误,李建国,陕西理工学院学报·社会科学版,1990年第1期
《辞海》中读yì的同音字的分析,周有光,语文建设,1985年第3期
'89版《辞海》释文考辨(之二),田忠魁,田忠侠,绥化师专学报,1992年第4期
'89版《辞海》释文考辨(之七),田忠侠,呼兰师专学报,1994年第4期
'89版《辞海》释文考辨(之十),田忠侠,绥化师专学报,1996年第2期
'89版《辞海》一部释文考辨,田忠侠,大庆高等专科学校学报,1997年第2期
'89版《辞海》杂目考辨,田忠侠,哈尔滨师专学报,1996年第1期
辞书编纂上的继往开来:评王同亿主编的《语言大典》,辛业江,海南日报,1990年5月30日
辞书标音规范与《普通话异读词审音表》,彭红,语言文字应用,1999年第2期
辞书失收《论语》古注双音节动词考释,赖积船,黄巧玲,湘潭师范学院学报·社会科学版,2006年第6期

辞书中中国地名的处理——以《辞海》为例,张敏,辞书研究,2011年第2期
《辞源》八十年,许振生,求是,1989年第2期
《辞源》编后琐议——汉字形义与源流关系浅见,刘基森,湖南教育学院学报,1984年第4期
《辞源》补正(续),山民,广西教育学院学报,1990年第1期
《辞源》的单字注音,许振生,辞书研究,1984年第2期
《辞源》的疏误,姚国旺,北京师院学报,1990年第2期
《辞源》地名条目的编写,郭庆山,辞书研究,1984年第2期
辞源订补,瞿润缗,益民报·人文周刊,1937年3月5日
辞源订补,瞿润缗,益世报·人文周刊,1937年5月14日
辞源订补序,瞿润缗,益世报·人文周刊,1937年1月29日
《辞源》翻检偶识,黄崇浩,黄冈师专学报,1982年第1期
《辞源》翻检识语,宦荣卿,词典研究丛刊,1986年第7辑
《辞源》和《辞海》的性质,徐庆凯,辞书研究,2015年第2期
《辞源》记趣,朱健,读书,1992年第8期
《辞源》教育科举条目释义疑误,张虎刚,天津师大学报,1991年第6期
《辞源考订》反响强烈,亦木,管理与科学,1991年第1期
《辞源》"内部失调"举隅,伍宗文,辞书研究,1989年第4期
《辞源》"三礼"条目疏误例析(之十),骆伟里,苏州教育学院学报,2005年第3期
《辞源》"三礼"条目疏误例析(之十一),骆伟里,苏州教育学院学报,2005年第4期
《辞源》失收或收例过晚的双音词,何志华,词典研究丛刊,1990年第11辑
《辞源》释义考,史晓平,华东师大学报,1993年第5期
《辞源》释义考证,陈霞村,语文研究,1990年第3期
《辞源》释义指瑕,董德志,许昌师专学报,1995年第1期
辞源说略,陆尔奎,东方杂志,1915年第12卷第4号
《辞源》(四)若干词语释义商兑,田忠侠,求是学刊,1987年第2期
《辞源》献疑,村失、李翔德,博览群书,1991年第4期
《辞源》修订本(1979—1983):回顾和前瞻,吴泽炎,辞书研究,1984年第2期
《辞源》(修订本)补正,张喆生,中国语文,1991年第6期
《辞源》(修订本)补正七则,张国光,遵义师专学报,2000年第1期
《辞源》修订本的诸问题,张凤贺、刘小和,唐山教育学院·唐山师专学报,1991年第6期
《辞源》修订本简评,郭良夫,词汇与词典,商务印书馆,1990年
《辞源》(修订本)举误,刘勇,扬州教育学院学报,1999年第2期
《辞源》(修订本)卯集注商(上),田忠侠,管理与教学,1990年第1期
《辞源》(修订本)释义方面的一些问题,陈增杰,宁波师院学报,1984年第4期
《辞源》(修订本)书证刍议,董志翘,辞书研究,1990年第4期
《辞源》修订本条目札记,陈兴伟,古汉语研究,1995年第1期
《辞源》修订本问世抒怀,陈原,辞书和信息,上海辞书出版社,1985年
《辞源》(修订本)引用书证商补,程志兵、赵红梅,伊犁师院学报,1994年第4期
《辞源》(修订本)指瑕,王彦坤,暨南学报,1991年第3期
《辞源》(修订本)中的"通"、"同"及其它,陈朝阳,黔南民族师专学报,1997年第2期
《辞源》(修订本)注音疑误举例,唐作藩,中国语文,1984年第6期
《辞源》修订琐记之一,顾绍柏,学术论坛,1980年第4期
《辞源》修订琐记之二,顾绍柏,学术论坛,1981年第1期
《辞源》修订琐记之三,顾绍柏,学术论坛,1981年第3期
《辞源》修订琐记之四,顾绍柏,学术论坛,1981年第3期
《辞源》修订琐记之五,顾绍柏,学术论坛,1981年第6期
《辞源》修订与古汉语研究,乔永,古汉语研究,2010年第4期
《辞源》与《辞海》的比较,李俊,辞书研究,1995年第2期
辞源与辞海"上册"中天主教名词的误解,维笃,益世报·人文周刊,1937年5月14日
《辞源》与《现代汉语词典》音节表比较研究,徐从权,语文研究,2012年第3期
辞源正误,瞿润缗,文学年报,1940年第6期
辞源正误,周侯于,苏中校刊,1933年第81、86、93期
《辞源》指疵,董德志,许昌师专学报,1996年第4期
《辞源》注音审读记略,邵荣芬,中国语文,1985年第5期
"餈茶"之"餈"考辩,李申,红楼梦学刊,1994年第2期

从 H 部看《当代汉语词典》的特点,杨彦宝,辞书研究,2004 年第 5 期
从笔记词语看《汉语大词典》书证的阙失,李申,河池学院学报,2006 年第 6 期
从成语典故条目看《汉语大词典》的实用性,郭忠新,辞书研究,1986 年第 6 期
从"低"字头条目看《语言大典》,万艺玲,辞书研究,1994 年第 5 期
从法律名词的解释看《语言大典》的西化,晏雁,辞书研究,1994 年第 4 期
从《风俗通义》看《汉语大词典》晚收的义项,黄英,西南民族大学学报·人文社科版,2003 年第 6 期
从《规范字典》看语文规范,晁继周,语文建设,1998 年第 5 期
从含"丢"字词语看《汉语大词典》的修订,刘敬林,安庆师范学院学报·社会科学版,2008 年第 1 期
从《汉语大字典》编撰中得到的教益,许以力,辞书研究,1987 年第 1 期
从《汉语大字典》的编纂看我国辞书事业的发展,汪耀楠,武汉师范学院学报·哲学社会科学版,1984 年第 S1 期
从皇侃《论语集解义疏》看《汉语大词典》的缺失,徐望驾,阜阳师范学院学报·社科版,2004 年第 5 期
从"口"与"○"说到需要一部新字典,张蓬舟,大公报,1951 年 12 月 19 日
从类义词角度谈《辞源》的修订——以颜色词为例,赵晓驰,语文研究,2014 年第 3 期
从《洛阳伽蓝记》双音新词看《汉语大词典》的释义与书证,牛太清,安徽广播电视大学学报,2006 年第 1 期
从"三"字头词条看《汉语大词典》的特色,马传生,辞书研究,1989 年第 6 期
从《隋史遗文》看《汉语大词典》的书证问题,陈国华,盐城师范学院学报·人文社科版,2004 年第 1 期
从台湾省《中文大辞典》的几条用例看资料的核对和利用工作,天水,词典研究丛刊,1981 年第 3 辑
从通假看《汉语大词典》的修订——以"佯"字系列词为例,刘瑞明,陇东学院学报·社会科学版,2003 年第 3 期
从《现汉》的释义看"比喻义",卢丹慈,词典研究丛刊,1990 年第 11 辑
从虚词研究的历史看《汉语大字典》的创新,赵学清,辞书研究,1990 年第 5 期

从郑玄的注释语料看《汉语大词典》的收词问题,张能甫,成都大学学报,1998 年第 3 期
大型汉语词典编纂中的几个问题,徐实曾,南京教育学院学报,1985 年第 2 期
大型字典编纂中与俗字相关的若干问题:《汉语大字典》《中华字海》读后,张涌泉,中国社会科学,1997 年第 4 期
当代汉语变化与词义历时属性的释义原则:析《现代汉语词典》二、三版中的"旧词语",苏新春,中国语文,2000 年第 2 期
《当代汉语词典》姓氏、人名用字说略,杨彦宝,吉林省教育学院学报,2008 年第 6 期
当前的审音工作,徐世荣,词书和语言,湖北辞书出版社,1985 年
第 5 版《现代汉语词典》哲社条目修订概述,贾采珠,辞书研究,2006 年第 1 期
第一部新型大字典:《中华大字典》,刘叶秋,中国青年报,1985 年 7 月 3 日
读《辞源》(修订本)零札,张家英,哈尔滨师专学报,1993 年第 3 期
读《汉语大词典》杂识,马固钢,湘潭大学社会科学学报,1996 年第 6 期
读《汉语大字典》管见,毛远明,中国语文,1997 年第 6 期
读《汉语大字典》札记十一则,单周尧,浙江树人大学学报,2001 年第 4 期
读《四角号码新词典》,海恒,中国语文,1978 年第 4 期
读新版《辞源》札记,蒋金德,语言学年刊,1982 年
读新出版辞书札记二则,谷兴云,西北师大学报,1992 年第 6 期
读新《辞源》引证《聊斋》的词条,张毓珫,辞书研究,1985 年第 3 期
读修订本《辞源》"广部"偶识,伍仁,武汉师院学报,1983 年第 2 期
读修订本《现代汉语词典》,张成材,青海师专学报,2000 年第 5 期
杜诗"努力"小识,李祥林,江海学刊,1997 年第 4 期
对《汉语大词典》"落英"一词释义的两点补正意见,王蔚筠,上海教育学院学报,1995 年第 2 期
对《汉语大词典》中几个具体问题的商榷,张霭堂,临沂师院学报,2000 年第 1 期
《对外汉语教学常用词汇》的编选,余云霞,辞书研究,1986 年第 4 期
对《现代汉语词典》若干字形音义的浅见,马蕾,职工

高等教育,1990年第1期

对《现代汉语通用字表》的几点意见,杨剑桥,辞书研究,1992年第3期

对《中型汉语词典编纂法》的意见,王士襄,中国语文,1957年第3期

《多功能解形说义字典》评介,江河,绥化师专学报,1992年第1期

法律术语词义解释存在问题:《现代汉语词典》受到质疑,李永红,检察日报,2000年2月16日

风光在险峰:《汉语大词典》的编纂侧记,钟山碧,书与人,1994年第5期

符定一《联绵字典》辨误,朱积孝,辞书研究,1992年第5期

改革康熙字典式字典的建议与编辑民众实用字典的商榷,傅葆琛,教育与民众,1930年2卷2期

高中语文通假字注释质疑:兼评《辞海》《辞源》对某些字的处置,黎曙光,语文学刊,1994年第3期

革新汉语字典的几点尝试:《快速识字典》编后,杨洪清,辞书研究,1997年第6期

功夫不到家释义难确切:读《实用双向汉语大辞典》随记,谷桤,辞书研究,2000年第5期

《古方言词语例释》指瑕,傅义春,王本灵,徐州教育学院学报,2003年第2期

古汉语褒贬同形词的性质及成因:兼评新老《辞源》对这类词的释义,张无望,武汉大学学报,1987年第2期

《古汉语常用字字典》简评,周行健,周荔裳,辞书研究,1981年第1期

《古汉语常用字字典》(修订版)引文勘误,张觉,古籍整理研究学刊,2003年第4期

《古汉语虚词典》,曹今予,语言学动态,1978年第1期

《古汉语虚词典》编撰中存在的几个问题,于丽萍,语文学刊,2006年第13期

古今辞书之集大成者——《中文大辞典》简介,上海师范大学学报·哲学社会科学版,1979年第3期

古语词分布状况和使用频率考察:兼评《现代汉语词典》和《现代汉语频率词典》的收词,刘延新,辽宁大学学报,1999年第2期

关于成语注释——《现代汉语词典》札记,陈霞村,山西大学学报·哲学社会科学版,2002年第1期

关于第5版《现代汉语词典》的词类标注,徐枢,辞书研究,2006年第1期

关于《汉语大词典》,陈原,辞书和信息,上海辞书出版社,1985年

关于《汉语大词典》中若干词条释义的商榷,庞月光,外交学院学报,1997年第2期

关于《汉语大字典》的编写工作,赵振铎,辞书研究,1979年第1期

关于《汉语大字典》的编纂,赵振铎,辞书研究,1987年第1期

关于《汉语大字典》的若干疏失问题,朱峻之,广西社会科学,1996年第6期

关于《汉语大字典》的收词问题,李景白,词典研究丛刊,1982年第4辑

关于"太阳"的"阳"的标调问题,张向群,辞书研究,1995年第3期

关于《现代汉语词典(第5版)》词类标注的说明,徐枢,中国语文,2006年第1期

关于现代汉语词典的配例问题,张锦文,辞书研究,1994年第2期

关于《现代汉语词典》的思考,马麦贞,辞书研究,1987年第3期

关于《现代汉语词典》的再评论,沈燕,林立,编辑之友,1995年第6期

关于《现代汉语词典》对部分迷信义的解释,孔昭琪,辞书研究,1996年第2期

关于《现代汉语词典》释义的几点意见,施建基,中国语文,1984年第5期

关于《现代汉语词典》释义的几个问题,富金璧,北方论丛,1982年第6期

关于现代汉语词典中的条目安排,施雅丽,辞书研究,1989年第2期

关于《新华字典》(1992年重排本)修订的几点意见,胡中文等,辞书研究,1998年第4期

关于《应用汉语词典》的一段对话,鲁国尧,语言教学与研究,2000年第4期

关于"又"和"再",李文治,语言教学与研究,1982年第1期

关于字典上的几个问题,黄俊贵,北京日报,1963年11月14日

规范还是误导,修订还是"修正":《现代汉语词典》修订本问题展列与评说,师叔树,文艺理论与批评,2000年第1期

"规范"是《现代汉语规范字典》的主要特点,赵丕杰,语言文字应用,1998年第3期

规范型汉语辞书的异体字处理问题(上):《现代汉语

规范字典》编写札记之一,程荣,语文建设,1998年第6期

"规范字典"的特点在于"规范":《现代汉语规范字典》将于年内出版,李行健,语文建设,1997年第6期

郭编《古代汉语》若干注释献疑,丁士虎,池州师专学报,2006年第1期

郭锡良等编《古代汉语》的释义问题,杨琳,烟台大学学报·哲学社会科学版,1990年第1期

国语辞典评论,高名,大公报·图书周刊,1947年6月6日

国语辞典序,汪怡,世界日报·国语周刊,1937年2月6日

国语大辞典之楷模,须尊,鞭策周刊,1932年第2卷第1期

汉语词典领域的新开拓,陆嘉琦,外国语,1996年第3期

汉语词汇的宝库:《汉语大词典》,顾柏林,辞书研究,1986年第6期

汉语辞书成语引源要破除传统史学观念,孙良明,山东师大学报,1982年第1期

《汉语大词典》(1—8卷)释义商兑(三),马国强,黄淮学刊,1992年第3期

《汉语大词典》编写散记,陈增杰,温州师专学报,1983年第2期

《汉语大词典》编纂出版工作的回顾,阮锦荣,辞书研究,1994年第3期

《汉语大词典》编纂记实,王涛,辞书研究,1986年第6期

《汉语大词典》编纂谈片,陈永安,编辑之友,1995年第1期

《汉语大词典》辨误五则,岳国钧,贵州文史丛刊,1995年第3期

《汉语大词典》辨正,徐山,昭乌达蒙族师专学报,2004年第3期

《汉语大词典》补正八则,贺卫国,河池学院学报,2004年第5期

《汉语大词典》"扠～"类词正诂四则:从晋语"扢～"类词的构词特点看《汉语大词典》几个词的训释缺陷,康国章、陈鹏飞,殷都学刊,2000年第1期

《汉语大词典》插图的特点与工艺流程,孙立群,辞书研究,1994年第3期

《汉语大词典》迟后于《释名》的书证,李茂康,重庆教育学院学报,2007年第1期

《汉语大词典》《辞源》收释近代汉语词语之不足,赵红梅、程志斌,伊犁师院学报,1998年第1期

《汉语大词典》寸部订补(上、下),陈增杰,温州师院学报,1990年第1、3期

《汉语大词典》大功告成:首都隆重举行庆功会,江泽民、李鹏等到会祝贺,何加正等,人民日报,1994年5月11日

《汉语大词典》的编纂,阮锦荣,语文建设,1994年第11期

《汉语大词典》的历史使命,陈原,辞书和信息,上海辞书出版社,1985年

《汉语大词典》的例句运用,王安全,辞书研究,1986年第6期

《汉语大词典》的一处标点错误,胥洪泉,社会科学研究,2000年第2期

《汉语大词典》的注音,唐让之,辞书研究,1986年第6期

《汉语大词典》等辞书词目、注音指瑕,谷兴云、田汝秀,文教资料,1993年第2期

《汉语大词典》等工具书"军爵"、"公爵"条目献疑,邵文利,学术界,2004年第6期

《汉语大词典》等误释"受降城"辨正,王胜明、潘殊闲,临沂师范学院学报,2004年第4期

《汉语大词典》第七卷"心部"订补,程志兵,伊犁师院学报,2000年第2期

《汉语大词典》第一卷订补(一),程志兵、范文莲,伊犁师范学院学报,2002年第3期

《汉语大词典》第一卷订补(二),程志兵,伊犁教育学院学报,2002年第2期

《汉语大词典》订补,多洛肯、李丽华,新疆大学学报·社会科学版,2004年第2期

《汉语大词典》分卷主编责任制与编辑工作,郭忠新,辞书研究,1994年第3期

《汉语大词典》割裂成语现象举例,王文晖,辞书研究,2004年第4期

《汉语大词典》个别词目释义商订,吉发涵,齐鲁学刊,2003年第3期

《汉语大词典》古时间词条补正二则,朱习文,古籍整理研究学刊,2005年第6期

《汉语大词典》、《汉语大字典》注音商兑二题,梁光华,贵州师范大学学报·社会科学版,1997年第2期

《汉语大词典》近代汉语条目补证,张小艳,湖州师院学报,2000年第4期

《汉语大词典》近代汉语条目订补,李申,徐州师范大学学报·哲学社会科学版,1997年第2期

《汉语大词典》近代汉语条目释义摭误,徐复岭、张静

济宁师范专科学校学报,2007 年第 1 期

《汉语大词典》近代汉语条目再订补,李申,徐州师范大学学报·哲学社会科学版,2000 年第 2 期

《汉语大词典》"利"条评议,刘敬林,陇东学院学报·社会科学版,2004 年第 2 期

《汉语大词典》例证滞后词目撷拾,周建兵,常州工学院学报·社科版,2007 年第 2 期

《汉语大词典》量词补证,曹小云,丹东师专学报,1995 年第 2 期

《汉语大词典》量词初始例试补,李建平,语文学刊,2004 年第 8 期

《汉语大词典》漏收词目调研报告,曲文军,浙江树人大学学报,2005 年第 1 期

《汉语大词典》漏收的"二程语录"词语义项补释 9 则,王秀玲,韶关学院学报,2006 年第 11 期

《汉语大词典》某些词条首证年代商议,成妍,鹭江职业大学学报,2004 年第 2 期

《汉语大词典》"佞"下复词释义商兑,刘敬林,甘肃高师学报,2003 年第 3 期

《汉语大词典》评略,郭芹纳,古汉语研究,1996 年第 4 期

《汉语大词典》前三卷近代词语阅读札记,秦存钢,泰山学院学报,2008 年第 1 期

《汉语大词典》求疵录,王海根,温州师院学报,1992 年第 4 期

《汉语大词典》若干词释义商榷,赵雪梅,苏州教育学院学报,2003 年第 4 期

《汉语大词典》若干词条释义商补,于立昌,淮北煤炭师范学院学报·哲社版,2005 年第 3 期

《汉语大词典》若干词条释义拾补,李申,于立昌,徐州师范大学学报·哲社版,2002 年第 2 期

《汉语大词典》若干礼制词目释义献疑,吕友仁,河南师范大学学报·哲学社会科学版,1998 年第 1 期

《汉语大词典》商补,王恩建,河北理工学院学报·社科版,2004 年第 1 期

《汉语大词典》商补,吴金华,南京师大学报,1997 年第 1 期

《汉语大词典》商订五题,吴金华等,辞书研究,1999 年第 3 期

《汉语大词典》"甚"释"责备"义商榷,董莲池,古籍整理研究学刊,1996 年第 6 期

《汉语大词典》失误管窥,庞月光,北京教育学院学报,1996 年第 2 期

《〈汉语大词典〉拾补》序,徐复,唐都学刊,2000 年第 2 期

《汉语大词典》试写词目选登,《汉语大词典》安徽大学编写组,安徽大学学报,1978 年第 3 期

《汉语大词典》是时代的需要,周有光,辞书研究,1986 年第 5 期

《汉语大词典》释义和书证方面存在的问题,温显贵,湖北大学学报·哲学社会科学版,1997 年第 3 期

《汉语大词典》释义及书证商补,程志兵,新疆师大学报,1999 年第 3 期

《汉语大词典》释义商兑,邵则遂,培训与研究,1997 年第 1 期

《汉语大词典》释义商榷,王恩建,邵阳学院学报·社科版,2002 年第 3 期

《汉语大词典》释义商榷六则,赵宗乙,泉州师范学院学报,2008 年第 3 期

《汉语大词典》释正四则,王智群,台州学院学报,2003 年第 2 期

《汉语大词典》收词释义评说,蒋宗许,西南民族大学学报·人文社科版,2005 年第 1 期

《汉语大词典》书证补,张富翠,西南民族大学学报·人文社科版,2004 年第 10 期

《汉语大词典》书证迟后例补,牛太清,中国语文,2004 年第 2 期

《汉语大词典》书证订补,李申,王祖霞,徐州师范大学学报·哲社版,2003 年第 4 期

《汉语大词典》书证考释——书证与释义一致性商榷,马大勇,湘潭大学学报·哲学社会科学版,2006 年第 2 期

《汉语大词典》书证前补(一),蒋宗许,绵阳师范高等专科学校学报,2002 年第 4 期

《汉语大词典》书证前补(二),蒋宗许,绵阳师范学院学报,2003 年第 1 期

《汉语大词典》书证前补(三),蒋宗许,绵阳师范学院学报,2003 年第 6 期

《汉语大词典》书证商补,李申,王本灵,东南大学学报·哲社版,2003 年第 2 期

《汉语大词典》书证商榷,吴金华,南京师大学报,1995 年第 3 期

《汉语大词典》书证拾补,董运来,上海高校图书情报工作研究,2008 年第 1 期

《汉语大词典》书证始见例试补,张春雷,红河学院学报,2005 年第 4 期

《汉语大词典》书证首例时代偏晚续拾,董运来,图书馆杂志,2004 年第 12 期

《汉语大词典》书证溯源指瑕,谭耀炬,九江师专学报,2001年第3期

《汉语大词典》书证晚出词条举隅,张能甫,西南民族学院学报,1999年第3期

《汉语大词典》书证滞后举隅,鲍延毅,常州工学院学报,2004年第3期

《汉语大词典》疏漏举例——音切篇,谢纪锋,南阳师范学院学报,2008年第2期

《汉语大词典》疏漏拾零,张能甫,四川师范大学学报·哲学社会科学版,2001年第2期

《汉语大词典》疏失举隅,李敏,朱茂汉,安徽师范大学学报·人文社会科学版,1991年第3期

《汉语大词典》疏失举证,朱茂汉,赣南师院学报,1997年第5期

《汉语大词典》疏失一例,萧惠兰,辞书研究,1995年第5期

《汉语大词典》疏误补正四则,于智荣,廊坊师范学院学报,2006年第4期

《汉语大词典》蔬菜词语补正二则,闫艳,古汉语研究,2001年第2期

《汉语大词典》琐议,朱城,湛江师范学院学报·社会科学版,1996年第4期

《汉语大词典》天象词目献疑,徐传武,烟台师院学报,1993年第2期

汉语大词典条目释义商榷(一),导夫,中国出版,1995年第8期

汉语大词典条目商榷(续),导夫,中国出版,1995年第9期

《汉语大词典》同形字处理辨正,毛远明,西南师范大学学报·人文社科版,2004年第1期

《汉语大词典》"为"字释义评议,刘瑞明,固原师专学报,1995年第1期

《汉语大词典》误读献疑,王光汉,淮北煤师院学报,1995年增刊

《汉语大词典》误释辨正四则,刘传鸿,语言研究,2007年第1期

《汉语大词典》误释词目研究报告,曲文军,山东师范大学学报·人文社科版,2005年第1期

《汉语大词典》误释《醒世姻缘传》词目辨正,朱孔伦,中华女子学院山东分院学报,2005年第3期

《汉语大词典》现代词语释义商兑,刘敬林,陇东学院学报·社会科学版,2003年第3期

《汉语大词典》献疑,毛远明,成都师范高等专科学校学报,1999年第1期

《汉语大词典》一、二、三卷阙误举隅,李靖之,山西大学学报,1991年第3期

《汉语大词典》一些条目释义续商,王锳,中国语文,2002年第3期

《汉语大词典》遗阙《释名》词语之义举隅,李茂康,西华师范大学学报·哲学社会科学版,2006年第9期

《汉语大词典》疑难词语释义商补,刘敬林,青海师专学报·教育科学,2003年第5期

《汉语大词典》义项分立法初探,陈慧星,山东大学文科论文集刊,1982年第1期

《汉语大词典》义项失序问题研究,陈国华,李申,辞书研究,2015年第1期

《汉语大词典》音切疏漏举例,谢纪锋,中国语文,2006年第6期

《汉语大词典》引《周易》语词指瑕,满祥,赵振兴,古汉语研究,2005年第3期

《汉语大词典》有关《潜夫论》并列复词的问题,徐山,黄山学院学报,2006年第1期

《汉语大词典》语词溯源例证指瑕,谭耀炬,绍兴文理学院学报,2001年第2期

《汉语大词典》阅读散记,董志翘,语言研究,1998年第2期

《汉语大词典》阅读札记,谭代龙,青海师范大学学报·哲社版,2004年第1期

《汉语大词典》在实践中,罗竹风,辞书研究,1981年第1期

《汉语大词典》在收释同义复词上存在的问题,周掌胜,浙江树人大学学报,2003年第1期

《汉语大词典》之《红楼梦》词语释义商兑,刘敬林,河西学院学报,2004年第3期

《汉语大词典》之《金瓶梅词话》词语释义补正,刘敬林,安庆师范学院学报·社会科学版,2006年第5期

《汉语大词典》之《金瓶梅词话》词语释义商兑,刘敬林,陇东学院学报·哲学社会科学版,2003年第1期

《汉语大词典》之《金瓶梅词话》词语疑诂,刘敬林,青海师专学报·教育科学,2004年第1期

《汉语大词典》之元曲词语释义商兑,刘敬林,陇东学院学报·社会科学版,2004年第1期

《汉语大词典》之元曲疑难词语释义辨正,刘敬林,天水师范学院学报,2005年第1期

《汉语大词典》指误,胥洪泉,四川师范学院学报·哲学社会科学版,2002年第6期

《汉语大词典》指瑕,夏南强,华中农业大学学报·社会科学版,2000年第4期

《汉语大字典》编辑二三事,杨宗义,辞书研究,1987年第1期

《汉语大字典》编校讹误摭谈,何茂活,宁夏大学学报·人文社科版,2007年第1期

《汉语大字典》编写器物字的要求和作法,周炳森,辞书研究,1987年第1期

《汉语大字典》辨误六则,戴金盈,逻辑与语言学习,1994年第4期

《汉语大字典》补苴,张标,河北科技大学学报·社科版,2004年第1期

《汉语大字典·补遗》不释、误释字考释,杨宝忠,古汉语研究,1992年第3期

《汉语大字典》补正数则,王粤汉,图书馆论丛,1996年第2期

《汉语大字典》车部字释义订误,胡锦贤,湖北大学学报,1992年第2期

《汉语大字典》处理《说文》校勘指瑕,傅定淼,黔南民族师范学院学报,2004年第1期

《汉语大字典》单字释义小议,朱城,语文研究,2004年第4期

《汉语大字典》的编写工作,李格非、赵振铎,辞书研究,1980年第3期

《汉语大字典》的编写工作,赵振铎,辞书研究,1983年第2期

《汉语大字典》的词性标注,邵世强,词典研究丛刊,1987年第8辑

《汉语大字典》的名物字释义,鄢先觉,辞书研究,1987年第1期

《汉语大字典》的释义,李运益,词典研究丛刊,1987年第8辑

《汉语大字典》的释义,张在德,辞书研究,1983年第2期

《汉语大字典》的收字问题,左大成,辞书研究,1987年第1期

《汉语大字典》的特点,张在德,辞书研究,1987年第1期

《汉语大字典》的"通",伍宗文,辞书研究,1987年第1期

《汉语大字典》的义项理论与实践,刍邑,辞书研究,1990年第5期

《汉语大字典》的整体性和系统性,杨宗义,辞书研究,1990年第5期

《汉语大字典》的字头编排,冯书华,辞书研究,1987年第1期

《汉语大字典》(第一卷)匡补,朱城,河南师范大学学报·哲社版,2001年第6期

《汉语大字典》(第一卷)说疵,祝注先,邵阳学院学报·社会科学版,1994年第4期

《汉语大字典》对清以来训诂成果的利用,汪耀楠,辞书研究,1987年第1期

《汉语大字典》多音字处理献疑,姚一斌、毛远明,语文研究,2003年第2期

《汉语大字典》翻检札记,朱城,韩山师范学院学报,2000年第1期

《汉语大字典》、《汉语大词典》编排训释中的若干问题,张标,河北师大学报,1996年第3期

《汉语大字典》、《汉语大词典》书证疏漏校正举要,陈炳昭,漳州师院学报,1999年第2期

《汉语大字典》及其疏漏,贾延柱,丹东师专学报,1995年第4期

《汉语大字典》几个统计数字,张红、彭亚群,汉语学习,1986年第6期

《汉语大字典》究竟收了多少字,于广元,语文建设,1992年第3期

《汉语大字典》举正,王建,贵州文史丛刊,1991年第2期

《汉语大字典》考订,王粤汉,湖北教育学院学报,1993年第4期

《汉语大字典》利用《说文》释义商榷,侯占虎,古籍整理研究学刊,2000年第4期

《汉语大字典》例证指瑕,鲁六,汉字文化,2004年第1期

《汉语大字典》例证中的几个问题,鲁六,西华师范大学学报·哲社版,2004年第3期

《汉语大字典》"劣"字释义补正,时永乐,河北大学成人教育学院学报,2003年第1期

《汉语大字典》糸部字勘误举隅,古敬恒,彭城职业大学学报,2004年第4期

《汉语大字典》求疵录,王海根,温州师院学报,1992年第4期

《汉语大字典》全书出齐,李光茹,人民日报,1990年12月4日

《汉语大字典》拾误,赵宗乙,泉州师范学院学报,2003年第1期

《汉语大字典》释义补正,王作新,三峡大学学报·人文社会科学版,2008年第3期

《汉语大字典》释义及其历史贡献检视,周阿根,辞书研究,2005年第1期

《汉语大字典》释义商兑,王粤汉,湖北大学学报,1994

年第3期

《汉语大字典》释义商兑,周志锋,台州学院学报,1997年第4期

《汉语大字典》释义商榷,鲁六,宁夏大学学报·人文社会科学版,2004年第4期

《汉语大字典》释义商榷,史晓平,山东教育学院学报,1994年第3期

《汉语大字典》释义商榷一则,李若晖,益阳师专学报,1995年第3期

《汉语大字典》释义小札,张孝纯,湖北大学学报·哲学社会科学版,1992年第5期

《汉语大字典》释义正误,姚一斌,云南师范大学学报·哲学社会科学版,2002年第4期

《汉语大字典》释义指瑕,邓声国,江苏大学学报·社会科学版,2002年第3期

《汉语大字典·手部》指瑕,姚永铭,嘉兴高等专科学校学报,1999年第3期

《汉语大字典》书证错误举例:《字典》援用《仪礼》时出现的错吴,余让尧,江西教育学院学报,1991年第2期

《汉语大字典》书证晚出举隅,杨正业,达县师范高等专科学校学报,2002年第3期

《汉语大字典》书证质疑一则,梁冬青,汉字文化,2007年第4期

《汉语大字典》疏漏拾遗,程明安,郧阳师范高等专科学校学报,2003年第4期

《汉语大字典》疏误举隅,朱城,湖北民族学院学报·哲学社会科学版,1993年第1期

《汉语大字典》疏误再议,朱城,湖北民族学院学报·哲学社会科学版,1994年第3期

《汉语大字典》所收单字的若干数据,张猛,语文建设,1991年第5期

《汉语大字典》体例商榷,王瑾,晋图学刊,1991年第3期

《汉语大字典》通假漏释辨读七则,单周尧,学术研究,2006年第3期

《汉语大字典》通假义项说略,伍宗文,词典研究丛刊,1987年第8辑

《汉语大字典》"卍"字条书证商榷,舒邦新,江西师大学报,1989年第3期

《汉语大字典》为什么还要用旧笔形的繁体字,冉友侨,词典研究丛刊,1981年第3辑

《汉语大字典》未收的中医古籍用字特殊音义(上),沈澍农,医古文知识,2004年第1期

《汉语大字典》未收中医古籍字之音义(下),沈澍农,医古文知识,2004年第2期

《汉语大字典》"翕"等字条释义辨正,吕文科,李映忠,河西学院学报,2005年第4期

《汉语大字典》小议,向熹,古汉语研究,1990年第1期

《汉语大字典》"信"字条辨误,袁津琥,辞书研究,1999年第3期

《汉语大字典》"信"字条辨正,袁津琥,绵阳师范高等专科学校学报,1998年第3期

《汉语大字典》遗补示例,张立华,松辽学刊,1995年第2期

《汉语大字典》义项疏失说略,范新干,云梦学刊,2006年第6期

《汉语大字典》义项问题初探,成于思,辞书研究,1980年第3期

《汉语大字典》义项问题献疑,鲁六,汉字文化,2005年第1期

《汉语大字典》义项指瑕,鲁六,青海师范大学学报·哲社版,2003年第6期

《汉语大字典》异体字认同失误辨证,杨宝忠,熊加全,语文研究,2013年第2期

《汉语大字典》音义指瑕,高小方,古汉语研究,1996年第3期

《汉语大字典》引经书及注疏辨误,戴金盈,渤海学刊,1994年第1期

《汉语大字典》引证献疑,周阿根,阜阳师范学院学报·社科版,2004年第5期

《汉语大字典》引证中存在的问题,姚一斌,云南师范大学学报·哲学社会科学版,2000年第4期

《汉语大字典》引证中的几个问题,毛远明,成都师范高等专科学校学报,2000年第1期

《汉语大字典》应该收列词素义,张清源,词典研究丛刊,1981年第2辑

《汉语大字典》援引《说文解字》标点商榷,段玉泉,宁夏大学学报·人文社科版,2001年第6期

《汉语大字典》指疵,刘祥松,湛江师院学报,1999年第4期

《汉语大字典》指瑕,毛远明,四川师范学院学报·哲学社会科学版,1997年第3期

《汉语大字典》指瑕,王彦坤,暨南大学学报,1998年第2期

汉语方言中表示"拨出(饭菜)"的"减",伍巍,辞书研究,2005年第3期

汉语古典文学语词的宝库,钱玉林,辞书研究,1994年第3期

《汉语拼音词汇》的性质、作用和问题,周有光,辞书研究,1983年第1期

《汉语拼音方案》的应用发展,周有光,语文建设,1986年第Z1期

汉字的宝库、辞书的丰碑,杨洪清,词典研究丛刊,1990年第11辑

《汉字简化方案》的推行成果,周有光,语文建设,1989年第5期

汉字教学与学习的新思路:评《多媒体汉字字典》,赵金铭,语言教学与研究,2000年第4期

《汉字信息字典》的编纂和特点,刘如水等,辞书研究,1989年第5期

《汉字形义分析字典》评介,田福,语文研究,1999年第2期

好一座"语言迷宫":《语言大典》,湖上柳,中国图书评论,1994年第2期

浩浩乎大哉《辞源》,田忠侠,辞书研究,1996年第4期

回顾与展望:记《汉语大词典》首卷出版,罗竹风,辞书研究,1986年第6期

继承发展创新:《现代汉语规范字典》成就管窥,应雨田,常德师院学报,2000年第6期

继承、提高、创新——谈第5版《现代汉语词典》,晁继周,辞书研究,2006年第1期

甲骨文羊羌的词义关系考述,吴建伟,西北第二民族学院学报·哲学社会科学版,1997年第2期

奸臣·权臣·贰臣,吴小如,教师博览,2000年第7期

艰苦的探索,科学的创新:评《现代汉语学习词典》,王文昌,辞书研究,1996年第3期

简编本《汉语大字典》的编辑工作,王粤汉,编辑之友,1994年第5期

简论《古俗字略》——兼及《汉语大字典》疑难字,杨正业,辞书研究,2003年第5期

简论《汉语大字典》与《康熙字典》,诸定耕,南充师院学报,1987年第1期

《简明古汉语字典》评述,赵振铎,辞书研究,1987年第5期

简评新版《新华字典》,李景白,词典研究丛刊,1983年第5辑

简评《新华词典》,张聿忠,中国语文通讯,1981年第5期

简评修订本《辞源》(第一册),艾荫范,中国语文,1981年第1期

结构助词"底"源自方位词新证——兼谈《辞源》"底"条释义二三,何瑛,古汉语研究,2010年第1期

"借词"从哪里来,吴辛丑,读书,1999年第12期

金文"于"字用法初探,武振玉,吉林省教育学院学报,2005年第3期

金文中的连词"而",武振玉,湖南科技学院学报,2005年第10期

《近代汉语词典》杂论,蒋宗许,绵阳师范高等专科学校学报,2002年第1期

近代汉语词语札记,李申,徐州师范大学学报·哲学社会科学版,2007年第1期

精益求精,更上一层楼:对《汉语大词典》的定稿的意见,诸丞亮,云南教育学院学报,1991年第1期

精益求精出精品:《现代汉语词典》的修订出版,张红军,新闻出版天地,1996年第5期

纠谬·补缺·充实:《辞源》修订散记,刘叶秋,辞书研究,1981年第4期

看了周铭三先生底国语词典之后,白熊,国语月刊,1922年第1卷第9期

《康熙字典》和《中华大字典》,李诗,新民晚报,1961年1月27日

可贵的探讨:谈谈《现代汉语八百词》,朱旗,语文知识丛刊,1981年第2期

苦心经营创意多:评李行健主编《现代汉语规范字典》,史鉴,语文建设,1998年第3期

了一小字典初稿,王了一,国文月刊,1946年第43、44期

类义词典中的两种类型:"同义"与"同类"——《同义词词林》与《朗文多功能分类词典》比较,宋婧婧,辞书研究,2004年第4期

历时辞书引证超前举隅——《近代汉语词典》读稿札记,白维国,中国语文,2005年第4期

历书琐谈,沈津等,百科知识,1981年第2期

《联绵字典》的收词及相关问题,沈怀兴,辞书研究,2007年第4期

两部语义场词典释义的历史演变,解海江,章黎平,烟台师院学报,1999年第4期

两周金文指代词"是""兹""之"用法之别,武振玉,长春大学学报,2007年第1期

两周金文中的无指代词,武振玉,长江学术,2006年第3期

两周金文中否定副词"毋"的特殊用法,武振玉,长春师范学院学报,2006年第1期

两周金文中连词"则"的用法研究,武振玉,古籍整理

研究学刊,2007年第2期
令人非常失望的《语言大典》,琢行,中国图书评论,1993年第2期
龙飞在天:《汉语大词典》编纂前前后后,李泓冰,人民日报,1994年5月11日
论差异:"两典"注音差异评议之二,严承均,语言研究,1991年增刊
论《汉语大词典》的修订,陈增杰,辞书研究,1998年第4期
论《汉语大词典》相关条目的非相关性问题,曲文军,临沂师范学院学报,2003年第5期
论《汉语大词典》沿袭旧误的问题,曲文军、朱孔伦,辞书研究,2005年第3期
论近代汉语研究与《汉语大词典》的修订,蒋宗许,辞书研究,2004年第1期
论我国字典编写的传统,赵振铎,词典研究丛刊,1989年第10辑
论《现代汉语词典》的百科条,李志江,辞书研究,1993年第5期
论《现代汉语词典》释义的一般原则,韩敬体,辞书研究,1993年第5期
论《现代汉语词典》(修订本)的词条增删,徐沛,四川图书馆学报,1999年第3期
论《现代汉语词典》与《重编国语辞典》的词汇比较研究,苏新春,中国海洋大学学报·社会科学版,2006年第4期
论修订本《辞源》之得失,田忠侠,中国图书评论,1989年第1期
略论规范型词典的特点——兼论《现代汉语大词典》的收词原则,晁继周,辞书研究,1992年第5期
略论《汉语大词典》的特点和学术价值,徐文堪,辞书研究,1994年第3期
略论《现代汉语词典》的释义,周钟灵,辞书研究,1980年第1期
略论小学语文词典的实用性,王植西等,辞书研究,1990年第3期
略说《汉语大字典》引书格式中两个方面的规范统一问题,唐功敏,辞书研究,2011年第5期
略谈辞书体例的创新:《辞源》修订例话,刘叶秋,1983出版研究年会文集,山西人民出版社,1984年
略谈《现代汉语词典》(修订本)的释义,符淮青,语言文字应用,1997年第2期
略谈《中文大辞典》的释文,洪波,辞书研究,1982年第1期

美玉还须更琢磨——记《辞海》1989年版语词条目的修订,鲍克怡,辞书研究,1989年第5期
民众字典的需要和内容,管思九,中华教育界,1936年第23卷第12期
名实不符的《语言大典》,辛为,辞书研究,1994年第5期
明清小说词语考释与《汉语大词典》条目正误,姚美玲,山西大学学报·哲学社会科学版,2001年第1期
"某"字用法小议,吴建伟,中文自学指导,2002年第4期
目前需要一部标准字字典,韩玉西,光明日报,1951年12月8日、30日
披沙拣金,精益求精:《汉语大词典》编纂特色简介,阮锦荣,编辑学刊,1999年第2期
评《常用词语三用词典》,高光烈,汉语学习,1983年第2期
评《辞源》助词部分的释义,章也,文科教学,1984年第2期
评《古汉语常用字字典》,邵欣伯,中国语文,1980年第4期
评"国难后第六版"的《王云五大辞典》,纪洙,益世报·读书周刊,1937年4月22日
评《汉语大字典·前言》,蓟伯平,邵阳师专学报,1994年第4期
评《汉语方言常用词词典》,汪耀楠,语文研究,1993年第3期
评《汉字属性字典》,冯志伟,语文建设,1990年第2期
评《简明古汉语字典》,逸尘,绵阳师专学报,1988年第1期
评《李氏中文字典》,汪耀楠,辞书研究,1995年第4期
评《诗词曲语辞汇释》,王学奇,河北师范大学学报·哲学社会科学版,2006年第1期
评王同亿主编的《新编新华字典》,金欣欣,辞书研究,1995年第4期
评王同亿主编的《新现代汉语词典》,高云祥,语文建设,1993年第12期
评《现代汉语词典》对异体字的处理,陈抗,中国语文,1994年第4期
评《现代汉语大词典》和《新现代汉语词典》,韩敬体,中国语文,1994年第5期
评《现代汉语通用字典》,彭泽润,辞书研究,1991年第4期
评《现汉》的数词释义,党军旗,辞书研究,1998年第3期
评《新编汉语多功能词典》,李文明,自贡师专学报,

1990年第2期
评《新现代汉语词典》,方进,辞书研究,1994年第1期
评《新现代汉语词典》的"新",吴华,辞书研究,1994年第2期
评《新现代汉语词典》中的英汉对译问题,李伯纯,中国语文,1994年第5期
评《袖珍字海》,池贵法,深圳特区报,1994年6月25日
评《学生字典》关于复词的处理,管燮初,中国语文,1960年第1期
评《引用语词典》,汪耀楠,湖北大学学报·哲学社会科学版,1995年第2期
评《语言大典》,徐庆凯,中国语文,1994年第5期
评《中文大辞典》编纂中的几个问题,洪波,杭州大学学报,1981年第2期
评《中文大辞典》单字释义,汪耀楠,张林川,词书论丛,1982年第4期
颇具特色的辞书编纂符号:《现代汉语词典》中的"//",程荣,辞书研究,1995年第4期
《普通话基础方言基本词汇集》读后,陈庆延,语文研究,1997年第2期
欺世之作《语言大典》剖析,鲍克怡,辞书研究,1993年第6期
岂能如此糟蹋版面:小议《语言大典》的版面设计,徐祖友,中国图书评论,1993年第2期
浅谈《现代汉语词典》的虚词注释,孟庆海,辞书研究,1994年第6期
浅谈《现代汉语词典》对地名用字的收录原则,李娟,浙江教育学院学报,2003年第1期
浅谈《现代汉语词典》中一些词语意义的发展变化,程志兵,伊犁师院学报,1993年第3期
浅谈《小学生词语手册》,徐礼智,辞书研究,1984年第2期
浅析粤方言的"话"、"讲"、"倾",伍巍,韶关学院学报,2003年第2期
浅议《辞源》六失,刘世宜,辞书研究,1994年第6期
让口语登上大雅之堂:评《现代汉语常用口语词典》,曹志耘、吕爱文,新闻出版导刊,1995年第6期
热情地支持、无私的奉献:记《汉语大字典》八卷问世,蔡长芬,四川师大学报,1991年第4期
人无我有:《汉语大词典》质量谈,章锡良,苏州大学学报,1996年第2期
认真审读校样是提高成书质量的重要环节:《汉语大词典》第三卷定稿编辑工作札记,郭忠新,辞书研究,1990年第4期
如此词典,匪夷所思:评《语言大典》,徐庆凯,辞书研究,1993年第3期
如此使用逗号、分号合乎规范吗?:与《汉语大词典》编纂者商榷,李庆立,辞书研究,1999年第1期
如何"厮守""厮杀",武建宇,语文建设,2003年第10期
三部词书的动词释义粗析,万艺玲,语言教学与研究,1998年第1期
商务印书馆新字典书后,吴敬恒,东方杂志,1912年第9卷第4期
商务印书馆新字典序,蔡元培,东方杂志,1912年第9卷第4期
绳愆纠谬嘉惠士林:评田忠侠《辞源考订》,罗邦柱,辞书研究,1991年第1期
"胜兵"果真是"常备兵"么?——兼谈几部辞书存在的问题,阿尔丁夫,民族研究,1999年第1期
时代的呼唤:《现代汉语规范词典》在编写中,李行健,语文建设,1994年第1期
实用·普及·规范:评《汉语大词典简编》,金文明,辞书研究,1999年第5期
试论副词"全"的产生与发展,武振玉,贵州大学学报·社会科学版,2005年第3期
试论《汉语大词典》释义的特点,赵应铎,学术界,1994年第5期
试论《汉语大词典》体系,谢芳庆,安徽师范大学学报·人文社会科学版,1997年第1期
试论"既"字在金文中的用法,武振玉,苏州科技学院学报·社会科学版,2005年第4期
试论金文中"咸"的特殊用法,武振玉,古汉语研究,2008年第1期
试论《说文解字》中的"省变",季素彩,河北大学学报·哲学社会科学版,1986年第4期
试评《辞源》的典故条目,徐成志,辞书研究,1985年第6期
试谈《现代汉语词典》释义方面的一些问题,金天增,中国语文,1983年第1期
试谈《现代汉语词典》(修订本)对比喻义的处理,卢建,首都师大学报,1998年第2期
试析"辟"的词义系统:兼说《辞源》的释义缺陷,张家英,佳木斯教育学院学报,1990年第4期
试析《现代汉语词典》对词的理据的注释,吕波,辞书研究,1996年第2期
"是"的任指义探讨,伍巍,语文研究,2001年第3期

释"保障"、"规范"——与《汉语外来语辞典》作者商榷,马振亚,辞书研究,2003年第2期

释"保障"——与《汉语外来语辞典》商榷,马振亚,古籍整理研究学刊,1990年第5期

释"不剌"——对张相《汇释》的一则补正,王学奇,沧州师范专科学校学报,1991年第Z1期

释"粪土",李索,语文建设,2002年第9期

释食言,吴孟复,江淮论坛,1980年第3期

释痛心疾首,吴孟复,江淮论坛,1980年第3期

释义重视词语的运用:使用《现代汉语词典》的心得之一,熊孝孟,语文知识丛刊,1983年第6期

释"与"——兼评《诗词曲语辞汇释》,王学奇,唐山师范学院学报,2006年第1期

《睡虎地秦墓竹简》中的复音词对《汉语大词典》的补充,魏德胜,辞书研究,2000年第5期

说"履新",李索,语文建设,2006年第2期

说"殇",李索,语文建设,2008年第Z1期

说"圣人",李申,群言,2005年第6期

说"失脚",吴晓龙,红楼梦学刊,2001年第3期

《说文解字》注释拾补,段玉泉,雍淑凤,巢湖学院学报,2004年第1期

四部大型汉语辞书浅议,黄小芸,当代图书馆,1994年第1期

四四字典(姚仲拔),严仁赛,大公报·图书周刊,1947年12月26日

肃清"两个估计"在词书工作中的流毒:正确评价《现代汉语词典》(试用本),韩敬体,人民教育,1978年第11期

台湾省《中文大辞典》(修订版)出版,陈炳迢,中国语文通迅,1979年第4期

台湾《中文大辞典》失误举例,雪克,杭州大学学报,1981年第4期

台湾《中文大辞典》释义方面问题商榷,宋子然,四川大学学报,1989年第2期

谈初级语文教学词典的编写:兼评《中学生五用词典》,卢卓群,辞书研究,1992年第3期

谈《辞源》释义,赵克勤,辞书研究,1980年第1期

谈泛义动词的释义——兼评《汉语大词典》"作"字释义,刘瑞明,辞书研究,1991年第3期

谈《古汉语常用字字典》释义中的几个问题,徐峰,吉林师院学报,1984年第4期

谈《汉语大词典》的若干不足,言涓,上海师大学报,1997年第4期

谈《汉语大词典》中的诸问题,程志兵,新疆大学学报·社会科学版,2002年第4期

谈《汉语大字典》编撰中对按语的使用,黄仁寿,四川师大学报,1991年第4期

谈《汉语大字典》的取音配义问题,陈若愚,玉溪师范学院学报,2003年第10期

谈《汉语大字典》在运用传统训诂资料方面的问题,王若江,古汉语研究,1995年第4期

谈《说文解字》中的"读若",王立,外交学院学报,1999年第2期

谈谈《汉语大词典》的收词与立义,傅元恺,辞书研究,1994年第3期

谈谈《现代汉语词典》科技术语释义规范化问题,温昌斌,南昌大学学报,1999年第2期

谈谈《现代汉语词典》收词和释义上的一些问题,甘于恩,辞书研究,1989年第6期

谈谈《现代汉语词典》(修订本)对虚词条目的处理,徐枢,语言文字应用,1997年第1期

谈谈《现代汉语词典》注释形式,刘庆隆,语文研究,1982年第2期

谈谈《新华字典》的编纂特点,颜景孝,辞书研究,1984年第4期

谈谈《新华字典》(二则),于光远,辞书研究,1993年第6期

谈《现代汉语词典》(修订本)的词目纂集,王宁,语言文字应用,1997年第2期

谈新版《辞海》"人间词话"条,叶劲秋,汕头大学学报·人文社会科学版,1985年第2期

谈新编《常用汉语字典》,幼雯,语文战线,1974年第3期

谈《新华字典》(1992年重排本)的修订,胡中文,金欣欣,西南师大学报,1997年第4期

谈《新华字典》中的复音词,金欣欣,语言教学与研究,1998年第3期

谈"戴"、"浆"、"戴浆"的意义:权威辞书训释订误兼谈简帛文献的语料价值,张显成,西南师大学报,1999年第4期

谈字典,叶籁士,太白,1934年第1卷第6期

探讨《小学生词语手册》的编写问题,张立茂,辞书研究,1984年第3期

陶渊明"好读书不求甚解"新释,缪钺,中国文化,1991年第2期

体现汉字特点,提高学用效率:评价《快速识字字典》,邓韶玉,九江师专学报,1995年第4期

通假字和《通假字表稿》,伍宗文,辞书研究,1991年第1期

通俗实用的《袖珍字海》,薛正兴,书与人,1994年第4期

《同源字典》的性质及其意义,王力,语文研究,1982年第1期

《同源字典》语音关系标注献疑,邵文利,杜丽荣,中国语文,2005年第2期

同舟共济,鼓浪前进,罗竹风,辞书研究,1984年第1期

突出"规范",特色鲜明,杨润陆,语文建设,1998年第5期

《突厥语大词典》中的"人参"考辨,杨东宇,西域研究,2006年第2期

推进改革,加快《汉语大字典》的编辑出版,《汉语大字典》编纂处,出版工作,1989年第4期

外国人学汉语的好词典:《现代汉语学习词典》,卢润祥,外国语,1996年第3期

《王力古汉语字典》及其特色,《王力古汉语字典》编写组,中国语文,2000年第5期

王氏《大典》的真相,曾彦修,辞书研究,1994年第2期

为了编好《汉语大字典》,李格非,辞书研究,1987年第1期

为提高青少年语文水平尽心尽力:编写《中学生语文词典》的体会,晁继周,辞书研究,1991年第5期

为《现代汉语词典》"牵引"条补一义,黄河清,辞书研究,2002年第6期

为新版《新华词典》进一言,武夫,语文建设,2000年第10期

文化的长城,汉语的丰碑:评八卷本《汉语大字典》,黄孝德,武汉大学学报,1990年第4期

文化史暨同义词研究的新硕果:评《古代文化词义集类辨考》,殷寄明,古汉语研究,1997年第2期

文言虚词词典说略,黄敬明,语文学习,1979年第5期

文言注解商榷四例,刘福根,湖州师范学院学报,1993年第1期

我国第一部规范性语文词典《现代汉语词典》,晁继周,中国辞书论集1997,商务印书馆,1999年

我国文化建设的历史性里程碑——评《汉语大词典》,谢芳庆,安徽师范大学学报·人文哲学社会科学版,1994年第3期

我和《北京话儿化词典》,贾采珠,辞书研究,1992年第1期

希望《现代汉语词典》精益求精,陆俭明,语言文字应用,1997年第2期

《戏曲词语汇释》象声词诠释拾误,刘钧杰,辞书研究,1984年第6期

先秦同义词"言"、"语"辨析,李素琴,淮海工学院学报·人文社会科学版,2004年第1期

《现代汉语八百词》读后,谢仁富等,语文知识丛刊,1983年第6期

《现代汉语八百词》是一本好词典,王还,中国语文,1981年第2期

《现代汉语八百词》中某些词的词性质疑,高尚榘,齐鲁学刊,1989年增刊

《现代汉语词典》,柳凤运,电大文科园地,1985年第4期

《现代汉语词典·补编》商榷,张谊生,徐州师院学报,1991年第2期

《现代汉语词典》标"书"词研究(上)——兼谈与古语词、历史词、旧词语的区别,苏新春,辞书研究,2007年第1期

《现代汉语词典(补编)》收词的特点和不足,李文明,辞书研究,1991年第2期

《现代汉语词典》部分释义之考订,林天虹,周迎燕,语文建设,1997年第9期

《现代汉语词典》单音节意译语素义立项的考察,吴汉江,辞书研究,2007年第4期

《现代汉语词典》的词条排列,张锦文,辞书研究,1989年第4期

《现代汉语词典》的规范化和创造性:答王同亿先生,晁继周,辞书研究,1997年第4期

《现代汉语词典》的敬谦辞,王泽鹏,辞书研究,1993年第3期

《现代汉语词典》的同素异序词说略,高元石,鞍山师专学报,1991年第4期

《现代汉语词典》的性质和缺欠,张志毅,烟台师院学报,1984年第1期

《现代汉语词典》(第5版)释"白"琐谈,潘峰,现代语文·语言研究版,2006年第3期

《现代汉语词典》第5版释义指瑕,何丹,钱玉趾,成都理工大学学报·社会科学版,2008年第2期

《现代汉语词典》(第5版)语素"红"义项考察,潘峰,焦作大学学报,2007年第3期

《现代汉语词典》对文白异读字的处理,段晓平,辞书研究,2000年第2期

《现代汉语词典》二题,劳臣,语文建设,2000年第10期

《现代汉语词典》古词语释义辨正(上),黄金贵,胡丽珍,辞书研究,2003年第5期

《现代汉语词典》古词语释义辨正(下),黄金贵,胡丽珍,辞书研究,2003年第6期

《现代汉语词典》古词语释义的疏误,胡丽珍,黄金贵,杭州师范学院学报·社科版,2003年第3期

《现代汉语词典》古词语释义商榷,胡丽珍,南昌大学学报·人文社科版,2004年第1期

《现代汉语词典》关于"〈书〉"的标注有点乱,冯振广,辞书研究,2000年第5期

《现代汉语词典》"好不"词条补正,刘明金,宿州师专学报,2000年第4期

《现代汉语词典》"黑"词组语义分析,潘峰,湖北教育学院学报,2007年第1期

《现代汉语词典》科技词条琐议,蔡鑫泉,中国语文通讯,1982年第5期

《现代汉语词典》里的拟声词,袁明军,语文研究,2007年第1期

《现代汉语词典》某些语素义项需要增补撷谈,孙继善,文科教学,1994年第4期

《现代汉语词典》若干词条释义质疑,彭树澍,娄底师专学报,1985年第3期

《现代汉语词典》若干释译指正,陈忠诚,汕头大学学报·人文社科版,2004年第1期

《现代汉语词典》拾误,缪亚奇,南京师大学报,1996年第3期

《现代汉语词典》释义的语文性,张志毅,辞书研究,1981年第3期

《现代汉语词典》释义修订举隅,晁继周,辞书研究,1996年第2期

《现代汉语词典》收词初探,白云,山西大学学报,1999年第2期

《现代汉语词典》收词立目商榷,闵龙华,南京师大学报,1995年第1期

《现代汉语词典》收词原则刍议,甘于恩,词典研究丛刊,1989年第10辑

《现代汉语词典》双音节同音词统计,奚其智,唐可立,文字改革,1983年第8期

《现代汉语词典》所收方言词的考察,刘晓梅,语言文字应用,2003年第2期

《现代汉语词典》(修订本)的几项不足,曾子凡,语言文字应用,1999年第3期

《现代汉语词典》修订本对异形词的处理,张万起,辞书研究,1998年第2期

《现代汉语词典》(修订本)介绍,韩敬体,中国语文,1996年第6期

《现代汉语词典》(修订本)释义求疵,闵龙华,南京师大学报,1997年第2期

《现代汉语词典》(修订本)释义推敲,闵龙华,辞书研究,1998年第3期

《现代汉语词典》(修订本)释义选评:兼及《现代汉语大词典》有关条目,闵龙华,淮阴师专学报,1997年第1期

《现代汉语词典》(修订本)义项划分二题,邹玉华,语文建设,1998年第1期

《现代汉语词典》(修订本)语文知识条目和标词类的一些情况,施关淦,语言文字应用,1997年第2期

《现代汉语词典》(修订本)摘瑕,张玉萍,河南大学学报,1997年第5期

《现代汉语词典》修订了什么,汤伏祥,新闻出版报,2000年5月29日

《现代汉语词典》修订述略,晁继周,语文建设,1995年第2期

《现代汉语词典》修订研究,孔昭琪,孔见,理论学刊,2006年第11期

《现代汉语词典》修订中的语音规范,晁继周,语文建设,1995年第9期

《现代汉语词典》疑误二则,董树人,语文建设,1998年第3期

《现代汉语词典》以"客套话"为释语的条目浅析,王世友,莫修云,辞书研究,2000年第5期

《现代汉语词典》用例笔记,吴昌恒,辞书研究,1993年第5期

《现代汉语词典》与北京方言词,晁继周,辞书研究,1982年第6期

《现代汉语词典》与当代语言理论,葛本仪,语文建设,1997年第12期

《现代汉语词典》阅读札记,白云,河北师范大学学报·哲学社会科学版,2005年第1期

《现代汉语词典》在词典史上的贡献,汪耀楠,辞书研究,1994年第1期

《现代汉语词典》在词语释义方面的贡献,符淮青,辞书研究,1993年第5期

《现代汉语词典》在日本,刘向军,语文建设,1993年第12期

《现代汉语词典》增补部分评述,刘承峰,辞书研究,2005年第2期

《现代汉语词典》指瑕,峻峡等,辞书研究,1993年第6期

《现代汉语词典》指瑕,孔昭琪、孔见,理论学刊,2005年第2期

《现代汉语词典》中的成语注音问题,王金鑫,辞书研究,2000年第4期

《现代汉语词典》中的"儿"尾词该如何处理,苏新春,语文建设,2000年第12期

《现代汉语词典》中的释义问题,李可凡,唐山师专学报,1982年第2期

《现代汉语词典》中的音译外来词,许建中,辞书研究,1990年第3期

《现代汉语词典》中个别词语释义的商榷(二),胡可一,湘潭师范学院学报·社会科学版,1981年第3期

《现代汉语词典》中同形多字词目分析,王楠,中国语文,2002年第3期

《现代汉语词典》中异形词的处理,刘云汉,语文建设,1999年第2期

《现代汉语词典》注音刍议,颜景孝,词典研究丛刊,1986年第7辑

《现代汉语词典》注音拼写的连写分写问题,张军,辞书研究,2000年第2期

《现代汉语词典》注音拼写中的大小写问题,张军,语言文字应用,1999年第3期

《现代汉语词典》字头所用字形商榷,杨洪清,徐州师院学报,1990年第1期

《现代汉语大词典》质疑,戴建华,辞书研究,1994年第6期

现代汉语工具书的代表之作,鲍克怡,辞书研究,1993年第5期

《现代汉语规范用法大词典》评介,王惠,辞书研究,2000年第3期

《现代汉语规范字典》编写体会之二:字形、定音、注出词性和词义引申脉络,曹聪孙,语文建设,1997年第10期

《现代汉语规范字典》的特点,苏培成,语文建设,1998年第5期

《现代汉语规范字典》的一处疏忽,黄启庆,汉字文化,2004年第1期

《现代汉语规范字典》读后,刘川民,语文研究,2000年第4期

《现代汉语规范字典》对字头分合的处理,赵丕杰,语文建设,1997年第12期

《现代汉语规范字典》义项的排列,刘钧杰,语文建设,1997年第11期

《现代汉语规范字典》中的"提示"及其体现的原则,黄启庆,辞书研究,2003年第2期

《现代汉语小词典》修订举隅,谭景春,辞书研究,2008年第3期

《现代汉语学习词典》编纂中的探索,孙全洲,辞书研究,1986年第3期

《现代汉语学习词典》中的量词,徐祖友,外语界,1996年第2期

现代汉字部首与古代哲学思想——试析《现代汉语词典·部首》的深层建构,季素彩,汉字文化,1999年第1期

《现汉》对异体词的修订,李晓静,辞书研究,1998年第3期

《现汉》关联条目的几点质疑,马镇兴,辞书研究,1998年第3期

《现汉》科技条目的修订,李志江等,辞书研究,1997年第1期

《现汉》例证的搭配关系问题,段晓平,辞书研究,1998年第3期

《现汉》两个版本立目和收条的比较,张铁文,辞书研究,2000年第3期

《现汉》修订本的异体词整理,高更生,语文建设,1999年第1期

《现汉》(修订本)疏误举例,劳臣,语文建设,2001年第5期

《小学生词语手册》错误百出:有关人士呼吁重视出版质量以免误人子弟,余传诗,光明日报,1987年9月14日

《小学生字典》评介,颜景孝,辞书研究,1982年第4期

小学语文词典手册综评,徐礼智,辞书研究,1990年第3期

小议"怀疑",伍铁平,外语与外语教学,2002年第4期

小资料:《汉语大词典》,傅玉芳,辞书研究,1994年第3期

新版《辞海》科技条目的新陈代谢,周明鉴,辞书研究,1999年第6期

新版《辞海》遗缺举例,谢芳庆,安徽师范大学学报·人文社会科学版,1982年第4期

新版《辞源》释义补正,马鼎,徐州师院学报,1992年第3期

新版《辞源》小瑕举例,赵恩柱,教学与进修,1982年第2期

新版《辞源》中部分词语释义、引证考,王立,外交学院

学报,2004年第4期
《新编常用汉字字典》指瑕,谢泽荣,重庆师院学报,1997年第2期
《新编汉语多功能词典》构词标注献疑,黎良军,辞书研究,1994年第2期
《新编汉语多功能词典》评介,李文明,辞书研究,1992年第1期
《新编小学生字典》,颜景孝,辞书研究,1983年第3期
《新部首大字典》的特点,杜秉庄,文教资料,1991年第6期
新《辞源》部分古代史实评介商榷,李绍平,湖南师大学报,1999年第2期
《新华字典》编写上的几个特色,熊孝孟,辞书研究,1981年第1期
《新华字典》的插图——莲,贾采珠,语文建设,2000年第10期
《新华字典》的修订,王楠,语文建设,1996年第7期
《新华字典》的转义,肖懋燕,辞书研究,1984年第5期
《新华字典》姓氏义的问题,王继洪,辞书研究,2005年第2期
《新华字典》修订本的收字及注音,孟庆海,中国语文,1998年第6期
《新华字典》与《审音表》审音比较与思考,马显彬,湛江师院学报,2000年第1期
《新华字典》字形析疑,杨洪清,扬州师院学报,1987年第2期
《新华字典》最新修订本"新"在哪里,文非,阅读与写作,1999年第2期
新旧版《现代汉语词典》专科词语立目之比较,牛敬德,阜阳师院学报,2000年第2期
新旧《辞源》浅议,张秀兰,图书与情报工作,1990年第1期
《新世纪现代汉语词典》评析,周明鉴,辞书研究,2002年第1期
《新现代汉语词典》抄袭手法举隅,董琨,辞书研究,1993年第5期
修订本《辞源》(第一、二册)综评,艾荫范等,中国语文,1932年第4期
修订本《辞源》(三)注释商榷,田忠侠,齐齐哈尔师院学报,1985年第1、2期
修订本《辞源》误注通假举例,王海根,徐州师专学报,1985年第2期
修订本《辞源》戌集注商(中),田忠侠,管理与教学,

1991年第1期
学习《审音表》,贯彻《审音表》,研究异读问题:《现代汉语规范字典》编写体会,曹先擢,辞书研究,1999年第3期
要让小读者喜爱它:《儿童图解字典》编后,石永昌,辞书研究,1990年第3期
也谈《小学生词语手册》,肖懋燕,辞书研究,1988年第3期
"也"字语义初探,杨亦鸣,语文研究,1988年第4期
叶圣陶先生和《新华字典》,刘庆隆,语文建设,2000年第11期
一辈人接一辈人的事业:谈《辞源》的修订,吴泽炎,辞书研究,1981年第4期
一本创新的语文词典——《现代汉语八百词》,柯仪,辞书研究,1981年第3期
一部大书:《汉语大词典》的诞生,于冠西,浙江日报,1994年5月6日
一部独特的词典:评《中国古代器物大词典》之《器皿卷》,刘静,辞书研究,2004年第1期
一部多功能汉字信息处理工具书:《汉字属性字典》读后感,姚行地,图书情报论坛,1993年第1期
一部反映汉字发展的巨著:评《汉语大字典》,肖海波,武汉大学学报,1986年第6期
一部很有创意的字典,卢绍昌,语文建设,1998年第10期
一部颇具特色的汉语字典:读《汉语通用字字典》,岩公,辞书研究,1991年第3期
一部实用而精深的字典:《汉语通用字字典》略评,周守晋,南京大学学报,1994年第4期
一部适合对外汉语教学需要的词典:《现代汉语学习词典》,王德春,辞书研究,1996年第3期
一部图文并茂的小百科全书:日本大修馆《中国语图解辞典》,曲翰章,中国语文,1993年第3期
一部宜再完善的工具书:读《现代汉语八百词》札记,罗秀刚、徐钧,内蒙古电大学刊,1992年第3期
一代巨著巍巍丰碑:《汉语大字典》全套八卷出版综述,方夏,四川师大学报,1991年第4期
一个被《汉语大字典》遗漏了的常用汉字:"○",蔡伟、冯振杰,西北师大学报,1998年第2期
一项都不能少——《汉语大字典》修订工作中专项处理回顾,帅初阳,辞书研究,2011年第5期
以规范为己任:初读《现代汉语规范字典》,周明鉴,语文建设,1998年第1期

音义契合原则与《辞源》的注音审订,蔡梦麒,古汉语研究,2015年第3期
引以为鉴:对《中文大辞典》五条释文的探讨,夏蔚文,辞书研究,1980年第1期
萤雪自励,烛照学人:读田忠侠考订《辞源》二书,羊昀,中国图书评论,1993年第6期
用"本校法"看《汉语大词典》所存在的问题,郭康松,华中师大学报,1996年第6期
用《新华字典》正音辨形求义,熊效孟,语文知识丛刊,1981年第1期
有关制定《汉字规范字表》的几个问题,费锦昌,魏励,语言文字应用,1994年第3期
有深度的一次宏观把握:《汉文典》评析,曹聪孙,津图学刊,1994年第2期
语词札记:《汉语大词典》研究,王宣武,唐都学刊,1996年第2期
语文学习词典的创新与释义问题探讨:评《现代汉语学习词典》,章宜华,辞书研究,1999年第5期
《语言大典》"打"字条评析,徐成志,辞书研究,1996年第1期
《语言大典》释义谬误类型,徐庆凯,辞书研究,1995年第5期
《语言大典》"一"字头条目的抄袭行为,斯人,辞书研究,1994年第3期
元曲"稍瓜"再考,李祥林,江海学刊,2003年第2期
越南岱侬族喃字初探,吴小奕,广西民族学院学报·哲学社会科学版,2005年第3期
在《汉语大词典》全书出版庆祝大会上的讲话,罗竹风,语文建设,1994年第9期
在《现代汉语词典》出版二十周年学术研讨会上的发言,胡绳,中国语文,1993年第4期
在《现代汉语规范字典》首发式上的发言(1998年2月7日),李行健,汉语学习,1999年第2期
这里不该用异体字"燉",林志强,辞书研究,2000年第1期
《正中形音义综合大字典》简评,刘振远,图书馆学研究,1982年第3期

值得重视的一个消极文化现象:评王同亿主编的《语言大典》,于光远,辞书研究,1994年第2期
植根于修辞的土壤上:简评《汉语代语词典》,沈孟璎,修辞学习,1995年第5期
中国字典通论,张守白,大学杂志,1934年第1卷第6期
中国字书的编制,万湘澂,云南旅沪学会会刊,1935年第1卷第3期
《中华大字典》校阅琐记,杜道生,词典研究丛刊,1980年第1辑
中华大字典序文,陆费逵等,大中华,1915年第1卷第1、2、3期
《中文大辞典》的优点和问题,陈增杰,辞书研究,1982年第1期
《中文大辞典》简述,洪波,教研资料,1982年第6期
《中文大辞典》巾部[市]字校读记,欧公柳,辞书研究,1982年第1期
《中文大辞典》收词释文小议,郑异之,南京师院学报,1981年第3期
《中文大辞典》、《中华大字典》传讹一例,施民权,吉安师专学报,1993年第2期
注释质疑三例,姜宝琦,云南师大学报,1990年第5期
专门术语注释应遵循"四性"原则:兼谈《现代汉语词典》的编纂,林立,编辑之友,1995年第3期
专心搞好《辞源》修订工作,广西民族学院中文系《辞源》修订小组,广西民族学院学报,1978年第1期
《字查字字典》论证报告,论证专家组,贵州文史丛刊,1999年第6期
字典简论,戴镏铃,文华图书馆学专科学校季刊,1935年第7卷第1、2期
字典简说,金昆年,解放日报,1962年10月19日
字音三疑,俞忠鑫,辞书研究,1997年第1期
字·词典·字典学,赵振铎,词典研究丛刊,1990年第11辑
"宗教"不是外来语,李申,世界宗教文化,2007年第4期
综合性的大型辞书——《辞海》,鲍克怡,语文建设,1985年第2期

二、文字考证

"挨"和"捱",苏培成,咬文嚼字,1999年第9期
"癌"字读音的变迁,黄河清,咬文嚼字,1995年第5期
"癌"字探源,何华珍,辞书研究,1998年第1期
"癌"字探源,黄河清,科技术语研究,2002年第1期
"凹"字的形与音,林亦,古籍整理研究学刊,2001年第6期
"巴"字本义与巴人精神通释,陈发喜,重庆三峡学院学报,2004年第2期
"坺""墢"说音,孙剑艺,古汉语研究,2006年第3期
"拔"字释义评述——兼论"拔"是词尾,刘瑞明,辞书研究,1996年第4期
"爸"、"妈"读音小考,温美姬,温昌衍,古汉语研究,2005年第3期
白、伯、百、魄、柏、舶、皤同源说略,蔡英杰,古汉语研究,2003年第1期
"败"、"好"、"恶"的语音演变窥探,钱毓英,何旭,五邑大学学报·社科版,2004年第4期
《包山楚简》"僕"义解诂,李运富,古汉语研究,2003年第1期
"保卣"铭文释疑,孙斌来,吉林师范大学学报·人文社会科学版,1985年第3期
贝部字研究,石云孙,安庆师范学院学报·社会科学版,1988年第2期
"贝"字货币文化蕴涵管窥,梁光华,遵义师范学院学报,2002年第4期
"比"字古义通解纠缪,张觉,西南师范大学学报·人文社会科学版,1991年第4期
辨"以",陈永生,辽宁师范大学学报·社会科学版,1982年第5期
辨"与",陈永生,西南师范大学学报·人文社会科学版,1982年第4期
豳字探义,秦建明,庆阳师专学报,1994年第1期
兵器铭文考释(七则),徐在国,古文字研究,2000年第22辑
髆,谭步云,开放时代,1987年第4期
卜辞"豖豖"小议,时兵,汉字文化,2006年第2期
卜辞杂释五则,刘桓,殷都学刊,1996年第1期
部首"彡"的类意义,龚嘉镇,辞书研究,1992年第1期
"才"与"纔",张谊生,辞书研究,1992年第3期

"草"的词源和俗词源,汪化云,汉字文化,2002年第4期
"草"字辨,曾良,汉字文化,2006年第3期
"长"字新释,刘晓梅,考古与文物,2000年第4期
"车"字古音考:兼与时建国先生商榷,孟蓬生,古籍整理研究学刊,2002年第3期
重体字的"多"义浅谈,韩卫斌,语文知识,2007年第1期
"愁"字的由来及其本义,齐冲天,文史知识,1992年第10期
出土战国文献中"焉"的研究,张玉金,语言科学,2008年第4期
出土资料中所见的"嬴"和"龙",王蕴智,郑州大学学报·哲学社会科学版,2004年第6期
楚国简帛文字丛考(一),李运富,古汉语研究,1996年第3期
楚国简帛文字丛考(二),李运富,古汉语研究,1997年第1期
楚国简帛文字丛考(三),李运富,古汉语研究,1998年第2期
楚国简帛文字丛考(四),李运富,古汉语研究,1999年第1期
楚简文字新释,徐在国,江汉考古,1998年第2期
楚简文字中的"橐"字,施谢捷,语文研究,2002年第4期
楚玺考释(六篇),刘钊,江汉考古,1991年第1期
楚系简牍中从"肉"从"歹"之字考释,杨泽生,古汉语研究,2001年第3期
传上古风情的几个古文字——释令、今、化、尼、及,国光红,山东师大学报·社会科学版,2000年第1期
《辞源》"濠"下三条注释之失,申伯鱼,哈尔滨师专学报,1984年第3期
《辞源》"纳"字补义,杜朝晖,古汉语研究,2011年第1期
从部分女旁构形的汉字管窥古代妇女的社会地位,汤亚平,学术探索,2003年第8期
从古文字"亳"字探讨郑州商城问题,刘蕙孙,考古,1983年第5期
从"失"之义项疏漏看汉语辞书的编纂,陈明富,张鹏丽,辞书研究,2011年第2期
从"渔"字形体论其文化意蕴,韩伟,天中学刊,2004年第3期
从战国"忠信"印谈古文字中的异读现象,李家浩,北

京大学学报·哲学社会科学版,1987年第2期

从"钊"字的误读说起,高更生,山东教育,1994年第6期

从"周"的谐声偏旁字看同源词,温敏,周口师范学院学报,2005年第4期

"催"字的用法及其他——释《凉州词》中的"欲饮琵琶马上催",白坚,齐鲁学刊,1987年第6期

错读"耷"字的尴尬,倪培森,咬文嚼字,2001年第6期

"达"字两系说——兼释甲骨文所谓"途"和齐金文中所谓"造"字,赵平安,中国文字,2001年新27期

"打"字的音和义,黄峰,古汉语研究,1998年第4期

大写数字"起源于武则天"吗,王宗祥,咬文嚼字,2007年第10期

贰的读音及其他,曹先擢,语文建设,1991年第5期

"轪"字考述,李新魁,中国语文,1983年第1期

"但,读燕"吗,舒宝璋,辞书研究,1988年第3期

"但"字小议,金春梅,东方论坛,2005年第3期

"道"的原始义考释,张涅,汉字文化,2001年第1期

"德"字新释,何飞,文史知识,1989年第2期

"帝"为女性先祖的文字表征:"帝"字本义的综合考释,欧阳萍、陈发喜,牡丹江大学学报,2004年第12期

"帝"字解,鲁刚,辽宁师范大学学报·社科版,2003年第5期

"典""册"考源,王蕴智,殷都学刊,1994年第4期

洞、壅,谭步云,开放时代,1987年第4期

读古文字中的变形造字法,张亚初,庆祝苏秉琦考古五十五年论文集,文物出版社,1989年

读金文编札记,柯昌济,古文字研究,1986年第13辑

读金文琐记(八篇),汤余惠,中国古文字研究第一辑,吉林大学出版社,1999年

读金文札记三则,赵超,考古与文物,1987年第4期

"肚(dǔ)"的辞书释义辨析,曹瑞芳,古汉语研究,2014年第1期

"度"与"渡"的区分——兼谈"度"字的空间义,苏培成,语文建设,2002年第4期

对"蜀"字以及赵孟称谓之认识,张崇宁,华夏考古,1994年第1期

对族氏符号和短铭的理解,张振林,中山大学学报·社会科学版,1996年第3期

敦煌变文中的文字替代现象,俞允海,湖州师范学院学报,1988年第1期

敦煌变文字义拾零,时建国,古汉语研究,2000年第1期

敦煌俗别字新考(上),汪泛舟,敦煌研究,2006年第1期

敦煌写卷中武后新字之调查研究,王三庆,汉学研究,1986年第2期

"厃"本义考:辨"厃"和"厄",张会,汉字文化,2002年第1期

"恶"的音义演变窥探,钱毓英,语文学刊,2004年第5期

"洏"辨,冯舒冉,辞书研究,2012年第3期

二则金文考,俞绍宏,江汉考古,2006年第4期

"发"字小议,李晓春、张章,淮北煤炭师范学院学报·哲社版,2006年第6期

"方"为"舫"之本字考——兼论"旁""傍"的古文,李冬鸽、郑莉,语文研究,2012年第3期

方言本字略例,彭逢澍,株洲师范高等专科学校学报,1999年第3期

"方"字本义辨误,华学诚,九江师专学报,1987年第Z1期

"蜚""飞"与"蜚声"——兼谈通假异形词语的规范,薛克谬,语文建设,1999年第3期

"逢""逄"辨析及辞书编纂中的相关错误例谈:《殽之战》中"逢孙"引出的思考,李玉平,毕节师范高等专科学校学报,1999年第1期

《干禄字书》俗字研究,刘中富,中文自学指导,2002年第3期

"告"字发微,邓明,古汉语研究,1998年第2期

"哥"字探源,黄树先,语言研究,1999年第2期

歌支韵部方音字探赜,虞万里,社会科学战线,1987年第2期

工字是何形象,许进雄,中国文字,1997年新23期

"宫"字说,梁冬青,古汉语研究,1991年第1期

"拱"之所表粗细考辨,张觉,固原师专学报,1992年第2期

"煩"字辨考,何华珍,古汉语研究,1998年第3期

"勾"字出现的时间及相关问题,杨宝忠,中国语文,2001年第3期

"觚"乎?"瓠"乎,陈超力,语文研究,1989年第3期

古代国名、族名等专名的读音问题,杨永龙,辞书研究,1999年第1期

古代汉语中的"马"字,黄树先,古汉语研究,1998年第3期

古代墓葬中的吉祥文字,李胜军,文博,2007年第5期

古代史籍中容易误读的多音多义字举例,曹聪孙,历史教学,1980年第1期

古汉语同义词辨析的途径——以"制""度"为例,杨荣祥,语文研究,2010年第1期

古书里的"、"和"丨",朱积孝,内蒙古民族大学学报·

社会科学版,1987年第3期
古文字考释二则,彭静中,四川大学学报·哲学社会科学版,1979年第2期
古文字考释三题,陈秉新,古文字研究,2001年第21辑
古文字考释三则,贾文,承德师专学报·社科版,1992年第2期
古文字考释十四则,张桂光,胡厚宣先生纪念文集,科学出版社,1999年
古文字考释数则,黄锡全,古文字研究,1989年第17辑
古文字考释四篇,朱德熙,古文字研究,1983年第8辑
古文字零释四则,施谢捷,古文字研究,2000年第22辑
古文字释丛,陈汉平,考古与文物,1985年第1期
古文字释读三则,裘锡圭,徐中舒先生九十寿辰纪念论文集,巴蜀书社,1990年
古文字琐记,张汉之,考古与文物,1984年第6期
古文字研究六则,徐宝贵,松辽学刊·人文社科版,2001年第5期
古文字源流疏证释例,张亚初,古文字研究,2001年第21辑
古文字杂识(二则),李零,第三届国际中国古文字学研讨会论文集,香港中文大学,1997年
古文字杂识(六篇),李零,古文字研究,1989年第17辑
古文字中的借笔字,吴振武,古文字研究,2000年第20辑
古文字中的形体讹变,张桂光,古文字研究,1986年第15辑
古文字中的"子"和闽方言中的"囝",王蕴智,吉林大学社会科学报,1993年第1期
古玺文释读九则,徐在国,考古与文物,2002年第5期
古"籀"今考,王美盛,中国书法,2004年第2期
古字新考,李裕民,古文字研究,1983年第10辑
关于"白"的字义、字头和语源问题,潘峰,语文教学与研究,2006年第2期
关于卜辞中"抑"和"执"是否句末语气词的问题,张玉金,古汉语研究,2000年第4期
关于"渢"的读音,董树人,汉字文化,2001年第1期
关于伏羲氏的几个古文字——释九、龙、兂、辛、祟,国光红,殷都学刊,2000年第4期
关于花园庄东地卜辞所谓"丁"的一点看法,李学勤,故宫博物院院刊,2004年第5期
关于"她"字的商榷,刘又辛,语言教学与研究,1984年第3期
关于"恪"字的两读,戌丁,文史杂志,2001年第3期

关于"您",陈元胜,辞书研究,1980年第4期
关于匍盉"柬"字考释,刘桓,考古,2001年第6期
关于全字的再探讨,汤余惠,古文字研究,1989年第17辑
关于"社",林怡,语文学刊,2004年第12期
《关于"厶"字的象意特点及几个证明》商略,刘畅,史学集刊,2004年第1期
关于"戉"字的读音,沈建民,中国语文,1997年第5期
关于"行"之释义的补正,葛晓音,文学遗产,1999年第4期
关于鱼部字释义的几个问题,徐光烈,词典研究丛刊,1981年第2辑
关于"朱"字的初始义与源流,朱维德,湖南师范大学教育科学学报,1994年第1期
《广韵》疑难字考,杨宝忠,古汉语研究,2005年第4期
宄,谭步云,开放时代,1987年第5期
郭店楚简文字续考,黄德宽,江汉考古,1999年第2期
郭店楚简"行"字略考,李若晖,中国哲学史,2000年第1期
"国"字辨正,何华珍,张巧,汉字文化,2004年第4期
"国"字考辨:太平天国新造"国"字说析,郭文瑞,辞书研究,1995年第3期
害即胡簋之胡本字说,陈秉新,考古与文物,1990年第1期
《汉语古文字字形表》订补,张亚初,中国古文字研究第一辑,吉林大学出版社,1999年
汉语核心词"星"音义研究,黄树先,语文研究,2010年第1期
"汉"字的发展史述评,陈发喜,湖北民族学院学报·哲学社会科学版,2005年第2期
汉字起于"一"论,崔枢华,北京师范大学学报·社科版,2003年第5期
"汉"字探源,边陇阳,咬文嚼字,2002年第4期
禾部字追踪,石云孙,安徽师范大学学报·人文社会科学版,1999年第4期
"和"字小议,张英,新疆石油教育学院学报,1999年第3期
"横"字小议,徐峰,北华大学学报·社会科学版,1984年第2期
沪博楚竹简《孔子诗论》"隐"字考释,李开,古汉语研究,2004年第4期
"瓠"与"匏"辨,李朝虹,古汉语研究,2011年第2期
花园庄东地甲骨卜辞考释三则,时兵,东南文化,2005

年第2期

《"华"字新解》质疑,王卫峰,中国语文,2006年第5期

"官"字发覆,张涌泉,古汉语研究,1998年第3期

"皇"字本义考,蔡英杰,辞书研究,2001年第5期

"纪"的意义考辨,赵璞,辞书研究,2015年第3期

"祭"、"祀"音义探源,张晟,青海民族学院学报,2005年第3期

"稷"字的历史积淀与文化内涵,李萍,山西大学学报·哲学社会科学版,2004年第6期

"家"字解析与溯源,李伟实,社会科学战线,2001年第5期

"家"字研究综述,胡绍文,殷都学刊,2002年第4期

甲骨卜辞中"惠"和"唯"的研究,张玉金,古汉语研究,1988年第1期

甲骨金文中"其"字意义的研究,张玉金,殷都学刊,2001年第1期

甲骨金文"尊"字补释,张玉金,古汉语研究,2007年第4期

甲骨刻辞"索"字释说,施谢捷,南京师大学报·社会科学版,1990年第3期

甲骨文从人、卩、大、女、子的义近形旁字举例(四),贾文,承德民族师专学报,2006年第3期

甲骨文从人、卩、大、女、子的义近形旁字举例(一),贾文,承德民族师专学报,2002年第1期

甲骨文"疾"字质疑,张标,考古与文物,1996年第6期

甲骨文"降"和"陟"语义语法探讨,邓章应,内江师范学院学报,2002年第3期

甲骨文金文通假字释例,钟旭元,许伟建,华南师范大学学报·社会科学,1987年第1期

甲骨文金文中的来、朿辨——释朿,刘晓东,北方文物,2001年第1期

甲骨文"囧"形义新证,蒋瑞,徐州师范大学学报·哲社版,2003年第1期

甲骨文考释(之一),刘桓,学习与探索,1987年第1期

甲骨文考释(之二),刘桓,学习与探索,1987年第3期

甲骨文考释(续完),刘桓,学习与探索,1987年第6期

甲骨文"龙"字形体源于龙星说质疑,章也,汉字文化,2008年第4期

甲骨文"其"字论析,陈发喜,湖北民族学院学报·哲社版,2001年第3期

甲骨文释读二则,秦晓华,殷都学刊,2007年第4期

甲骨文"奭"字新解,王贵民,殷都学刊,1991年第3期

甲骨文水名及其形音义特点,罗振跃,华夏考古,2001

年第2期

甲骨文"彖"字考释,徐宝贵,考古,2006年第5期

甲骨文中的冉与冉馼,饶宗颐,文物,1998年第1期

甲骨文中的"我",韩江苏,河北大学学报·哲社版,2004年第5期

甲骨文中的"贞"和《易经》中的"贞",张玉金,古籍整理研究学刊,2000年第2期

甲骨文中黄与寅的关系及其相关问题,秦晓华,江汉考古,2008年第1期

甲金文词义辨析两则,唐钰明,第三届国际中国古文字学研讨会论文集,香港中文大学,1997年

甲金文"毓""后"二字的用法及其关系,王蕴智,郑州大学学报·哲学社会科学版,1991年第5期

甲金文字义符"口"蠡测,潘振中,中国文物报,1989年12月29日

"笺"的来龙去脉,刘乃叔,咬文嚼字,1998年第9期

建议增加一个汉语方块字"○",于光远,辞书研究,1988年第6期

荐,谭步云,开放时代,1987年第11期

"䨻"与"靐"的音义形疏理辨析,刘瑞明,甘肃高师学报,2001年第4期

"教"字中的远古教育文化,韩伟,信阳师范学院学报·哲社版,2007年第2期

滔,谭步云,开放时代,1987年第3期

"醮"字考析,罗维明,辞书研究,2003年第1期

解读《说文·牛部》的文化内涵,许家星,新乡师范高等专科学校学报,2006年第6期

解放后出土的若干西周铜器铭文补释,张亚初,出土文献研究,1985年第1期

解析《汉语大字典》中的"奄"族字,雍淑凤,巢湖学院学报,2007年第2期

"解"奏,陈永生,西南师范大学学报·人文社会科学版,1984年第1期

"金日䃂"的"日"为什么读"密",史佩信,文史知识,1997年第8期

金文的"命",赵诚,徐中舒先生百年诞辰纪念文集,巴蜀书社,1998年

金文的"友",赵诚,华学,1997年第2辑

金文的"又",赵诚,中国语言学报,1997年第8期

金文的"于",赵诚,语言研究,1996年第2期

金文的"者",赵诚,中国语文,2001年第3期

金文的佳·唯(雖·谁),赵诚,容庚先生百年诞辰纪念文集,广东人民出版社,1998年

金文考释二篇,董莲池,于省吾教授百年诞辰纪念文集,吉林大学出版社,1996年
金文考释二篇,赵平安,语言研究,1996年第2期
金文考释二题,张世超,于省吾教授百年诞辰纪念文集,吉林大学出版社,1996年
金文考释二则,孟蓬生,古汉语研究,2000年第4期
金文考释拾零,刘钊,第三届国际中国古文字学研讨会论文集,香港中文大学,1997年
金文考释四篇,赵平安,语言研究,1994年第1期
金文考释四则,陈秉新,容庚先生百年诞辰纪念文集,广东人民出版社,1998年
金文考释四则,胡长春,学术界,2005年第6期
金文考释五篇,赵平安,容庚先生百年诞辰纪念文集,广东人民出版社,1998年
金文考证例释,张亚初,第三届国际中国古文字学研讨会论文集,香港中文大学,1997年
金文零释,施谢捷,于省吾教授百年诞辰纪念文集,吉林大学出版社,1996年
金文"礠靴"解——兼及它的异构,赵平安,中山大学学报,1990年第4期
金文试释二则,宾晖,江汉考古,1985年第1期
金文通借释例,钱玄,南京师大学报·社会科学版,1986年第2期
金文五则,刘桓,文博,1992年第3期
金文新释,张亚初,第二届国际中国古文字学研讨会论文集,香港中文大学,1993年
金文新释(九则),彭静中,四川大学学报·哲学社会科学版,1983年第1期
金文新释三则,陈双新,古汉语研究,2002年第2期
金文"扬"字形义考,秦建文,曲靖师范学院学报,2004年第1期
金文札存,马国权,古文字学论集初编,香港中文大学,1983年
金文札存二则,马国权,古文字研究,1983年第8辑
金文札记三则,刘桓,陕西历史博物馆馆刊,1996年第3辑
金文札记三则,刘宗汉,古文字研究,1983年第10辑
金文中的"陈"和"象",郑刚,第三届国际中国古文字学研讨会论文集,香港中文大学,1997年
金文中的"履"字及其演变发展,洪钫,李薇薇,锦州师范学院学报·哲社版,2002年第1期
金文中方言"嬭"与雅言"母"的相因生义,曹兆兰,方言,2002年第2期

金文贮字研究中的三个问题,刘宗汉,古文字研究,1986年第15辑
金文"子"字浅释,雷全和,学术研究文集——纪念南阳市博物馆建馆四十周年(1959—1999),科学出版社,2000年
晋语"圪"字研究,白云,语文研究,2005年第1期
"晋"字初义考,李萍,山西青年管理干部学院学报,2003年第4期
"睛"字本义小考,邓明,天津师范大学学报·自然科学版,1990年第3期
"粳"字音读刍议,张琴,安徽警官职业学院学报,2005年第4期
九、龙及相关字试释,国光红,南方文物,1995年第2期
旧释"折"及从"折"之字平议——兼论"慎德"和"悲终"问题,陈伟武,古文字研究,2000年第22辑
"举"字溯源与举族史考,王建军,平顶山师专学报,2003年第1期
军字的古义及其得声问题,姚炳祺,海南大学学报·人文社会科学版,1985年第1期
"畯正厥民"解,涂白奎,史学月刊,1997年第2期
考"后",张艳,浙江海洋学院学报·人文科学版,2005年第3期
考"狯"的异体字,罗积勇,潘小丽,武汉大学学报·人文社科版,2004年第3期
考"尚",翟万益,甘肃联合大学学报·社科版,2005年第3期
"酷"字源流考,周翠英,青岛大学师范学院学报,2005年第3期
夔,林涛,红岩,1994年第6期
"擂"字该读什么音:读修订本《现汉》杂记,王剑,辞书研究,1998年第5期
李阳冰的"冰",韩栋,现代语文·语言研究版,2007年第9期
豊豐辨,林沄,古文字研究,1985年第12辑
"礼"字原始探微,雷汉卿,西北师范大学学报·社会科学版,1995年第1期
"莲"始源考释,邢湘臣,化石,1990年第2期
"良"字古读考,黄岳洲,南京师范大学学报·社会科学版,1984年第1期
量词"枚"的产生及其历史演变,张万起,中国语文,1998年第3期
"鄝"字考,陈立人,株洲师范高等专科学校学报,2005年第4期

令命的分化,洪家义,古文字研究,1983年第10辑

"男""另""叧"审形订讹,晏炎吾,华中师院学报,1982年第3期

刘禅的"禅"读shàn,潘振中,文史杂志,2004年第4期

"六"的另一个读音,方川,咬文嚼字,2000年第6期

"龙"的古音、字形考及神龙真相,何新,汉字文化,2006年第1期

《龙龛手鉴》古俗字考辨,杨正业,西华师范大学学报·哲社版,2004年第5期

龙字私议,罗福颐,古文字研究,1983年第10辑

亲簋考释,王冠英,中国历史文物,2006年第3期

略论汉字中的类别字,叶正渤,徐州师范大学学报·哲学社会科学版,1998年第2期

论"辟"的音义,孙玉文,南昌大学学报·人文社会科学版,2003年第1期

论卜辞与商周金文中的"后",朱凤瀚,古文字研究,1992年第19辑

论"差"字的音义,孙玉文,湖北大学学报·哲学社会科学版,2002年第1期

论"朝"的变声构词,孙玉文,湛江师范学院学报,2002年第4期

论古今汉字形音义关系之变迁,张会,学术研究,2007年第3期

论古文字 㐭、⿰、凶、井 的形和义,杨鸿勋,考古,1994年第7期

论汉字的"形"与"象",魏慧萍,汉字文化,2001年第4期

论甲骨卜辞中的"稻"字,郭旭东,中原文物,2006年第6期

论甲骨金文中的"宾"字及相关问题,张玉金,古汉语研究,1996年第2期

论甲骨金文中的互体卦,蔡运章,第三届国际中国古文字学研讨会论文集,香港中文大学,1997年

论阙特勤之"阙",罗新,中国社会科学,2008年第3期

论俗字,石云孙,安庆师范学院学报·社会科学版,2000年第1期

论殷周金文中以"辟"为丈夫殁称的用法,黄铭崇,"中央研究院"历史语言研究所集刊,2001年第72本第2分

论战国文字的增繁现象,林素清,中国文字,1990年新13期

论周金文中"肇"字的字义,朱凤瀚,北京师范大学学报,2000年第2期

论周原甲骨和楚系简帛中的"囟"与"思"——兼论卜辞命辞的性质,陈斯鹏,文史,2006年第1辑

论"字",李万福、梅健,重庆教育学院学报,2007年第2期

洛阳汉墓群陶器文字通释,陈直,考古,1961年第11期

"嬷"读异议,许征,语言与翻译,2002年第2期

"麻"考,李艳,北京林业大学学报·社会科学版,2005年第2期

马王堆帛书《刑德》乙本文字释读商榷,黄文杰,中山大学学报·社会科学版,1997年第3期

马王堆汉墓帛书祝由方中的"由",李家浩,河北大学学报·哲学社会科学版,2005年第1期

"买"、"市"、"购"的历时演变,叶桂郴,古汉语研究,2011年第4期

"乜"字探源,何华珍,语文建设,2001年第4期

"驭马"探源,黄树先,语言研究,1996年第2期

有·毋,谭步云,开放时代,1987年第10期

"美"字新释,王耘,涪陵师范学院学报,2003年第1期

"靡"字无"共"义,徐山,辞书研究,2007年第4期

"冞"字考,张小艳,语言研究,2003年第1期

"眇"的本义是"瞎了一只眼睛"吗,杨华,四川师范学院学报·哲社版,2003年第4期

"乜"字谜,黄炳麟,语文天地,2005年第16期

"乜"字趣谜,黄炳麟,咬文嚼字,2006年第1期

"铭"字文化溯源,张宝明,汉字文化,2002年第3期

嫡,谭步云,开放时代,1987年第7期

"南"字溯源及其文化意蕴,张雪芹,社会科学家,2006年第2期

"难"字古义发微,陈兴伟,古汉语研究,1991年第1期

"闹"字产生的时代及相关词义问题,陈朝阳,黔西南民族师范高等专科学校学报,2004年第2期

"娘"考,山民,阅读与写作,1996年第1期

"牵"字义证,林志强,福建师范大学学报·哲学社会科学版,2002年第4期

"奴"的文化蕴涵,李润桃,安阳师范学院学报,2007年第1期

"奴"考,黄森学,湖北师范学院学报·哲版,2004年第2期

"女"旁字的文化阐释,李小燕,韶关学院学报,2004年第11期

"女"人与汉字的男性化,马建东,甘肃联合大学学报·社科版,2007年第3期

"赔"字究竟始用于何时,谭耀炬,中国典籍与文化,2001年第3期

"朋"字不是两块肉,金文明,咬文嚼字,2007年第3期

"坏(pī)"和"坏(huài)",张涌泉,语文建设,2001年第12期
"甓"义考,黄金贵,考古,1993年第5期
"偏"、"翩"之争:对"偏何姗姗其来迟"的考证,潘田,杨巍,学术论坛,2006年第9期
普通话"打"字的读音,黄典诚,辞书研究,1985年第1期
"憨""阻"考,简硕,语文研究,1988年第4期
齐国文字中的"遂",李家浩,湖北大学学报,1992年第3期
"其臭如兰"之"臭"音辨,梁冬青,广东技术师范学院学报,2004年第5期
"其"字的早期用法,姚炳祺,学术研究,1983年第6期
"器"字形声考,傅定淼,贵州教育学院学报,1996年第2期
"前茅"的"茅",鲍善淳,辞书研究,1982年第3期
"荨"字审音宜从众,徐世荣,语文建设,1984年第4期
浅说"夕"与"夜",周辉,文物研究,2000年第12辑
浅谈"井"字的起源与发展,谈大庆,东南文化,2002年第1期
浅析"辛"和以"辛"为部首汉字的形义演变,刘皓,思茅师范高等专科学校学报,2007年第4期
"乔"族字试析,柳玉宏,宁夏大学学报·人文社科版,2005年第2期
"桥"、"梁"的兴替过程及原因,丁喜霞,语言教学与研究,2005年第1期
秦汉帛书简牍中的通借字,钱玄,南京师大学报·社会科学版,1980年第3期
秦汉文字释丛,刘乐贤,考古与文物,1991年第6期
秦"书同文字"新探,陈昭容,"中央研究院"历史语言研究所集刊,1997年第68本第3分
秦文字辨析举例,何琳仪,人文杂志,1987年第4期
秦文字释读订补(八篇),王辉,考古与文物,1997年第5期
"擒"字解,王达津,文史哲,1978年第5期
"请"字异释,邓明,东疆学刊,1987年第3期
"(秋)千"、"龟"两字繁体的正确写法,王继洪,中国语文,2001年第1期
"趋"和礼,建珉,文史知识,1981年第6期
"渠"与"佢",刘晓,读书,1987年第9期
诠释几个齿部字,许廷桂,重庆师范大学学报·哲学社会科学版,1985年第1期
阕,谭步云,开放时代,1987年第12期
冉冉的"冉"不宜音nán,赵振铎,语文建设,1997年第4期
任鼎铭文考释,王冠英,中国历史文物,2004年第2期
"孺"字考释,徐宝贵,考古与文物,2006年第5期
"丧"字音义演变考论,刘莉,语文研究,2013年第1期
商代甲骨文中的"丙"和"两",汤余惠,史学集刊,1991年第2期
商周金文词义误释举例,周宝宏,古文字研究,2000年第22辑
"上"还是"尚",朱旗,绥化学院学报,1989年第2期
"社"、"杜"、"土"古本一字考,戴家祥,古文字研究,1986年第15辑
醽醁新释,张平辙,西北师大学报·社会科学版,1993年第6期
"醽"字补释兼论春秋公冠礼,王辉,第二届国际中国古文字学研讨会论文集,香港中文大学,1993年
神秘的"三",王镛,文史知识,1991年第1期
"师"字的源流,孙中运,大连教育学院学报,2002年第2期
史密簋"眉"字说,张世超,考古与文物,1995年第4期
"始"字考辨,赵超,现代语文·语言研究版,2006年第8期
士王二字同形分化说,林沄,尽心集——张政烺先生八十庆寿论文集,中国社会科学出版社,1996年
试论"打"字的语音、语义来源,章红梅,涪陵师范学院学报,2005年第3期
试论汉语"人"的来源——兼及汉族和汉语的来源,张树铮,山东师大学报,1993年第1期
试论商周青铜器族徽文字独特的表现形式,张懋镕,文物,2000年第1期
试论战国秦汉铭刻中从"酉"诸奇字及其相关问题,黄盛璋,古文字研究,1983年第10辑
试说"金、银、铜、铁、锡",史秀菊,赣南师范学院学报,1996年第5期
试析"尧"族字,刘文燕,宁夏大学学报·人文社科版,2007年第2期
试析"婴"及《说文解字》里的"婴"族字,雍淑凤,巢湖学院学报,2008年第1期
是"沉"还是"澄"——与覃远雄先生商榷,雷昌蛟,遵义师范学院学报,2003年第3期
释"夋"——兼论夆、邦、丰诸字之孳乳关系,王子超,河南大学学报·社会科学版,1986年第1期
释𩰋,汤余惠,华夏考古,1995年第4期
释𠂤,黄德宽,古汉语研究,1994年第3期

释"㝵",张崇宁,文物季刊,1992年第4期
释"昗"和"亞昗",于省吾,社会科学战线,1983年第1期
释"赗",唐友波,江汉考古,2003年第3期
释"庆"、"鯁"、"綆",叶爱国,敦煌研究,2003年第4期
释辠——兼释繢、瀆、寳、鄡,曹锦炎,史学集刊,1983年第3期
释"籆(籆)",程邦雄,江汉考古,2002年第4期
释"遷(遷)",程邦雄,华东师范大学学报·哲学社会科学版,2002年第2期
释冢,曹玮,考古与文物,1999年第3期
释"豢",孟蓬生,古汉语研究,1998年第3期
释"鬻",郑若葵,考古,1986年第2期
释"八",胡渐逵,中国语文,1995年第1期
释巴,何琳仪,东南文化,2008年第1期
释"白",潘峰,汉字文化,2004年第4期
释百,于省吾,江汉考古,1983年第4期
释包山楚简中的"对"字,苏杰,古汉语研究,2000年第3期
释"鄙"、"固",杨宝忠,古汉语研究,1994年第1期
释钵,李民,康导月刊,1945年第6期
释"不",徐山,承德民族师专学报,2003年第4期
释参及相关诸字,赵平安,语言研究,1995年第1期
释"曹",徐山,德州学院学报,2005年第3期
释"禅",徐山,忻州师范学院学报,2007年第1期
释"郴",周世荣,考古,1996年第1期
释臣,国光红,殷都学刊,1998年第4期
释"辰",钟如雄,西南民族大学学报·人文社科版,2003年第10期
释"禹",钟如雄,西华大学学报·哲学社会科学版,2007年第1期
释"成",李艳,宁夏大学学报·人文社科版,2001年第6期
释"呈",徐山,文物春秋,2006年第4期
释"赤",张学城,内蒙古民族大学学报·社科版,2002年第4期
释"除",鲍善淳,辞书研究,2002年第2期
释楚国金币中的"彭"字,赵平安,语言研究,2004年第4期
释"次",徐山,语言科学,2003年第4期
释从天从大从人的一些古文字,于省吾,古文字研究,1986年第15辑
释"大",陈原,辞书和信息,上海辞书出版社,1985年
释"单",晏炎吾,华中师院学报,1983年第1期

释"典",陈原,辞书和信息,上海辞书出版社,1985年
释"殿",徐山,江苏教育学院学报·社会科学版,2003年第5期
释"弔",钟如雄,中南民族大学学报·人文社会科学版,2004年第4期
释"廃",宋子然,西南师范学院学报·人文社会科学版,1985年第3期
释"东"及与"东"有关之字,张懋镕,秦建明,人文杂志,1981年第6期
释"对",程邦雄,古汉语研究,2001年第4期
释"鲦",徐山,承德民族师专学报,2006年第3期
释"妃",徐山,保定师范专科学校学报,2003年第3期
释"焚",梁光华,贵州教育学院学报,1996年第2期
释"奋",徐山,达县师范高等专科学校学报·社科版,2004年第6期
释"孚",徐山,周易研究,2007年第4期
释"拂",张新朋,语文学刊·高教版,2004年第6期
释"福"字,褚天寅,文史知识,1982年第6期
释"冈"及相关诸字,赵平安,语文建设,1993年第11期
释"告",徐山,长安大学学报·社会科学版,2004年第3期
释"告",徐山,濮阳职业技术学院学报,2004年第3期
释"耿",徐山,青海师专学报,2007年第1期
释"公",周俊勋,文史知识,1990年第7期
释古国名前的"有"字,秦建明,张懋镕,中国语文,1985年第4期
释古玺中从"朿"的两个字,林沄,古文字研究,1992年第19辑
释"关",李仁安,宁夏大学学报·人文社会科学版,2006年第3期
释"关",郑慧生,殷都学刊,2004年第2期
释龟,于省吾,史学集刊,1982年第4期
释"鬼",陈原,辞书和信息,上海辞书出版社,1985年
释"鬼",郑宇,晋中学院学报·社科版,2007年第1期
释含有部件"止"的"盈"等五字,徐山,殷都学刊,2002年第2期
释"黑",徐山,南京艺术学院学报·美术与设计版,2007年第3期
释桁,朱德熙,古文字研究,1985年第12辑
释"忽",郑敏惠,株洲师范高等专科学校学报,2002年第6期
释皇,秦建明,考古,1995年第5期
释皇,于省吾,吉林大学社会科学学报,1981年第2期

释"黄",潘峰,汉字文化,2005年第3期
释"家",黄颁,文史知识,1994年第11期
释家,罗琨,古文字研究,1989年第17辑
释"家",苏宝荣,河北师范大学学报·哲学社会科学版,1992年第2期
释"嘉",徐山,培训与研究——湖北教育学院学报,2004年第4期
释甲骨金文中的"西"和"囟"字,张玉金,中国文字,1999年新25期
释甲骨金文中的"宜"字,张玉金,殷都学刊,2008年第2期
释甲骨文"市"字,王蕴智,平顶山师专学报,2004年第1期
释甲骨文中的"斳"字,韩江苏,殷都学刊,2006年第2期
释甲骨文中的"坛"字,施谢捷,殷都学刊,1989年第4期
释"叚",徐山,安康师专学报,2005年第2期
释"俭"李淑惠,古籍整理研究学刊,1999年第1期
释"建",裘锡圭,古文字研究,1989年第17辑
释叧——张宗骞《卜辞叧、弗通用考》的商榷,夏渌,武汉大学学报·哲学社会科学版,1981年第3期
释"交",徐山,长沙大学学报,2005年第6期
释郊,李学勤,文史,1992年第36辑
释"朅",梁光华,黔南民族师范学院学报,2000年第6期
释"介",徐山,周口师范学院学报,2008年第3期
释"紧",黄典诚,辞书研究,1986年第3期
释"进",徐山,赤峰学院学报·汉文哲学社会科学版,2006年第6期
释"禁",徐山,江南大学学报·人文社会科学版,2003年第5期
释"竟",徐山,商洛师范专科学校学报,2006年第1期
释"靓",卞仁海,广州大学学报·社科版,2002年第12期
释"竞",徐山,体育文化导刊,2004年第5期
释竞、业——兼说商代的邺地,王蕴智,东南文化,2001年第5期
释"九",陈原,辞书和信息,上海辞书出版社,1985年
释"咎",徐山,邯郸学院学报,2006年第1期
释"军",鲍善淳,辞书研究,1990年第2期
释"可",王学奇,唐山师范学院学报,2003年第1期
释"克",徐山,湖南城市学院学报,2005年第6期
释空,刘又辛,固原师专学报,1996年第1期
释"蔻",卞仁海,河南教育学院学报·哲社版,2003年第3期
释"酷",曾毅平,语言文字应用,2002年第2期

释"葵":字典专科字名实考订之一,倪文木,词典研究丛刊,1981年第2辑
释"类",程国煜,语文学刊,2003年第6期
释两,于省吾,古文字研究,1983年第10辑
释"陆",徐山,中国农史,2004年第3期
释"落",何坦野,浙江经济高等专科学校学报,2000年第5期
释"毛"、"舞",郑慧生,殷都学刊,2002年第1期
释"没",周守晋,南通师范学院学报·哲学社会科学版,1998年第1期
释"美",黄宇鸿,漳州师范学院学报·哲学社会科学版,1997年第1期
释"面",徐山,平顶山师专学报,2003年第6期
释"面"、"免"——《从人形古文字零释》续编,王慎行,文物研究,1994年第9辑
释"慕",李新魁,古籍整理研究学刊,1989年第2期
释男,崔枢华,古汉语研究,1991年第2期
释"能",王学奇,河北师范大学学报·哲社版,2001年第4期
释"昵",李茂康,昆明师范高等专科学校学报,1999年第1期
释年——兼论古文字释读诸问题,闻宥,社会科学战线,1981年第1期
释"臬",徐山,浙江万里学院学报,2006年第3期
释"女",孙斌来,四平师院学报,1983年第1期
释"隹"的语源,孙玉文,文史知识,1997年第12期
释"丕",徐山,焦作大学学报,2007年第1期
释齐,刘敦愿,文史哲,1984年第5期
释"起",徐山,绥化学院学报,2005年第1期
释"泣",齐冲天,文史知识,1998年第3期
释"器",徐山,黄石理工学院学报·人文社会科学版,2007年第1期
释"窍"——关于双声为训与叠韵为训的结合,齐冲天,汉字文化,1993年第1期
释"禽",徐山,安徽农业大学学报·社会科学版,2006年第6期
释"青",潘峰,汉字文化,2006年第1期
释"求",裘锡圭,古文字研究,1986年第15辑
释"去",徐山,浙江海洋学院学报·人文科学版,2005年第3期
释日,于省吾,郑州大学学报·哲学社会科学版,1982年第1期
释"柔",徐山,语文研究,2008年第1期

释"如"辨正,李尔钢,辞书研究,2012年第2期
释"入"及其有关的古文字,夏渌,武汉大学学报·哲学社会科学版,1989年第6期
释"若",马如森,东北师大学报·哲学社会科学版,1984年第5期
释"塞",何琳仪,中国钱币,2002年第2期
释"三",甘民重,文史知识,1982年第1期
释"丧",张崇宁,文物季刊,1992年第4期
释"翠",徐山,石河子大学学报·哲学社会科学版,2006年第2期
释"赸",李景泉,汉字文化,2007年第5期
释商戈铭文♀,沈融,东南文化,1990年第4期
释上博简《纣衣》中的"昱"字,王平,语言研究,2002年第4期
释"舍",徐山,毕节师范高等专科学校学报,2005年第1期
释"社",雷汉卿,古汉语研究,1995年第3期
释"摄",杨宝忠,古籍整理研究学刊,1997年第3期
释"罙",赵平安,考古,1992年第10期
释"生",赵宣,文史知识,1993年第6期
释"胜",梁白泉,寻根,1999年第5期
释"圣",单殿元,扬州大学学报·人文社会科学版,1984年第2期
释"尸",邓明,教学与管理,1988年第2期
释《诗论》简"兔"及从"兔"之字,李学勤,北方论丛,2003年第1期
释"施",谢质彬,古汉语研究,1995年第4期
释"石",徐山,郧阳师范高等专科学校学报,2004年第1期
释"士",黄瑞云,湖北师范学院学报·哲学社会科学版,1993年第5期
释"士""寺",郑慧生,殷都学刊,1994年第4期
释"是",王学奇,辞书研究,2002年第2期
释"受"并论盱眙南窑铜壶和重金方壶的国别,吴振武,古文字研究,1986年第14辑
释"售",崔俊清,文史知识,1990年第6期
释岁,丁骕,中国文字,1994年新18期
释"索",施谢捷,古文字研究,2000年第20辑
释泰,夏渌,容庚先生百年诞辰纪念文集,广东人民出版社,1998年
释"图",徐山,开封大学学报,2006年第1期
释兔,曹锦炎,古文字研究,2000年第20辑
释"橐",程邦雄,古汉语研究,2003年第2期

释"惋",蔡镜浩,语文研究,1985年第3期
释"亡",章也,语文学刊,1997年第5期
释"圩(墟、虚)",韦树关,民族语文,2003年第2期
释"委",徐山,淮北煤炭师范学院学报·哲社版,2003年第2期
释"卧",张世超,文史知识,1991年第3期
释巫,瞿兑之,燕京学报,1930年第7期
释"巫",涂白奎,华夏考古,1997年第1期
释"无"字,吴孟复,江淮论坛,1980年第3期
释"五"与"六",俞绍宏,巢湖学院学报,2002年第1期
释"痦",宋镇豪,殷都学刊,1984年第4期
释西、翌、🔯,何金松,华中师范大学学报·哲学社会科学版,1987年第3期
释西周金文的"俎"字,王人聪,第二届国际中国古文字学研讨会论文集,香港中文大学,1993年
释"希",徐山,唐山学院学报,2004年第2期
释"昔""腊",何金松,华中师范大学学报·人文社会科学版,1984年第1期
释"习",徐山,阜阳师范学院学报·社科版,2006年第3期
释"喜",徐山,常州工学院学报·社科版,2006年第1期
释"宪",徐山,江苏警官学院学报,2006年第4期
释"相",刘天堂,玉溪师范学院学报,2002年第1期
释"燮",徐山,南昌航空工业学院学报·社会科学版,2006年第4期
释"熊",兼论楚国的发展历程及其对中国统一大业的贡献,黄瑞云,长江大学学报·社会科学版,1992年第4期
释"熊",吴小奕,语言研究,2004年第1期
释袤——兼谈秀、采一字分化,白于蓝,中国古文字研究第一辑,吉林大学出版社,1999年
释"许",王学奇,唐山师范学院学报,2004年第6期
释"熏",徐山,陕西教育学院学报,2004年第2期
释亚,何金松,中国语文,1983年第2期
释"一",陈原,辞书和信息,上海辞书出版社,1985年
释衣,谢元震,文物,1992年第4期
释易与匜——兼释史丧尊,赵平安,考古与文物,1991年第3期
释"毅",徐山,晋中学院学报,2006年第1期
释"隐",蒋宗福,中国语文,1998年第3期
释"尤",徐山,河南教育学院学报·哲社版,2003年第3期
释"于",国光红,史学月刊,1999年第2期

释"禺",郏红,古汉语研究,1991年第4期

释禹,国光红,山东师大学报·社会科学版,1998年第1期

释"蜮":字典专科字名实考订之二,倪文木,词典研究丛刊,1981年第2辑

释"岳",徐山,信阳师范学院学报·哲学社会科学版,2007年第2期

释"则",田忠侠,齐齐哈尔大学学报·哲学社会科学版,1991年第3期

释"查(揸、喳)",崔山佳,辞书研究,2006年第2期

释"詹",徐山,天中学刊,2005年第6期

释战国文字中的从"虘"和从"朕"之字,吴振武,古文字研究,1992年第19辑

释"召",梁光华,贵州师范大学学报·社会科学版,1989年第4期

释"召"、"招",梁光华,黔南民族师范学院学报,2002年第1期

释"揕",惠恩华,文史知识,1996年第4期

释贮辨疑二则,刘宗汉,古文字研究,1985年第12辑

释"祝",雷汉卿,文史杂志,1999年第1期

释"撞",曦钟,北京大学学报·哲学社会科学版,1994年第4期

释子、生,张晟,青海民族学院学报·社会科学版,2001年第4期

释"自"——论"自"及"鼻"之音义关系及其语音发展,李瑾,华夏考古,1994年第1期

释"坐"、"论"——秦简整理札记之三,张世超、张玉春,古籍整理研究学刊,1988年第3期

释"琤",施谢捷,南京大学报·社会科学版,1994年第4期

释"玲",郑慧生,殷都学刊,1996年第1期

释自,何金松,中南民族学院学报·哲学社会科学版,1993年第3期

释章,王蕴智,第二届国际中国古文字学研讨会论文集(续编),香港中文大学,1995年

释"叟",裘锡圭,容庚先生百年诞辰纪念文集,广东人民出版社,1998年

释恧,滕壬生,古文字研究,1983年第10辑

释聎——兼谈考母诸器铭中的"聎医",蔡运章,甲骨金文与古史研究,中州古籍出版社,1993年

释势,沈之瑜,上海博物馆集刊,1983年第2期

释簋、簠、敦、盨、簠,陈汉平,人文杂志,1985年第3期

释纞,郑光,中原文物,1983年第3期

"嗜"的本义试辨,祝注先,华中师范大学学报·人文社会科学版,1982年第2期

"殳"训指误,朱维德,衡阳师范学院学报·社科版,2002年第4期

"恕"字古义考——兼论"恕"和"仁"的关系,杨宝忠,孔子研究,1999年第2期

数字"六"小议,黎治娥,汉字文化,2003年第1期

"甩""摔"和"蟀"的读音问题,张鸿魁,东岳论丛,2004年第1期

"水"与"法"之渊源,温慧辉,中国海洋大学学报·社会科学版,2006年第5期

睡虎地秦简疑难字试释,黄文杰,江汉考古,1992年第4期

说"×",叶正渤,淮阴师范学院学报·哲学社会科学版,1997年第3期

说"○",舒宝璋,辞书研究,1991年第6期

说"玺"及其相关问题,高明,考古,1996年第3期

说"安",雷焕章,容庚先生百年诞辰纪念文集,广东人民出版社,1998年

说"鼻",汤勤,南阳师范学院学报,2006年第10期

说"才"与"材",薛克谬,语文建设,1997年第1期

说蔡,何琳仪,东南文化,1999年第5期

说车字的"居"音,时建国,语文研究,1997年第4期

说"臣",陈绍棠,第二届国际中国古文字学研讨会论文集(续编),香港中文大学,1995年

说"成",李索,语言文字应用,1992年第3期

说"逞",侯占虎,古籍整理研究学刊,1998年第6期

说"叡",胡正武,文史知识,2004年第8期

说"从",张世超,吉林师范大学学报·人文社会科学版,1985年第4期

说"大"与人(续),马建东,天水师范学院学报,2001年第3期

说"呆、獃、騃、憨",张惠英,语文研究,1985年第4期

说"埭",宋闻兵,中国典籍与文化,2003年第1期

说"胆",吴晓龙,文史知识,1995年第9期

说"旦",周笃文,文史知识,1981年第1期

说"抵",梁治平,文史知识,1992年第1期

说"东",郑红,新疆师范大学学报·哲学社会科学版,1993年第3期

说"斗",郑慧生,寻根,2000年第2期

说"伐",姚炳祺,海南大学学报·人文社会科学版,1985年第4期

说"範"及其简化形体"范",姚炳祺,海南师范学院学

报·人文社会科学版,1999年第4期
说"方",康宝文,第三届国际中国古文字学研讨会论文集,香港中文大学,1997年
说"匪",钱剑夫,辞书研究,1982年第2期
说"风",郑慧生,华侨大学学报·哲学社会科学版,1997年第4期
说"封",姚炳祺,广东社会科学,1991年第5期
说干、盾,林沄,古文字研究,2000年第22辑
说"搁",胡彩敏,绍兴文理学院学报·哲社版,2005年第6期
说《庚壶》的"大"字,张政烺,文史,1992年第36辑
说"狗":狗子本义释说,张晟,青海民族研究,2002年第1期
说"盥"及其相关问题,邱德修,第二届国际中国古文字学研讨会论文集(续编),香港中文大学,1995年
说"皈",赵平安,语文建设,1992年第4期
说"郭""埠",王蕴智,郑州大学学报·哲学社会科学版,1994年04期
说"搄",王光汉,古汉语研究,2006年第2期
说皇,单周尧,古文字研究,1983年第10辑
说"久",袁庆述,古汉语研究,1989年第3期
说"侃",金文明,咬文嚼字,2001年第11期
说"考",许万宏,咬文嚼字,2007年第5期
说"葵",徐传武,辞书研究,1994年第5期
说"腊",张恬,文史知识,1990年第12期
说丽,何琳仪,殷都学刊,2006年第1期
说"六",董树人,语文建设,2001年第5期
说"缦",段晓春、杨春燕,文史知识,1996年第7期
说"氓",林沄,史学集刊,1981年
说"貉",林沄,史学集刊,1999年第4期
说"慕",王继如,新疆师范大学学报·哲学社会科学版,1990年第1期
说"乃",董玉芝,新疆教育学院学报,1986年第1期
说"女"字,秦楠,汉字文化,2002年第3期
说"盘",何琳仪,中国历史文物,2004年第5期
说朋,黄文杰,古文字研究,2000年第22辑
说"颇",罗会同,文史知识,1998年第12期
说"齊""齐",江立中,云梦学刊,2001年第6期
说"钱",俞忠鑫,古汉语研究,2001年第3期
说凵,艾荫范,辽宁大学学报·哲学社会科学版,1994年第5期
说"箐",宋浚瑞、杨超,攀枝花学院学报,2007年第1期
说"确",姚炳祺,广东技术师范学院学报,1993年第3期

说"氏",郑春兰,中文自学指导,2002年第6期
说"示",单周尧,第二届国际中国古文字学研讨会论文集(续编),香港中文大学,1995年
说"示",雷汉卿,复旦学报·社会科学版,1998年第1期
说"蜃"字音,马思周,语文建设,1991年第8期
说"手",黄树先,语言研究,2004年第3期
说说"癌"字,黄河清,汉语学习,1995年第1期
说"塘",刘钧杰,语文建设,1997年第1期
说"通",施丁,史学史研究,1989年第2期
说"文"道"纹",王一鸣,咬文嚼字,2006年第1期
《说文》古文"甲"释义献疑,孙学峰,广西师范大学学报·哲社版,2007年第1期
《说文》鼓字释义辨析,雷紫翰,兰州大学学报,2000年第3期
《说文解字》"水部"的文化阐释,刘绪义,语文学刊·高教版,2006年第1期
《说文解字》"蒜"、"(韭番)"考辨,李艳,唐都学刊,2008年第3期
《说文解字》谐声字试探:以"戋"声、"古"声和"良"声组字为例,黄建宁、彭小玲,西南民族大学学报·人文社科版,2004年第9期
《说文解字》"心"部字的文化阐释,季钰,河西学院学报,2007年第1期
《说文解字》衣部读书报告:对一个离心性字族的考察,金春梅,阴山学刊,2004年第5期
《说文解字》酉部字的中国古代酒文化内涵,韩祎,唐山师范学院学报,2005年第6期
《说文解字》中的"乔"族字试析,刘卫宁,广西社会科学,2004年第12期
《说文解字》中的"奄"族字试析,雍淑凤,宁夏大学学报·人文社科版,2001年第6期
《说文解字》"祖"字释义考辨,童琴,汉字文化,2008年第4期
《说文》"句"声字考,许万宏,汉字文化,2002年第2期
《说文》"立"字本义考,刘莉妮,语言研究,1999年增刊
《说文》"玉"部字小考,孔明玉,宜宾学院学报,2007年第1期
说"膝",黄树先,古汉语研究,2003年第3期
说"膝",徐时仪,汉字文化,2006年第3期
说"燹",钱剑夫,辞书研究,1982年第6期
说"信",林志强,福建师范大学学报·哲学社会科学版,1997年第2期
说"阳",吴国升,韩山师范学院学报,1997年第4期

说䚻,曾宪通,古文字研究,1983年第10辑
说"也",黄德宽,第三届国际中国古文字学研讨会论文集,香港中文大学,1997年
说"繄"兼论通用字的训释问题,彭占清,吉林大学社会科学学报,1991年第1期
说"夷",张富祥,淄博学院学报·社会科学版,1997年第3期
说殷墟甲骨文中的"龙"字及相关诸字,朱凤瀚,故宫博物院院刊,2000年第6期
说"赢",胡新生,山东大学学报·社会科学版,1996年第2期
说"忧"及其简化形体"忧",姚炳祺,容庚先生百年诞辰纪念文集,广东人民出版社,1998年
说"韵",王功龙,佳木斯大学社会科学学报,2001年第6期
说"贞"与"真",龚际平,文史知识,1996年第1期
说"趾",郭全芝,淮北煤炭师范学院学报·哲学社会科学版,1983年第1期
说"至",赵光贤,殷都学刊,1997年第3期
说"雉",张标,中国典籍与文化,1999年第1期
说"铢",俞忠鑫,语文研究,2002年第1期
说"烛",李嘉翼,汉字文化,2005年第2期
说"爪",高建青,黄树先,语言研究,2006年第3期
说壮,孙斌来,松辽学刊·人文社科版,2001年第5期
"说"字音义考,张茜茜,陈平,温州大学学报·社科版,2007年第3期
说"嘴",祝注先,辞书研究,1981年第2期
说"最"——取、最之分合及其与聚、撮之关系,姚炳祺,学术研究,1997年第10期
说䣝,马承源,古文字研究,1985年第12辑
说"犉",金春梅,福州大学学报·哲社版,2002年第1期
朔字探源,〔日〕成家彻郎(著),许宏(译),陕西历史博物馆馆刊,1995年第2辑
宋代字书已收录"奈"字,时永乐,中国语文,1997年第4期
"宋"字新释,肖毅,湖北大学学报·哲学社会科学版,1997年第3期
俗字考辨,张标,古汉语研究,2001年第3期
俗字考释两则,周志锋,汉字文化,2006年第4期
俗字研究的几个问题,姚永铭,古汉语研究,2003年第3期
岁星,丁骕,中国文字,1994年新18期
"岁亦阳止"之"阳"字考,李坤栋,渝西学院学报·社科版,2002年第2期
孙强增字在哪一年,姚永铭,辞书研究,1995年第2期
"所"字新论,刘永铮,语文研究,1990年第2期
"台"辨,张爽,杭州大学学报·哲学社会科学版,1994年第3期
谈"臭"的音义变化,杨润陆,语文建设,1996年第8期
谈甲骨文"凿"字的一种用法,刘钊,史学集刊,1992年第1期
谈睡虎地秦简中的"渍"字,刘钊,古汉语研究,1995年第3期
谈谈"久"字的本义,张雪明,辞书研究,1983年第3期
谈谈"临"字的本义,张雪明,武汉大学学报·人文科学版,1986年第4期
谈"悉"字的释义问题,潘杰,古汉语研究,1996年第2期
唐代德音考,禹成旼,中国史研究,2006年第2期
唐宋"煞"字考,袁宾,中国语文,2003年第2期
铜器铭文考释六题,陈秉新,文物研究,2000年第12辑
铜器铭文释读二题,唐钰明,第二届国际中国古文字学研讨会论文集,香港中文大学,1993年
"图形文字"即汉字古体说,高明,第二届国际中国古文字学研讨会论文集,香港中文大学,1993年
"茶"、"荼"异同考略,陈焕良,梁雄,中山大学学报·社科版,2002年第4期
酡,谭步云,开放时代,1987年第4期
"袜"字源流考,杜朝晖,语言研究,2006年第1期
我方鼎铭文今释,叶正渤,故宫博物院院刊,2001年第3期
毋尊、纵及其他,李家浩,文物,1996年第7期
"物"字补义,魏达纯,辞书研究,2001年第5期
误固有字为简化字释例,王一鸣,邢台师范高专学报,1995年第3期
"夕"字本义考,朱国理,辞书研究,1998年第1期
西周金文联结词"以"、"用"、"于"释例,杨五铭,古文字研究,1983年第10辑
西周军事铭文中的"追"字,金国泰,于省吾教授百年诞辰纪念文集,吉林大学出版社,1996年
析"築",伍巍,语文研究,2006年第2期
"歙"字音读考,陈广忠,中国语文,2004年第4期
"羲"字源流考,秦建文,曲靖师范学院学报,2005年第4期
玺陶文字零释(三则),吴良宝,中国古文字研究第一辑,吉林大学出版社,1999年
玺印文字释丛(二),刘钊,考古与文物,1998年第3期

"玺"之再识,李祥林,江海学刊,1997年第5期
先秦"得"字研究,曾晓鹰,贵阳师范高等专科学校学报·社科版,2004年第4期
先秦"赋"字的语义演变,张和群,刘昆庸,闽江学院学报,2006年第3期
先秦古文字中待探索的偏旁,林沄,古文字研究,2001年第21辑
先秦文字中的"縣",李家浩,文史,1987年第28辑
先秦"要"、"妻"二字及相关字辨析——兼议散氏盘之主人与定名,张振林,第三届国际中国古文字学研讨会论文集,香港中文大学,1997年
闲·间·闻,谢芳庆,语文建设,1995年第6期
现代汉语叹词的注音,曹乃木,辞书研究,1984年第2期
现代字源:灵,张涌泉,语文建设,2000年第1期
现代字源:说"挡"——从"螳臂当车"说起,张涌泉,语文建设,2000年第4期
现代字源"双"字小考,张涌泉,语文建设,2000年第3期
"相"字的解析,黎传绪,北京教育学院学报,2004年第4期
"相"字探微,黄瑞云,枣庄师专学报,1998年第4期
"宣"及相关诸字考辨,曾宪通,古文字研究,2000年第22辑
"向"本义考:辨"向"、"牖"、"窗",兼论训诂与字义,滕志贤,辞书研究,2000年第2期
"象"之小识,李祥林,江海学刊,1996年第4期
小臣静簋铭文献疑,叶正渤,南京师大学报·社会科学版,1997年第2期
小释,石云孙,安庆师范学院学报·社会科学版,1988年第1期
"笑"与"夭"——《管锥篇》质疑一则,李菁,文史知识,1995年第8期
"心"旁误作"辵(辶)"旁例释,张小艳,古汉语研究,2004年第2期
"薪"有"草"义辩证,朱维德,古汉语研究,1993年第3期
"薪"字"古"义辨释,朱维德,衡阳师范学院学报,1994年第1期
"兴"之原始,徐方茂,中国文化研究,2004年第3期
形位"青"汉字"静靖靛绮请靓"源义考,潘峰,汉字文化,2007年第1期
"姓"的流变,李祥林,咬文嚼字,1999年第2期
"修"与"脩",谢芳庆,辞书研究,2000年第4期
"胥"字考,元鸿仁,文史知识,1988年第10期
续释"寻"字,李学勤,故宫博物院院刊,2000年第6期
学习古文字小记,夏渌,古文字研究,1992年第19辑

学习古文字杂记七则,周宝宏,中国古文字研究第一辑,吉林大学出版社,1999年
学习古文字札记二则,陈五云,古文字研究,1992年第19辑
"压"与"轧",董树人,语文建设,1998年第9期
"牙"与"貑"的音义考辨,史俊,绥化学院学报,2005年第2期
"亚"形与殷人的宇宙观,〔英〕艾兰,中国文化,1991年第1期
燕国文字中的"無"字,杨泽生,中国文字,1986年第21期
"殹""嵋"等字的读音,唐作藩,语文建设,1995年第1期
也释"妗",陈元胜,辞书研究,1983年第4期
也释"尸",张斯忠,古汉语研究,1990年第2期
也说"铺出"之"pū",刘乃叔,咬文嚼字,1999年第3期
也说"兀",汪化云,语文研究,2007年第1期
"一头拾来"的"拾"本字为"射"考,史秀菊,中国语文,2002年第1期
"夷"字的方言义,闵家骥,辞书研究,1994年第4期
"宜"、"俎"同源证说,王蕴智,第三届国际中国古文字学研讨会论文集,香港中文大学,1997年
疑难铭文拟定字一览表——摘自《殷周金文集成引得》,张亚初,于省吾教授百年诞辰纪念文集,吉林大学出版社,1996年
"以"字考,秦建文,曲靖师范学院学报,2008年第2期
"邑"字缘起新说,陈立柱,殷都学刊,2004年第4期
殷商西周金文"隀(尊)"字正诂,徐正考,古汉语研究,1999年第1期
殷墟卜辞集合神主"示"之丛识,贾洪波,历史研究,2004年第5期
殷墟卜辞"贞"字为龟腹甲形说,涂白奎,考古与文物,2001年第2期
殷墟卜辞中的"箙",连劭名,文物春秋,2002年第1期
殷墟卜辞中的"平",连劭名,文物春秋,2003年第5期
殷墟卜辞中的"祝",连劭名,殷都学刊,2005年第3期
殷墟甲骨文"正"字释义,张玉金,语言科学,2004年第4期
殷墟文字形成假说,姜可瑜,文史哲,1992年第2期
应国禹簋铭文考释,李家浩,文物,1999年第9期
"婴"族字补析——《试析"婴"及〈说文解字〉中的"婴"族字》续论,雍淑凤,巢湖学院学报,2008年第4期
"颖""颕"要分清,张子才,咬文嚼字,2003年第12期
由"枳"和"穦"的注音所想到的,赵振铎,辞书研究,2006年第3期

"臾"字形义考,黄树先,语文研究,2015年第1期

"语"受声义于"五",于昕,北京教育学院学报,2004年第2期

语言学的"字"与文字学的"字",连登岗,南通大学学报·社科版,2006年第1期

"玉"字的用法,胡绍文,语文知识,2000年第1期

"月""夕"同源考,朱国理,古汉语研究,1998年第2期

乐器铭文考释(五篇),陈双新,古文字研究,2000年第22辑

"樂"字本义及早期樂与藥的关系,许兆昌,史学月刊,2006年第11期

"樂"字考释,洛地,音乐艺术·上海音乐学院学报,2007年第1期

"允恭克让"的"允"是什么意思,施谢捷,辞书研究,1993年第2期

"蒀"考,于丽萍,语文学刊,2002年第2期

再考"汤水"之"汤"的本字,雷昌蛟,遵义师范学院学报,2004年第4期

再说"嚰",祝注先,辞书研究,1981年第2期

"凿"字读义辨,徐有修,语文研究,1995年第3期

"则"的本义探析,李杰群,汉字文化,2000年第2期

"择"字质疑,王粤汉,语文教学与研究,1985年第9期

曾侯乙墓出土车書金字补正,天虹,江汉考古,1991年第1期

战国古玺文考释五则,徐宝贵,吉林师范大学学报·人文社会科学版,1988年第2期

战国文字考释五则,汤余惠,古文字研究,1983年第10辑

战国文字研究(一),李裕民,文物世界,1997年第2期

战国文字中的繁阳和繁氏,汤余惠,古文字研究,1992年第19辑

战国文字中的市,裘锡圭,考古学报,1980年第3期

战国"冶"字结构类型与分国研究,黄盛璋,古文字学论集初编,香港中文大学,1983年

战国"冶"字异形的衍生与制约及其区域特征,林清源,第二届国际中国古文字学研讨会论文集(续编),香港中文大学,1995年

战国中山二王名考——释古酿、好、垠等铭文及有关古鉨文字,夏渌,西南师范大学学报·人文社会科学版,1981年第3期

战国"亩(廪)"字考察,吴振武,考古与文物,1984年第4期

"帐"与"账"谁是谁非,章道云,西南民族学院学报·哲社版,2002年第3期

"朕"本义考,刘乃叔,东北师大学报·哲学社会科学版,1998年第5期

中古章组的另一个上古来源见系,黄典诚,辞书研究,1990年第4期

中华民族的根——释"帝"字的形义来源,夏渌,武汉大学学报·人文科学版,1982年第2期

中山王墓姧蚉壶铭中的"舍"字小议,陈长安,中原文物,1985年第3期

中医古籍冷僻字考释,沈澍农,南京中医药大学学报·社会科学版,2004年第3期

《中原音韵》中的"砲"字音义考辨,雷昌蛟,古汉语研究,2004年第4期

"州"字考,叶贵良,淮南师范学院学报,2002年第1期

"舟"作形旁两解,郭剑英,广州大学学报·社科版,2007年第7期

周原甲骨文、金文校勘举例,孙斌来,松辽学刊·社科版,1994年第2期

周原甲骨文"囟"字释义,张玉金,殷都学刊,2000年第1期

洲字别议,汤余惠,容庚先生百年诞辰纪念文集,广东人民出版社,1998年

"肘""肱"考辨,张世超,山西大学学报·哲学社会科学版,2007年第2期

"朱"字本义考辨,朱维德,衡阳师范学院学报,1988年第1期

"贮""贾"考辨,张世超,中国古文字研究第一辑,吉林大学出版社,1999年

"箸"与"筷",陈永安,文史杂志,2004年第5期

字典误字辨读,杨正业,达县师范高等专科学校学报,2004年第1期

字音考释四则,时建国,西北师大学报·社会科学版,2001年第2期

"左""右"考释,朱安义,昭通师范高等专科学校学报,2003年第1期

作为姓氏的"纪"的读音,董树人,语文建设,1992年第12期

"作"字探源——兼论耒字的流变,曾宪通,古文字研究,1992年第19辑

"坐"舆"座",张小平,辞书研究,1998年第2期

"做"和"作",刘勋宁,语文建设,2001年第12期

"緐"的现代汉语读音规范,孙玉文,辞书研究,1999年第4期

"吕"非耜形新探,王贵民,中原文物,1983年第3期

兊字新考,刘志一,江汉考古,1992年第3期

三、词语考释

"阿炳,夜郎"语源语义考,李锦芳,贵州文史丛刊,1998年第1期

"阿谁"唐代后并未消亡,周晓林,学术研究,2004年第12期

"阿姨"探源,徐时仪,汉字文化,2006年第5期

"哀毁骨立",注释有失,田忠侠,学习与探索,1985年第3期

"爱晚亭"得名之由来,舒宝璋,咬文嚼字,2000年第4期

"爱屋"为什么还要"及乌",郑慧生,文史知识,2005年第7期

"安步当车"解,谢质彬,语文建设,2003年第11期

"按部就班"的本义是什么,张觉,语文建设,2001年第1期

"按答奚"小考,余大钧,中国史研究,2007年第2期

"八辟"与西周社会,王力,福建论坛·社科教育版,2007年第4期

"八卦"词义的"旧"与"新",刘永华,青海师范大学学报·哲学社会科学版,2006年第2期

"八月剥枣"之"剥"释字辨,连登岗,青海师专学报,2007年第1期

"八字"漫谈,刘瑞明,辞书研究,1983年第4期

巴蜀符号初论,孙华,四川文物,1984年第1期

"拔山扛鼎"新解,张博,文史知识,1996年第9期

"白露为霜"再解,金文伟,新疆师范大学学报·哲学社会科学版,1991年第3期

白眉,娄可树,文史杂志,2006年第1期

"白刃"是指出了鞘的刀吗,胡正武,古汉语研究,2001年第1期

"百二考":兼与《辞源》"百二"辞条解义商榷,李耀仙,四川师院学报,1997年第4期

"百姓"古义新解——兼论中国早期国家的社会基础,林沄,吉林大学社会科学学报,2005年第4期

"百雉"解,许征,文史知识,1996年第8期

"拜":礼仪和语义,朱玲,文史知识,1994年第7期

"拜堂"释义商补,汪化云,成都大学学报·社会科学版,2004年第1期

"胖脖"考释,张丽君,古汉语研究,1995年第1期

"班白"释义,胡渐逵,古汉语研究,1993年第2期

"班房"溯源,倪培森,咬文嚼字,1999年第4期

"般载"入画来,伊永文,瞭望,1992年第18期

"颁白"注释小议,雷汉卿,西南民族学院学报·哲学社会科学版,2001年第S2期

"板凳"义释,杨文全,辞书研究,2004年第4期

板眼——节奏——句乐,洛地,戏曲艺术,2005年第1期

"半菽"乎?"芋菽"乎,姚永铭,辞书研究,1992年第6期

"半菽"与"卒乘"——辞书勘误二则,姚永铭,上海大学学报·社会科学版,1991年第4期

"扮演"补说,崔山佳,辞书研究,1984年第6期

蚌勺与蠡器,秦建明,中原文物,1983年第2期

宝卷的形成和早期的佛教宝卷,车锡伦,文史知识,2006年第1期

"保镖"保的是什么,俞理明,语文建设,2002年第3期

"报料"与"爆料"的用法差异,邹雪,语言文字应用,2004年第2期

"抱布贸丝","布"为何物,梁冬青,广东教育学院学报,1999年第6期

《抱朴子》词缀研究,董玉芝,新疆教育学院学报·综合版,2005年第4期

"抱怨"和"埋怨"辨析与词典释义,张占山,辞书研究,2006年第3期

"抱怨"和"埋怨"是等义词,方文一,浙江师大学报·社会科学版,1999年第3期

北疆方言特色虚词"把"书证,李志忠,语言与翻译,2005年第4期

北京人对母亲称谓的演变,陈刚,语文研究,1983年第2期

贝是商代的货币,杨升南,中国史研究,2003年第1期

贝用作古代货币的历史演变,罗会同,华南师范大学学报·社会科学版,1993年第3期

"备行伍"解,陆宗达,语文教学通讯,1980年第8期

"被"的句法地位,石定栩,胡建华,当代语言学,2005年第3期

"辈"指单个的人,王锳,贵州民族学院学报·哲学社会科学版,1986年第2期

"本草经"药物产地表释,李鼎,医史杂志,1953年第4卷第4期

"本"的错位,汪少华,咬文嚼字,1996年第11期

"逼鼠"新诠,姚永铭,读书,1988年第1期
"比数"考释,张涌泉,人文杂志,1984年第5期
"比堂"卣新考,刘宗汉,中国钱币,1993年第2期
"俾昼作夜"误解辨正,张觉,学术研究,2002年第6期
"笔"史初探,高景成,语文建设,1991年第7期
"笔"字形义考,朱英贵,成都大学学报·社会科学版,2004年第2期
"辟易"释义,胡渐逵,湖南师范大学社会科学学报,1985年第5期
碧玉非只小家女,田忠侠,学习与探索,1985年第1期
编辑干吗"操瓠",王宗祥,咬文嚼字,2008年第5期
"鞭长莫及"本义辨,文非,阅读与写作,2001年第1期
"鞭弭"之"弭"正解,李坤栋,读书,1987年第5期
"扁鹊"的读音及其来历,叶桂桐,语文建设,1996年第11期
"扁鹊"之"扁"字读音及其他,彭占清,古汉语研究,2001年第3期
"抃"字杂议,黄峰,乐山师范学院学报,2002年第3期
"便房"考,秦建明,文博,1999年第2期
"便时"旧说新笺,钱剑夫,语文研究,1988年第3期
"变文"辨,任远,浙江师大学报·社会科学版,2000年第2期
辨"齿、牙",田树生,殷都学刊,2002年第1期
辩辍畔录"记宋宫殿之误",刘敦桢,中国营造学社汇刊,1932年第3卷第3期
"表商容间、式箕子门、封比干墓"新诠,徐莉莉,天津师范大学学报·社会科学版,1985年第6期
鳖灵名义考——兼论鳖灵与蜀开明氏的关系,孙华,四川文物,1989年第5期
"别人"与"别个"考察,邓梦燕,中南大学学报·社科版,2006年第1期
"宾乍隆"一词的由来,耿宝昌,景德镇陶瓷,1986年第2期
"膑脚"考辨,邓明,中国语文,1996年第4期
髌脚不是削膝盖,宋玉珂,语文研究,1996年第1期
"冰窖"不是"地窖",黄新宇,咬文嚼字,2003年第3期
"兵"的本义与变义,高兵,汉字文化,2007年第4期
兵器铭文中的"冶"非"工师"说,傅天佑,江汉考古,1984年第1期
"秉承"、"继承"词义再探,沈丹蕾,重庆教育学院学报,2005年第4期
"炳烛"是"焫烛"之讹——兼议"秉烛",王天海,贵州教育学院学报,1998年第2期

饼、饦、馄饨、扁食、餺飥等考探,徐时仪,南阳师范学院学报,2003年第7期
"病"为何用"毛"修饰——兼说"毛病"的由来,倪培森,阅读与写作,2006年第7期
"病"义补正,任远,辞书研究,2000年第6期
"拨倒"和"胡言",倪培森,咬文嚼字,2006年第5期
"伯"、"叔"单称始于何时,董志翘,学术研究,1989年第5期
亳在大伾说,陈立柱,安徽史学,2004年第2期
"博饮"与"饮博",叶贵良,淮南师范学院学报,2001年第1期
渤海"振国"、"震国"名源考察,刘晓东,北方文物,2007年第1期
卜辞金文"晋日"考,戴家祥,温州师范学院学报·哲学社会科学版,1989年第2期
卜辞"来嬉"研究,叶正渤,殷都学刊,2004年第1期
卜辞所见商代思想意识中的"柢"和"獣",连劭名,故宫博物院院刊,2002年第3期
卜辞所见商代宗教哲学中的"命",连劭名,故宫博物院院刊,2003年第5期
卜辞"我其已宾乍帝降若"解,唐钰明,中山大学学报·社会科学版,1986年第1期
卜筮所用之"蓍",徐传武,文献,1995年第1期
〔补白〕关于新蔡楚简的"颛顼",郭永秉,文史,2006年第4辑
补说"彼"、"无所",王琪,咸阳师范学院学报,2003年第1期
补说"实中",吴郁芳,文博,1990年第2期
"不办承料"别解,刘进宝,文史,2006年第3辑
"不道"及"不辞"释义辨误,刘瑞明,贵州文史丛刊,1994年第4辑
"不忿"辨,方福仁,学术研究,1981年第3期
"不共戴天"小议,刘瑞明,辞书研究,1982年第5期
"不鼓自鸣"析,袁禾,文史知识,1989年第4期
"不穀""不佞"及其他,陆精康,咬文嚼字,2000年第7期
"不经染"——不耐脏,任继昉,红楼梦学刊,2006年第6期
"不律谓之笔"的重新审视,任继昉,古籍整理研究学刊,1995年第Z1期
"不平则鸣"辨,滕福海,广西大学学报·哲学社会科学版,2006年第1期
"不听"的"不允许"义的出现不迟于汉初,于智荣,白城师范学院学报,2006年第5期

"不听"之"不允许"义的产生年代及成因,方一新,中国语文,2003年第6期

"不听"作"不允许"解的年代考证补,陈秀兰,中国语文,2003年第6期

"不听"作"不允许"解的始见年代及书证,萧红,中国语文,2001年第3期

"不温不火"已升温,黄启庆,咬文嚼字,2005年第6期

"不以阻隘"小析,唐钰明,学术研究,1988年第3期

"不亦乐乎"的"乐"怎么读,严修,咬文嚼字,2003年第3期

"不只"与"不止"的区别,应雨田,语文建设,1997年第5期

"不足为外人道"的"为"怎么读,颜春峰,语文建设,2000年第3期

"布"的本义,王垂基,语文教学与研究,1991年第8期

"步步生莲花"源流考辨,古汉语研究,2006年第4期

"步走"释义辨正,周建成、冯汝汉,古汉语研究,2002年第2期

"猜"有"残"义证,伍宗文,辞书研究,1997年第3期

"参政知事"?"参知政事",林廉,咬文嚼字,2006年第12期

"残字""残句"趣说,倪培森,阅读与写作,2005年第6期

"藏词"论略,鲍善淳,修辞学习,1994年第6期

"草具"、"晨炊蓐食"及"一旦不能有,输来其间……"注译商兑,朱维德,江汉大学学报·人文社会科学版,1995年第4期

"草马"之"草"的语义来源,朱城,语文研究,2005年第4期

草书考,连劭名,北京教育学院学报,2002年第2期

"厕筹"非"乾(干)屎橛":《汉语大词典》释义正误,任强,枣庄师专学报,2000年第4期

"策""简"辨,张觉,学术研究,1998年第4期

茶称"槚"、"皋卢"语源考,李锦芳,古汉语研究,2005年第3期

"茶烟""烟草"解,任继昉,古籍整理研究学刊,1999年第1期

"差排"释义商补,李晓华,语文学刊,2004年第9期

"差强人意"怎么样,吴小如,文史知识,2006年第3期

禅录词语"专甲"与"某专甲"源流考释,袁宾、张秀清,中国语文,2005年第6期

禅宗著作词语释义,袁宾,词典研究丛刊,1990年第11辑

缠足漫议,汤余惠,中国典籍与文化,1995年第4期

蝉鬓(蟬鬢、薄鬓、云鬓),徐家珍,文物周刊,1948年第73期

"廛,亿,困"质疑,翟振业,南京师大学报·社会科学版,1982年第2期

"廛"、"亿"、"困"考辨,陈永生,西北师大学报·社会科学版,1983年第3期

"巉岩"诠释小札,戴建华,辞书研究,1992年第6期

"产"有"生、活、鲜"义,张显成,文史知识,1995年第2期

"长歌当哭"的"当"怎么读,舒宝璋,咬文嚼字,1997年第1期

"长跪"是"下跪求饶"吗,娄可树,咬文嚼字,2005年第5期

长沮桀溺解诂,何直刚,东岳论丛,1985年第2期

"长至""短至"说,方平权,古汉语研究,1990年第3期

尝试态助词"看"的历史考察,吴福祥,语言研究,1995年02期

常用成语释义考证四则,朱城,湛江师范学院学报,2004年第5期

常用词焚、烧的历时替代,王彤伟,重庆师范大学报·哲社版,2005年第5期

常用词"喝、饮"历时替换考,吕传峰,语文学刊,2005年第9期

常用词"疾"、"病"的历时替代,王彤伟,北方论丛,2005年第2期

常用词历时更替札记,汪维辉,语言研究,1998年第2期

常用词"隅""角"历时更替考,牛太清,中国语文,2003年第2期

常用词语寻源,按揭,大班,干邑,提子,腰果,开心果,留学,周日,阑尾,俞忠鑫,中国语文,1997年第6期

常用词语源杂说,王锳,汉语学习,1985年第4期

常语溯源三则,张能甫,辞书研究,2000年第5期

"唱道情",吕友仁,辞书研究,1984年第1期

唱——歌唱与曲唱,洛地,文史知识,1999年第1期

朝那:保留在汉语中的古羌语词语,赵小刚,兰州大学学报·社会科学版,2007年第2期

"车船"到底是谁发明的,林琳,学术论坛,1982年第2期

"车骑"非"车马"辨,李志兵,辞书研究,1987年第2期

"车水""马龙"为何物,黎千驹,咬文嚼字,2000年第8期

"哧嚓"考,李景泉,阴山学刊,2000年第1期

郴州、柳州和"彬州",王簡,咬文嚼字,1997年第6期

称"尔"又何妨,汪少华,咬文嚼字,1996年第9期

称谓表达与词缀"老"的虚化,董为光,语言研究,2002年第1期

"称兄道弟"考释,吕友仁,四川文理学院学报,2006年第6期

"撑霆裂月"说是非——论司空图的为人及诗歌,王定璋,西南民族学院学报·哲学社会科学版,1998年第2期

"成梁"、"能疑"新解,丁士虎,池州师专学报,2002年第4期

成语典故溯源二则,子规,文史杂志,2003年第3期

成语典故溯源二则,子规,文史杂志,2003年第4期

成语典故溯源二则,子规,文史杂志,2004年第2期

成语典故溯源二则,子规,文史杂志,2004年第5期

成语典故溯源六则,子规,文史杂志,2004年第3期

成语典故溯源四则,子规,文史杂志,2004年第1期

成语"辅车相依"词义新解——古汉语词义札记,苏宝荣,山西师大学报·社会科学版,1982年第1期

成语"辅车相依"词义由来考辨,宋永培,四川师范大学学报·社会科学版,1982年第2期

成语故事(一),杨天戈,语文教学通讯,1980年第8期

成语例证拾零,卢润祥,辞书研究,1980年第1期

成语另解二则,杨琳,辞书研究,1994年第6期

成语释疑:"不可救药""哀兵必胜""安枕而卧",谢质彬,语文建设,2006年第4期

成语释疑:历历在目,谢质彬,语文建设,2007年第1期

成语释疑:日不暇给,谢质彬,语文建设,2006年第11期

成语释疑:实事求是,谢质彬,语文建设,2007年第3期

成语释疑:喧宾夺主,谢质彬,语文建设,2007年第9期

成语正义二则,杨琳,古汉语研究,1995年第4期

成语字义考十则,鲍善淳,安徽师范大学学报·人文社会科学版,1982年第2期

"承"有"闻"义补说,汪维辉,南京师范大学文学院学报,2003年第1期

"城旦、城旦春、城旦书"考释,张述铮,河北师院学报·社会科学版,1994年第2期

"乘槎"是什么意思,刘世宜,辞书研究,1981年第4期

"乘"字质疑,范能船,上海师范大学学报·哲学社会科学版,1982年第1期

程度副词"分外"的来源及其发展,王秀玲,古汉语研究,2007年第4期

"池塘"说解辨正,张觉,辞书研究,1990年第3期

持作,方一新,社会科学辑刊,1992年第2期

"踟蹰"形易及来源,邓开初,长沙大学学报,2000年第3期

"齿"、"牙"考辨,张春玲,宁夏大学学报·人文社会科学版,1987年第1期

"啻"和"不啻",祝注先,辞书研究,1980年第4期

虫部字释义修正四则,李海霞,中国语文,1999年第6期

"重瞳"再训,杨振国,内蒙古民族大学学报·社会科学版,1993年第2期

"踌躇满志"别解,陈礼维,文史知识,1987年第6期

"踌躇满志"新解,刘翠,学术月刊,1998年第7期

出处之念的起因及主要意旨——"朝隐"与中国古代出处文学主题,王立,兰州大学学报·社会科学版,2001年第5期

"出"、"具"释义补,廖一邦,汕头大学学报·人文社科版,2003年第2期

"出人头地"的源流,田忠侠,社会科学辑刊,1983年第5期

出土材料中所见的"逆"及相关语词的探讨,王建军,安阳师范学院学报,2005年第4期

"出、侄、离孙、归孙、外孙"说源,庞子朝,许昌师专学报,1994年第2期

"初度"浅说,舒宝璋,辞书研究,2000年第4期

楚辞"羌"辨,陈元胜,许昌师专学报,1997年第1期

《楚辞》学习札记(二则),龚维英,学术月刊,1963年第6期

楚辞中的"陆离",兰殿君,文史杂志,2007年第4期

"楚国之举,恒在少者"试释,梁中实,江汉论坛,1988年第3期

楚简文字考释(一则),俞绍宏,大连大学学报·社科版,2007年第2期

楚经营西南考辨,孙华,贵州民族研究,1983年第1期

楚人的成语和成语中的楚人,黄发恭,湖北社会科学,2005年第1期

楚玺两考,汤余惠,江汉考古,1984年第2期

楚系文字志,刘彬徽,早期文明与楚文化研究,岳麓书社,2001年

"处"表示时间的原因,阚绪良,文史知识,1997年第4期

处女、处士、处暑的"处"当作何解,胡渐逵,文史知识,2007年第10期

处所介词"向"的产生及其发展,马贝加,语文研究,1999年第1期

"处子"走俏,马启俊,咬文嚼字,2005年第5期

"触"字的"污浊"义,张履祥,辞书研究,1991年第6期

川渝亲属称谓漫谈,杨梅,文史杂志,2001年第2期

"传播"源流考,任继昉,周口师范学院学报,2008年第3期

"传胪"的出典,汪家熔,文史知识,1994 年第 4 期
"传奇"一词的含义与衍变,罗德荣,文史知识,1985 年第 6 期
《"床"字试解》纠谬,马天祥,华夏文化,1998 年第 3 期
"吹毛求疵"之本义,杜清军,文史知识,1996 年第 4 期
"垂拱"释义辨误,连登岗,辞书研究,2002 年第 5 期
春秋"出奔"考述,张彦修,史学月刊,1996 年第 6 期
春秋时代第一人称代词研究,张玉金,语言研究,2008 年第 2 期
"词典"考源,黄河清,辞书研究,2001 年第 1 期
词汇释疑,吴永德,语文教学与研究,1988 年第 1 期
词牌名十二问,王光华,咬文嚼字,2007 年第 5 期
词尾"老""道""脑"在古典戏曲中的特殊用法及其它,王学奇,黄冈师范学院学报,1982 年第 1 期
词性和"无所××"格成语的解释,钱剑平,辞书研究,1984 年第 6 期
词义辨析(二则),罗会同,新闻爱好者,2000 年第 10 期
词义的发展和变化,蒋绍愚,语文研究,1985 年第 2 期
词义考辨二例,振亚,吉林大学社会科学学报,1984 年第 4 期
词义商兑三则,李惠昌,语文研究,1995 年第 3 期
词义锁链三则,黄瑞云,湖北师范学院学报·哲学社会科学版,1998 年第 5 期
词义探微·特,黄瑞云,咸宁师专学报,1998 年第 1 期
词义札记二则,杨观,西华大学学报·哲学社会科学版,2007 年第 1 期
词义札记七则,于智荣,古汉语研究,1991 年第 3 期
词语辨义四则,胡正武,台州学院学报,2001 年第 1 期
词语考释二则,何金松,古汉语研究,1991 年第 2 期
词语考释三则,贺卫国,哈尔滨学院学报,2006 年第 4 期
词语考释杂记,陈增杰,浙江师范大学学报·社会科学版,1982 年第 3 期
词语考源疏解八则,曾良,厦门大学学报·哲学社会科学版,1998 年第 4 期
词语零札,曾良,古汉语研究,2000 年第 1 期
词语溯源二例,朱庆之,文史知识,1991 年第 6 期
词语探源数例,王云路,词典研究丛刊,1990 年第 11 辑
词语误用二例,李知文,语文建设,2001 年第 9 期
词语训释二则,汪少华,古汉语研究,2000 年第 1 期
词语译注商榷,刘乃叔,北华大学学报·社会科学版,1996 年第 4 期
词语札记,王宣武,唐都学刊,1994 年第 4 期
词语札记二则,郭良夫,语文建设,1996 年第 12 期

词语札记一则,周明初,古汉语研究,1999 年第 3 期
词组词汇化与词典释义考探,徐时仪,湖州师范学院学报,2004 年第 3 期
慈母·捣衣·夜半钟声,刘畅,文史知识,1999 年第 12 期
辞·赋·颂,万曼,河南师范大学学报·哲学社会科学版,1982 年第 5 期
辞书编修孔见——兼释新成语两则,李衡梅,学习与探索,1984 年第 2 期
辞书漏收"多"、"怕"、"撑"义项补,王学奇,河北师范大学学报·哲学社会科学版,2004 年第 2 期
辞书失误考略,王云路,古汉语研究,1993 年第 1 期
辞书释"白"中定义、释义和义例问题探讨,潘峰,现代语文·语言研究版,2005 年第 12 期
辞书中"做"与"作"释义探析,秦其良,重庆工学院学报,2005 年第 12 期
辞语考释刍议,章锡良,苏州教育学院学报,1997 年第 4 期
《辞源》"旌表"释义考辨,韩帅,古汉语研究,2010 年第 2 期
《辞源》释义补证,陈霞村,语文研究,1992 年第 2 期
《辞源》"肆应"条释义辨正,王诚,古汉语研究,2013 年第 2 期
《辞源》"五王"释义与五王政变时的年号,徐从权,古汉语研究,2010 年第 3 期
《辞源》"昭明太子"条注释指误,刘晟,辞书研究,1999 年第 1 期
《辞源》"逐鹿"条考辨,陶玲,古汉语研究,2011 年第 1 期
"次"的时间义及其源流,段文清,四川大学学报,1991 年第 1 期
"刺谬"还是"剌谬",冉启斌,编辑之友,2008 年第 1 期
"赐裘怜抚戍"的出处,朱松山,红楼梦学刊,1979 年第 2 期
从"百工"与"百官"的语词变迁,刘海凤,古籍整理研究学刊,2004 年第 4 期
从北京方言看"不剌"的意义和用法,董树人,天津师范大学学报·社会科学版,1984 年第 2 期
从成语看词语的古今差异,宁皖平,社会科学家,2004 年第 5 期
从成语看古代汉语语法特征,宁皖平,经济与社会发展,2003 年第 8 期
从"赤橙黄绿青蓝紫"说起,崔山佳,汉字文化,2007 年第 2 期
从搭配变化看"济"、"渡"的替换过程,张诒三,许昌学

院学报,2005年第3期

从"大"字头词条及释义看古人对"大"的崇拜:词典释义和中国传统文化研究系列之一,朱玲,辞书研究,2005年第2期

从"捣脚"说到"捣"与"倒",薛克谬,语文建设,1998年第10期

从"掉以轻心"的"掉"说起,王继如,辞书研究,2002年第1期

从东汉碑刻复音词看《汉语大词典》的书证迟后,刘志生,常州工学院学报·社科版,2006年第2期

从《风俗通义》看《汉语大词典》晚收的义项,黄英,西南民族大学学报·人文社科版,2003年第6期

从"夫人"的误解和乱用谈起,李云龙,文史知识,2004年第4期

从"福"字说起,卢润祥,辞书研究,1979年第2期

从高诱注看东汉北方代词系统的调整,周俊勋,阿坝师范高等专科学校学报,2000年第1期

从古文献用例看辞书对"率领"义"以"字词性的标注,于智荣,王恩建,渤海大学学报·哲社报,2005年第6期

从汉语词汇史角度论"为"与"搞",徐流,辞书研究,1996年第5期

从汉字异构看古代玉文化,王恩建,江苏大学学报·高教研究版,1999年第3期

从"烘帘"说起,王继如,辞书研究,1997年第5期

从甲骨文看殷周时代的田猎文化,孙雍长,广州大学学报·社会科学版,2007年第1期

从甲骨文"以"字字形及用例看古籍中表"率领"义"以"字的词性,于智荣,长春师范学院学报,2000年第6期

从"居诸"看词义的发展变化,孙菊芬,汉字文化,2001年第4期

从"口"、"头"看汉语一名多量组合现象,郑宇,福建农林大学学报·哲学社会科学版,2007年第2期

从来源与演变看"裹足"的释义,汪少华,华东师范大学学报·哲学社会科学版,2002年第2期

从"良"字探古代男女之间的昵称,王珏,伊犁教育学院学报,2004年第1期

从"六国互丧"看古代副词"互"字的意义和用法,并兼谈颜师古对"互"、"更"词义训释的贡献,林海权,闽江学院学报,1994年第3期

从"枚"与"个"看汉语泛指性量词的演变,陈绂,语文研究,2002年第1期

从"美"字看我国古代的审美取向,秦建文,楚雄师范学院学报,2003年第2期

从民俗语源略谈"大锅饭",曲彦斌,百科知识,1985年第12期

从明清笔记看《汉语大词典》词语溯源,王祖霞,鄂州大学学报,2005年第2期

从"抹"的量词义说起,张向群,辞书研究,1996年第3期

从"牛"类词语看词的音义关系,胡华,辽东学院学报·社科版,2007年第2期

从人形古文字零释,王慎行,殷都学刊,1991年第1期

从山海关地方志看"关门之变",吴烨南,文史知识,1994年第1期

从"射柳"到"穿杨",金文明,咬文嚼字,2000年第2期

从《说文》词义系统论证"水厓""崩陨""危高""惶惧"等义的本源与联系,宋永培,达县师范高等专科学校学报,1999年第3期

从"痛恨"谈起,郭全芝,淮北煤炭师范学院学报·哲学社会科学版,1983年第2期

从"望洋兴叹"看语言中的"习非成是"现象,周丹平,遵义师范学院学报,2003年第2期

从魏晋佛典看中古"消息"词义的演变,朱庆之,四川大学学报·哲学社会科学版,1989年第2期

从先秦简牍看《汉语大字典》量词释义的阙失,李建平,德州学院学报,2005年第5期

从写卷P.2509之"岠跃"看《左传》"距跃"的意义,李索,敦煌研究,2006年第1期

从"姓"、"姑"、"媵"三字看古代婚姻陋俗,汤亚平,学术探索,2001年第5期

从"婿"词义的发展变化看汉语方言表示姻亲关系的称谓词,孙玉卿,山西师大学报·社科版,2007年第3期

从"鸦雀无声"说起,刘瑞明,辞书研究,1982年第3期

从一到万:熟语中数词的抽象义,黄岳洲,辞书研究,1980年第4期

从"庸何伤"说起:谈古今汉语的沟通,王云路,中国典籍与文化,2005年第2期

从语言文字说性别歧视,易思平,华夏文化,2001年第3期

从"爰"的释义看《经传释词》的几点不足,顾恩多,集宁师专学报,2005年第2期

从原始数目字看数概念与空间方位的关系,叶正渤,南阳师范学院学报,2003年第5期

从"驵"、"侩"到"经纪人"——经纪人称谓述略,杨观,

绵阳师范学院学报,2008年第3期

从"周章"、"章皇"的训释论及词义研究方法,刘瑞明,湖北大学学报·哲学社会科学版,1991年第2期

从"箸"演变到"筷子"的初步考察,张成材,青海师范大学学报·哲学社会科学版,1988年第4期

从"箸"演变到"筷子"的再探讨,王琪,古汉语研究,2008年第1期

从"爪牙"一词谈起,华学诚,江苏大学学报·高教研究版,1982年第2期

从庄子的"技"看其关于文艺美的思想,王景琳,江淮论坛,1988年第4期

从"酌古斟今"到"作古正经",吴军,云梦学刊,2002年第2期

"丛祠"解,谢质彬,天津师范大学学报·社会科学版,1983年第4期

"醋、酢"互易辩,伍宗文,古汉语研究,1992年第2期

爨·爨氏·爨文化,秦建文,曲靖师范学院学报,2007年第5期

"崔氏乐浪"考辨,刘子敏,北方文物,2001年第2期

"摧藏"补释,仇志群,聊城大学学报·社会科学版,1989年第4期

"摧屈""作兴"词义考——读《辞源》札记,蒋冀骋,古汉语研究,2010年第4期

"寸阴"探趣,黄炳麟,文史杂志,2006年第4期

错把绵州作锦州——读书献疑录,张在明,玉溪师范学院学报,1991年第6期

搭车,田惠刚,神州学人,2007年第11期

"打发"补义,侯兰笙,西北师大学报·社科版,2005年第4期

打瓜子,白维国,红楼梦学刊,1990年第2期

"打"义项分析,符淮青,词典和词典编纂的学问,上海辞书出版社,1985年

"打"字的义项分析:为庆贺《辞书研究》百期作,曹先擢,辞书研究,1996年第6期

"打"字的语义分析续补,徐时仪,辞书研究,2001年第3期

"打"字的语义分析再补,徐时仪,南阳师范学院学报,2008年第4期

《"大方之家"正义》商榷,邓声国,古汉语研究,2001年第1期

"大谬不然"初义考,朱城,古汉语研究,2003年第4期

大器晚成·大器免成·大器曼成,钱玉趾,文史杂志,2004年第5期

大同方言的词缀"忽",孙玉卿,方言,2002年第4期

大同方言的"寡",孙玉卿,语文研究,2001年第4期

"大武辟兵"浅析,黄锡全,江汉考古,1983年第3期

大型字书"死字"的来源,杨宝忠,语言文字应用,2004年第4期

"歹"字演变探微,徐时仪,上海师范大学学报·哲学社会科学版,1993年第4期

"追冰未泮"诸家注释平议,孙炜,汉字文化,2007年第1期

"带"和"戴",李志兵,辞书研究,2001年第3期

"待字闺中"的"字",余江,汕头大学学报·人文社科版,2004年第2期

"旦日"新证,晏鸿鸣,江汉大学学报,1995年第2期

"刀头梦"≠"三刀梦",白维国,中国语文,2003年第1期

"倒计时"的由来,倪培森,咬文嚼字,1999年第1期

"倒醮"应该是"倒噍",朝振飞,文史知识,1992年第11期

倒霉·触霉头·霉气,王光汉,语文建设,1996年第12期

"倒灶"、"倒楣"的文化考释,蔡正学、石金兰,辞书研究,2005年第2期

"到处"与"处处"异同考,刘永华,语文学刊,2006年第9期

道咸"金石学"与绘画——从潘曾莹与戴熙的两个画卷谈起,蔡星仪,美术研究,2008年第2期

"道之"、"齐之"与"矜而不争"新解,张诒三,中国文化研究,2005年第3期

得尺记,叶恭绰,逸经,1936年第3期

"得脑"的本字及其他,常乐,语文研究,2000年第3期

"得焉"译注质疑,袁宾,语文教学与研究,1981年第6期

"得意"补释,钱群英,西南交通大学学报·社科版,2005年第1期

"得"字用法演变考,祝敏彻,西北师大学报·社会科学版,1960年第S1期

"德"的含义及其对当代中国德育的启示,汪凤炎,华东师范大学学报·教科版,2006年第3期

"登轼而望"解,刘乃叔,北华大学学报·社会科学版,1994年第1期

"等身"小考,李秉鉴,文史杂志,2007年第4期

"凳(橙)"、"杌"、"墩"、"椅"探源,马振亚,辞书研究,1999年第2期

"的士"的"意化"过程,苏新春,语文建设,1995年第5期

"抵罪"释义,牟维珍、富金壁,学术交流,2003年第6期

"地"的"分辨"义再说——兼答谢质彬同志,祝注先,

西南民族大学学报·人文社科版,1991年第2期
"地位"和"地步"的词义演变及相互影响,匡鹏飞,语文研究,2010年第2期
"地"有"分辨"义吗,谢质彬,古汉语研究,1989年第2期
"帝司"与"司母"小考,尹盛平,古文字研究,1986年第13辑
典故语辞释义探析,戴长江等,辞书研究,1998年第6期
"点书"辨,任远,古汉语研究,1992年第2期
琱生三器铭文考释,王占奎,考古与文物,2007年第5期
琱生尊铭文的几点考释,吴镇烽,考古与文物,2007年第5期
"掉"的词义衍变递嬗探微,徐时仪,语言研究,2007年第4期
"叠""迭"吴用举例,薛克谬,河北青年管理干部学院学报,2001年第2期
"盯梢"还是"钉梢",邹玉华,语文建设,2001年第10期
"丢抹"词义辨,马思周,北华大学学报·社会科学版,1995年第4期
"东干"音义考释,张成材,中国语文,2005年第4期
东汉碑刻成语考察,刘志生,广西社会科学,2006年第8期
东汉碑刻词语考释,刘志生,苏州科技学院学报·社会科学版,2006年第3期
东汉碑刻词语考释十则,刘志生,语文学刊·高教版,2006年第5期
东汉碑刻典故词考察,刘志生,唐山学院学报,2006年第4期
东汉碑刻中的缩略词语考察,刘志生,延安大学学报·社科版,2006年第4期
东汉汉译佛经词语例释,史光辉,贵州师范大学学报·社会科学版,2006年第6期
东汉洛阳的"上林",王子今,洛阳工学院学报·社会科学版,2001年第4期
东汉魏晋南北朝常用词演变研究,汪维辉,古汉语研究,1999年第4期
东汉译经词语考释,陈文杰,古籍整理研究学刊,2005年第3期
东林党新论,陈辽,盐城师范学院学报·人文社会科学版,1993年第1期
"东门"何以指代社稷,倪祥保,文史知识,1989年第9期
"东西南北"的形义溯源,娄熙元,文史知识,1984年第1期
"东西南北"字源商榷,程德祺,文史知识,1984年第11期
"东西"溯源,张民权,江西科技师范学院学报,1996年第2期
东周兵器铭文考释(三则),施谢捷,南京师大学报·社科版,2002年第2期
东周兵器铭文中几个词语的训释,徐在国,古汉语研究,2005年第1期
董仲舒"三年不窥园"辨,徐仁甫,文史杂志,1986年第2期
动词"捷"的释义:与《现代汉语词典》商榷,东平,汉语学习,1997年第6期
动量词"遍"在早期文献中的分布,罗国强,浙江树人大学学报,2005年第5期
动态助词"了"隐现缘由探微,麦宇红,龙岩师专学报,2003年第2期
"都"有无"试"和"大指"义,陈壬秋,西南民族大学学报·人文社科版,1983年第3期
"都掌蛮"研究二题——明代"都掌蛮"的构成和消亡,刘复生,四川大学学报·哲学社会科学版,1998年第2期
"斗草"源流,刘桂秋,寻根,1997年第3期
"豆逼"是什么,王云路,辞书研究,1986年第1期
读《包山楚简》偶记"受贿"、"国帑"、"茅门有败"等字词新义,夏渌,江汉考古,1993年第2期
读词三记,唐圭璋,南京师大学报·社会科学版,1982年第4期
读词札记,唐圭璋,南京师大学报·社会科学版,1980年第1期
读《魏晋南北朝词语例释》,张联荣,古汉语研究,1992年第3期
杜诗"波","没"是非之辨析,李知文,北京社会科学,1994年第4期
杜诗"逃禅"解诂,谭伟,西南民族学院学报·哲学社会科学版,2001年第4期
杜诗疑难词语考辨,王启涛,杜甫研究学刊,1997年第2期
"杜撰"和"肚撰",崔山佳,辞书研究,2005年第2期
"杜撰"探源,姚永铭,语文建设,1999年第2期
"杜撰"语源考,杨琳,古汉语研究,2000年第3期
"端策拂龟"另解,黄建宁,上海交通大学学报·哲社版,2003年第3期
"短、矬、矮"历时替换考,孙菊芬,广东工业大学学报·社会科学版,2008年第2期

断章不足取义,田忠侠,学习与探索,1983年第5期
"队"字义项及书证辨误,刘瑞明,辞书研究,1992年第5期
对《"传胪"的出典》的一点意见,周思璋,文史知识,1995年第2期
对妇好之好与称谓之司的剖析,张亚初,考古,1985年第12期
对《"固时俗之工巧兮"的"工巧"》意见的商榷,汪少华,江西教育学院学报,1993年第2期
对《"黑风"、"青草"释》一文的质疑,段从光,文史知识,1982年第5期
对"瞿然"词义的思考,陆精康,文教资料,1998年第2期
对"莫大焉"的一种误用,薛克谬,语文建设,2003年第12期
对"俗谚解说两题"一文的补正:"七十三,八十四,阎王叫你商量事"语义源流考,王志尧,信阳师范学院学报·哲社版,2005年第1期
对象介词"将"的产生,马贝加,语言研究,2000年第4期
对"小"字头词条修订情况的考察,谢自立,语言文字应用,1997年第1期
对《"影响"今义的来源》一文的管见,张孝纯,文史知识,1992年第12期
对于本草经新注之我观,佩珍,中国出版月刊,1936年第6卷第2期
对"肇祺"解释的再商榷,张懋镕,考古,1985年第6期
对"做"字的再认识,秦其良,开封大学学报,2007年第4期
敦煌变文的近指代词,吴福祥,语文研究,1996年第3期
敦煌变文的人称代词"自己""自家",吴福祥,古汉语研究,1994年第4期
敦煌变文的疑问代词"那"("那个"、"那里"),吴福祥,古汉语研究,1995年第2期
敦煌变文人称代词初探,吴福祥,青海师范大学学报·哲学社会科学版,1995年第2期
敦煌变文中的几个行为动词——穿、走、行李、去,祝敏彻,尚春生,语文研究,1984年第1期
敦煌变文字词考,曾良,中国语文,2006年第5期
敦煌契约文书中的"证人""保人"流变考释,敏春芳,敦煌学辑刊,2004年第2期
敦煌曲子词方音习语及其他,汪泛舟,敦煌研究,1987年第4期
敦煌社邑文书量词"事"、"笙"辨考,敏春芳,敦煌学辑刊,2005年第2期

敦煌俗语词辑释,黄征,语言研究,1994年第1期
敦煌俗语词考释二则——般次、忏愧,王璐,文教资料,2007年第7期
敦煌吐鲁番法制文书词语考释,王启涛,四川师范大学学报·社会科学版,2001年第6期
敦煌文书词语考释,董志翘,敦煌研究,1998年第1期
敦煌文书疑难词语辨释四则,张涌泉,中国语文,1996年第1期
敦煌文书中的博士与教授,陆离,敦煌学辑刊,1999年第1期
敦煌文书中"南山"与仲云,黄盛璋,西北民族研究,1989年第1期
敦煌文献词语考释一则,曾述忠,古汉语研究,2002年第2期
敦煌文献中的"去"字,邓文宽,中国文化,1994年第2期
敦煌文献字义札记二则,李若晖,敦煌研究,2006年第2期
敦煌写本书仪语词选释,张小艳,湖州师范学院学报,2004年第3期
敦煌愿文中的名词加缀双音词,敏春芳,敦煌学辑刊,2006年第4期
"蹲鸱"趣谈,周士琦,文史知识,1991年第1期
炖煌石室六朝写本:本草集注序录残卷校注,范行准,中西医药,1937年第3卷第1期
"多"字词性谈,赵变亲,雁北师范学院学报,2003年第1期
"掇坐"及其同义语词探源,阎玉文,古汉语研究,2002年第2期
堕马髻,徐家珍,文物周刊,1947年第58期
"惰民"释义辨析,王天海,贵州文史丛刊,1997年第6期
"阿房"音义考,孙华,咸阳师范学院学报,2002年第1期
鹅湖书院·"鹅湖之会"·"鹅湖之晤",杨雪骋,郑小江,文史知识,1998年第1期
"额首"还是"额手",彭红,咬文嚼字,2002年第10期
"恶金"辨正,黄金贵,中山大学学报·社会科学版,2007年第5期
"恶水"的语义义,李景泉,汉字文化,2002年第1期
"儿"是怎样变"奴"的,黄新宇,咬文嚼字,2001年第5期
"而已"辨析,刘德辉,株洲师范高等专科学校学报,2000年第1期
《尔雅·释草》中"蒿"之名目考,苏袁,徐州师范大学学报·哲社版,2003年第4期
"尔欲吴王我乎"正诂,晏鸿鸣,汉字文化,2001年第1期

"耳濡目染"的误用,钱剑夫,咬文嚼字,2000年第8期
"二程语录"词语小札,曾昭聪,古汉语研究,2000年第2期
"二"和"两",吕叔湘,语文世界,1998年第11期
《二拍》诓词札记,周志锋,古汉语研究,1993年第2期
"二十八调"之"角调"辩正——宋人所谓"闰角"之误,洛地,中国音乐,2005年第1期
二王《杂帖》词语拾零,刘志生,长沙电力学院学报·社会科学版,2004年第1期
"二"与"两"及其他,朱安义,阅读与写作,2001年第8期
"佴"词义考释,杨雅丽,西北第二民族学院学报·哲学社会科学版,1995年第2期
发髻,女生的"灵魂",王建堂,上海青年管理干部学院学报,2006年第2期
"发烧"与"发烧友",周士琦,寻根,2000年第4期
发条为什么叫"弦",刘钧杰,语文建设,1998年第5期
"伐辐""伐轮"及其他,汪维辉,徐州师范大学学报·哲学社会科学版,1986年第2期
"法家拂二"新解,丁士虎,池州师专学报,1998年第4期
"法律"词源商榷,余延,汉字文化,2003年第2期
《法苑珠林》词语选释,周志锋,宁波大学学报·教育科学版,1994年第4期
"法"字新释,张立平,内蒙古农业大学学报·社科版,2004年第2期
繁漪的"繁"并非姓氏,王簡,咬文嚼字,1998年第1期
犯,洛地,中国音乐,2005年第4期
"犯"在唐宋有名词犯人义,刘百顺,中国语文,2007年第1期
"饭"字词义及其演变考,黄斌,湖北大学学报·哲社版,2005年第6期
方程算法源流考,钱宝琮,学艺,1921年第3卷第2期
"方寸地"小考,黄炳麟,文史杂志,2006年第2期
"方林"别解,翟振业,江汉论坛,1987年第6期
方式介词"凭、据、随、论"的产生,马贝加,温州师院学报,1992年第2期
方位词"东"的文化蕴涵,靳雅姝,哈尔滨职业技术学院学报,2005年第6期
方位词"里"考源,汪维辉,古汉语研究,1999年第2期
"方言"考,李先耕,求是学刊,2006年第6期
方言同源词考例,彭逢澍,常德师范学院学报·社会科学版,1999年第2期
方言远指代词"乜、兀"的词源,汪化云,汉字文化,2007年第4期

仿宋重刊营造法式校记,阚铎,中国营造学社汇刊,1930年第1卷第1期
"放二四"、"二四"的修辞理据及确义,刘敬林,修辞学习,2007年第6期
"飞蛾赴火"本义辩,文非,阅读与写作,1999年第4期
"飞军"考辨,鲁刚,思想战线,1987年第6期
沸流杂考,梁志龙,北方文物,1997年第4期
"痱子"源流考,周俊勋,内江师范学院学报,2008年第1期
"分疏"新义,袁津琥,语言研究,1995年第1期
"风调雨顺"补解,黄桂初,文史知识,1993年第1期
"风流人物"应当是"豪杰",贺陶乐,文史知识,2003年第3期
"风马牛不相及"训辨,李玉平,克山师专学报,2000年第4期
"风马牛"新解,杨钊,史学集刊,1996年第4期
"风闻"源流考,刘长江,秦静,求索,2008年第1期
"风"义流变考,过常宝,北京师范大学学报·社会科学版,1998年第2期
"风"义一说,赵恩柱,古典文学知识,1997年第6期
"封建"概念辨析,冯天瑜,社会科学战线,2006年第5期
封建社会底农业生产关系:研究中国农村经济的基本知识(二),薛暮桥,中国农村,1934年第1卷第2期
封建社会"刑、法、律"分期说质疑,邹身城,学术月刊,1980年第8期
"封禅"及其他,铿然,咬文嚼字,1998年第1期
"冯唐"典故的误解,曾良,文史知识,1993年第12期
"逢""逄"辨析及辞书编纂中的相关错误例谈:《殽之战》中"逢孙"引出的思考,李玉平,毕节师专学报,1999年第1期
"讽一劝百"的出处,孟凡茂,辞书研究,1996年第5期
"凤""凰"变性再辩,滕福海,阅读与写作,1996年第12期
佛典词语零札,陈文杰,古汉语研究,2002年第2期
佛经词语考释四则,汪维辉,浙江大学学报·人文社科版,2005年第5期
佛经字词考释,曾良,语言科学,2004年第3期
否定副词"没"始见于南宋,吴福祥,中国语文,1995年第2期
夫妻称谓例谈,徐传武,民俗研究,1986年第2期
"扶床"试释,林廉,辞书研究,1992年第4期
"扶桑"小考,杨文彬,文史知识,1997年第7期
"拂士"新解,易思平,文史知识,1995年第11期

"浮浮"与"滔滔"献疑,刘精盛,古汉语研究,1998年第1期
"甫""丈""吏""丘"释义补说,徐咏威,社会科学论坛,2005年第6期
"辅车相依",张履祥,辞书研究,1982年第2期
"辅车相依"的出处问题,舒宝璋,辞书研究,1997年第6期
"辅三秦"与"俯西秦",徐文茂,学术月刊,1981年第12期
"复奏"、"覆奏"考辨,仇加勉,王平原,首都师范大学学报·社科版,2007年第4期
副词"不"和"没有"初探,卢甲文,殷都学刊,1983年第3期
副词"不免"、"难免"、"未免"比较分析,谷晓恒,青海民族学院学报·社科版,2005年第4期
副词"但、只、仅、才"辨义析流,马贝加,温州师范学院学报,1990年第4期
副词"倒"及相关副词的语义功能和历时演变,李宗江,汉语学报,2005年第2期
副词"都"的产生和发展,武振玉,社会科学战线,2001年第5期
副词"一概、一律"的产生和发展,谭翠,郑贤章,淮阴师范学院学报·哲学社会科学版,2006年第3期
"赋诗言志"中的赋诗与答赋,杨钊,重庆文理学院学报·社会科学版,2007年第6期
"该人"释疑,郭良夫,语文建设,1997年第5期
"盖"字义项补,谭步云,辞书研究,1995年第3期
"干警"的起源和演变,林天虹,语文建设,1998年第1期
"甘"、"今"同源论,雷春辉,甘肃高师学报,2001年第4期
甘肃河西魏晋十六国墓葬画中的"矩形"、"圆圈"图像考释,郭永利,四川文物,2007年第1期
"肝花"辨正,雷汉卿,辞书研究,2007年第4期
"敢"有"凡"义及其原因,朱庆之,古汉语研究,1989年第2期
"橄榄"语源小考,李锦芳,广西民族研究,2001年第1期
高鬋(飞鬋、回纥鬋),徐家珍,文物周刊,1947年第59期
高句丽名称释义,梁志龙,辽海文物学刊,1996年第1期
高丽松扇非折叠扇,杨琳,中国典籍与文化,2000年第4期
"高买"探源——兼论隐语的通用化,唐钰明,语文建设,1994年第1期
高诱注中的"犹"字,王明春,枣庄学院学报,2006年第3期
高诱注中的注音术语,王明春,德州学院学报·综合版,2006年第2期
"罩"旁为"尺"探源,何华珍,语言研究,2004年第3期
"膏粱"不是"高粱",黄敬明,咬文嚼字,2006年第9期
"搞"的释义探析,徐时仪,上海师范大学学报·哲学社会科学版,2003年第4期
"槁木三年,不必为邦旗"试释,黄君良,中国文化研究,2003年秋
"告了"与"角先生"解,张崇,文史知识,1993年第5期
"哥老倌"考,邓章应,文史杂志,2003年第5期
"割股"词义的演变,刘光明,池州师专学报,2002年第4期
"割股"词义考释,方金华,台州师专学报,1998年第4期
"歌行"本义考,李会玲,武汉大学学报·人文科学版,2006年第6期
《根有律》词语考释,重庆教育学院学报,2008年第2期
"更赢"源流考,陈加亮,盐城师范学院学报·哲学社会科学版,1994年第1期
"更"字考释补遗——兼谈鞭、御、驭形体演变关系,马如森,东北师大学报,1988年第5期
赓扬"四堂"又一"堂"——甲骨学五氏同"堂"——兼谈古文字的破译与释读,刘以焕,北方论丛,2001年第6期
"羹"、"汤"辨考,黄金贵,湖州师范学院学报,2005年第6期
"工人"释义补,连登岗,辞书研究,2006年第1期
"公不若毋多"解,王光汉,文献,1997年第4期
"公主"和"长公主",杜秉庄,语文教学与研究,1985年第1期
"公主"和"驸马",王波,语文知识,2005年第5期
公主下嫁不可言"尚",宦荣卿,东北师大学报·哲学社会科学版,1987年第1期
"公子"考,郑慧生,史学月刊,2002年第3期
"公"组称谓词源流考,王珏,徐州师范大学学报·哲学社会科学版,2006年第1期
"龚黄"与"榭叶"——《辞海》修订得失例说,王同策,吉林大学社会科学学报,1994年第1期
龚姓溯源,田冰,寻根,2007年第5期
觥筹交错和觥,骆伟里,苏州教育学院学报,1984年第1期
"共商国是"和"实事求是"中的"是",龚嘉镇,辞书研究,1998年第4期

"艐船"与"舣船",何华珍,语言研究,1997年第2期

"勾当"词义源流考,孙菊芬,曲靖师范学院学报,2006年第1期

"钩心斗角"的演变,倪培森,咬文嚼字,2000年第2期

"姑舅、姑嫜、公婆"浅释,殷寄明,中国语文,1996年第1期

"姑苏"新解,谭其骧,杭州大学学报·哲学社会科学版,1979年第4期

"孤城"即指"玉门关"补正,倪其心,文史知识,1982年第1期

"孤烟"当指烽烟,陈增杰,咬文嚼字,2001年第1期

"孤烟"应是"平安火",訾永明,文史杂志,2006年第1期

"孤影"辨,杨宝忠,古汉语研究,1993年第2期

"孤注一掷"的"掷"怎样读,徐世荣,语文建设,1982年第3期

"辜负"与"孤负"可以相通,崔山佳,辞书研究,1992年第4期

古本《尚书》特殊字形举例,林志强,古汉语研究,2005年第4期

古代的年龄称谓,陈凡,文史知识,1984年第10期

古代官职升降称谓浅释,吴聿明,文史知识,1981年第4期

《古代官职升降称谓浅释》补,杜舒,文史知识,1982年第2期

古代汉语词义辨析举例,李建伟,河南大学学报·社科版,2001年第5期

古代汉语词义札记,罗维明,古汉语研究,1998年第2期

古代汉语词语补释(两则),杨宝忠,古籍整理研究学刊,2001年第5期

古代汉语词语杂释,范崇高,自贡师范高等专科学校学报,2001年第4期

古代汉语的敬谦副词有哪些,朱安义,湖南教育,2006年第5期

古代汉语同义词辨析(三则),晏鸿鸣,江汉大学学报·社会科学版,1987年第1期

古代教师称谓溯源,林琳,文史杂志,1996年第5期

古代数词"一、三、九"的文化意蕴,王秀玲,文教资料,2006年第4期

《古代"死"的别名》补遗,吕友仁,河南师范大学学报·哲学社会科学版,1994年第5期

古代通俗小说"比武斗智"母题的跨文化溯源,王立,山西大学师范学院学报,1999年第1期

古代文化词辨释二篇,黄金贵,杭州大学学报·哲学社会科学版,1993年第2期

古代文化词辨析二则,黄金贵,天津师范大学学报·社会科学版,1993年第1期

古代文化词语辨正,胡丽珍,汉字文化,2003年第1期

古代文化词语通释,黄金贵,杭州大学学报·哲学社会科学版,1989年第2期

古代阉畜词辨释,黄金贵,中国农史,1993年第1期

古"登"字有凭义——兼谈"登轼而望之",孙雍长,中国语文,1997年第4期

《古"登"字有凭义——兼谈"登轼而望之"》商榷,汪少华,古汉语研究,2006年第3期

古典的"雀斑",周小兵,名作欣赏,2000年第4期

古典戏曲小说方言俗语例释,刘百顺,西北大学学报·哲学社会科学版,1987年第1期

古典杂剧中的"没揣"是什么意思,李景泉,辞书研究,1997年第6期

古"干"字及其相关之字考,张金霞,徐州师范大学学报·哲学社会科学版,2000年第3期

古汉语别称词初探,林伦伦,汕头大学学报·人文社会科学版,1987年第3期

古汉语"不"的一类特殊用法——兼与《经传释词》商榷,刘翠,安徽大学学报·哲学社会科学版,2000年第3期

古汉语词义札记,颜洽茂,绍兴文理学院学报·社科版,1990年第2期

古汉语词语杂考,杨琳,古汉语研究,1993年第3期

古汉语典故钩沉:西笑·西席·南浦·南冠,张民权,百科知识,1994年第9期

古汉语"禽"、"兽"、"禽兽"之考辨,李志兵,桂林师范高等专科学校学报,2005年第3期

古汉语上下关系词考略,石云孙,安庆师范学院学报·社会科学版,1993年第2期

古汉语同义词辨析,黄金贵,杭州大学学报·哲学社会科学版,1987年第2期

古汉语同义词辨析(一),黄金贵,绍兴文理学院学报·社科版,1987年第1期

古汉语同义词辨析(二),黄金贵,绍兴文理学院学报·社科版,1987年第2期

古汉语"亡其"小议,喻遂生,思想战线,2003年第6期

古汉语用"孰""与"组成的选择比较问句——兼论一些译法,宋玉珂,语言教学与研究,1980年第3期

古汉语"有"的代词用法,宋玉珂,语言教学与研究,1983年第1期

古汉语语词札记,陈增杰,温州师范学院学报,1980年第1期
古汉语札记三则,刘光明,池州师专学报,1999年第1期
古汉语札记三则,张国光,黔南民族师范学院学报,1994年第1期
古汉语中的后置词"所"——兼论古汉语中表方位的后置词系统,董秀芳,四川大学学报·哲学社会科学版,1999年第2期
古汉语中的谦称,张觉,贵州文史丛刊,1989年第4期
古汉语中的"自"和"己"——现代汉语"自己"的特殊性的来源,董秀芳,古汉语研究,2002年第1期
古汉语中的尊称,张觉,贵州文史丛刊,1989年第2期
古汉语中的尊称(续),张觉,贵州文史丛刊,1989年第3期
古汉语中偏指代词"相"的使用规则,董秀芳,四川大学学报·哲学社会科学版,2001年第2期
《古汉语字典》序,王力,语文研究,1986年第2期
古籍词义考释二则,时永乐,河北大学学报·哲学社会科学版,2005年第1期
古籍中容易误读的多音多义字续释,曹聪孙,历史教学,1981年第9期
古今词义感情色彩变化举例,戴建华,文史知识,1991年第7期
"古荆为巴"说考辨,段渝,贵州社会科学,1984年第5期
古人的年岁及其称谓,温慧辉,湖北大学成人教育学院学报,2001年第1期
古人姓名正读,王培军,文史知识,2002年第11期
古诗文中"月"的别称词浅析,薛迎春,重庆职业技术学院学报,2005年第1期
古书释"去"为"藏"考辨,苏宝荣,河北师范大学学报·哲学社会科学版,1984年第2期
古殳考究——兼及《说文》中心词隐含机制阐释,朱维德,衡阳师范学院学报,2003年第2期
古文点校及释义指瑕,王兴才,重庆三峡学院学报,2001年第S1期
古文疑义释例(之二),傅庭麟,辽宁大学学报·哲学社会科学版,2004年第2期
古文"易"字形义新释,尚振乾,古汉语研究,2004年第4期
古文字奴隶名称补遗,夏渌,武汉大学学报·社会科学版,1983年第3期
古文字札记二则,周萌,汉字文化,1990年第3期
"谷皮"是什么,锐声,语文建设,1993年第12期

"谷树皮"别解,张诒三,菏泽师范专科学校学报,2001年第3期
"谷树皮"是方言,张诒三,咬文嚼字,2001年第1期
"谷树皮"小识,锐声,辞书研究,1998年第4期
"鼓腹"之"鼓"的语义选择,赵宗乙,汉字文化,2006年第5期
"鼓角"之角,陈驹,文史知识,1986年第4期
"瓜子"考辨,锥江生,西北师大学报·社会科学版,1993年第4期
关关、复关、间关——《诗经》疏证之一,胡振华,文史知识,1994年第9期
"关键"和"琴键",刘钧杰,语文建设,1998年第6期
关于○的一点意见,曹先擢,语文研究,1990年第4期
关于"巴蜀图语"的几点看法,李复华,王家祐,巴蜀考古论文集,文物出版社,1987年
关于"禅"音解读的管见,曹先擢,文史知识,2005年第10期
关于春秋典籍中的"人"与"民",黄瑞云,文史哲,1978年第2期
关于《辞源》的引证释义问题,熊飞,咸宁师专学报,1985年第1期
关于"从"字句的两个问题,周小兵,汉语学习,1983年第1期
关于《促织》中的"瞥",王彤伟,语文建设,2003年第6期
关于"胆如斗",范崇高,现代语文·语言研究版,2006年第10期
关于"当户织"的"当",陈耀,四川师范大学学报·社会科学版,1983年第2期
关于"咢"的一个义项,祝注先,辞书研究,1980年第3期
关于"脚注",冉启斌,辞书研究,2008年第3期
关于"觉"的意义和"睡觉"成词的有关问题考辨,王丹,湖北民族学院学报·哲社版,2003年第3期
关于"礼"起源的再探讨,杨英杰,辽宁师范大学学报·社会科学版,2000年第6期
关于"枥"、"羹"两词释义的商榷,钱剑夫,华中师范大学学报·人文社会科学版,1980年第4期
关于"莲的起源地"考证,邢湘臣,农业考古,1983年第2期
关于量词"棵"的出现时间,董树人,语言教学与研究,1987年第3期
关于"马童面之"——兼谈"面"字的反训问题,黄金贵,徐州师范大学学报·哲学社会科学版,1982年第3期

关于"们",潘荣生,辞书研究,1984年第1期
关于"莫我肯顾"的"莫"字,王瑜,语文学刊,1981年第1期
关于"莫须有"释义的意义,沈敬之、吴小如等,文史知识,1983年第4期
关于"妻父"的称谓词源流考,魏爱婷,科教文汇,2006年第1期
关于商代称谓的几个问题,连劭名,殷都学刊,1999年第3期
关于"身"的词义研究,叶正渤,重庆职业技术学院学报,2004年第2期
关于《诗经》上的"维"字,周修睦,新语文,1947年第38期
关于"士"名的由来,何新,史学月刊,1985年第4期
关于"睡觉"成词的时代,王锳,中国语文,1997年第4期
关于"厶"字的象意特点及几个证明,范德茂,文史哲,2002年第3期
关于"吐蕃"之"蕃"的读音问题,张绍臣,湖北大学学报·哲学社会科学版,1987年第6期
关于"豚"和"魨"的用法,王丹,科技术语研究,2005年第4期
关于"先生"的两点补充,胡渐逵,读书,1997年第8期
关于"新发于硎",富金壁,古汉语研究,1997年第2期
关于新旧辞书"东西"的语源举例,尚芳,汉字文化,1999年第4期
关于虚词"儿"的释义,唐超群,辞书研究,1988年第2期
关于"亚"字符号的文化解析,叶正渤,东南大学学报·哲学社会科学版,2004年第4期
关于"严妆"一词的训释,王小莘,语文建设,1998年第6期
关于疑问语气助词"那"来源的考察,朱庆之,古汉语研究,1991年第2期
关于殷墟卜辞中的"廿祀"和"廿司",裘锡圭,文物,1999年第12期
关于"予"通"誉",陆锡兴,辞书研究,1991年第1期
关于"阵云",程晓东,文史知识,1991年第4期
关于"周公辅成王"问题,杨朝明,文史知识,2006年第1期
关于"诸"字训释的几个问题,刘百顺,西北大学学报·哲学社会科学版,1984年第4期
关于助词"等"表列举后煞尾用法的时代,董志翘,辞书研究,2003年第1期
关于"灌淖""卒"等词语的训释,答黄老师,晏炎吾,语文教学与研究,1982年第10期
关于"自"的再讨论,刘瑞明,中国语文,1994年第6期
"关云长"的"长"怎么念,金文明,咬文嚼字,2007年第11期
关中方言词语考,刘百顺,西北大学学报·哲学社会科学版,1994年第4期
"官奴"考辨,虞万里,温州师范学院学报,1991年第1期
官衣·宫衣,吴同宾,文史知识,1998年第10期
"官子"纵横谈,田惠刚,华夏文化,2008年第2期
《管子》正文训诂研究,李爱丽,楚雄师范学院学报,2007年第2期
"冊丘"辨——兼谈"丘"和"邱",金文明,咬文嚼字,1997年第7期
"广告"一词考略,金石,文史杂志,1993年第3期
广州汉墓群西汉前期陶器文字汇考,陈直,学术研究,1964年第2期
"归福"本义考源,叶正渤,辞书研究,1999年第5期
"规范"杂议,董志翘,语文建设,2001年第3期
"规矩"及相关词语的衍生和演变,丁喜霞,南京社会科学,2004年第6期
鬼和鬼脸儿——释鬼、由、巫、亚,国光红,山东师大学报·人文社会科学版,1993年第1期
"鬼朴"补释,范崇高,汉字文化,2007年第1期
郭店楚简中的"教"字,王卫峰,苏州大学学报·哲社版,2005年第1期
"国"和"国家"的语义问题,蔡富有,语文研究,1985年第2期
"国是"正解,许廷桂,重庆师范大学学报·哲学社会科学版,1991年第2期
"国"与"天下",连劭名,语文建设,2006年第8期
《国语》韦昭注词语商榷,陈灿,阜阳师范学院学报·社科版,2005年第5期
还是释为"纵横"有据:"方"的一个义项,袁津琥,辞书研究,1995年第6期
还以"刑天舞干戚"为长,姚永铭,读书,1987年第5期
"海侵"与"海退":河陇上古汉语方言地理变迁,李智君,厦门大学学报·哲社版,2005年第6期
含假"罗汉"、"观音"的趣难系列词,刘瑞明,语言科学,2003年第4期
汉碑文"惟"字考察,汪业全,广西师范大学学报·哲学社会科学版,1999年第S1期
汉代的"待诏"补论,陶新华,社会科学战线,2005年第6期

汉代的流言与讹言,吕宗力,历史研究,2003年第2期
汉代的"史书",汪桂海,文献,2004年第2期
汉代河西的"茭"——汉代植被史考察札记,王子今,甘肃社会科学,2004年第5期
汉简"省卒"考,李振宏,史学月刊,1993年第4期
汉魏六朝词语散札,方一新,阜阳师范学院学报·社科版,2005年第3期
汉魏六朝词语杂释,汪维辉,语文研究,1990年第2期
汉魏六朝佛经释词,张联荣,北京大学学报·哲学社会科学版,1988年第5期
汉魏六朝"进"字使用情况考察——对《"进"对"入"的历时替换》一文的几点补正,汪维辉,南京大学学报·哲学·人文科学·社会科学版,2001年第2期
汉魏六朝"年(岁)"、"月"、"日"的表达,刘百顺,中国语文,1997年第6期
汉魏六朝史书词语考释,刘百顺,西北大学学报·哲社版,2002年第3期
汉魏六朝语词研究考论,王华宝,南京师大学报·社会科学版,1999年第4期
汉魏注释材料对《汉语大词典》的补充,李丽,大庆高等专科学校学报,2003年第2期
汉文佛典里的"别人"考,谭代龙,语言科学,2006年第3期
汉文佛经词语例释,郑贤章,语言科学,2006年第3期
汉药中之矿物,陆志鸿,学艺,1929年第9卷第6期
汉语词"博士"的外借和返借,俞理明,西南民族学院学报,2001年第5期
汉语词汇中的"龙"概念,许鲜明,季红丽,云南师范大学学报·哲社版,2006年第2期
汉语辞书中的几个蒙古语借词,方龄贵,辞书研究,1986年第3期
《汉语大词典》词语溯源小补:读《广韵》杂记,蔡一云,白冰,五邑大学学报·社科版,2002年第1期
《汉语大词典》"逮"的释义与书证小考,马固钢,湘潭大学学报·哲社版,2004年第5期
《汉语大词典》等辞书"枭"字释义商补,胡运飙,贵州大学学报·社科版,2004年第2期
《汉语大词典》等工具书"军爵"、"公爵"条目献疑,邵文利,杜丽荣,学术界,2004年第6期
《汉语大词典》"都无"释义指正,周掌胜,浙江大学学报·人文社会科学版,2005年第2期
《汉语大词典》漏收"二程语录"词目补释,王秀玲,秦晓华,中南大学学报·社会科学版,2007年第5期
《汉语大词典》"三礼"条目订补(之一),骆伟里,苏州教育学院学报,2006年第3期
《汉语大词典》释义补充——以《根有律》为例,乐山师范学院学报,2008年第1期
《汉语大词典》未收的《潜夫论》并列复词考释,徐山,盐城工学院学报·社科版,2005年第4期
《汉语大词典》"左"字条目与《中文大辞典》之比较,牛敬德,淮北煤师院学报,1995年增刊
《汉语大字典》"惷"字义项②质疑,陈宝国,汉字文化,2004年第1期
《汉语大字典》"通"字用法辨析,李淑敏,新乡师范高等专科学校学报,2003年第6期
《汉语大字典》"幸"义广释,朱维德,衡阳师专学报,1990年第1期
汉语的谦称"愚",俞理明,语文建设,2000年第2期
汉语方所词语"後"的语义演变,吴福祥,中国语文,2007年第6期
汉语"光"与"影"的认知联系,董为光,语言研究,2005年第2期
汉语"河"词源考,张洪明,浙江大学学报·人文社会科学版,2004年第1期
汉语核心词"畀"研究,黄树先,语言研究,2008年第1期
汉语核心词"我"研究,黄树先,语言研究,2007年第3期
汉语核心词"足"研究,黄树先,语言科学,2007年第2期
汉语"江"词源考,张洪明,浙江大学学报·人文社会科学版,2005年第1期
汉语詈词浅议,刘福根,汉语学习,1997年第3期
汉语詈词文化意蕴例析,刘福根,浙江社会科学,1998年第3期
汉语量词"个"语源辨析,游汝杰,语文研究,1985年第4期
汉语亲属称谓的连锁文化现象,郭锦桴,文史知识,1994年第1期
汉语"死亡"禁忌的来源及语用分析,郎晓秋,语文学刊,2004年第3期
汉语特殊词义探源与语文词典编纂,苏宝荣,辞书研究,1990年第6期
汉语外来词杂谈,张永言,语言教学与研究,1989年第2期
汉语疑难俗字重考若干例,郑贤章,中国语文,2007年第6期
汉语义位"吃"词义扩展的认知研究,解海江,烟台师范学院学报·哲学社会科学版,2006年第1期

汉字"风"的语义场与中国古代生态文化精神,鲁枢元,文学评论,2005 年第 4 期
汉字体现的生殖崇拜,秦建文,曲靖师范学院学报,2003 年第 1 期
汉字文化具象——从甲文、金文看古代的田猎,孙雍长,五邑大学学报·社会科学版,1995 年第 1 期
汉字中"点"的文化释义现象简论,张铭,扬州教育学院学报,2006 年第 2 期
"汗血马"诸问题考述,侯丕勋,西北民族研究,1988 年第 2 期
"捍劳"校释匡正,张涌泉,古汉语研究,2004 年第 1 期
"好"的本义及文化意蕴,汤亚平,云南民族学院学报·哲社版,2001 年第 5 期
好逑·好仇·同仇,黄瑞云,湘潭大学学报·哲学社会科学版,1981 年第 3 期
"浩渺"与"浩淼"等,高更生,语文建设,1997 年第 8 期
"合纵连横"之"纵"与"横",吴国升,语文学刊,2002 年第 4 期
"何不食肉糜"何人所说,舒宝璋,咬文嚼字,2004 年第 4 期
何为"偏讳",杨琳,烟台大学学报·哲学社会科学版,2003 年第 3 期
何谓"半个秀才",胡渐逵,鲁迅研究月刊,1996 年第 1 期
何谓"法轮",白化文,文史知识,1999 年第 10 期
何谓"媚道",陈松青,文史知识,2004 年第 4 期
何谓"模棱",王国锋,文史知识,2004 年第 4 期
何谓"四大皆空",圣辉,文史知识,1986 年第 10 期
何谓"唐宋变革",柳立言,中华文史论丛,2006 年第 1 期
何以"膏肓"一误再误?——"鬲(膈)肓""荒、肓""幕、膜"各字音义判析,李鼎,中医药文化,2008 年第 2 期
"何有于我哉"注释商兑,晏炎吾,语文教学与研究,1988 年第 6 期
"何"字单用指人补说,朱城,古汉语研究,2000 年第 1 期
"和盖"之"和"非介词,汪维辉,古汉语研究,2007 年第 1 期
"和尚"的语源及其形义的演变,储泰松,语言研究,2002 年第 1 期
"和谐":"贞观之治"的时代精神,黄朴民,博览群书,2008 年第 5 期
"和"之"允许"义探源,袁津琥,辞书研究,1996 年第 6 期
河北、天津方言中元曲词语例释,吴振清,语文研究,1997 年第 1 期

"河东狮吼"为何指明"河东",倪培森,咬文嚼字,1999 年第 10 期
"狢剌"再释,武玉芳,辞书研究,2015 年第 5 期
饸饹考,王至堂,中国文化,1995 年第 1 期
"黑齿"考略,李勃,中南民族大学学报·人文社会科学版,2003 年第 S1 期
黑鹿释名,闻宥,民族语文,1979 年第 1 期
"黑头虫"考辨——佛典、道藏及相关文献综理,陈开勇,文史,2007 年第 3 辑
"很如羊"旧解质疑,丰家骅,学术研究,1991 年第 4 期
"很"字别解,杨振国,盐城师范学院学报·人文社会科学版,1989 年第 1 期
"横"的词义衍化,陈汝法,咬文嚼字,1997 年第 5 期
"烘堂大笑""哄堂大笑"和"轰堂大笑",崔山佳,汉字文化,2005 年第 3 期
"红"对"赤"的替换及其原因,赵红梅,云梦学刊,2004 年第 5 期
红楼"尸场"解——兼与《汉语大词典》释义商榷,孙剑艺,红楼梦学刊,2007 年第 1 期
"红娘撒沁"解,李申,语文研究,1984 年第 1 期
洪门史,戴魏光,正义,1945 年第 1 期
"猴年马月""驴年马月"的来历,徐世荣,语文建设,1997 年第 6 期
"后生"等可指称年轻女性的称谓词,谭耀炬,辞书研究,2001 年第 1 期
后置词"行"考辨,江蓝生,语文研究,1998 年第 1 期
"胡"考,王建莉,汉字文化,2000 年第 4 期
"胡"、"蛮"的文化说解,张军,榆林学院学报,2005 年第 4 期
"胡言乱语"与"胡言汉语",崔山佳,咬文嚼字,1999 年第 8 期
"胡"字词义考,乔永,新疆大学学报,2001 年第 2 期
湖北襄樊方言中的"倒"字,杨琳,现代语文·语言研究版,2006 年第 7 期
湖南衡山方言中的叹词,杨晓霖,现代语文·语言研究版,2006 年第 12 期
"湖湘"语词及其地域考源,万里,湖南城市学院学报,2006 年第 5 期
"葫芦"释义,胡渐逵,文史知识,1992 年第 11 期
"瑚琏"探源,何琳仪,史学集刊,1983 年第 1 期
"糊口"、"餬口"探源,振亚,辞书研究,2000 年第 2 期
"虎兔"还是"虎兒",王建,红楼梦学刊,1991 年第 2 期
"琥"不当释为"虎符",李嘉翼,汉字文化,2006 年第 1 期

"互"义探源,苏杰,文史知识,2001年第8期
"花拳绣腿"补义,叶贵良,古汉语研究,2001年第1期
华佗非梵语译音考,庞光华,古汉语研究,2000年第3期
话说"老字号",田久川,东北之窗,2007年第2期
话说"翘辫子",倪培森,咬文嚼字,2000年第7期
话说"万人空巷",汪少华,咬文嚼字,1997年第10期
话说"五至三无",庞朴,文史哲,2004年第1期
"话匣子"一词的释误,鲍延毅,辞书研究,1995年第5期
话"支那",黄兴涛,文史知识,1999年第5期
怀嬴、辰嬴与文嬴,陶易,皖西学院学报,1999年第1期
"欢度"还是"欢渡",黄瑞云,语文教学与研究,1986年第8期
"欢""依"词义辨正,刘翠,辞书研究,1995年第2期
"还归细柳营"的"还"这样读,郭征宇,文史知识,2002年第9期
"患得患失"的语源义——从一则习题谈起,周建成,何松山,语文建设,2002年第7期
"荒"有"治"义吗,蒋宗福,辞书研究,1995年第3期
"黄瓜"始名考,曾维华,上海师范大学学报·哲学社会科学版,2000年第2期
黄石公之"履"探微,丁宏武,固原师专学报·社科版,2003年第1期
"挥霍"辨义,董志翘,学术研究,1986年第6期
婚礼中的"避煞"民俗探析——兼论处女红禁忌始源,刘瑞明,四川大学学报·哲学社会科学版,2005年第6期
"浑沌"自然义试解,冯宽平,青海师专学报,2004年第4期
"活泼"来源小考,张小平,西南交通大学学报·社科版,2005年第1期
"火长"考辨,唐嘉弘,社会科学研究,1980年第4期
伙计何以称"小二",金文明,2007年第1期
"获则取之"辨,鲍延毅,学术研究,1983年第4期
"击水"还是"水击",黄敬明,咬文嚼字,1998年第8期
"唧唧复唧唧"正解,王继如,学术研究,1987年第5期
"唧唧"考,黄金贵,温州师范学院学报,1985年第1期
"畸轻畸重"还是"倚轻倚重",杨晓霖,现代语文·语言研究版,2007年第2期
"箕踞"何以是大不敬,郝志华,咬文嚼字,2002年第5期
稽首、顿首、稽颡考辨,颜春峰,杭州师范学院学报·社会科学版,2001年第2期
即、便、就的历时关系,李宗江,语文研究,1997年第1期
"疾"轻"病"重质疑,王彤伟,陕西理工学院学报·社会科学版,2005年第3期
"疾"有"重病"义,胡继明,汉字文化,2002年第1期
"集"字本义考辨,杭华,语文学刊,2002年第5期
"籍籍""无名"拉郎配,金文明,咬文嚼字,2003年第12期
几点质疑,郑远汉,中国语文,1996年第4期
几个表情感的词的源,曾光平,河南大学学报,1991年第5期
几个含"死"义动词的虚化轨迹,李宗江,古汉语研究,2007年第1期
几年为"秩",戴建华,咬文嚼字,2000年第12期
几组词语探源,马振亚,河北师院学报·社会科学版,1997年第2期
"挤兑"与"挤对",李知文,语文建设,2001年第5期
"忌讳"刍议,鲍延毅,枣庄学院学报,1984年第1期
"祭"、"祀"本义考析,白平,古汉语研究,2012年第1期
稷下士与博士制度,浮生,行健月刊,1934年第5卷第4期
骥老乎? 老骥乎,田忠侠,学习与探索,1984年第4期
"加增"辨,于其,语文教学与研究,1993年第4期
"家"是古汉语中历史悠久的词尾,刘瑞明,天津师范大学学报·自然科学版,1988年第3期
"家伙"考源,刘乃叔,辞书研究,1996年第2期
"家贼"源流辨考——兼为辞书相关条目订补,孙剑艺,古汉语研究,2010年第2期
甲骨刻辞"卿史""御史"辨,董莲池,吉林师范大学学报·人文社会科学版,1992年第4期
甲骨文"不"和"弗"语义指向方面的异同,张玉金,语言研究,2005年第4期
甲骨文处所词研究,甘露,殷都学刊,2005年第4期
甲骨文词义浅说,王建,贵州教育学院学报,1990年第4期
甲骨文否定词研究,叶正渤、王秀丽,殷都学刊,2005年第4期
甲骨文核心词"人"的语义场初探,郑春兰,金久红,华中科技大学学报·社科版,2006年第5期
甲骨文名词初探,巫称喜,韩山师范学院学报,2003年第1期
甲骨文时间词研究,秦晓华,殷都学刊,2005年第4期
甲骨文时间副词研究,王娟,太原师范学院学报·社会科学版,2008年第1期
甲骨文同源词初探,王娟,渝西学院学报·社会科学版,2002年第4期

甲骨文"小""少"释疑,巫称喜,殷都学刊,2002年第2期

甲骨文"易日"解,吴国升,古籍整理研究学刊,2003年第5期

甲骨文中的"男"为爵称说,杨升南,中原文物,1999年第2期

甲骨文中的"之"和助词"之"的来源,张玉金,殷都学刊,2005年第2期

甲骨文"子""女"浅说,王娟,西华师范大学学报·哲社版,2004年第1期

甲金文地名考释,崔恒升,古文字研究,2000年第22辑

"假词"略说,杨宝忠,中国语文,2005年第4期

假髻(假髢、假头、义髻),徐家珍,文物周刊,1947年第61期

"假""借""丐"变调构词的三则考辨,孙玉文,湖北大学学报·哲学社会科学版,2000年第5期

"假"、"伪"辨,齐援朝,长治学院学报,2007年第1期

"间气"释义,王继如,辞书研究,1987年第6期

"间行"考辨,陈永生,辽宁师范大学学报·社会科学版,1983年第4期

"兼并"一词的原义,时广东,重庆师院学报,1982年第4期

"剪"字应补量词义项:从《一剪梅》说起,张羽,辞书研究,1995年第3期

简述汉魏六朝诗歌中的新词及其分类,王云路,语言研究,1997年第2期

"见"字指代意义探微,王兴才,牡丹江师范学院学报·哲学社会科学版,2001年第1期

"剑及履及"不能用吗,金文明,咬文嚼字,2000年第6期

"江上"并非"江岸",李代祥,文史杂志,2006年第4期

"江左"语源考,曾良,文史知识,1994年第9期

"将无同"别解,徐仁甫,社会科学战线,1980年第3期

"缰王""彊王"即"绞王"再考,王一军,江汉论坛,1999年第9期

"疆场"和"疆场",徐传武,德州学院学报,1995年第3期

"讲武"与"习武",沈林,渝西学院学报·社科版,2004年第2期

讲"庄严",白化文,中国典籍与文化,1996年第4期

"交露"考,高列过,阜阳师范学院学报·社科版,2002年第6期

"娇逸"义解,张传曾,古汉语研究,1996年第2期

"茭钱"试解,谢桂华,历史研究,2006年第2期

焦循《孟子正义》词义训释初探,任坚,河西学院学报,2006年第4期

"脚注"出现的时代及释义,冉启斌,语言科学,2008年第1期

"教授"考,山民,阅读与写作,1999年第9期

"教授"起源,龚延明,寻根,1997年第1期

"教授"起源考,龚延明,浙江学刊,1991年第4期

"皆登一焉"说辩正,黄怀信,西北第二民族学院学报·哲学社会科学版,1993年第3期

"揭"与"揭阳"能否划等号,彭妙艳,汕头大学学报·人文社会科学版,2006年第2期

结构助词"底"(的)的来源再认识,钟如雄,词典研究丛刊,1990年第11辑

"结轨"说义,王继如,学术研究,1988年第2期

解"兰",龚维英,江淮论坛,1980年第3期

"解释"异释,陈一凡,文史知识,1993年第12期

"解手"来源之我见,骆伟里,咬文嚼字,1997年第5期

"解手"与"胡豆"释名,杨琳,辞书研究,2001年第1期

介词"按、依、乘、趁"探源,马贝加,温州师院学报,1990年第3期

介词"打"来源补说,董为光,语言研究,2004年第1期

介词"方"探源,马贝加,温州师范学院学报,1996年第5期

介词"经"的产生与发展,马贝加,温州师范学院学报,1999年第1期

介词"就"的产生及其意义,马贝加,语文研究,1997年第4期

介词"同"的产生,马贝加,中国语文,1993年第2期

介词"向"对"问"的替换:兼谈方言介词"问"的历史演变,晁瑞,北方论丛,2005年第6期

介词"向"与"嚮"在近代汉语中的发展,刘丽川,深圳大学学报,1991年第1期

介词"沿"的产生,马贝加,语文研究,1992年第3期

介词"沿、往、望、朝"的产生,马贝加,温州师范学院学报,1987年第1期

介词"以"的起源和发展,郭锡良,古汉语研究,1998年第1期

介词"于"的起源和发展,郭锡良,中国语文,1997年第2期

介词"缘"的产生及其意义,马贝加,山西大学学报·自然科学版,1996年第2期

介词"照"的产生,马贝加,温州师范学院学报,1992年第1期

介绍甲骨文,孙海波,史学月刊,1957年第2期

介绍"锁套吞容"十九问,张培元,励学,1934年第1

卷第 2 期

"戒严"与"营造"——《现代汉语词典》误释二则,刘传鸿,语文建设,2002 年第 2 期

"芥舟"新解,戴伟华,文史知识,1989 年第 8 期

金匮要略字诂,孙世扬,制言,1937 年第 37、38 期

《金瓶梅》词语考释,张涌泉,杭州大学学报·哲学社会科学版,1989 年第 4 期

《金瓶梅》词语校释,张涌泉,杭州师范学院学报·社会科学版,1993 年第 4 期

"金石为开"置疑,张子开,文史知识,1993 年第 7 期

《金文编》附录存疑字考释(十篇),刘钊,人文杂志,1995 年第 2 期

金文词义探索(一),赵诚,第三届国际中国古文字学研讨会论文集,香港中文大学,1997 年

金文"对扬"历史观,虞万里,语言研究,1992 年第 1 期

金文"句鑃"、"左守"讨论,杜迺松,故宫博物院院刊,2003 年第 3 期

金文历朔疏证,吴其昌,燕京学报,1929 年第 6 期

金文"以"字用法初探,武振玉,北方论丛,2005 年第 3 期

金文中的"敢"和"毋敢",汤余惠,中国古文字研究第一辑,吉林大学出版社,1999 年

金文子孙称谓重文的释读及启发,黄光武,中山大学学报·社科版,1992 年第 4 期

"矜而不争"考辨,王功龙,孔子研究,2002 年第 4 期

"紧俏"别义,崔山佳,辞书研究,1994 年第 4 期

"锦筵"、"舞筵"、"绨筵"考,徐时仪,文学遗产,2006 年第 3 期

近代汉语词语因失校而释义错误举例,徐复岭,古汉语研究,2002 年第 2 期

近代汉语词语札记,徐时仪,喀什师范学院学报,1996 年第 3 期

近代汉语词语札记,袁宾,中州学刊,1984 年第 2 期

近代汉语联绵词考(六则),王锳,遵义师范学院学报,2005 年第 1 期

近代汉语词语续考,王锳,黔南民族师范学院学报,2000 年第 4 期

近代汉语语法札记二则,曹小云,语言教学与研究,2001 年第 3 期

"进"对"入"的历时替换,李宗江,中国语文,1997 年第 3 期

晋北方言中"鬼"的构词特点,孙玉卿,山西大学学报·哲学社会科学版,2002 年第 6 期

晋北有关"糕"的民俗与方言词,孙玉卿,语文研究,

2000 年第 1 期

晋宋时代的"阿堵"与黄梅方言的"堵",汪化云,汉字文化,2001 年第 1 期

晋语辨正,徐仁甫,晋阳学刊,1984 年第 2 期

晋语释词,刘勋宁,语文研究,1989 年第 1 期

禁忌语"死"的对代语及其文化内蕴,刘蕴璇,内蒙古社会科学·汉文版,1997 年第 1 期

禁止词"别"考源,江蓝生,语文研究,1991 年第 1 期

"京都"和"首都"——比较词源三探,伍铁平,语文研究,1986 年第 1 期

京剧的行当,吴同宾,文史知识,1999 年第 11 期

经传中"不""无"为语词辨,徐仁甫,西南师范大学学报·人文社会科学版,1983 年第 3 期

经师、人师与师、儒,连登岗,文史杂志,2003 年第 5 期

"荆""楚"名辨再析,孙炜,信阳师范学院学报·哲学社会科学版,2006 年第 4 期

"荆棘铜驼"何所喻,戴建华,中国语文,1999 年第 1 期

"精采"探源,王云路,中国语文,1996 年第 3 期

敬夫考辨,冯保善,浙江学刊,1987 年第 1 期

敬谦副词与中国古代伦理关系,王建莉,中国典籍与文化,1996 年第 1 期

"九黎"之"九"考,罗骥,云南师范大学学报·哲社版,2002 年第 5 期

旧词新用,蕴藉隽永,倪培森,阅读与写作,1995 年第 11 期

"旧瓶装新酒"考,舒宝璋,咬文嚼字,2002 年第 9 期

"救"字今义探源,谢质彬,河北大学学报·哲学社会科学版,1998 年第 1 期

舅姑称谓的起源与演变,庞子朝,华中师范大学学报·人文社会科学版,1990 年第 5 期

"狙击"和"阻击",成东,咬文嚼字,1995 年第 2 期

"'局'字从厂从句句亦声"说,王继如,南京师大学报·社会科学版,1981 年第 3 期

"倨称"初探,鲍延毅,枣庄学院学报,1989 年第 3 期

据金文解读《尚书》二例,唐钰明,中山大学学报·哲学社会科学版,1987 年第 1 期

"聚敛"为多义词例说,钱剑夫,语文研究,1986 年第 1 期

《屦、履考》质疑,李淑惠,辽宁师专学报·社科版,2005 年第 6 期

"绝价"考,王启涛,四川文物,2005 年第 1 期

"军"、"君"、"困"、"屯"声字族析,冯宽平,青海民族学院学报·社科版,2001 年第 3 期

"君子"考释,王泽民,文史知识,1996 年第 12 期

"卡伦"词源考,胡振华,民族语文,1980年第3期
"开卷有益"解,田居俭,文史知识,1998年第6期
"凯旋"义探源,茅炎生,文史知识,1988年第1期
"看板"与"台所",曦钟,学习与探索,1996年第4期
"看"和"看见"等词义的同异和制约,符淮青,汉语学习,1993年第5期
考辨李白诗歌中"魂"与"魄"及其相关的复合词,黄英,四川师范大学学报·社科版,2005年第6期
"考竟"和"结竟",杨志玖,辞书研究,1985年第2期
"考棚"不是"拷棚",曾任教,文史杂志,2006年第1期
"靠山"比喻义的来源,叶贵良,语文建设,2000年第12期
"靠山"一词是怎么来的,秉仁,青年科学,2006年第4期
"苛政猛于虎"的"政"究系何义,胡渐逵,湖南城市学院学报,1988年第1期
科举文化熟语探析,王娥,前沿,2005年第8期
"科学"名词探源,冯天瑜,中国科技术语,2008年第3期
可,方一新,社会科学辑刊,1991年第5期
"可"作"何"用质疑,陈冠明,安徽师范大学学报·人文社会科学版,1980年第3期
襁褓探析,谭蝉雪,敦煌研究,2006年第3期
"啃"字释义推敲,曹乃木,辞书研究,1988年第2期
"空拳冒白刃"的误解,郑树荣,当代体育,1985年第1期
箜篌的故事,王丹,国际音乐交流,1998年第1期
孔子"三畏"释诂,唐钰明,学术研究,1986年第4期
口语词"起屋"语源探赜,王兴才,重庆三峡学院学报,2002年第1期
"口"、"嘴"辨析,张薇,语言教学与研究,2005年第2期
"哭、泣、啼、号"辨,朱惠仙,西南交通大学学报·社科版,2004年第6期
"苦力"词源考辨,刘以焕,齐齐哈尔大学学报·哲学社会科学版,1995年第2期
"会稽"之"会"的读音,乔秋颖,古汉语研究,2006年第4期
"会计"一词探源,刘治平,广西财务与会计,1989年第12期
"狂且"释,倪祥保,学术研究,1989年第1期
"垃圾"考,小丁,文史杂志,2006年第3期
"垃、拉、啦"源流考,梁光华,贵州师范大学学报·社会科学版,1992年第3期
"籁"在古代指声音吗,张觉,咬文嚼字,2001年第2期
"岚风"小考,曾良,中国语文,1998年第3期
"阑单"辨,汪少华,古汉语研究,1995年第3期

"烂醉如泥"辨,刘竹庵,语文知识,2000年第5期
"滥觞"正义,汪少华,文史知识,1997年第10期
"郎当"词义绪,马思周,刘亚聪,北华大学学报·社科版,2006年第5期
"狼狈"辨释,谢芳庆,古汉语研究,1995年第3期
"狼狈"别释,蔡镜浩,学术研究,1986年第6期
"狼狈"探源,金文明,上海师范大学学报·哲学社会科学版,1983年第4期
"狼藉"考辨,董秀芳,文史知识,1999年第5期
"狼烟"考,李正宇,寻根,2006年第2期
"浪"、"漫"及其他,祝鸿杰,辞书研究,1985年第5期
"牢""栏""圈"的历时演变,胡海琼,语言研究,2006年第3期
"老鼻子"一词探源,王彬,北京晚报,1980年7月17日
"老表"诨号的由来,吴之邨,文史知识,1998年第1期
"老公"起源小考,张学城,文史杂志,2003年第1期
"老骥伏枥"解,曾良,古汉语研究,2002年第2期
"老师"称谓的历史演变,王娥,内蒙古社会科学·汉文版,2005年第3期
"老"语义探微,马惠玲,殷都学刊,2002年第3期
"佬"义考辨,程well安,何洪峰,郧阳师专学报,2002年第2期
"乐"变调构词的一则考辨,孙玉文,湖北大学学报·哲学社会科学版,1999年第4期
"乐"义新探,陈双新,故宫博物院院刊,2001年第3期
罍、缶辨正,刘彬徽,江汉考古,1982年第2期
"儽然"辨析,惠恩华,文史知识,1995年第5期
《离骚》"伯庸"考,黄灵庚,浙江师范大学学报·社会科学版,1987年第1期
"蘰"字今读考:兼论当代工具书"蘰"字注音之误,杨义,汉字文化,1991年第2期
"黎明"的来源和意义,何金松,辞书研究,1982年第3期
"礼不下庶人,刑不上大夫"原意索解,汤起康,文史知识,1984年第7期
"礼器"的文化阐释,杨雅丽,唐都学刊,2002年第4期
里耶秦简县"守"、"丞"、"守丞"同义说,杨宗兵,北方论丛,2004年第6期
"里"义探源,钟如雄,西南民族学院学报·哲学社会科学版,1994年第1期
"鲤鱼风"释义补正,徐传武,阅读与写作,1997年第9期
"鲤鱼跳龙门"的真相,尹荣方,文史知识,1992年第12期
历史的变迁与"士"的形义源流,阎步克,文史知识,

1991年第8期
"立枯"新解,翟振业,徐州师范大学学报·哲学社会科学版,1985年第2期
"利"无"胜"义考释,任金璧,新疆教育学院学报·社科版,2005年第1期
利用佛经材料考察汉语词汇语法史札记,唐钰明,中山大学学报·社会科学版,1993年第4期
"戾"、"剌戾"广说,马固钢,湘潭大学社会科学学报,2001年第5期
"栗"是我国先民的食物之一,邢湘臣,化石,1990年第2期
连词"虽然""然虽"考辨,刘百顺,语言研究,2008年第1期
连词"所以"产生的时代,张万起,语文研究,1984年第4期
连词"所以"产生的时代,朱城,辽宁大学学报·哲学社会科学版,2000年第4期
连词"所以"产生的时代与条件,甘子钦,西南师大学报,1991年第2期
连词"则"的起源和发展,李杰群,中国语文,2001年第6期
"连"与"联",应雨田,语文建设,1996年第10期
"连语"说略,戴建华,固原师专学报,1994年第4期
"涟·直·沦",黄瑞云,湘潭大学学报·哲学社会科学版,1981年第2期
"联绵词"辨,张悦,玉林师范学院学报·哲学社会科学,2005年第1期
联绵词"栗烈"及其流变,梅季,文史知识,1990年第9期
联绵词"委蛇"文字考议,尚振乾,西北大学学报·哲社版,2004年第6期
"谨谨"源流考,方平权,古汉语研究,2004年第2期
"氂氂"稀发义实误,刘瑞明,辞书研究,2007年第5期
"氂氂"字之辨析,丁士虎,池州师专学报,1997年第1期
"良久"辨释,徐流,辞书研究,1983年第3期
"粮"、"粮食"溯源,马振亚,辞书研究,2003年第1期
两个连言复词的释义商榷——释疑"殷忧"与"忽若",王兴才,牡丹江师范学院学报·哲学社会科学版,2004年第6期
两个正面或者侧面的人——'並''比''从''北''并''鬥''坐',王大生,语文建设,1963年第4期
两汉军队中的"胡骑",王子今,中国史研究,2007年第3期
两汉魏晋南北朝史书词语考释,徐时仪,南阳师范学院学报,2006年第7期
两卷《五牛图》考辨,蔡星仪,中国书画,2007年第9期
"两小无猜"辨,鲍思陶,文史知识,1994年第10期
"两袖清风"与"清风两袖",导夫,辞书研究,1994年第6期
量词"挺"、"梃"与"铤",耿军,宿州教育学院学报,2005年第3期
量词"头"源流浅探,王彤伟,语言科学,2005年第3期
量词"重年第层"历时更替小考,牛太清,古汉语研究,2001年第2期
"量体裁衣"之"量"音义辨,晏鸿鸣,江汉大学学报·人文社会科学版,2001年第4期
"靓"、"靓丽"、"亮丽"及其它,邹玉华,昌潍师专学报·社会科学版,1997年第4期
辽、金、元史书少数民族语例释,王学奇,唐山师范学院学报,2008年第3期
辽宋西夏金的避讳、称谓和排行,王曾瑜,安徽师范大学学报·人文社会科学版,2005年第5期
"辽天"补义,崔山佳,辞书研究,1995年第2期
辽萧孝恭萧孝资墓志铭考释,贾鸿恩、李俊义,北方文物,2006年第1期
"聊赖"释义辨证,汪维辉,文史知识,1991年第4期
"了儿"岂能立目,铿然,辞书研究,1995年第5期
临潭话的古语词,敏春芳,甘肃高师学报,2005年第3期
"虞人"别解,裘锡圭,人文杂志,1988年第1期
"陵迟"与"凌迟"释义探源,何如月,辞书研究,2000年第3期
"棂轩"释义辨正,曹东海,佛山科学技术学院学报·社科版,2005年第1期
"零和"考察,叶贵良,语文建设,2006年第2期
"领袖"考源,丁喜霞,中国典籍与文化,2003年第4期
"令尊"类词语用法的历史考察,周志锋,语言文字应用,2003年第2期
刘勰与南京,孙蓉蓉,古典文学知识,2002年第5期
刘勰与僧祐考述,孙蓉蓉,佛学研究,2003年
刘勰与沈约考论,孙蓉蓉,江苏社会科学,2003年第5期
刘勰与萧统考论,孙蓉蓉,江苏社会科学,2005年第4期
"流放"从何说起,金文明,咬文嚼字,2004年第5期
"流火"并非"火往下流",许万宏,咬文嚼字,2005年第11期
"流王于彘"辨,陈钧,语文学刊,1985年第2期
柳州话百子隐语解读,刘瑞明,柳州师专学报,2006年第3期

六朝史书词语札记,方一新,广播电视大学学报·哲学社会科学版,1998年第2期
六朝唐代反语考补证,傅定森,黔南民族师范学院学报,2005年第4期
六朝唐宋词语考释,曾良,漳州师范学院学报·哲学社会科学版,1999年第1期
六朝语词考释漫记,方一新,古汉语研究,2002年第1期
六律名义——"商一曾"六律考说,洛地,中国音乐,2006年第2期
"六马仰秣"与"绿马仰秣"辨,文九鼎,湖北大学学报·哲学社会科学版,1985年第4期
六书阐要——重读《说文解字·序》,李代祥,汉字文化,1998年第4期
"六书"理论新探,王功龙,辽宁师范大学学报·社会科学版,1992年第4期
龙义的衍变,郑慧生,寻根,2005年第5期
"龙钟"董理,王继如,辞书研究,1991年第1期
"龙钟"源流考,张桃,语文研究,2004年第2期
娄底方言同源词丛考,彭逢澍,船山学刊,1998年第2期
娄底方言中的古代词语举例,彭逢澍,娄底师专学报,1990年第3期
"喽啰"考,徐时仪,语言科学,2005年第1期
"露马脚"考辨,黄新宇,语文建设,2001年第4期
"露申"新解,倪祥保,江汉论坛,1987年第2期
泸县宋墓"朱雀"初释,王家祐,四川文物,2005年第2期
泸州宋石雕"朱雀"初释,王家祐,文史杂志,2003年第2期
"鲁学"初论,刘德增,齐鲁学刊,1991年第2期
"陆离"无"长貌"义,马固钢,辞书研究,1991年第3期
"录籍"释义辨误,连登岗,古汉语研究,1999年第3期
"驴年马月"探源,孙剑艺,语文建设,1997年第11期
"闾左"为"里佐"说,王子今,西北大学学报·哲学社会科学版,1985年第1期
"闾左"新解,何清谷,陕西师范大学学报·哲学社会科学版,1989年第4期
"绿色"词群语义探析,潘峰,长春理工大学学报·综合版,2005年第4期
"鸾""和"之鸣,朱启新,文史知识,2005年第5期
略论古代的御,国光红,孔子研究,1992年第2期
略论近代汉语偏义语词,袁宾,江苏大学学报·高教研究版,1984年第3期
略释"正"与"奇",娄熙元,河北学刊,1982年第2期
略述房山石经概况及其价值,任杰,佛教文化,1989年

略说"东皇太一",郭杰,徐州师范大学学报·哲学社会科学版,1994年第4期
略说古代文学中的"相思病",王立,古典文学知识,1999年第2期
略谈语文辞书中涉及重庆市的几个字、词释义问题,胡中文,辞书研究,1998年第6期
略谈"掌"的"收藏"义,袁津琥,辞书研究,1995年第6期
略探"幢容"及其相关语词的语源义,王国珍,新疆大学学报·社会科学版,2002年第4期
"略无阙处"的"略"字该怎样理解,吴金华,江苏大学学报·高教研究版,1980年第3期
略析金文中的"月",叶正渤,徐州师范大学学报·哲学社会科学版,2001年第2期
仑、伦、论、沦、纶、轮同源说略,胡琴,江西教育学院学报,2007年第4期
论"霸王戏"的嬗变,林怡,赣南师范学院学报,2005年第4期
论"持""迟"应是古汉语词尾(上),刘瑞明,北京社会科学,1990年第2期
论"持""迟"应是古汉语词尾(下),刘瑞明,北京社会科学,1990年第3期
论"床前明月光"的"床",颜春峰、汪少华,中国典籍与文化,1998年第4期
论词、散曲与六言诗之渊源,王丹,湖南科技学院学报,2006年第8期
论代物词,秦似,广西大学学报·哲学社会科学版,1983年第1期
论"贰臣",王宏志,社会科学研究,1988年第5期
论"更始政权",王光照,安徽教育学院学报·社会科学版,1994年第1期
论古代汉语的合音词,章也,语文学刊,1983年第1期
论古代文化词语的训释,黄金贵,天津师范大学学报·社会科学版,1993年第3期
论古汉语虚词双音化,钱玄,南京师大学报·社会科学版,1982年第1期
论古汉语虚词双音化(续一),钱玄,南京师大学报·社会科学版,1982年第2期
论古汉语虚词双音化(续二),钱玄,南京师大学报·社会科学版,1982年第3期
论古汉语虚词双音化(续完),钱玄,南京师大学报·社会科学版,1982年第4期
论"拐子马"与"铁浮图",程溯洛,上海大公报文史周刊,1947年7月16日

论龟为水母及有关问题,饶宗颐,文物,1999年第10期
论汉语"心"的隐喻认知系统,吴恩锋,语言教学与研究,2004年第6期
论汉语中的"作"和"做",李炜,辞书研究,1998年第3期
论"和""或"的模糊性质及其词典注释,伍铁平,百科知识,1985年第10期
论贾湖刻符及相关问题,饶宗颐,"中央研究院"第三届国际汉学会议论文集,"中央研究院"近代史研究所,2002年
论"间"族同源字,郝文华,古汉语研究,1998年第3期
论金文刑罚系列字,白冰,汉字文化,2006年第2期
论"老骥伏枥"的"伏枥",颜春峰,江西社会科学,2005年第3期
论"流水对",刘德辉,文史杂志,2003年第1期
论"某而某之"句法,朱峻之,广西民族学院学报·哲学社会科学版,1989年第2期
论"人性",刘泽民,湖南城市学院学报,1984年第2期
论三国时期代词"汝"和"尔"的格,邓军,李萍,兰州大学学报·社会科学版,2003年第3期
论上古誓辞中的特殊动词"所",暴拯群,河南广播电视大学学报,2004年第2期
论时间标志词的来源与流变,杜翔,周口师范学院学报,2002年第4期
论"食"的音变构词,孙玉文,古汉语研究,1999年第4期
论《说文》中单个词的词义系统,宋永培,河北大学学报·哲学社会科学版,1995年第3期
论王梵志诗中的俗语词,张能甫,西昌师范高等专科学校学报,2000年第3期
论"喂"的音义分化,方清明,修辞学习,2007年第5期
论魏晋南北朝人称代词"之"和"其"的变化,李萍,同济大学学报·社会科学版,2002年第6期
论西周汉语代词"厥"的性质,张玉金,古籍整理研究学刊,2005年第2期
论"小姐"词义演变及其成因,许之所,现代语文·语言研究版,2007年第2期
论"学而优则仕",田久川,辽宁师范大学学报·社会科学版,1985年第5期
论"旬"字与"循环"一词之音义关系,李瑾,重庆师范大学学报·哲学社会科学版,1988年第2期
论"细缊"——《文学言语学》札记,鲁枢元,郑州大学学报·哲学社会科学版,1989年第1期
论"有",齐冲天,文史知识,1993年第10期
论"羽人"、"裸民",林琳,广西民族研究,1996年第2期

论周代军事编制中的"卒",祝中熹,人文杂志,1987年第5期
论"竹枝歌",刘红,民族艺术,1990年第2期
"罗锅儿""橐驼"语源考,孙伯君,民族语文,2002年第3期
"罗锅"理据考,任继昉,辞书研究,2002年第2期
《洛阳伽蓝记》几小类复音词研究,薄守生,河西学院学报,2005年第3期
"落成"解,张子才,辞书研究,1994年第3期
"落花流水"和"流水落花",陆精康,语文建设,2008年第Z1期
"落梅"辨释,刘操南,红楼梦学刊,1983年第2期
"落霞"应释初霞,龚维英,社会科学辑刊,1988年第2期
"落英"新解,王启涛,文史杂志,1997年第4期
"落英"新诠,王启涛,古汉语研究,2000年第2期
吕览月令时则训时训解异文笺,沈延国,制言,1940年第61期
"妈妈"考,胡绍文,大同职业技术学院学报,2000年第3期
"妈祖"读音考,邓景滨,方言,1999年第4期
"嬷嬷"考踪,谭耀炬,中国典籍与文化,2005年第2期
"马虎"探源,徐时仪,语文研究,2005年第3期
"马路"语源探微,倪培森,语文月刊,2002年第Z2期
《马氏文通》之"顿"小议,刘志祥,四川教育学院学报,2006年第3期
"马蹄"源于古台语质疑,廖扬敏,民族语文,2003年第6期
"马"文化熟语论析,李岩松,语文学刊,2005年第7期
"马"与"狗"的谐音示虚趣难词,刘瑞明,宁夏大学学报·人文社科版,2002年第2期
"马子"意义源流浅说,杨文全,青海民族学院学报,2006年第3期
"埋"的字义,曹乃木,辞书研究,1988年第5期
"买"及其同义词,朱安义,新疆石油教育学院学报,2005年第1期
"卖·贾·鬻·衒·沽·酤·粜·赊·售"辨释,朱惠仙,临沂师范学院学报,2008年第2期
"蛮非"贬称辨,房建昌,学术论坛,1983年第1期
"馒头"的传说及其语源辨正,曾昭聪,民俗研究,2002年第1期
满汉合造"妈虎子",马思周,北华大学学报·社会科学版,1998年第4期
"满清"一词不可乱用,林涛,四川统一战线,2000年

第 8 期
"谩"、"抵谰"释义辨正,周掌胜,古汉语研究,2001 年第 3 期
漫话"沧桑",陶世龙,文史知识,1986 年第 2 期
漫话"蓝本",张恬,文史知识,1983 年第 1 期
漫话"润笔",奚锦顺,文史知识,1982 年第 12 期
漫话状元,萧源锦,西华师范大学学报·哲学社会科学版,1990 年第 1 期
"忙"和"怕"词义演变探微,徐时仪,中国语文,2004 年第 2 期
"芒儿"义是"村民",阚绪良,中国语文,1994 年第 4 期
"毛炮"考释,马启俊,皖西学院学报,2002 年第 3 期
"没齿"训释匡谬,李景春,语文建设,1994 年第 12 期
"没乱"考,张小平,语言研究,2005 年第 3 期
"没挞煞"索解,王宗祥,古汉语研究,1995 年第 4 期
玫瑰露是怎么得来的,熊海英,文史知识,2004 年第 10 期
每下愈况(每况愈下),董尽,文史知识,1985 年第 6 期
"美"的词源学研究,凌继尧,美的研究与欣赏丛刊,1983 年第 1 期
"美轮美奂"的流行与误写,杨文全,语文建设,2003 年第 5 期
"美术"语源考(续)——"美术"译语引进史研究,陈振濂,美术研究,2004 年第 1 期
"门槛"义析,杨文全,辞书研究,2006 年第 2 期
"门限""门槛"辨:兼谈大型工具书对"门限"义单音词的释义,陈卫兰,台州学院学报,2005 年第 4 期
"门中"、"门公"究源探微,马振亚,辞书研究,2001 年第 3 期
门子与门人,钟年,文史知识,1998 年第 10 期
艨艟、巍峨、面缚形义源流简疏,胡正武,台州学院学报,1995 年第 4 期
"糜汤"笺识,李仁安,宁夏大学学报·人文社科版,2005 年第 2 期
靡芜纪闻,葛昌楣,艺文杂志,1936 年第 1 卷第 1、2 期
弭兵古义,王式通,青鹤,第 5 卷第 2、4、5、6、8、10、12、14、16 期,1936 年 12 月—1937 年 7 月
"眠眩"同源词谱,汪启明,曾敏,楚雄师院学报,2002 年第 5 期
"面缚"辨义,祝中熹,兰州大学学报·社会科学版,1989 年第 2 期
"面缚"与"面缚衔璧"、"面缚舆榇",胡正武,辞书研究,1996 年第 2 期

"蔑历"一词在金文中的含义即赐食,罗振跃,贵州大学学报·社科版,2001 年第 5 期
"篾片"补例,潘荣生,古汉语研究,2002 年第 1 期
"篾片"取义探源,潘荣生,辞书研究,2001 年第 6 期
名称刍议,朱茂汉,九江师专学报,1984 年第 3 期
名词"春"的形成发展及其文化哲学意义,周光庆,信阳师范学院学报·哲社版,2005 年第 4 期
名词后缀"子"、"儿"、"头",朱茂汉,安徽师范大学学报·人文社会科学版,1982 年第 1 期
名词前缀"阿"和"老"的形成和发展,朱茂汉,安徽师范大学学报·人文社会科学版,1983 年第 4 期
名词前缀"阿"探源,杨天戈,中国语文,1991 年第 3 期
名量词"人"示例,范崇高,中国语文,2003 年第 3 期
名与字:中国古代独特的文化现象——试说名与字的源流及其关系,秦建明,中学历史教学参考,2004 年第 6 期
明代成化本词话语词考释,袁宾,江苏大学学报·高教研究版,1987 年第 1 期
明"鲁般营造正式"钞本校读记,刘敦桢,中国营造学社汇刊,1935 年第 6 卷第 4 期
明清白话小说词语札记,曹小云,滁州学院学报,2004 年第 3 期
明清的"自费生"与"吝啬鬼"严监生,赵建坤,文史知识,2003 年第 1 期
明清俗语词考释,周志锋,古汉语研究,2004 年第 3 期
明清小说同义词语分群汇释五则,姚美玲,运城高等专科学校学报,1999 年第 2 期
明清小说中的"三姑六婆",刘桂秋,文史知识,2006 年第 5 期
明清小说中的"歇家",许文继,明清小说研究,2006 年第 4 期
"明日黄花"辨,黄黎星,阅读与写作,1998 年第 4 期
铭文简论,王建,贵州教育学院学报,1993 年第 3 期
"摩顶放踵"的"放",王宗祥,古汉语研究,1995 年第 1 期
"抹搭"语源是"没答",李景泉,汉字文化,2004 年第 1 期
"抹胸"与"兜肚",侯兰笙,辞书研究,1993 年第 5 期
"末""外"的变迁,古今,文史知识,2004 年第 3 期
莫把"走进"当"走近",徐复岭,汉语学习,2000 年第 2 期
"莫须有"辩,王瑞明,文史知识,1982 年第 11 期
"莫须有"考辩,黄新宇,井冈山师范学院学报,2000 年第 3 期
"莫须"再议,苏晓青,吕永卫,语文研究,1990 年第 2 期
"墨斗"诗谜趣话,倪培森,中学生读写·高中,2004 年

第 12 期
"母猴"辨,俞忠鑫,杭州大学学报·哲学社会科学版,1983 年第 3 期
"牡齿"、"壮齿"辨,左民安,辞书研究,1986 年第 4 期
"目不识丁"贬褒趣说,倪培森,阅读与写作,2005 年第 10 期
目前所见的"纸老虎"的最早出处,崔山佳,上海翻译,2006 年第 1 期
目无全牛,朱石立,文史知识,1981 年第 3 期
"拿"的语源,齐冲天,文史知识,2001 年第 3 期
"拿"字语法化的考察,何洪峰,苏俊波,语言研究,2005 年第 4 期
哪部辞书收"七荤八素",伍恒山,语文建设,2000 年第 2 期
"乃"的滥用,滕福海,阅读与写作,1997 年第 7 期
"乃子"用法的正误,钱剑夫,咬文嚼字,1997 年第 12 期
"男女"略考,郝志华,湖北师范学院学报·哲社版,2002 年第 4 期
"南面百城"解,田忠侠,福建论坛·人文社会科学版,1985 年第 3 期
"南烛"辨,闫艳,汉字文化,2001 年第 1 期
"难道"的多义性与"难道"句的歧义性,龚嘉镇,辞书研究,1995 年第 2 期
"难"与"外户"辨正,徐山,泉州师范学院学报,2003 年第 3 期
"囊"、"橐"辨释,黄金贵,徐州师范大学学报·哲学社会科学版,1994 年第 1 期
"硇洲"的书写和音读,王简,咬文嚼字,1999 年第 7 期
"猱头"补说,何茂活,辞书研究,2014 年第 5 期
"能疑"辨义,丁士虎,江海学刊,1998 年第 6 期
能愿动词"要"的产生及其词义,马贝加,温州师范学院学报,1994 年第 5 期
"尼泊尔"一词考源,王宗,解放军外语学院学报,1999 年第 5 期
"逆生"即"难产"吗,张青松,咬文嚼字,1996 年第 8 期
"年代"始于"零年"说补证,金欣欣,北京广播电视大学学报,2004 年第 1 期
"年""岁"小释,朱安义,广西教育学院学报,2005 年第 1 期
"年"、"岁"异名考,庞子朝,华中师范大学学报·人文社会科学版,1987 年第 4 期
"年"字语源考,王晖,陕西师范大学学报·哲学社会科学版,1989 年第 2 期

"辇"及其释义,程邦雄,文史知识,1991 年第 8 期
"念念不忘"与"念念",连登岗,辞书研究,1991 年第 3 期
"蹑手蹑脚"有"偷偷摸摸"和"鬼鬼祟祟"的意思吗,崔山佳,汉字文化,2004 年第 4 期
"牛鬼蛇神"考,陈允吉,文史知识,1982 年第 6 期
"农"声字的语义探释,徐时仪,苏州教育学院学报,2001 年第 2 期
"侬"的语源义探析,徐时仪,医古文知识,2003 年第 3 期
"怒发冲冠"解,刘乃叔,辞书研究,2006 年第 3 期
"怒"在辞书中漏收的两项动词义,刘乃叔,文史知识,1995 年第 8 期
"女史"考,李勤德,学术研究,1992 年第 1 期
"女史"源流及文化定位,王建堂,晋东南师范专科学校学报,2000 年第 4 期
女士不宜称先生,周有光,群言,2005 年第 7 期
"女也不爽"旧注参正,米万锁,语文研究,1986 年第 2 期
"傩舞"发展的历史轨迹,王克芬,舞蹈,1996 年第 2 期
"诺责"不是"诺言和责任",孙雍长,语文建设,2006 年第 6 期
瓯语介词"代"的功能及其来源,马贝加,陈伊娜,汉语学报,2006 年第 3 期
"怕不待要"的分合,潘攀,辞书研究,1998 年第 5 期
拍浮,方一新,社会科学辑刊,1990 年第 4 期
"徘徊于斗牛之间"释疑,王水照,文史知识,2006 年第 8 期
"排门"与"排门夫"解,刘瑞明,汕头大学学报·人文社会科学版,1986 年第 3 期
"爿"、"且"语源考释,冯宽平,青海民族学院学报·社会科学版,2002 年第 4 期
"盼望"、"疆场"俗变探讨,曾良,中国语文,2008 年第 2 期
"滂民"考,陈冠明,辞书研究,1995 年第 4 期
"旁"的词义演变考,张静,枣庄学院学报,2006 年第 1 期
"佩"无环绕义辨,连登岗,古汉语研究,1996 年第 4 期
"烹小鲜"新训,王政,江海学刊,1998 年第 6 期
"朋友"补义,姚美玲,古汉语研究,2000 年第 4 期
"被发文身"正义,汪少华,古汉语研究,2002 年第 2 期
"皮草"试释,周志锋,咬文嚼字,1997 年第 3 期
"僻"义探源,徐时仪,宜春师专学报,1997 年第 6 期
僻字疏证,王继如,辞书研究,1992 年第 3 期
"平"字本义训释考辨,连登岗,南通大学学报·社会科学版,2008 年第 2 期
评王力的"羹、汤"说,黄金贵,浙江大学学报·人文社

"破天荒"、"走后门"的由来,柳菲,文史知识,2002年第3期
"扑掩"考,姚永铭,辞书研究,2000年第1期
蒲姑、徐奄、淮夷、群舒考,徐中舒,四川大学学报·哲学社会科学版,1998年第3期
普通话中副词"在"和"正在"的来源,仇志群,聊城师院学报,1991年第1期
"七青八黄"补释,王祖霞,集美大学学报·哲学社会科学版,2008年第1期
"妻子":词史上的"新"女性,彭国忠,南京师范大学文学院学报,2002年第2期
"恓惶"义辨,郭芹纳,陕西师范大学学报·哲学社会科学版,1989年第4期
"祁连"一词是汉语词还是匈奴语词,王珏,周口师范高等专科学校学报,2002年第1期
"齐东野人"正解,王恩田,管子学刊,1992年第2期
"齐"非腌菜,连登岗,辞书研究,1996年第1期
"其他""其它"之我见,刘乃叔,语文建设,1998年第11期
"奇服"别解,翟振业,学术研究,1987年第6期
"蚑行、跂行"释义析,连登岗,辞书研究,2004年第3期
旗麾、麾旌考,国光红,齐鲁学刊,1992年第2期
岂知灌顶有醍醐——"醍醐灌顶"释义献疑,张绍臣,文史知识,1988年第4期
"起用"与"启用",谢质彬,语文建设,2001年第5期
"气""汽"辨,应雨田,语文建设,1996年第8期
千古推敲话优劣,常善魁,文史知识,1997年第12期
"迁"有"降职"义吗,沈小仙、黄金贵,古汉语研究,2006年第4期
"前人"议微,冉启斌,西南民族学院学报·哲社版(成都)文学硕士论坛,2001年
"前人"正解,王锳,辞书研究,1993年第2期
"荨麻"的"荨"应当统读为 xún,金文明,咬文嚼字,2006年第10期
"钱币"一词的最早史料,戴雨林,洛阳大学学报,2004年第3期
浅论称呼语"先生"、"小姐"的历史发展,刘晓玲,语言研究,2002年第S1期
浅论"品味"的发展:兼与《现代汉语词典》(修订本)有关注释商榷,李小梅,惠州大学学报,1997年第2期
浅说汉译佛典中的"毛发"及相关语词,李丽,大庆师范学院学报,2006年第1期
浅说"远近"与"虚实"等,王海棻,语文教学通讯,1986年第9期
浅说篆体的"敏"字,钱剑夫,咬文嚼字,1999年第6期
浅谈古汉语兼词"诸",金文明,咬文嚼字,2008年第4期
浅谈古今词义,杨湉湉,吉林广播电视大学学报,2003年第1期
浅谈几个词的词源,阿依达尔,语言与翻译,1996年第2期
浅谈兼词"焉",崔竹朝、周晓波,石家庄职业技术学院学报,2001年第3期
浅谈"慢"常用义之演变,王秀玲,语言研究,2003年第2期
浅谈"生肖"的读音,胡渐逵,咬文嚼字,1997年第11期
浅谈"十八般武艺",林伯原,体育博览,1981年第3期
浅谈宋诗的演变及特色,王阜彤,温州师范学院学报,1997年第4期
浅谈"壹发五豝"之"壹",袁长江,贵州文史丛刊,1999年第4期
浅析汉字"旅"的意义演变,甘露,黔西南民族师专学报,2002年第2期
浅析"龙钟"源流,顾珍,沙洋师范高等专科学校学报,2006年第2期
"腔"、"调"辨说,洛地,中国音乐,1998年第4期
"腔"、"调"辨说(续),洛地,中国音乐,1999年第1期
"强"的释义,王化钰,语文教学通讯,1981年第11期
"强自取柱"献疑,陈大川,乐山师范学院学报,2002年第1期
"敲竹杠"趣说,倪培森,咬文嚼字,2000年第5期
"切脚、反脚"名义,傅定淼,古汉语研究,2004年第1期
茄子传入我国的时间,曾维华,文史杂志,2002年第3期
"且"和它的同源词释证,陆宗达,辞书研究,1987年第1期
"窃钩者诛"新解,房建昌,学术研究,1982年第5期
亲属称谓"大父(母)"之"大"的音义及工具书的训释问题,王琪,渭南师范学院学报,2008年第4期
亲属称谓"公""私"考,王琪,唐都学刊,2006年第3期
秦汉詈词分类考察,刘福根,浙江大学学报·人文社会科学版,1997年第4期
秦汉"小女子"称谓再议,王子今,文物,2008年第5期
秦汉"甬道"考,王子今,文博,1993年第2期
秦刻石的"中春"及有关释义问题,洪笃仁,辞书研究,1983年第2期
"琴心"考辨,蒋诗耘、蒋宗许,辞书研究,2011年第5期

"禽"(擒)字的训诂及相关史实,刘汉忠,学术论坛,1988 年第 5 期

"禽兽"是"禽"和"兽"吗,葛克雄,语文研究,1984 年第 2 期

"擒"义另解,刘汉忠,辞书研究,1984 年第 4 期

"青春"不是酒名,胥洪泉,杜甫研究学刊,2001 年第 3 期

"青春"为酒名说,傅易,文史知识,1991 年第 1 期

"青梅煮酒"考释,胥洪泉,西南师范大学学报·人文社会科学版,2001 年第 1 期

"青青"补正,谢芳庆,辞书研究,1995 年第 2 期

青铜器研究札记,唐友波,上海大学学报·社会科学版,1984 年第 1 期

青铜器研究札记(三),唐友波,上海大学学报·社会科学版,1986 年第 2 期

"卿"的本义考辨,丁喜霞,殷都学刊,1999 年第 3 期

"卿"的文化意蕴,丁喜霞,语文学刊,2000 年第 1 期

"卿卿"由来趣说,倪培森,咬文嚼字,2003 年第 10 期

"清谈"考释,范子烨,北方论丛,1995 年第 6 期

"情"的字义转化,胡家祥,湖北广播电视大学学报,2003 年第 2 期

"请间",校释,袁津琥,绵阳师范高等专科学校学报,1994 年第 Z1 期

"请献十金"的"十金"献疑,翟振业,南京师大学报·社会科学版,1983 年第 4 期

"穷波斯"解,袁世硕,文史知识,2000 年第 1 期

"琼奴"出典小考,王锳,辞书研究,1997 年第 4 期

"琼奴"出典小议,王锳,辞书研究,1997 年第 4 期

"丘民"命名探源,宋永培,辞书研究,2005 年第 2 期

"邱"并非雍正三年后的新造字,王簡,咬文嚼字,1997 年第 12 期

求证"动员"词源,张羽,国防,2004 年第 3 期

"刬车"考,张小艳,湖州师范学院学报,2005 年第 5 期

屈赋中的"羿"、"夷羿"辨,陈元胜,学术月刊,1993 年第 12 期

屈原赋"不豫"新解,曹海东,古汉语研究,2003 年第 2 期

趣说"小姐",林琳,文史杂志,1994 年第 1 期

权·衡·权衡,朱启新,文史知识,2000 年第 1 期

"权力"与"权利"的错位,薛克谬,语文建设,2001 年第 4 期

"权舆"音义探源,孟蓬生,辞书研究,1994 年第 4 期

"犬马之劳"之犬,王德恒,文史知识,1986 年第 4 期

"雀角"和"鼠牙"——《诗经》小札,刘永翔,运城学院学报,1984 年第 3 期

确释"坟羊"及其系列词语,刘瑞明,宁夏大学学报·人文社科版,2006 年第 2 期

"确凿"一词中"凿"的正确读音,王瑄,语文研究,1995 年第 2 期

"裙带"说略,李秉鉴,咬文嚼字,1997 年第 5 期

"裙帽"不是裙和帽,张子才,辞书研究,1984 年第 4 期

"染脸"查询记,任继昉,红楼梦学刊,2008 年第 3 期

人方考,伏元杰,四川职业技术学院学报,2005 年第 2 期

"人杰地灵"释辨,吴国升,语文学刊,2004 年第 1 期

"仁"字臆断,庞朴,寻根,2001 年第 1 期

任启运宫室考校记,阚铎,中国营造学社汇刊,1931 年第 2 卷第 1 期

日有食之,郭笃七,国立中央大学历史语言研究所周刊,1929 年第 6 卷第 67、68 期

"容易"考辨,李春晓,福建师范大学学报·哲社版,2005 年第 6 期

如何解释"肥马轻裘"的"肥马",金欣欣,辞书研究,2002 年第 4 期

"如、适、之、徂、逝、往"的几个问题,方文一,浙江师大学报·社会科学版,2000 年第 2 期

"茹毛"辨证,姜可瑜,文史知识,1983 年第 10 期

儒家"平天下"思想研究,李振宏,中国史研究,2006 年第 2 期

《儒林外史》中"把"字用法研究,姜蕾,江苏科技大学学报·社科版,2005 年第 3 期

"儒"源索隐——兼评何新《"儒"的由来与演变》,杨宝忠,孔子研究,1989 年第 1 期

"儒"字补义,连登岗,辞书研究,2004 年第 6 期

"乳臭"及其他,马叔骏,汉字文化,2005 年第 4 期

乳、湩与奶及弃、丢与扔的兴替考,徐时仪,南京师范大学文学院学报,2007 年第 4 期

"入日"、"出日"新证,晏鸿鸣,梅慧莉,语言研究,2005 年第 2 期

"润笔"春秋,兰殿君,文史杂志,2002 年第 3 期

"润笔"或曰"稿酬"的史话趣谈,兰殿君,文史天地,2004 年第 6 期

"润笔"琐谈,兰殿君,寻根,2001 年第 4 期

"若厥株拘"解,许征,新疆师范大学学报·哲学社会科学版,1986 年第 2 期

若木·神树·鸡杖,刘弘,四川文物,1998 年第 5 期

"三百廛"及其他,张孝纯,1981 年第 1 期

三百篇之"彼",黎锦熙,黎泽渝(校),汉字文化,2003 年第 4 期

"三"表多义与汉字"品"形结构,周殿龙,吉林师范大学学报·人文社科版,2005年第3期
"三朝黄茅高过耳"的来由,梁民,章回小说,2000年第3期
"三寸丁谷树皮"诠释,张泽,文史知识,1994期第11期
"三刀"考索,叶贵良,古籍整理研究学刊,2000年第6期
三国魏晋南北朝骂詈语言说略,刘福根,浙江教育学院学报,2003年第6期
"三皇"、"五帝"的各种说法,邢克斌,文史知识,1983年第7期
"三甲"不是"前三名",田澍,教师博览,2005年第4期
三论琴徽,饶宗颐,音乐艺术·上海音乐学院学报,1997年第1期
"三昧"与"三味",曹小云,语文建设,1995年第11期
"三朋四友"与"五湖四海"溯源,倪培森,阅读与写作,2006年第1期
"三十而立"立者何,陈伦敦,文史杂志,2007年第4期
"三十六计"的来源,知非,人民日报,1958年10月20日
三十六与七十二,秦建明,文博,2005年第6期
三说"军",刘钧杰,语文建设,1998年第3期
"三言""二拍"俗语词释义,朱全红,河西学院学报,2006年第2期
"三阳开泰"的来历,骆伟里,咬文嚼字,1998年第6期
"三垣"考,李之亮,郑州大学学报·哲学社会科学版,1989年第1期
"散步"探源,李秉鉴,咬文嚼字,1996年第10期
丧葬用鸡探析,谭蝉雪,敦煌研究,1998年第1期
"搔"字辨义,刘加红,文史知识,1997年第10期
"瑟瑟"定谳,孙雍长,湖北大学学报·哲社版,2007年第2期
杀人不眨眼,叶玉白,文史知识,1986年第8期
"杀"、"弑"及"戕"的探讨,方文一,浙江师范大学学报·社会科学版,1987年第2期
山西方言"父亲"、"伯父"、"叔父"称谓类型分析,孙玉卿,广西社会科学,2005年第12期
山西方言亲属称谓研究:"堂兄弟"、"姑表兄弟"和"姨表兄弟"称谓类型分析,孙玉卿,山西大学学报·哲社版,2005年第5期
山西稷山新出空首布与"金涅"新探,唐友波,中国钱币,2000年第2期
"善刀"之"善"辨,田忠侠,社会科学辑刊,1984年第6期
善谑,张福勋,文史知识,1997年第10期
伤寒论字诂,孙世扬,制言,1937年第37、38期

"伤"字补义,甘于恩,辞书研究,1986年第4期
"商鞅"是谁,王简,咬文嚼字,1997年第1期
"商标权"名词的历史渊源与演变,刘晓东,新学术,2007年第4期
"商""畴""贵""建"诸字义蕴探谛,王海根,天津师范大学学报·自然科学版,1986年第2期
商代边境的"小臣",韩江苏,中国社会科学院研究生院学报,2005年第3期
商代的"单",连劭名,殷都学刊,2003年第3期
商代的马,连劭名,人文杂志,1998年第2期
商代的舞雩,连劭名,古籍整理研究学刊,1997年第4期
"商贾"一词的由来,罗会同,中国地名,2005年第6期
"裳"为"男裙"说辨疑,阎玉山,古汉语研究,1992年第2期
"上乘"之"乘"的音义,徐世荣,语文建设,1996年第2期
上代塞种史若干问题——于阗史丛考序,饶宗颐,中国文化,1993年第1期
"上服度则六亲固"的确切涵义,丁士虎,江海学刊,1999年第3期
上古典籍中表"率领"诸义的"以"字不是介词,于智荣,语文研究,2002年第2期
上古汉语第一人称代词"余(予)""我""朕"的分别,洪波,语言研究,1996年第1期
上古汉语"张目看"语义场研究,尹戴忠,鸡西大学学报,2008年第3期
上古汉语"之"作"其"用的兴衰及原因,王珏,周口师范学院学报,1998年第3期
上古看视类动词的演变规律,尹戴忠,求索,2008年第2期
上古口语词溯源,唐钰明,广东技术师范学院学报,1990年第2期
上古"窥视"语义场研究,尹戴忠,唐山师范学院学报,2008年第1期
"上头"与"庆号":明清以来的冠礼,萧放,文史知识,2004年第1期
"上下"考辨,朱富林,甘肃联合大学学报·社科版,2006年第1期
"尚书"与"尚公主",陆宗达,语文教学通讯,1980年第10期
"稍瓜""丝瓜"辨,张永奋,语文研究,1995年第1期
"稍致诸君"正诂,晏鸿鸣,古籍整理研究学刊,1998年第1期
"舍本逐末"的义源,舒宝璋,辞书研究,2002年第2期

社会民俗语源例析：兼作对辞书相关条目的订补,孙剑艺,民俗研究,2005年第1期
社之功用考述(上),杨琳,文献,1999年第4期
社之功用考述(下),杨琳,文献,2000年第1期
"社"字义变与词义演变的文献证据,冯利,辞书研究,1987年第1期
"身行"词例补证,米万锁,语文研究,1996年第3期
沈德符与王世贞,孙卫国,中国典籍与文化,1999年第1期
"甚"的词性演变,李杰群,语文研究,1986年第2期
"慎终追远"是什么意思,柳明晔,语文新圃,2005年第6期
《生经》词语考释四则,陈文杰,语言研究,2002年第2期
"声曲折"考释,刘红,中国音乐,1989年第4期
绳绳释训,何琳仪,中原文物,2006年第1期
"省恐"试释,张涌泉,古籍整理研究学刊,1992年第1期
省与陌,刘森,中国钱币,1986年第3期
"圣一桑"与"圣一桑斯",徐山,乐器,1991年第1期
"尸位素餐"别解,兰殿君,文史杂志,2006年第3期
"师傅"与"师父",徐梓,中国教师,2007年第11期
"师"和"医师",王云路,语文建设,1992年第12期
"师氏"、"虎臣"考,王贻梁,考古与文物,1989年第3期
诗词曲语辞解诂,段观宋,湘潭大学社会科学学报,1991年第2期
诗词曲语辞续考,王锳,贵州文史丛刊,1996年第4期
诗词曲语辞续拾,王锳,古汉语研究,1990年第4期
《诗经》和金文中的"玁狁",甘露,新疆大学学报·社会科学版,2002年第4期
《诗经》双音词语分言、合用例释,石云孙,淮北煤炭师范学院学报·哲学社会科学版,1990年第1期
诗经"昭假"辨释,刘成德,兰州大学学报·社会科学版,1988年第1期
《诗经》中指示代词"其"指示程度的意义和作用,邓昌荣,语文研究,2003年第1期
诗人笔下咏镇江,贺海,文史知识,1991年第11期
诗"眼"与"活字"、"响字",周振甫,文史知识,1998年第3期
"诗以言志"中的"行人"与"相",杨钊,西华师范大学学报·哲学社会科学版,2008年第1期
"诗者,持也"说,孙蓉蓉,文史知识,2005年第6期
诗钟考源,王鹤龄,中国典籍与文化,1999年第2期
郚国之姓考辨,涂白奎,史学月刊,2008年第7期
郚子姜首盘和"及"字的一种用法,李学勤,中国文字研究,1999年第1期

"狮子心"与"豹子胆",崔山佳,中国语文,1994年第5期
十月朔·秦岁首·寒衣节,萧放,文史知识,1999年第11期
十证"伶玄",王建堂,晋东南师范专科学校学报,2003年第6期
石鼓文词句"四介既简"试解,徐宝贵,古籍整理研究学刊,1990年第1期
石刻佛经文字研究与异体字整理问题,易敏,北京师范大学学报·社科版,2006年第1期
时处介词"从"的产生及其发展,马贝加、徐晓萍,温州师范学院学报,2002年第5期
"时间"与"时候",王小莘,语言教学与研究,1998年第2期
"时时"解诂,董志翘,学术研究,1988年第1期
"拾级"与"历阶",谢质彬,语文建设,2001年第6期
"食不厌精,脍不厌细"正诂,王功龙,孔子研究,2000年第1期
"食㩻"考察,张成材,中国语文,2006年第4期
"食"、"蚀"略说,庞子朝,文史知识,1993年第1期
史料笔记与《汉语大词典》词语溯源,王祖霞,五邑大学学报·社科版,2003年第4期
"史书",宋远,读书,1995年第2期
史书词语札记,骆晓平,古汉语研究,1989年第1期
史书、方言中所见的称谓"越级"现象,陈满华,文史知识,1995年第11期
"豕"、"彘"辨,程义铭,文史知识,1992年第8期
"使但吹竽"辨,舒宝璋,辞书研究,1990年第5期
"始作俑"新解,涂白奎,史学月刊,2000年第2期
"始作俑者"只能用于贬义吗,李代祥,语文建设,1999年第5期
"士"的前世与今生,李艳华,秘书,2008年第5期
"世家"解,郑慧生,史学月刊,2000年第1期
"世兄"我见,郭忠新,咬文嚼字,1995年第11期
"事"的"师事"义考辨,张涅,汉字文化,2003年第1期
"视肉"考,周士琦,语文建设,1994年第10期
"视"、"示"同辞略说,马固钢,湘潭大学社会科学学报,1998年第2期
"试"本义证,石云孙,古汉语研究,2000年第4期
试解"尸位素餐",赖积船、黄巧玲,语文知识,2006年第1期
试论"变"有"呕吐"义及其原因,谭代龙,语言研究,2006年第1期

试论动量词"过"的产生、发展及其相关问题,金颖,古汉语研究,2006年第1期

试论古代典章制度中的词义问题,钱剑夫,词典研究丛刊,1986年第7辑

试论古汉语语气词"已"的来源,李宗江,中国语文,2005年第2期

试论古籍整理中的"注"与"译",孙以昭,安徽大学学报·哲学社会科学版,1985年第3期

试论古籍中"行人"一词的同称异指现象,刘家忠,潍坊学院学报,2005年第5期

试论汉语核心词"黄",龙丹,现代语文·语言研究版,2007年第4期

试论汉语社交称呼语的类型,吴洁仪,李城,湖南科技学院学报,2005年第8期

试论讦、谒、让和诃的词源义,杜恒联,李开,周口师范学院学报,2006年第6期

试论商代文字的造字方式,王蕴智,许昌师专学报,1988年第2期

试论上古汉语中的兼词"诸",谢洁瑕,南京林业大学学报·人文社科版,2006年第1期

试论上古时期"乐"的政治表达功能,许兆昌,吉林大学社会科学学报,2006年第1期

试论唐朝的"中国"与"天下",李方,中国边疆史地研究,2007年第2期

试论"以人为本"的汉语历史词汇研究,谭代龙,周文德,西南大学学报·社科版,2007年第3期

试论中山国的族姓及有关问题,孙华,河北学刊,1984年第4期

试释"梓童",吴战垒,文史知识,1982年第9期

试释"坰埵",黄灵庚,文史知识,1997年第7期

试述"百夷"含义的历史演变,胡绍华,中央民族大学学报·哲学社会科学版,1984年第3期

试说"鞭耻":兼谈一种特殊的并列式复音词,王云路,中国语文,2005年第5期

试说"冰矜",王云路,中国语文,1996年第6期

试说"常"有"甚"义,鞠彩萍,古汉语研究,2005年第4期

试说"承"有"闻"义,王锳,中国语文,2001年第1期

试说句末语气词"著"在北宋的使用及来源问题,罗骥,云南师范大学学报·对外汉语教学与研究版,1993年第2期

试说"其"有"甚"义,王兴才,西北民族大学学报·哲学社会科学版,2007年第1期

试说"形盐""虎盐"——关于"盐"与社会生活漫谈,王子今,盐业史研究,1997年第4期

试析"隘"、"狭"、"窄"的历时演变,王娟,西华大学学报·哲学社会科学版,2006年第1期

试析"的卢"成为凶马的原因,阚绪良,合肥学院学报·社会科学版,2004年第4期

试析"老百姓"一词的语用模糊性,黄明明,语言教学与研究,2007年第3期

试析上博简《孔子诗论》中的"蝇"字,魏宜辉,东南文化,2002年第7期

是"拍大腿",还是击瓦质乐器,华学诚,阅读与写作,1995年第3期

是"尚且",还是"姑且",薛克谬,语文建设,2002年第10期

"逝"与"逝将",锐声,文史知识,1997年第2期

"谥"、"谥法"探源,振亚,辞书研究,1998年第5期

释"伣之蚕室"——兼释"欤"与"次",杨雅丽,陕西师范大学学报·哲学社会科学版,1996年第2期

释"坳堂",王光汉,文献,2000年第3期

释八,于广元,扬州大学学报·人文社会科学版,1986年第2期

释"巴",王学奇,河北师范大学学报·哲学社会科学版,2000年第4期

释"白丁",刘家忠,潍坊学院学报,2008年第1期

释"败绩",潘振中,江苏大学学报·高教研究版,1988年第3期

释"办馆",甘于恩,方言,2006年第2期

释"抱腰",龙潜庵,辞书研究,1994年第1期

释匕氏示,王恩田,第二届国际中国古文字学研讨会论文集,香港中文大学,1993年

释"飙X",徐琳,安徽文学·下半月,2007年第9期

释"拨夜",崔山佳,古汉语研究,2004年第4期

释"伯、叔",黄瑞云,文史知识,1994年第2期

释"勃笼",段观宋,古汉语研究,1992年第4期

释"不间",曾昭聪,辞书研究,2000年第4期

释"不争",李景泉,侯晓菊,汉字文化,2006年第2期

释"布甋",潘荣生,中国语文,1998年第6期

释"差强人意"的"差",春峰,少华,文史知识,1997年第5期

释"猖狂",刘瑞明,湖北大学学报·哲学社会科学版,1990年第2期

释"车同轨",黄瑞云,中州学刊,1986年第2期

释"辰",张闻玉,贵州大学学报·社会科学版,1994年第2期

释"陈桥鞋儿",潘荣生,中国语文,1995年第2期

释"趁急",钟兆华,语文研究,1991年第2期

释"成功",邓明,天津师范大学学报·自然科学版,1987年第3期

释"吃茶",胥洪泉,古汉语研究,1996年第1期

释"弛易",马固钢,辞书研究,1990年第2期

释"侈"、"奢"——兼评《同源字典》列侈、奢为"同源",姚炳祺,广东技术师范学院学报,2007年第11期

释"仇口",崔山佳,辞书研究,2000年第6期

释出,何金松,中南民族大学学报·人文社会科学版,1990年第3期

释"俶载南亩",唐志成,邵阳学院学报·社科版,2004年第4期

释"春风",侯兰笙,古汉语研究,1999年第1期

释"别变",侯兰笙,中国语文,1995年第2期

释词二则,振亚,吉林大学社会科学学报,1986年第1期

释词偶记,骆伟里,青岛职业技术学院学报,1990年第2期

释词偶记(二则),骆伟里,苏州教育学院学报,1990年第21期

释"丛祠",鲍善淳,辞书研究,1985年第3期

释"摧藏",王继如,辞书研究,1982年第2期

释"大儿、小儿",汪少华,浙江教育学院学报,2003年第6期

释"当具"——兼谈训诂在语文教学中的运用,陆宗达,语文教学通讯,1980年第7期

释道乐"步虚",刘红,中国音乐,1992年第1期

释"得妾以其子",徐山,江西教育学院学报,2003年第1期

释"帝"兼及"皇帝",振亚,古籍整理研究学刊,1989年第3期

释"雕捍",戈春源,苏州科技学院学报·社会科学版,1984年

释"东道主",韦立夏,文史知识,1982年第6期

释"毒",戚燕平,文史知识,1985年第7期

释"掇(门)",王绍峰,古汉语研究,2001年第1期

释"掇(门)"、"扣(门)"、"挃(门)",王绍峰,辞书研究,2005年第2期

释"莪郢",刘信芳,江汉考古,1987年第1期

释"樊缨",王国珍,湖南大学学报·社会科学版,2003年第6期

释方(旁)的字形和本义,董性茂,福建师范大学福清分校学报,2004年第3期

释"放二四"、"二四",刘瑞明,辞书研究,1995年第5期

释"肥遁",徐山,红河学院学报,2003年第6期

释"风骨",廖仲安,刘国盈,文学评论,1962年第1期

释"逢场作戏",江巨荣,文史知识,2000年第2期

释"该",罗骥,云南师范大学学报·教育科学版,1999年第6期

释"忓恅",毛远明,中国语文,2008年第4期

释"感冒",郭芹纳,陕西师范大学学报·哲学社会科学版,1995年第3期

释鬲隶,于省吾,史学集刊,1981年复刊号

释"艮其背",徐山,泉州师范学院学报,2003年第1期

释"羹"——兼谈对立词项的义素分析与词义解说,王作新,宜昌师专学报,1994年第1期

释"公"——兼论人类学对上古汉语文字本义辨识所发挥之宏观效应,李瑾,重庆师范大学学报·哲学社会科学版,1993年第2期

释"功劳",振亚,汉语学习,1986年第3期

释"钩勒",张仲谋,文学遗产,2007年第5期

释苟,连劭名,北京教育学院学报,2001年第1期

释古楚语词"灵",吴小奕,民族语文,2005年第4期

释古代汉语中的走、奔、行、步、趋,陈金生,文史知识,2002年第9期

释"固塞",刘敬林,江西教育学院学报,2004年第2期

释"瓜子",雒江生,天水师范学院学报,1993年第Z1期

释"拐子马",邓广铭,上海大公报文史周刊,1947年5月7日

释管,李民,中原文物,1994年第4期

释"灌谒者",王继如,学术研究,1990年第5期

释"鬼梦",国光红,殷都学刊,1997年第1期

释亥及其衍化诸字,李新魁,容庚先生百年诞辰纪念文集,广东人民出版社,1998年

释"何天之衢",徐山,黄山学院学报,2002年第3期

释"和""谐",黄宇鸿,广西社会科学,2007年第5期

释"圳塯",黄灵庚,古汉语研究,1998年第3期

释"鸡亦",郭剑英,广州大学学报·社会科学版,2003年第6期

释"积赌",崔山佳,辞书研究,1996年第6期

释"基考",叶爱国,敦煌研究,2008年第2期

《释迦方志》词语札记,曹小云,皖西学院学报,2007年第6期

释閒——秦简整理札记之一,张世超、张玉春,古籍整理研究学刊,1985年第3期

释"叫唤",张勇,古汉语研究,1996年第1期

释"介于石",徐山,商洛师范专科学校学报,2003年第1期
释"今越国亦节矣"的"节",王彦坤,语文建设,2004年第11期
释"九族",吕绍纲,东南文化,1999年第1期
释"昝繇",徐在国,古籍整理研究学刊,1999年第3期
释"君子道者三",杨宝忠,孔子研究,1998年第3期
释"刊"——兼与杨绳信先生商榷,刘川民,古汉语研究,1995年第2期
释"窟窟",黄灵庚,辞书研究,1997年第4期
释"库伦"——兼论上古汉语的复辅音问题,章也,内蒙古社会科学·汉文版,1988年第5期
释"狂夫",国光红,文学遗产,1997年第1期
释"焜黄",黄征,古籍整理研究学刊,1991年第3期
释"滥觞",谢质彬,文史知识,1996年第12期
释"芳"、"棘",李格非,武汉大学学报·哲学社会科学版,1984年第4期
释"羸其角",徐山,邢台学院学报,2003年第3期
释"历阶",朱城,北京师范大学学报·社会科学版,1989年第3期
释"历录"及其他,汪业全,广西师范大学学报·哲学社会科学版,2001年第1期
释"廉隅",徐山,苏州大学学报·哲学社会科学版,1988年第1期
释"零丁"与"伶俜":兼谈连绵词的产生方式之一,王云路,古汉语研究,2007年第3期
释"零""落"兼释"受""䉛",谢质彬,河北大学学报·哲学社会科学版,1995年第1期
释琉璃,严学宭,安徽师大学报·自然科学版,1978年第Z1期
释"龙":中国人的祖灵图腾,周清泉,成都大学学报·社会科学版,2002年第4期
释"笼蒙",赵宗乙,古汉语研究,2003年第1期
释"垄上",国光红,郑州大学学报·哲学社会科学版,1995年第4期
释"娄罗",梦庚,语文研究,1988年第3期
释"落索",宋子然,四川师范大学学报·社会科学版,1987年第1期
释"马包"和"马勃",卢甲文,中国语文,1994年第4期
释"没挞煞",段观宋,古汉语研究,1992年第2期
释"眇"、"盲"、"瞎",黄金贵,文史知识,1992年第7期
《释名》"或曰"疏证,魏宇文,王彦坤,湘潭大学学报·哲社版,2006年第1期

《释名》同源词疏证,陈建初,古汉语研究,2006年第3期
《释名》中部分未见于《汉语大词典》的语词考,陈建初,喻华,古汉语研究,2004年第2期
《释名》中构成声训二词间的意义联系,李茂康,语文研究,1999年第3期
释"穆"——兼谈昭穆的礼乐涵义,黄光武,中山大学学报·社会科学版,2001年第1期
释"襁褓",李家树,辞书研究,2008年第3期
释平山战国中山王墓器物铭文中的"鈲"和"私库",吴振武,史学集刊,1982年第3期
释"岂弟",黄瑞云,中南民族大学学报·人文社会科学版,1984年第1期
释"缱绻",王卫峰,古汉语研究,1998年第1期
释"丘颐",徐山,河南教育学院学报·哲学社会科学版,2006年第3期
释"去",王学奇,河北师范大学学报·哲学社会科学版,1999年第2期
释"权、衡、机、枢、桥",刘操南,东岳论丛,1982年第2期
释"人家",王学奇,唐山师范学院学报,1999年第4期
释仁,连劭名,北京教育学院学报,2005年第1期
释儒,连劭名,北京教育学院学报,2005年第3期
释"入而徐趋"之"趋",葛佳才,语文知识,2007年第3期
释"蓐食",雒江生,语文研究,1985年第3期
释"三昧",伍皓,文史知识,1990年第10期
释商代金文里的"南门"合文,施谢捷,中原文物,1997年第1期
释赏心之"赏"及其他,胡云晖,阴山学刊,2004年第5期
释"施气",杨宝忠,辞书研究,2000年第2期
释时、示、命,连劭名,北京教育学院学报,2004年第4期
释"首告",王云路,语言研究,2008年第1期
释"庶吉士",王恩厚,文史知识,1991年第1期
释数词"兆",张谊生,辞书研究,1996年第1期
释"刷白",董树人,语文建设,2000年第6期
释"水手",姚美玲,古汉语研究,2000年第3期
释四,何琳仪,文物春秋,1993年第4期
释四川方言词"老革",毛远明,方言,2001年第3期
释"四声八病",林家骊,文史知识,1996年第10期
释"搜牢",袁津琥,辞书研究,1995年第5期
释"搜牢"——兼释"牢盆"与"共牢而食",杨雅丽,涪陵师范学院学报,2006年第4期
释"虽有槁暴,不复挺者",王继如,南京师大学报·社会科学版,1981年第2期
释"随在",方平权,古汉语研究,2011年第1期

释"孙子膑脚",郑慧生,历史教学,2006年第6期
释"所",常洪,宿州师专学报,2002年第1期
释"所生",赵光智,临沂师范学院学报,2001年第5期
释"獭祭鱼",杨雅丽,渭南师范学院学报,2002年第3期
释"天吊客忤",雷汉卿,中国语文,2006年第5期
释"佻脱",王文晖,古汉语研究,2004年第3期
释"铜",张世超,古籍整理研究学刊,1989年第2期
释"万人空巷"的"巷",汪少华,古汉语研究,1995年第4期
释"往蹇来反"、"往蹇来硕",徐山,宜春学院学报,2006年第1期
释"往来井井",徐山,学术研究,2002年第6期
释"罔两",王宗祥,古汉语研究,2000年第1期
释"为人",蔡镜浩,语文研究,1987年第2期
释"委命下吏",陆精康,文教资料,1994年第2期
释"文""笔",李文,邵阳学院学报,2002年第4期
释文、圣、善,连劭名,北京教育学院学报,2004年第3期
释"洿(污)",杨宝忠,古汉语研究,1998年第1期
释"无在",徐时仪,医古文知识,1997年第3期
释"无终",裘锡圭,裘锡圭学术文化随笔,中国青年出版社,1999年
释"吾与尔靡之",徐山,温州师范学院学报,2004年第3期
释"杌子",郭芹纳,中国语文,2004年第2期
释"寤寐思服"的"服",张春雷,语文学刊,2005年第9期
释"兮",董志翘,学术研究,1982年第4期
释"小臣",周言,华夏考古,2000年第3期
释"小乙",张龙飞,周志锋,辞书研究,2013年第5期
释"信宿",黄灵庚,古汉语研究,1997年第4期
释"刑"、"法",周守晋,徐州师范大学学报·哲学社会科学版,1997年第4期
释"行国"——游牧国家的一些特征,贾敬颜,历史教学,1980年第1期
释"行有格"、"有耻且格"的"格",俞志慧,苏州大学学报·哲社版,2004年第4期
释"倄能",胡培俊,培训与研究—湖北教育学院学报,1994年第1期
释"玄武",周晓薇,中国典籍与文化,2004年第4期
释"严妆",汪维辉,辞书研究,1990年第1期
释"偃蹇",赵逵夫,新疆师范大学学报·哲学社会科学版,1987年第1期
释"一晌",贺陶乐,延安大学学报·社会科学版,1993年第2期

释"疑",刘敬林,古汉语研究,2003年第4期
释易,连劭名,古籍整理研究学刊,2002年第4期
释"庸态",龚维英,社会科学辑刊,1983年第1期
释"踊跃"及其他——兼谈词义演变的相关问题,王云路,中国语文,2008年第3期
释"幽默",马振亚,吉林大学社会科学学报,1991年第6期
释"尤",雷春辉,甘肃高师学报,2000年第3期
释"幼冲",刘秉忠,江汉考古,1992年第1期
释禹、禺、碨并论远古华夏蛇崇拜问题,罗骥,古汉语研究,1997年第2期
释元剧"邦老",刘瑞明,古汉语研究,2006年第2期
释"月几望",徐山,长春师范学院学报,2004年第8期
释"越×日(月、年)"的"越",张斯忠,文史知识,1992年第4期
释"攒蚝",俞忠鑫,敦煌学辑刊,1989年第2期
释"羘䍧",周清泉,成都大学学报·社会科学版,2006年第3期
释"斋戒",振亚,吉林大学社会科学学报,1985年第2期
释"仗义疏财",侯兰笙,西北师大学报,2001年第3期
释"遮要"、"挺",方向东,古汉语研究,1995年第4期
释斟寻,李民,中原文物,1986年第3期
释"正昼",周志锋,辞书研究,1993年第6期
释"之",甘子钦,新疆师范大学学报·哲学社会科学版,1981年第1期
释"直方",徐山,周口师范学院学报,2003年第3期
释中,田树生,殷都学刊,1991年第2期
释"中行",徐山,襄樊学院学报,2005年第3期
释"众不见信",杨宝忠,古籍整理研究学刊,1998年第Z1期
释"舟舟",张寿平,红楼梦学刊,1997年第1期
释"周旋",邓军,李萍,辞书研究,2000年第6期
释帚,李仁安,西北第二民族学院学报·哲学社会科学版,1995年第1期
释"主腰",吕叔湘,语文研究,1983年第2期
释"助"和"助喜",朱庆之,中国语文,1997年第3期
释爪牙,振亚,汉语学习,1987年第1期
释"濯淖污泥",胡培俊,江汉大学学报·人文科学版,1994年第1期
释"梓童",孟昭泉,文史知识,1982年第4期
释自,何金松,中南民族大学学报·人文社会科学版,1993年第3期
释"自今",董志翘,学术研究,1987年第3期

释"自扑"及相关词语,杨同军,敦煌学辑刊,2005年第4期
释作与作册,秦建明,西周史论文集,陕西人民教育出版社,1993年
释"坐来(坐)",李景泉,汉字文化,2007年第2期
"手巾掩口啼",黄瑞云,语文教学与研究,1986年第6期
"寿终正寝"与"死于非命",倪培森,咬文嚼字,1998年第2期
"受礼天下,又使至代之"解,郭小武,殷都学刊,2002年第2期
授绥与执绥,朱启新,文史知识,2000年第7期
书卷误称,田忠侠,学习与探索,1983年第6期
书名常用词语例释(上),鲍延毅,枣庄学院学报,1990年第3期
书名常用词语例释(中),鲍延毅,枣庄学院学报,1991年第1期
书名常用词语例释(下),鲍延毅,枣庄学院学报,1992年第1期
书证选本失当,田忠侠,学习与探索,1984年第6期
舒方新证,何琳仪,安徽史学,1999年第4期
"孰与"句分析,方文一,文史知识,1995年第1期
蜀犬吠日,武一迁,文史知识,1986年第7期
蜀人渊源考,孙华,四川文物,1990年第4期
蜀人渊源考(续),孙华,四川文物,1990年第5期
数典忘祖,孟重,文史知识,1982年第8期
"数九"应从何日数起,杨琳,民俗研究,1999年第3期
数在中国传统文化中的意义,俞晓群,自然辩证法研究,1991年第9期
"双关"辨伪,谭永祥,毕节师范高等专科学校学报,1997年第2期
双髻(唐代妇女发髻谱),徐家珍,文物周刊,1947年第65期
"双陆不胜""鹦鹉折翼"来源考,杜朝晖,湖北大学学报·哲学社会科学版,2006年第4期
"双陆"考,杜朝晖,中国典籍与文化,2006年第2期
"谁何"通说,王继如,语文研究,1990年第2期
水·浃·江·河·川词义辨析,黄金贵,湖北大学学报·哲学社会科学版,1994年第3期
睡虎地秦简合成词研究,陆锡兴,江西社会科学,2004年第10期
说"刁凡有疾",裘锡圭,故宫博物院院刊,2000年第1期
说"宝卷",刘光民,文史知识,1991年第10期
说"本义",赵恩柱,辞书研究,1990年第3期

说"辟"字词族,查中林,四川师范学院学报·哲社版,2002年第3期
说别义词,晁继周,江苏大学学报·社会科学版,2007年第5期
说"缤纷"道"落英",王秀玲,华南师范大学学报·社科版,2007年第2期
说"饼",潘峰,湖北成人教育学院学报,2003年第2期
说"檗"和"檗"——兼说"黄檗"和"黄柏",于广元,语文建设,1999年第5期
说卜辞中的"至日""即日""戠日",张玉金,古汉语研究,1991年第4期
说"不废",王云路,语文建设,1992年第8期
说"才",俞绍宏,巢湖学院学报,2007年第1期
说"巉岩",王继如,南京师大学报·社会科学版,1982年第2期
说"伥鬼",唐艳华,唐都学刊,2008年第2期
说朝鲜族"朴"姓的读音,汪化云,辞书研究,2008年第2期
说"春归",张涌泉,人文杂志,1986年第4期
说"鹑衣"和"悬鹑",吉常宏,语文研究,1984年第2期
说"词缀",曾晓鹰,贵州教育学院学报,1996年第1期
说"打嘎",郭芹纳,中国语文,1995年第1期
说"倒过醮来了",伍翰仁,文史知识,1991年第12期
说娣姒,苏杰,文史知识,1997年第7期
说"调侃",陈鸿儒,广西民族学院学报·哲学社会科学版,2002年第S1期
说"冬冻其葆",黄怀信,西北大学学报·哲学社会科学版,1992年第3期
说"读卖"及其他,吴悦,中国语文,2003年第5期
说"儿",鲍延毅,学术研究,1984年第5期
说"儿",王云路,杭州大学学报·哲学社会科学版,1998年第3期
说《伐檀》中的"廛"、"亿"、"囷",王炎,徐州师范大学学报·哲学社会科学版,1984年第2期
说"饭局"、"片子"兼及其他——历代竹枝词整理札记,王子今,书屋,2003年第5期
说"肥"道"胖",牛太清,语文学刊,2006年第8期
说"纷纷",宋春阳,陆汝占,语言研究,2003年第2期
说"风马牛不相及",徐山,文史杂志,2001年第1期
说"辅车相依"和"颐指气使",王继如,辞书研究,1987年第4期
说"父母官",张霭堂,临沂师范学院学报,2003年第1期
说"复关",罗春初,文史知识,1984年第2期

说"甘""鹻"之词源义,路沥云,株洲师范高等专科学校学报,2005年第1期
说"疙瘩",王晶,中山大学研究生学刊·社会科学版,2006年第3期
说歌行,蔡义江,文史知识,2002年第10期
说"隔并",张惠英,天津师范大学学报·社会科学版,1984年第3期
说古代菜肴的"汤",黄金贵,湖州师范学院学报,2004年第4期
说"故意",祝注先,语文教学与研究,1984年第11期
说"光棍",郭莹,文史知识,2002年第10期
说"锅巴",徐传武,辞书研究,1992年第1期
说"过秦",陈永生,南京师大学报·社会科学版,1983年第1期
说"忽悠",向学春,重庆三峡学院学报,2005年第5期
说:"觳觫",王晖,陕西理工学院学报·社会科学版,1989年第2期
说"虎子",李剑国,文史知识,1997年第3期
说"互相",吕叔湘,汉语学习,1988年第1期
说"会",王绍峰,民俗研究,2003年第2期
说"稽"兼及"稽首",姚炳祺,广东职业技术师范学院学报,1996年第3期
说"撅",滕志贤,广西师范学院学报·哲学社会科学版,1986年第3期
说"计"和"账",徐时仪,语言研究,2000年第2期
说"假女",于立昌,辞书研究,2002年第6期
说"疆场",黄建宁,语言研究,2004年第1期
说"饺子",贾采珠,语文建设,1991年第12期
说"脚头妻",孙剑艺,语文建设,1995年第6期
说金文"引"字的虚词用法,裘锡圭,裘锡圭自选集,河南教育出版社,1994年
说"救火",王小莘,阅读与写作,1998年第6期
说"居士",谭伟,文史知识,2000年第11期
说"俊鹘抟水禽"之"抟"字,王俊鸣,语文研究,1995年第2期
说"空子",邓章应,文史杂志,2006年第1期
说"来见",胡厚宣,华夏考古,1987年第2期
说"狼犺",汪维辉,古籍整理研究学刊,1994年第2期
说"浪船",崔山佳,辞书研究,2004年第3期
说莲花喻,陈洪,文史知识,1991年第10期
说"令尊"及其他,周志锋,辞书研究,2002年第3期
说"乱"及其他,杨荫浏,人民音乐,1963年第1期
说"盲人骑瞎马"的"瞎",方一新,文史知识,1991年第12期
说"眉语",张宏星,修辞学习,1998年第1期
说"末",洛地,文史知识,2003年第5期
说"木屐",方川,文史知识,1991年第7期
说"惚律",徐传武,辞书研究,1986年第4期
说"泥塑木雕",崔山佳,汉字文化,2008年第3期
说"宁为鸡尸,无为牛从",郑慧生,文史知识,2007年第9期
说"怒目",曾良,文史知识,1994年第5期
说"排档",王祖霞,辞书研究,2004年第4期
说飘风,林沄,林沄学术文集,中国大百科全书出版社,1998年
说"朴刀",黄永年,中国典籍与文化,1996年第4期
说"齐速",杨新勋,文献,2007年第3期
说"骑鱼",阮堂明,文史知识,1996年第3期
说"襁褓",马启俊,皖西学院学报,2004年第1期
说琴徽——答马顺之教授书,饶宗颐,中国音乐学,1987年第3期
说"庆"谢质彬,语文建设,2000年第2期
说"取笑",孙菊芬,文史杂志,2006年第2期
说"儒",马振铎,文史知识,1988年第6期
说"商女",王云路,语文建设,1996年第9期
说"上下"——商周巫觋社会说的文字学质疑,周言,史学月刊,1997年第1期
说"深芜",徐传武,辞书研究,1996年第1期
说"胜日",师为公,文史知识,1993年第10期
说"十年一觉扬州梦"的"觉",王彤伟,汉字文化,2006年第3期
说士,姚炳祺,广东社会科学,1997年第6期
说"疏通知远",白寿彝,史学史研究,1984年第2期
说"孰与"与"孰若",王阜彤,语文研究,1992年第4期
说"水衣"兼及"水"系服饰词,崔山佳,辞书研究,2011年第2期
说说"当"通"倘",夏坚,文史知识,2003年第6期
说说汉语的"脖子",崔山佳,汉语学习,1989年第4期
说说"林花",邓彦如,文史知识,2005年第7期
说说"亲自",乔秋颖,汉语学习,2003年第6期
说"俗典",李景华,文史知识,2007年第12期
说"所于",宋玉珂,首都师范大学学报·社会科学版,1991年第5期
说"踏歌",张庆,文史知识,1992年第1期
说"弹棋",刘秉果,文史知识,1991年第10期
说"觍觍",张霭堂,临沂师范学院学报,1989年第4期

说"跳槽",娄可树,文史杂志,2005年第3期
说"跳槽",崔山佳,辞书研究,1994年第1期
说"通",蒋礼鸿,辞书研究,1980年第1期
说"通""同",何茂活,河西学院学报,2005年第1期
说"头颅",齐冲天,文史知识,1991年第10期
说"完了",李宗江,汉语学习,2004年第5期
说"宛转",陶易,文史杂志,2008年第3期
《说文·示部》说解与同源词研究,李茂康,颜嘉惠,古籍整理研究学刊,2006年第3期
《说文》对上古汉语字词的系统整理,宋永培,齐鲁学刊,2003年第5期
《说文》古文论略,李若晖,红河学院学报,2006年第1期
《说文》古文校补29则,李天虹,江汉考古,1992年第4期
《说文解字》和常宁方言本字,李清桓,广西社会科学,2005年第12期
《说文解字》和鄂州方言本字考,童琴,现代语文,2007年第6期
《说文解字》释"登"考辨,柏亚东,阜阳师范学院学报·社科版,2003年第5期
《说文解字》"同意"考,赖积船,丁志丛,常德师范学院学报·社科版,2003年第2期
《说文解字系传》解说语词语拾零,李计伟,河南科技大学学报·社科版,2005年第4期
《说文解字》新证四则,连劭名,北京教育学院学报,2002年第1期
《说文》"美"的语义取象考释,卢凤鹏,贵州教育学院学报·社会科学,2005年第5期
说"文凭",黄兴涛,文史知识,1999年第4期
说文谈物·符·符合,朱启新,文史知识,1999年第4期
说文谈物:说"卜",朱启新,文史知识,2001年第4期
说无,何琳仪,江汉考古,1992年第2期
说"五"道"六",丁邦新,民族语文,2005年第3期
说"兀的",卢甲文,信阳师范学院学报·哲学社会科学版,1989年第2期
说"牾生"、"昼寝"及其他,马固钢,湘潭大学社会科学学报,1991年第3期
说"洗骨",阮堂明,文史知识,1995年第9期
说"先生",徐梓,中国教师,2007年第10期
说"贤"与"您",章锡良,苏州大学学报·哲学社会科学版,1988年第4期
说"新妇"、"媳妇",余延,汉字文化,2003年第3期
说须发,钟年,张宗周,文史知识,1997年第1期

说"严在上,异在下",王冠英,中国历史博物馆馆刊,1992年第18、19期
说"咬文嚼字"(三则),于光远,辞书研究,1995年第2期
说"叶子",吴宝安,南阳师范学院学报,2006年第1期
说"一",朱安义,昭通师范高等专科学校学报,1996年第4期
说"一"点点:关于《汉语大词典》和《中文大辞典》对"一"的诠释,王明文,辞书研究,1987年第3期
说"一了",李景泉,古汉语研究,1997年第4期
说"椅""椅子",董志翘,语文建设,1999年第3期
说"逸义",颜洽茂,古汉语研究,2003年第4期
说"殷",刘秉忠,长江大学学报·社会科学版,1991年第6期
说"牖中窥日"之"牖",郑张,尚芳,文史知识,1998年第7期
说"原"的"高平"义,张霭堂,辞书研究,1990年第5期
说"运动",王学泰,书摘,2007年第7期
说"缊袍",陈永生,南京师大学报·社会科学版,1981年第3期
说"宅丘",胡厚宣,史学月刊,1989年第2期
说"栈"与"鸭",吴晓龙,文史知识,1997年第11期
说"障子",杜朝晖,辞书研究,2008年第2期
说"正对",刘德辉,云梦学刊,2002年第4期
说"终于",谢质彬,语文建设,2001年第3期
说"烛舅",马大勇,南京师范大学文学院学报,2005年第1期
说"捉搦",王绍峰,敦煌学辑刊,2003年第1期
说"自",马贝加,温州师范学院学报,1996年第2期
说"三余",田久川,人民教育,1979年第4期
"厶甲"的使用以及"厶"表"专"义见于隋唐,王启涛,中国语文,2006年第3期
"思无邪"与"温柔敦厚"辨异,孙明君,人文杂志,2000年第2期
"死"的不同说法与政治、宗教及其他,林伦伦,文史知识,2000年第4期
死灰复燃,石尔泗,文史知识,1984年第2期
"死口"补义,崔山佳,辞书研究,1996年第3期
"死去元知万事空"之"去",史秀菊,语文建设,2006年第9期
"死亡"非偏义复词说,丁喜霞,语言研究,2003年第3期
死亡用词的文化考索,温显贵,湖北大学学报·哲学社会科学版,2000年第6期
四川方言"起"、"展"与词汇史研究,周俊勋,西南民族

大学学报·人文社科版,2003年第3期
"四三王、六五霸"非约数,叶爱国,中国语文,1998年第2期
"四始"说考论,孙蓉蓉,齐鲁学刊,2005年第6期
"四始"新证,李锐,孔子研究,2004年第2期
"四体不勤"解,周俊勋,阿坝师范高等专科学校学报,2002年第2期
《"寺工"小考》补议,陈平,人文杂志,1983年第2期
《寺工小考》一文资料补证,秦兵,人文杂志,1983年第1期
宋词异名考,暴拯群,语文学刊,1999年第5期
宋代的科举与士风,王德毅,厦门大学学报·哲学社会科学版,2005年第6期
宋代的"润笔"与宋代文学的商品化,王兆鹏,学术月刊,2006年第9期
宋代散文疑难词语辞书释义商榷,刘敬林,陇东学院学报·社会科学版,2004年第3期
宋内藏库考,李建国,贵州社会科学,2006年第1期
宋诗茶词语例释六则,黄灵庚,浙江师范大学学报·社会科学版,2004年第5期
宋元词语汇释,卢甲文,南都学坛,1991年第3期
宋元明清戏曲中的少数民族语(一),王学奇,唐山师范学院学报,2001年第1期
宋元明清戏曲中的少数民族语(二),王学奇,唐山师范学院学报,2001年第3期
宋元明清戏曲中的少数民族语(三),王学奇,唐山师范学院学报,2001年第4期
宋元明清戏曲中的少数民族语(四),王学奇,唐山师范学院学报,2001年第6期
宋元明市语略论,王锳,语言研究,1995年第1期
宋元明市语续证,王锳,贵州文史丛刊,1995年第1期
宋元俗语研究三例,刘逸生,学术研究,1958年第3期
"颂"字本义新考,段立超,古籍整理研究学刊,2006年第2期
"廀语",扬之水,瞭望,1993年第15期
"搜牢"考,叶爱国,中国语文,1998年第3期
"搜牢"索解,何亚南,中国语文,1998年第3期
"搜牢"小议,杜清军,中国语文,1998年第3期
俗语词零札,袁宾,天津师范大学学报·社会科学版,1986年第2期
俗语考源二题,刘瑞明,绵阳师范学院学报,2006年第1期
俗语释义献疑,吴仁,语文研究,1987年第1期

俗语释义一则,武仁,语文研究,2004年第2期
俗语"一条船儿"考释,刘士林,文史知识,1996年第6期
《"肃霜""涤场"说》考辨,钟如雄,西南民族学院学报·哲社版,2002年第10期
"素琴"别解,舒宝璋,辞书研究,2006年第3期
溯未及源,田忠侠,学习与探索,1984年第1期
睢县方言的人称代词,庞可慧,河南教育学院学报·哲学社会科学版,2001年第4期
"睢盱"非限"仰视",王锳,辞书研究,2005年第4期
隋朝之"隋"本作"随",罗会同,中国地名,1999年第4期
"所谓"的名实辨析,袁峰,西北大学学报·哲社版,2005年第1期
"所以"说略,王兴才,重庆三峡学院学报,2000年第5期
"所以"完全变成连词的时代,汪维辉,古汉语研究,2002年第2期
"所"字词义误增的否定清理,刘瑞明,固原师专学报,1995年第4期
"所"字小识,姚永铭,淮北煤炭师范学院学报·哲学社会科学版,1992年第3期
"所"字用法通考,张其昀,语文研究,1995年第4期
"索隐"非"索引",徐复岭,语文建设,2001年第1期
"胎教"不是新词,张宏星,辞书研究,2002年第2期
胎教探源,傅荣,文史知识,1993年第10期
"大叔完聚"之"完、聚"考,孙启荣,阿坝师范高等专科学校学报,2004年第4期
太昊·少昊·巴人,王红旗,文史杂志,1998年第5期
《〈太平广记〉词语小札》商榷,周志锋,古汉语研究,1995年第1期
"太守"称"将"起于何时,杨宝忠,河北青年管理干部学院学报,2000年第3期
"太守"戈跋,徐在国,山东师大学报·社会科学版,1998年第1期
"摊簧"名义、结构及其他,洛地,浙江艺术职业学院学报,2004年第1期
"坛"义一释试辨,祝注先,辞书研究,1991年第4期
谈"阿所",林海权,福建师范大学学报·哲学社会科学版,1986年第3期
谈"辟易"和"披靡",林海权,福建师范大学学报·哲学社会科学版,1991年第3期
谈"处女"、"处士"之"处"及《汉语大字典》"处"字条之不足,鲁六、吴振兴,四川师院学报,2002年第2期
谈"都广之野",阿波,文史杂志,2005年第3期
谈否定句尾的"为"字,林海权,厦门广播电视大学学

报,2005 年第 1 期
谈汉语中的"自己",傅友相,玉溪师范学院学报,2002 年第 3 期
谈昏字与昬字的关系,由明智,古汉语研究,2002 年第 2 期
谈甲骨文与金文中的数,金兰,中国文物报,1989 年 12 月 1 日
谈"朦胧",王维昌,王明居,文史知识,1992 年第 3 期
谈"目眦尽裂"中"裂"之字义,晏鸿鸣,修辞学习,2006 年第 2 期
谈"鸟"字,于智荣,汉字文化,1999 年第 2 期
谈"丘"与"邱"——读史树青《邱逢甲自书诗轴》,刘乃和,古籍整理研究学刊,1985 年第 1 期
谈"容易"的成词原因及时代——兼与《汉语大词典》"容易"条商榷,胡绍文,语文学刊,2000 年第 5 期
谈"商量"词义的时代性,王继如,中国语文,2008 年第 2 期
元宵起源无关乎汉文帝即位,王继如,古典文学知识,2005 年第 1 期
谈《说文解字》"同意",易敏,赣南师范学院学报,2005 年第 2 期
谈谈拜功中的"宣礼",马利强,中国穆斯林,1992 年第 1 期
谈谈"罗汉",任远,师范教育,1992 年第 Z1 期
谈谈"柔远能迩"的训诂,刘汉忠,历史教学,1986 年第 12 期
谈谈"雨毛"、"雨石"、"雨血"及"雨土",陈倩,文史杂志,2007 年第 1 期
谈"突然"的归类问题,张雪涛,九江师专学报,1987 年第 Z1 期
谈"问鼎",吉晖,武汉科技大学学报·社科版,2006 年第 2 期
谈"戏"与"麾",陆宗达,语文教学通讯,1980 年第 11 期
"谈笑"补说,孙剑艺,语文建设,1995 年第 11 期
谈"行牧且荛"的"行",陈耀,四川师范大学学报·社会科学版,1984 年第 3 期
谈一些词典有关"太平天国"的用字问题,包楠生,辞书研究,1995 年第 3 期
谈"仪",李志超,科技术语研究,2002 年第 2 期
谈语文辞书"同"和"通"的处理,陆福庆,张立茂,辞书研究,1982 年第 5 期
"汤禹"构词试释,黄灵庚,古籍整理研究学刊,1996 年第 4 期

唐代传奇语词札记,刘进,语文研究,2003 年第 2 期
唐代的"行第"称谓,黄新宇,语文世界·高中版,2003 年第 12 期
唐代"流外出身人"叙职考,任士英,烟台师范学院学报·哲学社会科学版,1993 年第 1 期
唐代小说联绵词初探,范崇高,西南民族大学学报·人文社科版,2005 年第 2 期
唐诗"参差"义汇释,黄灵庚,浙江师大学报·社会科学版,2000 年第 1 期
唐诗"连"之殊义辨析,魏耕原,枣庄师专学报,2000 年第 4 期
唐诗中的"冠",徐颂列,浙江教育学院学报,2006 年第 1 期
唐诗中的"海"多指江,陈增杰,辞书研究,2008 年第 2 期
唐宋笔记小说释词,段观宋,古汉语研究,1990 年第 4 期
唐宋笔记语词释义,王锳,语文研究,1986 年第 4 期
唐宋词语考释,段观宋,古汉语研究,1989 年第 1 期
唐宋词语考释二则,曾良,古汉语研究,2005 年第 2 期
唐宋时期助词"取"与"得"的差异,林新年,古汉语研究,2006 年第 3 期
唐宋俗语词札记,袁宾,山东师范大学学报·人文社会科学版,1986 年第 4 期
唐宋语词考释,曾良,赣南师范学院学报,1991 年第 3 期
唐宋语言"平"有满、全义——兼释"平假名",孙雍长,中山大学学报·社会科学版,2008 年第 2 期
唐五代词语考释,董志翘,古汉语研究,2000 年第 1 期
"饕餮纹"一名质疑及其宗教意义新探,王震中,文博,1985 年第 3 期
桃李不言,下自成蹊,谷雨,文史知识,1984 年第 12 期
"醍醐"、"三昧"的早期用例——兼谈汉语佛教用语溯源,朱庆之,文史知识,1994 年第 4 期
替"青青"词条增补义项,邓景滨,辞书研究,1994 年第 2 期
"替"字义补,徐传武,阅读与写作,1997 年第 5 期
"天地君亲师"源流考,徐梓,北京师范大学学报·社会科学版,2006 年第 2 期
"天花乱坠"典出考,刘亚丁,四川大学学报·哲社版,2003 年第 3 期
"天荒"和"破天荒",陈汝法,辞书研究,1994 年第 5 期
"天将以夫子为木铎"中的"将",汪化云,文史哲,2007 年第 4 期
"天球"、"地球"、"月球"、"星球"考源,黄河清,科技术语研究,2002 年第 4 期

"天人感应"与"天人合一",黄朴民,文史哲,1988年第4期
天水方言古词考证,雒江生,天水行政学院学报,2003年第5期
"天主"词源考,王铭宇,语文研究,2012年第3期
"天子"考,郑慧生,历史教学,1982年第11期
田畯考,钱剑夫,学术月刊,1980年第11期
"条桑"摭言,刘川民,四川职业技术学院学报,1991年第1期
"跳槽"考辨,黄新宇,汉字文化,1999年第1期
"铁里温都答喇"小考,郭杰,西南民族大学学报·人文社科版,1992年第2期
"铁鞋"考议,王子今,寻根,2007年第1期
听言·诵言·谮言,杜朝晖,辞书研究,1992年第6期
"停担两头"别解,姚永铭,读书,1987年第10期
"停腾"辨,黄大祥,敦煌研究,2004年第5期
"铤而走险"的"铤"可作"挺",张履祥,辞书研究,1987年第6期
"铤而走险"考辨,钟如雄,西南民族学院学报·哲学社会科学版,2002年第9期
"通""达"之别,宋永培,词典研究丛刊,1990年第11辑
通假例释——蕅、糌、籍、荐、薦,姚炳祺,广东技术师范学院学报,2006年第1期
通假字拾诂,王继如,浙江师范大学学报·社会科学版,1983年第3期
"通钱"解——秦简整理札记之二,张世超、张玉春,古籍整理研究学刊,1986年第4期
通行证溯源,丰家骅,寻根,2005年第6期
"同胞"解,张文,文史知识,1992年第5期
"同仇敌忾"释义辨误,胡丽珍,广东社会科学,2007年第4期
同根词"玉"文化考察,唐瑛,四川师范学院学报·哲社版,2002年第4期
"同学"的产生和发展,葛佳才,重庆师院学报,2003年第2期
同源词拾补,彭逢澍,语文研究,1999年第2期
"铜灌髀石"小考,叶爱国,西域研究,1998年第1期
"统言析言"琐说,马固钢,湘潭大学社会科学学报,1985年第S2期
"投盖"辨,朱瑞平,黄淮学刊·自然科学版,1998年第2期
投老,方一新,社会科学辑刊,1991年第1期
徒跣不含"步行"义,段观宋,辞书研究,1987年第6期

"涂炭"的语源及其演变,张述铮,山东师范大学学报·人文社会科学版,1985年第5期
"荼"、"茶"异同考略,陈焕良,中山大学学报·社会科学版,2002年第4期
"土遁"是从土里逃走吗,张春雷,语文建设,2005年第8期
"土著"的"著"辨音释义,李润,辞书研究,1994年第4期
"吐蕃"的"蕃"应当读什么音,金文明,辞书研究,2001年第4期
吐鲁番出土文书词语新考(一),王启涛,新疆师范大学学报·哲学社会科学版,2006年第4期
吐鲁番出土文书释词,王启涛,四川师范大学学报·社会科学版,2006年第6期
吐鲁番出土文书疑难词语考辨,王启涛,中国语文,2007年第3期
吐鲁番出土疑难词语新诠,王启涛,四川大学学报·哲学社会科学版,2008年第1期
"抟"的同源词浅析——兼论王力《古代汉语》对"抟"的注释,李清桓,古籍整理研究学刊,2007年第2期
"推敲"考略,戴建华,中学语文教学,2002年第12期
"退婴"探源,何华珍,语言研究,2006年第1期
"退婴"与"素人",何华珍,辞书研究,2001年第2期
"外妇楼",黄新宇,咬文嚼字,1999年第10期
"挽歌"词源考,振亚,辞书研究,1996年第4期
"挽联"的尴尬,袁津琥,读书,2005年第8期
晚唐后期诗歌中"和"字的用法,汪强,浙江树人大学学报,2006年第5期
"万人空巷"的"巷"义辨,文非,阅读与写作,2001年第4期
万物何以称"东西",杨琳,文史知识,1997年第7期
"万一"和"一旦",曹跃香、高娃,语文学刊·高教版,2005年第9期
"亡命"的初义,刘钧杰,语文建设,1998年第8期
王度考〔上〕,孙望,学术月刊,1957年第3期
王度考〔下〕,孙望,学术月刊,1957年第4期
"王敦惮祖逖"略论,陶新华,杭州师范学院学报,1997年第1期
王梵志诗词语札记,王继如,南京师大学报·社会科学版,1993年第3期
王念孙"乘"字说浅论,王云路,杭州大学学报·哲学社会科学版,1988年第1期
王念孙"义通"说笺释,孙雍长,贵州民族学院学报·哲学社会科学版,1984年

"王若曰"不当解作"王如此说",王占奎,周秦文化研究,陕西人民出版社,1998年

"望穿秋水""对酒当歌"与"今是何世",谢质彬,语文建设,2001年第8期

"望祭"、"望祀"议,韩梅,孙福轩,中国史研究,2006年第4期

"望"介词义补说,马贝加,温州师范学院学报,1993年第4期

"望其旗靡"新解,曹海东,文史知识,1995年第6期

"望羊"补义,连登岗,辞书研究,2005年第3期

"望羊"考,王国珍,阜阳师范学院学报·社科版,2002年第4期

"望羊"义考,黄金贵,辞书研究,2006年第4期

"为"、"试"作动词前缀辨,朱城,湖北民族学院学报·哲学社会科学版,2001年第3期

"为寿"是"祝贺生日"吗,娄可树,咬文嚼字,2005年第11期

"为"义申许,孟蓬生,古汉语研究,1995年第3期

"韦编三绝"一枝独秀小考,金文明,咬文嚼字,2000年第12期

"围"字释义辨正,李光华,辞书研究,1994年第5期

"唯是"、"唯时"解,姜宝琦,云南师范大学学报·哲学社会科学版,1995年第6期

"唯一"与"惟一",邹玉华,语文建设,1998年第9期

"惟觉时之枕席"的"觉"应读何音,朱旗,绥化学院学报,1989年第3期

潍坊方言中的助词"来",刘家忠,昌潍师专学报·社会科学版,1996年第4期

"猥"之词义系统考,罗积勇,武汉大学学报·人文科学版,2003年第4期

尉·熨斗·军衔,刘乃叔,咬文嚼字,1998年第6期

"喂"这个词儿是怎么来的,孙玉文,文史知识,1999年第11期

魏晋六朝诗词语释义,张联荣,古汉语研究,1990年第1期

魏晋南北朝词语拾零,蔡镜浩,苏州大学学报·哲学社会科学版,1988年第3期

魏晋南北朝时期的木屐、芒靴、靴子,梁满仓,华夏文化,1994年第3期

魏晋南北朝史书语词考释,段观宋,湘潭大学学报·哲学社会科学版,1989年第1期

魏晋南北朝俗词语试释,蔡镜浩,扬州大学学报·人文社会科学版,1988年第3期

魏晋南北朝俗语词辑释,黄征,杭州大学学报·哲学社会科学版,1994年第3期

魏晋南北朝疑问代词"谁"和"孰"的考察,邓军,李萍,郑州大学学报·哲学社会科学版,2003年第5期

魏晋至唐代经注中的词源探讨述评,曾昭聪,北方论丛,2006年第3期

"文海"探源,聂鸿音,固原师专学报,1990年第3期

"文化"概说,卞良君,东疆学刊,2002年第1期

"文明"一词的最初含义,王雷泉,文史知识,1983年第12期

文史名篇语疑考辨,祝中熹,烟台师范学院学报·哲学社会科学版,1991年第4期

"文献"刍议,张子开,绵阳师范学院学报,2007年第1期

"文学"定义浅释,刘泽民,湖南城市学院学报,1983年第1期

文学述谊正名篇,朱蓬仙,制言,1937年第43期

文言文表示"卖"的词,朱安义,新疆石油教育学院学报,2005年第3期

文言文疑难词句试释,胡竹安,河北师范大学学报·哲学社会科学版,1980年第2期

"文佑"与"刚羽",薛克谬,河北大学成人教育学院学报,2003年第3期

"文章"的历史演变,王功龙,辽宁师范大学学报·社会科学版,1990年第1期

"文"之溯源及含义变迁,陈婉,玉林师范学院学报·哲社版,2002年第1期

"闻"、"种"的一种用法,林海权,辞书研究,2007年第5期

"倭寇"新论——以"嘉靖大倭寇"为中心,樊树志,复旦学报·社会科学版,2000年第1期

我国古代的重文书写符号,郑慧生,文史知识,2005年第1期

我国官制史上"都"字释义,周采泉,史学月刊,1980年第3期

"卧薪尝胆"语源考,陆精康,语文月刊,2002年第Z2期

乌龟名声为什么变坏,兰殿君,文史杂志,2003年第4期

乌台,娄可树,文史天地,2006年第11期

"诬"之"抹杀"义探源,袁津琥,辞书研究,1999年第1期

"无任"辨析,罗国强,湖南城市学院学报,2005年第5期

"无须"与"无需",谢质彬,语文建设,2001年第10期

"毋宁"未必都作"宁可"解,曦钟,学习与探索,1996年第4期

"吴牛喘月"引文乖谬,田忠侠,社会科学辑刊,1983

年第 5 期
"吴侬"和人称代词辨析,李鼎,医古文知识,2001 年第 1 期
"吴侬"和人称代词再辨析——与李鼎先生商榷,金文明,医古文知识,2001 年第 3 期
吴王"夫差"怎么读,金文明,咬文嚼字,2008 年第 3 期
蜈蚣船,钱国梁、陶喻之,航海,1986 年第 5 期
"五斗米"辨,邓景滨,语文建设,1995 年第 9 期
"五"、"午"考辨,程建功,语文学刊,2005 年第 8 期
"兀底、兀那"考,张惠英,方言,1993 年第 4 期
"勿"与"物"意义考,王月婷,江西广播电视大学学报,2005 年第 1 期
"物华天宝"解诂,吴国升,安徽广播电视大学学报,2004 年第 2 期
物字及"万物",李志超,寻根,2003 年第 4 期
误施标点,致义不明,田忠侠,学习与探索,1984 年第 2 期
"兮"字三题,王珏,周口师范高等专科学校学报,1999 年第 4 期
"西北有高楼"中"西北"的涵义,李金松,文史知识,1992 年第 8 期
西江底层人的"穷风流、饿快活",叶旭明,广东史志,2001 年第 4 期
西江民间隐语试涉,叶旭明,广东史志,2001 年第 1 期
西晋以前汉译佛经中"说"的用法研究,聂志军、唐冬英,湘潭师范学院学报·社科版,2005 年第 6 期
西周春秋铜器铭文中的联结词,陈永正,古文字研究,1986 年第 15 辑
西周春秋铜器铭文中的语气词,陈永正,古文字研究,1992 年第 19 辑
西周代词"厥"的性质再探,张玉金,学术研究,2005 年第 11 期
西周汉语第三人称代词及所指与称数考察,张玉金,语言科学,2007 年第 3 期
西周汉语第一人称代词称数问题研究,张玉金,华南师范大学学报·社科版,2005 年第 6 期
西周暨春秋战国时代编钟铭文的排列形式,王世民,中国考古学研究(2)——夏鼐先生考古五十年纪念论文集,科学出版社,1986 年
西周甲骨《作董》版初释,彭曦,文博,2007 年第 2 期
西周金文"讯"字解,王晶,西南民族大学学报·人文社科版,2007 年第 4 期
西周金文"严在上"解——并述周人的祖先神观念,王人聪,考古,1998 年第 1 期
西周金文中的"眉敖",连劭名,四川文物,2007 年第 3 期
西周金文中的"王"与"王器",李朝远,文物,2006 年第 5 期
西周金文中有关贮字辞语的若干解释,马承源,上海博物馆集刊,1990 年
西周铭文所见某生考,张亚初,考古与文物,1983 年第 5 期
西周铭文中的"师"与"师氏",杨善群,考古与文物,1990 年第 2 期
西周铜器铭文中的"飨",李岩、胡建平,新疆师范大学学报,1989 年第 2 期
西周籀文与秦文字,何清谷,西周史论文集,陕西人民教育出版社,1993 年
析"德",王冠英,中国历史文物,1991 年
析"万古云霄一羽毛",曾怡亭,文史知识,1986 年第 2 期
析"再",甘于恩,辞书研究,1981 年第 1 期
"牺牲"的文化来源,雷汉卿,语文建设,1995 年第 7 期
"溪午"新解,祝注先,江汉论坛,1982 年第 7 期
"锡……人鬲,自驭至于庶人"解,殷伟仁,人文杂志,1983 年第 6 期
"媳妇"古今谈,赵克勤,语文建设,1992 年第 8 期
"媳妇"古今义辨说,龚维英,社会科学辑刊,1989 年第 1 期
"洗竹"正诂,刘永翔,华东师范大学学报·哲学社会科学版,1998 年第 6 期
《戏曲词语汇释》误释例证,董树人,语文研究,1986 年第 4 期
戏曲词语新释,卢甲文,许昌学院学报,1991 年第 2 期
系词"是"发展成熟的时代,汪维辉,中国语文,1998 年第 2 期
"细人"辨析,罗维明,古汉语研究,2003 年第 1 期
"下海"溯源,周士琦,语文建设,1994 年第 9 期
"下榻"的由来,鲁文,山东农机化,2002 年第 5 期
夏历(名词解释),历史教学,1961 年第 7 期
夏史三题,唐善纯,文史知识,1991 年第 10 期
"先进"、"后进"解,刘桓,孔子研究,1993 年第 2 期
"先马走"考释,刘秉果,体育文化导刊,1985 年第 2 期
先"那(nǎ)"后"那(nà)",王宗祥,咬文嚼字,2007 年第 11 期
先秦第一人称代词初探,祝中熹,兰州大学学报·社会科学版,1986 年第 2 期
先秦"二三"形式说,林涛,语文研究,1988 年第 1 期

先秦古文字材料中所见的第一人称代词,陈昭容,中国文字,1992年新16期
先秦核心词"颈"辨考,龙丹,孝感学院学报,2007年第2期
先秦骂人语言的发展和归宿,刘福根,青海师范大学学报·哲学社会科学版,1993年第2期
先秦"皮"的语义场研究,吴宝安,古汉语研究,2006年第2期
先秦同义词"舟、船"辨析,李素琴,苏州教育学院学报,2002年第2期
先秦姓、氏、名、字解诂,暴拯群,学习论坛,1996年第4期
先秦诸子著作中的"君子",袁庆德,大连教育学院学报,2003年第2期
"先生"的历史演变,王功龙,汉语学习,1985年第2期
"先生如达"辨,鲍延毅,枣庄学院学报,1985年第2期
先生、同志等称谓考释,贾延柱,丹东师专学报,1997年第4期
先唐哀诔之明辨,王丹,阿坝师范高等专科学校学报,2008年第1期
先唐佛经词语札记六则,汪维辉,中国语文,1997年第2期
"鲜规"考,董志翘,学术研究,1989年第1期
闲话"烤"字,周士琦,语文建设,1995年第4期
闲话"私谒",王充闾,中国监察,2005年第7期
"险"字义项说略,张新武,新疆大学学报·哲学人文社会科学版,2005年第6期
狝猲新考,黄盛璋,社会科学战线,1983年第2期
"县官"浅解,王化钰,语文教学与研究,1982年第3期
现代方言中"喝类词"的演变层次,吕传峰,语言科学,2005年第6期
现代汉语"擦拭"义词语的方言地理分布及历史嬗变,秦晓华,华南理工大学学报·社会科学版,2007年第4期
《现代汉语词典》"黄"词组语义分析,潘峰,长江大学学报·社科版,2007年第2期
《现代汉语词典》中"做"字条简析,秦其良,辞书研究,2006年第4期
现代汉语词语近代寻源——兼谈近代史料的语言学价值,刘晓梅,宁夏大学学报·人文社会科学版,2007年第2期
现代汉语基本颜色词素仿词造词法探微,潘峰,长江大学学报·社会科学版,2008年第1期

现代汉语俗语初探,曹聪孙,天津师范大学学报·社会科学版,1981年第6期
现代汉语虚指的"他"的来源,袁雪梅,四川师范大学学报·社科版,2005年第6期
现代汉语中"舔"之词义演变管窥——兼论对"舐"的替换,吕传峰,淮南师范学院学报,2005年第6期
"乡校"辨,陈洪宜,西南师范大学学报·人文社会科学版,1985年第2期
乡学至私塾:"塾"义变迁考,俞允海,湖州师范学院学报,2005年第5期
"相率"词义妄释,王兴才,重庆三峡学院学报,2003年第2期
"相望"补释,李炜,语文研究,1993年第4期
"相"字词性略论,郑贤章,常德师范学院学报·社会科学版,1996年第2期
"香殿"不是佛塔,张子才,辞书研究,1993年第5期
湘中方言古词语考,彭逢澍,娄底师专学报,1999年第1期
湘中方言同源词考例,彭逢澍,娄底师专学报,1998年第1期
详释方言与元曲含"娘"字的系列趣难词,刘瑞明,青海师专学报,2007年第1期
详释"铜斗儿家私"、"泼天也似家私"系列词,刘瑞明,青海师专学报,2006年第2期
"享""饗"考,刘成德,兰州大学学报·社会科学版,1981年第3期
"向"本义发微,李丽华,新疆师范大学学报·哲社版,2004年第4期
"向"和"屋漏"异解,任远,绥化学院学报,1990年第1期
"象田"、鸟田"补考——兼答《"象耕鸟耘"再论》问,刘志一,中国农史,1992年第4期
"象田"、"鸟田"考,刘志一,中国农史,1991年第2期
"象刑"辨——兼与唐兰、程武同志商榷,李衡梅,社会科学战线,1985年第1期
"骁勇"与"翘勇"辨析,朱惠仙,湖州师范学院学报,2006年第5期
消息,郭庆山,文史知识,1986年第9期
"消息"的"音信"义探源,丁喜霞,洛阳师范学院学报,2003年第4期
"萧郎"姓"萧"吗,袁津琥,咬文嚼字,2004年第1期
"萧郎"语源正误,袁津琥,文史杂志,2004年第4期
"萧条""奔""以"释义,涂太品,贵州文史丛刊,1990年第4期

"小臣"之称谓由来及身份,汪宁生,华夏考古,2002年第1期
"小"的一个特殊意义,刘瑞明,辞书研究,1989年第6期
"小姐"考,刘毓庆,中国语文,2003年第5期
"小康"浅说,王垂基,语文知识,1996年第11期
小却,方一新,社会科学辑刊,1992年第3期
小说小考三则,陈忱字敬夫吗,冯保善,明清小说研究,1999年第4期
小童·孑童·梓童,常洪,文史知识,1988年第10期
"啸"义及其发音原理考辨,晏鸿鸣,江汉大学学报·人文科学版,2006年第6期
"歇和"溯源,晏鸿鸣,语言研究,2006年第3期
"挟天子"不能解释为"挟制天子",王健秋,文史知识,1986年第2期
谢道韫生卒年考,陈辽,文教资料,1998年第6期
"邂逅"新义,袁津琥,语言研究,1995年第1期
辛词"别枝"即"离枝"解,杜清军,绵阳师范高等专科学校学报,1996年第2期
新版《辞海》"婵娟"释义辨,刘瑞明,汕头大学学报·人文社会科学版,1989年第3期
新发现秦封泥中的"上濅"及"南宫""北宫"问题,田静,人文杂志,1997年第6期
新颖可喜还是切合语言事实——也谈"坐行"与"屋漏",汪少华,南昌大学学报·社会科学版,1999年第1期
"新州"另考,初钊兴,中国地方志,2008年第3期
"新"字新解,陆华,江海学刊,2003年第6期
"信"和"书",张一恭,文史知识,1984年第8期
"信口雌黄"出处探,秦建明,社会科学辑刊,1982年第6期
"信士"玺跋,徐在国,古汉语研究,1998年第4期
《信、书信小考》商兑——也谈"信"的"书札"义之起源时代,袁津琥,绵阳师范高等专科学校学报,1996年第3期
"兴"之梳探,徐文茂,学术季刊,2002年第3期
"猩猩"溯源,周士琦,语文建设,1994年第7期
"刑不上大夫"考辨,王志固,文史知识,1989年第4期
"刑不上大夫"之"刑"为"肉刑"说补证,李衡梅,河南大学学报·社会科学版,1986年第1期
"刑"的起源新解,陶广峰,兰州大学学报·社会科学版,1989年第2期
"刑""罚"轻重有别,罗会同,咬文嚼字,2005年第10期
"刑天"、"形夭"皆可通,周明初,读书,1987年第9期

"行"的文言虚词用法,林方明,泉州师范学院学报,2002年第5期
"形借"说辨,王国珍,殷都学刊,2001年第1期
"形势之途"异解,王敏,文史知识,1997年第2期
《型世言》词语补释,赵红梅,伊犁师范学院学报·社会科学版,2008年第3期
《型世言》语词札记,陈国华,古籍整理研究学刊,2004年第6期
《醒世姻缘传》所见宋鲁方言本字考,师为公,苏州科技学院学报·社科版,2006年第3期
姓的来源及其他,蒋星煜,羊城晚报,1963年11月6日
姓氏的别称与别义,邓章应,寻根,2006年第6期
姓氏"肖"怎么读,王簡,咬文嚼字,1999年第4期
"幸亏"、"好在"辨析,于峻嵘,河北大学学报·哲学社会科学版,2005年第2期
"幸亏"探源,于峻嵘,河北师范大学学报·哲社版,2005年第1期
"兄弟"古今谈,吴琦幸,上海师范大学学报·哲学社会科学版,1982年第3期
"兄"字本义考,闵爽,语文研究,2004年第3期
"修辞"词源质疑,余一平,修辞学习,1985年第1期
"修养"的一种特殊意义,王文晖,中国语文,1997年第2期
"秀色可餐"生成语境探源,高群,冯静洁,阜阳师范学院学报·社科版,2006年第4期
"秀"之"高出、特出"义补说,姜建红,盐城工学院学报·社科版,2007年第1期
"须臾"考,黄绍坚,文史知识,1997年第12期
虚白斋金文考释之二,田宜超,四川图书馆学报,1983年第2期
"虚成虎"还是"帝成虎",张涌泉,文史知识,1989年第7期
"畜、殴"释义辨补,王化钰,语文教学通讯,1982年第11期
"玄"及"玄"的同源词辨析,曾光平,李建伟,殷都学刊,1992年第4期
"旋其面目"辨正,徐山,株洲工学院学报,2006年第3期
"旋"、"旋子"补说,张其昀,盐城师范学院学报·哲学社会科学版,1997年第1期
"选"有"俊杰"义证,叶正渤,云南师范大学学报·对外汉语教学与研究版,1990年第2期
选择连词"其"与语气副词"其",向学春,承德民族师专学报,2005年第3期

"泫然欲泣"质疑,娄可树,文史杂志,2007年第4期
"学而优则仕"应作何解,苏宝荣,河北师范大学学报·哲学社会科学版,1983年第3期
"学历"和"学力",王簡,咬文嚼字,1995年第11期
学生为何称"桃李",黄文杰,学子,2003年第4期
"训诂"的由来及含义,黄怀信,西北大学学报·哲学社会科学版,1993年第4期
训诂二则,邓声国,镇江师专学报·社会科学版,2000年第1期
训诂二则,方文一,浙江师范大学学报·社会科学版,1993年第3期
"衙门"本来作"牙门",罗会同,咬文嚼字,2001年第12期
"衙门"辨证,郑红,语文建设,1992年第6期
"亚"、"旅"和"亚旅",崔恒升,文物研究,1994年第9辑
"揠苗助长"≠"拔苗助长",黄怀信,文史知识,1993年第4期
"揠苗助长"之争鸣(选登),景健,初钊兴,文史知识,1993年第10期
"胭脂"名实考,万方,湘潭师范学院学报·社会科学版,1994年第4期
"鄢"解不疑——与贺江先生商榷,王一军,十堰职业技术学院学报,2000年第1期
"鄢郢"解,钱林书,江汉论坛,1981年第1期
"言归于好"之"言"字刍议,王琪,西安联合大学学报,2004年第1期
"言"与"语"辨,陆宗达,语文教学通讯,1981年第5期
颜色词的构成,刘钧杰,语言教学与研究,1985年第2期
"颜色"词义考辨,卫理,文史知识,1995年第7期
颜师古《汉书注》讹误举隅,程艳梅,北方论丛,2006年第5期
"掩"、"盖"通用别议,王彦坤,学术研究,1986年第3期
"掩涕"一词小议,郑贤章,古汉语研究,1997年第2期
"眼"当"目"讲始于唐代吗,方一新,语文研究,1987年第3期
"晏朝"、"晏食"正解,赵宗乙,泉州师范学院学报·社会科学,2005年第1期
"雁行"补说,鲍善淳,古汉语研究,1993年第4期
"雁"、"燕"国俗语义比较,刘吉艳,浙江树人大学学报,2007年第1期
"鞅掌"古今谈,石云孙,淮南师范学院学报,2000年第1期
"羊沟"、"杨沟"两词命名理据考辨,向学春,文教资料,2006年第3期
"羊狠狼贪"和"述而不作"的本义,连登岗,辞书研究,1994年第2期
"阳春白雪"和"下里巴人",戴建华,辞书研究,2001年第3期
阳春三月说"上巳",贾宁,语文建设,2008年第3期
"杨""柳"辨,徐传武,辞书研究,1993年第4期
杨万里诗助词"来"的用法研究,张小艳,湖州师范学院学报,2000年第1期
"幺蛾子"探源,薛克谬,刘晓颖,方言,2003年第1期
"遥想公瑾当年",沈伯俊,文史知识,2006年第3期
"咬文嚼字"四议,黄岳洲,咬文嚼字,1995年第6期
"咬"一口石榴,于光远,咬文嚼字,1995年第11期
"窈窕"考,刘毓庆,中国语文,2002年第2期
"药栏"本义探赜发覆——兼析历代学者之诠解误释,马天祥,西北大学学报·哲学社会科学版,1994年第2期
"药石"小诠,张子才,辞书研究,1993年第3期
"要领"今义探源,丁喜霞,西安电子科技大学学报·社科版,2004年第2期
"钥匙"探源,徐时仪,中国典籍与文化,2003年第3期
也辨"越明年",熊宪光,北京师范大学学报·社会科学版,1981年第1期
"也"的来源及其对"亦"的历时替换,李宗江,语言研究,1997年第2期
也解"新发于硎",范建国,语文知识,2001年第12期
也论介词"于"的起源和发展,时兵,中国语文,2003年第4期
也释"败绩",方有国,古汉语研究,2011年第3期
也释"抱腰"——兼与龙潜庵先生商榷,张德英,辞书研究,2003年第4期
也释"沽各半",叶爱国,西域研究,2000年第3期
也释三五九,章也,内蒙古社会科学·汉文版,1998年第4期
也释"蝎蝎螫螫"与"克什",刘敬林,红楼梦学刊,2005年第2期
也释"有如",张世超,古汉语研究,1991年第3期
也释"梓童",王和,文史知识,1982年第9期
也说"哀家",崔山佳,咬文嚼字,2002年第1期
也说"冰矜",黄灵庚,中国典籍与文化,2001年第3期
也说"不间",王文晖,辞书研究,2002年第1期
也说"不听",史光辉,唐都学刊,2003年第3期
也说"倒过醮来了",魏连科,文史知识,1992年第11期

也说"风马牛不相及",龚嘉镇,文史知识,1997年第3期
也说"冯公",马固钢,中国韵文学刊,2001年第2期
也说"辅车相依",王继如,内蒙古师范大学学报·哲学社会科学版,1987年第1期
也说"国学",罗检秋,文史知识,2000年第1期
也说"画虎类狗",今朔,文史知识,1991年第12期
也说"家"字的文化意蕴,伍民邦,内江师范学院学报,2004年增刊
也说"假女",邓章应,辞书研究,2004年第4期
也说"角先生",蒋宗福,文史知识,1993年第10期
也说近代汉语中的"种火",赵红梅,辞书研究,2005年第4期
也说"劳军",周志锋,辞书研究,1996年第2期
也说"令兄""令妹"的用法,刘宁,文史知识,1986年第8期
也说"破天荒"的"由来",王同策,文史知识,2002年第7期
也说"尸位素餐",温小明,文史杂志,2007年第1期
也说"什伍"——兼与吴翼中同志商榷,车新亭,文史知识,1990年第6期
也说桃花源里的"外人",王峥,涂宗涛,文史知识,2002年第11期
也说"同胞",郑红,文史知识,1993年第3期
也说"旋其面目",董志翘,学术研究,1981年第3期
也说'学而不思'的'而',安德义,语文教学与研究,1987年第11期
也说"衙内",郭英德,广西师范大学学报·哲学社会科学版,1985年第1期
也说"麏鹿攸伏"之"攸"——与汪贞干同志商榷,汪维辉,古汉语研究,1995年第3期
也说"有如(若)"——与钱宗武同志商榷,孟蓬生,河北师范大学学报·哲学社会科学版,1990年第4期
也说"右军鹅",李永忠,文史知识,2007年第9期
也说"冤家"、"怨家债主",高列过,辞书研究,2007年第4期
也说"振聋发聩(瞶)",孙剑艺,秦希贞,胜利油田师范专科学校学报,2003年第4期
也谈"抱佛脚"的语源,鲍延毅,辞书研究,1996年第1期
也谈"贔屃"——与施蛰存先生商兑,任强,枣庄学院学报,1988年第3期
也谈"鳖棋儿",鲍延毅,枣庄师范专科学校学报,2002年第1期
也谈"不速之客",郭全芝,淮北煤炭师范学院学报·哲学社会科学版,1983年第2期
也谈"不听"作"不允许"解的始见年代及书证,于智荣,辽宁师范大学学报·社会科学版,2003年第6期
也谈"登轼而望之",林海权,福建师范大学学报·哲学社会科学版,1984年第2期
也谈敦煌文书中的唐五代"地子"、"地税",陆离,历史研究,2006年第4期
也谈"辅车相依",汪磊,肇庆学院学报,2001年第3期
也谈"何……为"句中的"为",刘乃叔,松辽学刊·人文社会科学版,1995年第3期
也谈"黄叶地"与"黄花地",冉启斌,语文建设,2006年第3期
也谈"疾"与"病",徐时仪,辞书研究,1999年第5期
也谈"娇儿不离膝,畏我复却去",姜可瑜,文史哲,1979年第4期
也谈"鞠域"、"鞠室",张爽,体育文史,1994年第1期
也谈"嚼杨木"的由来,王邦维,学术研究,1983年第2期
也谈"老公",张学城,李晓华,语言研究,2002年第S1期
也谈"黎明"释义,张志毅,辞书研究,1982年第6期
也谈"农家乐"的起源,袁津琥,文史杂志,2003年第5期
也谈"齐鲁青未了",陈立仲,文史知识,1992年第9期
也谈"敲"与"鼓",庞月光,北京教育学院学报,2002年第1期
也谈"戍"和"戌",金文明,咬文嚼字,1998年第10期
也谈孙膑的"坐"与赵太后的"持踵",汪少华,南昌大学学报·社会科学版,1997年第2期
也谈所谓"怪肉",刘逸生,寻根,2000年第3期
也谈"榅桲",周士琦,语文建设,1993年第11期
也谈项羽"不肯过江东",周明,文史知识,1995年第11期
也谈"朱门酒肉臭"的"臭",汪少华,古典文学知识,1997年第5期
也谈"坐行",汪少华,古汉语研究,2001年第1期
"野马"义证,朱庆之,古汉语研究,1990年第2期
《叶公好龙》释义新解,王光华,九江师专学报,1994年第2期
夜郎文化:民族文化的基石,李建国,贵州文史丛刊,1998年第3期
"夜郎自大"的由来,维衍,辞书研究,1980年第1期
"饁彼南亩,田畯至喜"新解,丁士虎,池州师专学报,2002年第1期
"一把"释疑,蒋宗福,辞书研究,1995年第4期
"一"表体功能的形成与发展于立昌,语言研究,2008

年第2期
"一不小心"的语义泛化及成因,杨晓霖,赵菁,现代语文,2006年第27期
一词三释辨疑——关于"臭"的词义,祝注先,语文研究,1983年第2期
"一、二、三"之究,娄熙元,河北学刊,1982年第4期
"一介之使"辨,刘德辉,古汉语研究,2005年第2期
《一切经音义》中几个俗字术语辨析,李文珠,南阳师范学院学报,2007年第4期
"一蓑雨"和"一犁雨"——量词的妙用,王水照,文史知识,1998年第11期
"一味"的词汇化与语法化考探,徐时仪,语言教学与研究,2006年第6期
"一阴一阳"解,庞朴,清华大学学报·哲学社会科学版,2004年第1期
一月日,方一新,社会科学辑刊,1990年第5期
"一之日"辨,俞忠鑫,广播电视大学学报·哲学社会科学版,2006年第1期
"一之日"解,俞忠鑫,古汉语研究,2003年第4期
"一字师"和"半字师",于光远,咬文嚼字,1996年第5期
"伊"义辨误,于其,辞书研究,1995年第1期
"伊稚斜"的读音,杨观,文史杂志,2008年第1期
"依然"和"仍然"的比较研究,王功龙,辽宁教育行政学院学报,2005年第1期
"宜官"还是"宜宫"?:徐闻汉墓墓砖文字辨识,刘明金,湛江海洋大学学报,2005年第2期
"迤,逗"析义,林方明,泉州师范学院学报,2006年第1期
'饴'与'荼',龚维英,戏剧艺术,1980年第3期
疑难词语试释三则,曾良,古汉语研究,1995年第4期
疑问代词"奚"及其与"何"字用法的比较,王海棻,辽宁师范大学学报·社会科学版,1981年第4期
疑问副词"何忽",钟兆华,语文研究,2002年第4期
疑问语气词"呢"的来源,江蓝生,语文研究,1986年第2期
疑问语气词"邪"、"耶"的历时考察,陈顺成,古汉语研究,2011年第4期
"已经"成词于唐前说不可靠,徐前师,中国语文,2006年第5期
"已诺"辨析,刘百顺,学术月刊,1982年第1期
"以后"和"后来",周清艳,张静静,湛江海洋大学学报,2005年第2期
"以今日"异释,邓明,语文教学通讯,1987年第10期

以可洪《随函录》考汉语俗字若干例,郑贤章,古汉语研究,2006年第1期
"以人为本"考源,崔山佳,汉字文化,2006年第4期
"义男"小论,许文继,文史知识,2001年第11期
"义赈"源流,湝南,华夏文化,1999年第1期
"亿"表"十万"和"万万"的时代层次,唐钰明,辞书研究,1996年第1期
异形词三议,潘竟翰,语文建设,1994年第5期
异形词整理例释(二十一),孙光贵,语文建设,2001年第9期
"因卑达尊"系列称谓说略,王学聪,陆精康,文教资料,1996年第5期
"因"在中古的一种特殊用法,滕志贤,辞书研究,1997年第6期
"阴房"小议,聂在富,咬文嚼字,2001年第10期
"阴喝"确诂,钱剑夫,古汉语研究,1992年第2期
"阴""阳"解,朱安义,四川教育学院学报,2005年第3期
殷代量词初探,李若晖,古汉语研究,2000年第2期
殷末乙辛所伐人方首领考,王冠英,中国历史博物馆馆刊,1994年第1期
殷契"河日"说,杨升南,殷都学刊,1992年第2期
殷商青铜器铭文释丛,连劭名,学术集林,上海远东出版社,1997年
殷周古文中所见的"省化"现象,王建军,株洲师范高等专科学校学报,2001年第6期
"暗恶"注音的正误,李贵银,语文研究,1986年第1期
"淫烁"释义——《汉语大词典》勘误一则,李若晖,湖北大学学报·哲学社会科学版,2006年第3期
银耳的颜色与辞书释义,孙剑艺,语文建设,1999年第4期
"银子"与"银字",杨树森,思维与智慧,1996年第6期
"应声虫"的来历,李秉鉴,咬文嚼字,1996年第8期
应收条目而失载,田忠侠,学习与探索,1984年第3期
"英雄所见略同"辨惑,严修,辞书研究,1998年第3期
英雄、枭雄、奸雄辨,李燕捷,文史知识,1997年第10期
营造辞汇纂辑方式之先例,阚铎,中国营造学社汇刊,1931年第2卷第1期
"郢书燕说"的"说",汪少华,辞书研究,2001年第6期
郢书燕说说"举烛",祝注先,辞书研究,1994年第5期
"郢书燕说"之"说"当念 shuō,朱茂汉,语文建设,1996年第8期
"影响"今义的来源,朱庆之,文史知识,1992年第4期
"影像"不是"印象",王继如,辞书研究,1985年第1期

"喁喁"怎么读,王籣,咬文嚼字,2002年第3期
"永葆"与"永保",王彤伟,语文建设,2006年第1期
"甬"族字试析,秦文海,沙洋师范高等专科学校学报,2007年第2期
由"琅珰"说汉字的类化,师为公,语文研究,2006年第1期
"有方"考论,张小锋,历史教学·高校版,2008年第6期
有关军事的若干古文字释例(一)——吕、礼、官、师、士、我、方诸字新证,谷霁光,江西大学学报,1988年第3期
有关军事的若干古文字释例(二)——军、师、旅、卒、单、战、兽、獸等字新释,谷霁光,江西大学学报,1989年第2期
有关"惟""唯""维"系列异形词的规范,邹玉华,昌潍师专学报·社会科学版,1998年第3期
"有教无类"新解,王纪刚,陕西师范大学学报·哲学社会科学版,1990年第2期
"有钱能使鬼推磨"的出处,陆明华,小康生活,2005年第5期
"有如"、"忽如"溯源,曾良,九江师专学报,1993年第1期
"有"字的一种特殊用法,李奇瑞,汉语学习,1986年第5期
"右"上去构词的一则考辨,孙玉文,南昌大学学报·社会科学版,1999年第2期
"淯"有"污"义,肖贤彬,辞书研究,1998年第3期
"鱼腩"义解,董于雯,四川大学学报·哲学社会科学版,2004年第S1期
"隅年第角"历时替换小考,王东,延安大学学报·社科版,2005年第4期
"愚公移山"典出何处,章锡良,咬文嚼字,2007年第10期
与虫蛇鸟兽有关的汉语虚词,王李英,语文辅导,1990年第5期
与"龙"有关的词语及"龙"的文化象征涵蕴,焉德才,云南师范大学学报·对外汉语教学与研究版,2006年第4期
"与时俱进"起源考,袁津琥,汉字文化,2005年第1期
"雨衣"考源,振亚,辞书研究,1998年第2期
"雨衣""浴衣"及其他,钱群英,中国典籍与文化,2005年第2期
禹迹茫茫何处寻,王红旗,文史杂志,2003年第2期
语词辨析七则,张涌泉,古汉语研究,1993年第1期

语词"得"初探,曾晓鹰,贵阳师专学报·社会科学版,1997年第3期
语词考辨二则,刘百顺,语言研究,2003年第2期
语词琐记,孙德宣,中国语文,1979年第2期
语词探源笔记选录,江蓝生,语文研究,1989年第4期
语词札记,王宣武,唐都学刊,1997年第4期
语词札记二则,侯兰笙,西北师大学报·社会科学版,1994年第3期
语词札记三则,邵文利,渝西学院学报·社会科学版,2002年第4期
语词札记三则,田忠侠,大庆高等专科学校学报,1999年第1期
语辞辑释,黄征,古汉语研究,1992年第1期
语辞探源,王锳,遵义师范学院学报,2003年第2期
《语海》拾遗:关于民间口语的分类,秦静,开放时代,2000年第6期
语气词"呢""哩"考源补述,孙锡信,湖北大学学报,1992年第6期
语气助词"呀"的形成及其历史渊源,钟兆华,中国语文,1997年第5期
语素"白"的结合能力分析(上),潘峰,湖北师范学院学报·哲学社会科学版,2007年第2期
语素"白"的结合能力分析(下),潘峰,湖北师范学院学报·哲学社会科学版,2008年第1期
语文词典释义中的"等"字用法,李建国,辞书研究,1998年第3期
语文词典应该收"囍"字,章也,辞书研究,1986年第4期
语音的发展变化与山西方言亲属称谓的关系,孙玉卿,山西大学学报·哲学社会科学版,2008年第3期
语源札记三则,张永言,民族语文,1983年第6期
"玉玦"的隐含义及词义分析的"坐标法",刘乃叔,井冈山师范学院学报,1998年第4期
"妪"就是"年老的女人"吗,袁津琥,文史杂志,2006年第1期
"浴乎沂"诂正,杨振国,盐城师范学院学报·人文社会科学版,1993年第2期
"欲加之罪"中"加"字之训诂,王明春,语文学刊,2005年第18期
"愈"之本义,王海根,苏州大学学报·哲学社会科学版,1995年第1期
"誉髦"还是"誉髳",祝鸿杰,辞书研究,2008年第3期
元代汉语的后置词系统,余志鸿,民族语文,1992年第3期

元代汉语"一行"的语法意义,余志鸿,语文研究,1987年第2期
元代汉语中的后置词"行",余志鸿,语文研究,1983年第3期
元代医政,陈万里,医药学,1927年第4卷第7期
元剧(曲)辞语诠释举例——以"摇装"、"云阳"、"半鉴"、"衙推"、"瓦不刺海"等为例,顾学颉,社会科学战线,1978年第2期
元明清白话词语例释,雷昌蛟,黔南民族师范学院学报,2003年第1期
元明清白话著作释词,周志锋,古汉语研究,1999年第3期
"元鸣孔煌"新解,张连航,古文字研究,2000年第22辑
元曲词语释例,王学奇,徐州师范大学学报·哲学社会科学版,1992年第3期
《元曲释词》补,徐时仪,喀什师范学院学报,1998年第4期
元曲"早难道"辨义,刘瑞明,甘肃教育学院学报·社会科学版,1995年第1期
元人何爱"不识字",邱睿,文史杂志,2006年第3期
元杂剧词语札记,李景泉,前沿,1994年第10期
元杂剧方言词考释,敏春芳,西北民族大学学报·哲学社会科学版,2004年第1期
元杂剧"折"的本义与起始,李日星,文献,2003年第2期
元杂剧中的"可"、"不律"榷释,胡云晖,内蒙古大学学报·人文·社会科学版,2000年第1期
元稹诗疑难俗词考释,魏耕原,福州大学学报·哲社版,2006年第2期
"园圃"非偏义复词说,朱城,古汉语研究,2001年第1期
"爰,於也"——读诗札记,黄瑞云,安徽师范大学学报·人文社会科学版,1983年第3期
爰金考释,秦佩珩,中原文物,1980年第4期
"爰田"释义辨正,杨善群,人文杂志,1983年第5期
圆社、圆情、蹴圆——《金瓶梅》中的足球术语,刘秉果,文史知识,1994年第7期
源于老庄作品中成语的古今词义差异,黄得莲,古汉语研究,2004年第3期
源于《史记》的成语,刘治平,广西民族学院学报·哲学社会科学版,1985年第1期
"远庖厨"的"远"不是"使……远"——兼谈"远"的动词用法,薛克谬,唐山师范学院学报,2002年第6期
"怨家"变"冤家"考,杨同军,求索,2004年第8期
"曰"字发微,黄灵庚,文史知识,1994年第8期

"月光如水照缁衣"的"缁衣"究系何义,胡渐逵,中国文学研究,1995年第3期
"月亮"考,谭代龙,语言科学,2004年第4期
"月氏"究竟读什么音,韦唐,文史知识,1982年第2期
"乐则韶舞"辨析,黄朴民,东岳论丛,1987年第3期
越称"瓯"、"獠"解,李锦芳,民族论坛,1996年第4期
越人文字探索述略,吴绵吉,百越民族研究,江西教育出版社,1990年
"越杖"试释,段观宋,古汉语研究,1998年第4期
"云雨"漫笔,王云路,古汉语研究,2000年第3期
"云雨"与原始生殖观,杨琳,社会科学战线,1991年第1期
"允""眾"形义考,赵平安,古汉语研究,1996年第2期
"运河"正名,郑慧生,华侨大学学报·人文社会科学版,2001年第2期
"运气"古义说略,李惠昌,古汉语研究,1994年第1期
熨,方一新,社会科学辑刊,1992年第1期
"熨人"小考,刘宁,辽海文物学刊,1997年第2期
杂髻发(宝髻、云髻、凤髻、闹扫妆髻、乌蛮髻、盘桓髻),徐家珍,文物周刊,1948年第77期
杂剧中的"孤"指称什么人物,朱东根,文史知识,2002年第11期
"宰予昼寝"辨,房建昌,学术月刊,1982年第12期
"再拜"释义零拾,付永红,王靖宇,锦州医学院学报·社科版,2006年第2期
再论"山栽万仞葱"的是非,白坚,江苏大学学报·高教研究版,1980年第4期
再论"也"对"亦"历时替换的原因,萧红,湖北大学学报·哲学社会科学版,1999年第1期
再释"弹",王学奇,信阳师范学院学报·哲学社会科学版,1986年第2期
再释"是",王学奇,河北师范大学学报·哲学社会科学版,2007年第2期
再说金文套语"严在上,异在下",王冠英,中国历史文物,2003年第2期
再说"牢",王宁,南方文物,1994年第3期
再说"嚏喷",季羡林,文史知识,1994年第10期
再说"扬名立万",王宗祥,咬文嚼字,2004年第2期
再谈"毕昇碑"的宗教色彩,任昉,出版科学,1995年第3期
再谈金文之"初吉",张闻玉,史学月刊,2001年第4期
再谈"扑朔",王文晖,古汉语研究,2007年第4期
再谈"搜牢",袁津琥,中国语文,1998年第3期

再谈谈"都",王还,语言教学与研究,1988年第2期
再谈"吴侬"和人称代词,李鼎,医古文知识,2004年第1期
再议"儿夫",萧红,浙江师范大学学报·社会科学版,2007年第4期
"再"在哪儿,刘宁,学汉语,1995年第7期
再证"缗王""彊王"即"绞王"并兼答诸位同仁,王一军,十堰职业技术学院学报,1999年第3期
早期白话词义札记(二),袁宾,天津师范大学学报·社会科学版,1983年第4期
早期白话语词考释拾零,胡竹安,兰州大学学报·社会科学版,1990年第3期
"早晚"一词将来义探源,谭耀炬,语文研究,2002年第2期
"则"字用法探微二则,杨尚贵,语文研究,2003年第2期
"择言"解,许征,语言与翻译,2003年第2期
"簀"与"笞",晏炎吾,华中师范大学学报·人文社会科学版,1984年第1期
"贼"有"盗"义始于何时,吕友仁,河南师范大学学报·哲学社会科学版,1987年第1期
怎样解释"巨屦"、"小屦",程二如,杭州师范学院学报·社会科学版,1983年第1期
曾参之"参"当读cān,吕友仁,古汉语研究,1998年第2期
"咋舌""咂舌"与"乍舌",苏培成,咬文嚼字,2002年第7期
"乍暖还寒时候"中的"还"音义辨,李务静,中国文学研究,1996年第2期
"乍暖还寒"的"还"这样读,王丁丁,施玉彬,文史知识,2002年第9期
"蚱艋"是何物,娄可树,咬文嚼字,2005年第6期
"沾沾自喜"注释辩,张文霞,田跃武,长治学院学报,2005年第4期
"遭迹"管见,胡渐逵,湘潭大学社会科学学报,1984年第2期
战国简帛中介引时间的"以",周守晋,古汉语研究,2004年第4期
战国铜器铭文"厨"字论略,李刚,沈阳师范大学学报·社科版,2007年第2期
战国玉石文字研究述略,王建莉,集宁师专学报,2000年第1期
"站"与"站赤",李梦瑛,禹贡,1936年第6卷第6期
"张楚"非国号辨,鲍善淳,文史哲,1979年第5期

张继"夜半钟声"所引起的论争,程自信,文史知识,1997年第11期
张家山汉简《贼律》"叚大母"释义,王子今,范培松,考古与文物,2003年第5期
"獐狂""周章""隔是"释义,刘瑞明,文学遗产,1995年第3期
璋之名实考,涂白奎,考古与文物,1996年第1期
"长公主"释义商榷,喻遂生,辞书研究,1989年第2期
"长公主"释义再商,钱剑夫,辞书研究,1991年第3期
"掌上舞"典源献疑,王建堂,辞书研究,1999年第6期
"帐"和"账",孔昭琪,语文建设,1990年第1期
"招数"与"着数"的规范——兼谈语音的单一性与常用性,邹玉华,语文建设,2001年第5期
"昭假"新解,杨琳,四川大学学报·哲学社会科学版,1988年第4期
"谪仙"考说,任晓勇,淮北煤师院学报·哲学社会科学版,1998年第4期
"者旨於赐"考略,殷涤非,古文字研究,1983年第10辑
"者"字形义探微,王兴才,牡丹江师范学院学报·哲社版,2001年第6期
这"颗"和那"棵",金文明,咬文嚼字,2008年第1期
这是"守株待兔"吗,王蘭,咬文嚼字,2000年第10期
"这"字小议,林立,思维与智慧,1986年第1期
"贞观"的"观"怎么读,金文明,咬文嚼字,2007年第9期
针灸量词"痏"、"壮"考释,张丽君,古汉语研究,1993年第1期
"振旅"新解,祝中熹,人文杂志,1992年第5期
"争、乍(作)"及"怎"字的由来,李景泉,汉字文化,2004年第4期
"挣"与"赚",黄炳麟,文学自由谈,2008年第1期
正尔,方一新,社会科学辑刊,1991年第4期
"之"应是"莲"之误,李凤能,文史知识,1992年第4期
"之"字词性刍议,章也,语文学刊,1987年第6期
"蜘蛛""侏儒"考,尚振乾,咸阳师范学院学报,2005年第3期
"执牛耳,尸盟者"考,余闻荣,中国历史文物,1991年
"执热"新解,张觉,九江师专学报,2001年第4期
"止戈为武"之我见,向学春,重庆三峡学院学报,2003年第5期
"只要"和"只有"表示什么条件:《现代汉语八百词》两处释义析疑,杨树森,语文建设,1994年第12期
指代词"这"来源考,徐时仪,大同职业技术学院学报,1999年第2期

"指的"、"指适"、"指实"、"诣实"探义,董志翘,辞书研究,1999年第3期
"志"的字义诸说,胡家祥,通化师范学院学报,2002年第6期
"忮辩"应是"强辩",董志翘,学术研究,1985年第1期
"治"义说解,牛敬德,阜阳师范学院学报·社科版,1995年第2期
"治鱼"的"治"来源于古南岛语吗,汪化云,语言研究,2007年第1期
"质任"解,兹全,中一,食货,1935年第1卷第8期
"致命"考释,苏杰,辞书研究,2002年第4期
"稚榎"与"咏归",于石,咬文嚼字,2001年第11期
"雉"的本义是"绳子",陆宗达,文史知识,1983年第6期
"中冓之言"释,陆善采,桂林市教育学院学报,1994年第2期
中古阿含部佛经词语例释,黄优良,泉州师范学院学报,2005年第5期
中古词语"护前"、"觉损"考辨,方一新,中国语文,2007年第5期
中古佛经词语二则,高列过,南京师范大学文学院学报,2002年第2期
中古汉语词义札记,范崇高,重庆教育学院学报,2003年第4期
中古汉语词语考释三论,宋闻兵,宁波大学学报·人文科学版,2005年第3期
中古汉语疑难词语考辨,王启涛,古汉语研究,2002年第1期
中古汉语中的"快"及与其相关的词语,董志翘,古汉语研究,2003年第1期
中古汉语字义杂考,罗维明,九江师专学报,1995年第1期
中古"剧"有"痛苦"、"辛劳"义,张诒三,古汉语研究,2004年第2期
中古时期"妻称夫为卿"用法补证,史光辉,古汉语研究,2002年第4期
中古新兴总括副词"继是",王绍峰,古汉语研究,2006年第1期
中古语词拾诂,罗维明,古汉语研究,2003年第3期
中国传统文化中的"道"与"器",读《华夏意匠》,王毅,读书,1987年第6期
《中国大百科全书》"郑谷"条订辨,陈增杰,辞书研究,1993年第4期
中国的绅士,舜生,中国青年,1924年第17期

中国古代"媒"的嬗变,芮东莉,西南交通大学学报·社科版,2003年第5期
中国古代"文化"一词的本义,宋永培,华东师范大学学报·哲学社会科学版,1995年第2期
中国古代文学中的春恨主题,王立,中国典籍与文化,1999年第2期
中国古代"专制"概念解读,王文涛,中国史研究,2006年第4期
中国古今语文通典示例——说"也",黎锦熙、黎泽渝,汉字文化,2001年第2期
中国古小说中的"入世"和"出世",陈辽,南京理工大学学报·社会科学版,1994年第5期
中国亲属称谓的形成、增衍和特征,徐耿华,贵州文史丛刊,1993年第1期
中国人物画之起源及其演变,陈觉玄,学思,1942年第1卷第10、11、12期
中国山水画起源考,童书业,学术,1940年第4辑
中国山水画之源流及其发展,李杨,学艺,1947年第17卷第5期
中国史前"祖"考释,王建华,文博,2007年第3期
中国手工业经济史的重要探索,任士英,中国经济史研究,2005年第1期
中国营造图案史概述,陈仲篪,逸经,1936年第7期
"中国"语义源流辩正——兼及"口、邑、或、国"相关义间关系,晏鸿鸣,江汉大学学报·人文社会科学版,2002年第2期
中华问候语的文化释义,朱玲,文史知识,1995年第3期
中山王䗝鼎铭"至于今"的句读,刘昀华,文物春秋,2000年第4期
中世汉语词义札记,范崇高,自贡师范高等专科学校学报,1998年第2期
"中学为体,西学为用"的典型——刘光蕡墓志述评,任昉,中国青年政治学院学报,1999年第2期
中医古籍僻词僻义,沈澍农,辞书研究,1995年第4期
"终身"指"全家人",曹国安,惠州学院学报·社科版,2003年第5期
"周行""周道"作何解,娄可树,咬文嚼字,2005年第3期
《周易》"突如"正诂,吴辛丑,文史知识,1995年第6期
"昼寝"乃饰画墙壁,房建昌,社会科学战线,1989年第3期
"朱门酒肉臭"的"臭"还应指"臭味",王长华,现代语文·语言研究版,2006年第12期
"朱门酒肉臭"新解的误区,余炳毛,文史知识,1997

年第 3 期
朱蒙考源,梁志龙,社会科学战线,1997 年第 5 期
"朱窝"与"骰子",岳国钧,辞书研究,1995 年第 6 期
诸多字词探源答疑,贾延柱,丹东师专学报,1996 年第 4 期
诸多字词探源答疑(续),贾延柱,丹东师专学报,1997 年第 2 期
诸葛孔明的"孔"不可释作"甚、很",颜春峰、汪少华,语文建设,1997 年第 3 期
"竹竿子"考,翁敏华,扬州大学学报·人文社会科学版,1997 年第 5 期
竹简秦汉律中的"赎罪"与"赎刑",朱红林,史学月刊,2007 年第 5 期
"逐兔见宝"与古代戏曲小说的幸运英雄母题,王立,中国典籍与文化,2000 年第 2 期
"主臣"非"击服"辨,丁士虎,池州师专学报,1999 年第 2 期
"主公"称谓考,王子今、张荣强,清华大学学报·哲社版,2006 年第 5 期
"煮鹤"故事与汉代文物实证,王子今,文博,2006 年第 3 期
"煮盐"、"煎盐"考辨,王月婷,西南交通大学学报·社会科学版,2007 年第 4 期
"訡"宜作"讠",王簡,咬文嚼字,1998 年第 3 期
"麈谈"非"尘谈",王培军,咬文嚼字,2001 年第 4 期
"麈尾"辨惑——"麈尾"是羽扇还是拂尘,王珏,徐州师范大学学报·哲学社会科学版,2000 年第 2 期
"著名""重要"小议,郑远汉,语文建设,1999 年第 2 期
"著作等身"的由来,倪培森,咬文嚼字,2003 年第 2 期
专名之误举隅,舒宝璋,咬文嚼字,2000 年第 6 期
篆刻的布局,孙太初,青少年书法,2004 年第 7 期
《庄子·逍遥游》"六月息"新解,史佩信,中国语文,1995 年第 2 期
"装潢"正解,潘振中,文史杂志,1993 年第 3 期
状元与驸马,萧源锦,文史杂志,1992 年第 1 期
椎髻(椎髻、抛家髻、囚髻),徐家珍,文物周刊,1948 年第 76 期
"捉刀"和"操刀",曦钟,文史知识,1989 年第 8 期
"捉漏"考略,宋闻兵,语言研究,2007 年第 1 期
"捉头"补义,崔山佳,辞书研究,1997 年第 2 期
"着哩"的语法化,翟燕,语言科学,2005 年第 6 期
"缁衣"究系何义,胡渐逵,鲁迅研究月刊,1995 年第 7 期
"孳乳"略说,知常,文史知识,1993 年第 7 期

"子午谷奇谋"纵横探,李殿元,文史杂志,2007 年第 1 期
"第"字误说辨正,张觉,辞书研究,1999 年第 1 期
"梓童"词源考:兼向《辞海》增修版献芹,文九鼎,辞书研究,1998 年第 6 期
梓潼诸阙考述,孙华,四川文物,1988 年第 3 期
字词考释两篇,从"息"、"媳"二字看形旁类化对词义的影响,毛远明,中国语文,2006 年第 4 期
字词考释四篇:《尚书》新证八则,张玉金,中国语文,2006 年第 3 期
"字典"出处新探,萧惠兰,语言科学,2003 年第 2 期
字义辨析二则,张清华,文史知识,2003 年第 4 期
字义探源小笺(二),刘又辛,西南师范大学学报·人文社会科学版,1986 年第 1 期
自惭形秽,谷增,文史知识,1984 年第 6 期
"自从"和"从",周小兵,汉语学习,1986 年第 6 期
"自"非"鼻"刍议,范德茂,山东大学学报·哲社版,2003 年第 4 期
"自投罗网"探源,叶贵良,语言研究,2002 年第 S1 期
"自"有"至"义,储泰松,古汉语研究,1999 年第 2 期
"自"与"自名为罗敷",王育新,文史知识,1997 年第 11 期
"宗人"与"賨人",赵俪生,历史教学,1954 年第 4 期
"疯瘪"的读音,张丽君,古汉语研究,1990 年第 1 期
"走"对"行"的替换与"跑"的产生,杜翔,中文自学指导,2004 年第 6 期
走三桥·走百病·走月亮,刘桂秋,文史知识,1997 年第 11 期
"足下"、"陛下"、"阁下"及其相关称谓,袁庭栋,文史知识,1990 年第 9 期
"卒"义辨,王炎,徐州师范大学学报·哲学社会科学版,1987 年第 3 期
族名小考,闻宥,中央民族大学学报·哲学社会科学版,1981 年第 3 期
"阻卜"的语源语义考,那顺乌力吉,内蒙古民族大学学报·社科版,2005 年第 6 期
"祖""宗"与祖先崇拜,盛冬铃,语文建设,1991 年第 5 期
"祖祖"补义,袁津琥,辞书研究,2005 年第 4 期
"钻火"小训,杨振国,盐城师范学院学报·人文社会科学版,1987 年第 2 期
"嘴"的词义演变及其与"口"的历时更替,吕传峰,语言研究,2006 年第 1 期
"左徒"新考,赵逵夫,荆州师范学院学报,2003 年第 1 期
左右逢源,吕玉胜,文史知识,1987 年第 2 期

"作钱"与"作草",叶爱国,西域研究,1995年第3期

"作酸"补义,张春雷,阿坝师范高等专科学校学报,2005年第1期

"作(为)某地"式试解,汪维辉,古汉语研究,1989年第4期

"作息"词义辨,刘瑞明,汕头大学学报·人文社会科学版,1987年第3期

"作业"和"作孽"的历史纠葛与现实应用,孙剑艺,辞书研究,2006年第1期

"坐阵"与"坐镇":单音词的本义与合成词的词义,宋永培,修辞学习,2004年第6期

"做"字词组与"作"字词组不能混淆,田惠刚,西安欧亚学院学报,2007年第4期

"樰"之辩,叶新源,钟家莲,文史知识,1988年第5期

"礴𩣡""橐驼"考,张世超,江汉考古,1992年第2期

𥻟𥻎考辨,黄锡全,江汉考古,1991年第1期

《𩰬师》新解,蔡运章,中原文物,1988年第4期

20世纪的唐代词汇研究,方一新,浙江教育学院学报,2003年第6期

"bān白"本字考,杜丽荣,古汉语研究,2004年第2期

四、古籍阐释

（一）古籍中的语词考释

《白虎通》声训反映的语音现象,张斌,语文知识,2007年第3期
"白露为霜"新解,金文伟,文史知识,1988年第4期
《柏舟》"不能奋飞"献疑,孙雍长,中国文学研究,1994年第3期
《"拜送书于庭"新解》辨误,杨坤,文史知识,1995年第3期
《报任安书》中的"广主上之意",汪少华,文史知识,1998年第4期
《报任安书》中的几个训诂问题,朱城,古籍整理研究学刊,2001年第6期
《报任安书》注释疑义讨论,薛正兴,南京师大学报·社会科学版,1986年第3期
"抱布贸丝"之"布",张怡青,文史知识,1998年第11期
《抱朴子内篇》词义琐记,方一新,浙江大学学报·人文社会科学版,1999年第4期
《抱朴子》同义词拾零,董玉芝,新疆教育学院学报,2006年第4期
《抱朴子》同义词拾零（二）,董玉芝,新疆教育学院学报,2008年第1期
《抱朴子》语词札记,董玉芝,新疆教育学院学报·汉文版,1997年第3期
鲍本《冯煖客孟尝君》篇"合赴"一解,黄光武,中山大学学报·社会科学版,1987年第1期
笔记小说俗语词例释,武建宇,语文研究,2004年第1期
帛《五十二病方》中的"财",徐莉莉,辞书研究,1999年第6期
卜辞"雨不正"考释——兼《诗·雨无正》篇题新证,刘钊,殷都学刊,2001年第4期
《卜居》"大人"的确释——兼说"大人"词义的历史演化,龚维英,求索,1983年第3期
《卜居》"大人"解,龚维英,社会科学辑刊,1983年第2期
《捕蛇者说》今注辨证,朱维德,固原师专学报,1989年第2期
《不食嗟来之食》中的"谢",谢质彬,语文建设,2004年第3期

《曹刿论战》中的"加"字,侯慧章,文史知识,1989年第1期
岑参《白雪歌》"千树万树梨花开"新解,任文京,文史知识,2006年第12期
差距千里,贻误千古——关于《史记正义》中的一条注释,樊淑敏,文史知识,1996年第6期
禅籍词语考释,雷汉卿,孙艳,宗教学研究,2006年第1期
禅籍词语选释,雷汉卿,语言科学,2006年第4期
禅籍俗语词札记,雷汉卿,江西社会科学,2004年第2期
《长恨歌》"参差"别解,祝注先,重庆师范大学学报·哲学社会科学版,1983年第2期
《长恨歌》中的芙蓉,单殿元,古典文学知识,1996年第5期
《陈涉世家》的几处训诂与陈涉评价,徐流,人文杂志,1985年第6期
《陈涉世家》"守令""守丞"解,陈增杰,温州师范学院学报,1991年第1期
重读《离骚》——谈《离骚》中的关键字"灵",饶宗颐,浙江师大学报·社会科学版,2000年第4期
出土战国文献中的语气词"乎",张玉金,语文研究,2010年第2期
《楚辞》旧注考,骆鸿凯,制言,1937年第34期
《楚辞》"乱曰"解,徐嘉瑞,北平新生报·语言与文字,1948年5月4日
《楚辞》释辞三则,艾荫范,沈阳师范学院学报·社会科学版,2000年第4期
《楚辞》"兮"字的意义与作用,周建忠,文史杂志,2002年第3期
《触龙说赵太后》疑难词语解析,刘精盛,语文建设,2007年第5期
《春秋左传》俗语选注,王树山辑,靳雨注,语文研究,1984年第3期
《春秋左传注》辨正六则,陈恩林,古籍整理研究学刊,2005年第5期
《春秋左传注》商兑二则,赵宗乙,泉州师范学院学报,2006年第1期
从《初刻拍案惊奇》看概数词"把"的来源,董为光,语言研究,2006年第2期

从《方言》看《周易》部分方言语词与传统解经,赵振兴,语言研究,2005年第2期

从《金瓶梅》看补语演变的向心趋势,吴建伟,山东师大学报·人文社会科学版,2001年第1期

从《考工记》看《汉语大字典》的义项漏略,汪少华,古汉语研究,1996年第2期

从《考工记》再看《汉语大字典》的义项漏略,汪少华,南昌大学学报·社会科学版,1996年第4期

从《论语》、《孟子》考释"其"具有"自己的"这一义项,余一平,四川师范大学学报·哲学社会科学版,2000年第5期

从《说文》中的从得声之字的音读、义训看形声字声符的兼义作用,姚炳祺,广东职业技术师范学院学报,2002年第1期

崔颢《黄鹤楼》诗的"黄鹤"、"白云"之辨,陈增杰,咬文嚼字,1997年第1期

《大戴礼记》词语校释,陈兴伟,浙江师范大学学报·社会科学版,1990年第1期

《大戴礼记》释诂,方向东,南京师大学报·社会科学版,2000年第5期

《大唐天竺使之铭》词语释读辨析,廖祖桂,中国藏学,2005年第2期

《大学语文》(上册)若干注释的商榷,王宣武,唐都学刊,1986年第3期

《大正藏》第八十五卷字词考辨,于淑健,哈尔滨工业大学学报·社科版,2005年第6期

倒踏门·割衫襟·望门寡——《金瓶梅》风俗漫谈之五,刘桂秋,无锡教育学院学报,1995年第4期

《道德经》单音节形容词研究,汪强,湛江师范学院学报,2006年第5期

《东莱集》语词考释,黄灵庚,古籍整理研究学刊,2004年第4期

《东门行》"咄"字考,叶桂桐,古籍整理研究学刊,1996年第1期

《董西厢》疑难词语商榷,廖丹,滁州学院学报,2007年第1期

读币札记(四则),吴良宝,徐州师范大学学报·哲学社会科学版,1999年第3期

读郭店楚简札记(三则),吴良宝,古籍整理研究学刊,2001年第5期

读《淮南子》札记六则,林方明,泉州师范学院学报,2005年第5期

读金文札记三则,吴镇烽,考古与文物,2001年第2期

读《世说新语》札记二则,汤亚平,湘潭大学学报·哲学社会科学版,1988年第3期

读《说文解字》玉部字,胡绍文,齐齐哈尔大学学报·哲学社会科学版,2000年第5期

读《庄》札记三则,马启俊,滁州学院学报,2006年第6期

杜牧《山行》"二月"新解,龚维英,人文杂志,1985年第5期

杜诗释词,魏耕原,陕西教育学院学报,2000年第1期

杜诗释词六例,黄灵庚,浙江师范大学学报·社科版,2002年第1期

杜诗《饮中八仙歌》"逃禅"解,钱志熙,文史知识,2006年第11期

对《过秦论》中"瓮牖绳枢"四字的理解,李文,语文教学通讯,1982年第9期

敦煌变文词义补笺,王锳,贵州民族学院学报·哲学社会科学版,1988年第1期

敦煌变文词义补笺(之二),王锳,贵州民族学院学报·哲学社会科学版,1990年第3期

敦煌变文词语例释,姚美玲,敦煌学辑刊,2004年第1期

敦煌变文点校献疑,王锳,浙江大学学报·人文社会科学版,1988年第1期

《敦煌变文集》词语拾零,袁宾,语文研究,1985年第3期

《敦煌变文》中的"采拾"义动词,傅义春,南京航空航天大学学报·社会科学版,2005年第1期

《敦煌变文》中的"抚擦"义动词,傅义春,重庆工商大学学报·社会科学版,2007年第1期

《敦煌变文》中的"抛弃"义动词,傅义春,宜宾学院学报,2008年第2期

敦煌诗词补正与考源,汪泛舟,敦煌研究,1997年第3期

敦煌《云谣集》词语考释,魏耕原、魏景波,中国语文,2004年第2期

《"堕于橐驼前"释》质疑,汪少华,文史知识,1995年第11期

《尔雅》"艮,首也"诸家说辨析,姚振武,古汉语研究,1993年第2期

《尔雅》"权舆"新诂,王建莉,浙江大学学报·人文社科版,2003年第6期

《尔雅》时期汉语颜色词汇的特征,潘峰,湖北成人教育学院学报,2004年第2期

《尔雅》释亲补正,芮逸夫,文史哲,1950年第1期

《尔雅》所见疾病词语浅说,李长青,海南大学学报·人文社科版,2002年第3期

《尔雅》"菟奚、颗涷"、"薡蕫"辨,王建莉,语文学

刊,2004 年第 7 期
《尔雅》寓"小"于名词族考,王建莉,汉字文化,2004 年第 1 期
反诘句相反见意——辨《经传释词》"不""无"为语词之误,徐仁甫,西南师范大学学报·人文社会科学版,1983 年第 1 期
《范石湖集》词语札记,高列过,唐都学刊,2004 年第 3 期
《方言》无"阿婸",叶爱国,中国语文,1996 年第 1 期
《方言》校释零札八则,华学诚,古汉语研究,2006 年第 1 期
《方言》中的字与方言词,王彩琴,漳州师范学院学报·哲学社会科学版,2005 年第 4 期
《风赋》"萧条众芳"解,涂太品,重庆师范大学学报·哲学社会科学版,1990 年第 4 期
《枫桥夜泊》词语考释札记,金欣欣,皖西学院学报,2003 年第 6 期
逢蒙·穷门《左传》新释一则,龚维英,吉林师范大学学报·人文社会科学版,1982 年第 1 期
傅义春《敦煌变文》中的"持握"义动词,淮北煤炭师范学院学报·哲学社会科学版,2007 年第 1 期
《公羊》《谷梁》中有"称"义的词,王海棻,语文研究,1983 年第 4 期
《古代汉语》六朝文选注解拾遗,朱城,古籍整理研究学刊,1993 年第 3 期
《古代汉语》释难四则,钟如雄,西南民族学院学报·哲学社会科学版,2001 年第 4 期
《古代汉语》注释订正,汪少华,江西社会科学,1995 年第 1 期
古籍训释辨惑四则,朱城,古籍整理研究学刊,2000 年第 2 期
古籍疑难新诠两则,朱城,广东职业技术师范学院学报,2000 年第 2 期
古书疑辞辨例,田忠侠,绥化师专学报,1994 年第 1 期
《古文观止》的注释问题——兼评《古文观止词义辨难》,汪耀楠,古籍整理研究学刊,1998 年第 3 期
古文疑义释例(之一),傅庭麟,辽宁大学学报·哲社版,2003 年第 6 期
关汉卿套曲《女校尉》《蹴鞠》校注,刘秉果,徐州师范大学学报·哲学社会科学版,1983 年第 2 期
《关雎》"思服"解,孙雍长,中国文学研究,1987 年第 3 期
关于郭店楚简《缁衣》篇的两处异文,杨泽生,孔子研究,2002 年第 1 期
关于《孔雀东南飞》中"严妆"一词训释的商榷,王小莘,广东社会科学,1998 年第 3 期
关于《诗经·噫嘻篇》"昭假"一词意义的问题,胡毓寰,光明日报,1956 年 9 月 23 日
关于《诗·卫风·氓》的几个问题,祝中熹,人文杂志,1985 年第 4 期
关于竹书《诗论》"秉"之释义的补充说明——答黄怀信先生,刘信芳,考古与文物,2004 年第 6 期
关于《庄子》"新发于硎"的讨论,肖贤彬,学术研究,2004 年第 12 期
《观世音应验记》词语拾零,魏达纯,古汉语研究,1997 年第 3 期
官媒·私媒·牵头·牙婆——《金瓶梅》风俗漫谈之四,刘桂秋,无锡教育学院学报,1995 年第 2 期
《管锥编》校读续记,汪少华,南昌大学学报·社会科学版,1994 年第 2 期
《管锥编》校读札记,汪少华,古籍整理研究学刊,1996 年第 4 期
《管子》诸家韵读献疑,汪启明,管子学刊,1994 年第 2 期
《归去来兮辞》"登"字正误,李知文,文史知识,2004 年第 6 期
郭本《古代汉语》注释疏误例说,于智荣,克山师专学报,1996 年第 1 期
郭编《古代汉语》(修订本)文选注释商榷,张新武,新疆大学学报·哲学社会科学版,1999 年第 4 期
《国策》、《史》、《汉》语词札记(二),刘百顺,西北大学学报·哲学社会科学版,1997 年第 2 期
《国殇》"车错毂兮短兵接"新解,许廷桂,重庆师范大学学报·哲学社会科学版,1991 年第 4 期
《国语》疑义新证,赵生群,古籍整理研究学刊,2007 年第 2 期
寒山诗俗语难词疑议,魏耕原,语言研究,2006 年第 2 期
《韩非子·喻老》"其可也"正读,涂白奎,河南大学学报·社会科学版,2008 年第 4 期
《汉将王陵变》与《捉季布传文》校注,刘瑞明,敦煌学辑刊,2002 年第 2 期
《汉书补注》训诂杂识,马固钢,古籍整理研究学刊,2002 年第 5 期
《汉书·晁错传》通假字补考,王彦坤,学术研究,2003 年第 2 期
《汉书·晁错传》通假字四则,王彦坤,古汉语研究,2003 年第 4 期
《汉书》旧训考辨略例,董志翘,苏州大学学报·哲学社会科学版,1981 年第 4 期

《汉书》旧注辨正,董志翘,古籍整理研究学刊,1989年第3期

《汉书》旧注商榷若例,郑贤章,求索,2006年第1期

《汉书》所见辞书未收词语续释,王彦坤,暨南学报·人文科学与社会科学版,2003年第6期

《汉书·韦贤传》中"宗家"与"宗室"之辨——兼论西汉时期贵族的立嗣与妻室的紧密关系,阎爱民,中国史研究,2007年第3期

《汉书》应劭注双音词研究,胡继明,河南师范大学学报·哲社版,2002年第3期

汉文佛典与《集韵》疑难字研究,郑贤章,姚瑶,语文研究,2011年第3期

《汉语大词典》有关《潜夫论》词语释义及书证问题,徐山,常州工学院学报,2001年第3期

何尊铭文补释,孙斌来,吉林师范大学学报·人文社会科学版,1984年第2期

《红楼梦》的亲属称谓(上),孙炜,红楼梦学刊,1990年第4期

《红楼梦》的亲属称谓(下),孙炜,红楼梦学刊,1991年第1期

《红楼》梦里"可"字的用法,赵锐,学习与探索,1984年第4期

《红楼梦》詈骂语浅论,李力超,刘泽权,河北大学成人教育学院学报,2007年第3期

《红楼梦》、《歧路灯》和《儒林外史》的方言词语比较研究(上)——以予词前的动词为例,张生汉,新乡师范高等专科学校学报,2004年第1期

《红楼梦》、《歧路灯》和《儒林外史》的方言词语比较研究(下)——以"租、赁、雇、觅"为例,刘永华,新乡师范高等专科学校学报,2005年第1期

《红楼梦》《歧路灯》《儒林外史》方言词语比较——以予词前的动词为例,张生汉,山西师大学报·社会科学版,2004年第2期

《红楼梦》异形成语解析,马叔骏,汉字文化,2001年第2期

《红楼梦》中"尤最"副词探讨,武振玉,长春师范学院学报,2004年第3期

《红楼梦》中的"下流"一词释疑,杨同军,红楼梦学刊,2005年第6期

《红楼梦》中"辣子"词义分析,孙华先,古汉语研究,2003年第1期

《后汉书》词语考释,杨小平,西南民族大学学报·人文社科版,2005年第1期

《后汉书》考释四则,马固钢,石家庄师范专科学校学报,2002年第3期

《后汉书》所见辞书未收词语考释,王彦坤,古籍整理研究学刊,2003年第6期

《后汉书》所见辞书未收词语考释再续,王彦坤,汕头大学学报·人文社会科学版,2003年第6期

《后汉书》所见辞书未收词语续释,王彦坤,佛山科学技术学院学报·社会科学版,2004年第4期

《华戎鲁卫信录》考略,孙斌来,吉林师范大学学报·人文社会科学版,1991年第3期

《淮南子·俶真训》语辞管见,赵宗乙,泉州师范学院学报,2007年第1期

《淮南子》释义辨正,罗国强,湖南城市学院学报,2004年第4期

《淮南子·天文训》语辞管见,赵宗乙,闽西职业技术学院学报,2007年第3期

《皇明诏令》里的白话勅令,江蓝生,语文研究,1988年第3期

《回回药方》阿汉对音与《中原音韵》"章、知、庄"三系的读音,蒋冀骋,古汉语研究,2007年第1期

《货殖列传》词语校释三则,闵爽,求索,2005年第7期

《跻春台》词语例释,李申,南阳师范学院学报,2002年第1期

《跻春台》江湖类词语浅释,邓章应,西南民族大学学报·人文社科版,2005年第11期

《跻春台》口语词杂释,曹小云,安徽教育学院学报,2003年第4期

《跻春台》说"假哥",邓章应,文史杂志,2004年第6期

吉林文史版《小窗幽记》译注辨正,陶易,皖西学院学报,2007年第6期

《急就篇》"老复丁"释义辨,连登岗,汉字文化,2005年第4期

《季姬方尊》铭文释读补正,涂白奎,考古与文物,2006年第4期

《季氏将伐颛臾》中的"故"字,汪少华,文史知识,1995年第8期

"既无伯叔,终鲜兄弟"辨误,向学春,重庆三峡学院学报,2006年第2期

甲骨刻辞"大史""小史"说辨,董莲池,古籍整理研究学刊,1997年第6期

贾谊《新书》难点诂释,方向东,南京师大学报·社会科学版,1989年第3期

简帛《周易·夬卦》"丧"字补说,范常喜,周易研究,

2006年第4期

简论《旧唐书》中的唐五代新兴词语,张能甫,渝西学院学报·社会科学版,2003年第4期

简论中古史书中的古语词,高列过,西藏民族学院学报·哲学社会科学版,2003年第1期

《建康实录》释词,方一新,杭州师范学院学报·社会科学版,1995年第1期

《谏逐客书》注释及今译,翟始,武汉大学学报,1974年第2期

《江南》"田田"解,贾雯鹤,文史知识,1995年第5期

《将进酒》的"将"应读"qiāng",刘勇刚,江海学刊,2000年第6期

解"白露为霜"——谈《蒹葭》的时间环境,贾雪枫,文史知识,1989年第6期

金藏、丽藏、碛砂藏与永乐南藏渊源考——以《玄应音义》为例,徐时仪,世界宗教研究,2006年第2期

《金瓶梅词典》拾误,侯兰笙,西北师大学报·社会科学版,1993年第2期

《金瓶梅词话》词语释义二则,刘敬林,古汉语研究,2005年第3期

《金瓶梅词话》方俗词拾零,雷汉卿,方言,2005年第1期

《金瓶梅词话》方俗词札记,雷汉卿,西南民族大学学报·人文社科版,2004年第12期

《金瓶梅词话》方言词补释,雷汉卿,南京师范大学文学院学报,2006年第1期

《金瓶梅词话》名词的前缀"老",许仰民,洛阳师范学院学报,2006年第3期

《金瓶梅词话》难解词语汇释,卢甲文,平原大学学报,1998年第1期

《金瓶梅词话》难解词语试释二例,张在明,玉溪师范学院学报,1995年第1期

《金瓶梅词话》切口语的构成,白维国,语言研究,1995年第2期

《金瓶梅词话》特殊词语例释,白维国,中国社会科学院研究生院学报,1981年第6期

《金瓶梅词话》"头脑"考,吴晓龙,上海师范大学学报·哲学社会科学版,2006年第5期

《金瓶梅词话》校点拾补,刘敬林,中国语文,2006年第3期

《金瓶梅词话》语词校释,隋文昭,天津师范大学学报·社会科学版,1991年第6期

《金瓶梅词话》语词杂释,侯兰笙,西北师大学报·社会科学版,1995年第1期

《金瓶梅词话》中的"儿"作动词词尾分析,崔山佳,宁波广播电视大学学报,2005年第1期

《金瓶梅词话》中"黄猫黑尾"释,刘敬林,安庆师范学院学报·社会科学版,2007年第1期

《金瓶梅词话》中异彩纷呈的"死亡"用语,鲍延毅,衡阳师范学院学报,1995年第5期

《金瓶梅》词语零札,李申,徐州师范大学学报·哲学社会科学版,1991年第2期

《金瓶梅》词语拾诂,杨琳,烟台大学学报·哲学社会科学版,1997年第2期

《金瓶梅》词语校释,刘瑞明,徐州师范大学学报·哲学社会科学版,1997年第1期

《金瓶梅》方言俗语臆释(上),魏连科,河北学刊,1993年第5期

《金瓶梅》方言俗语臆释(下),魏连科,河北学刊,1994年第6期

《金瓶梅》逆序词与中古词汇变迁,鲍延毅,西南师范大学学报·哲学社会科学版,1995年第1期

《金瓶梅》与明人重鹅食俗小考,吴晓龙,江西社会科学,2005年第5期

《金瓶梅》中的"岂有此理"和"多",乔秋颖,湛江师范学院学报·社会科学版,2000年第1期

《金瓶梅》中的体育词语,刘秉果,徐州师范大学学报·哲学社会科学版,1995年第4期

《金瓶梅》中的歇后语分析,王建,六盘水师范高等专科学校学报,1991年第2期

《金瓶梅》中"扛"字音义再议,何亚南,中国语文,1997年第4期

《金瓶梅》中俗语的连用,沈慧云,语文研究,1991年第4期

《晋书》校点志疑(三),王华宝,江海学刊,1999年第2期

《〈晋书〉语词拾零》商榷,谭耀炬,绍兴文理学院学报,2002年第1期

《经传释词》"所"释发疑,赖积船,湘潭工学院学报·社会科学版,2002年第1期

《经传释词》札记,俞敏,云南师范大学学报·哲学社会科学版,1985年第6期

《荆轲刺秦王》若干注释补正,薛克谬,承德民族师专学报,1989年第2期

《九店楚简》释文注释校补,周波,江汉考古,2006年第3期

《九歌》"兮"字用法新探,郭全芝,云梦学刊,2005年第3期

《九歌》语词训释商榷,李大明,四川师范大学学报·社科版,2005年第6期
《九歌》之"九"考辨,汪耀楠,古籍整理研究学刊,1995年第Z1期
《旧唐书》"咸阳望贤驿"应是"咸阳望贤宫",杨希义,人文杂志,1985年第4期
据出土文献评论两部辞书释义得失三则,唐钰明,中国语文,2003年第1期
《老乞大》诸版本所反映的基本词历时更替,汪维辉,中国语文,2005年第6期
《老子·道经》"可道"、"可名"正读,涂白奎,河南大学学报·社会科学版,2000年第3期
《老子》"动而愈出"解,孙雍长,学术研究,2007年第10期
《老子》关键词新解,李志超,寻根,2003年第5期
"乐岁终身苦"新解,李运富,古汉语研究,1996年第1期
《离骚》"降"字解,张怀瑾,国文月刊,1948年第72期
《离骚》"释"帝",龚维英,辽宁师范大学学报·社会科学版,1982年第1期
《离骚》"淫"字辨,陈思苓,国文月刊,1947年第58期
《离骚》"诏西皇"抉微,龚维英,学术月刊,1982年第2期
《离骚》"正则"、"灵均"解,褚斌杰,文史知识,1991年第2期
《离骚》中的"民生"与"民心",戴建华,中学语文教学,2003年第9期
李梦阳《秋望》诗注释考辨,曾良,社会科学辑刊,1989年第5期
李商隐"凤尾香罗"之谜,钱玉趾,文史杂志,1994年第2期
利簋铭文新释,孙斌来,吉林师范大学学报·人文社会科学版,1993年第1期
《隶释》释词,曾述忠,储小旵,语言研究,2005年第2期
《荔镜记》中所见明代闽南方言词例释,曹小云,皖西学院学报,2004年第1期
《廉颇蔺相如列传》词语条解,艾荫范,辽宁师范大学学报·社会科学版,1980年第5期
梁《高僧传》"疆场"例质疑,董志翘,中国语文,2006年第6期
《聊斋俚曲》方言词零札,雷汉卿,蒲松龄研究,2005年第1期
《聊斋俚曲集》方言词语续释,张金霞,蒲松龄研究,2001年第3期
《聊斋志异》注释小议,赵伯陶,蒲松龄研究,1994年第4期
列子语词柬释,李若晖,古汉语研究,1996年第1期
列子语词札记,李若晖,常德师范学院学报·社会科学版,1997年第1期
《六度集经》俗语词例释,夏广兴,上海师范大学学报·社科版,2002年第5期
《六度集经》语词札记,曹小云,语言研究,2001年第4期
《六度集经》中"寻"字的副词、介词用法,曹小云,古汉语研究,2001年第2期
《龙龛手镜》俗字丛考(一),郑贤章,古汉语研究,2004年第1期
《庐山远公话》校注商补,刘瑞明,敦煌学辑刊,2002年第1期
《吕氏春秋词典》样条,张双棣,张万彬,殷国光,陈涛,语文研究,1987年第2期
吕氏春秋词汇简论,张双棣,北京大学学报·哲学社会科学版,1989年第5期
《吕氏春秋校释》质疑,李若晖,武汉大学学报·人文科学版,1999年第6期
略说《诗经》中的几个"谓"字,艾荫范,辽宁大学学报·哲学社会科学版,1981年第3期
略析《庄子》内篇中"命"的概念,吕玉华,上饶师范学院学报,2000年第5期
《论语·八佾》"文献"考释,张汉东,古籍整理研究学刊,2002年第1期
《论语》"便辟"解,徐前师,信阳师范学院学报·哲学社会科学版,2003年第4期
《论语》雌雄节新解,马尽举,史学月刊,2004年第10期
《论语》单音节形容词研究,汪强,毕节学院学报·综合版,2007年第2期
《论语》"斗筲之人,何足算也"解,徐前师,古汉语研究,2005年第4期
《论语》"夫子矢之"之"矢"及相关问题,徐前师,孔子研究,2007年第5期
《论语》"患得之"解,薛克谬,河北大学学报·哲学社会科学版,1997年第3期
《论语》旧诂质疑(二则),杨宝忠,古汉语研究,1995年第1期
《论语》"民"、"人"的实际所指与词义特点,宋永培,古籍整理研究学刊,2003年第6期
《论语》"巧言令色"之"令"训"善"探源——兼谈可训"善"的"令""霝""灵""良"的关系,李玉平,克山师专学报,2002年第1期

《论语》"三"的用法,邓章应,沙洋师范高等专科学校学报,2003年第6期

《论语》"色斯举矣"新解,徐前师,语言研究,2006年第4期

《论语》"师"字释义:兼谈"师"字及其词义引申,马海江,东北师大学报·哲社版,2006年第5期

《论语》试诂二则,张家英,蒲峪学刊,1996年第1期

《论语·述而》"不保其往"辨,徐前师,孔子研究,2003年第1期

《论语》双音词研究,宁燕,新疆教育学院学报·社科版,2005年第3期

《论语》四诂辨正,朱维德,衡阳师范学院学报,2001年第4期

《论语》"畏"字正解,唐钰明,学术研究,1986年第5期

《论语》"文莫"义辨:兼评《辞源》、《汉语大词典》有关"文莫"的词条与释义,徐前师,船山学刊,2000年第1期

《论语》闲考三则,马固钢,孔子研究,2002年第3期

论语以杖荷篠解,雒江生,天水师范学院学报,1982年第1期

《论语》语词琐记,杨逢彬,古汉语研究,2011年第2期

《论语》札记二则,徐前师,古籍整理研究学刊,2001年第4期

《论语》中的马,金克木,读书,1997年第6期

《论语》中的"为"字研究,魏爱婷,邢台学院学报,2006年第3期

《论语》中地名"费"音读考,胡衍铮,井冈山师范学院学报·哲学社会科学,2004年第4期

《论语》注释辨证,连劭名,北京教育学院学报,2008年第2期

《论语》"子所雅言诗书执礼"释商,袁津琥,重庆师范大学学报·哲学社会科学版,1992年第4期

《论衡》词语札记,徐正考,史学集刊,2002年第1期

《论衡集解》若干词语校释的商榷,杨宝忠,河北大学学报·哲学社会科学版,1982年第2期

《论衡集解》正误,杨宝忠,河北大学学报·哲学社会科学版,1989年第4期

《论衡》同义词辨析,徐正考,社会科学战线,2004年第2期

《论衡》注解补遗,杨宝忠,河北大学学报·哲学社会科学版,1985年第2期

论《金瓶梅词话》表方向的方位名词,许仰民,周口师范学院学报,2006年第3期

论《金瓶梅词话》的复合动词,许仰民,信阳师范学院学报·哲社版,2004年第1期

论《马王堆汉墓帛书》(肆)的声符替代现象及其与"古今字"的关系,徐莉莉,华东师范大学学报·哲学社会科学版,1997年第4期

论《诗经》中的"何""曷""胡",丁声树,史学所集刊,1942年第10期

论《水浒传》中"被"、"吃"二词用法上的异同,暴拯群,河南广播电视大学学报,2003年第4期

论《水浒传》中虚化为助词的"时"字,暴拯群,河南广播电视大学学报,2002年第1期

论《说文解字》的亦声部首,薛克谬,河北大学学报·哲学社会科学版,1990年第4期

论《司牧安骥集》中的名词后缀——"家",曹小云,沈阳师范大学学报·社会科学版,2007年第1期

论《文心雕龙·定势》篇的"势",庞光华,五邑大学学报·社会科学版,2007年第4期

论《周易》中的"德",连劭名,周易研究,2007年第6期

论《周易》中的"行",连劭名,周易研究,2006年第2期

论《周易》中的"义",连劭名,北京教育学院学报,2006年第1期

论《左传》"诗以言志"之"志",杨钊,西南民族大学学报·人文社科版,2004年第9期

《洛阳伽蓝记》双音词概貌,牛太清,江西行政学院学报,2005年第1期增刊

《洛阳伽蓝记》双音新词研究,牛太清,河南广播电视大学学报,2007年第2期

《洛阳伽蓝记校注》疑误商榷,化振红,古汉语研究,2002年第3期

《洛阳伽蓝记》中反映魏晋南北朝时代特色的新词,化振红,西南民族大学学报·人文社科版,2005年第2期

漫话"相扑",伊永文,文史知识,1983年第4期

漫说"朋友",胡发贵,文史知识,1997年第7期

漫说"妻子"一词,周斌武,文史知识,1984年第8期

漫谈古书的句读,鲍善淳,安徽师范大学学报·人文社会科学版,1985年第2期

《毛诗诂训传》解释古字说,赵伯义,乐山师范学院学报,2004年第9期

《毛诗》假借字考,方秋士,国学,1927年第1卷第4、5期

媒人的称谓及特点(上)(下),徐匋,文史知识,1991年第9、10期

门子与门人,钟年,文史知识,1998年第10期

《孟子》"蹴尔而与之,乞人不屑也"疑诂,李运富,古籍整理研究学刊,2002年第2期
《孟子》的"其",余一平,西南民族学院学报·哲学社会科学版,2000年第9期
《孟子》"良"字释义,姚振武,语文研究,1993年第4期
《梦溪笔谈》中"回回"一词再释,汤开健,民族研究,1984年第1期
明代拟话本小说《型世言》语词例释,董志翘,古汉语研究,1995年第4期
《墨经》一句的标点及释义辨正,吴一琦,语文研究,1999年第3期
《墨子》"施则助之胥车"句"施"字探释,包朗,古籍整理研究学刊,2005年第3期
《墨子》同义形容词研究,唐瑛,宁夏大学学报·人文社会科学版,2005年第6期
《墨子》性质形容词研究,唐瑛,成都纺织高等专科学校学报,2004年第2期
《墨子》颜色形容词研究,唐瑛,渝西学院学报,2002年第1期
《木兰诗》补证,唐长孺,江汉论坛,1986年第9期
《木兰诗》中的"唧唧",王彤伟,语文建设,2006年第10期
《木兰诗》注解订疑,席文天,文史知识,1991年第11期
"乃"在《左传》中的用法,余炳毛,西安教育学院学报,2004年第3期
《南史》"注"字释,高列过,古汉语研究,1998年第1期
南戏《张协状元》语词例释,杨观,绵阳师范学院学报,2004年第6期
《女仙外史》释词(上),汪维辉,周口师范学院学报,2006年第3期
《女仙外史》释词(下),汪维辉,周口师范学院学报,2006年第4期
《拍案惊奇》的"几时",谭耀炬,古籍整理研究学刊,2000年第6期
《庞居士语录》校读札记,谭伟,古汉语研究,2001年第2期
《琵琶行》中的"阿姨"作何解释,蒋祖勋,文史知识,1992年第11期
《琵琶行》中的"青衫"不是黑衫,王琪,语文建设,2004年第Z1期
《骈拇》"骈""枝""殉"辨微——试谈庄子的反异化思想,张青松,茂名学院学报,2001年第2期
评王季思先生的《西厢记》注释,王学奇,语文研究,1983年第1期
《齐民要术》词语札记,阚绪良,语言研究,2003年第4期
《齐民要术》"喜烂"考辨,汪维辉,古籍整理研究学刊,2002年第5期
《齐民要术》新词新义简论,程志兵,伊犁师范学院学报,2005年第4期
《齐民要术》中的量词及其特点,李小平,广西社会科学,2006年第9期
《齐民要术》中所见词源举隅,程志兵,伊犁师范学院学报,1999年第4期
《歧路灯》栾校补正二则,王恩建,齐齐哈尔大学学报·哲学社会科学版,2006年第5期
千古之惑终得解——《归去来兮辞》"登"字正误,李知文,贵州文史丛刊,2004年第3期
《潜夫论》并列复词逆序词与《汉语大词典》编纂,徐山,天水师范学院学报,2006年第1期
《潜夫论》并列复词异形词与《汉语大词典》编纂,徐山,鄂州大学学报,2006年第1期
《潜夫论》词语考释(一),徐山,泉州师范学院学报,2005年第5期
《潜夫论》词语考释(二),徐山,泉州师范学院学报,2006年第1期
《潜夫论》词语考释(三),徐山,泉州师范学院学报,2006年第3期
《潜夫论》词语考释(四),徐山,泉州师范学院学报,2007年第1期
《潜夫论》词语考释六则,徐山,北京青年政治学院学报,2002年第1期
《潜夫论》词语考释五则,徐山,重庆石油高等专科学校学报,2003年第2期
《潜夫论》词语考释中的非误字问题,徐山,古籍整理研究学刊,2002年第4期
《潜夫论》词语考释中的误用通假问题,徐山,苏州大学学报·哲社版,2002年第3期
《潜夫论》词语考释中的异文问题,徐山,苏州教育学院学报,2002年第4期
《潜夫论》反义并列复词与《汉语大词典》编纂,徐山,保定师范专科学校学报,2006年第3期
《潜夫论》含有通假字的并列复词与《汉语大词典》编纂,徐山,郧阳师范高等专科学校学报,2006年第4期
浅谈《诗经》的词汇和语法,黄典诚,语文研究,1985年第2期

浅谈《噫嘻》之"私"——兼与孙作云先主商榷,袁长江,沧州师范专科学校学报,1987年第2期

青铜器研究札记——《吕氏春秋·别类》篇"白坚黄牣"解,唐友波,上海大学学报·社会科学版,1985年第1期

《清风闸》中扬州方言词例释,曹小云,阜阳师范学院学报·社会科学版,2003年第3期

屈原《悲回风》之"回风"新解,钱玉趾,文史杂志,2003年第4期

《全晋文》解诂,方一新,浙江大学学报·人文社会科学版,1989年第2期

权:先儒的不同阐释,马育良,皖西学院学报,1997年第1期

如何解释《前赤壁赋》中的"物"与"我",卢永璘,文史知识,1981年第4期

儒门《诗》学中的"兴",马育良,安徽大学学报·哲学社会科学版,2003年第2期

《三国志》词语释义,刘百顺,西北大学学报·哲学社会科学版,1989年第1期

《三国志》解诂,吴金华,南京师大学报·社会科学版,1981年第3期

《三国志》考释,吴金华,南京师大学报·社会科学版,1983年第1期

《三国志》拾诂,吴金华,南京师大学报·社会科学版,1985年第3期

《三国志》拾诂(续),吴金华,南京师大学报·社会科学版,1987年第1期

《三国志》所见辞书未收词语考释再续,王彦坤,广州大学学报·社会科学版,2004年第1期

《三国志》校诂拾零,苏杰,古籍整理研究学刊,2001年第5期

《三国志》校诂拾零(续),苏杰,古籍整理研究学刊,2002年第4期

《三国志》校诂拾零(叁),苏杰,古籍整理研究学刊,2004年第5期

《三国志》语词拾误,王文晖,江西师范大学学报·哲学社会科学版,2004年第3期

《三国志》中的"百步"作何解,陶易,文史杂志,2007年第4期

《三国志》重言词略说,〔韩〕崔泳準,苏杰,南京师范大学文学院学报,2002年第2期

《三刻拍案惊奇》语词札记,谢之,长江大学学报·社科版,2004年第1期

《三言》中的"数一数二",崔山佳,辞书研究,1995年第6期

《山歌》所见若干吴语语汇试释,章一鸣,语文研究,1986年第2期

《山海经》中的"天毒"、"天吴"释疑,张军,北方文物,2001年第1期

《山海经》中的"原",王宗祥,中国语文,1994年第5期

删诗"疑",林之棠,国学月报汇刊,1924年第1集

《商君书·算地篇》,寇宗基,马乃骊,"惑"字试解,语文研究,1982年第1期

《商君书》语词杂考,杜丽荣,山东大学学报·哲学社会科学版,2004年第4期

《商君书》中单音词的通假义初探,杨州,雁北师范学院学报,2002年第1期

"商馈始于王"的"商"字作何解——兼论《逸周书·丰保》的成篇年代,蔡升奕,语文研究,2001年第3期

商务本《古代汉语》注释商补,于智荣,李立,长春师范学院学报·人文社科版,2005年第6期

上博简《孔子诗论》文字考辨,吴建伟,山东师范大学学报·人文社会科学版,2004年第3期

上博简《性情论》补释一则,徐在国,史学集刊,2003年第1期

上博简《缁衣》文字考释四则,吴建伟,语言研究,2006年第2期

上博竹书(二)文字杂考,徐在国,学术界,2003年第1期

上博竹书《周易》异文选释(六则),陈剑,文史,2006年第4辑

上海博物馆藏《战国楚竹书(一)·孔子诗论》解诂(一),董莲池,古籍整理研究学刊,2002年第2期

上海博物馆藏《战国楚竹书(一)·孔子诗论》解诂(二),董莲池,古籍整理研究学刊,2003年第2期

《上海博物馆藏战国楚竹书(一)·孔子诗论》释文补正,黄德宽,安徽大学学报·哲学社会科学版,2002年第2期

《上海博物馆藏战国楚竹书(一)缁衣·性情论》释文补正,徐在国,古籍整理研究学刊,2002年第2期

《尚书》"弗"字用法研究,黄岳洲,语文研究,1986年第4期

《尚书·立政》"三亳阪尹"解,李民,殷都学刊,1997年第4期

《尚书》《论语》札记十则,李运富,古籍整理研究学刊,1998年第Z1期

《尚书·汤誓》校释译论,顾颉刚,郑州大学学报·哲学

社会科学版,1980年第1期
《尚书》"朕"字用法研究,黄岳洲,浙江大学学报·人文社会科学版,1988年第2期
神女、游女辨,吴郁芳,江汉论坛,1983年第12期
《神乌赋》"随起击耳"试释,王继如,古汉语研究,2004年第3期
《生经·舅甥经》"不制"解,谭代龙,古汉语研究,2008年第2期
《生经·舅甥经》"有名"考,谭代龙,中国语文,2006年第3期
诗词中的"平"字辨释,魏耕原,古汉语研究,1998年第1期
《诗·大雅·既醉》篇关键语词解诂,牟维珍,烟台师范学院学报·哲学社会科学版,2003年第1期
《诗》"伐檀"、"伐辐"、"伐轮"正义,杨亦鸣,徐州师范大学学报·哲学社会科学版,1984年第3期
《诗经》词语札记,陈兴伟,古汉语研究,1995年第4期
《诗经》"蝃蝀"、"复关"等是壮语词考,陆善采,钦州师范高等专科学校学报,2002年第4期
《诗经》"东门"臆说,孙立,文献,1997年第3期
《诗经》"而"用法考,麦宇红,湖南科技学院学报,2005年第6期
《诗经》"而"字研究,王秀玲,西华师范大学学报·哲社版,2003年第5期
诗经反诘句,传笺正言之——辨《经传释词》"不""无"为语词之误,徐仁甫,西南师范大学学报·人文社会科学版,1982年第2期
《诗经》反训词拾零,华学诚,扬州大学学报·人文社会科学版,1981年第4期
《诗经》服饰二题——"帨"、"绡"解颐,陆华,云南民族大学学报·哲学社会科学版,2004年第6期
《诗经·关雎》"流"字新解,朱一清,文学评论,1980年第6期
《诗经》里的成语典故(二则),子规,文史杂志,2006年第1期
《诗经》里的成语典故(四则),子规,文史杂志,2006年第3期
《诗经》里的"所"字,侯兰笙,兰州大学学报·社会科学版,1980年第3期
《诗经·氓》"抱布贸丝"的确解,何丹,钱玉趾,文史杂志,2008年第3期
《诗经·氓》中"靡室劳矣"之"靡"质疑,张孝纯,1989年第1期

《诗经》"氓"字考辨,王伟,中国农业大学学报·社科版,2003年第3期
《诗经》拟声词研究——汉语表音词的历时研究之一,乔秋颖,徐州师范大学学报·哲学社会科学版,2002年第1期
《诗经·七月》"纳于凌阴"、"献羔祭韭"释义考补,连登岗,南通师范学院学报·哲学社会科学版,2002年第1期
《诗经》《尚书》中"诞"字的研究,张玉金,古汉语研究,1994年第3期
《诗经》"式"字新诠,李全佳,国立中山大学文学院专刊,1943年第4期
《诗经》"所"字考,周赛红,喻华,湘潭师范学院学报·社科版,2002年第4期
《诗经》"提提"音释,谢洁瑕,聊城大学学报·社会科学版,2004年第2期
《诗经·王风·君子于役》:"鸡于桀"之"桀"释义辨误,连登岗,淮北煤炭师范学院学报·哲学社会科学版,2004年第1期
《诗经·王风·丘中有麻》质疑,刘精盛,湖南人文科技学院学报,2006年第2期
《诗经》"维"字解,张联荣,语文研究,1991年第4期
《诗经》"禽"字注音考辨,张剑,辞书研究,2000年第5期
《诗经·小戎》"文茵畅毂"新诠,许廷桂,重庆师范大学学报·哲学社会科学版,1993年第1期
《诗经》"永锡尔类"正诂,于智荣,古籍整理研究学刊,2007年第2期
《诗经》"有客宿宿,有客信信"辨释,李小军,古籍整理研究学刊,2002年第2期
《诗·召南·甘棠》"拜"字解,乔秋颖,古汉语研究,2003年第2期
《诗经》中的程度副词"既"考察,王慧菊,乐山师范学院学报,2004年第9期
《诗经》中的"木"字和"琼"字:兼说上古汉语中的大名冠小名语序,罗琦,贵州文史丛刊,2003年第2期
《诗经》中的"于归"和"有行",郭芹纳,兰州大学学报·社会科学版,1980年第2期
《诗经》中"将"字用法考析,金梦,重庆邮电学院学报·社科版,2006年第3期
《诗经》中"斯"字的用法考析,杨文霞,宝鸡文理学院学报·社科版,2005年第3期
《诗经》中"荼"字考辨,胡衍铮,农业考古,2003年第2期
《诗经》中"维"字再考察,汪业全,华南理工大学学报·

《诗经》"中"字说,邢庆兰,边疆人文,1944年第1期
《诗经·周南·关雎》中"流"、"芼"之通解,金生奎,南京社会科学,2004年第2期
《诗经·周颂》"来牟"解,赵小刚,古汉语研究,2003年第1期
《诗经》注释商兑,张儒,文献,1999年第1期
《诗·卷耳·苯苢》"栗栗"说,丁声树,国学季刊,1940年第6卷第3期
《诗·硕鼠》"顾"、"德"、"劳"三名新释,艾荫范,辽宁师范大学学报·社会科学版,1980年第3期
《诗》"无自暱焉"考辨,陈荣军,东南大学学报·哲学社会科学版,2007年第5期
《诗》《易》中的"汔",何金松,中南民族大学学报·人文社会科学版,1982年第3期
《诗·召南·殷其靁》别解,许廷桂,重庆师范大学学报·哲学社会科学版,1981年第3期
《诗》中"特"字考,黄瑞云,西北大学学报·哲学社会科学版,1984年第1期
《诗》"周行""周道"辨,刘乃叔,古籍整理研究学刊,1991年第2期
史籍校记四则,赵振兴,古汉语研究,1995年第1期
《史记·陈涉世家》"夥涉为王"考辨,姜可瑜,文史哲,1987年第6期
《史记》词诂,郭芹纳,古汉语研究,1995年第4期
《史记》词语考辨举例,敏春芳,西北第二民族学院学报·哲学社会科学版,1997年第2期
《史记·高祖本纪》疑诂,张家英,哈尔滨师专学报,1994年第2期
《史记》、《汉书》"家人"解,赵彩花,语文研究,2003年第3期
《史记·秦始皇本纪》疑诂三则,张家英,哈尔滨师专学报,1997年第3期
《史记》三家注音切疑误辨正,王华宝,中国典籍与文化,2003年第1期
《史记》释义商兑二则,朱茂汉,语文建设,1999年第1期
《史记》所见辞书未收词语考释,王彦坤,中国语文,2005年第2期
《史记》所见辞书未收词语续释,王彦坤,佛山科学技术学院学报·社会科学版,2006年第1期
《史记》"所至上食"解,王文晖,古汉语研究,2001年第3期
《史记·五帝本纪》疑诂(十二则),张家英,海南大学学报·社会科学版,1995年第2期
《史记》"勿听治"别解,于智荣,长春师范学院学报,2001年第6期
《史记》新整理本刍议,赵生群,淮阴师范学院学报·哲学社会科学版,2002年第6期
《史记》已有"不听",叶爱国,中国语文,1997年第2期
《史记》饮食动词分析,李炜,古汉语研究,1994年第2期
《史记》——用字及其通用字,徐广才,张秀华,黑龙江教育学院学报,2004年第6期
《史记》语词训释举正,王继如,古籍整理研究学刊,1991年第3期
《史记》语言的四字格结构,高志明,襄樊学院学报,2006年第3期
《史记》札记,王彦坤,广州大学学报·社会科学版,2005年第2期
《史记》整理平议,王华宝,南京师大学报·社会科学版,2003年第5期
《史记》中的"夫",赵均,河南教育学院学报·哲社版,2006年第4期
《史记》中的"骑"字,郭芹纳,兰州大学学报·社会科学版,1985年第2期
《史记》中的"是"字研究,刘晓玲,孝感学院学报,2006年第5期
《史记》中的数词,张家英,绥化学院学报,1993年第3期
《史记·周本纪》疑诂,张家英,哈尔滨学院学报,1997年第1期
《世说新语》词语补释,刘坚,语文研究,1985年第3期
《世说新语》词语校读札记,方一新,杭州大学学报·哲学社会科学版,1991年第4期
《世说新语》词语考释,方一新,汉字文化,1990年第1期
《世说新语》词语考释,吴金华,南京师大学报·社会科学版,1990年第2期
《世说新语》词语考释(续),吴金华,南京师大学报·社会科学版,1991年第1期
《世说新语》词语考释(三),吴金华,南京师大学报·社会科学版,1994年第1期
《世说新语》词语拾诂,方一新,杭州大学学报·哲学社会科学版,1994年第1期
《世说新语》词语札记,方一新,古汉语研究,1990年第1期
《世说新语》词语札记,阚绪良,安徽广播电视大学学报,2002年第4期
《世说新语》"对"字研究:兼论"对"从上古到中古的词

性演变,于进海,信阳师范学院学报·哲社版,2005年第1期

《世说新语》复音副词初探,李小平,唐山师范学院学报,2005年第3期

《世说新语》"豪爽"门发微,王兴芬,固原师专学报,2006年第2期

《世说新语》解诂,方一新,古籍整理研究学刊,1991年第2期

《世说新语》"看"字研究,梁光华,贵州民族学院学报·哲学社会科学版,1998年第1期

《世说新语》"如馨地"再讨论,汪维辉,古汉语研究,1996年第4期

《世说新语》释词,苏宝荣,河北师范大学学报·哲学社会科学版,1988年第1期

《世说新语》释词琐记,刘尚慈,中国语文,1996年第3期

《世说新语》同义复合词考察,李小平,云梦学刊,2004年第1期

《世说新语》疑难词语考索(二),董志翘,四川大学学报·哲学社会科学版,2008年第1期

《世说新语》语词释义,方一新,语文研究,1990年第2期

试论《春秋左传》中的尊称和谦称,秦佳慧,浙江社会科学,2005年第6期

试论《高僧传》中的"风"及其同族,化振红,西南民族学院学报·哲学社会科学版,1999年第S2期

试论郭店简《老子》"朴"的伦理学意义,刘信芳,理论月刊,2000年第Z1期

试论汉语的复音化问题——读《春秋左传集解》札记,米万锁,山西大学学报·哲学社会科学版,1985年第3期

试论《论语》的句中"也"字,华学诚,四川师范大学学报·社会科学版,1988年第2期

试论《洛阳伽蓝记》中的口语词,化振红,河北大学学报·哲学社会科学版,2004年第4期

试论《谐铎》中的"铎"与"谐",董建华,广西教育学院学报,2007年第1期

释《国语·楚语上》"教之令",李锐,中国史研究,2006年第3期

释《鸿门宴》中的"从"和"敢",于智荣,语文建设,2005年第9期

释"精彩"、"所"、"仍"——从医辞看古文辞义,沈澍农,南京师大学报·社会科学版,1987年第1期

《释名》"或曰"疏证,魏宇文,湘潭大学学报·哲学社会科学版,2006年第1期

《释名》声训与汉代音系,祝敏彻,湖北大学学报·哲学社会科学版,1988年第1期

《释名疏证补》的"先谦曰"探微,魏宇文,学术研究,2005年第3期

《释名》衍音联绵词考释三则,王国珍,湖州师范学院学报,2007年第5期

《释名》隐含语源线索探绎,陈建初,古汉语研究,2007年第2期

《释名》"雨,羽也"的民俗内涵,杨琳,民间文学论坛,1994年第4期

释《墨子·非攻下》之"卿制大极",李锐,中国史研究,2003年第1期

释《七月》"于貉",马固钢,古汉语研究,1989年第3期

释《潜夫论》中的"微察"一词,徐山,江西教育学院学报,2006年第4期

释《潜夫论》中的"项领"一词,徐山,忻州师范学院学报,2004年第1期

释《诗经·大雅·板》之"板板",刘精盛,船山学刊,2005年第2期

释《诗经·静女》中的"彤管",严修,学术月刊,1980年第6期

释《诗经》写体貌的一组近义形容词,雒江生,天水师范学院学报,1994年第Z1期

释《诗经》中的"私"与"私人",憩之,争鸣,1957年第3期

释《诗》"其军三单"兼说军字意义的演变,王冠英,北京师范大学学报·社会科学版,1982年第4期

释《史记·货殖列传》中的"倚市门",曾维华,学术月刊,2000年第5期

释《世说新语》"逆风"、"逆风家",董志翘,中国语文,2007年第3期

释苏轼文中的"龟头",汪化云,民俗研究,2002年第2期

释《太平经》之"贤柔、贤溧、大溧、大溧师",连登岗,宗教学研究,2005年第2期

释《太平经》之"贤儒"、"善儒"、"乙密",连登岗,中国语文,1998年第3期

释《天问》之"天",李树军,辽宁大学学报·哲学社会科学版,2004年第2期

《释言》、《释诂》异同考辨,刘乃叔,东北师大学报·哲学社会科学版,1990年第4期

释《中庸》"吾弗能已矣",李锐,中国史研究,2004年第2期

释《朱子语类》中带"绰"字的词,何洪峰,郧阳师范高等专科学校学报,1992年第2期

释《朱子语类》中的"撮""绰"——兼与袁庆述先生商榷,何洪峰,语文研究,1996 年第 3 期

释《庄子》"天钧",连登岗,青海师专学报,2004 年第 6 期

释《庄子·养生主》之"割",刘乃叔,古籍整理研究学刊,1998 年第 Z1 期

梳理词义系统考释《潜夫论》词语五则,徐山,重庆工学院学报,2005 年第 7 期

《水浒传》词语释义,卢甲文,周口师范学院学报,1998 年第 1 期

《水浒传》"一百单八将"一词的由来,乃岩,文史知识,1982 年第 2 期

《水浒词典》样条,胡竹安,语文研究,1987 年第 3 期

《水浒全传》词语汇释,卢甲文,信阳师范学院学报·哲学社会科学版,1994 年第 1 期

《水经注》词语举隅,方向东,语文研究,2002 年第 4 期

《水经注》词语拾零,王东,古汉语研究,2005 年第 2 期

《水经注》词语札记,鲍善淳,古汉语研究,2003 年第 2 期

《水经注》地名反映的词汇现象,罗明月,王东,学术探索,2006 年第 3 期

《水经注》"乱流"考释,鲍善淳,古汉语研究,2001 年第 3 期

《水经注·淇水》"不异毛兴"续探,鲍善淳,古汉语研究,2002 年第 3 期

《水经注·三峡》中的"奔"和"以",涂太品,文史知识,1991 年第 9 期

睡虎地秦简日书"人字篇"补释,刘乐贤,江汉考古,1995 年第 2 期

睡虎地秦简日书"人字篇"研究,刘乐贤,江汉考古,1995 年第 1 期

睡虎地秦简日书"玄戈篇"新解,刘乐贤,文博,1994 年第 4 期

说"登轼而望之"与"室如悬磬"——《左传》训诂二则,吕友仁,河南师范大学学报·哲学社会科学版,2000 年第 3 期

说《谏逐客书》的"客"汪少华,古汉语研究,1997 年第 4 期

说《琵琶行》"弟走从军阿姨死",袁津琥,文史杂志,2007 年第 1 期

说《诗·秦风·无衣》"同仇",刘汉忠,语文研究,1986 年第 3 期

说说《世说新语》中的"人"、"人事",蒋宗许,文史知识,1996 年第 12 期

《说文》订补五例,孙雍长,湖南师范大学社会科学学报,1984 年第 4 期

《说文》"度楼"篆别义说解新诠,梁光华,贵州大学学报·社会科学版,1998 年第 1 期

《说文解字》丛考,连劭名,北京教育学院学报,2002 年第 3 期

《说文解字》订补,孙雍长,湖北大学学报·哲学社会科学版,1994 年第 6 期

《说文解字》"牛"字说解的辨释,许家星,五邑大学学报·社会科学版,2004 年第 3 期

《说文解字》鱼部名物词词义研究,黄亚平,刘思媛,辞书研究,2013 年第 6 期

《说文解字》中的"美"及相关问题,连劭名,北京教育学院学报,2007 年第 4 期

《说文解字》中的省声字探究,柳玉宏,宿州学院学报,2005 年第 2 期

《说文解字》"斐"、"妭"解,孟琢,辞书研究,2011 年第 6 期

《说文》"明"的语义结构系统,卢凤鹏,贵州文史丛刊,1997 年第 1 期

《说文》声训十则,姚炳祺,广东技术师范学院学报,2003 年第 1 期

《说文》声训四则,姚炳祺,中山大学学报·社会科学版,2000 年第 6 期

《说文》声训五则,姚炳祺,学术研究,1999 年第 10 期

《说文》所训、乱、繼三篆辨析,姚炳祺,广东职业技术师范学院学报,1999 年第 3 期

《说文》所训壹、壺、壺、三篆辨析,姚炳祺,广东职业技术师范学院学报,1998 年第 1 期

《说文》心部训为"忧也"之字辨,姚炳祺,广东职业技术师范学院学报,1994 年第 1 期

《说文》"诸,辩也"试解,董莲池,古籍整理研究学刊,1994 年第 5 期

《说苑》语词对《汉语大词典》的补充,陶家骏,苏州教育学院学报,2005 年第 4 期

说《贞观政要》中的"物",魏达纯,中国语文,2003 年第 3 期

司马迁《报任安书》校读札记,熊飞,语文研究,2002 年第 1 期

司马迁《报任少卿书》"比数"新解,董志翘,古籍整理研究学刊,2006 年第 4 期

《四元玉鉴》中的授予动词"给",曹小云,古汉语研究,2006 年第 3 期

《宋史·夏国传》"谅祚更州军"勘误,彭向前,中国史研

究,2007年第3期
《宋史》校勘札记,李之亮,郑州大学学报·哲学社会科学版,1995年第5期
《宋书》本纪中的同义并列复合词考察,解芳,重庆邮电学院学报·社会科学版,2006年第3期
《宋书》词语札记,余让尧,南昌大学学报·人文社会科学版,1993年第1期
《宋元语言词典》释词商榷,李之亮,古汉语研究,1990年第2期
《搜神记》称谓词语札记,范崇高,四川理工学院学报·社会科学版,2006年第1期
《搜神记》释词,范崇高,自贡师范高等专科学校学报,2003年第1期
《搜神记》校勘札记,王华宝,古籍整理研究学刊,2000年第2期
《苏轼"捋青捣䴵软饥肠"句正解》献疑,林怡,文史知识,1991年第10期
《苏武传》与《马说》中的二则注释,徐莉莉,语文建设,2002年第7期
"所以"在六本古籍中的演变考察,魏达纯,古汉语研究,1998年第2期
《太平广记》词义散记,周志锋,古籍整理研究学刊,1993年第2期
《太平广记》语词选释,段观宋,语文研究,1989年第3期
《太平广记》中概数词"可"和"许"试探,武振玉,丹东师专学报,1997年第4期
《太平广记》中"料理"及相关词语的引申义探析——兼论日本语"料理"词义来源及发展,胡正武,台州学院学报,1995年第5期
《太平经》词义辨析(三),连登岗,甘肃高师学报,2000年第1期
《太平经》释词,王云路,古汉语研究,1995年第1期
《太平经》语词诠释,王云路,语言研究,1995年第1期
《太平经》语词再释,连登岗,南通师范学院学报·哲学社会科学版,2004年第1期
《太平经》中的汉代熟语,俞理明,西南民族学院学报·哲学社会科学版,2001年第S2期
《太平经》中的同素异序词,黄建宁,四川师范大学学报·哲学社会科学版,2001年第1期
谈《搜神后记》中的"恶"字,刘钊,古籍整理研究学刊,1995年第4期
谈谈《隆中对》中的"对",蔡干宏,文史知识,1983年第8期

《唐大和上东征传》人名和海粮误读辨正,王勇,语言研究,2005年第4期
唐代墓志生活用语散释,姚美玲,科技咨询导报,2006年第18期
唐代墓志俗字辨误,姚美玲,语言研究,2007年第1期
唐代墓志中的"礼也"释证,姚美玲,语言科学,2007年第2期
唐代新兴韵书《韵诠》考探,徐时仪,辞书研究,2007年第3期
《唐律疏议》词语考释,董志翘,古籍整理研究学刊,2003年第1期
《唐律疏议》词语杂考,董志翘,南京师大学报·社会科学版,2002年第4期
唐诗六词新释,邓昌荣,韶关学院学报,2008年第4期
唐诗俗语疑难词例释,魏耕原,西北农林科技大学学报·社会科学版,2001年第2期
唐诗注释举疑,潘竟翰,安徽师范大学学报·人文哲学社会科学版,1994年第4期
《桃花源记》"男女衣著"的"衣著"怎么解释,孙玉文,文史知识,2000年第7期
《桃花源记》中的"规往",白化文,文史知识,2006年第3期
《滕王阁序》的词汇概况浅析,江轶,山东行政学院山东省经济管理干部学院学报,2002年第6期
《天工开物》中的"无名异"和"回青"试释,刘秉诚,瓷器,1978年第3期
《天问》"后帝不若"解诂,单周尧,中国语文,2001年第4期
《天问》"肆"字解读,翟振业,楚雄师范学院学报,2002年第1期
《天问》"一蛇吞象"新解,龚维英,云南师范大学学报·哲学社会科学版,1982年第1期
《〈天问〉义释八则》商榷,赵逵夫,求索,1982年第2期
"碗盘"乎?"五碗盘"乎?——《世说新语》阅读一题,骆晓平,文史知识,1991年第5期
王安石《明妃曲》释义辨,徐仁甫,西南师范大学学报·人文社会科学版,1982年第1期
王梵志诗词语札记,袁宾,江苏大学学报·高教研究版,1985年第4期
王梵志诗校注拾零,熊飞,商丘师范学院学报,1991年第3期
王力《古代汉语》通假字注释疏误例析,于智荣,东南大学学报·哲学社会科学版,2006年第6期

王力主编《古代汉语》词义注释指瑕,张新武,新疆大学学报·哲学社会科学版,1994年第3期

王念孙《释大》"大"义探微,刘精盛,古汉语研究,2006年第3期

王维《山居秋暝》"王孙自可留"中的"自"应作"都"解,贺陶乐,延安大学学报·社会科学版,2003年第3期

王注《西厢记》词语三探,卢甲文,天中学刊,1992年第2期

王注《西厢记》词语新探,卢甲文,中州学刊,1987年第5期

王注《西厢记》词语再探,卢甲文,殷都学刊,1989年第4期

为《哀江南赋》中"胡书"一词进一解,陈洪宜,社会科学战线,1981年第2期

纬书词语拾诂,雷汉卿,古汉语研究,2005年第2期

《渭南地区民间文学集成》方言词语考,杨雅丽,唐都学刊,1996年第2期

《魏书》词语选释,张诒三,古汉语研究,2001年第4期

《魏书·释老志》"为四方式"质疑,叶爱国,敦煌研究,2002年第2期

《魏书》俗语词辑释,黄征,语文研究,2003年第2期

《文始》"京"字条评注,宋永培,古籍整理研究学刊,1995年第Z1期

《文选》旧注辨正,王华宝,江海学刊,1997年第6期

《文选·王褒〈洞箫赋〉》札记,王华宝,文教资料,1998年第3期

我说《幽通赋》之"幽通",马大勇,中国韵文学刊,2006年第4期

《吴越春秋》词语校释,薛正兴,社会科学战线,1988年第3期

《五灯会元》词语考释,滕志贤,古汉语研究,1995年第4期

《五灯会元》口语词探义,袁宾,天津师范大学学报·自然科学版,1987年第5期

《五灯会元》中副词"都"的用法,周清艳,周口师范学院学报,2008年第4期

《五十二病方》补释二则,徐时仪,医古文知识,2005年第3期

"夕餐秋菊之落英"之我见,钱玉趾,文史杂志,1998年第3期

《西门豹治邺》释词,朱维德,衡阳师范学院学报,1989年第2期

《西厢记》词语补释,卢甲文,语文研究,1987年第4期

《西洋记》词语拾零,王祖霞,淮北煤炭师范学院学报·哲社版,2004年第2期

《西游记》中词语对《汉语大词典》的补正作用,程志兵,伊犁师范学院学报,2001年第3期

《西游记》中的俗语研究,张爱卿,秦建文,曲靖师范学院学报,2006年第5期

《西游记》中"却"的意义和用法,袁舫,广西师范大学学报·哲学社会科学版,1995年第S2期

《西游记》注释补正,章锡良,江苏大学学报·高教研究版,1989年第3期

《惜诵》"厉神"考,孙雍长,中国文学研究,1987年第1期

《洗冤集录》词语札记,曹小云,安徽师范大学学报·人文社会科学版,2006年第4期

《贤愚经》语词札记,郑贤章,古汉语研究,2005年第1期

《小尔雅》文字讹误辨正,杨琳,语言研究,2002年第1期

《小尔雅》疑难义训溯源,杨琳,烟台大学学报·哲学社会科学版,2002年第2期

《小说词语汇释》举误,暴拯群,古汉语研究,2001年第2期

《小说词语汇释》训释匡议,隋文昭,语文研究,1988年第3期

小议《论语》当中的"子某",王秀玲,学术研究,2008年第7期

"新发于硎"解》质疑,张儒,山西大学学报·哲学社会科学版,1989年第4期

《新语》校注补义,李若晖,古籍整理研究学刊,2002年第6期

《兴起行经》语词札记,方一新,福州大学学报·社会科学版,2000年第1期

《行次昭陵》"幽人"辨释,颜洽茂,绍兴文理学院学报·社科版,1991年第2期

行人卦·相思卦·鞋崇拜——《金瓶梅》风俗漫谈之一,刘桂秋,东南文化,1993年第3期

《型世言》词语拾零,邵丹,古汉语研究,2002年第2期

《型世言》语词例释,丁喜霞,洛阳师范学院学报,2000年第1期

《型世言》语词札记,曹小云,安徽教育学院学报,2001年第1期

《型世言》语词札记,曹小云,古汉语研究,2000年第1期

《型世言》中早于《汉语大词典》所引书证举例,程志兵,克山师专学报,2000年第2期

《醒世姻缘传》词语零拾,雷汉卿,古汉语研究,2007年第3期

《醒世姻缘传》词语拾零,王恩建,河北理工学院学报·社会科学版,2007年第2期

《醒世姻缘传》的"给"与"己",路广,语言研究,2006年第1期

《醒世姻缘传》方俗词考释,雷汉卿,信阳师范学院学报·哲学社会科学版,2004年第6期

《醒世姻缘传》方言词补释,雷汉卿,古汉语研究,2006年第3期

《醒世姻缘传》方言词补正,雷汉卿,洛阳师范学院学报,2006年第6期

《醒世姻缘传》方言词语杂考,雷汉卿,南京师范大学文学院学报,2004年第4期

《醒世姻缘传》释词撮误,李之亮,郑州大学学报·哲学社会科学版,1990年第1期

玄应《众经音义》方俗词考,徐时仪,上海师范大学学报·哲学社会科学版,2004年第4期

玄应《众经音义》方言俗语词考,徐时仪,汉语学报,2005年第1期

玄应《众经音义》所释常用词考,徐时仪,语言研究,2004年第4期

玄应《众经音义》所释词语考,徐时仪,南阳师范学院学报,2005年第7期

"玄渊"新解——《九章·惜往日》中的一个问题,龚维英,徐州师范大学学报·哲学社会科学版,1981年第4期

《荀子·不苟篇》疑词新证,王天海,贵州民族学院学报·哲学社会科学版,2003年第6期

《荀子·成相篇》"独鹿"新解,霍生玉,古汉语研究,2014年第4期

《荀子·非相篇》疑词新证,王天海,长江学术,2008年第1期

《荀子·劝学篇》校释订补四则,王天海,贵州民族学院学报·哲社版,2002年第6期

《荀子·劝学》"鼫鼠"辨正,姜可瑜,文史哲,1984年第4期

《荀子·劝学》"完"字解诂,于智荣,语言研究,2007年第1期

《荀子·荣辱篇》疑词新考,王天海,贵州民族学院学报·哲学社会科学版,2004年第4期

《荀子·修身篇》校释订补五则,王天海,贵州文史丛刊,2003年第2期

《荀子》训诂札记四则,于峻嵘,语文研究,2007年第4期

《荀子》正文训诂,王明春,枣庄学院学报,2005年第1期

《荀子》中的"故曰",高小方,河海大学学报·哲学社会科学版,2008年第2期

《荀子》重言辨析,于峻嵘,黄山学院学报,1999年第3期

压镇·同心结·魇胜——《金瓶梅》风俗漫谈之二,刘桂秋,无锡教育学院学报,1994年第1期

《颜氏家训》偏正式复音词构词法初探,刘光明,巢湖学院学报,2005年第3期

《颜氏家训》中的并列式同义（近义、类义）词语研究,魏达纯,古汉语研究,1996年第3期

《颜氏家训》中的词源探求,曾昭聪,广西社会科学,2005年第11期

《颜氏家训》中的代词,刘光明,安庆师范学院学报·社科版,2006年第3期

《颜氏家训》中反义语素并列双音词研究,魏达纯,东北师大学报·哲学社会科学版,1998年第1期

《颜氏家训》中反映魏晋南北朝时代色彩的新词,王小莘,语文研究,1998年第2期

扬雄《方言》借音字考,王彩琴,河南大学学报·社会科学版,2006年第1期

扬雄《蜀都赋》词语札记,华学诚,语言科学,2008年第2期

扬雄《蜀都赋》词语注商,华学诚,语言研究,2008年第2期

《扬州风月记》词语札记,曹小云,巢湖学院学报,2003年第4期

杨伯峻先生《论语译注》三则商榷,刘精盛,学术界,2007年第2期

《杨家将演义》词语重释,卢甲文,语文研究,1994年第3期

杨万里诗释词,王锳,吉安师专学报,1999年第2期

《殽之战》注解弥缝,许征,新疆师范大学学报·哲学社会科学版,1985年第1期

也说包山简文中的"受期",董莲池,古籍整理研究学刊,1999年第4期

也说《诗·新台》之"鸿",汪维辉,古籍整理研究学刊,1992年第3期

也说"唯女子与小人为难养也",王红霞,船山学刊,2004年第4期

也说《五人墓碑记》的"傫然",汪少华,文史知识,1996年第5期

也谈《读书杂志·汉书杂志》"庸身"条,刘精盛,现代语文·语言研究版,2006年第6期

也谈《卷耳》诸"我",郭全芝,淮北煤师院学报·哲学社

会科学版,2000年第1期
《野叟曝言》象声词初探,赵爱武,武汉大学学报·人文科学版,2006年第5期
《医古文》注释商兑,刘翠,古籍整理研究学刊,1995年第6期
《夷坚志》语词例释,武建宇,石薇薇,语文研究,2006年第4期
义净译著中的注文及其作者之研究,谭代龙,青海师范大学学报·哲学社会科学版,2006年第1期
《异苑》词语校释琐记,方一新,古籍整理研究学刊,2000年第1期
《易》"貗豕之牙"解,马新钦,中州学刊,2002年第2期
《易经》"亨"字释义新证,刘青,思想战线,2003年第6期
《易经》"用"字考,任晓彤,语文学刊·高教版,2006年第1期
《逸周书》丛考,李绍平,衡阳师范学院学报,2002年第1期
《逸周书》考辨四题,李绍平,湖南师范大学社会科学学报,2001年第5期
《逸周书》若干校注疏证,蔡升奕,语文研究,2000年第4期
《逸周书》语词研究,叶正渤,古籍整理研究学刊,2002年第5期
银雀山汉简《尉缭子》字词杂考,刘小文,古汉语研究,2005年第2期
《〈幽明录〉辑注》释词献疑,刘传鸿,池州师专学报,2003年第1期
由《金瓶梅》的"斗草"习俗谈其源流——《〈金瓶梅〉风俗漫谈》之三,刘桂秋,无锡教育学院学报,1994年第3期
《酉阳杂俎》疑难词考释,刘传鸿,语言研究,2003年第3期
《酉阳杂俎》语词训释,刘传鸿,南京师范大学文学院学报,2002年第2期
《元曲选》中的语气词"也、呵、那、阿、呀",黄斌,古汉语研究,1996年第1期
《月令》词语考释二则,李若晖,湖南大学学报·社会科学版,2006年第1期
乐府民歌中的新词新义——兼论新旧、词的特点,刘翠,安徽师范大学学报·人文哲学社会科学版,1994年第3期
再论"还归细柳营"、"乍暖还寒"的"还",颜春峰,文史知识,2002年第12期

再说《庄子·养生主》中的"新发于硎",汪化云,成都大学学报·社会科学版,2001年第4期
再谈《七发》"的"字,饶宗颐,音乐艺术·上海音乐学院学报,1998年第4期
再谈《左传》"贰于×",杨亦鸣,中国语文,2005年第4期
怎样理解《诗经·伐檀》中的一些词语,齐冲天,文史知识,2005年第9期
《战国策》"地势形便"理校,许廷桂,古汉语研究,1993年第3期
《战国策》"割挈马兔"校释,张显成,文献,2000年第3期
《战国策》"下兵"正诂,张其昀,古汉语研究,1997年第1期
《战国策·赵策》"窃自恕"解,张新武,古汉语研究,2002年第4期
《战国策注释》训诂失误举例,高明,西藏民族学院学报·哲社版,2004年第1期
战国竹简《民之父母》中的"才辩",李家浩,北京大学学报·哲学社会科学版,2004年第2期
《张协状元》同义词例释,杨观,绵阳师范学院学报,2003年第6期
《张协状元》中的亲属称谓词,杨观,绵阳师范学院学报,2005年第6期
《招魂》疑义新辨,钱玉趾,云梦学刊,2002年第4期
《真诰》词语辑释,冯利华,古汉语研究,2002年第4期
"震愆"——《楚辞》札记,段熙仲,文史哲,1961年第2期
烝姓的源流——读《嘉禾吏民田家莂》札记,王子今,马振智,文博,2003年第3期
郑玄《三礼注》中"犹"字用法探究,刘英波,聊城大学学报·社科版,2005年第4期
郑玄校《仪礼》从今文本字不从古文通假字考,杨天宇,史学月刊,2006年第8期
《智取生辰纲》词语例释,袁宾,山东师范大学学报·人文社会科学版,1984年第3期
《中华活页文选·五代史伶官传序》点注琐议,王宣武,唐都学刊,1985年第1期
中土佛教文献词语零札,董志翘,南京师大学报·社会科学版,2004年第5期
中学文言文注释补正,毛远明,西华大学学报·哲学社会科学版,1993年第1期
《中庸》首章"中"、"和"、"中节"解读,马育良,皖西学院学报,2003年第6期
《中庸》"素夷狄行乎夷狄"解,徐仁甫,文史杂志,1986年第4期

《周礼》"八议之辟"考论,温慧辉,福建论坛·人文社会科学版,2008年第3期

《周礼》中"通"、"达"词义的系统联系,宋永培,古汉语研究,1995年第4期

《周易·剥》之"剥床"新释,赵振兴,湖南师范大学社会科学学报,2003年第5期

《周易大传》语气词的语用功能考察,赵振兴,古汉语研究,2004年第3期

《周易》的复音词考察,赵振兴,古汉语研究,2001年第4期

《周易》"帝出乎震"之"帝"考释:兼论与北辰、北斗的关系,龙异腾,罗松乔,贵州师范大学学报·社科版,2003年第1期

《周易》副词研究,赵振兴,语言研究,2003年第2期

《周易》卦辞"朋"、"孚"考,臧守虎,周易研究,1999年第2期

《周易》通行本与帛书本异文声母研究,赵振兴,古汉语研究,2003年第3期

《周易》"童牛"之"童"表"去尽"义说商榷——答廖名春先生,吴辛丑,周易研究,2007年第5期

《周易》王弼注复音词考察,王娟,语文学刊,2006年第2期

《周易》形容词的语法功能,赵振兴,语言科学,2004年第5期

《周易》虚词考察,赵振兴,长沙电力学院学报·社会科学版,1995年第4期

《周易》"贞"字结构分析,吴辛丑,华南师范大学学报·社会科学版,2003年第6期

《周易》中的"福"及相关问题,连劭名,北京教育学院学报,2006年第4期

《周易》中的"时"及相关问题,连劭名,河南科技大学学报·社会科学版,2006年第5期

《周易》中的"主"及相关问题,连劭名,河南科技大学学报·社会科学版,2006年第3期

《朱子语类》词语考释,徐时仪,上海师范大学学报·哲学社会科学版,1991年第2期

《朱子语类》方言俗语词考,袁庆述,语文研究,1990年第4期

《朱子语类》语词札记,姚振武,古汉语研究,1992年第2期

《朱子语类》中的词尾"然",徐鹏鹏,哈尔滨学院学报,2006年第4期

《朱子语类》中的让步连词"虽"及相关问题,高文盛,席嘉,江南大学学报·人文社科版,2005年第5期

竹简《文子》"天王"考,葛刚岩,武汉大学学报·人文科学版,2005年第6期

《烛之武退秦师》札记三则,寇宗基,马乃骝,语文研究,1983年第4期

《烛之武退秦师》中的"说"字,汪少华,文史知识,1991年第11期

《烛之武退秦师》中的"武"字,白云,少华,文史知识,1999年第7期

《庄子》"马生人"浅解,龚维英,社会科学辑刊,1985年第5期

《庄子·秋水》"望洋"新诂,黄金贵,浙江大学学报·人文社会科学版,2006年第3期

《庄子》"望洋"释义辨,连登岗,青海师专学报·教育科学,2005年第3期

《庄子》疑难词语考释,方向东,南京师大学报·社会科学版,1999年第1期

《庄子》疑难词语考释四则,马启俊,魏宏灿,阜阳师范学院学报·社科版,2006年第6期

《庄子》中第一、二人称代词的比较研究,赵小刚,兰州大学学报·社会科学版,1991年第3期

《缀白裘》词语例释,李申,中国语文,2004年第1期

《缀白裘》词语续释,李申,古汉语研究,2007年第4期

《祖堂集》词语训释,鞠彩萍,常州工学院学报·社科版,2007年第1期

《祖堂集》释词,袁津琥,古汉语研究,2001年第4期

《祖堂集》中的俗语源,袁津琥,绵阳师范高等专科学校学报,1999年第1期

《祖堂集》中的俗语源(续),袁津琥,绵阳师范高等专科学校学报,1999年第6期

《祖堂集》字词考释,谭伟,南京师范大学文学院学报,2003年第1期

《醉翁亭记》里的"射",许征,汉字文化,1997年第3期

《醉翁亭记》中的"射",王垂基,文史知识,1995年第5期

《左传》"成昏"非"结婚"考,李华,辞书研究,2013年第1期

《左传》成语初探,李小燕,九江师专学报,2004年第3期

《左传》"乘马"解——兼说骑马之起源,董德志,许昌学院学报,1987年第4期

《左传》词汇简论,陈克炯,华中师范大学学报·人文社会科学版,1982年第1期

《左传》词语辨诂,王卫峰,山东教育学院学报,2004年第3期

《左传》"大叔完聚"新解,庞光华,古籍整理研究学刊,2004 年第 6 期

《左传》单音节同义词群的考察,沈林,古汉语研究,2001 年第 4 期

《左传》杜预注校释一则,卢凤鹏,毕节师范高等专科学校学报,2005 年第 1 期

《左传》"日有食之"新解,庞光华,贵州文史丛刊,2003 年第 3 期

《左传》序数考,林涛,广西大学学报·哲学社会科学版,1984 年第 1 期

《左传》训诂五则,郑慧生,河南大学学报·社会科学版,2006 年第 2 期

《左传》与"诗以言志",杨钊,西南民族大学学报·人文社科版,2006 年第 10 期

《左传》注商榷两例,黄瑞云,语文教学与研究,1985 年第 2 期

《左传》"追""逐"的意义和用法分析,丁喜霞,山东师范大学学报·人文社会科学版,2004 年第 1 期

(二) 古籍整理与版本校勘

"版本"辨正,时永乐,辞书研究,1998 年第 2 期

《抱朴子外篇》略论——《抱朴子外篇校笺》前言,杨明照,社会科学战线,1990 年第 2 期

《抱朴子外篇校笺》前言,杨明照,四川大学学报·哲学社会科学版,1992 年第 2 期

毕沅《释名疏证》引《广韵》异文试评,魏宇文,甘肃社会科学,2005 年第 1 期

帛书《老子》和通行本的文字差异,毛远明,西华师范大学学报·哲学社会科学版,1991 年第 2 期

帛书《老子》假借字考,姚一斌,云南师范大学学报·哲学社会科学版,2001 年第 3 期

卜天寿抄《三台词》末二句的校释,叶爱国,西域研究,1996 年第 3 期

补《陈书·疆域志》校补,谭其骧,禹贡,1936 年第 5 卷第 6、10 期

从战国时期六国金文角度看汉字的隶变,樊俊利,语文研究,2013 年第 3 期

《大唐创业起居注》校记,杨希义,古籍整理研究学刊,1991 年第 6 期

《大唐西域记校注》商兑,姚永铭,古籍整理研究学刊,1999 年第 6 期

典籍辨误五则,杨琳,古籍整理研究学刊,2003 年第 2 期

雕版印刷术发明于东汉新证,时永乐,图书馆工作与研究,2006 年第 4 期

读钱大昕《元史艺文志》,陈高华,中国史研究,2007 年第 1 期

读《史记·越世家》一得,殷伟仁,浙江学刊,1992 年第 4 期

读书札记,杨观,绵阳师范高等专科学校学报,1996 年第 4 期

段玉裁《说文解字注》两辨,薛克谬,河北大学学报·哲学社会科学版,1985 年第 3 期

敦煌变文校补,袁宾,兰州大学学报·社会科学版,1986 年第 2 期

敦煌变文校勘零札,袁宾,甘肃社会科学,1983 年第 6 期

敦煌变文校勘零札补记,袁宾,甘肃社会科学,1984 年第 4 期

敦煌变文校释商榷及新补,刘瑞明,固原师专学报,1989 年第 3 期

《敦煌变文字义通释》补正五则,刘瑞明,古汉语研究,1990 年第 1 期

《敦煌赋汇》校勘一则,袁津琥,文献,1998 年第 2 期

敦煌社邑文书词语选释,叶贵良,敦煌研究,2004 年第 5 期

《敦煌俗别字补正》商榷,叶爱国,敦煌研究,2002 年第 5 期

敦煌悬泉汉简断句之误,叶爱国,敦煌研究,2005 年第 1 期

敦煌医药卷子 P.3930 校读补遗,彭馨,南京中医药大学学报·社会科学版,2007 年第 2 期

高适诗文系年稿,徐无闻,西南师范大学学报·人文社会科学版,1980 年第 2 期

高诱注方言词研究,周俊勋,四川大学学报·哲学社会科学版,1999 年第 S1 期

阁本欧阳文忠集校勘表,张鉴,浙江图书馆馆刊,1933 年第 4 期

阁本欧阳文忠居士集校记,张鉴,浙江图书馆馆刊,1933 年第 3 期

古籍牌记的起源与价值,时永乐,图书馆工作与研究,2008 年第 1 期

郭本《古代汉语》注释疏误例说,于智荣,蒲峪学刊,1996 年第 1 期

郭璞《尔雅注》简论,赵振铎,语文研究,1985 年第 1 期

汉简考历,俞忠鑫,中国文化,1991 年第 2 期

《汉书》校注拾遗,武晓玲,苏州科技学院学报,2003

年第 4 期

《后汉书》标点正误一则，袁津琥，古籍整理研究学刊，1993 年第 2 期

《后汉书》校勘记献疑一则，杨鉴生，陕西师范大学学报·哲学社会科学版，2004 年第 3 期

校点《楚辞新注》记，姚庆瑞，唐都学刊，1986 年第 3 期

《九章律》考辨，殷啸虎，历史教学，1990 年第 1 期

《旧唐书·本纪》干支记日谬误举要，王化昆，中国史研究，2007 年第 3 期

《旧唐书》勘误一则，杨希义，史学月刊，1986 年第 2 期

《老子》"大器晚成"即"大器无成"说补证，董莲池，古籍整理研究学刊，2000 年第 5 期

老子《道德经》"夫礼者"当为"失礼者"辨，徐仁甫，文史杂志，1989 年第 2 期

《礼记》释例，杨雅丽，西北第二民族学院学报·哲学社会科学版，1999 年第 1 期

梁玉绳《黔苗词》笺，朱端强，贵州文史丛刊，1984 年第 4 期

《吕氏春秋·十二纪》、《礼记·月令》、《淮南·时则训》、《逸周书·时训》解异文笺，沈延国，制言，1940 年第 61 期

论《方言》对《尔雅》古今语的记述，陆华，南宁师范高等专科学校学报，2001 年第 3 期

论《墨子》中的同义复词，杨雅丽，西北第二民族学院学报·哲学社会科学版，2001 年第 2 期

《论语·子罕》章句辨，杨希枚，孔子研究，1987 年第 4 期

《明史·功臣世表三》纠误一则，张祥明，中国史研究，2007 年第 3 期

《明史·河渠志》标点纠谬一则，李德楠，中国史研究，2006 年第 1 期

《明史·后妃传》校记一则，王宏凯，史学月刊，1985 年第 4 期

《明史·许进传》纠误一则，施新荣，中国史研究，2006 年第 4 期

《明史·艺文志》"史部·故事类"勘误一则，李小林，中国史研究，2006 年第 3 期

《明史·艺文志》"史部·职官类"勘误一则，李小林，中国史研究，2007 年第 2 期

《明史·艺文志》"史部"勘误二则，李小林，中国史研究，2006 年第 2 期

《明史·艺文志》"史部"勘误一则，李小林，辽宁大学学报·哲学社会科学版，2005 年第 5 期

《明史·艺文志》正误二则，王宏凯，史学月刊，1986 年第 1 期

《明史·艺文志》正误三则，王宏凯，史学月刊，1987 年第 4 期

《明史·职官志》正误一则，王宏凯，史学月刊，1984 年第 3 期

《明史·诸王世表》补校二则，王宏凯，史学月刊，1988 年第 3 期

《明史·诸王世表》勘误二则，王宏凯，史学月刊，1990 年第 5 期

《墨子·公输》的一处校勘问题，王锳，古汉语研究，1995 年第 2 期

《齐民要术》札记三则，阚绪良，中国农史，2003 年第 4 期

《千金方》校释中的若干词语释义，沈澍农，医古文知识，2004 年第 4 期

浅说《论语》中的"三"，尹戴忠，湘潭师范学院学报·社会科学版，2005 年第 6 期

浅析《庄子》中的联绵词，叶正渤，盐城师范学院学报·人文社会科学版，2008 年第 1 期

清人尤侗《土谣》笺证，朱端强，华夏地理，1983 年第 5 期

《清史稿》中的满语、蒙语和藏语，王学奇，河北师范大学学报·哲学社会科学版，2008 年第 2 期

《全三国文》考证一则，杨鉴生，陕西师范大学学报·哲学社会科学版，2005 年第 1 期

三国文小考一则，杨鉴生，陕西师范大学学报·哲学社会科学版，2004 年第 3 期

《三国志》裴注考证，王钟翰，中国文化研究所汇刊，1945 年第 5 卷下

《尚书》"时日曷丧，予及汝皆亡"新释，殷伟仁，人文杂志，1988 年第 2 期

《尚书》"有众率怠弗协"解，殷伟仁，学术研究，1991 年第 5 期

《诗经》"兴"体述例，姚庆瑞，唐都学刊，1985 年第 2 期

《诗三家义集疏》点校失误辨析，滕志贤，古籍整理研究学刊，2000 年第 1 期

《诗·玄鸟》中"厥后"新解，殷伟仁，苏州大学学报·哲学社会科学版，1986 年第 1 期

史部古籍修辞摭误，田忠侠，长沙理工大学学报·社会科学版，1991 年第 1 期

《史记》标点商榷，汪维辉，古汉语研究，1992 年第 4 期

《史记》标校失误四则，袁津琥，古籍整理研究学刊，1993 年第 1 期

《史记》校读厘正，陈冠明，古籍整理研究学刊，1997 年第 6 期

《史记》衍脱举正,陈冠明,文献,1996年第2期
试论陈奂对《毛诗》的校勘,滕志贤,南京晓庄学院学报,1995年第2期
释"置"与"错"——兼释《荀子》"刑错而不用",于峻嵘,张家口师专学报,2004年第2期
《说文解字》中所见之民族字研究,叶正渤,徐州师范大学学报·哲学社会科学版,1996年第2期
《四库全书总目·小学类·尔雅》三题,柯亚莉,三峡大学学报·人文社会科学版,2008年第1期
《宋史·符昭愿传》辨正,游彪,中国史研究,2006年第3期
《宋史》勘误二则,游彪,史学月刊,1990年第2期
《宋史·王德传》辨误,游彪,中国史研究,2006年第1期
《隋书·礼仪志》正误一则,许云和,中国史研究,2006年第2期
《太平经合校》校对补说,俞理明,古籍整理研究学刊,2002年第1期
《太平经》文字勘定偶拾,俞理明,古籍整理研究学刊,2000年第5期
《唐才子传,马戴传》笺证,梁超然,广西民族学院学报·哲学社会科学版,1989年第2期
唐诗笺注一则,杨希义,贵州文史丛刊,1987年第1期
唐诗刊误二则,潘竟翰,安徽师范大学学报·人文社会科学版,1990年第2期
《通鉴·隋纪》正误二则,田廷柱,史学月刊,1995年第3期
王力《古代汉语》部分释义商兑,尹戴忠,韶关学院学报,2005年第4期
王力《古代汉语》释义商兑,尹戴忠,韩山师范学院学报,2001年第3期
王力《古代汉语》疏误再商补,于智荣,长春师范学院学报,1999年第3期
文献中的山东古方音,虞万里,古汉语研究,1988年第1期
《文心雕龙校注》前言,杨明照,四川大学学报·哲学社会科学版,1980年第2期
《新唐书纠谬》考辨,余敏辉,文献,1998年第4期
《新唐书》勘误一则,杨希义,史学月刊,1984年第1期
《新唐书·历志》校勘记,钱宝琮,浙江图书馆馆刊,1935年第6期
《续资治通鉴》证误,王瑞来,安徽史学,1990年第3期
颜游秦《汉书决疑》佚文与颜师古《汉书注》比义,王鑫义,史学月刊,2007年第3期

杨朱考再补,擘黄,现代评论,1926年第1年周年纪念增刊
银雀山汉简字形与汉字源流辨正,张会,古汉语研究,2010年第2期
《元史·郝经传》札记一则,张国旺,中国史研究,2006年第1期
《元史》正误一则,刘晓,史学月刊,1996年第4期
《增订刘子校注》前言,杨明照,四川大学学报·哲学社会科学版,2001年第4期
《贞观政要》勘误十例,杨希义,古籍整理研究学刊,1987年第2期
中古《五行志》的"征"与"应",游自勇,首都师范大学学报·社会科学版,2007年第6期
中华书局点校本《金史》正误二则,李辉,中国史研究,2006年第4期
中华书局点校本《魏书》地理勘误,毋有江,中国史研究,2006年第3期
庄本、夫容馆本《离骚章句》勘异,叶志衡,杭州师范学院学报·社会科学版,2001年第3期
庄本、夫容馆本《离骚章句》异文辨析,叶志衡,浙江师大学报·社会科学版,2001年第4期
庄本、夫容馆本《离骚章句》异文辨析(二),叶志衡,浙江师范大学学报·社会科学版,2002年第4期
《左传》句、段间的隐含,朱维德,衡阳师范学院学报,1996年第2期
《左传》误字辨正一则,苏芃,中国史研究,2007年第4期

(三) 古籍书目及篇章解读

《本草纲目》中"释名"的词源学价值,盛九畴,语文研究,1993年第3期
比较词义与文献释读,黄树先,语文研究,2012年第3期
宾祭之诗与絃歌之诗考释,刘操南,杭州大学学报·哲学社会科学版,1992年第1期
茶神和《茶经》(上),臧嵘,文史知识,2000年第12期
春秋"赋诗"及其它,任晓勇,淮北煤师院学报·哲学社会科学版,1997年第3期
《春秋经》、《传》日月食考,王化钰,吉林大学社会科学学报,1988年第2期
《春秋左氏传》引《诗》考略,王化钰,北华大学学报·社会科学版,1984年第4期
从多义词看《尔雅》的同义聚合标准,王建莉,古汉语研究,2004年第1期

从《太平经》看三字连文,王敏红,宁夏大学学报·人文社科版,2004年第1期

从《左传》、《战国策》看"春秋""战国"外交辞令之不同,王立,语文学刊,2006年第22期

《大冶赋》注释商榷,汪圣铎,中国钱币,1999年第1期

杜诗切姓用典探,邱睿,商丘师范学院学报,2007年第1期

《尔雅》动物专名的原始特征,王建莉,汉字文化,2003年第2期

《尔雅》复合词的特点,王建莉,语文研究,2004年第4期

《尔雅》异名理据的特征,王建莉,内蒙古师范大学学报·哲学社会科学版,2005年第6期

《尔雅》异名训诂与大型辞书释义,王建莉,广播电视大学学报·哲学社会科学版,2004年第4期

《尔雅》在同义复合词研究中的利用价值,王建莉,内蒙古大学学报·人文·社会科学版,2004年第2期

《方言》用字与《说文》初探,王彩琴,河南社会科学,2007年第6期

赋体起源考——关于"升高能赋"、"瞍赋"的具体所指,钱志熙,北京大学学报·哲学社会科学版,2006年第3期

宫怨诗范畴辨析,王娟,江西社会科学,2007年第10期

古代文论"养气"说之流变,王辉,山东师范大学学报·人文社会科学版,2002年第2期

古诗词新解二题,姚振武,古籍整理研究学刊,2002年第4期

关于《豳风·七月》的几个问题,陈江风,河南大学学报·社会科学版,1987年第2期

关于《训世评话》文本的若干问题,汪维辉,语言研究,2003年第4期

《管子》三匡解题,王恩田,管子学刊,1996年第2期

《广雅·释诂》词义研究的系统视角,孙菊芬,延安大学学报·社会科学版,2005年第6期

《广雅·释诂》性质考辨,孙菊芬,辞书研究,2006年第1期

《广雅疏证》的因声求义与语源学研究,齐冲天,汉字文化,2006年第1期

《国殇》探讨,潘振中,江苏大学学报·高教研究版,1982年第1期

汉鼓吹铙歌第十八曲《石留》解,许云和,古籍整理研究学刊,2006年第6期

郝疏《尔雅》及其声训初探,汪启明,楚雄师范学院学报,1986年第3期

"季氏八佾舞于庭"不是维护周礼——与李启谦同志商榷,刘百顺,学术月刊,1983年第2期

借君子之口,行己评之实——《左传》"君子曰"评论体式解读,徐琳,黑龙江教育学院学报,2007年第12期

《橘颂》的作时与象征意义,钱玉趾,云梦学刊,2005年第6期

孔子和《诗经》,孙斌来,山西师大学报·社会科学版,1987年第2期

"孔子以六艺教"考辨,刘秉果,体育文化导刊,1985年第4期

《老子》难读,任继愈,群言,1996年第6期

《老子》"事善能"辨误,孙雍长,学术研究,2008年第6期

老学源流,任继愈,寻根,1996年第2期

《离骚》诗题新解,钱玉趾,云梦学刊,2004年第2期

《李群玉考略》补证——释《将离澧浦置酒野屿奉怀沈正字》诗,陶敏,娄底师专学报,1989年第3期

《两拍》释词,汪维辉,宁波大学学报·教育科学版,1996年第1期

《聊斋志异》中的反暴复仇母题——蒲松龄互文性意识和古代中国向猛兽复仇故事,王立,蒲松龄研究,2006年第4期

六世纪汉语词汇的南北差异——以《齐民要术》与《周氏冥通记》为例,汪维辉,中国语文,2007年第2期

《鹿鸣》考,李树军,山东教育学院学报,2004年第1期

论语新证,于省吾,社会科学战线,1980年第4期

论《尔雅》词源义与"同义为训"词义的关系,王建莉,内蒙古师范大学学报·哲学社会科学版,2004年第1期

论《尔雅》的"求同"训解与"同一性"思想,王建莉,内蒙古社会科学·汉文版,2004年第2期

论《尔雅》方言词的地域分布——《尔雅》方言研究之一,华学诚,华东师范大学学报·哲学社会科学版,2000年第1期

论《尔雅》方言词的训释方式——《尔雅》方言研究之一,华学诚,钦州师范高等专科学校学报,2000年第1期

论《尔雅》同义词内部地位的不等同性,王建莉,贵州大学学报·社会科学版,2004年第3期

论黄生《字诂》《义府》对训诂学的贡献,孙菊芬,伊犁师范学院学报,2003年第2期

论老子哲学的"无",王晖,徐州师范大学学报·哲学社会科学版,2000年第1期

论陆九渊《易》说,黄黎星,中国哲学史,2004 年第 4 期
论《切韵·残卷三》训诂材料的历史地位和价值,汪波,安徽大学学报·哲学社会科学版,1989 年第 1 期
论《尚书》中的"德政"范式,梁凤荣,辽宁大学学报·哲学社会科学版,2006 年第 2 期
漫谈古诗中的菊花意象,王辉,文学教育(上),2007 年第 9 期
《七月》诗义拾零,黄瑞云,中南民族大学学报·人文社会科学版,1985 年第 3 期
浅谈《荀子·赋篇》,包遵信,文史哲,1978 年第 5 期
《尚书·牧誓》篇新考,杨华,贵州社会科学,1996 年第 5 期
《尚书·牧誓》新考,杨华,史学月刊,1996 年第 5 期
失落的栖居地——明清小说的寓意与反讽,唐根希,宁夏大学学报·社会科学版,2000 年第 4 期
《诗经·邶风·北风》篇新解,李运富,古汉语研究,1997 年第 3 期
《诗经·豳风·九罭》新解,李运富,孝感学院学报,1997 年第 4 期
《诗经·溱洧》的主旨与新解译,钱玉趾,三峡大学学报·人文社会科学版,2006 年第 1 期
《诗经·新台》新解译,钱玉趾,文史杂志,2005 年第 5 期
《诗经》中的鸟意象,王建堂,山西师大学报·社会科学版,1995 年第 2 期
《诗纬》考论,孙蓉蓉,中国文化研究,2006 年第 4 期
《史记》与《汉书》——吐鲁番出土文献札记之一,荣新江,新疆师范大学学报·哲学社会科学版,2004 年第 1 期
试论《释名》中不合理的声训,李茂康,广州师院学报,1998 年第 10 期
试论《释名》中可取的声训,李茂康,西南师范大学学报·哲学社会科学版,1997 年第 6 期
试析秦简《日书》辰、戌、丑、未四季土,王光华,求索,2006 年第 9 期
释"名"——《老子》译文商榷之一,杜定友,钱亚新,湖南城市学院学报,1988 年第 4 期
《双渐苏卿》本事新证,谭正璧,中国戏剧,1962 年第 4 期
谁误解了《太史公自序》一段话,王英志,文史知识,1991 年第 3 期
谁误解了《太史公自序》一段话,赵光贤,文史知识,1992 年第 2 期
《说文解字》概述,钱剑夫,辞书研究,1979 年第 1 期
《说文解字》互训词研究,卢凤鹏,毕节师范高等专科学校学报,1997 年第 3 期
《说文解字》异词同训的语义分析,卢凤鹏,贵州师范大学学报·社会科学版,1996 年第 4 期
《说文解字》注释拾补,段玉泉,巢湖学院学报,2004 年第 1 期
《说文》声训被释词和训释词异源关系初探,杨华,广西师范大学学报·哲学社会科学版,2002 年第 1 期
《说文》同训词的语义系统分析,卢凤鹏,毕节师范高等专科学校学报,1996 年第 3 期
《说文》异词同训的定位分析,卢凤鹏,贵州文史丛刊,1997 年第 5 期
司马迁的"天人之际"学说初探,刘操南,固原师专学报,1985 年第 2 期
《宋史》校勘商兑数例,吕友仁,河南师范大学学报·哲学社会科学版,1998 年第 6 期
"岁亦阳止"与《采薇》诗中的时令,黄瑞云,浙江师范大学学报·社会科学版,1982 年第 3 期
《太平经》中的七言诗,王建,贵州社会科学,1995 年第 3 期
谈《石钟山记》的"南声"、"北音",王伟民,徐州师范大学学报·哲学社会科学版,1979 年第 1 期
唐代"'平陆'戟"的出土和《唐书·地理志》的校读,唐友波,上海大学学报·社会科学版,1989 年第 4 期
唐代文学中的马意象,王立,南京师范大学文学院学报,2004 年第 3 期
唐诗中的胡人形象——兼谈中国文学中的胡人描写,王立,内蒙古大学学报·人文社会科学版,2002 年第 1 期
《滕王阁序》杂谈,傅勃荣,文史知识,1992 年第 11 期
"替天行道"行何"道",关于《水浒》中"道"的辨析,陈辽,明清小说研究,2005 年第 1 期
王梵志诗"脆风坏"考,朱庆之,中国语文,2001 年第 6 期
王梵志诗"脆风坏"讨论二则,曾良,中国语文,2003 年第 6 期
韦述及其《两京新记》,荣新江,文献,2004 年第 2 期
《文心雕龙》术语用法举例——书《释"风骨"》后,陆侃如,文学评论,1962 年第 2 期
《文子》成书时代琐议,谭家健,长沙电力学院学报·社会科学版,1998 年第 2 期
《西游记》源流别考——以敦煌文学为例,汪泛舟,思想战线,1992 年第 2 期
《闲情赋》,陶渊明的游戏之笔,徐国荣,九江师专学报,1994 年第 Z1 期

象以典刑——论《尚书》中的刑罚观,王定璋,中华文化论坛,1999年第4期

小说旁证二则,孙楷第,文学评论,1962年第1期

《性自命出》与《淮南子·缪称》论"情",刘乐贤,中国哲学史,2000年第4期

"兄友弟恭"的理想与"兄弟参商"的现实——《儒林外史》兄弟群像所体现的士人性格与命运,陈美林,南京师范大学文学院学报,2004年第2期

扬雄《方言》"奇字"考(上)——兼析《方言》"奇字"的表词特点,华学诚,钦州师范高等专科学校学报,2000年第4期

扬雄《方言》"奇字"考(下)——兼析《方言》"奇字"的表词特点,华学诚,钦州师范高等专科学校学报,2001年第1期

尹湾汉简《神乌傅(赋)》考论,许云和,中山大学学报·社会科学版,2008年第3期

再谈《胡笳十八拍》,刘大杰,文学评论,1959年第4期

泽螺居楚辞新证(上),于省吾,社会科学战线,1979年第3期

泽螺居楚辞新证(下),于省吾,社会科学战线,1979年第4期

张孝祥怀念弃妇词考释,宛敏灏,安徽师范大学学报·人文社会科学版,1988年第2期

《张孝祥年谱》补正,宛敏灏,安徽史学,1959年第6期

中国古代海外传说误读的文化成因,王立,大连海事大学学报·社会科学版,2003年第3期

《周易》流行语及文化层面,王建堂,山西大学学报·哲学社会科学版,1994年第1期

《周易》修身思想解读,任杰玉,浙江工贸职业技术学院学报,2004年第2期

《左传》与《国语》比较研究,王化钰,佳木斯大学社会科学学报,1996年第1期

第二部分　百科索引分类

一、地名

"爱晚亭"得名之由来,舒宝璋,咬文嚼字,2000 年第 4 期
敖仓与楚汉战争,马彪,北京师范大学学报·社会科学版,1987 年第 1 期
澳门"莲"系地名考(上),邓景滨,岭南文史,1999 年第 3 期
澳门"莲"系地名考(下),邓景滨,岭南文史,2000 年第 1 期
澳门外文称谓 Macao 渊源考,邓景滨,历史研究,2002 年第 3 期
八百媳妇国疆域考,黎道纲,东南亚,1995 年第 3 期
八百媳妇请属元廷考,黎道纲,东南亚,1995 年第 1 期
"巴"、"蜀"及"四川"之名的由来,石苗子,文史知识,2001 年第 7 期
巴蜀始末,郑德坤,学思,1942 年第 2 卷第 11 期
巴蜀为郡考,孙华,社会科学研究,1985 年第 2 期
拔延山考,汪受宽,青海社会科学,1981 年第 3 期
"白登"之"登"应读去声,孙继善,中国语文,1994 年第 4 期
白马寺寺名探疑,徐时仪,古籍整理研究学刊,2002 年第 4 期
百越地名及其文化蕴意,李锦芳,中央民族大学学报·哲学社会科学版,1995 年第 1 期
宝鸡与玉圭,王家祐,中国道教,1997 年第 1 期
北边长城考,徐琚清,史学年报,1929 年第 1 卷第 1 期
北朝历代建置长城及其军事战略地位,朱大渭,中国史研究,2006 年第 2 期
北朝至五代时期晋阳的历史地位,王化昆,大同职业技术学院学报,2002 年第 3 期
北方军事地理枢纽——潼关,侯甬坚,文史知识,1992 年第 6 期
北京城史溯源,阎崇年,前线,1991 年第 12 期
北京历代帝王庙,赵克生,文史知识,2004 年第 1 期
北京最古的寺庙——潭柘寺,徐时仪,文史知识,1992 年第 3 期
北平法源寺沿革考,罗桑彭错,正风半月刊,1935 年第 1 卷第 10 期
北平宫殿池囿考,袁震,清华周刊,1931 年第 35 卷第 4 期
北平妙应寺记,妙舟,微妙声,1937 年第 4 期
北平雍和宫记,妙舟,微妙声,1936 年第 1 期
北平永安寺记,妙舟,微妙声,1937 年第 3 期
北齐徐显秀墓发掘记,常一民,文物世界,2006 年第 4 期
北宋东京"水门"考,万方,湘潭师范学院学报·社会科学版,1992 年第 4 期
北魏六镇的名称和地域,谷霁光,禹贡,1934 年第 1 卷第 8 期
北洋天然水寨——刘公岛,吴济夫,治淮,1996 年第 9 期
北运河考略,张景贤,地学杂志,1919 年第 10 卷第 9、10 期
遍布全国的孔庙,徐梓,王雪梅,文史知识,1999 年第 9 期
博格多汗宫,张晓东,张汉君,文博,2006 年第 4 期
渤海国渤州考,刘晓东,罗葆森,陶刚,北方文物,1987 年第 1 期
渤海国湖州治所及湄沱湖问题,卢伟,北方文物,2006 年第 4 期
渤海国湄沱湖考,刘晓东,北方文物,1985 年第 2 期
渤海国渊源考释,李德山,古代文明,2007 年第 4 期
卜奎不是金代的庞葛——与《庞葛城考》商榷,谭延翘,北方文物,2004 年第 4 期
"不周山为岐山"说,郑慧生,人文杂志,1993 年第 2 期
参半不是庸那迦国,黎道纲,南洋问题研究,1998 年第 3 期
参合陂水考,续考,丁谦,地学杂志,1919 年第 10 卷第 2 期
沧海桑田话地名,邓明,档案,2005 年第 1 期
苍海郡研究,刘子敏,房国凤,东疆学刊,1999 年第 2 期
藏传佛教寺庙——承德普宁寺,杨时英,文史知识,1991 年第 5 期

层化的河西地名,张力仁,中国地名,2000年第3期
禅宗名刹镇江金山寺,徐时仪,中国典籍与文化,1996年第4期
长安古刹之调查,谢镇东,新陕西月刊,1931年第1卷第3期
长城关堡录,张鸿翔,地学杂志,1936年第177—179期
长城考,张相文,地学杂志,1914年第5卷第9期
长城与边墙,孟世杰,新苗,1936年第3期
长门宫与华清宫,郎净,华夏文化,2003年第4期
长杨、五柞宫考辨,王李娜,考古与文物,2007年第1期
巢城考释,杨福生,宁业高,王心源,巢湖学院学报,2006年第4期
辰国小考,张军,北方文物,1998年第2期
辰国新考,李德山,学习与探索,2003年第3期
陈胜乡里阳城考,谭其骧,社会科学战线,1981年第2期
成都净众寺是世界最早纸币——交子的诞生地,罗天云,邓中殊,文史杂志,2006年第6期
成都历代沿革考,龚熙台,华西学报,1937年第5期
成吉思汗陵,杨云,历史教学,1984年第3期
成吉思汗陵寝辨证书,张相文,地学杂志,1916年
成吉思汗陵寝事议案,张相文,大中华,1915年第1卷第12期
成吉思汗陵寝之发现,张相文,地学杂志,1915年第3卷第7—13期
成吉思汗陵寝之旁证,张相文,地学杂志,1917年第10卷第1—16期
成语故乡漫游——"黄粱美梦"与黄粱梦村,周沙尘,旅游,1997年第5期
赤壁考,王剑英,史学月刊,1985年第6期
"赤壁之战"的赤壁在何处,张修桂,文史知识,2004年第3期
赤土国考,许云樵,南洋学报,1941年第2卷第3期
"虫伯"及其种族地望考——兼论有关鬼方的几个问题,王晖,中国历史地理论丛,1990年第2期
崇祯皇帝埋葬的经过——思陵介绍,牟小东,文史知识,1984年第3期
《楚辞》地名考,钱穆,清华学报·自然科学版,1934年第3期
楚地"句亶"、"越章"新探,黄锡全,人文杂志,1991年第2期
楚都何时迁郢,石泉,江汉论坛,1984年第4期
"楚黄"名义考,黄崇浩,黄冈师范学院学报,2008年第1期

楚秦黔中郡与洞庭郡关系初探,钟炜,湖北大学学报·哲学社会科学版,2005年第4期
楚通江淮证,陈汉章(译),地学杂志,1919年第10卷第11、12期
"穿胸"之谜,周士琦,文史杂志,1992年第5期
传说中周都的实地考察,石璋如,国立中央研究院历史语言研究所集刊,1948年第20本下册
春秋都邑考,张冷莹,中日文化,1949年第2卷第9、10期
春秋时代的县,顾颉刚,禹贡,1937年第7卷第6、7期
此"乌江"非彼"乌江",章锡良,咬文嚼字,2007年第4期
大九州考,吕思勉,学术,1940年第4辑
大理地名考,鲍包兰,华西协合大学中国文化研究所集刊,1943年第3卷第1—4期
"大秦"不是罗马,而是波斯,〔美〕朱学渊,文史知识,2006年第6期
大清河,王树枬(编纂),河北月刊,1935年第3卷第6、7、8、10期
大雁塔,雷依群,文博,1986年第3期
大野泽的变迁,李素英,禹贡,1934年第1卷第9期
大足三清洞十二宫神考辨,李远国,王家祐,四川文物,1997年第2期
岱南奇观——峄山,吴济夫,文史知识,1995年第11期
"当州"正解,施和金,学术研究,1981年第5期
导淮简史,陈登恺,任承统,洪绅等,时事月报,1930年第2卷第1期
导淮考略,黄泽苍,东方杂志,1935年第32卷第2期
道教发祥地崆峒山,徐时仪,文史知识,1993年第6期
"登临出世界"的大雁塔,高凌,晓亮,文史知识,1992年第6期
"登州"的由来,初钊兴,文史知识,1994年第9期
地名迁置漫谈,鲁西奇,罗杜芳,寻根,2002年第2期
地名与河西的民族分布,张力仁,中国历史地理论丛,1998年第1期
点苍山洱海考释,徐琳,民族语文,1986年第6期
东坝考,武同举,江苏研究,1935年第1卷第3期
东北榷名,金毓黻,东北集刊,1943年
东北释名,恨石,经世日报经世副刊,1946年第10期
东方阿尔卑斯山——四姑娘山,胡琴,对外大传播,2003年第7期
"东皋"的文化意蕴,周小兵,理论与创作,2003年第1期

东关清真大寺,丁柏峰,文史知识,2006 年第 2 期
东汉陵寝,刘敦桢,中国营造学社汇刊 1932 年第 3 卷第 4 期
东晋南朝时期"三吴"的地理范围,王铿,中国史研究,2007 年第 1 期
东晋侨置州郡释例,班书阁,禹贡,1936 年第 5 卷第 7 期
《东君》"扶桑"为地名辨,翟振业,玉溪师范学院学报,1988 年第 5 期
"东坡"、"赤壁"小考,张福勋,语文学刊,1985 年第 5 期
东岳泰山考辨,王恩田,济南教育学院学报,2002 年第 3 期
东州考,杨琳,文献,1995 年第 2 期
东周、秦汉南阳并非一地,周书灿,中国历史地理论丛,1997 年第 2 期
洞庭与苍梧郡新探,钟炜,南方论刊,2006 年第 10 期
都城隍庙考,张传勇,史学月刊,2007 年第 12 期
都江堰创建之谜,冯广宏,水利天地,1988 年第 6 期
杜环《经行记》摩邻国秋萨罗国试考,苏继顾,南洋学报,1947 年第 4 卷第 1 期
杜诗"巴峡"再考辨,辛志贤,北京师范大学学报·社会科学版,1999 年第 6 期
敦煌藏经洞封闭原因再探,沙武田,中国史研究,2006 年第 3 期
敦煌石窟中的音乐资料,泳汀,文史知识,1988 年第 8 期
敦煌与莫高窟释名及其它,李得贤,青海社会科学,1988 年第 5 期
"阿房宫"、"阿房前殿"与"前殿阿房"的考古学解读,王学理,文博,2007 年第 1 期
阿房宫概念与阿房宫考古,杨东宇,段清波,考古与文物,2006 年第 2 期
阿房宫:前殿勘探、发掘基本结束,李毓芳,文史知识,2004 年第 12 期
恶溪考(潮梅史地丛考之一),饶宗颐,禹贡,1937 年第 6 卷第 11 期
鄂勒欢地望考辨,谭彦翘,北方文物,1994 年第 3 期
二十四桥今何觅,兰殿君,文史杂志,2006 年第 1 期
"矾石巷"应为"樊西巷",胡渐逵,读书,2007 年第 8 期
访刘勰故定林寺,田辰山,文史知识,1982 年第 3 期
肥城陶山范蠡墓,程兆奎,文史知识,1991 年第 4 期
肥东考释,杨福生、宁业高、王心源,巢湖学院学报,2006 年第 5 期
佛光映照的人间仙境——峨眉山,方北辰,文史知识,2001 年第 7 期

扶桑与日本,汪玉刚,文史知识,1977 年第 2 期
复艾克教授论六朝之塔,刘敦桢,中国营造学社汇刊,1933 年第 4 卷第 1 期
甘省灵台古迹,灵台为文王所建,开发西北,1934 年第 2 卷第 5 期
甘肃省沿革考,余纪畴辑,现代西北,1941 年第 1 卷第 1—4 期
高句丽族故地沿革考,刘子敏,通化师范学院学报,1996 年第 1 期
高阳名实考,阿波,文史杂志,2006 年第 4 期
高原明珠青海湖,胡琴,对外大传播,2003 年第 4 期
公刘迁出地考,连登岗,人文杂志,1998 年第 2 期
姑苏城外寒山寺,余清逸,文史知识,1987 年第 4 期
姑苏台,卫聚贤,江苏研究,1936 年第 2 卷
"孤苏"与"锦观城",张勇,咬文嚼字,2007 年第 6 期
古安陆城故址考,石泉,鲁西奇,江汉考古,1995 年第 3 期
古巴国辨,童业书,文史杂志,1943 年第 2 卷第 9、10 期
古长城之来源与史略,张虎峰,学术季刊,1935 年第 1 卷第 4 期
古代阿拉伯人笔下的中国,沈福伟,文史知识,1986 年第 3 期
古代骠国之研究,夏光南(译注),教育与科学,1946 年第 2 卷第 2 期
古代广州城的兴筑和扩建,袁钟仁,暨南学报·哲学社会科学版,1996 年第 3 期
古代人名、地名的读音问题,孙中运,语文建设,1965 年第 8 期
古代外国人怎样称呼中国,王邦维,文史知识,1986 年第 3 期
古代文化的崇高殿堂——孔庙,凌迅,文史知识,1988 年第 6 期
古代于阗国都之研究(附图),黄文弼,史学季刊,1940 年第 1 卷第 1 期
古代中国的军事枢纽区域——南阳盆地,张力仁,文史知识,1994 年第 4 期
古邓国、邓县考,石泉,江汉论坛,1980 年第 3 期
古地名本义探索举例,张晟,中国历史地理论丛,2002 年第 1 期
古今白沟河辨,苏莘,地学杂志,1916 年第 78 号卷
古竟陵城故址新探,石泉,江汉考古,1980 年第 1 期
古楼兰国历史及其在中西交通上之地位(附图),黄文弼,史学集刊,1947 年

古吕国历史浅探,雷全和,尹俊敏,南都学坛,1995年第2期

古彭蠡与雷池考辨,崔恒升,安徽史学,1985年第1期

古人的室名,曹之,文史知识,1991年第12期

古狮子国释名,朱延丰,史学年报,1934年第2卷第1期

古蜀史之地名四辨,杨正苞,文史杂志,2006年第6期

古夏口城地望考辨,石泉,武汉大学学报·人文科学版,2000年第4期

古夏水源流新证,石泉,鲁西奇,湖北大学学报·哲学社会科学版,1995年第6期

古湘、资、沅、澧源流新探(上),石泉,鲁西奇,中国历史地理论丛,1996年第2期

古湘、资、沅、澧源流新探(下),石泉,鲁西奇,中国历史地理论丛,1996年第4期

古越语地名初探——兼与周生春同志商榷,周振鹤,游汝杰,复旦学报·社会科学版,1980年第4期

古云梦泽"跨江南北"说辨误,石泉,武汉大学学报·哲学社会科学版,1993年第6期

关于"阿房宫"之名,黄怀信,文博,1998年第2期

关于"河姆渡"的得名,王心喜,历史教学,1991年第9期

关于"辽东"的考辨,刘子敏,中国边疆史地研究,1996年第1期

关于阿房宫的几个问题,朱思红,文博,2006年第2期

关于长白山,哲民,黑白,1935年第3卷第3期

关于古"辰国"与"三韩"的探讨,刘子敏,社会科学战线,2003年第3期

关于古徐国几个问题的辨正,崔恒升,安徽大学学报·哲学社会科学版,1987年第2期

关于衡山的一种考证,刘公任,人文,1932年第3卷第10期

关于两汉金城郡治允吾位置的地理的初步考察,张大可,兰州大学学报·社会科学版,1980年第3期

关于洛阳周都与东周王陵的几个问题,胡进驻,考古与文物,2006年第5期

关于盘庚迁殷后的都城问题,李民,郑州大学学报·哲学社会科学版,1988年第1期

关于寿春形成的几个问题,马育良,安徽史学,1986年第5期

关于渔阳、范阳、蓟县的方位问题——并论《重修蓟县志》的错误,杨志玖,天津社会科学,1983年第2期

关于圜阳地望所在,李海俏,文博,2006年第1期

广西名称由来,梁岵庐,广西日报,1963年5月21日

广西县名考原述略,刘介,广西省通志馆馆刊,1948年第2期

广州白云山古迹考,谢富礼,现代史学,1935年第2卷第3期

广州建城始于何时,袁钟仁,开放时代,1987年第10期

"桂林"、"武城"考——岑参边塞诗地名考辨之一,柴剑虹,湖北大学学报·哲学社会科学版,1981年第2期

哈尔滨的起源,铁夫,边疆建设,1946年第1卷第2期

哈密地名再探,李树辉,新疆工学院学报,1999年第3期

"海南"考释,李勃,中国历史地理论丛,1997年第1期

海南岛诸别称之由来,李勃,中国边疆史地研究,2000年第3期

海天佛国普陀山,徐时仪,中国典籍与文化,1994年第1期

函谷关考,萧梅性,旅行杂志,1933年第7卷第7期

韩山名称辨异,饶宗颐,禹贡,1937年第6卷第11期

汉百三郡国守相治所考,李子魁,禹贡,1936年第6卷第6期

汉长安城及未央宫,刘敦桢,中国营造学社汇刊,1932年第3卷第3期

汉长安城再考,佐原康夫、张宏彦,考古与文物,2001年第4期

汉代的重庆,卫聚贤,说文月刊,1941年第3卷第4期

汉代零陵郡始安县城址刍议,史念海,中国历史地理论丛,1998年第3期

汉代天山祁连山之见解及其混合之原因,袁藩夏,地学杂志,1916年第7卷第6、7期

汉代玉门关址考,李岩云,傅立诚,敦煌研究,2006年第4期

汉代之亭,曲守约,大陆杂志,1955年第12卷第12期

汉河西四郡建置年代辨证,徐规,浙江学报,1948年第2卷第2期

汉河西四郡建置年代考疑,张维华,中国文化研究汇刊,1942年第2卷

"汉江九口"考,鲁西奇,中国历史地理论丛,2003年第4期

汉唐长安城的兴建与变迁,辛德勇,文史知识,2006年第8期

汉唐长安与"丝绸之路",韩保全,文博,2006年第6期

汉唐村落形态略论,马新,齐涛,中国史研究,2006年第2期

汉西域三十六国考,李思渥,新亚细亚,1937年第13卷第3期

汉语水泽词语的地理分布初探,张树铮,古汉语研究,

1994年第2期

汉牂牁郡地理考释,方国瑜,贵州社会科学,1980年第2期

汉志郡县名释例,康光鉴,文史杂志,1944年第4卷第1、2期

"汗八里"奠定北京城基础,陈高华,文史知识,2003年第2期

"翰海"考辨,王廷德,内蒙古大学学报·人文社会科学版,1989年第3期

"翰海"是湖不是山,王廷德,学术研究,1990年第2期

杭州西湖非明圣湖考辨——兼论"西湖"名称的沿革,徐规,林正秋,杭州大学学报·哲学社会科学版,1980年第1期

"合肥"地名来源再考释,赵家栋,安徽广播电视大学学报,2003年第1期

合肥考释,宁业高,杨福生,王心源,巢湖学院学报,2006年第2期

何处桃花源,李奇瑞,文史知识,1992年第9期

和珅的淑春园与北京大学,周士琦,文史知识,1997年第3期

河流名称"水"和"川"的地理分布及其语言背景,张树铮,山东大学学报·哲学社会科学版,1993年第2期

"河姆渡"名称考辨,王心喜,杭州师范学院学报·自然科学版,1988年第3期

河史述要,武同举,国学论衡,1933年第2期

河西含义在汉魏六朝的变迁,张海楠,甘肃联合大学学报·社科版,2005年第2期

河西四郡,无斋,旅行杂志,1943年第17卷第11期

菏泽以"曹"名地考,徐向东,菏泽学院学报,2005年第3期

黑水有三考,赵大煊,华西学报,1934年第2期

黑水与华夏文化,张晟,中国历史地理论丛,2001年第1期

恒山漫话,李佩伦,文史知识,1982年第2期

后汉初省并郡国考,张维华,禹贡,1935年第3卷第1期

后汉洛阳东观考,朱桂昌,洛阳大学学报·社科版,1996年第1期

《后汉书·班固传》中的"朱垠"所指何地,李勃,中国历史地理论丛,1998年第3期

滹沱河,王树枏(编纂),河北月刊,1935年第3卷第3—5期

滹沱漳滏之变迁,苏莘,地学杂志,1915年第6卷第1期

"胡芦河"考——岑参边塞诗地名考辨之一,柴剑虹,新疆师范大学学报·哲学社会科学版,1981年第1期

虎丘·馆娃宫,蒋康,文史知识,1986年第5期

虎台与南凉,胡芳,文史知识,2006年第2期

"华北"考,张利民,史学月刊,2006年第4期

华胥氏之国,俞亭,文史知识,1983年第11期

"淮河"名称考,崔恒升,中国历史地理论丛,1999年第2期

"淮南"与"淮南文化",王传旭,方川,淮南师范学院学报,2006年第6期

淮史述要,武同举,江苏研究,1935年第1卷第7期

淮与江河关系之历史地理说,全国水利局,地学杂志,1915年第6卷第2期

黄巢之墓在成都,刘尚勇,文史杂志,2007年第6期

黄河变迁史略与根治之方法,赵沐生,正论,1935年第41期

黄河河道变迁考略,朱建勋,史地丛刊,1921年第2期

黄河河道变迁史略,苏兰生,黄河水利月刊,1934年第1卷第2期

黄河河道成因考,王竹泉,科学,1925年第10卷第2期

黄河释名,张含英,禹贡,1937年第6卷第11期

黄河释名补,郑鹤声,禹贡,1937年第7卷第1—3期

黄河探源综述,张得祖,西北史地,1999年第2期

黄河之名始于汉代,李传军,寻根,2005年第1期

黄河治导略史,沈宝璋,水利,1931年第1卷第3期

黄鹤知何去——武昌黄鹤楼纵横谈,乔雨舟,文史知识,1981年第6期

黄教圣地塔尔寺,冯波,文史知识,1991年第6期

"黄龙府"究竟在于何处,罗节文,文史知识,1994年第6期

汲古阁与绿君亭,刘盼遂,经世日报文献周刊,1947年7月5日

记神农陵墓与附近八景,袁梓青,农村经济,1934年第1卷第9期

济水考证,汪胡桢,水利,1934年第6卷第4期

嘉峪关,林石,文史知识,1988年第7期

嘉峪关调查记,马宁邦,蒙藏月报,1936年第5卷第1期

甲骨文地名考,〔日〕林泰辅(著),闻宥(译),国立中央大学历史语言研究所周刊,1929年第9卷第104、105期

鉴湖兴衰,盛鸿郎,文史知识,2004年第9期

江汉源流考,赵大煊,华西学报,1934年第2期

江南称"吴"考,单殿元,学术界,1998年第6期

江南第一名山齐云山,徐时仪,文史知识,1994年第5期

碣石考辨,黄盛璋,文史哲,1979年第6期
"借荆州"浅议,朱绍侯,许昌学院学报,1992年第4期
金、夏积石州考,崔永红,西北史地,1996年第2期
金代的开封城,王曾瑜,史学月刊,1998年第1期
金代我国北方的文化中心西京,马晋宜、杜成辉,雁北师范学院学报,2000年第3期
金陵明故宫考,风子,北平晨报艺圃,1936年10月6、7、9、12日
金陵通考,王德恒、王长福,社会科学辑刊,1984年第3期
金上京遗址,段光达,文史知识,2007年第2期
金文地名表,谢彦华,国立中央大学历史语言研究所周刊,1929年第7卷第81期
金文地名考,余永梁,国立中央大学历史语言研究所周刊,1928年第5卷第53、54期
晋祠与"翦桐封弟",周沙尘,文史知识,1984年第2期
京都第一寺——潭柘寺,朱耀廷,文史知识,2006年第1期
泾阳为秦都考,徐卫民,中国历史地理论丛,1998年第1期
景阳岗与狮子楼,吴济夫,中国地名,1997年第1期
敬畏文化——谈惜字楼,张在明,文博,2006年第4期
九边考,〔明〕魏焕,中国学报,1912年第1、2期
《九歌·河伯》"九河"辨释,龚维英,殷都学刊,1982年第3期
"九疑山"是标准地名,王籣,咬文嚼字,1995年第7期
九稚、拘利、句稚和哥罗方位研究,黎道纲,南洋问题研究,2005年第2期
九州通考(附图),丁山,齐鲁学报,1941年第1期
久负盛名的华清池,徐卫民,文史知识,1992年第6期
旧唐书地理志"旧领县"之表解,岑仲勉,历史语言研究所集刊,1948年第20本
居巢考释,宁业高、杨福生、王心源,巢湖学院学报,2006年第4期
莒县定林寺是刘勰故居吗,王汝涛、刘心健等,文史知识,1982年第11期
开封繁台之沿革及其建置,赵玉芳,河南政治月刊,1934年第4卷第9期
昆仑即秦岭考,黄崇浩,中国文化研究,2007年第3期
昆仑考,吕思勉,光华大学半月刊,1933年第2卷第4期
昆仑障考,李正宇,敦煌研究,1997年第2期
兰亭和兰亭故事,周幼涛,文史知识,1991年第10期
兰州军事地名考释,邓明,档案,2001年第6期

《老残游记》中的济南,严薇青,文史知识,1987年第10期
黎轩考,黎子耀,浙江学报,1948年第2卷第2期
历代的国都,中齐,西北之声,1947年第3期
历代诗人笔下的居庸关,彭卿云,文史知识,1982年第1期
历代兴筑长城之始末,李有力,长城,1936年第2卷第2期
历史古城——随州,沈献智,文史知识,1990年第1期
历史名刹法源寺,徐时仪,中国典籍与文化,1994年第3期
历史上"北京"的地名,叶正渤,人文杂志,1992年第4期
历史上的徐州洪和吕梁洪,李德楠,江苏地方志,2006年第1期
"凉州化城"考,李国丰,文史知识,1993年第11期
梁州沱潜考,陈家骥,禹贡,1935年第3卷第1期
两汉陵寝,刘敦桢,中国营造学社汇刊,1932年第3卷第4期
两周金文中古地名辑录,张希周,励学,1937年第7期
辽朝乌古敌烈地区属国、属部研究,程妮娜,中国史研究,2007年第2期
辽代木叶山之我见,葛华廷,北方文物,2006年第3期
辽代女真长白山部居地辨,刘子敏、金星月,延边大学学报·社会科学版,1998年第4期
辽金时期的黄龙府,赵永春,北方文物,2007年第1期
辽金元三代懿州治所考,姜念思,北方文物,2007年第4期
陵、东陵与"东陵大盗",刘复生,文史知识,1994年第8期
令居塞建立时间考辨,王昱、崔永红,青海社会科学,1987年第4期
刘备实未"借荆州",杜建民,齐鲁学刊,1995年第2期
六安考释,宁业高、王心源、杨福生,巢湖学院学报,2006年第5期
六塘河历史及现状,武同举,江苏建设季刊,1934年第1卷第3期
"龙城"考,张标,河北师范大学学报·哲学社会科学版,1985年第2期
龙虎山上清宫考,杨大膺,光华大学半月刊,1936年第5卷第3、4期
龙门石窟,王振国、刘景龙,文史知识,1994年第3期
龙门天竺寺非摩尼教寺辨,林悟殊,中原文物,1986年第2期

龙首原和隋唐长安城,史念海,中国历史地理论丛,
  1999年第4期
龙支龙耆考,崔永红、王昱,青海民族学院学报,1987
  年第1期
楼兰的发现,杨镰,大自然探索,2001年第12期
楼兰人之谜,杨镰,百科知识,2001年第6期
庐山地质志略,李四光,地理杂志,1934年第7卷第7期
庐山仙人洞及其传说,吴清汀,文史知识,1992年第9期
鲁西胜迹光岳楼,吴济夫,文史知识,1997年第3期
陆羽《茶经》撰写地杼山地望考辨,周筱赟,史学月刊,
  2006年第1期
吕梁并非龙门,刘秉果,文史知识,1996年第2期
滦河,王树枏(编纂),河北月刊,1936年第4卷第1—
  3期
略论"莽设西海郡"及其与金城郡之关系,王昱,崔永
  红,青海师范大学学报·哲学社会科学版,1987年
  第1期
论霸上的位置及其交通地位,辛德勇,陕西师范大学
  学报·哲学社会科学版,1985年第1期
论秦九原郡始置的年代,史念海,中国历史地理论丛,
  1993年第2期
论元末明初中国与高丽、朝鲜的边界之争,刁书仁、卜
  照晶,北华大学学报·社会科学版,2001年第1期
罗布泊之谜,杨镰,知识就是力量,2003年第8期
洛阳白马寺纪略,戴志昂,中国建筑,1933年第1卷
  第5期
洛阳的别称,崔山佳,咬文嚼字,2004年第7期
洛阳究竟为几朝古都,史为乐,文史知识,1994年第3期
洛阳龙门,钱王倬,旅行杂志,1934年第8卷第7期
洛阳与长安,白眉初,地学杂志,1934年第22卷第1、
  2期
洛邑、成周与王城补述,李民,中州学刊,1991年第2期
"满洲"释名,赵石溪,边疆研究,1940年第1期
漫话长白山,李德山,文史知识,2007年第12期
漫话成都薛涛井,张斯炳,文史知识,1992年第4期
漫话轮台,李惠兴,文史知识,1993年第1期
漫话牛渚与采石,维衍,文史知识,1984年第6期
漫话文源阁,刘蔷,文史知识,1995年第6期
漫话昭陵,王宏志,文史知识,1983年第8期
漫谈岔道城,张秀英,文史知识,1990年第7期
漫谈古夜郎,莫俊卿,文史知识,1982年第9期
毛泽东为何将九疑山的"疑"写作"嶷",胡渐逵,世纪,
  2007年第5期

蒙古四大汗国,薄音湖,文史知识,1998年第9期
蒙恬所筑长城位置考,贾衣肯,中国史研究,2006年
  第1期
弥山考,聂鸿音,固原师专学报,1999年第1期
明边墙证古,苏莘,地学杂志,1915年第6卷第3期
明长陵,刘敦桢,中国营造学社汇刊,1933年第4卷
  第2期
明代辽东卫所建置考略,张维华,禹贡,1934年第1
  卷第7期
明代移民与昆明城市的发展,乔飞,史学月刊,2006
  年第12期
明辽东"卫""都卫""都司"建置年代考略,张维华,禹
  贡,1934年第1卷第4期
明辽东边墙建置沿革考,张维华,史学年报,1934年
  第2卷第1期
明陵肇建考略,华绘,禹贡,1935年第2卷第12期
明末英雄袁崇焕的墓、祠、庙,贺海,北京档案,2003
  年第9期
明孝陵志,王焕镳,国风,1933年第2卷第3期
明中都,王剑英,故宫博物院院刊,1991年第2期
鸣沙山与月牙泉,肖洛,文史知识,1988年第8期
靺鞨与渤海,严圣钦,文史知识,1983年第11期
南京秦淮河说略,朱塽,扬子江水道整理委员会月刊,
  1930年第2卷第2期
南宋褒斜石门题名蜀人事迹考,陶喻之,四川文物,
  1990年第1期
南宋杭州之都市的发展(附图),徐益棠,中国文化研
  究汇刊,1944年第4卷第1期
南宋抗元遗址——礼义城,郭健,四川文物,2007年
  第3期
南宋临安的"大世界"——"瓦子",张学舒,文史知识,
  1982年第4期
南宋时的杭州,杨菲,杂志,1944年第13卷第6期
南苑旧宫德寿寺,李继昌,文史知识,1990年第8期
娘子关与娘子军,杨志玖,历史教学,1983年第3期
"女儿国"的传说与史实,王子今,河北学刊,2008年
  第3期
盘庚迁都地望辨——盘庚迁都于偃师商城说质疑,孙
  华、赵清,中原文物,1986年第3期
盘庚迁都新议,李民,史学月刊,2001年第2期
彭泽与甘肃之变,田澍,西域研究,2004年第1期
澎湖名称的由来与演变,丛耕,文史知识,1990年第5期
漂母墓考,固生,地学杂志,1921年第12卷第8期

蒲州,宁志荣,文史知识,1989年第12期
普救寺:成就爱情的胜地,吕文丽,文史知识,1996年第4期
普宁寺概述,杨时英,西藏研究,1989年第2期
漆园考,刘杰,徐寿亭,齐鲁学刊,1991年第4期
齐长城考,张维华,大公报史地周刊,1935年8月23日
齐长城起原考,张维华,禹贡,1937年第7卷第1—3期
齐都营丘续考,王恩田,管子学刊,1988年第1期
齐故都瓦当,李发林,文史知识,1989年第3期
齐女坟和巫咸墓的考证,俞友清,逸经,1936年第17期
齐齐哈尔建城时间与选址问题新探,谭彦翘,北方文物,1992年第1期
齐魏马陵之战战址考辨,李炳泉,烟台师范学院学报·哲学社会科学版,1988年第4期
岐山考古新发现与西周史研究新认识,王晖,文博,2004年第5期
千古第一村——流坑村,凤衔,文史知识,1998年第1期
千年古隘鬼门关,陈驹,文史春秋,1994年第1期
千年古刹唐慈恩塔院——兴教寺,祁今燕,文博,2007年第1期
千年遗址,南国完璧——楚郢都漫话,周有恒,文史知识,1989年第1期
"迁康公于海上"地望考,林仙庭,管子学刊,1992年第2期
乾隆西洋画师王致诚述圆明园状况,唐在复(译),中国营造学社汇刊,1931年第2卷第1期
黔城芙蓉楼,尚嘉坪,文史知识,1997年第11期
桥山黄帝陵考,邵元冲,建国月刊,1933年第9卷第4期
秦长城东端考,傅运森,地学杂志,1911年第2卷第17期
秦东陵考论,徐卫民,咸阳师范学院学报,2002年第5期
秦都咸阳,雷依群,文史知识,1992年第6期
秦都咸阳城郭之再研究,徐卫民,文博,2003年第6期
秦都雍城考古述要,朱凤瀚,历史教学,1986年第11期
秦都雍城考论,徐卫民,唐都学刊,2000年第1期
秦汉黄河津渡考,王子今,中国历史地理论丛,1989年第3期
秦三十六郡汇考,李聘之,再建旬刊,1940年第1卷第6期
秦三十六郡考,朱偰,北大国学周刊,1926年第19期
秦三十六郡考补,钱穆,禹贡,1937年第7卷第6、7期
秦始皇陵园范围新探索,朱思红,考古与文物,2006年第3期

秦始皇三十六郡新考(上),辛德勇,文史,2006年第1期
秦始皇三十六郡新考(下),辛德勇,文史,2006年第2期
秦四十郡考,刘师培,国粹学报,1908年第4卷第1、2期
秦亭考,徐日辉,文史知识,1983年第1期
秦县考,史念海,禹贡,1937年第7卷第6、7期
青塚,蛰公,新蒙古,1935年第4卷第2、3期
清朝为何有"圆明"园,曹凤娇,文史知识,2005年第8期
清代三姓驿站,王建军,廖怀志,黑龙江史志,2007年第12期
清代山西票庄探微,王恩厚,天津社会科学,1988年第2期
清改沈阳为盛京考述,杜家骥,满族研究,1997年第4期
清人竹枝词中之燕都古迹,张次溪,正风半月刊,1935年第1卷第12期
全真道第一丛林——白云观,章寅明,文史知识,1987年第5期
泉州天后宫,许建平,文史知识,1995年第12期
鹊岸考略,崔恒升,顾天豪,安徽大学学报·哲学社会科学版,1988年第2期
三国时代的汉中,明璋,史地论丛,1939年第1期
三国时代疆域考,郑璜,史地丛刊·大夏大学,1933年第1辑
三河考释,杨福生,宁业高,王心源,巢湖学院学报,2006年第2期
三江征实记要,陈慎登,安徽大学月刊,1933年第1卷第1期
三论霸上的位置,辛德勇,中国历史地理论丛,1989年第1期
三台何故称梓州,左启,文史杂志,2007年第3期
三危山与西王母,郑雨,文史知识,1988年第8期
三峡地区远古至战国时期古城遗迹考古研究(上)——兼说与湖北、湖南及成都平原地区古城遗迹比较,杨华,湖北三峡学院学报,2000年第1期
三峡地区远古至战国时期古城遗迹考古研究(下)——兼说与湖北、湖南及成都平原地区古城遗迹比较,杨华,湖北三峡学院学报,2000年第3期
三峒山补证,辛德勇,中国历史地理论丛,1991年第1期
山东山脉考并言,李云林,北平华北日报图书副刊,1936年2月10日
山鬼、河伯及秭归,黄崇浩,湖北三峡学院学报,1997年第2期
《山海经》昆仑丘解读,冯广宏,文史杂志,2003年第1期

《山海经》貊国考,刘子敏,金荣国,北方文物,1995年第4期

《山海经》中的成都坝子,冯广宏,文史杂志,2003年第4期

山水胜地,文化名郡——话说九江四题,罗龙炎,文史知识,1992年第9期

掸国与掸人,罗香林,蒙藏月报,1940年第11卷第4、5期

商代的都邑,杨升南,文史知识,1986年第6期

商代夷方的名号和地望,李学勤,中国史研究,2006年第4期

商郊何处寻"牧野",戴建华,历史教学,1992年第1期

商丘、帝丘非一地考——古"商丘"论稿之一,王子超,商丘师范学院学报,1985年第1期

上海市通志馆期刊,吴淞江,吴静山,1935年第2卷第4期

上郡阳周县初考,张泊,文博,2006年第1期

上水考,〔泰〕黎道纲,东南亚,1997年第3期

《尚书》"三危"地望研究述评,陈爱峰,杨梅,于晓冬,青海民族研究,2006年第3期

少林古迹考,李鉴昭,河南博物馆馆刊,1937年第6卷第4期

绍兴古城邑的形成与变迁,宋行标,赵云耀,文史知识,1991年第9期

《诗经》地理考辨三则,周明初,杭州大学学报·哲学社会科学版,1991年第2期

《诗经》中的"东门"和"南山",张民权,文史知识,1995年第2期

十六国都邑考,张树棻,李维唐,禹贡,1935年第3卷第2期

石船山考,王剑英,历史教学,1980年第5期

石马遗址与魏延冤案,陶喻之,四川文物,1989年第4期

石门古刹九龙荟萃——马祖归骨之地靖安宝峰禅寺,郑晓江,世界宗教文化,2004年第4期

石头城,林文英,国风,1933年第2卷第3期

《史记·河渠书》中的"沫水"考,冯广宏,四川师范大学学报·社会科学版,1984年第1期

世纪话题——楼兰,杨镰,文史知识,2004年第5期

世界文化遗产都江堰,李映发,文史知识,2001年第7期

世界自然和文化遗产——庐山,张启元,文史知识,1998年第1期

试论明清时期江西四大工商市镇发展的特点,萧放,九江师专学报,1990年第2期

试谈云梦泽的由来及其变迁,宋焕文,求索,1983年第5期

释汉代的翰海,海野一隆,辛德勇,中国历史地理论丛,1991年第1期

释蜀,阿波,文史杂志,2005年第6期

释素问九州九窍之文,汪东,华国,1923年第1卷第2期

释阴山,李秀洁,禹贡,1937年第7卷第8、9期

首阳山考,郑慧生,人文杂志,1992年第5期

疏勒、佉沙地名新证,李树辉,中国边疆史地研究,2007年第1期

"蜀"名及"蜀人"的来源,杨正苞,成都大学学报·社会科学版,1995年第1期

蜀川与蜀州辨考——王勃《送杜少府之任蜀川》异文证释,胡正武,文学评论,2005年第6期

水泊梁山,吴济夫,文史知识,1993年第1期

水泊梁山"十里杏花村",吴济夫,治淮,1996年第7期

《水经·渭水注》若干问题疏证,辛德勇,中国历史地理论丛,1985年第2期

说"广陵之曲江",傅斯年,国立中央研究院历史语言研究所集刊,1936年第6卷第1期

说"九州",徐传武,禹城与大禹文化文集,中国文联出版社,2007年

说"奈河",项楚,文史知识,1988年第10期

说"鲜水":康巴草原民族交通考古札记,王子今,高大伦,中华文化论坛,2006年第4期

说"中国",龚嘉镇,中共四川省委党校学报,2000年第4期

说豳在西周时代为北方军事重镇——兼论军监,孙作云,河南大学学报·社会科学版,1983年第1期

说滏阳河,王延祉,地学杂志,1910年第1卷第1期

说宫观,马冰,文史知识,1987年第5期

说洪泽湖,萧开瀛,水利,1931年第1卷第1期

说淮,远公,学报,1907年第1卷第2期

说驩兜所放之崇山,童书业,禹贡,1935年第4卷第5期

说九州,温廷敬,语言文学专刊,1940年第2卷第1期

说滦河,白月恒,地学杂志,1910年第1卷第1期

说洛邑、成周与王城,李民,郑州大学学报·哲学社会科学版,1982年第1期

说杞,赵俪生,齐鲁学刊,1989年第4期

丝绸之路上的明珠——库车,周均美,文史知识,2000年第8期

丝绸之路上的邮传驿站,李惠兴,丝绸之路,1995年第4期

司马迁祠墓,范文藻,陕西日报,1956年10月11日
四川汉代地名砖考,高文,四川文物,2007年第3期
四岳考,童书业,禹贡,1934年第2卷第3期
宋城博物馆——赣州,胡国铤,文史知识,1998年第1期
宋代的上海,王曾瑜,上海师范大学学报·哲学社会科学版,1993年第1期
宋代石门轶事补遗和考辨,陶喻之,成都大学学报·社会科学版,1989年第1期
宋六陵,胡祖平,文史知识,2004年第9期
《宋史》地华伽罗身份的争议,南洋问题研究,2004年第2期
宋元明代之黄河,武同举,水利,1935年第9卷第6期
宋元木渠考,石泉、王克陵,农业考古,1984年第2期
苏小小墓,陆费鎏,越风,1936年第12期
隋唐避暑胜地九成宫,王元军,文史知识,1992年第2期
隋炀帝所幸启民可汗牙帐今地考,张文生、曹永年,中国边疆史地研究,1998年第3期
隋运河考,张昆河,禹贡,1937年第7卷第1—3期
"塔里木"语源、语义试探,李树辉,新疆社会科学,2007年第6期
"台湾"名称的由来,陈国强,文史知识,1990年第4期
台湾的发现与命名,允恭,台湾月刊,1946年第2期
台湾释名,李菊田,文史杂志,1944年第4卷第7、8期
太子河名称考实——兼论衍水,梁志龙,北方文物,2006年第2期
谈楚汉鸿沟分界,施丁,军事历史研究,1999年第2期
谈谈以往的莲池,濡山,河北月刊,1937年第5卷第2期
覃怀考,郭豫才,禹贡,1935年第3卷第6期
汤都偃师新考——兼说"景亳"、"鄩薄"(郑亳)及"西亳"之别,王晖,中国历史地理论丛,2003年第2期
唐长安西明寺考,罗小红,考古与文物,2006年第2期
唐代长安外郭城街道及里坊的变迁,史念海,中国历史地理论丛,1994年第1期
唐代的淄青镇,王赛时,东岳论丛,1994年第2期
唐代崖州治所考,李勃,中国边疆史地研究,2006年第2期
唐晋斯源文物精华——晋祠介绍,任志录,文史知识,1990年第6期
唐陵之冠——桥陵,孙焱,文史知识,1990年第3期
唐诗胜景与长安形胜——以曲江池、乐游原为中心,康震,文史知识,2005年第7期
唐宋汴河考,〔日〕青山定男(著),张其春(译),地理杂志,1934年第7卷第10期
唐宋诗文中的"长江",薛正兴,古典文学知识,1997年第1期
唐延英殿补考,杨希义,文博,1987年第3期
唐寅墓在何处,陈振濂,社会科学战线,1982年第3期
洮水即批水考,刘师培,国粹学报,1908年第4卷第1期
陶寺遗址为黄帝及帝喾之都考,潘继安,考古与文物,2007年第1期
"特勤"的语源和语义,李树辉,西域研究,2003年第4期
天津思源庄考,于鹤年,河北月刊,1934年第2卷第7期
天津天后宫考,于鹤年,河北月刊,1935年第3卷第6、7期
"天台"地名源流与修辞表达,胡正武,台州学院学报,2007年第5期
亭考,乐嘉藻,河北第一博物院半月刊,1932年第14—19、21—24、26—27、29—31期
同治重修圆明园史料,刘敦桢,中国营造学社汇刊,1933年第4卷第2—4期
涂山究竟在何处,张志康,文史知识,1989年第8期
土乡名胜娘娘山,丁柏峰,中国土族,2005年第2期
《吐蕃传》地名考释(一),任乃强、曾文琼,西藏研究,1982年第1期
《吐蕃传》地名考释(二),任乃强、曾文琼,西藏研究,1982年第2期
《吐蕃传》地名考释(三),任乃强、曾文琼,西藏研究,1982年第3期
《吐蕃传》地名考释(四),任乃强、曾文琼,西藏研究,1983年第3期
《吐蕃传》地名考释(五),任乃强、曾文琼,西藏研究,1983年第4期
《吐蕃传》地名考释(六),任乃强、曾文琼,西藏研究,1984年第1期
陀洹县陵二国考——唐代泰境古国考,南洋问题研究,1999年第4期
沱潜异说汇考,黄席群,禹贡,1935年第3卷第2期
瓦子究竟是什么场所,魏承思,文史知识,1985年第9期
万里长城——古代人类防卫设施的杰出代表,吉人,文史知识,1995年第3期
万寿宫杂谈,郭树森,文史知识,1998年第1期
望江楼和薛涛,臧荣,文史知识,1983年第5期
望园沿革考,张次溪,正风半月刊,1936年第2卷第7期
为雁荡山正"名",张乃格,淮阴师范学院学报·哲学社会科学版,1984年第1期

魏长城考,张维华,禹贡,1937年第7卷第6、7期
魏志侏儒国(今琉球)裸国(今台湾)黑齿国(今菲律宾)考,梁嘉彬,大陆杂志特刊,1962年第2辑
文殊道场五台山,陈扬炯,文史知识,1989年第12期
我国省区名称的来源,谭其骧、王天良、邹逸麟、郑宝恒、胡菊兴,复旦学报·社会科学版,1980年第S1期
我国现存最早的砖塔——嵩岳寺塔,李合敏,文史知识,1989年第11期
我们所知道的唐代佛寺与宫殿,梁思成,中国营造学社汇刊,1932年第3卷第1期
巫山大溪遗址的考古发现与研究,杨华,丁建华,四川文物,2000年第1期
无为考释,宁业高、杨福生、王心源,巢湖学院学报,2007年第1期
"吴"名考辨——兼说吴的发祥与发展,周国荣、周言,苏州大学学报·哲学社会科学版,1992年第3期
吴都地望及其定量分析,姚继元、王建华,苏州科技学院学报·社会科学版,2003年第4期
吴越古城志,褚绍唐,说文月刊,1940年第1卷
吾国长城之历史,复忱,天津益世报学术周刊,1929年6月10日
五陵原:秦汉文学艺术的宝库,杨希义,华夏文化,1998年第2期
五陵原区域文化新探,杨希义、吴大珣,文博,1998年第5期
五陵原与中国古代文化,杨希义,华夏文化,1998年第1期
五台山与佛教,孙安邦,五台山研究,1986年第1期
五岳释名,史为乐,史学月刊,1982年第1期
武垣古城考,陈铁卿,河北月刊,1933年第1卷第12期
武则天时改建大雁塔,杨云鸿,文史杂志,2007年第3期
西安大雁塔考,阎文儒,史学月刊,1981年第2期
西藏地名语源及其结构规律,王维屏,南京师大学报·社会科学版,1984年第3期
西藏沿革考,周渭光,史地论丛,1928年第1期
西汉长安城的朝向、轴线及布局思想,刘瑞,文史,2007年第2期
西汉代郡建置考,任生,责善半月刊,1940年第1卷第16期
西汉合浦郡之朱卢县考,李勃,中国历史地理论丛,2008年03期
西汉侯国考,史念海,禹贡,1935年第4卷第2、5、9期
西汉六安国政区地理,马育良、郭文君,皖西学院学报,2007年第4期
西汉上林苑宫殿台观考,徐卫民,文博,1991年第4期
西河郡建置与汉代山陕交通,王子今,晋阳学刊,1990年第6期
西湖名称的由来,龚延明,杭州大学学报·哲学社会科学版,1978年第3期
西湖史话,周行保,浙江省立西湖博物馆馆刊,1935年第3、4期
西宁六大胜迹概况,新青海,1935年第3卷第2期
西王母昆仑山与西域古族的文化,王家祐,中华文化论坛,1996年第2期
西夏占据沙州时间之我具,孙修身,敦煌学辑刊,1991年第2期
"西邑"衰落原因试析,祝中熹,丝绸之路,2000年第S1期
"西域"辩正,杨建新,新疆大学学报·哲学人文社会科学版,1981年第1期
西域与"五凉"关系考述,施光明,新疆大学学报·哲学人文社会科学版,1991年第1期
西域诸国考略,郭庆龙,史地丛刊·师范大学,1923年第2卷第2、3期
西周春秋吴都迁徙考,王晖,历史研究,2000年第5期
夏代都邑考,孙华,河南大学学报·社会科学版,1985年第1期
仙城佛国九华山,徐时仪,文史知识,1994年第4期
鲜卑石室所关诸地理问题,米文平,民族研究,1982年第4期
香港地名的由来,周喜峰,理论观察,1997年第3期
香山名称的由来,李知文,贵州文史丛刊,1986年第4期
象郡牂柯和夜郎的关系,劳干,"中央研究院"历史语言研究所集刊,1949年第14本
象山仇家山,仇维焘,地理杂志,1931年第4卷第4期
小清河考略,吴鼎第,地学季刊,1934年第1卷第3期
"新城"即"平壤"质疑——兼说"黄城",刘子敏,东北史地,2008年第1期
新疆阿帕克和卓墓塔楼,白文明,美术大观,1995年第3期
新疆疆界变迁考略,刘熙,蒙藏月报,1935年第3卷第5、6期
新疆维语地名的初步研究,王维屏,南京师大学报·社会科学版,1983年第2期
玄奘瓜州、伊吾经行考,李正宇,敦煌研究,2006年第6期

薛涛墓,悼红,北平晨报艺圃,1932年8月12日
薛邑辨,杨朝明,管子学刊,1991年第2期
浔阳江头琵琶亭,扈亭风,文史知识,1990年第9期
烟水茫茫一古亭——烟水亭,王光华,文史知识,1992年第9期
"焉支山"质疑,张昭平,文史知识,1992年第10期
偃师商城之宫城即桐宫说,李德芳,考古与文物,2006年第1期
《晏子春秋》地名的得名研究,周勤,电影评介,2008年第1期
《晏子春秋》地名探析,周勤,重庆三峡学院学报,2008年第1期
雁荡山水纪要,陈适,东方杂志,1934年第31卷第19期
燕郊钓鱼台考,张次溪,正风半月刊,1936年第2卷第1期
燕云十六州考,侯仁之,禹贡,1946年第6卷第3、4期
扬雄《方言》中的"东齐"考辨,汪启明,四川大学学报·哲学社会科学版,1993年第3期
阳关之谜,成大林,文史知识,1981年第3期
扬子江名称考,李长傅,地学季刊,1933年第1卷第2期
阳平关及其演变,黄盛璋,西北大学学报·哲学社会科学版,1957年第3期
耶马台国方位考,王辑五,师大月刊,1935年第18期
也说"瓜州",涂白奎,史学月刊,2006年第10期
也说洛阳和开封的别称,张谊生,咬文嚼字,2005年第6期
也说唐代的"坊"——兼述唐代"坊"、"里"的不同性质,赵超,文史知识,1991年第7期
野人山考,童振藻,禹贡,1936年第6卷第2期
叶尔羌河探源,格莱逊(著),华企云(译),新亚细亚,1932年第4卷第2期
邺城考,秦佩珩,中原文物,1979年第1期
夷门·稷门,龚维英,中州学刊,1982年第2期
易县清西陵,刘敦桢,中国营造学社汇刊,1935年第5卷第3期
益都得名与伯益古族新证,王永波,张光明,管子学刊,1992年第1期
殷代甲骨刻辞中"夔方"地理释证,李瑾,人文杂志,1959年第4期
殷代辽东"房"邑地理考,李瑾,曹毓英,华中师范大学学报·人文社会科学版,1986年第3期
殷墟与洹水,杨升南,史学月刊,1989年第5期
永定河,王树枏,河北月刊,1936年第4卷第4、11期

永丰古塔成奇葩,范琪,杨文彬,老友,2007年第10期
永乐宫,陆鸿年,文史知识,1985年第4期
幽深会稽山,壮哉大禹陵,周沙尘,文史知识,1982年第5期
幽州镇与唐代后期人口流动——以宗教活动为中心,冯金忠,青岛大学师范学院学报,2007年第1期
幽州镇与唐代后期政治探析,冯金忠,中国边疆史地研究,2006年第3期
游晋祠考录,凌宴池,旅行杂志,1934年第8卷第7期
有关齐桓公西征的几个地理问题,周书灿,烟台师范学院学报·哲学社会科学版,2003年第2期
"羑里"正诂,臧守虎,文献,1999年第4期
"崳夷"与"朝鲜",刘子敏,北方文物,2005年第4期
禹贡黑水考,滇人,地学杂志,1935年第4期
禹贡三江考,杨逊斋,地学杂志,1920年第11卷第6期
禹贡三江说辨,陈慎登,徐炎东,学风,1933年第3卷第5期
禹贡山水泽地所在篇中之熊耳山问题,孟森,禹贡,1937年第7卷第6、7期
禹贡之沇水,袁钟姒,禹贡,1934年第1卷第8期
禹河故道考,丁谦,地学杂志,1919年第10卷第2期
禹陵,董开章,水利,1934年第6卷第4期
"玉林八景"古今考量,杨梅,玉林师范学院学报,2008年第2期
玉门关名义新探——金关、玉门二名互匹说,李正宇,李树若,敦煌学辑刊,2005年第1期
玉门关与阳关,罗庆华,文史知识,1988年第8期
尉犁地名和柔然源流考,李树辉,新疆大学学报·哲学人文社会科学版,2007年第2期
元、明之际的"师子林"及相关诗、画,王颋,社会科学,2005年第9期
圆明园史料,文献丛编,1934年第18—21期
圆明园四园详细地名表,金勋(编),北平图书馆刊,1933年第7卷第3、4期
圆明园——一颗被毁灭的明珠,乔红,文史知识,1993年第2期
圆明园营志详考,崇贤,清华周刊,1933年第40卷第2期
越南唐代古城考,童振藻,禹贡,1937年第6卷第11期
《云麓漫钞》中一则隋唐长安研究珍贵史料的校点,杨晓春,中国历史地理论丛,2005年第3期
"郧阳"语源与司马迁——"郧阳"得名种种说法考略,王一军,十堰职业技术学院学报,2001年第1期

运河之沿革,汪胡桢,水利,1935年第9卷第2期
栽郢•云梦•章华宫,吴郁芳,江汉考古,1989年第3期
再论霸上的位置,辛德勇,陕西师范大学学报•哲学社会科学版,1986年第3期
再论元史中暹国的方位,黎道纲,东南亚研究,2001年第6期
牂牁江考,何观洲,燕京学报,1932年第12期
牂牁江考,童振藻,岭南学报,1930年第1卷第4期
矢国、虞国与吴国史糕钥,胡进驻,华夏考古,2003年第3期
战国时期魏国西河与上郡考,吴良宝,中国史研究,2006年第4期
张掖河别称考源,聂鸿音,固原师专学报,2000年第2期
漳河畔邺城故都,牛润珍,文史知识,1990年第7期
漳州史迹,翁国梁,福建文化,1935年第3卷第20期
赵长城考(附李秀洁跋),张维华,禹贡,1937年第7卷第8、9期
赵长城遗址,可权,地理杂志,1913年第4卷第8期
赵都中牟新考,胡进驻,文物春秋,2004年第3期
赵州桥,杨云,历史教学,1987年第10期
柘皋镇考释,宁业高,王心源,杨福生,巢湖学院学报,2006年第1期
浙江考,王国维,地理杂志,1934年第7卷第10期
斟寻地望考,郑慧生,许昌师专学报,1999年第3期
镇江锁湖、吴楚咽喉——军事重镇九江,周乔建,文史知识,1992年第9期
郑韩故城溯源,史念海,中国历史地理论丛,1998年第4期
郑州发现年代最早的古城遗址,朱启新,炎黄春秋,1996年第1期
"支那"的本义是什么,陈启智,文史知识,1983年第4期
知登州五日,传佳话几许,李木,文史知识,1987年第10期
直隶省之山误与墓误,苏莘,地学杂志,1915年第6卷第5期
中古时代之佛教寺院,何兹全,中国经济,1934年第2卷第9期
中国边疆之沿革与现况,华企云,新亚细亚,1930年第1卷第3期
中国长城考略,张倬贤,女师学院季刊,1935年第3卷第1、2期
中国大运河沿革考,〔日〕西山荣久(著),祁蕴璞(译),禹贡,1937年第7卷第10期

"中国佛教四大名山"之说由何而来,干树德,文史知识,1998年第2期
中国古代大夏位置考,黄文弼,齐大国学季刊,1940年新第1卷第1期
中国古代的"水长城",倪根金,卢星,文史知识,1989年第5期
中国古代的城市(续),顾颉刚,历史教学问题,1983年第5期
中国古代的城市,顾颉刚,历史教学问题,1983年第3期
中国古代的城市及其文化特征,刘尊明,文史知识,1997年第11期
中国古代的宫廷及其文化特征,刘尊明,文史知识,1995年第11期
《中国古代地名考证索引》略例,朱俊英,禹贡,1936年第6卷第6期
中国古都的变迁与文化融通,史念海,陕西师范大学学报•哲学社会科学版,1994年第4期
中国古都概说(一),史念海,陕西师范大学学报•哲学社会科学版,1990年第1期
中国古都概说(二),史念海,陕西师范大学学报•哲学社会科学版,1990年第2期
中国古都概说(三),史念海,陕西师范大学学报•哲学社会科学版,1990年第3期
中国古都概说(四),史念海,陕西师范大学学报•哲学社会科学版,1990年第4期
中国古都概说(五),史念海,陕西师范大学学报•哲学社会科学版,1991年第1期
中国古都概说(六),史念海,陕西师范大学学报•哲学社会科学版,1991年第2期
中国古都和文化,史念海,中国历史地理论丛,1993年第4期
中国历史上之朝鲜半岛,君度,燕大月刊,1930年第7卷第1、2期
中国山脉考,翁文灏,科学,1925年第9卷第10期
中国山岳之分类,张其昀,史学与地学,1928年第4期
中国塔考,乐嘉藻,河北第一博物院半月刊,1933年第36—37、39、41—48、50—53期
中华四大名水传奇,李刚,绿化与生活,2003年第6期
中苏边界重镇之胪滨,钟吕恩,边疆通讯,1948年第5卷第8、9期
中外闻名的扬州大明寺,徐时仪,中国典籍与文化,1998年第2期
"中原"含义演变探因,丁喜霞,天中学刊,1998年第1期

州来、下蔡与寿春——安徽上古史一页,马育良,文史知识,2000年第6期
周金地名小记,孙海波,禹贡,1937年第7卷第6—7期
朱仙镇历史地理,李长傅,史学月刊,1964年第12期
诸稽考,谭戒甫,东南文化,1989年第6期
竹山登爽亭与宋代醉翁亭、喜雨亭为姊妹亭考,王一军,十堰职业技术学院学报,2005年第4期
著名私人藏书楼——海源阁,范景华,文史知识,1989年第2期
"爪哇国""哈尔滨""东京"辨假,刘瑞明,汉字文化,2002年第2期
庄子故里觅踪,李民,中原文物,2001年第4期

追溯商代邢都地望,李民,中原文物,1999年第2期
紫荆关拒马河考,贾元章,地学杂志,1916年第78号卷
宗教文化艺术的宝库——雍和宫,樵鸿,文史知识,1994年第9期
祖乙迁邢与卜辞井方,李民,朱桢,郑州大学学报·哲学社会科学版,1989年第6期
《醉翁亭记》中"滁"的辖境,葛新民,文史杂志,2007年第3期
《左传》地名"皋鼬"考,余炳毛,中国历史地理论丛,2003年第3期
《左传》地名考辨,辛志贤,北京师范大学学报·社会科学版,1996年第3期

二、人名

阿布思考略,王义康,陕西师范大学继续教育学报,2001年第3期
爱国的历史家谈迁,吴晗,新观察,1959年第1期
爱国诗人黄遵宪,王大任,民主宪政,1966年第29卷第9期
爱国诗人陆游评传,于秋水,文艺与生活,1947年第4卷第4期
爱国诗人钱谦益,许采章,北大学生周刊,1931年第2卷第1期
爱国诗人张孝祥,宛华,安徽日报,1959年12月14日
爱国史家胡三省,唐景崧,新学生,1946年第1卷第4期
爱国志士丘逢甲,潘国琪,文史知识,1990年第5期
爱好文义的刘义庆,李宗长,文史知识,1995年第9期
安边名将赵充国,王昱,文史知识,2006年第2期
安定先生年谱,胡鸣盛,文史丛刊•山东大学,1934年第1期
安徽历史人物小传三则(华佗、包拯、戴震),夏子贤,合肥师院学报,1980年第1期
安禄山其人,管士光,文史知识,1984年第6期
安禄山与唐玄宗时期的政治,郭绍林,河南大学学报•哲学社会科学版,1987年第4期
鳌拜专权与康熙亲政,李景屏,谷敏,文史知识,2005年第5期
八大山人与"八大体",刘涛,文史知识,1996年第2期
八方抽丰,一生挥霍——李渔人生的一个侧面,侯光复,文史知识,1988年第7期
"八仙"的来历,龙士靖,文史知识,1986年第11期
八仙小考,王树民,文史知识,1997年第4期
"八贤王"本事,汪圣铎,马元元,文史知识,2007年第6期
八指头陀自叙出家因缘,海潮音,1922年第13卷第12期
巴西名士蜀汉硕儒——谯周述评,马育良,成都大学学报•社科版,1993年第3期
白话诗人王梵志,胡适,现代评论,1927年第6卷第156期
白居易和他的夫人——兼论白氏青年时期的婚姻问题,顾学颉,江汉论坛,1980年第6期
白居易世系、家族考,顾学颉,文学评论丛刊,1982年第13辑
白居易与"新乐府"诗体,谢思炜,文史知识,1999年第5期
白居易与《重屏会棋图》,高婧,文博,2007年第3期
白居易与李商隐,谢思炜,文学遗产,1996年第3期
白居易与永贞革新,顾学颉,文史,1981年第11辑
白居易与元稹,闻国新,山花,1980年第3期
白居易之研究,陈国雄,民钟季刊,1936年第2卷第2期
白乐天的社会思想,张元亨,世界日报附刊,1928年5月8—11日
白乐天之先祖及后嗣,陈寅恪,岭南学报,1949年第9卷第2期
白起功过新探,卢星,江西师范大学学报•哲学社会科学版,1991年第3期
白石道人行实考,夏承焘,燕京学报,1938年第24期
《白香词谱》的编者舒梦兰,刘治平,文学遗产,1983年第1期
"百里"与县、县令,张万起,文史知识,1990年第10期
柏灌决非伯鲧,冯广宏,文史杂志,1998年第6期
柏灌考,冯广宏,文史杂志,2008年第2期
班超任"假司马"一职考辨,梅显懋,闫海,辽宁师范大学学报,1999年第2期
班固"法自然"观初探,姜晓敏,政法论坛,2000年第4期
班孟坚年谱,郑鹤声,史学杂志,1929年第1卷第1期
班勇生平考,柳用能,新疆大学学报•哲学人文社会科学版,1978年第2期
班昭评传,藜舟贵客,妇女杂志,1940年第1卷第1期
包公•包拯•包公戏,张习孔,文史知识,1998年第11期
"包相爷"正义,肖建新,烟台师范学院学报•哲学社会科学版,1998年第1期
包拯监察理论和实践简论,肖建新,安徽史学,1994年第3期
褒贬纪晓岚,汉超,光明日报,1962年8月9日
"宝剑埋冤狱,忠魂绕日云"——明代靖海英雄胡宗宪,卞利,文史知识,1997年第8期
宝应刘楚桢先生年谱,刘文兴,辅仁学志,1933年第4卷第1期
保疆土安黎庶,不顾一身荣辱——姚莹的爱国思想及实践,王晓文,文史知识,1996年第6期

"抱利器而无所施"的悲剧人物曹植,李景琦,文史知识,1997年第10期

豹房与明武宗——兼与盖杰民、叶祖孚先生商榷,韦祖辉,故宫博物院院刊,1992年第1期

鲍明远年谱,缪钺,文学月刊,1932年第3卷第1期

鲍照和他的山水诗,王玫,文史知识,1997年第11期

鲍照及其诗新探,张志岳,文学评论,1979年第1期

鲍照与《芜城赋》,孙楷第,光明日报,1957年7月7日

鲍子年先生传,杨恺龄,古泉学,1936年第1期

悲剧英雄项羽,董汉河、徐日辉,文史知识,1986年第4期

碑刻文献中的"崔莺莺",吕明涛,文史知识,2007年第1期

北朝隋唐河洛大族于氏的几个问题,王化昆,洛阳工学院学报·社会科学版,2002年第3期

北朝隋唐时期独孤氏与洛阳的渊源,王化昆,河南科技大学学报·社会科学版,2007年第6期

北凉明君——沮渠蒙逊,方高峰,发展,1996年第2期

北七真,羊华荣,宗教学研究,1983年第2期

北齐韩长鸾之家世,罗天云、陈益刚,北京大学学报·哲学社会科学版,2006年第1期

北宋蔡州郡守考,李之亮,黄河科技大学学报,2001年第1期

北宋词人王棻行年考,王兆鹏、王可喜,江西社会科学,2006年第1期

北宋大文献学家宋敏求,颜中其,中国历史文献研究集刊,1982年第3集

北宋代州守臣钩沉,李之亮,雁北师范学院学报,2001年第1期

北宋的毕昇与毕升非一人考,王心喜,史学月刊,1995年第2期

北宋古文运动的先驱——柳开,佟飞,天津日报,1962年12月12日

北宋集句诗人林震卒年考,张明华,文学遗产,2006年第5期

北宋教育家胡瑗,徐建平,文史知识,2003年第8期

北宋名相韩琦的文学创作初探,王彦永,河南大学学报·社会科学版,2007年第5期

北宋三杰之一——范宽,吕佛庭,民主评论,1963年第14卷第20期

北宋书画家米芾,王美英,文史知识,1995年第1期

北宋晚期的词坛领袖周邦彦,刘扬忠,文史知识,1986年第3期

北宋雄州守将系年,李之亮,河北师范大学学报·哲学社会科学版,2001年第4期

北宋隐士词人潘阆生平考索,王兆鹏,文史哲,2006年第5期

北魏清官——源怀,尚晶一,文史知识,2001年第3期

北魏太武帝的鲜卑本名,罗天云、陈益刚,民族研究,2006年第4期

北魏孝文帝迁都洛阳问题研究综述,戴雨林,洛阳大学学报,2005年第1期

北魏孝文帝尚书三十六曹考,严耕望,大陆杂志,1955年第11卷第1期

北魏之僧祇户与佛图户,〔日〕冢本善隆(著),周乾溁(译),食货,1937年第5卷第12期

北五祖,羊华荣,宗教学研究,1983年第2期

北洋之虎——段祺瑞,丁贤俊,文史知识,1984年第9期

被谗言淹没的吴起,傅翔,文史知识,2002年第7期

被人忽略的人道主义者庄周,田居俭,文史知识,1991年第5期

被误解的唐僧,淮茗,文史知识,2003年第3期

被遗忘的晚唐诗人聂夷中,公盾,人物杂志,1948年第3卷第3、4期

《本草纲目》的著者李时珍,林峰,辞书研究,1982年第2期

笔名的寓意,朱积孝,青海师专学报,1986年第4期

毕白阳先生疏草导言,刘阶平,北平华北日报图书周刊,1935年2月11日

毕升,刘洪涛,历史教学,1982年第2期

辟神农尝草之说,赖栋梁,中国医学院院刊,1929年第2期

碧霞元君形象的演化及其文化内涵,刘守华,文史知识,1995年第11期

边塞诗人岑参,李惠兴,中国民族,1987年第12期

边塞诗人吴汉槎评传,任维焜,新晨副刊,1930年3月19日至24日

编纂《四库全书》献书最多的皖籍藏书家,周济生,图书馆工作,1981年第4期

扁鹊,刘洪涛,历史教学,1982年第11期

"扁鹊医术来自印度"的质疑,卢觉非,华西医药杂志,1947年第2卷第8期

扁鹊与印度古代名医耆婆,刘铭恕、杨天宇,郑州大学学报·哲学社会科学版,1996年第5期

辨韩柳不相知,李相珏,读书通讯,1947年第133期

辨钱南园之死,朱桂昌,云南民族大学学报·哲学社会科学版,1985年第2期

辨伪举例——蒲松龄的生年考,胡适,新月,1932年第4卷第1号

辩孔子删诗,朱祖英,北平半月刊,1934年第1卷第7期

辫帅张勋,王致中,文史知识,1985年第5期

"宾妓"——薛涛身份的准确定位,迟乃鹏,天府新论,2004年第6期

豳公盨与益启传说的再认识,李凯,东南文化,2007年第1期

冰雪招来露砌魂——论薛宝钗,薛瑞生,西北大学学报·哲学社会科学版,1989年第4期

秉性刚直、精于书法的褚遂良,吴锡标,文史知识,2000年第3期

并不标准的遗民——屈大均晚年的政治态度,何天杰,文史知识,1997年第8期

拨乱反正,长治久安——试评宋太祖,赵胜,河北师范大学学报·哲学社会科学版,1986年第4期

伯夷叔齐种族考,章炳麟,华国,1925年第2卷第9期

驳龙解,翁文灏,东方杂志,1924年第21卷第3期

博山的清代著名诗人赵执信,李建平,春秋,2003年第1期

博闻强记的郭璞,周因梦,中国语文,1956年第7期

博学多才的思想家傅山,侯文正,文史知识,1986年第7期

博学多才的卓越科学家宋应星,余悦,文史知识,1998年第1期

博学宏儒程瑶田,吴孟复,安徽教育学院学报,1993年第2期

《卜居》的大人、妇人和南后郑袖,龚维英,辽宁师范大学学报·社会科学版,1983年第2期

补后汉张仲景传,刘盼遂,北平燕京大学文学年报,1936年6月

补史记箕子世家,郑鹤声,史地学报,1925年第3卷第8期

《捕蝗汇编》撰者陈仅生平、著述考,倪根金,古今农业,2005年第3期

不懂外文的翻译家——林纾,孔立,文史知识,1984年第9期

不附权臣的苏纳海、朱昌祚、王登联,李琳琦,文史知识,1994年第7期

不可逃脱的悲剧命运——十二钗中话李纨,厚艳芬,文史知识,1991年第3期

"不可以我故坏国法"——曹操妻子卞后治家的故事,胡申生,文史知识,1986年第9期

不困厄,焉能激——司马迁,一个饱含血泪、忍辱发愤的悲剧英雄,何水清,文史知识,1991年第1期

不恋礼遇重建树——介绍唐代目录学家马怀素,钱在祥,江苏图书馆工作,1981年第2期

不畏强暴的京兆尹——盖勋,梁仲明,文史知识,1988年第9期

不畏强御陈仲举,介永强,文史知识,1994年第2期

不相菲薄不相师——袁枚对王士禛的评价,王英志,文史知识,1996年第1期

不需要为沈括锦上添花——万春圩并非沈括兴建小考,邓广铭,学术月刊,1979年第1期

不走运的马谡,黄朴民,领导文萃,2008年第13期

部曲考,何士骥,国学论丛,1927年第1卷第1期

部曲沿革略考,杨中一,食货,1935年第1卷第3期

"猜忍"而有"雄略"的司马懿,李景琦,文史知识,1993年第2期

才高八斗、命运多舛的曹植,吴家荣,文史知识,1991年第8期

才气飘逸的苏门学士晁补之,诸葛忆兵,文史知识,2000年第5期

才子袁枚,王英志,文史知识,1993年第9期

蔡伯喈论辩,许之乔,剧本,1956年第9期

蔡伦并不是造纸术的发明人,张燕,中国地名,2002年第5期

蔡文姬的生平,熊任望,河北大学学报,1980年第3期

蔡文姬的生平及其作品,谭其骧,学术月刊,1959年第8期

蔡文姬没于胡中论略,郑文,兰州大学学报·社会科学版,1983年第1期

蔡襄传略,郭毓麟,福建文化,1933年第2卷第13期

蔡邕和他的两个女儿,张铁民,中国典籍与文化,1992年第3期

蔡邕评传,冉昭德,励学·山东大学,1933年第1卷第1期

蔡邕晚年出仕及死因,何如月,文史知识,2006年第5期

蚕丛新考,冯广宏,文史杂志,2007年第6期

蚕神小考,张文、卢渝宁,农业考古,1990年第2期

仓颉·仓颉庙,李广阳,文史知识,1989年第6期

仓颉的传说及索隐,杨彬,文史知识,1992年第2期

"仓颉后身"李阳冰,陶敏,文史知识,2001年第10期

藏书家陆游,欧明俊,文史知识,2005年第11期

曹囧生平与佚文佚诗,周梦江,杭州师范学院学报·社会科学版,1986年第2期
曹操的翻案与定案,李则纲,江淮论坛,1981年第2期
曹操的统一政策和当时有关统一的诗歌,郑文,西北师大学报·社会科学版,1992年第1期
曹操的"唯才是举"令发布于何时,张显传,文史知识,1989年第11期
曹操年表,江耦,历史研究,1959年第3期
曹操评,陈登原,金陵学报,1933年第3卷第2期
曹操手下的刀笔吏——路粹,顾农,文史知识,2005年第4期
曹操轶事录,原野,新民晚报,1959年4月6日
曹荃和曹宣,周汝昌,光明日报,1962年8月28日
曹氏父子的心态与创作,孙明君,文史知识,1997年第4期
曹学佺生卒年岁考正,萨士武,大公报史地周刊,1937年5月21日
曹雪芹的籍贯,李西郊,文汇报,1962年8月29日
曹雪芹的家世和红楼梦的由来,宋孔显,青年界,1936年第9卷第4期
曹雪芹的情欲观,端木蕻良,红楼梦学刊,1993年第1期
曹雪芹的身世,蔡电,畅流,1968年第38卷第4期
曹雪芹的生平及其哲学,李辰冬,光明,1937年第3卷第3期
曹雪芹的生卒年,吴世昌,光明日报,1962年4月12日
曹雪芹的时代,家世和创作——读故宫所藏曹雪芹家世档案资料,冯其庸,文物,1974年第9期
曹雪芹的卒年,俞平伯,光明日报,1954年第1期
曹雪芹的卒年问题,吴恩裕,光明日报,1962年3月10日
曹雪芹和"红楼梦"——曹雪芹逝世二百周年祭,秦似,广西日报,1963年2月9日、10日、12日
曹雪芹和江苏,周汝昌,雨花,1962年第8期
曹雪芹和他的"红楼梦"——纪念伟大作家曹雪芹逝世二百周年,邓绍荃,工人日报,1963年2月12日
曹雪芹家的籍贯,适之,申报文史,1948年2月14日
曹雪芹家世考实,周汝昌,北京大学学报·哲学社会科学版,1996年第6期
曹雪芹家世考佚,周汝昌,明清小说研究,1996年第4期
曹雪芹家世辽阳考辨——曹雪芹堂房上世《五庆党谱》三房诸人考,冯其庸,文史,1979年第6辑
曹雪芹家世生平丛话(一)、(二)、(三)、(四)、(五)、(六)、(七),周汝昌,光明日报,1962年

曹雪芹家世新考,李玄伯,故宫周刊,1931年第84、85期
曹雪芹家世新考——《五庆堂重修辽东曹氏宗谱》考析(一),冯其庸,社会科学战线,1978年第1期
曹雪芹家世新考——《五庆堂重修辽东曹氏宗谱》考析(二),冯其庸,社会科学战线,1978年第2期
曹雪芹年龄生父新考,高阳,台湾红学论文选,1981年10月
曹雪芹生辰探寻,端木蕻良,红楼梦学刊,1992年第3期
曹雪芹生平新考,严冬阳,台湾红学论文选,1981年
曹雪芹生卒考释与阐微,周汝昌,学习与探索,1996年第4期
曹雪芹师楚,端木蕻良,红楼梦学刊,1979年第1期
曹雪芹与《红楼梦》,冯其庸,红楼梦学刊,1988年第2期
曹雪芹与孔继诛,陈迩东,光明日报,1962年9月8日
曹雪芹在香山的传说,张永海,北京日报,1963年4月18日
曹雪芹卒年辨(下)——"癸未说"的道理安在,周汝昌,文汇报,1962年5月6日
曹雪芹卒年问题商兑,邓允建,文汇报,1962年4月17日
曹雪芹卒于壬午说质疑——答陈毓罴和邓允建同志,吴恩裕,光明日报,1962年5月6日
曹雪芹祖籍论争述评,张庆善,红楼梦学刊,1998年第1期
曹雪芹祖籍问题考辨,刘孔伏,达县师范高等专科学校学报,1998年第4期
曹雪芹祖籍新证,周汝昌,河北学刊,1996年第3期
曹野那姬考,葛承雍,中国史研究,2007年第4期
曹元德曹元深卒年考,谭蝉雪,敦煌研究,1988年第1期
曹振镛其人,龚书铎,文史知识,1981年第3期
曹植的生平、政治主张及文学成就,徐志啸,中国典籍与文化,1995年第2期
曹植美学观初探,小星,延安大学学报·社会科学版,1989年第3期
曹植年谱,俞绍初,郑大学报,1963年第3期
曹植生平八考,徐公持,子史,1980年第10辑
曹植为曹操第几子,徐公持,文学评论,1983年第5期
曹子建年谱简编,叶柏村,杭州师院学报,1960年第1期
草书怀素是南宗禅僧,熊飞,零陵学院学报,2002年第1期
岑嘉州系年考证,闻一多,清华学报,1933年卷第2期
岑参刺嘉缘由考,王勋成,西北民族大学学报·哲学社会科学版,1992年第2期

岑参年谱,赖义辉,岭南学报,1930年第1卷第2期
岑参去世年月辨考,王勋成,兰州大学学报·社会科学版,1990年第4期
岑参入仕年月及生年考,王勋成,文学遗产,2003年第4期
岑参生年的推测,曹济平,光明日报,1957年10月6日
"茶神"陆羽,郗志群,文史知识,1989年第1期
茶神和《茶经》(上),臧嵘,文史知识,2000年第12期
茶圣陆羽,余我,畅流,1965年第31卷第7期
禅与诗——王安石晚年的生活寄托与诗歌创作,万伟成,江西社会科学,1996年第3期
禅与苏轼,余愚,文史知识,1991年第9期
昌谷别传并注,田北湖,国粹学报,1908年第43期
长锋软毫第一人,陈志平,文史知识,2007年第4期
长于书檄的建安文人阮瑀,魏明安,文史知识,1988年第5期
"常出奇计,救纷纠之难,振国家之患"——记西汉名相陈平,仇高皓,文史知识,1996年第8期
常山赵子龙,梁中实,文史知识,1996年第8期
嫦娥考,刘盼遂,学文,1930年创刊号
倡导资本主义的农民起义者——洪仁玕,苏双碧,文史知识,2001年第5期
晁补之初入"苏门"论析——"苏门研究"系列之一,崔铭,石油大学学报·社会科学版,2001年第5期
晁公武之生平,刘兆祐,"国立"中央图书馆馆刊,1968年第2期
朝野称美的"杜武库",陶广峰,文史知识,1988年第2期
"陈宝"考,吴郁芳,文博,1985年第2期
陈碧虚与陈抟学派,蒙文通,图书集刊,1948年第8期
陈朝"一代文宗"——徐陵,陶易,文史知识,1991年第3期
陈炽思想简论,张锡勤,北方论丛,1999年第4期
陈大声及其词,卢冀野,青年界,1935年第7卷第1期
陈第与《东番记》,贾宁,文史知识,1990年第4期
陈东和欧阳澈之死,王曾瑜,河北学刊,1996年第5期
陈端生年谱(附录一),光明日报,1961年8月7日
陈端生是陈云真吗,敬堂,文汇报,1961年12月16日
陈恭甫先生传纂,谢国桢,清华周刊,1926年第26卷第5期
陈冠生,生斋,大陆杂志,1950年第1期
陈宏谋与考据,刘乃和,北京师大学报,1962年第2期
陈洪绶和《屈子行吟图》,黄远林,文史知识,1984年第11期

陈后山年谱,陈兆鼎,江苏省立国学图书馆,1937年第10年刊
陈澧传,温丹铭,文史汇刊,1935年第1卷第2期
陈连陞与沙角之战,世博、伯钧,文史知识,1984年第5期
陈亮的平生,何格恩,岭南学报,1931年第2卷第2期
陈亮年谱纠谬,匡明,天津益世报读书周刊,1936年11月26日
陈亮永嘉之行及其与永嘉事功学派的关系,徐规,梦江,杭州大学学报·哲学社会科学版,1977年第2期
陈亮狱事考,邓广铭,天津益世报读书周刊,1936年3月12日
陈龙川,古欢,进步杂志,1915年
陈履和传,王伊同,大公报史地周刊,1936年10月23日
陈梦雷和《古今图书集成》,袁逸,文史知识,1985年第12期
陈梦雷和《古今图书集成》,庄葳,书林,1980年第1期
陈梦雷与《古今图书集成》,唐天尧,福建师大学报,1981年第2期
陈勉亭,吴去疾,神州国医学报,1935年第3卷第5期
陈寿、范晔历史人物评论之比较,马艳辉,史学月刊,2007年第1期
陈寿祺与清嘉道年间闽省学风的演变,史革新,福建论坛·人文社会科学版,2002年第6期
陈廷敬与王士祯,王小舒,文史知识,2006年第4期
陈同父生卒年月考,颜虚心,国学论丛,1927年第1卷第1期
陈抟,羊华荣,宗教学研究,1983年第2期
陈抟并非四川安岳人,纪明,文史知识,1989年第2期
陈抟里籍考,胡昭曦,四川文物,1986年第3期
陈抟其人其事,李远国,文史知识,1987年第5期
陈文节公年谱,孙锵鸣,国故,1919年第1—3期
陈卧子先生传,高燮,国学丛选,1920年
陈修园,诵穆,中医新生命,1936年第21、22期
陈修园别传,吴去疾,神州国医学报,1933年第2卷第4期
陈修园传,长乐县志,神州国医学报,1934年第3卷第2期
陈元光的政治思想及其实践,王治功,汕头大学学报·人文社会科学版,2002年第2期
陈圆圆史事轶闻辨误,陈生玺,文史知识,1994年第11期
陈圆圆事辑,况周颐,小说月报,1915年第6卷第11号

陈圆圆轶录,詹鸥隐,北平晨报艺圃,1936年6月8、9日
陈忠肃公年谱,张琴,福建论坛·文史哲版,1997年第2期
陈著行实考,湖水波,之江期刊,1934年第2期
陈子昂及其文集事迹(附表),岑仲勉,辅仁学志,1946年第14卷第1、2期
陈子昂论略,张锡厚,河北师院学报·社会科学版,1997年第3期
陈子昂年谱,罗庸,国学季刊,1935年第5卷第2期
成吉思汗,金台(译),正风半月刊,1937年第4卷第3—8期
成吉思汗当然是中国人,朱耀廷,全国新书目,2004年第11期
成吉思汗的政治观及对其事业的影响,马曼丽、杨子民,兰州学刊,1990年第5期
成吉思汗临崩前行踪与卒地考辨,王颋,西北第二民族学院学报·哲学社会科学版,2007年第6期
成吉思汗与札木合,林占鳌,西北论衡,1936年第4卷第8期
承唐启宋的杰出书家——杨凝式,王玉池,文史知识,1986年第4期
城狐社鼠——宋高宗时的宦官与医官王继先,王曾瑜,四川大学学报·哲学社会科学版,1995年第2期
程颢、程颐,冯友兰,哲学研究,1980年第10期
程颢、程颐(续),冯友兰,哲学研究,1980年第11期
程松崖轶事,汪觉遽,三三医报,1928年第4卷第19期
程瑶田的训诂学,张煦侯,安徽日报,1961年8月23日
澄观评传,陈扬炯,五台山研究,1987年第3期
澄观评传(续一),陈扬炯,五台山研究,1987年第4期
澄观评传(续完),陈扬炯,五台山研究,1987年第5期
蚩尤考,段宝林,民族文学研究,1998年第4期
痴情才子,血性男儿——谈谈汤显祖《牡丹亭》中的柳梦梅,孔瑾,戏剧,1995年第3期
踟躅于末世天胄与新朝显贵之间——寻绎赵孟𫖯降元后的仕宦、著述与书画生涯,张文澍,中国典籍与文化,2004年第2期
赤手擎天、柱撑半壁河山——浅谈台湾对郑成功的传说和评价,陈三井,文史知识,1990年第5期
重评吕后,冯惠民,山东师院学报·哲学社会科学版,1980年第2期
重新考虑曹雪芹的生平,王利器,光明日报,1955年7月3日
重新评价历史人物——试论韩愈其人,吴世昌,文学评论,1979年第5期
重新审视冯道,严修,复旦学报·社会科学版,2006年第1期
重新讨论蔡琰生平及其作品的真伪,顾农,山东师大学报·社会科学版,1995年第3期
崇仁斥佞:从孔子到傅玄,魏明安,文史知识,2000年第2期
崇祯:攘外与安内的两难选择,樊树志,学术月刊,1996年第7期
崇祯帝倚为干城的杨嗣昌,杨勇,文史知识,1988年第11期
崇祯皇帝智除魏忠贤,许文继、陈时龙,领导文萃,2005年第11期
崇祯是怎样亡国的,兰殿君,炎黄春秋,2006年第4期
崇祯与宦官,何草,文史知识,1993年第5期
崇祯之死,樊树志,文史知识,2004年第8期
出版家胡凤丹传略,张涌泉,浙江学刊,1988年第1期
出身儒门的大商人子贡,梁民,文史知识,1995年第3期
出污泥而不染的鸦头——聊斋人物谈,马瑞芳,文史知识,1996年第8期
初入诗坛的陈子昂,戴伟华,古典文学知识,2004年第3期
初唐书法名家殷仲容,李明,考古与文物,2007年第5期
初唐书坛三杰,刘涛,文史知识,1996年第1期
"初唐四杰"的并称与排名,田媛,文史知识,2006年第12期
初唐四杰——唐诗札记之二,马茂元,人文杂志,1958年第6期
"初唐四杰"之冠王勃,徐俊,文史知识,1985年第2期
初唐文坛盟主薛元超,陶敏,古典文学知识,2000年第5期
储光羲简论,张仲谋,徐州师范大学学报·哲学社会科学版,1989年第2期
储光羲生平事迹考辨,陈铁民,文史,1981年第12辑
楚霸王扛鼎,刘秉果,体育与科学,1994年第1期
楚公逆镈,李零,江汉考古,1983年第2期
楚国公族姓氏考略,刘秉忠,江汉考古,1999年第1期
楚屈子赤角考,赵逵夫,江汉考古,1982年第1期
处世多磨难,身后有是非——蔡邕其人其事,陶易,文史知识,1991年第12期
"傀傥英略"的隋代名将贺若弼,张文才,军事历史,1992年第6期
传奇人物孙膑和山东军事家,项扬,文史知识,1987

年第 10 期
船山《诗经》学面面观,李中华,船山学刊,1985 年第 2 期
船山诗论中的艺术原则,李中华,船山学刊,1984 年第 1 期
船山先生年谱,王之春,船山学刊,1934 年第 3 期
船山先生年谱后编,王之春,船山学刊,1936 年第 2 期
船山先生年谱后编,王之春,船山学刊,1937 年第 2 期
船山先生年谱后编,王之春,船山学刊,1938 年第 1 期
船山先生年谱后编(续第十期),王之春,船山学刊,1936 年第 1 期
船山先生年谱卷上,王之春,船山学刊,1934 年第 4 期
船山先生年谱卷上,王之春,船山学刊,1935 年第 2 期
船山先生年谱卷上,王之春,船山学刊,1935 年第 3 期
船山先生年谱卷上(续第九期),王之春,船山学刊,1935 年第 4 期
船山先生行述原文,王之春,船山学刊,1934 年第 2 期
船山先师年谱序,王之春,船山学刊,1933 年第 1 期
创造天文仪器最多的古代科学家——纪念郭守敬诞生七百三十周年,小星,中国青年报,1961 年 2 月 21 日
"垂节义于千龄"——抗清英雄张煌言事略,金家瑞,文史知识,1982 年第 8 期
春秋时期非凡的音乐大师——师旷,张怀荣,文史知识,1988 年第 7 期
春秋时的孔子与汉代的孔子,顾颉刚,国立中央大学历史语言研究所周刊,1927 年第 1 卷第 5 期
春秋文化名人师旷述论,张汉东,山东师范大学学报·人文社会科学版,1989 年第 6 期
春秋五霸之首的齐桓公,李景琦,文史知识,1996 年第 5 期
春秋战国时的"一介之使",刘德辉,文史知识,1992 年第 11 期
词人成容若,北平益世报,1928 年 10 月 21 日—11 月 9 日
词人李煜,知任,青年文化,1935 年第 1 卷第 4 期
词人辛弃疾,胡云翼,晨报附刊,1925 年 8 月 24—30 日
慈禧太后惹谁了,吴华,大科技·百科探索,2007 年第 12 期
慈禧太后与京剧,吴同宾,文史知识,1999 年第 10 期
辞书编纂标准化工作的开拓者粟武宾,孙立群,辞书研究,2003 年第 2 期
从拆字少年到内廷教习的匡迥,陈美林,文史知识,1992 年第 10 期

从成吉思汗经略西北边疆的成败看文化力的作用——纪念成吉思汗登大汗位 800 周年,马曼丽,安俭,中国边疆史地研究,2006 年第 4 期
从"大诰"看朱元璋,黄永年,书城,1994 年第 12 期
从凡夫俗子到一代名僧的刘萨诃,孙修身,文史知识,1988 年第 8 期
从风流才子到清廉知县——冯梦龙生平与性格述要,傅承洲,文史知识,1992 年第 1 期
从顾炎武到章炳麟,周予同,学术月刊,1963 年第 12 期
从官、吏、僚说到清代的幕僚,袁庭栋,文史知识,1988 年第 9 期
从"果敢有胆"到"敌略奇至"的吕蒙,钟素芬,文史知识,1997 年第 4 期
从历史教育说董仲舒,张显传,北京师范大学学报·社会科学版,1995 年第 3 期
从《论语》看孔子其人——《论语》论之一,裴斐,中央民族大学学报·哲学社会科学版,1988 年第 S1 期
从《论衡》看王充,江行,中央日报,1947 年 6 月 9 日
从奴隶到侯王——秦汉之际的风云人物英布,王鑫义,文史知识,1996 年第 1 期
从"女神"、"女人"到"女奴":由汉字看古代女性地位的变化,郝继东,周丹,沈阳师范大学学报·社科版,2007 年第 5 期
从《人物志》看刘劭的人才思想,周书灿,齐鲁学刊,2000 年第 2 期
从三大战役看杰出军事家李世民,史苏苑,人文杂志,1982 年第 3 期
从少公之客到长公之徒——论张耒与二苏的关系,崔铭,求是学刊,2002 年第 3 期
从《史记》的整理说到司马迁的卒年,朱似愚,新建设,1957 年第 10 期
从《史记》看司马迁的政治思想,来新夏,文史哲,1981 年第 2 期
从史学论后羿,祝中熹,烟台师范学院学报·哲学社会科学版 1992 年第 4 期
从文化角度看张九龄籍贯,熊飞,学术研究,2004 年第 9 期
从文学的角度看淳于髡,赵蔚芝,管子学刊,1988 年第 3 期
从武媚娘到圣神皇帝,史石,文史知识,1983 年第 6 期
从一封复信看郭老的治学精神,江天蔚,文史知识,1981 年第 4 期
从阴铿的几首诗推测他的生平,顾农,天津师大学报·

社会科学版,1999年第1期
从永昌元年诏书谈到李自成何时称帝,顾诚,北京师范大学学报·社会科学版,1980年第6期
从袁崇焕的诗来看他的一生,梁超然,广西社会科学,1986年第1期
从灶丁到思想家——泰州学派的代表人物王艮,张晶,文史知识,1992年第11期
从战国楚历推算屈原的生年,谢元震,东南文化,1990年第4期
从"张南皮"说开去,童恩正,当代文坛,1985年第4期
从中年辞官看姚鼐其人其文,周中明,文史知识,1999年第10期
从《朱子语类》看朱熹的理想主义历史观,李士金,史学月刊,2007年第4期
促进汉蒙民族团结的政治家张居正,张国光,湖北大学学报·哲学社会科学版,1985年第1期
蹴鞠将军霍去病,刘秉果,体育与科学,1994年第2期
崔东璧,吴素,大众知识,1937年第1卷第7期
崔东璧评传,罗博伦,广大周刊,1933年第13卷第8期
崔浩的生平及为人,李凭,北京图书馆馆刊,1993年第Z1期
崔浩之诛,张庆捷,文史知识,1992年第4期
崔述传,刘师培,国粹学报,1907年第3卷第9期
"村梅"杨补之和他的《四清图》,陈祖范,文史知识,1986年第1期
寸丹冷魄销难尽——南明殉国使臣左懋第,丁鼎,文史杂志,1997年第4期
达洪阿等台湾抗英及"冒功"冤案,世博,历史教学,1986年第8期
达赖、班禅名号小释,曾文琼,文史知识,1982年第6期
答黄侃问孔子生卒年月书,刘师培,国学厄林,1920年第1期
答瞿子久问两浙藏书家,陆树藩,图书馆学季刊,1926年第1卷第3期
答禄与权事迹勾沉,杨镰,新疆大学学报·哲学人文社会科学版,1993年第4期
答张李二君孔子不删诗说,申津生,晨报副刊,1927年3月9日
《打金枝》与郭子仪,许天柏,当代戏剧,1985年第8期
"大刀手"杨涟,樊树志,文史知识,2004年第4期
大渡河水尽血流——"负气出走"的石达开,赵元,深交所,2007年第2期
大夫考,陆绍明,国学杂志,1915年第4期

"大历十才子"的成员,陈增杰,温州师范学院学报,2003年第6期
"大历十才子"无李益,吴庚舜,社会科学战线,1979年第3期
大陆学者如何评价郑成功,颜章炮,文史知识,1990年第5期
大儒杜甫(上),王学泰,博览群书,2001年第4期
大儒杜甫(下),王学泰,博览群书,2001年第5期
大诗人黄公度年谱初稿,钱萼孙,大陆杂志,1933年第1卷第12期
大诗人李白评传,王风,新东方,1940年第1卷第9期
大舜行迹考,徐北文,济南教育学院学报,1999年第1期
大唐西域记撰人辩机,陈垣,国立中央研究院历史语言研究所集刊,1930年第2本第1分册
大文学家嵇叔夜年谱,刘汝霖,益世报国学周刊,1929年12月7号—15号
大义当前,威武有所不屈——晚清外交家杨儒在中俄谈判中,钟康模,文史知识,1989年第9期
大勇阿闍黎传,孙厚在,海潮音,1930年第11卷第4期
大禹三考,冯广宏,四川文物,2000年第2期
大禹生于北川,确信无疑——兼致哀北川大禹生地,王治功,汕头大学学报·人文社会科学版,2008年第3期
"大丈夫死则死耳,何饶舌也!"——太平军二次"西征"的失败与陈玉成之死,赵元,深交所,2007年第3期
戴东原的继承者焦里堂,王永祥,东北丛刊,1930年第12期
戴东原年谱,魏建功,国学季刊,1925年第2卷第1期
戴东原先生传,梁启超,晨报副刊,1923年1月19日
戴进生平事迹考,单国强,故宫博物院院刊,1992年第1期
戴进与浙派,穆益勤,故宫博物院院刊,1981年第4期
戴进作品时序考,单国强,故宫博物院院刊,1993年第4期
戴南山先生传,马其昶,民彝,1927年第1卷第4期
戴叔伦交游——房由、崔载华考,熊飞,固原师专学报,1992年第1期
戴叔伦交游考,熊飞,渭南师范学院学报,1992年第2期
戴叔伦交游——谢夷甫、王邕、裴征考,熊飞,咸宁学院学报,1992年第1期
戴叔伦年谱简编,熊飞,抚州师专学报,1992年第4期
戴叔伦年谱简编(续),熊飞,抚州师专学报,1993年

第 1 期
戴叔伦生平考补,熊飞,华中师范大学学报·哲学社会科学版,1995 年第 2 期
戴叔伦是进士吗,陈钧,江苏地方志,1998 年第 3 期
戴望传,刘光汉,国粹学报,1906 年第 2 期
戴忧庵先生事略,萧穆,国粹学报,1910 年第 72 期
戴震与皖派经学,郭全芝,文史知识,2000 年第 6 期
胆识过人的孝庄文皇后,李鸿彬,文史知识,1985 年第 8 期
"胆小有钱"的严监生,陈美林,文史知识,1991 年第 12 期
但明伦小传,吴丕,文史知识,1994 年第 11 期
"但愿苍生俱饱暖,不辞辛苦出山林"——于谦的诗篇和为人,王宏钧,文史知识,1982 年第 3 期
党争漩涡中的郑振先、郑鄤父子,樊树志,文史知识,2003 年第 12 期
悼恽铁樵先生,何公度,现代中医,1935 年第 2 卷第 9 期
道咸间的一个大政论家:王柏心,孙几伊,复兴月刊,1935 年第 4 卷第 2 期
得周天子册命之封的霸主晋文公,马冰,文史知识,1989 年第 12 期
德清胡胐明先生年谱,夏定域,文澜学报,1936 年第 2 卷第 2 期
德文并重,享誉于世——五代至宋广陵二徐,岳毅平,文史知识,2000 年第 7 期
邓牧传,邓实,国粹学报,1908 年第 40 期
狄青的悲剧,顾全芳,文史知识,1984 年第 10 期
地理学家朱思本,〔日〕内藤虎次郎(著),吴晗(译),北平图书馆馆刊,1933 年第 7 卷第 2 期
帝喾并非商之始祖,王震中,殷都学刊,2004 年第 3 期
帝王家的瑶族血脉——明孝宗传奇身世的有关档案,陈驹,文史春秋,1996 年第 2 期
帝王心理:明神宗的个案,樊树志,学术月刊,1995 年第 1 期
帝乙帝辛卜辞断代研究,王晖,陕西师范大学学报·哲学社会科学版,2003 年第 5 期
第二次鸦片战争中的叶名琛评价管见,伯钧,天津师范大学学报·社会科学版,1984 年第 3 期
第三世纪我国数学家赵君卿,李迪,数学教学月刊,1960 年 7 月
第一个提出"灭洋"口号的余栋臣,隗瀛涛,文史知识,1982 年第 11 期
典籍注释家郭璞,苑育新,辞书研究,1982 年第 2 期

貂蝉之死,张鹤,章回小说,1999 年第 9 期
貂蝉故事的来源与演变,李伟实,文史知识,2002 年第 10 期
貂蝉是历史人物的依据,李殿元,石瑜,文史杂志,2004 年第 5 期
丁福保先生小传,关国煊,大陆杂志,1963 年第 27 卷第 2 期
丁惠康传,姚梓芳,庸言,1913 年第 1 卷第 6 期
丁汝昌非长江水师出身辨,戚其章,安徽史学,1986 年第 2 期
丁松生先生家传,俞樾,浙江省立图书馆月刊,1932 年第 1 卷第 7、8 期
丁耀亢生平及其剧作,郝诗仙,齐鲁学刊,1989 年第 6 期
东巴教创始人丁巴什罗及其生平,房建昌,思想战线,1988 年第 2 期
东皋心越在日本,张羽,文史知识,1991 年第 11 期
东汉的豪族,杨联陞,清华学报·文化建设,1936 年第 11 卷第 4 期
东汉的外戚四大家族,马彪,文史知识,1993 年第 12 期
东汉刚正不阿的诤臣——李固,赵胜,文史知识,1991 年第 7 期
东汉经学大师郑玄,李树军,文史知识,1994 年第 9 期
东汉末年的外科学家华佗,龚纯,健康报,1954 年 12 月
东汉清白吏——杨震,段国超,文史知识,1990 年第 3 期
《东华录》作者蒋良骐评传,朱桂昌,云南师范大学学报·对外汉语教学与研究版,1990 年第 4 期
东晋大诗人陶渊明,齐天举,文史知识,1984 年第 2 期
东晋士族高门中少有的务实人物——庾翼,陈明光,文史知识,1991 年第 3 期
东晋伟大的旅行家——法显,卢鹰,文史知识,1989 年第 2 期
东晋玄言—山水诗赋的旗手——孙绰,顾农,集美大学学报·哲学社会科学版,2002 年第 2 期
东晋中兴功臣温峤,吴建伟,文史知识,2004 年第 2 期
东坡为官六事:慈、俭、勤、慎、诚、明,温斌、张福勋,文史知识,2006 年第 12 期
董桂薪传,胡韫玉,国粹学报,1911 年第 7 卷第 7 期
董其昌的书画,郑秉珊,古今,1942 年第 9 期
董其昌字号"玄宰、香光、思白"考,黄奇逸,中国书画,2007 年第 11 期
董说交游续考,冯保善,明清小说研究,1992 年第 Z1 期
董小宛非董鄂妃考证,西云,小说月报,1917 年第 8

卷第 1 号
董小宛考，芬陀利，天津益世报说苑，1937 年 1 月 18 日—2 月 27 日
董小宛考，心史，小说月报，1915 年第 6 卷第 9、10 期
董永故事的发展，郎净，文史知识，2004 年第 4 期
董仲舒，尹明，教学与研究，1962 年第 4 期
董仲舒的政治哲学思想及其当代意义，肖爱民，湖南城市学院学报，2008 年第 4 期
董仲舒（教育家），毛礼锐，教师报，1956 年 9 月 4 日
董仲舒天人三策作于元光元年辨——兼谈董仲舒不是"罢黜百家，独尊儒术"的创始人，施丁，社会科学辑刊，1980 年第 3 期
动荡的年代幸运的文人——五代时的"不倒翁"冯道，王志安，文史知识，1991 年第 5 期
动静方圆——唐朝大智之相李泌，宁欣，文史知识，1997 年第 7 期
都任传：开封县志稿，许钧，河南博物馆馆刊，1937 年第 7、8 期
都堂一纸诏，千载恨悠悠——王炎治边业绩及其悲剧结局叙略，孔凡礼，文史知识，1995 年第 11 期
《窦尔敦其人其事》质凝，谭彦翘，黑龙江史志，1998 年第 6 期
窦汉卿考，干祖望，新中医药，1955 年第 6 卷第 6 期
读关汉卿，赵景深，胜流，1946 年第 4 卷第 12 期
读郭沫若先生《太史公行年考有问题》后，王达津，历史研究，1956 年第 3 期
读慧皎高僧传札记，汤用彤，史学杂志，1930 年第 2 卷第 34 期
读容肇祖先生《韩非的著作考》志疑，邓思善，国立中央大学历史语言研究所周刊，1928 年第 2 卷第 24 期
读史记时对于王国维太史公行年考之异议，萧鸣籁，现代史学，1933 年第 1 卷第 2 期
读书偶识：孟子，陈绍闻，学术月刊，1962 年第 1 期
读司马迁年谱，包谦六，商务印书馆出版周刊，1934 年新第 88 期
读颜习斋先生年谱与习斋记余琐记，赵卫邦，大公报图书副刊，1937 年 7 月 15 日
独辟蹊径，豪迈不羁——论傅山及其书画、篆刻艺术，赵宝琴，文物世界，2007 年第 6 期
独孤授名、字及登科年月考，王勋成，兰州大学学报·社会科学版，1995 年第 3 期
"独身任一代文献之寄"——元代杰出史家苏天爵，江湄，文史知识，1995 年第 5 期

独树一帜的北宋诗人黄庭坚，陶文鹏，文史知识，1984 年第 1 期
独树一帜的宋玉，袁梅，文史知识，1986 年第 11 期
独坐幽篁里，弹琴复长啸——唐代杰出的诗人王维，刘丽文，文史知识，1988 年第 3 期
杜樊川评传，徐裕昆，光华大学半月刊，1935 年第 4 卷第 2 期
杜甫，闻一多，新月，1928 年第 1 卷第 6 号
杜甫罢官说，王勋成，兰州大学学报·社会科学版，2004 年第 2 期
杜甫北游踪迹初探，陈贻焮，文史，1982 年第 14 辑
杜甫奔凤翔，凌迅，齐鲁学刊，1979 年第 3 期
杜甫的名号，冯建国，文史知识，1988 年第 10 期
杜甫墓，杨云，历史教学，1987 年第 11 期
杜甫墓考证，张中一，岳阳职业技术学院学报，2006 年第 3 期
杜甫人格生命论，赵海菱，社会科学辑刊，1996 年第 2 期
杜甫身后事聚讼录，兰殿君，理论观察，1987 年第 4 期
杜甫为什么弃官，郑文，西北师大学报·社会科学版，1985 年第 4 期
杜甫、严武"睚眦"考辨，丁启阵，文学遗产，2002 年第 6 期
杜甫、严武"睚眦"再考辨——与傅璇琮、吴在庆先生商榷，丁启阵，文史哲，2004 年第 4 期
杜甫研究，翦伯赞，群众周刊，1944 年第 9 卷第 21 期
杜甫研究的思考，冯建国，齐鲁学刊，1990 年第 4 期
杜甫研究论文综述（1977—1985 年），张忠纲，文史哲，1987 年第 2 期
杜甫与历下亭，张永泉，文史知识，1987 年第 10 期
杜甫与两汉审美风尚，赵海菱，杜甫研究学刊，2005 年第 3 期
杜甫与两汉循吏文化传统，赵海菱，东岳论丛，2004 年第 4 期
杜甫之死新探，严修，徐州师范大学学报·哲学社会科学版，1981 年第 1 期
杜甫自号"少陵"考辨，刘真伦，文史知识，1989 年第 8 期
杜工部年表初稿，杨益恒，文学丛刊，1929 年第 1 期
杜工部年表及杜诗年表，巩固，文学丛刊，1929 年第 1 期
杜光庭、孙思邈，华颐，中国道教，1990 年第 1 期
杜牧和他的诗歌，葛晓音，学术月刊，1981 年第 6 期
杜牧与张祜，缪钺，四川文学，1962 年第 7 期
杜牧之年谱，缪钺，国立浙江大学文学院集刊，1941 年第 1 期

杜牧卒年考,缪钺,四川日报,1962年8月26日
杜审言评传,张清华,殷都学刊,1984年第2期
杜氏家族与偃师杜甫墓地,郑慧生,寻根,2001年第5期
杜佑的史学思想,陈光崇,辽宁日报,1962年10月23日
杜佑与中唐史学,葛兆光,史学史研究,1981年第1期
杜宇"禅让"考,杨梅,新余高专学报,2006年第3期
"杜宇"、"朱利"史实考辨,王炎,社会科学研究,2006年第2期
段成式及其父子,张福信,文史知识,1989年第3期
段玉裁的治学,陆振岳,文史知识,1986年第4期
段玉裁先生年谱,刘盼遂,清华学报,1932年第2期
对妇好之好与称谓之司的剖析,张亚初,考古,1985年第12期
对孤竹、伯夷史实的辨识及评价,龚维英,江汉考古,1995年第2期
对司马迁生卒年的一些看法,陈尽忠,厦门大学学报,1982年第S1期
对王莽评价的两种不同意见,宋超,文史知识,1984年第6期
对玄奘生平年代考之商榷,朱洁轩,佛教文化,1967年第1卷第6期
对《张岱字号、籍里、卒年考》的几点异议,刘致中,文学遗产,1983年第4期
敦敏敦诚和曹雪芹,吴恩裕,人文杂志,1958年第1期
多才多艺的北宋科学家——燕肃,徐寿亭,袁炳亮,文史知识,1993年第1期
多尔衮与"九王爷",天挺,天津益世报读书周刊,1936年11月26日
多面神仙吕洞宾,欧明俊,文史知识,2001年第12期
尔雅释亲宗族考,于鬯,国学·上海大东,1927年第1卷第5期
二百年前大思想家刘献廷之生平与其学说,尉之嘉,国立中山大学文史学研究所月刊,1935年第3卷第3期
二程及其洛学,衷尔钜,文史知识,1994年第3期
二郎神考,李耀仙,四川师范学院学报·哲学社会科学版,1998年第1期
二郎神小考,杨继忠,文史知识,1982年第1期
二老研究,谭戒甫,武大文哲季刊,1935年第4卷第4号
"二马、三堂"与秦石鼓考证,杨宗兵,文史知识,2006年第8期
二千年前的一个非战论者——墨子,杨行健,尚志周刊,1932年第2卷第1、2期

二晏父子,刘扬忠,文史知识,1983年第9期
法号与道号,山民,贵州民族研究,1987年第4期
法家沈括和他的科学成就,柳树滋,中国科学,1974年第5期
法学匡时为国重——中国近代法律学家沈家本,李忠兴,文史知识,1995年第2期
翻译家鸠摩罗什,徐景行,新疆文学,1962年第6期
樊守义及其《身见录》,顾农,沧桑,2000年第1期
繁钦论,顾农,许昌学院学报,1991年第3期
反帝爱国将领刘步蟾,何双生,文史知识,1984年第7期
反复无常的野心家吴三桂,白新良,文史知识,1983年第10期
范成大治蜀述论,张邦炜,陈盈洁,四川师范大学学报·社会科学版,2004年第5期
"范雎"作"范睢"者误,胡渐逵,辞书研究,2001年第5期
范锴及其《汉口丛谈》,胡锦贤,江汉论坛,1989年第5期
范宽的山水画作品,聂崇正,文史知识,1983年第10期
范蠡居陶山及其墓葬考证,程兆奎,山东社会科学,1997年第5期
范睢理应作范雎,胡渐逵,书屋,2001年第2期
范蔚宗年谱,张述祖,史学史研究,1981年第2期
范文甫轶闻,干祖望,江苏中医,2001年第8期
范文正公评传,钟肇熙,华国,1957年第1期
范晔的民族思想略论,李珍,山西师大学报·社会科学版,2006年第2期
范晔"谋反"新说——兼论沈约对范晔的评价,瞿林东,安徽史学,2006年第1期
范晔宗年谱(范晔:398—445),张述祖,史学年报,1940年第3卷第2期
范晔卒年及《后汉书》始撰年辨,徐志啸,社会科学辑刊,1984年第3期
范缜,尹明,教学与研究,1962年第3期
范缜赞——读史札记,王文琪,安徽日报,1962年1月27日
范仲淹,范纯仁,江苏研究,1935年第1卷第4期
范仲淹,郑侃燧,大众知识,1936年第1卷第2期
范仲淹,朱子范,中国文学史论集,1958年第2卷
范仲淹二、三事,李恩普,历史教学,1987年第5期
范仲淹划粥,杨树森,教师博览,1996年第12期
范仲淹为何不记岳阳楼,徐景洲,文史知识,1996年第4期
范仲淹与"庆历新政",郭正忠,文史知识,1985年第7期
范仲淹与北宋士风演变,诸葛忆兵,中国人民大学学

报,2006年第5期
范仲淹与宋学之勃兴,杨渭生,浙江大学学报·人文社会科学版,1999年第1期
范祖禹的史学与政论,王德毅,幼狮学志,1966年第5卷第4期
方苞"进士"身份考辨——兼析清代"进士"一名的不同含义,丁鼎,镇江师专学报·社会科学版,1996年第2期
方苞下狱潜在因由探索,龚维英,商丘师范学院学报,1987年第1期
方登峰流戍卜魁时祖孙三世行年考实,谭彦翘,北方文物,1993年第1期
方恪敏公传,马其昶,民彝,1928年第1卷第10期
方腊出身问题考辨,吴泰,文史哲,1980年第6期
方密之先生科学之精神及其《物理小志》,方竑,中央大学文艺丛刊,1934年第1卷第2期
方密之先生传,马其昶,民彝,1927年第1卷第1期
方叔其人——古史新说之六,张平辙,西北师大学报·社会科学版,2002年第5期
方望溪先生传,马其昶,民彝,1927年第1卷第2期
方孝标传,金天翮,国学论衡,1934年第3期
方以智和他的《通雅》,王功龙,文史知识,1994年第12期
方以智简论,任传斌,清史论丛,1982年第4期
方以智——中国的百科全书派大哲学家(下篇),侯外庐,历史研究,1957年第6期
方玉润著述考,向觉明,文学季刊,1934年第1卷第1期
方召传,马叙伦,国粹学报,1906年第18期
"放荡齐赵间,裘马颇清狂"——杜甫与山东,凌迅,齐鲁学刊,1978年第4期
放浪形骸的唐伯虎,洪为法,青年界,1934年第6卷第5期
飞将军李广和他的家族,蓝永蔚,文史知识,1987年第8期
飞天——乾闼婆与紧那罗——再谈敦煌飞天,段文杰,敦煌研究,1987年第1期
飞想"神骏"——李清照与魏晋风流,曹虹,文史知识,2005年第2期
"非常之人,超世之杰"——雄才大略的魏武帝曹操,张文,文史知识,1995年第5期
蜚声日本的朱之瑜,孙传钊,文史知识,1990年第6期
淝水之战说谢安,蒋凡,文史知识,2000年第11期
丰骨棱棱一异端——闲话李贽及其妇女观,李祥林,文史杂志,2006年第4期
"风格高秀"的词客姜夔,刘向阳,文史知识,1986年第2期
风流才子唐伯虎,宋戈,文史知识,1994年第1期
风流才子唐伯虎的前世今生,王春华,文史知识,2007年第1期
风流才子,误作人主——南唐后主李煜的悲剧人生,李勤印,文史知识,1987年第4期
风流自诩,娱僭一方——南汉开国之君刘岩,张金铣,文史知识,1994年第10期
风霜万里苦吟人——论元末回回诗人丁鹤年,张文澍,民族文学研究,2005年第2期
封建监察制的一个缩影——崔暹,邓奕琦,文史知识,1991年第4期
封神演义作者陆西星,柳存仁,宇宙风·乙刊,1940年第24期
冯桂芬及其著述,〔日〕百赖弘,岚涛(译),中和,1942年第3卷第3期
冯梦龙、凌蒙初和"三言"、"二拍",魏同贤,文史知识,1986年第2期
冯梦龙阮大铖交游小考,冯保善,苏州大学学报·哲学社会科学版,1990年第2期
冯梦龙生平简编,王凌,福建论坛·人文社会科学版,1991年第3期
冯梦龙与明代哲学思潮,傅承洲,中国哲学史,1995年第6期
冯时行是状元吗,萧源锦,文史杂志,2005年第1期
冯惟敏及其著述,郑骞,燕京学报,1940年第28期
冯正中年谱,夏承焘,词学季刊,1935年第2卷第3期
奉佛宰相——王缙沉浮录,段塔丽,文史知识,1996年第3期
佛学宗师鸠摩罗什,赵锐,文史知识,1995年第7期
伏生和《尚书》,李洪岩,文史知识,1999年第9期
伏兔、当兔与古代车的减震,朱思红,考古与文物,2002年第3期
伏羲概念论,徐日辉,固原师专学报,2001年第5期
伏羲新考,刘志一,中南民族大学学报·人文社会科学版,2002年第3期
苻坚、姚兴与佛教,杨耀坤,社会科学战线,1991年第2期
苻坚与王猛,李凭,国家图书馆学刊,1994年第Z2期
苻朗的生平及其诗文作品,赵以武,甘肃社会科学,1991年第5期

苻生是不是暴君,孙湛,文史知识,1999年第11期
浮云野思春前动——王阳明在滁州悟道,张休,文史知识,2000年第6期
福建藏书家考略,萨士武,福建文化,1941年第1卷第3期
福建藏书家徐𤊹及其著作书目(明末),廖天敏,福建省图书馆学会通讯,1981年第4期
俯仰从容的留侯张良,徐庆全,炎黄春秋,1992年第3期
"辅弼"与"谪仙"——李白的自我意识及其文化传统,于翠玲,西北师大学报·社会科学版,1994年第2期
妇好论,郑慧生,南方文物,1994年第2期
复社领袖冒辟疆,丁赋生,王利民,顾启,文史知识,2003年第8期
复社名流吴次尾,吴景贤,学风,1936年第6卷第3期
傅青主先生,江静波,华西医药杂志,1947年第2卷第1期
傅青主先生,张承珍,人间世,1935年第40期
傅青主先生医术遗闻,赵意空、杨百城,医学杂志,1921年第1期
傅青主先生医学著作考证,耿鉴庭,上海中医药杂志,1958年第2期
傅青主轶事,张叔彭,三三医报,1926年第3卷第24期
傅山的个性与其诗歌的主题取向,张兵,西北师大学报·社会科学版,1997年第1期
傅山及其书法艺术,赵宝琴,文史知识,2007年第7期
傅玄是太康作家吗,魏明安,甘肃师大学报·哲学社会科学版,1981年第2期
傅玉书生平著述考辨,刘汉忠,贵州文史丛刊,1996年第1期
富有文才的名相李德裕,周建国,文史知识,1991年第11期
噶礼张伯行互参案述论,范金民,历史档案,1996年第4期
概论晏子的人才思想——《〈晏子春秋〉研究》之七,段国超,连杨柳,张晓明,商丘师范学院学报,1987年第2期
干宝考,李剑国,文学遗产,2001年第2期
干宝著述考,郭维新,北平图书馆馆刊,1936年第10卷第6号
干王洪仁玕,耿鉴庭,新中医药,1955年第6卷第4期
敢于绝望、为个性和创造性而斗争的吴敬梓,周月亮,文史知识,2001年第11期
刚直不阿,幽而发愤——司马迁受刑前后,陈雪良,文汇报,1979年7月20日
高登传略,郭毓麟,福建文化,1936年第3卷第22期
高风亮节,诗文瑰伟——试论北宋诗人苏舜钦及其诗,李佩伦,固原师专学报,1981年第2期
高洁的品格与真率的诗风——明遗民诗人魏耕其人其诗,张亦伟,古典文学知识,2008年第1期
高俅发迹的发祥人——王诜,谢美生,文史知识,2004年第1期
高僧大颠,蔡起贤,文史知识,1997年第9期
高僧刘萨诃的传说,尚丽新,文史知识,2006年第5期
高辛氏之考证及释义,龚维英,浙江学刊,1983年第1期
高则诚事略,戴不凡,文艺报,1956年第16期
告子传略,李应南,中山学报,1943年第2卷第1期
告子小探,庞朴,文史,1962年第1辑
革命文豪陈天华,赵瑞勤,文史知识,1982年第12期
葛洪,华颐,中国道教,1989年第3期
葛洪的汉学倾向——兼论葛洪与魏晋玄学的关系,丁宏武,宗教学研究,2008年第2期
葛洪在文献整理方面的贡献,丁宏武,古籍整理研究学刊,2008年第2期
葛可久和"十药神书",刘元,中医杂志,1956年第11期
"个中还让四箴堂"——试说程长庚,张扶直,文史知识,1998年第10期
更正《章实斋年谱》的错误,姚敬存,胡适,申报文史,1948年6月12日
耿鉴庭,鉴真在江西,江西中医药,1981年第1期
公孙大娘不曾舞剑吗,肖冲,体育文化导刊,1986年第6期
公孙龙考,郑宾于,北京大学研究所国学门月刊,1927年第1卷第4期
公孙龙传,张基成,国民杂志,1941年第10期
公正求实:宋代陈傅良的法制理念,肖建新,安徽师范大学学报·人文社会科学版,2008年第1期
公之称谓与儒家伦理,刘士林,文史知识,1999年第9期
功业显赫的吴王阖闾,王卫平,文史知识,1990年第11期
宫体诗人国士风——南朝徐陵传奇,赵海菱,文史知识,2000年第1期
龚半千与《桃花扇》,华德荣,文史知识,1988年第10期
龚定盦研究,朱杰勤,广州学报,1937年第1卷第1期
龚自珍的经世思想,孔繁信,师大月刊,1936年第26期
龚自珍论:亦"开风气"亦"为师",何晓明,湖北大学学报·哲学社会科学版,2000年第6期

龚自珍与经今文,汤志钧,近代史研究,1980年第4期
龚自珍与魏源——纪念龚自珍诞生200周年,任访秋,河南大学学报·社会科学版,1992年第5期
共工氏流徙的考古学考察,周书灿,文物春秋,2008年第2期
共工氏主要活动地区考辨,王震中,人文杂志,1985年第2期
勾践报吴,邹侃嬾,中山周报,1937年第143期
呴嘶啰,汤开健,文史知识,1983年第7期
古代的姓氏名号,张代会,语文世界·初中版,2002年第6期
古代剧坛健将——李玉,凌竟亚,新华日报,1961年11月12日
古代媒人的称谓,徐向东,文史知识,1990年第2期
古代名字考略,尹黎云,赣南师范学院学报,1992年第1期
古代人名的活用,郭文瑞,文史知识,1993年第5期
古代外科学家——华佗,张赞臣,新闻日报,1955年3月15日
古代伟大的科学家郭守敬,河北日报,1961年2月25日
古代相扑的起源与发展,周伟良,文史知识,1993年第8期
《古今图书集成》的编纂者陈梦雷,方任,辞书研究,1983年第6期
古老的姓氏,许万宏,黄山学院学报,2004年第1期
古人籍贯今介考辨——《中国人名大词典》(历史人物卷)札记,辛志贤,内蒙古师范大学学报·哲学社会科学版,2006年第2期
古人名字的影射与暗合趣谈,朱积孝,西北民族大学学报·哲学社会科学版,1990年第4期
古人为何称公婆和岳父岳母为舅姑,江林昌,文史知识,1993年第3期
古神话雷神考论,龚维英,延安大学学报·社会科学版,1987年第1期
古史考辨学家崔东壁,李剑雄,文史知识,1984年第8期
古蜀的"三王"、"二帝"别说,杨正苞,刘玉珊,成都大学学报·社会科学版,1996年第1期
古蜀国先王兴替,何小颜,文史知识,2004年第8期
古往今来论钗黛——钗黛之争综述,张庆善,文史知识,1986年第7期
古文经学倡导者刘歆,董洪利,文史知识,1985年第12期
"谷蠡王"、"休屠王"正确读音的理据,于智荣,语文知识,2007年第3期
顾大典生平事迹补正,金宁芬,河北师院学报·社会科学版,1995年第2期
顾栋高直言奏对,宋元强,道德与文明,1986年第6期
顾广圻的生平与成就(清代中叶校勘学家),周诚望,黑龙江图书馆,1980年第2期
顾闳中《韩熙载夜宴图》,单国强,文史知识,1983年第5期
顾恺之和他的《列女传图》,洪丕谟,文史知识,1983年第4期
顾况任新亭监时地新考,胡正武,台州学院学报,1996年第1期
顾况研究,许瀚,南风,1933年第7卷第1期
顾况浙东行踪考略,胡正武,台州学院学报,2005年第1期
顾苓生卒年考,冯保善,江海学刊,1994年第6期
顾千里年谱,林坚之,北平晨报学园,1931年3月19、20、21、26日
顾千里年谱,汪宗衍,图书馆学季刊,1926年第4卷第2期
顾千里先生年谱,〔日〕神田喜一郎(著),孙世伟(译),国学,1926年第1卷第1期
顾亭林的经世思想,缪镇藩,经世,1937年第1卷第9期
顾亭林的实践生活,成本俊,汗血月刊,1934年第3卷第1期
顾亭林"济南狱"与《赴东诗》考论,王冀民,齐鲁学刊,1992年第2期
顾亭林旅卒曲沃小考,赵俪生,天津社会科学,1985年第4期
顾亭林年谱补证,杜呈祥,天津益世报读书周刊,1935年12月26日
顾亭林年谱校录,王录友,北平华北日报图书周刊,1936年2月10、17日
顾亭林社会观,何贻焜,师大月刊,1935年第22期
顾亭林土地经济论纲领,邹枋,商学期刊,1933年第7期
顾亭林先生,谈师籍,中兴周刊,1933年第11、12期
顾亭林先生评传,张丐尊,国民杂志,1941年第1卷第9期
顾亭林新传,圣旦,中美周刊,1940年第2卷第4期
顾亭林与钱牧斋,赵俪生,晋阳学刊,1987年第1期
顾宪成与东林书院,樊树志,文史知识,2004年第10期
顾炎武,顾颉刚,中学生杂志,1936年第64期
顾炎武,江苏研究,1935年第1卷第2期

顾炎武北游事迹发微,赵刚,清史研究,1992年第2期
顾炎武的家世与早年生活,赵俪生,学术月刊,1984年第8期
顾炎武关中行迹考述,卢兴轩,历史教学,1992年第4期
顾炎武与昆山徐氏兄弟,邰林涛,苏州大学学报·哲学社会科学版,1994年第2期
顾炎武与《明史》,王镇远,文史知识,1984年第2期
顾炎武与清代考据学,郝润华,西北师大学报·社会科学版,1989年第2期
顾炎武与山西学者的交往,崔凡芝,张爱芳,文史知识,2005年第12期
顾炎武与张尔岐,赵俪生,东岳论丛,1985年第5期
顾炎武在古文献学上的成就,孙钦善,学林漫录,1982年第六集
顾炎武在关中,赵俪生,兰州大学学报·社会科学版,1999年第3期
顾炎武之新封建论,谭丕模,北平晨报历史周刊,1936年12月23、30日
顾祖禹和《读史方舆纪要》,杨济安,杨忆坪,文史知识,1982年第3期
"怪人"郑板桥,尹芳林,文史知识,2001年第3期
关汉卿不是金遗民,苦水,天津益世报读书周刊,1936年11月19日
关汉卿的生活时代考辨,章宏伟,历史教学,2002年第7期
关汉卿的生卒年和里籍问题,黄卉,黄宏伟,中国典籍与文化,2003年第4期
关汉卿考略,孙楷第,光明日报,1954年3月15日
关汉卿评传,司徒洁,华国,1957年第1期
关汉卿事迹及其著作辨证,谭正璧,中华月报,1943年第6卷第5、6期
关汉卿研究及其展望,曾永义,戏剧艺术,1993年第3期
关汉卿与《窦娥冤》,黄竹三,语文教学通讯,1979年第4期
关天培与虎门之役,周珉,文史知识,1982年第8期
关于白乐天,郭沫若,文艺报,1955年第23号
关于鲍照的家世和籍贯,曹道衡,文史,1979年第7辑
关于曹雪芹的卒年,周绍良,文汇报,1962年3月14日
关于曹雪芹家世的新资料——《康熙上元县志·曹玺传》的发现和认识,吴新雷,南京大学学报,1976年第2期
关于陈云真,齐敬,光明日报,1961年6月25日
关于陈子昂的死因,葛晓音,学术月刊,1983年第2期

关于丁汝昌之死的几个问题,戚其章,日本研究,1989年第2期
关于方腊评价的若干问题,吴泰,学术月刊,1979年第7期
关于方玉润(清代西南文人小说之一),陆侃如,新动向,1938年第1卷第4期
关于傅青主下狱事之新史料,陶元珍,天津益世报读书周刊,1936年5月7日
关于傅玄研究中的几个问题,赵以武,嘉应大学学报,2002年第1期
关于孤拔之死,林其泉,厦门大学学报·哲学社会科学版,1983年第4期
关于顾炎武,白坚,新华日报,1957年7月15日
关于关汉卿的生平,蔡美彪,戏剧论丛,1957年第3期
关于关汉卿(学术通讯),蔡美彪等,戏剧论丛,1957年第3期
关于"黑旋风李逵"的几个问题,戴不凡,剧本,1953年第11期
关于红楼梦作者家世的新材料,严微青,时代青年,1936年第1期
关于洪承畴评价的几点思考,苏双碧,清史研究,1996年第3期
关于洪遵的事迹与著述,杨渭生,中国钱币,2000年第3期
关于侯朝宗,刘昌仁,江汉思潮,1936年第5卷第3期
关于后稷"三弃三收"的阐释,李复华,Walter Liebenthel,淮阴师范学院学报·哲学社会科学版,1993年第1期
关于《胡笳十八拍》作者问题的讨论,陈书录,胡腊英,文史知识,1986年第12期
关于鉴真东渡二题,杨曾文,郑州大学学报·哲学社会科学版,2007年第5期
关于金圣叹的评价问题,张澄寰,光明日报,1962年7月
关于孔子闻《韶》乐,孙开泰,管子学刊,1995年第3期
关于孔子研究的几个问题,冯友兰,光明日报,1956年11月14日
关于老子年代的一假定,张季同,大公报文学副刊,1931年6月29日、7月6、13日
关于李垕的祖籍和出生地,邓代耕,文史知识,1986年第4期
关于李商隐,陈贻焮,北京大学学报·人文科学,1962年第2期
关于李时珍生卒的探索,刘伯涵,中华医史杂志,1955

年第7卷第1期
关于李阳冰生平的几个问题,熊飞,咸宁学院学报,1991年第2期
关于李玉生平及其它材料的几点认识,辛旭,光明日报,1960年5月8日
关于李渊的历史评价,徐连达,仲富兰,历史教学问题,1981年第1期
关于李之藻生平事迹的新史料,龚缨晏,浙江大学学报·人文社会科学版,2008年第3期
关于"李自成之死"的争论综述,诸葛计,文史知识,1982年第1期
关于梁武帝"舍道事佛"的时间及其原因,赵以武,嘉应大学学报,1999年第5期
关于梁武帝"舍道"与"事佛",赵以武,嘉应大学学报,2000年第1期
关于刘秀与新莽末年农民起义的几个问题,杨德炳,河北学刊,1997年第5期
关于刘禹锡生平的一些问题,敬堂,山西师院学报,1960年第4期
关于陆放翁的卒年及生日,杨惠琴,光明日报,1958年5月4日
关于陆游及其做梦杀敌诗——病榻杂谈,张白山,文史知识,1999年第11期
关于陆游诗的评价,胡明,文史知识,1989年第6期
关于吕不韦评价的两个问题,洪家义,中国古代史论丛,1981年第3辑
关于吕陶生卒年岁的辨误,戴扬本,华东师范大学学报·哲学社会科学版,1996年第3期
关于满族女词人顾太清的几个问题,赵伯陶,社会科学辑刊,1993年第1期
关于梅尧臣交游的几个问题,李之亮,中州学刊,2001年第6期
关于孟郊——读书札记之一,马茂元,北京日报,1959年2月22日
关于明代科学家王征的遗著和资料目录三种,志勤,西北历史资料,1981年第2期
关于彭端淑、刘咸荥的名字,曾任教,文史杂志,2006年第3期
关于"蒲柳泉先生年谱"的几点辨正,国培之,文史哲,1962年第4期
关于乾嘉学者王念孙,祁龙威,学术月刊,1962年第7期
关于阮籍生平的两个问题,顾农,天津师大学报·社会科学版,2000年第6期

关于沈括的生卒年——纪念沈括逝世890周年,徐规,史学月刊,1987年第1期
关于(盛唐诗人)王之涣的生平,马茂元,江海学刊,1962年第7期
关于诗人魏徵的几个问题,吴庚舜,齐鲁学刊,1981年第4期
关于石达开评价的几个问题,隗瀛涛,四川大学学报·哲学社会科学版,1979年第3期
关于《水浒》的作者施耐庵之我见,阳健,吉林大学社会科学学报,1983年第6期
关于司马迁的生年问题——答黄瑞云先生,李伯勋,安徽大学学报,1981年第1期
关于司马迁的种种问题,杨鸿烈,文学研究,1939年第1卷第1—3期
关于司马迁生年的考辨,张大可,上海师范大学学报·哲学社会科学版,1984年第2期
关于司马迁之死,郭沫若,历史研究,1956年第4期
关于司马懿曹爽之争的评价问题,李志民,史学集刊,1982年第4期
关于宋江起义开始年代问题的再探讨,邓广铭,社会科学战线,1978年第3期
关于苏曼殊,裴效维,文史知识,1982年第9期
关于孙恩、卢循起义的性质问题,董家遵,学术研究,1963年第6期
关于《唐语林》作者王谠,颜中其,中国历史文献研究集刊,1980年第1集
关于"天蓬元帅"的一些考证,党海政,文史知识,2004年第6期
关于铁木迭儿的几个问题,孟繁清,中国史研究,2006年第4期
关于王梵志传说的探源与分析,陈允吉,复旦学报·社会科学版,1994年第6期
关于王韬的籍贯,李景光,社会科学辑刊,1992年第4期
关于王韬二三事,李景光,辽宁大学学报·哲学社会科学版,1989年第1期
关于王韬上书太平天国的几个问题——兼与杨其民等同志商榷,李景光,社会科学辑刊,1989年第4期
关于王兴将军墓葬地点问题的来信和作者的答复,谢仰虞,学术研究,1963年第5期
关于韦庄的生年,李建中,宝鸡文理学院学报·社会科学版,1980年第1期
关于吴均三书与柳宗元山水记,黄稚荃,文史知识,1991年第2期

关于夏禹的两个问题,李复华,四川文物,1999年第5期
关于姓氏的数字,张书岩,文史知识,1989年第6期
关于薛宝钗形象的讨论,北大中文系学生,文史知识,1985年第2期
关于杨朱和杨朱思想,王范之,光明日报,1955年9月7日
关于一些古典作家的生卒年月问题,刘大杰,钱仲联,学术季刊,1963年第4期
关于元代诗人观音奴生平的几个问题,陈高华,文史,2007年第2期
关于张元干的籍贯问题,曹济平,文学评论,1980年第2期
关于张载的哲学思想和政治立场的争论,北哲,北京大学学报,1961年第1期
关于张仲景事迹的两点意见,宋向元,光明日报,1961年3月18日
关于钟嗣成的籍里行迹考,孔繁信,文学遗产,2001年第5期
关于竹林后三贤,顾农,钦州师范高等专科学校学报,2000年第2期
关羽的"义"——读《三国志通俗演义》,王少敏,文史知识,1989年第5期
关羽为何要发动襄樊战役,何堤,文史杂志,2006年第2期
关中大儒李二曲传略,李伯渔,北平华北日报中国文化,1935年6月9日
《官场现形记》之作者——李伯元,颉刚,小说月报,1924年第15卷第6期
冠冕初唐的王杨卢骆四杰,凡石,上海文化,1947年第12期
管子村治考,姜忠奎,村治月刊,1929年第1卷第1—7期
管子之重农原理及重农政策,陈振鹭,河南政治,1933年第3卷第6期
贯休行年考述,戴伟华,扬州大学学报·人文社会科学版,1992年第2期
光孝寺与六祖慧能,谢扶雅,岭南学报,1935年第4卷第1期
光绪皇帝为什么叫慈禧"亲爸爸",桂林,文史知识,1982年第12期
广东藏书家考,何多源,广州大学图书馆季刊,1934年第1卷第3期
归义军朝贡使张保山生平考察与相关历史问题,杨宝玉,吴丽娱,中国史研究,2007年第4期
归有光非唐宋派考论,何天杰,华南师范大学学报·社会科学版,2005年第3期
归有光之生平及其文学,马厚文,光华大学半月刊,1934年第2卷第7期
归庄与弘储,张兵,古典文学知识,1997年第6期
贵族诗人谢灵运的结局,顾农,文史知识,2003年第5期
郭璞,华颐,中国道教,1989年第3期
郭璞的世界,王玫,文史知识,2006年第3期
郭守敬与通惠河,张帆,文史知识,2003年第8期
郭嵩焘的吏治观,高如民,史学月刊,2006年第8期
郭嵩焘传,柳定生,史地杂志,1937年创刊号
郭子仪的历史功绩和军事思想,雷依群,湖南城市学院学报,1984年第4期
国立北京大学第一任校长桐城吴挚甫先生,龚颠波,学风,1931年第1卷第8期
"虾蟆天子"——朱由崧,卢兴轩,文史知识,1990年第12期
海上长城的筹划者郑若曾,王培华,文史知识,1996年第6期
海上女神妈祖与妈祖崇拜,周世跃,文史知识,1990年第5期
海上平安女神妈祖与湄洲祖庙,樊如霞,文史知识,1995年第4期
含冤千古的戴名世,张健,文史知识,1994年第7期
韩、柳与长安,唐晓敏,文史知识,2005年第4期
韩非别传,陈祖厘,光华大学半月刊,1933年第2卷第4期
韩非的社会思想,陈汉钦,新社会科学,1934年第1卷第2期
韩非的著作考,容肇祖,国立中央大学历史语言研究所周刊,1927年第1卷第4期
韩非新传,陈千钧,学术世界,1935年第1卷第2期
韩幹与《牧马图》,张蔷,文史知识,1984年第12期
韩滉和《五牛图》,蔡星仪,文史知识,1985年第2期
韩康记,徐伯英,三三医报,1924年第2卷第7期
韩理堂先生年谱,丁稼民,北平华北日报图书周刊,1935年9月23日
韩琦论,顾全芳,史学月刊,1991年第1期
韩氏系年订误,李嘉言,文学季刊,1934年第1卷第2期
韩侂胄平议,张邦炜,四川师范大学学报·社会科学版,1991年第1期
韩侂胄与开禧北伐,李传印,安庆师范学院学报·社会

科学版,2000年第4期
韩文公在潮州,林友,南方日报,1957年7月8日
韩偓诗及其生平,孙克宽,新时代,1963年第3卷第6期
韩湘是韩愈的侄孙而非侄儿,郑雪侬,文史知识,1997年第11期
韩信点兵,金品,科学,1933年第17卷第3期
韩愈弟子——济源卢全行年新考,张清华,周口师范学院学报,2004年第4期
韩愈家世:韩会与郑夫人考,张清华,周口师范高等专科学校学报,1999年第1期
韩愈家世考:韩湘考,张清华,周口师范高等专科学校学报,1999年第4期
韩愈论二题,史苏苑,中州学刊,1984年第6期
韩愈评,陈登原,金陵学报,1932年第2卷第2期
韩愈评传,梁容若,大陆杂志,1963年第28卷第5期
韩愈评传,王锡昌,时代青年,1936年第1卷第2期
韩愈先祖占籍迁徙流变与韩愈里籍考,张清华,周口师范学院学报,2006年第1期
韩愈乡里辩略,赵毓英,国文月刊,1946年第40期
韩愈研究二题,阮堂明,太原师范学院学报·社会科学版,1997年第3期
韩愈与《顺宗实录》瞿林东,社会科学战线,1979年第3期
韩愈传略(上、下),梁宜生,人生,1961年第23卷第1—2期
《韩子年谱》中的一处误订,潘竟翰,文史,1982年第16辑
罕为人知的岭南唐朝贤相刘瞻,袁钟仁,岭南文史,2000年第2期
"汉朝累世簪缨辈,不及貂蝉一妇人"——文学人物貂蝉形象漫议,马晓光,文史知识,1991年第1期
汉朝名相——陈平,徐庆全,文史知识,1997年第2期
汉初谋臣陈平,许天柏,文史知识,1986年第12期
汉大作家司马迁的一生,心源,职业与修养,1940年第3卷第8期
汉代出使西域的两位英雄(张骞与班超),石泉,建国月刊,1933年第9卷第4期
汉代辞赋家赵壹,赵逵夫,古典文学知识,1997年第5期
汉代的社稷神,童书业,天津益世报·史学,1935年11月26日
汉代首任西域都护——郑吉,李炳泉,赵红岩,文史知识,2004年第12期
汉代亭长与盗贼,黎明钊,中国史研究,2007年第2期

汉高祖刘邦生年考,曾维华,上海师范大学学报·哲学社会科学版,1993年第4期
"《汉》圣"刘臻与隋代《汉书》学,王光照,江淮论坛,1998年第1期
汉魏大族的概况,武仙卿,北平华北日报史学周刊,1935年2月
汉文帝形象新读,赵明正,文史知识,2004年第3期
汉文帝与代臣——兼论昌邑王刘贺与昌邑臣,宋超,晋阳学刊,2006年第6期
汉武帝与汉赋,潘良炽,文史知识,1989年第1期
汉宣帝的治国法律思想,甄尽忠,文博,2006年第3期
汉语姓名与汉民族文化心理特征,章辉,毕节师范高等专科学校学报·综合版,2005年第2期
汉张仲景四十三世裔张隐庵先生评传,张主和,光华医药杂志,1936年第3卷第12期
旱魃·西王母·夸父,李笑野,文史知识,2002年第6期
翰林学士与二王八司马事件,毛蕾,文史知识,1998年第1期
翰林张司马考,刘真伦,杜甫研究学刊,1997年第2期
杭州之藏书家,洪焕椿,读书通讯,1948年第160期
郝兰皋夫妇年谱,许维遹,清华学报,1935年1月
好古复古的赵孟頫,刘涛,文史知识,1996年第4期
浩气常余百炼刚——明朝直谏名臣杨继盛,彭妙艳,文史知识,1988年第3期
浩然正气,高风峻节——纪念谢枋得逝世七百周年,胡林辉,文史知识,1989年第10期
呵额仑,王崇武,大众知识,1936年11月
合失卒年小考,刘晓,中国史研究,2007年第2期
何大圭行年考,王占奎,上海大学学报·社会科学版,2006年第1期
何景明简论,任访秋,信阳师范学院学报·哲学社会科学版,1986年第1期
"何时为郎"及"何自为郎"——司马迁生年问题考索,罗芳松,成都大学学报,1982年第1期
何谓天蓬元帅,胡渐逵,文史知识,2004年第2期
何心隐及其思想,容肇祖,辅仁学志,1937年第6卷第1、2期
何休的"礼乐"观与"孝道"说初探,黄朴民,山东社会科学,1999年第1期
何晏在曹魏高平陵政变前后,方诗铭,史林,1998年第3期
和珅受宠新议,赵建坤,邢台师范高专学报,1998年第4期

河北伟人孙承宗功绩之回顾,孙松龄,河北月刊,1936年弟4卷第5期
河南淅川和尚岭所出镇墓兽铭文和秦汉简中的"宛奇",赵平安,中国历史文物,2007年第2期
贺方回年谱,夏承焘,词学季刊,1933年第1卷第2期
贺锦死地辨,马明达,青海民族学院学报,1980年第2期
贺双卿,张寿林,晨报副刊,1926年1月
贺珍事迹考述,马明达,陕西师范大学学报·哲学社会科学版,1981年第1期
贺知章简谱,陈钧,盐城师范学院学报·人文社会科学版,2005年第2期
贺知章其人其诗考论,冯建国,首都师范大学学报·社会科学版,2007年第4期
"黑山贼"张燕与袁绍在河北的对峙和战争,方诗铭,史林,1991年第4期
"横笛还吹激楚音"——云间派诗人周茂源,刘勇刚,陕西广播电视大学学报,2008年第1期
横渠先生年谱,归曾祁,孔教会杂志,1913年第1卷第6期
弘仁及山水画辨伪详析,潘深亮,收藏家,2004年第2期
弘忍与禅宗,任继愈,佛学研究,1994年第1期
红莲解语,绿蜂可人——聊斋人物谈,马瑞芳,文史知识,1996年第12期
《红楼梦》姑娘丫鬟年龄之谜试解,杨俊才,红楼梦学刊,2003年第3期
"红生泰斗"王鸿寿,张扶直,文史知识,2003年第1期
红颜一怒为哪般——杜十娘形象浅析,陈雪军,文史知识,1997年第5期
洪承畴的招抚与孙可望的降清,沈定平,社会科学研究,1981年第3期
洪承畴与前后二夫人,杨海英,文史知识,2006年第1期
洪皓流放东北时期的诗词作品,霍明琨,北方文物,2007年第2期
洪皓使金及其对文化交流的贡献,赵永春,松辽学刊·社会科学版,1997年第1期
洪亮吉的无神论思想,杨荣国,学术研究,1965年第4、5期
洪亮吉的舆地之学,徐彬,文史知识,2005年第6期
洪昇生平及其作品,熊德基,福建师院学报,1956年第1期
洪兴祖生平事迹及著述考,李大明,四川师范大学学报·社会科学版,1989年第2期
洪秀全死因及遗诏考辨,苏双碧,史学月刊,1984年第2期
洪应明与《菜根谭》,林家骊,中国典籍与文化,1997年第1期
侯方域与壮悔堂,卞孝萱,文史知识,2000年第8期
后汉王景理水之探讨,李仪社,水利,1935年第9卷第2期
后唐、后晋、后汉王朝的昭武九姓胡,王义康,西北民族研究,1997年第2期
后羿传说源流考,叶正渤,东南文化,1994年第6期
后羿考辨,王从仁,中州学刊,1988年第5期
呼保义考,陈嘉祥,文史知识,1993年第6期
胡安国传,黄节,国粹学报,1908年第46期
胡安国传略,郭毓麟,福建文化,1925年第3卷第17期
胡秉虔,王集成,浙江图书馆馆刊,1935年第4卷第6期
胡秉虔传,胡韫玉,国粹学报,1911年第78期
胡承珙传,胡韫玉,国粹学报,1910年第69期
胡匡衷,王集成,浙江图书馆馆刊,1935年第4卷第6期
胡培翚,王集成,浙江图书馆馆刊,1935年第4卷第6期
胡三省和他的《通鉴注》——纪念胡三省逝世六百六十周年,仓修良,文史哲,1962年第4期
胡三省生卒行历表,周祖谟,辅仁学志,1945年第13卷第1、2期
胡应麟论刘知几,王嘉川,史学月刊,2006年第4期
胡应麟论郑樵,王嘉川,冯杰,史学史研究,2003年第4期
胡应麟年谱,吴晗,清华大学学报·自然科学版,1934年第1期
胡应麟在中国文献史研究上的贡献,谢灼华,武汉大学学报·人文科学版,1986年第2期
胡祗遹卒年和王恽生年考,丰家骅,文学遗产,1995年第2期
胡紫山生平考略,远益之,社会科学战线,1980年第4期
胡缵宗的生平与著述,高明,图书馆杂志,2006年第11期
护国战争中的蔡锷,夏鼎民,文史知识,1981年第5期
华夏民族的姓氏及其文化影响,龚嘉镇,达县师范高等专科学校学报,2004年第1期
华夏姓氏文化探微,田忠侠,黑龙江社会科学,1998年第5期
"滑稽多智,沉浮取容"——冯道做官与做诗,郭兴文,文史知识,1990年第2期
华佗,马堪温,科学大众,1959年第4期
华佗,孙香兰,历史教学,1981年第9期

华佗医术传自外国考,夏以煌,中西医药,1935年第1期
华佗原来是神话,猷先,医学周刊集,1932年第5卷
华佗——中国古代著名之外科家及麻醉家,脑爱孟,同济医学月刊,1941年第16卷第7期
画史失载的画家冷铨,聂崇正,故宫博物院院刊,1991年第4期
话说"渔父"形象,于翠玲,文史知识,1991年第6期
怀素生平考补,熊飞,青海民族学院学报·社会科学版,1992年第2期
怀素生平研究现状综述,方爱龙,杭州师范学院学报·社会科学版,1994年第2期
怀素新传,何清谷,文史知识,1999年第6期
桓谭生卒年考,臧知非,徐州师范大学学报·哲学社会科学版,1987年第4期
桓谭生卒年问题志疑,曹道衡,辽宁大学学报·哲学社会科学版,1990年第3期
桓谭疑年的讨论,姜亮夫、陶秋英,杭州大学学报,1962年第1期
宦途猛士和文苑雄才——李梦阳,乔先之,文史知识,1997年第6期
皇甫绩自责,杨树森,教师博览,1996年第11期
皇甫谧生平新探,赵以武,西北师大学报·社会科学版,1993年第1期
皇甫谧研究三题,施光明,固原师专学报,1993年第1期
皇甫谧卒年新考,徐传武,学术研究,1996年第11期
皇甫曾贬舒州时间考,熊飞,咸宁学院学报,1993年第1期
皇后之冠邓绥,李兰英,文史知识,1989年第8期
皇家"仙女"玉真公主,李清渊,文史知识,2001年第10期
皇太极与火炮,李鸿彬,历史档案,1997年第2期
皇太极与松锦大战,李鸿彬,史学集刊,1987年第2期
皇太子、皇太孙、皇太弟、皇太叔,张万起,文史知识,1984年第8期
黄巢乞降经过考辨,杨善群,求是学刊,1980年第4期
黄道婆的时代和遭遇探索,胡道静,农业考古,1992年第3期
黄道周的抗清斗争和治学精神,范兆琪、邓华祥,文史知识,1987年第6期
黄帝和炎帝的历史地位,王树民,文史知识,1999年第10期
黄帝·黄陵·毛泽东、朱德同志祭黄帝文,筱雨,文史知识,1982年第8期

黄帝与中国文化,张勇,西部大开发,2005年第4期
黄公度先生及其著作,恩光,北京益世报,1928年9月1日
黄公望,郑秉珊,美术,1957年第4期
黄公望及其《九峰雪霁图》,陈黛,文史知识,1985年第3期
黄鹤楼神仙的嬗变,周晓薇、王其祎,文史知识,1994年第1期
黄老思想与《史记》中的范蠡、张良,韩兆琦、陈曦,文史知识,2000年第3期
黄梨洲,但焘,湖北学生界,1903年1月
黄梨洲的生平,孙次舟,文史杂志,1941年第1卷第10期
黄梨洲的政治思想,赵九成,北平华北日报中国文化,1936年6月7、14、21、28日
黄梨洲年谱考辨,王政尧,北京大学学报·哲学社会科学版,1986年第5期
黄梨洲先生传,赵九成,北平华北日报中国文化,1935年12月1、8、15日
黄梨洲之地权论与租税论,孙兆乾,建国月刊,1934年第11卷第6期
黄丕烈研究,罗炳锦,新亚书院学术年刊,1962年第4期
黄尧圃先生年谱补,王大隆(辑),江苏省立苏州图书馆馆刊,1929年创刊号
黄石公故事献疑,丁宏武,甘肃社会科学,2003年第2期
黄石公之"履"探微,丁宏武,固原师专学报,2003年第1期
"黄四娘"考,丁启阵,杜甫研究学刊,1998年第4期
黄庭坚到舒州略考,孔凡礼,安庆师范学院学报·社会科学版,2007年第4期
黄庭坚的临终关怀者——范寥的传奇人生,张静,文史知识,2006年第6期
黄庭坚的行书与草书,刘涛,文史知识,1996年第12期
黄庭坚与鸡毛笔,陈志平,文史知识,2005年第9期
黄峣传(广东新通志列传之一),温丹铭,语言文学专刊,1936年第1卷第1期
黄元御别传,吴去疾,神州国医学报,1934年第2卷第5期
黄云石新考,杨镰,新疆大学学报·哲学人文社会科学版,1983年第1期
黄震生平及学术成就述略,张伟,浙江万里学院学报,2001年第3期
黄子久事迹与画迹考,郑秉珊,中华月报,1943年第6

卷第3期
黄宗羲,顾颉刚,中学生,1936年第63期
黄宗羲,毛礼锐,教师报,1957年7月12日
黄宗羲,张志瑜,浙江日报,1961年9月10日
黄宗羲藏书考,罗友松,华东师范大学学报,1980年第4期
黄宗羲——清代史学的开山祖师,冯天瑜,文史知识,1986年第3期
黄宗羲之生平及其著作,马太玄,国立中央大学历史语言研究所周刊,1928年第2卷第15期
黄遵宪年谱补正,钱萼孙,国学论衡,1936年第7期
黄遵宪晚年的思想及其影响——《黄遵宪致梁启超书》读后,郑海麟,近代史研究,1987年第5期
黄遵宪与湖南变法,蒲地典子,郑海麟,岭南文史,1985年第1期
黄遵宪与新、马华侨,郑海麟,文史知识,2006年第3期
黄遵宪传,温廷敬,国风,1934年第5卷第8、9期
回族爱国将领左宝贵,杨东梁,文史知识,1982年第10期
回族杨姓来源述,杨志玖,回族研究,1991年第1期
会"变脸"的钟馗,傅怡静,谷曙光,文史知识,2006年第4期
惠施传,郝立权,厦大季刊,1926年第1卷第2号
毁誉参半的郑芝龙,邓孔昭,文史知识,1990年第4期
慧发天籁,一代宗师——清代书画家金农,温雪勇,文史知识,1996年第11期
慧琳生平考述,徐时仪,喀什师范学院学报,1989年第2期
慧能传质疑,何格恩,岭南学报,1935年第4卷第2期
慧远大师年谱,陈统,史学年报,1936年第2卷第3期
慧远与昙鸾,施光明,文史知识,1991年第6期
"活孔明""活周瑜",张扶直,文史知识,1999年第2期
活字板发明者毕昇卒年及地点试探,胡道静,文史哲,1957年第7期
祸国殃民的投机政客蔡京,吴泰,文史知识,1985年第2期
机关算尽太聪明——王熙凤论,薛瑞生,红楼梦学刊,1995年第2期
嵇康,吉联抗,中国音乐,1983年第4期
嵇康阮籍之比较研究,宋景昌,儒效月刊,1947年第2卷第8、9期
嵇康与钟会,顾农,书屋,1997年第5期
嵇康之"公""私"观初探,张秀娟,王光照,广西社会科学,2006年第11期
嵇康之死和"索琴而弹"的意蕴,徐国荣,阜阳师范学院学报·社科版,2000年第1期
嵇康之子嵇绍的历史公案,徐国荣,文史知识,2003年第6期
急流勇退的小翰林贯云石,柴剑虹,文史知识,1985年第3期
集文史哲医于一身的杰出医家——皇甫谧,张丽君,文史知识,1993年第1期
记富阳周芸皋先生,郁达夫,越风,1936年第13期
记龚半伦,杨静盦,古今,1943年第15期
记龚半伦补遗,陈乃干,古今,1943年第16期
记弘一上人,姜丹书,越风,1936年第9期
记黄梨洲,李凌霄,江汉思潮,1936年第5卷第3期
记李阳冰之生卒与仕履,周祖谟,现代学报,1947年第1卷第4、5期
记廖燕的生平及其思想,容肇祖,北京大学研究所国学门周刊,1926年第2卷第20、21期
"记取香烟是后身"——巨贪、奸相、"弄臣"和珅,高时阔,文史知识,1996年第7期
记盛启东,王文恪,医学杂志,1922年第6期
记天寥上人,袁昌,文艺月刊,1936年第9卷第5期
记王安石,王去病,建国月刊,1930年第4卷第1、2期
记王宾,王文恪,医学杂志,1922年第6期
记王逸及其子延寿(中古文学系年的一段),陆侃如,文讯,1948年第8卷第3期
记郑所南,狷士,畅流,1957年第15卷第12期
纪泊居先生传,张师惠,河北月刊,1936年第4卷第5期
纪明末鄞五君子之祸,董世桢,越风,1936年第6期
纪晓岚其人其事,黄爱平,人民论坛,2003年第2期
纪晓岚是个值得纪念和研究的历史人物,来新夏,文史知识,2003年第9
纪晓岚先生年谱,王兰荫,师大月刊,1933年第1卷第6期
纪昀与阮元,谭彦翘,紫禁城,1989年第5期
纪昀与《四库全书》,黄爱平,安徽史学,2005年第4期
济阳蔡氏郡望的历史追溯,朱绍侯,许昌师专学报,1997年第1期
"冀王道之一平兮,假高衢而骋力"——从《登楼赋》试论王粲,凌迅,齐鲁学刊,1981年第4期
家风清廉刚正,青史千秋留名——杨震及其子孙事略,金铁纯,文史知识,1992年第3期
嘉靖中叶第一边臣——翁万达,孙卫国,文史知识,

1993年第6期
嘉应诗人宋芷湾,陈柱,逸经,1936年第10期
贾宝玉心解,袁世硕,文史哲,1986年第4期
贾宝玉、薛宝钗、林黛玉命名之寓意,徐景洲,阅读与写作,1998年第3期
贾岛墓的确在地,天冬,光明日报,1962年4月24日
贾岛年谱,李嘉言,清华学报,1941年第13卷第2期
贾岛评价质疑,李知文,贵州社会科学,1993年第2期
贾岛诗注与贾岛年谱,岑仲勉,学原,1947年第1卷第8期
贾岛事迹三考,胡中行,苏州科技学院学报·社会科学版,1994年第2期
贾景伯年谱,陈邦福,国粹学报,1911年第82期
贾魏公年谱,〔日〕内藤虎次郎(著),张其春(译),地理杂志,1933年第6卷第1期
贾谊和他的政论文,阎振益,文史知识,1984年第12期
贾谊和他的作品,王季星,东北人民大学,1956年第4期
贾谊生卒年考,吕伯涛,文史,1982年第14辑
贾仲明和他的戏曲活动,孔繁信,东岳论丛,2001年第1期
"俭岁之粱稷,寒年之纤纩"——洪迈和他的笔记小说,高兴,文史知识,1991年第9期
简论苏颂的科技成就,管成学,历史教学,1988年第4期
简论王韬的诗,李景光,社会科学辑刊,1988年第4期
简论张宾,郑显文,吉林师范大学学报·人文社会科学版,1992年第1期
简评刘秀强化皇权的措施,赵跃,文史知识,1991年第2期
简评张骞的"凿空"之誉,韩立民,文史知识,1997年第4期
建安七子与"建安风骨",郁贤皓,张采民,南京师大学报·社会科学版,1989年第4期
建一代成宪的太保刘秉忠,白纲,文史知识,1985年第3期
建筑大师妙峰和尚小考,孙芙蓉,文物世界,2006年第5期
剑客·轻侠·壮士——吕布与并州军事集团,方诗铭,史林,1988年第1期
谏臣魏征,邓堪,文史知识,1985年第5期
鉴真和尚考,耿鉴庭,中华医学杂志,1941年第27卷第12期
鉴真与日本佛教,郝润华,文史知识,2005年第8期
"江东三大家"之一——吴伟业,胡铁军,文史知识,

1987年第9期
江都焦里堂先生年表,范耕研,斯文,1941年第1卷第20期
江南才子解缙,彭国远,文史知识,1988年第9期
江南第一画僧髡残,温雪勇,紫金岁月,1998年第5期
江南遗老瀛边客——家铉翁被元朝羁縻河间的日子,魏崇武,文史知识,2006年第7期
江苏藏书家丁福保,鲁海,江苏图书馆工作,1983年第4期
江苏藏书家小史,吴春晗,图书馆学季刊,1933年第8卷第1、2期
江西历代名人简表,郭群,魏佐国,文史知识,1998年第1期
姜白石的"合肥情恋",文一止,文史知识,2000年第6期
姜白石先生年谱,马维新,励学,1933年第1期
姜白石与姜石帚,夏承焘,暨大文学院集刊,1931年第1期
姜太公的籍贯和早年活动,杨善群,史林,1987年第2期
姜太公史料类析一得,王志民,管子学刊,2004年第1期
姜维简论,施光明,河南师范大学学报·哲学社会科学版,1986年第Z1期
将军·学者·旅行家——陈第,黄黎星,文史知识,1992年第12期
蒋俭人先生年谱,滕固,图书馆学季刊,1935年第9卷第2期
蒋良骐年谱简编,朱桂昌,云南教育学院学报,1994年第6期
蒋鹿潭评传,唐圭璋,词学季刊,1933年第1卷第3期
蒋祈与唐英,耿宝昌,故宫博物院院刊,1999年第1期
蒋士铨,朱湘,小说月报第十七卷号外,商务印书馆,1927年
蒋心余先生年谱,陈述,师大月刊,1933年第6期
《交河郡长行坊支贮马料文卷》与岑参行年小考,熊飞,敦煌研究,1997年第3期
焦竑与公安三袁,李剑雄,社会科学辑刊,1990年第3期
"嚼得菜根,做得大事"的李瑞清,周同科,文史知识,2002年第5期
校雠学家顾千里——《顾千里遗集》导言,王欣夫,复旦大学学报,1962年第1期
揭开诸葛亮神的面纱,徐庆全,炎黄春秋,1995年第4期
杰出的机械制造家马钧,杨荣垓,文史知识,1994年第3期
杰出的军事家——孙武,吴如嵩,文史知识,1982年

第1期

杰出的满族词人纳兰性德,汪茂和,文史知识,1983年第3期

杰出的女作家李清照,包立民,文史知识,1981年第1期

杰出的文坛领袖王渔洋,周锡山,山西师大学报·社会科学版,1991年第2期

杰出的药学家李时珍,纪全,人民日报,1976年1月25日

杰出的藏族政治家——松赞干布,高世瑜,文史知识,1982年第2期

杰出的政治家和改革家汉文帝,高景新,郭桂芝,内蒙古民族师院学报·哲学社会科学版,1994年第1期

结交扬州八怪,王英志,文史知识,1999年第2期

羯族政治家石勒,方亭,文史知识,1982年第7期

解开丁汝昌自杀的谜团,戚其章,广东社会科学,2005年第2期

介绍女诗人薛涛,姜华,真善美,1929年第3卷第3期

介绍诗人丁鹤年,胡怀深,中国文学,1934年第2卷第2期

介绍一个苦吟的诗人——贾岛,段臣彦,磐石杂志,1934年第2卷第10期

巾帼英雄木兰女——木兰传说初探,亮侔,文史知识,1989年第1期

金朝一代文冠元好问,孙安邦,文史知识,1982年第11期

金代的俳谐词人赵可,李艺,文史知识,2007年第11期

金代杰出的医家张子和,曲祖贻,北京中医,1954年第3卷第9期

金代女真人完颜璹初论,张晶,松辽学刊·社会科学版,1991年第1期

金代史学与王若虚,葛兆光,扬州大学学报·人文社会科学版,1988年第4期

金代书法家任询,马明达,社会科学战线,1980年第2期

金代书法家任询,伊葆力,文史知识,2007年第2期

金代文坛盟主李纯甫,杜成辉,韩生存,大同职业技术学院学报,1999年第2期

金代文坛与元好问,董国炎,文学评论,1990年第6期

金代文学思想的集大成者刘祁,杜成辉,大同职业技术学院学报,2006年第1期

金代著名改革家宇文虚中之死因探析,李禄峰,文史杂志,2006年第4期

金鸡纳轶事,中华护士季报,1933年第14卷第4期

金日碑,高景新,内蒙古民族大学学报·社会科学版,1985年第1期

金末文坛黄派领袖雷渊,吕秀琴,杜成辉,大同职业技术学院学报,2002年第3期

金末元初诗人张宇考论,张琴,太原师范学院学报·社会科学版,2004年第3期

金圣叹的籍贯考辨,李金松,学术研究,2004年第3期

金圣叹的生年,刘世德,文汇报,1962年6月20日

金圣叹的生平和他的著作,罗暟岚,清华周刊·书报介绍副刊,1924年第9期

金圣叹非大明忠臣补说,金文明,咬文嚼字,2003年第6期

金圣叹——杰出的无神论思想家——《金圣叹评传》之一章,张国光,湖北大学学报·哲学社会科学版,1986年第6期

金圣叹其人,邱明皋,徐州师院学报,1975年第1期

金圣叹生年考,栾调甫,北平华北日报图书周刊,1936年1月20日

金圣叹、俞万春及其它,张长霖,江苏师院学报,1975年第4期

《金史》卷二《太祖纪》勘误一则,刘肃勇,中国史研究,2006年第1期

金世宗崇尚节俭及其原因,王宏志,文史知识,1987年第8期

金世宗吏治思想与金中叶的小康局面,王德朋,文史杂志,2007年第2期

金世宗在汉文化与女真旧俗的冲撞与融合中的态度与政策问题,肖瑶,继续教育研究,2008年第4期

金熙宗与宇文虚中,李禄峰,文史杂志,2006年第6期

金元四大家,汪殿华,上海中医药杂志,1956年第3期

金正希先生年谱,熊鱼山,神州丛报,1913年第1卷第1期

金子久轶事,费泽尧,山西医学杂志,1922年第10期

"矜己陵人,能无败乎!"——孙吴权臣诸葛恪的悲剧,赵元,文史知识,1996年第5期

锦心绣口,奇气侠肠——女中人杰柳如是,曹纪农,文史知识,1991年第2期

近代爱国"布衣"王韬,李景光,文史知识,1988年第5期

近代的两个学术大师王静安和章太炎先生,洪焕椿,读书通讯,1948年第157期

近代杰出的爱国志士——黄遵宪,张兵,文史知识,1982年第12期

近代杰出外交家黎庶昌,钟安西,文史知识,1993年第9期

近代科学先驱徐光启,竺可桢,交大季刊,1934年第14期
(近代)缪荃孙的史学成就,张承宗,近代史研究,1983年第2期
(近代)姚名达及其对目录学的研究,李玉进,赣图通讯,1982年第4期
近年来北魏孝文帝改革研究综述,景有泉,文史知识,1991年第10期
近年来徐渭研究述要,戚世隽,文史知识,1996年第6期
近年来有关诸葛亮研究综述,马强,冯述芳,文史知识,1986年第3期
近十年来对努尔哈赤的研究综述,严衡山,马和平,文史知识,1988年第10期
晋代名医王叔和,邢德刚,中华医史杂志,1954年第6卷第4期
晋恭帝之死和刘裕的顾命大臣,祝总斌,北京大学学报·哲学社会科学版,1986年第2期
晋惠公卒年考,卫聚贤,国学月报,1927年第2卷第2期
晋李充学箴出于名家考,但值之,制言,1936年第21期
晋王李存勖灭梁之战及其军事谋略,方积六,南都学坛,1991年第4期
靳辅与陈潢治河,何本方,文史知识,1982年第5期
泾阳王征传,陈垣,北平图书馆馆刊,1934年第8卷第6期
经济勋猷襄大业,历年奏牍诏诸昆——一代名臣王茂荫,沈洪英,文史知识,2000年第6期
经世致用——王夫之与清初学风,胡发贵,船山学刊,1998年第1期
惊动公卿夸绝调,流传市井效眉䰀——清代民间说唱艺人石玉昆,淮茗,文史知识,2005年第3期
"精华不衰"的诗豪刘禹锡,陆坚,文史知识,1985年第8期
"精练策数"而"挟术难保"的钟会,李景琦,文史知识,1992年第7期
精卫填海与大雁衔枝,尹荣方,求索,1991年第6期
景帝是个好皇帝吗——从《史记》论景帝为人,蔡信发,文史知识,1989年第7期
净行三杰——试说何桂山、穆凤山、黄润甫,张扶直,文史知识,2000年第8期
净众、保唐禅与杜甫晚年的禅宗信仰,谢思炜,首都师范大学学报·社科版,1995年第5期
靖难之役和耿炳文、沐晟家族——婚姻关系在封建政治中作用之一例,顾诚,北京师范大学学报·社会科学版,1992年第5期
鸠摩罗什与姚兴,牟钟鉴,世界宗教研究,1994年第2期
《九歌》主神东皇太一性别考,龚维英,云梦学刊,1990年第2期
旧民主革命的战士——谭嗣同,包立民,文史知识,1982年第2期
就评价班固与《汉书》问题与冉昭德同志商榷,赵一民,郭克煜,文史哲,1966年第2期
就有关宋江是否投降、是否打方腊的一些史料的使用和鉴定问题答张国光君,邓广铭,社会科学战线,1980年第1期
举世无双的"大树将军"——冯异,郭士正,文史知识,1990年第3期
具有民族气节的名医——傅青主,刘元,中医杂志,1955年第7期
据《金石录》考证杨炯的卒年,王占奎,文学遗产,1995年第2期
狷傲一生的赵秋谷,张光兴,文史知识,1992年第4期
绝代才情无觅处——明末才女倪仁吉,张羽,文史知识,1990年第3期
"郡主"、"公主"称呼的由来,刘叶秋,文史知识,1981年第1期
开放性:婴宁们的魅力——对《聊斋志异》一个女性形象的思考,翁新,文史知识,1989年第11期
开台第一位进士——郑用锡,张炎宪,文史知识,1990年第4期
开拓西域的班超,黎尚诚,文史知识,1983年第12期
开禧北伐和韩侂胄,施光明,杭州师范学院学报·社会科学版,1980年第2期
慨然行道:许衡思想的特点及其历史贡献,淮建利,郑州大学学报·哲学社会科学版,2005年第1期
看戏归来话寇准,许天柏,当代戏剧,1984年第8期
康昆仑与摩尼教,杨宪益,新中华,1946年第4卷第12期
康熙·鳌拜·明珠,青云,文史知识,2002年第2期
康熙东巡吉林,刁书仁,文史知识,1994年第6期
康熙和施琅,苏双碧,中共福建省委党校学报,2003年第10期
康熙怀疑"囊萤照读",兰殿君,教师博览,1997年第3期
康熙皇帝与木兰围场,阎崇年,故宫博物院院刊,1994年第2期
康熙十四子—胤禵,范金民,安徽师范大学学报·人文社会科学版,1991年第2期

康熙与朱三太子，董建中，文史知识，2002年第2期
康有为的变法思想与日本，郑海麟，历史教学，1989年第7期
康有为论，任访秋，河南师范大学学报·哲学社会科学版，1982年第5期
康与之其人其事及其他，关履权，岭南文史，1992年第3期
慷慨悲歌的爱国英雄刘琨，允中，文史知识，1985年第2期
抗金双杰——李纲和宗泽，施宣圆，文史知识，1983年第4期
抗倭名将任环，范金民、周惠仓，文史知识，1990年第8期
抗元英雄张德兴，孔凡礼，文史知识，1999年第11期
考证曹雪芹卒年我见，吴恩裕，光明日报，1962年7月8日
靠钻营升官，靠卖官发财——北魏宦官刘腾，梁满仓，文史知识，1992年第10期
科举制度下的小人物——范进，武时颖，文史知识，1987年第6期
"科名蹭蹬"的豪门公子娄琫、娄瓒，陈美林，文史知识，1992年第3期
科学的古史家崔述，胡适，国学季刊，1923年第1卷第2号
可悲的地位，可贵的人物——漫谈东方朔，费振刚，文史知识，1986年第1期
可汗号研究——兼论中国古代"生称谥"问题，罗天云、陈益刚，中国社会科学，2005年第2期
刻苦治学的郑樵，樊树志，人民日报，1961年8月20日
客居吉林的清代女科学家——王贞仪，管成学，社会科学战线，1988年第1期
"客"与"户"，崇天，北平华北日报史学周刊，1935年3月14日
空桑·尼丘与孔子之诞生，黄崇浩，咸宁学院学报，1996年第4期
孔门弟子学说考略，盛襄子，新亚细亚，1935年第10卷第2期
孔门弟子（一）端木赐、仲由、冉求，（二）颜回、闵损、冉雍和原宪，（三）曾参和有若，（四）言偃、卜商和颛孙师，（五）宰予和樊须，曹道衡，文史知识，1986年6、7、8、9、11期
孔门无三代出妻考，毛畅然，国光杂志，1935年第8期
孔平仲评传，韩梅，明清小说研究，2000年第4期

孔融论，顾农，齐鲁学刊，1990年第5期
孔尚任，李季平，江苏大学学报·高教研究版，1981年第2期
孔尚任年谱，容肇祖，岭南学报，1934年第3卷第2期
孔氏三世出妻辩，潘光旦，光华大学半月刊，1934年第2卷第8期
孔四贞事考，心史，小说月报，1916年第7卷第3、4期
孔四贞事略补，林琼，北平晨报艺圃，1935年9月10、11日
孔颖达年谱，于式玉（译），燕京大学图书馆报，1931年第6、7期
孔子，毛礼锐，教师报，1956年8月17日
孔子出身辩证，张平辙，天水师范学院学报，1981年第2期
孔子出身解，骆承烈，齐鲁学刊，1985年第1期
孔子从政记，罗世烈，四川大学学报·哲学社会科学版，2003年第6期
孔子的民族观与汉族的发展，罗世烈，四川大学学报·哲学社会科学版，2001年第1期
孔子的"唯仁论"，刘节，学术研究，1962年第3期
孔子的学生究竟有多少，徐梓，中国教师，2007年第5期
孔子的阳刚之美，马承烈，文史知识，1987年第10期
孔子对中国古代文化的整理传授和发展，李景春，文史哲，1961年第3期
孔子夫人姓氏考辨，骆承烈，齐鲁学刊，1996年第1期
孔子和孟子，钟肇鹏，文史知识，1988年第12期
孔子后裔在新疆，李惠兴，文史知识，2006年第12期
孔子及其弟子，王俊义，文史知识，1999年第9期
孔子"隳三都"质疑，夏子贤，天津社会科学，1985年第2期
孔子礼治思想评析，陈启智，东岳论丛，1987年第4期
孔子年表，吴心恒，新亚细亚，1935年第10卷第2期
孔子年谱，石荣暲，道德半月刊，1936年第3卷第4、5期
孔子平议，易白沙，新青年，1916年第1卷第6号
孔子删诗辨，李常山，北平晨报思辨，1935年10月25日
孔子"删诗"说辨证，王化钰，大庆师专学报，1983年第3期
孔子删诗之我见，梁景昌，勷勤大学学院月刊，1935年第17期
孔子生年考辨——读《史记·孔子世家》札记，王一鸣，邢台师范高专学报，1994年第4期
孔子生日考，邵瑞彭，论学，1937年第3期
孔子生日考，王闿运，船山学报，1937年第13期

孔子生日之国历日期,常福元,辅仁学志,1930年第2卷第1期
孔子事迹及生卒年月日之考信,孔德成,新亚细亚,1935年第10卷第2期
孔子适周见老子年月考,顾铁生,史地学报,1921年第1卷第1期
孔子未曾删诗辨,华钟彦,女师学院期刊,1934年第2卷第2期
孔子一生大事摘要,记者,大道半月刊,1934年第18期
孔子隐逸情怀辨析,赵彩花,郴州师范高等专科学校学报,2003年第3期
孔子与《春秋》,罗世烈,中国史研究,1980年第1期
孔子与邓析孰先孰后,杨树森,江海学刊,1995年第2期
孔子与六经,金景芳,孔子研究,1986年第1期
孔子与神话,袁珂,中华文化论坛,1994年第3期
孔子与《周易》,高亨、董治安,文史哲,1962年第6期
孔子在中国历史中的地位,冯友兰,燕京学报,1927年12月
孔子周游列国传说的演变,方书林,国立中央大学历史语言研究所周刊,1929年第6卷第70期
孔子祖先世系,王一鸣,邢台学院学报,1994年第3期
口蜜腹剑的宰相李林甫,俞秉,文史知识,1983年第7期
寇准,郑侃嬛,大众知识,1936年第1期
寇准罢相,顾全芳,文史知识,1982年第10期
苦吟诗人贾岛,胡中行,文史知识,1982年第4期
"酷吏"张汤,徐耿华,文史知识,1985年第11期
"夸父逐日"神话新释,龚维英,天津社会科学,1983年第5期
"困苦之后,不忘用世"——两下诏狱的何栋如,赵承中,文史知识,1991年第9期
莱子姜姓说志疑,丁鼎,管子学刊,1992年第3期
赖国地望与赖姓起源,朱绍侯,寻根,1996年第2期
赖文光传,罗尔纲,扬州大学学报·人文社会科学版,1985年第1期
蓝采和与踏歌和声"来唱和",尹蓉,文史知识,2005年第8期
"郎官湖"与安南旅寓士人黎崱,王颋,湖北大学学报·哲学社会科学版,2004年第2期
郎世宁和他的历史画、油画作品,聂崇正,故宫博物院院刊,1979年第3期
老成谋国的南宋宰相史浩,诸葛忆兵,文史知识,1999年第11期
老聃,关尹,环渊,郭沫若,新文学,1935年4月10日
老聃新考,龚维英,社会科学辑刊,1988年第1期
老聃字伯阳考,南西光,大公报史地周刊,1936年8月21日
老生"后三杰"中孙菊仙、汪桂芬、张扶直,文史知识,2003年第11期
"老饕"苏轼,尹波,文史知识,1992年第2期
老子传及老子书的问题,张默生,文化先锋,1943年第2卷第20期
老子的国籍问题,郑师许,逸经,1936年第3期
老子的年代和思想,金景芳,史学集刊,1956年第2期
老子的研究,任继愈,光明日报,1959年5月24、31日
老子故事的演变与辩证,罗根泽,文化先锋,1943年第3卷第1、2期
老子和关于老子的争论,甫工,北京日报,1959年6月3日
老子考,刘节,文史杂志,1945年第5卷第3、4期
老子考略,陈独秀,东方杂志,1937年第34卷11号
老子母碑考论,刘屹,首都师范大学学报·社会科学版,1998年第4期
老子年代考,张觉人,学艺,1933年第12卷第8、9期
老子年代之考证,黄方刚,哲学评论,1928年第2卷第2期
老子其人与《老子》其书,陈贵兼,中原,1944年第1卷第3期
老子人学论纲,李中华,中国文化研究,1993年第2期
老子生后孔子百余年之说质疑,张阴麟,学衡,1923年第21期
老子时代新考,唐兰,学文月刊,1934年第1卷第4期
乐山大佛与弥勒像的中国化,干树德,文史知识,1991年第11期
嫘祖故里试探,朱绍侯,历史教学·高校版,2008年第4期
嫘祖杂说,向熹,文史杂志,2001年第1期
《楞伽师资记》作者净觉禅师考,宫炳成、梁红,敦煌研究,2006年第2期
黎轩与希腊(附表),孙道升,责善半月刊,1941年第2卷第9期
"礼岂为我设也"——阮籍为什么任放不羁,倪其心,文史知识,1987年第1期
李翱交游考,郝润华,社科纵横,1994年第2期
李八百与虎巴族,王家祐,文史杂志,1998年第3期
李白,吴汝滨,文艺,1925—1926年第1—2期
李白出川前后事迹考辨,郁贤皓,苏州大学学报·哲学

社会科学版,1982年第2期

李白出生地问题讨论综述,郁贤皓,文史知识,1983年第2期

李白出蜀年代新考,陈钧,人文杂志,1990年第2期

李白传说故事溯源,陈钧,中国典籍与文化,1998年第4期

李白待诏翰林及其影响考述,戴伟华,文学遗产,2003年第3期

李白的翰林生涯,康震,文史知识,2007年第9期

李白的籍贯与生地,李宜琛,晨报副刊,1926年5月10日

李白的理想人格与主体意识,王定璋,文史杂志,2007年第1期

李白的生活理想和政治理想,王运熙,社会科学战线,1979年第1期

李白的氏族与籍贯,蓝文征,民主评论,1954年第5卷第13期

李白的姓氏籍贯种族的问题,俞平伯,文学研究,1957年第2期

李白的幼年,维藩,细流,1935年第4期

李白及其诗,汪静之,晨报副刊,1925年6月1—18日

李白家世考异,詹锳,国文月刊,1943年第24期

李白家乡纷歧问题索源探微(未完),张秀勋,四川文学,1961年第1期

李白交游杂考,郁贤皓,南京师大学报·社会科学版,1982年第1期

李白暮年若干交游考索,郁贤皓,南京师大学报·社会科学版,1980年第2期

李白《上云乐》景教思想质疑,林悟殊,文史,2007年第2期

李白生活史,汪炳焜,光华大学半月刊,1932年第1卷第1—4期

李白氏籍生卒考,张永明,畅流,1964年第8期

李白研究,公盾,人物杂志,1947年第2卷第12期

李白与道教,罗宗强,文史知识,1987年第5期

李白与司马相如,陈钧,青海社会科学,1986年第6期

李白与苏颋,陈钧,盐城师范学院学报·人文社会科学版,1992年第2期

李白与陶渊明,陈钧,人文杂志,1987年第6期

李白与武则天是亲戚,英子,文史知识,2006年第12期

李白与玉真公主过从新探,郁贤皓,文学遗产,1994年第1期

李白与元丹丘交游考,郁贤皓,河南大学学报·社会科

学版,1981年第2期

李白在安徽,任晓勇,文史知识,2000年第6期

李白之生平及其诗,詹锳,思想与时代,1943年第24期

李白卒于广德二年补证,陈钧,盐城师范学院学报·哲学社会科学版,1999年第1期

李冰任蜀守年代新考——兼考李冰生年,冯广宏,天府新论,1985年第3期

李冰是"秦蜀守"吗,杨继忠,社会科学研究,1983年第1期

李秉衡与甲午山东半岛之战,张红军,山东社会科学,1992年第5期

李伯元传,吴沃尧,民众文学,1926年第13卷第19期

李伯元家世、思想三题,李茂肃,山东师范大学学报·人文社会科学版,1986年第2期

李伯元论,任访秋,河南师范大学学报·哲学社会科学版,1980年第5期

李长吉之死与病,徐传武,菏泽师范专科学校学报,1994年第1期

李闯王有亲生女儿吗,浦汉明,文史知识,1985年第12期

李成梁与戚继光,肖瑶,史学月刊,2006年第11期

李成梁卒年考,施和金,社会科学战线,1985年第2期

李焘年表,徐规,文史,1963年第2辑

李德裕,新九,北平华北日报中国文化,1936年4月19、26日

李德裕贬死年月及归葬传说考辨,陈寅恪,国立中央研究院历史语言研究所集刊,1935年第5卷第2期

李德裕夫人刘氏考,封野,江海学刊,1996年第3期

李德裕遭逐杜牧探因,封野,宁波大学学报·人文科学版,1999年第3期

李德裕与道教,王永平,文史知识,2000年第1期

李杜卒于水食辨,卢振华,师大月刊,1936年第30期

李二曲先生之生平与著述,陈固亭,反攻,1980年第9期

李昉,康树欣,河北学刊,1982年第3期

李逢吉与牛僧孺关系考论——兼论牛、李两党的划分标准,丁鼎,人文杂志,1993年第3期

李凤廷传,俭庐主人,考古,1935年第3期

李佛儿小议,刘晓,中国史研究,2006年第4期

李塨与《学射录》,林伯原,体育文化导刊,1993年第2期

李光弼其人其事,张燕,沧桑,2007年第5期

李光弼与郭子仪,黄朴民,领导文萃,1997年第7期

李光地传略,郭毓麟,福建文化,1934年第2卷第16期

李光地与清初统一事业,陈梧桐,文史知识,1992年

第 12 期

李广,刚子,大众知识,1937 年第 1 卷第 7 期

李广的悲剧,黄朴民,领导文萃,1998 年第 6 期

李贺年谱,朱自清,清华学报,1935 年第 10 卷第 4 期

李贺年谱补记,朱自清,清华学报,1936 年第 11 卷第 1 期

李贺生卒年辨证,于必昌,文学评论丛刊,1980 年第 7 辑

李鸿章评传,罗尔纲,文史杂志,1944 年第 4 卷第 3、4 期

李鸿章与轮船招商局,陈隽如,天津益世报史学,1936 年 3 月 3 日

李后主传论,顾学颉,学术季刊,1946 年第 2 期

李后主的著述及其版本,曹雨群,浙江图书馆报,1927 年第 2 卷第 1 期

李后主及其诗,姜华,学灯,1924 年 5 月 28—30 日

李后主评传,郭德浩,文学年报,1932 年 7 月

李后主评传,唐圭璋,读书顾问,1934 年第 1 卷第 1 期

李华生卒考,黄天朋,中央日报文史副刊,1937 年 6 月 13、20 日

李嘉祐罪谪南荒说,王勋成,兰州大学学报·社会科学版,1992 年第 3 期

李锦与李过——明季史料考辨一则,方福仁,江汉论坛,1962 年第 6 期

李笠翁年谱,许翰章,南风,1934 年第 10 卷第 1 期

李笠翁事略,戴不凡,剧本,1957 年第 3 期

李林甫其人,谢正洋,文史知识,1992 年第 1 期

李隆基·李瑁·杨玉环,龚维英,当代戏剧,1984 年第 11 期

李密"投机"瓦岗辨,臧嵘,社会科学战线,1980 年第 3 期

李敏修和清代中州文献,申畅,史学月刊,1982 年第 3 期

李瓶儿与尤二姐——《金瓶梅》、《红楼梦》人物比较,张福庆,文史知识,1988 年第 7 期

李齐贤和他的旅蜀词,李凤能,文史杂志,2000 年第 1 期

李顾吴越之游考辨,阮堂明,苏州科技学院学报·社会科学版,2007 年第 4 期

李千金身份之谜试解,赵维江,暨南学报·哲学社会科学版,2006 年第 3 期

李清照的两次婚姻,马瑞芳,山东文学,2000 年第 8 期

李清照和山东,马瑞芳,春秋,2000 年第 6 期

李清照:美丽的词心与美好的词性,钟鸣,文史知识,2007 年第 11 期

李清照评传,胡云翼,晨报副刊,1925 年 8 月

李清照评传,王宗浚,国风半月刊,1935 年第 5 卷第 2 期

李清照前期行踪与词作评述,诸葛忆兵,南阳师范学院学报,2002 年第 3 期

李清照事迹考,黄盛璋,文学研究,1957 年第 3 期

李清照研究,朱芳春,师大月刊,1935 年第 17 期

李清照再嫁之谜,马瑞芳,文史知识,2000 年第 7 期

李清照之身世,陈定山,畅流,1966 年第 10 期

李群玉年谱稿,陶敏,中国韵文学刊,1990 年第 2 期

李群玉生平系年,王达津,沧州师范专科学校学报,1995 年第 1 期

李善长的功与过,陈梧桐,文史知识,2007 年第 9 期

李善兰年谱,李俨,清华学报,1928 年第 5 卷第 1 期

李善兰年谱补录,李俨,学艺,1947 年 17 卷第 6 期

李商隐江南之游考辨,葛晓音,文史,1983 年第 17 辑

李商隐考略二题,梁超然,苏州科技学院学报·社会科学版,1993 年第 2 期

李商隐与牛李党争,李中华,文史,1983 年第 17 辑

李商隐与王氏的恋情,张学君,文史知识,2005 年第 1 期

李商隐祖籍河南沁阳说新证,张新斌,中州学刊,2001 年第 4 期

李晟与神策军,齐勇锋,文史知识,1984 年第 7 期

李盛铎及其藏书(1858—1935),张玉范,文献,1980 年第 3 辑

李师师遗事辨正,刘孔伏,青海社会科学,1994 年第 2 期

李时珍,安格,教师报,1956 年 11 月 30 日

李时珍,王恩厚,历史教学,1982 年第 2 期

李时珍的实践精神和唯物观点,黄胜白,药学通报,1955 年第 8 期

李时珍先生年谱,王吉民,药学通报,1955 年第 8 期

李时珍在南京,纪维周,新华日报,1957 年 7 月 18 日

李时珍传略注,吴云瑞,中华医学杂志,1942 年第 28 卷第 10 期

李世民,张国刚,历史教学,1982 年第 7 期

李世贤传,罗尔纲,浙江学刊,1984 年第 6 期

李世熊传,黄节,国粹学报,1908 年第 44 期

李侍尧进贡简论,董建中,清史研究,2006 年第 2 期

李恕谷先生,筱伯,人间世,1935 年第 30 期

李斯心态个性及其人生喜剧,王晖,文史知识,2001 年第 1 期

李太白导论,李长之,北平晨报文艺,1937 年第 21、22 期

李太白的国籍问题(突厥化的中国人),胡怀琛,逸经,1936 年第 1 期

《李太白国籍问题》之商榷,王立中,学风,1936 年第 6 卷第 7、8 期

李太白籍贯考,琢斋,扬州师院学报,1962 年第 16 期

李太白氏族之疑问,陈寅恪,清华学报,1935年1月
李太白通突厥文及其他,胡怀琛,逸经,1936年8月
李太白与宗教,幽谷,逸经,1936年第7卷第3—9期
李太白——中国人乎？突厥人乎,幽谷,逸经,1936年第11期
李璮、王文统事件前后的王恽,蔡春娟,中国史研究,2007年第3期
李唐及其《采薇图》卷,聂崇正,文史知识,1982年第2期
李卫公论,朱士焕,民彝,1927年第1卷第9期
李文忠公鸿章年谱,李书春,史学年报,1929年第1卷第1期
李孝光的生平和文学创作成就,陈增杰,浙江社会科学,2005年第6期
李孝光佚文佚诗补辑,陈增杰,温州师范学院学报,2005年第4期
李秀成官爵考——兼辨新出"民不能忘"碑文是假的,祁龙威,历史教学,1981年第10期
李珣和他的词,祝注先,西南民族大学学报·人文社科版,1992年第1期
李延年杂考,虞云国,上海师范大学学报·哲学社会科学版,1991年第2期
李言恭与汤显祖,江巨荣,文史知识,2001年第6期
李冶即李治,文钞公,文史杂志,2007年第6期
李义山家世考略,刘大杰,晨报副刊,1925年9月19、20日
李义山评传,张振佩,学风,1933年第3卷第7、8期
李义山生卒年考,刘大杰,晨报副刊,1925年9月3日
李易安居士评传,腐安,采社,1931年第6期
李易安之研究,钱顺之,教育生活,1935年第2卷第10期
李益及其边塞诗研究综述(1978～1991),赵以武,文史知识,1993年第4期
李颙,顾颉刚,中学生,1936年第66期
李渔的戏曲理论,袁震宇,文史知识,1983年第7期
李渔生年考,冯保善,江海学刊,1994年第5期
李渔生卒年考,关贤柱,文学评论丛刊,1980年第4期
李渔生卒年考证补苴,袁震宇,复旦学报·社会科学版,1985年第1期
李渔戏剧理论的成就和局限性,肖荣,杭州大学学报·哲学社会科学版,1980年第4期
李玉和他的传奇,邓绍基,光明日报,1958年11月2日
李煜的生平及其作品,邵西镐,新青年,1944年第9卷第1期
李煜和他的词,钟必琴,文史知识,1997年第1期
李煜与佛教,王秀林,刘尊明,文史知识,2000年第3期
李渊与李靖的"宿憾",彭国忠,文史知识,1999年第3期
李之仪年表,张仲谋,徐州师范大学学报·哲学社会科学版,1986年第3期
李之藻传,陈垣,国学,1926年第1卷第3期
李治与天元术,李先耕,文史知识,2007年第2期
李贽,傅同钦,历史教学,1982年第2期
李贽和历史人物评价,苏双碧,首都师范大学学报·社会科学版,2005年第1期
李贽和思想解放,苏双碧,天津社会科学,1993年第4期
李贽揭露孔丘"无学无术",贵州日报,1974年7月16日
李贽思想新探,苏双碧,山东社会科学,1988年第4期
李贽与三袁关系考论,何天杰,中国文化研究,2002年第1期
李贽与晚明思想解放及文学革新运动,任访秋,河南大学学报·社会科学版,1985年第2期
李卓吾——明代进步思想家,德深等,福建日报,1961年12月17日
李卓吾年谱,〔日〕铃木虎雄(著)、朱维之(译),福建文化,1935年第3卷第18期
李卓吾事实辨正,黄云眉,金陵学报,1932年第2卷第1期
李卓吾先生学说,不公仇,天义报,1907年第2期
李自成家庭出身初探,李恩普,苏州大学学报·哲学社会科学版,1982年第S1期
李自成牺牲的前前后后——兼评石门县为僧说,顾诚,北京师范大学学报·社会科学版,1982年第2期
李邹顾戴徐诸家对于对数之研究,周明群,清华学报,1926年第3卷第2期
力主"匡正时弊"的李谔,瞿林东,炎黄春秋,1996年第9期
历代对诸葛亮的褒扬,王晓琳,文史杂志,2007年第4期
历代李白评价述评,裴斐,文学评论丛刊,1980年第5辑
历代名臣从祀帝王庙,赵克生,文史知识,2004年第7期
历代书院诸生考,吕方,新东方,1940年第2卷第2期
历代状元之最,周亚非,文史知识,1998年第2期
历尽沧桑的虢季子白盘,李先登,文史知识,1999年第1期
历史上的曹操与舞台上的曹操,吴同宾,文史知识,1999年第1期
历史上的高俅,虞云国,文史知识,2005年第12期
历史上的纪昀,李景屏,文史知识,2003年第9期

历史上的奸臣与"奸臣传",方志远,文史知识,1998年第12期
历史上的清孝庄文皇后,杜家骥,历史教学,2002年第3期
历史上的宋江不是投降派,邓广铭,社会科学战线,1978年第2期
历史上的岳飞和小说中的岳飞,王瑞来,文史知识,1981年第1期
历史上的张飞究竟什么样,沈伯俊,文史知识,2006年第1期
历史上法家代表人物简介——李悝、吴起、商鞅、荀子、李斯、韩非,南方日报,1974年6月16日
历史上真有西施吗,龚维英,安徽史学,1986年第6期
厉鹗与浙西词派词学理论的建构,张兵,西北师大学报·社会科学版,2007年第5期
立政为民,诗法自然——尤袤政治、文学思想简析,戈春源,文史知识,1991年第4期
利玛窦的千古殊荣,余三乐,新视野,1993年第3期
利玛窦对欧西科学与艺术的输入,〔法〕Henri Bernard(著),舜华(译),工商学志,1936年第8卷第1期
利玛窦和中国的科学,(法)裴化行,新北辰,1935年第10期
利玛窦与福建士大夫,林金水,文史知识,1995年第4期
利玛窦与中国,李申,世界历史,1985年第3期
利欲熏心的李斯,田静,文史知识,1995年第11期
励精图治的雍正朝,张显传,文史知识,1986年第12期
郦道元的生平与学术成就,李凭,文献,1994年第4期
郦道元籍贯考辨,辛志贤,山西师院学报·社会科学版,1982年第2期
郦道元之生卒年考,赵贞信,禹贡,1937年第7卷第1、3期
联合农民军抗清的文安之,谢源远,文史知识,1989年第11期
梁楷笔下的李白形象,陈振濂,文史知识,1984年第7期
梁启超与戊戌启蒙,刘影,井冈山医专学报,2006年第1期
梁启超与西学,叶兰溪,文史知识,1983年第11期
梁上君子,丘峰,文史知识,1984年第10期
梁檀,马明达,回族研究,2004年第4期
梁文忠公年谱稿,一发,北平私立木斋图书馆季刊,1937年第2期
梁武帝和"竟陵八友",曹道衡,齐鲁学刊,1995年第5期
梁武帝其人其诗,周明,胡旭,江苏教育学院学报·社会科学版,2001年第4期
梁于涘传,刘光汉,国粹学报,1905年第11期
梁元帝著作考,赵图南,福建文化,1945年第2卷第4期
梁昭明太子年谱,周贞亮,国立武汉大学文哲季刊,1931年第2卷第1期
两汉豪族的研究,张承炽,史地知识,1936年第1卷第2期
两汉太学生考,周光倬,仇良虎,史地学报,1924年第3卷第1期
两晋南北朝的客,门生,故吏,义附,部曲,鞠清远,食货,1935年第2卷第12期
两唐书李贺传考辨,叶庆炳,淡江学报,1968年11月
"两宰相"之一的苏辙,高秀芳,文史知识,1995年第7期
两浙藏书家史略,辰伯,清华周刊,1932年第37卷第9、10期
辽金藏书家考,周峰,北方文物,2007年第2期
辽太祖耶律阿保机长弟剌葛其人,肖爱民,彭艳芬,赤峰学院学报·汉文哲学社会科学版,2006年第2期
廖柴舟墓志铭,王昆绳,国粹学报,1908年第4卷第9期
林大钦的早逝原因,黄赟发,汕头大学学报·人文社会科学版,2003年第S1期
林道乾略居渤泥考,许云樵,东方杂志,1935年第32卷第1期
林晋霞先生传,冯昭适,华国,1924年第2卷第1期
林良、吕纪生平考略,单国强,故宫博物院院刊,1997年第1期
林灵素,羊华荣,宗教学研究,1983年第2期
林灵素事迹考论,王颋,暨南学报·哲学社会科学版,2002年第1期
林慎思及其《伸蒙子》述论,施光明,福建论坛·人文社会科学版,1989年第4期
林纾的古文与文论,夏晓虹,文史知识,1991年第3期
林文忠公年谱,萨士武,拒毒月刊,1936年第107期
林则徐,云彬,中学生,1935年第56期
林则徐的筹边思想与实践,来新夏,新疆社会科学,1986年第4期
林则徐对传统文化的接受与奉献,来新夏,福建论坛·人文社会科学版,1996年第6期
林则徐先生年谱中一个小问题,魏应麒,国立中央大学历史语言研究所周刊,1929年第7卷第79期
林则徐与左宗棠,林岷,贵州民族学院学报·哲学社会科学版,1985年第1期
林则徐传略及其功绩,郭毓麟,福建文化,1934年第2

卷第15期
林则徐传论,来新夏,新疆大学学报·哲学社会人文科学版,1980年第4期
临危受命,慷慨赴难——富弼使辽,余敏辉,文史知识,1998年第11期
令狐德棻和唐初史学,瞿林东,人文杂志,1982年第1期
凌濛初家世述略,冯保善,艺术百家,2003年第2期
凌濛初交游考,冯保善,明清小说研究,1999年第1期
凌濛初交游新探,冯保善,明清小说研究,1995年第1期
凌濛初史实四考,冯保善,东南大学学报·哲学社会科学版,2001年第1期
凌濛初与王稚登,冯保善,江海学刊,2000年第4期
零落才名谁继起,先生格调不由人——清代著名戏曲作家孔尚任,李简,文史知识,1991年第7期
另类知识分子吴用,淮茗,文史知识,2003年第9期
另眼相看弼马温,谷荣军,文史知识,2002年第2期
刘璈治台政绩述评,林其泉,厦门大学学报·哲学社会科学版,1987年第3期
刘邦的同乡朋友,崔雨风,文史杂志,2006年第3期
刘邦好骂人,赵彩花,文史知识,2002年第8期
刘邦及其统治集团,辛田,文史知识,1996年第9期
刘邦、刘秀之比较——从诸葛亮驳难曹植谈起,马艳辉,郑州大学学报·哲学社会科学版,2008年第2期
刘邦唯友,朱元璋唯亲,许倬云,领导文萃,2007年第9期
刘邦新论,周锡山,社会科学论坛·学术评论卷,2008年第6期
刘邦"衣锦夜行",于石,咬文嚼字,2000年第8期
刘备贬马谡遗嘱之真伪辨,史义银,盐城师范学院学报·人文社会科学版,1999年第3期
刘表的悲剧,王永平,文史知识,1991年第1期
刘秉忠与元大都,刘晓,文史知识,2007年第6期
刘伯温暴亡之谜,汪茂和,紫禁城,1988年第5期
刘步蟾小传,戚其章,东岳论丛,1980年第2期
刘长卿被贬南巴事迹考证,鄀林涛,中国典籍与文化,2002年第1期
刘长卿的创作道路,蒋寅,文史知识,1994年第12期
刘长卿生平事迹初考(上、中、下),陈晓蔷,大陆杂志,1964年第29卷第3、5期
刘长卿行年考述,杨世明,西华师范大学学报·哲学社会科学版,1990年第4期
刘焯卒于608年,管成学,社会科学战线,1984年第4期
刘端临先生年谱,刘文兴,国学季刊,1932年第3卷第2号
刘鹗及其《老残游记》,任访秋,殷都学刊,1982年第2期
刘鹗生平事迹资料二题,严薇青,山东师大学报·社会科学版,1995年第5期
刘逢禄,江苏研究,1935年第1卷第4期
刘逢禄与清代今文经学,黄爱平,清史研究,1995年第1期
刘古愚先生传,陈三立,学衡,1923年第19期
刘后村先生年谱,张荃,之江学报,1934年第1卷第3期
刘基考述三题,管成学,张洁,院学报,2005年第4期
刘基至正六年干谒事迹考论,周松芳,浙江社会科学,2004年第2期
刘基(传):多能鄙事,西谛,人民日报,1956年8月18日
刘泪之死真相考索,王元军,人文杂志,1992年第5期
刘继庄的生平及其学术概要,尹耕,齐大月刊,1930年第1卷第2期
刘继庄年谱初稿质疑,巨来,大公报图书副刊,1936年5月21日
刘继庄先生年谱初稿,王勤堉,浙江图书馆馆刊,1935年第4卷第4、5期
刘俊《雪夜访普图》,穆益勤,文史知识,1982年第6期
刘克庄生平三考,李国庭,福建论坛·人文社会科学版,1991年第4期
刘累、鲁山与刘姓的祖源,朱绍侯,南都学坛,2005年第4期
刘六、刘七起义名称质疑,李恩普,安徽史学,1986年第5期
刘铭传抗击侵台法军始末,高群服,文史知识,2004年第8期
刘铭传与台湾的近代化,雷春芳,文史知识,2004年第10期
刘铭传与台湾开发——兼论历史人物评价应从大节着眼,来新夏,探索与争鸣,2006年第5期
刘祁及其学术成就简评,杜成辉,北方文物,2007年第2期
刘祁与《归潜志》,宋德金,史学月刊,1982年第3期
刘锜与富平之战,王云裳,浙江学刊,1993年第2期
刘锜与绍兴末年的宋金战争,王云裳,杭州大学学报·哲学社会科学版,1997年第2期
刘眘虚交游考,谢先模,江西师范大学学报·哲学社会科学版,1996年第4期
刘世琦传,胡韫玉,国粹学报,1910年第6卷第10期
刘恕年谱,李裕民,山西大学学报,1978年第2期

刘铁云年谱,蒋逸雪,扬州师院学报,1959年
刘文静之死与初唐党争的关系,程义,史学月刊,2006年第4期
刘熙载的生平及其思想,李长之,青年界,1946年第1卷第4期
刘献廷及其"千古伟论",李知文,贵州文史丛刊,2000年第4期
刘向、刘歆父子年谱,钱穆,燕京学报,1930年第7期
刘向校书详析,熊铁基,史学月刊,2006年第7期
刘向之生卒及其撰著考略,葛启扬,史学年报,1933年第1卷第5期
刘勰的一生,朱迎平,文史知识,1985年第6期
刘勰评传,刘节,国学月报,1927年3月31日
刘勰生平新考,牟世金,山东大学学报·哲学社会科学版,1987年第1期
刘勰研究,吴熙,学灯,1924年5月9、10日
刘勰与定林寺,孙蓉蓉,文史知识,2004年第12期
刘勰卒年初探,杨明照,四川大学学报,1978年第4期
刘勰卒年考,李庆甲,文学评论丛刊,1978年第1辑
刘歆的悲剧,曲利丽,文史知识,2007年第4期
刘歆四分亦超辰说,荔生,天津益世报人文周刊,1937年5月14日
刘歆与今古文,王道昌,国文学会丛刊,1922年第1卷第1期
刘秀的雅量,黄朴民,民主与科学,1998年第4期
刘秀人才集团的群体考察,赵庆伟,中南民族学院学报·哲学社会科学版,1992年第2期
刘秀在西汉末年农民战争中的历史地位,高景新,内蒙古民族师院学报·社会科学汉文版,1980年第2期
刘邺年谱简编,赵和平,北京理工大学学报·社会科学版,1999年第1期
刘因作为诗人张晶,古典文学知识,2004年第3期
刘墉丛考,张其凤,山东社会科学,2003年第2期
刘墉家族与赵翼交游考,张其凤,社会科学辑刊,2002年第4期
刘墉为什么在大学士衔实授上屡屡受挫,张其凤,文史知识,1996年第7期
刘永澄传,刘光汉,国粹学报,1906年4月13日
刘禹锡年谱(简编),敬堂,扬州师院学报,1963年第17期
刘禹锡诗中九仙公主考,陶敏,云梦学刊,2001年第5期
刘禹锡与瑶族先民,黄方平,文史知识,1993年第3期
刘裕门第考,祝总斌,北京大学学报·哲学社会科学版,1982年第1期
刘渊与石勒,李凭,国家图书馆学刊,1994年第Z1期
刘元素,陈邦贤,中西医学报,1910年第1卷第6期
刘桢及其作品的悲剧精神,熊宪光,肖晓阳,大庆高等专科学校学报,1995年第3期
刘桢论,顾农,齐鲁学刊,1992年第2期
刘桢为宁阳何处人,徐传武,文献,1996年第2期
刘知几,褚雪,天津日报,1974年9月24日
刘知几,江苏研究,1935年第1卷第2期
刘知几年谱,周品瑛,东方杂志、江苏研究,1934年第31卷第19册
刘知几之平生(《刘子玄先生年谱》后记),傅振伦,学文,1931年第1卷第4期
刘子玄年谱,刘汉,努力学报,1929年第1期
刘子政生卒年月及其著述考辨,周杲,文学年报,1936年第2期
刘子政左氏说,章绛,国粹学报,1908年第40—44期
流芳千古的一代文宗欧阳修,郭杰,文史知识,2007年第12期
流放的诗人,杨镰,文学遗产,2000年第5期
留与人间作笑谈——略议赵孟頫的历史评价,赵维江,文史知识,2004年第12期
柳如是《尺牍》与钱柳因缘,刘勇刚,文史知识,2007年第7期
柳三变事迹考略,潘承弼,史学集刊,1936年第2期
柳屯田评传,陈钟莹,厦大周刊,1934年12月
柳下惠"坐怀不乱"子虚乌有,杨朝明,历史教学,1995年第8期
柳永的"变脸",赵维江,夏令伟,文史知识,2007年第5期
柳永和慢词,丰嘉化等,光明日报,1958年1月19日
柳永生年及行踪考辨,李国庭,福建论坛·社科教育版,1981年第5期
柳永生卒考,储皖峰,浙江大学季刊,1932年第1卷第1期
柳永生卒年与交游宦踪新考,薛瑞生,中国韵文学刊,1994年第2期
柳永事迹新证,唐圭璋,文学研究,1957年第3期
柳永思想评价刍议,丰家骅,学术月刊1985年第5期
柳永杂考,薛瑞生,西北大学学报·哲学社会科学版,1996年第4期
柳永卒年新说,薛瑞生,西北大学学报·哲学社会科学版,1994年第3期

柳子厚年谱,罗联添,学术季刊,1958年第6卷第4期
柳宗元,台静农,中国文学史论集,1958年第2卷
柳宗元的文章论,周振甫,文学遗产,1994年第2期
柳宗元和他的政治革新思想,范兆琪,历史教学,1986年第5期
柳宗元年谱,施子愉,武汉大学人文科学学报,1957年第1期
柳宗元评传,梁容若,新时代,1963年第4卷第3期
柳宗元世系补正,严薇青,山东师范大学学报·人文社会科学版,1957年第1期
六朝门阀,谷霁光,武大文哲季刊,1936年第5卷第4期
六朝时期的书佣,陈德弟,文史知识,2004年第11期
六如居士之身世,江兆申,故宫季刊,1968年第2卷第4期
六如居士之师友与遭遇,江兆申,故宫季刊,1968年第1期
六师、八师新探李道明,四川师范大学学报·社会科学版,1992年第5期
龙且和郦食其,于智荣,咬文嚼字,2001年第3期
龙王本主,杨宽,华夏地理,1981年第4期
龙性难驯的嵇康,王玫,文史知识,2001年第6期
陇上名将两兄弟——吴阶、吴璘,赵梅春,文史知识,1997年第7期
陇上名著——《潜夫论》——王符思想评析,王步贵,文史知识,1997年第10期
《陋室铭》非刘禹锡作,卞孝萱,文史知识,1997年第1期
《陋室铭》作者辨析,段塔丽,文史知识,1996年第6期
卢抱经先生年谱,柳诒徵,中央大学国学图书馆年刊,1928年第1期
卢杞论,马其昶,民彝,1927年第1卷第4期
卢照邻风流公案及其生卒年考辨,滕福海,天津师大学报·社会科学版,1994年第1期
卢肇的龙舟竞渡诗,刘秉果,体育与科学,1994年第5期
鲁明善事迹勾沉,杨镰,新疆大学学报·哲学人文社会科学版,1985年第3期
鲁肃,柳春藩,文史知识,1985年第4期
鲁迅和辛亥革命,姚锡佩,文史知识,1981年第5期
鲁仲连的生卒年,李继昌,文史知识,1989年第9期
陆费逵,沈芝盈,中国编辑,2003年第4期
陆德明和《经典释文》,吴旭民,辞书研究,1986年第3期
陆法言传略,丁山,国立中央大学历史语言研究所周刊,1928年第2卷第25、26、27期
陆放翁评传,蔡增杰,南开大学周刊,1930年第89、90期

陆机年表,朱东润,武大文哲季刊,1930年第1卷第1期
陆机生平三考,陈庄,四川大学学报·哲学社会科学版,1983年第4期
陆机生平著作考辨三题,顾农,清华大学学报·哲学社会科学版,2005年第4期
陆绩与廉石,梁超然,教师博览,1994年第9期
陆九渊的卒年与戴震的生卒,佚之,文史,1979年第7辑
陆士谔与江南小镇朱家角,淮茗,古典文学知识,2002年第2期
陆士衡与陶渊明,晏志超,金陵光,1925年第14卷第2期
陆象生的生平,张荫麟,中国青年,1939年第1卷第2期
陆宣公,默侠,北平华北日报中国文化,1936年7月5、12日
陆游"不得全其晚节"说辨诬,施光明,西南师范大学学报·人文社会科学版,1984年第4期
陆游《钗头凤》词本事辨析,赵之蔺,中文自学指导,2007年第5期
陆游刺虎公案,陶喻之,文史知识,2005年第11期
陆游打虎初探,陶喻之,贵州文史丛刊,1987年第2期
陆游打虎再探,陶喻之,汉中师范学院学报,1994年第4期
陆游的足迹,朱秀芳,朱红,文史知识,2005年第11期
陆游交游录,孔凡礼,文史,1983年第21辑
陆游评传,祁述祖,天风,1937年第1期
陆游五题——关于陆游生平的若干资料,孔凡礼,徐州师范大学学报·哲学社会科学版,1998年第2期
陆游与继配王氏结缡考,陶喻之,中国韵文学刊,2006年第3期
陆游与唐琬,闻国新,山花,1980年第8期
陆游著述辨伪(一)、(二),孔凡礼,文史,1983年第13辑
鹿传霖《日记》中所述光绪之死,何直刚,故宫博物院院刊,1987年第2期
吕不韦,张沅长,大陆,1933年第1卷第8期
吕不韦释名,王利器,文史杂志,1945年第5卷第3、4期
吕布:寻不到位置的英雄,胡以存,文史知识,2007年第5期
吕后与戚姬,丁毅华,华中师范大学学报·人文社会科学版,1999年第3期
吕思礼墓志录文校正,樊英民,考古与文物,2006年第3期
吕晚邨在清代医学之影响,范行准,中华医学杂志,1939年第25卷11期

"律诗"作者第一人:徐陵,顾学颉,国立西北师范学院学术季刊,1946年第2期
卵生徐偃王传说试解,张乃格,江苏地方志,2007年第2期
略论蔡襄的政绩和评介他的著作与书法,樊如霞,福建师范大学学报·哲学社会科学版,1996年第3期
略论丁日昌在台湾的吏治整顿,林其泉,厦门大学学报·哲学社会科学版,1992年第2期
略论东南雄藩钱镠,杨渭生,浙江万里学院学报,2003年第3期
略论皇太极的历史作用,陈克进,社会科学辑刊,1982年第2期
略论嵇康及其作品,张志岳,哈尔滨师范学院,1960年第1期
略论建文帝及其改革,梁心橥,文史知识,1992年第3期
略论寇准,王新年,船山学刊,1999年第2期
略论李端和他的诗歌,王定璋,青海民族学院学报,1989年第1期
略论刘邦的谋士群,宋公文,湖北大学学报·哲学社会科学版,1983年第1期
略论明初"三杨"权势与"仁宣之治",赵毅,刘国辉,东北师大学报·哲学社会科学版,1997年第1期
略论缪荃孙在目录学上的贡献,钱亚新,图书馆杂志,1982年第4期
略论隋末杨玄感的起兵,臧嵘,历史教学,1962年第7期
略论唐太宗,史苏苑,新史学通讯,1955年第6期
略论陶渊明,李用存,上海海运学院学报,1983年第4期
略论王瓒的实学思想,周梦江,浙江学刊,1995年第1期
略论王瓒的思想和贡献,周梦江,杭州师范学院学报·社会科学版,1995年第1期
略论武则天政权在历史上的作用问题,董家遵,学术研究,1962年第5期
略论谢安之"家教",王永平,南京理工大学学报·社会科学版,2008年第2期
略论元代著名作家虞集,邓绍基,阴山学刊,1988年第1期
略论曾国藩李鸿章关系,董蔡时,近代史研究,1990年第1期
略论曾纪泽、李鸿章关系,董蔡时,苏州大学学报·哲学社会科学版,1993年第1期
略论张之洞的"治术",何晓明,安徽史学,1995年第3期
略论章学诚对我国索引工作的贡献,钱亚新,图书馆,1962年第3期
略论朱元璋文化性格的形成,赵庆伟,中南民族学院学报·人文社会科学版,2001年第2期
略论左宗棠、李鸿章关系,董蔡时,苏州大学学报·哲学社会科学版,1994年第2期
略说"孔"和孔姓的起源,王运熙,华夏考古,1997年第4期
略谈岑参和他的诗,刘开扬,光明日报,1956年6月24日
略谈顾炎武在历史文献学方面的贡献,崔文印,史学史研究,1997年第3期
略谈李贽的反封建思想,苏双碧,首都师范大学学报·社会科学版,2000年第4期
略谈杨维桢诗歌的特点,邓绍基,湖北大学学报·哲学社会科学版,1989年第4期
沦落天涯的诗人王寂,周惠泉,文史知识,1999年第6期
论"气侠"之士袁术,方诗铭,史林,1990年第3期
论八思巴在历史上的作用与贡献,徐连达,西藏研究,1985年第3期
论班固的创新思想,赵永春,松辽学刊·人文社会科学版,2001年第5期
论班固的经济思想,赵永春,赵燕,吉林师范大学学报·人文社会科学版,2004年第3期
论班固的民族思想,赵永春,社会科学战线,2002年第2期
论班固的刑法思想,赵永春,兰婷,吉林师范大学学报·人文社会科学版,2003年第1期
论班固对司马迁的批评,施丁,中国社会科学院研究生院学报,1992年第4期
论包拯的吏治思想,王振国,郑州大学学报·哲学社会科学版,2001年第3期
论包拯的民族观,肖建新,安庆师范学院学报·社会科学版,1996年第1期
论包拯的儒家人格,朱万曙,学术界,1999年第2期
论北宋开国功臣赵普,吴宝琪,北京师范大学学报·社会科学版,1985年第3期
论北魏道武帝拓跋珪,杨耀坤,西北民族研究,1988年第2期
论蚕丛与蜀,冯广宏,成都理工大学学报·社会科学版,2007年第3期
论曹操,张金光,文史哲,1977年第4期
论曹丕的出生年代——与大陆学者杨栩生《曹丕生年一辨》商榷,洪顺隆,许昌学院学报,1992年第4期
论曹雪芹的近代意识——从与吴敬梓的比较谈起,周

中明,红楼梦学刊,2005年第1期
论晁采、李冶的诗歌创作,赵海菱,东疆学刊,2003年第1期
论陈子昂,刘国盈,首都师范大学学报·社会科学版,1980年第1期
论初民,许同莘,河南政治,1936年第6卷第12期
论初唐四杰及其诗,刘开扬,文史哲,1957年
论船山文学精神,李中华,船山学刊,1987年第1期
论春秋时期的以鱼为名,郭伦,衡水学院学报,2007年第2期
论大禹的有关问题,唐嘉弘、张建华,菏泽师范专科学校学报,1997年第3期
论杜甫的民本思想,冯建国,清华大学学报·哲学社会科学版,2007年第2期
论杜甫个性之"狂"及其表现,傅满仓、李艳辉,甘肃高师学报,2007年第6期
论方伯谦被杀是否冤案问题,戚其章,东岳论丛,2000年第1期
论冯云山,苏双碧,东岳论丛,1981年第2期
论高拱,牟钟鉴,中州学刊,1988年第5期
论葛洪,杨向奎,文史哲,1961年第1期
论郭象与庄子人生哲学之异同,李中华,晋阳学刊,1981年第2期
论汉明帝,张鹤泉,北华大学学报·社会科学版,2000年第2期
论郝经的文学成就和地位,董国炎,山西大学学报·哲学社会科学版,1991年第1期
论胡应麟的"史有别才"观,王嘉川,烟台大学学报·哲学社会科学版,2004年第4期
论胡应麟的史家修养说,王嘉川,辽宁大学学报·哲学社会科学版,1999年第6期
论华岳,李传印,池州师专学报,1996年第2期
论黄宗羲的诗歌创作,张仲谋,文学评论,1998年第3期
论黄宗羲的政治倾向和历史地位——读《留书》、《明夷待访录》,朱耀廷,北京联合大学学报,1992年第2期
论嵇康,万绳楠,安徽日报,1962年8月4日
论甲午战争期间的盛宣怀,张红军,山东社会科学,1993年第6期
论贾探春——兼与王永同志商榷,薛瑞生,陕西师范大学学报·哲学社会科学版,1980年第2期
论姜白石及其词,唐圭璋、潘君昭,南师学报·社科,1962年第3期

论姜维的是非功过,王定璋,天府新论,2005年第3期
论金兀术(上),方衍,黑龙江民族丛刊,1987年第2期
论金兀术(下),方衍,黑龙江民族丛刊,1987年第3期
论金熙宗的改革,赵永春,社会科学辑刊,2004年第1期
论孔子,金景芳,走向世界,1994年第5期
论孔子删诗——关于《诗经》编造问题,周通旦,哈尔滨师院学报,1964年第2期
论孔子适齐,张福信,东岳论丛,1993年第4期
论雷祖的诞生及其文化价值,何天杰,华南师范大学学报·社会科学版,2008年第3期
论李白的出身,陈觉银,文史哲,1955年第9期
论李德裕与会昌灭佛之关系,封野,江苏社会科学,1998年第3期
论李呆堂及其诗歌,张仲谋,苏州大学学报·哲学社会科学版,1995年第3期
论李勣,黄永年,陕西师范大学学报·哲学社会科学版,1981年第1期
论李渊的用人方略,王赛时,齐鲁学刊,1985年第3期
论李昭寿,张红军,聊城大学学报·社会科学版,1993年第2期
论梁武帝,肖黎,史学月刊,1983年第3期
论林纾的中西文化观,李占领,近代史研究,1988年第4期
论廪君的历史功绩,王玉德,湖北民族学院学报·哲学社会科学版,2000年第2期
论刘基的遗民心态,周松芳,学术研究,2005年第4期
论刘缜,曾维华,上海师范大学学报·哲学社会科学版,1986年第1期
论刘禹锡的法制思想及其现实意义,周肇文、龚小青,政法论坛,2000年第1期
论刘知几的历史学,翦伯赞,中山文化季刊,1945年第2卷第2期
论刘知远,曾国富,民族研究,1994年第5期
论陆贾在汉代经学史上的地位,项永琴,山东大学学报·哲学社会科学版,2004年第2期
论吕不韦及其封君河南事,王子今,洛阳工学院学报·社会科学版,2002年第1期
论明代中期著名经济改革家庞尚鹏,黄君萍、余三乐,广州大学学报·社会科学版,2002年第2期
论穆彰阿,伯钧,历史教学问题,1986年第1期
论裴度,李鸿宾,沧桑,1995年第1期
论皮日休、柳开的儒学与道统思想,陈启智,湛江师范学院学报·社会科学版,1997年第2期

论前期太平天国的杰出将领罗大纲,苏双碧,社会科学辑刊,1983年第5期
论钱镠,倪士毅,杭州大学学报·哲学社会科学版,1981年第3期
论乾隆,戴逸,清史研究,1992年第1期
论秦桧是杀害岳飞的元凶,邓广铭,北京大学学报·哲学社会科学版,1981年第5期
论秦景公,王辉,史学月刊,1989年第3期
论秦穆公,林剑鸣,人文杂志,1980年第6期
论清初一个思想激进的作家——郑板桥,朱永璋,东吴学报,1925年第3卷第3期
论清代名臣魏裔介,王政尧,故宫博物院院刊,1990年第4期
论屈原的阶级出身、政治地位及其在文学上的作用,詹安泰,中山大学学报,1955年第2期
论全祖望素负民族气节,徐光仁,社会科学研究,1986年第4期
论权德舆的儒、释、道观,王红霞,四川师范大学学报·社会科学版,2002年第2期
论赛典赤治滇,方铁,宁夏社会科学,1984年第3期
论删诗代寿林兄答辛素君,李宜琛,晨报副刊,1926年11月10日
论盛唐历史学家朱敬则,马艳辉,陈雪阳,西昌学院学报·人文社会科学版,2005年第1期
论司马光,季平,西南师范大学学报·人文社会科学版,1981年第2期
论司马光(续),季平,西南师范大学学报·人文社会科学版,1981年第3期
论司马迁的历史学,翦伯赞,中山文化季刊,1945年第2卷第1期
论司马迁的生年及与此有关的几个问题,吴汝煜,南开学报,1982年第6期
论司马迁及其历史编纂学——纪念司马迁诞生二千一百周年,卢南乔,文史哲,1955年第11期
论宋江形象的人格内蕴,郭英德,昌吉学院学报,2003年第2期
论苏绰,施光明,人文杂志,1983年第1期
论苏轼,之盘,红豆,1933年第1卷第1期
论苏舜钦在宋诗发展中的地位,张晶,松辽学刊,1989年第1期
论苏颂,朱仲玉,中州学刊,1988年第5期
论孙权,张大可,史林,1988年第2期
论唐太宗,邓瑞,信阳师范学院学报·哲学社会科学版,1988年第2期
论唐太宗的"德治"思想,王德朋,辽宁大学学报·哲学社会科学版,2001年第5期
论陶渊明,周通旦,哈尔滨师院学报,1959年第1期
论田乞,王治功,史学集刊,1982年第1期
论拓跋焘对北魏社会的贡献及其历史地位,施光明,固原师专学报,1987年第1期
论晚唐诗人曹邺,梁超然,文学评论丛刊,1980年第7辑
论王充"命"论思想中汉代知识分子的抗争意识,王敬平,前沿,2007年第4期
论王充其人,陈拱,国语日报,1966年1月15日
论王导,施光明,杭州师范学院学报·社会科学版,1985年第1期
论王夫之夷夏观,胡发贵,学海,1997年第5期
论王祎的史学思想向燕南,学术月刊,2002年第3期
论王应麟的学术成就及其特点,魏殿金,浙江学刊,1995年第3期
论韦昌辉,苏双碧,晋阳学刊,1980年第2期
论魏延,徐日辉,四川师范大学学报·社会科学版,1986年第5期
论谢灵运,顾绍柏,学术论坛,1986年第1期
论姓氏制度的渊源及其演变过程,朱积孝,河北师范大学学报·哲学社会科学版,1988年第3期
论徐光启的西学观,赵毅,史学集刊,1988年第2期
论徐霞客与僧人的交往,周晓薇,陕西师范大学学报·哲学社会科学版,2002年第1期
论严复的神秘观,杨昶,华中师范大学学报·人文社会科学版,1999年第1期
论颜延之的思想,李宗长,南京社会科学,1996年第6期
论颜延之的文与赋,李宗长,贵州师范大学学报·社会科学版,1996年第1期
论晏子的谈话艺术——《〈晏子春秋〉研究》之五,段国超,连杨柳,张晓明,渭南师范学院学报,1988年第1期
论晏子——《〈晏子春秋〉研究》之二,段国超,连杨柳,张晓明,唐都学刊,1987年第3期
论杨秀清,苏双碧,华中师范大学学报·人文社会科学版,1979年第2期
论姚鼐爱民、济民和以民为本的思想,周中明,东南大学学报·哲学社会科学版,2004年第4期
论姚鼐鲜为人知的一面——民主性和进步性,周中明,东南大学学报·哲学社会科学版,2008年第4期
论姚启圣,邓孔昭,台湾研究集刊,1984年第1期

论姚莹,朱仲玉,安徽史学,1984年第6期
论耶律楚材,杨树森,东北师大学报·哲学社会科学版,1982年第3期
论于谦,阎崇年,故宫博物院院刊,2000年第1期
论余栋臣起义与哥老会的关系,蔡少卿,社会科学研究,1984年第3期
论元代回族文人孟昉,李佩伦,西北第二民族学院学报·哲学社会科学版,1994年第4期
论元代盲诗人侯克中,李佩伦,华北电力大学学报·社会科学版,1996年第2期
论元代宁夏诗人王翰,李佩伦,宁夏社会科学,1993年第4期
论元代诗人王义山——兼论元代前期南方诗坛,李佩伦,内蒙古大学学报·人文社会科学版,1993年第2期
论元末红巾军将领明玉珍的历史地位,胡昭曦,四川大学学报·哲学社会科学版,1977年第4期
论元末明初新安理学家赵汸,周晓光,孔子研究,2000年第2期
论岳飞,倪士毅,龚延明,杭州大学学报·哲学社会科学版,1978年第2期
论曾国藩与晚清政柄、兵柄的下移,董蔡时,苏州大学学报·哲学社会科学版,1992年第1期
论张邦昌"伪楚"政权及其影响,张伟,宁波大学学报·人文科学版,1999年第3期
论张衡人生哲学的特色——兼论儒道互补,刘周堂,长沙水电师院学报·社会科学版,1989年第1期
论张居正变法,唐赞功,江汉论坛,1962年第10期
论张玉娘的诗歌创作,李佩伦,晋阳学刊,1993年第3期
论张之洞治晋,陈钧,湖北大学学报·哲学社会科学版,1990年第3期
论赵孟頫仕元的心态历程,赵维江,张沫,西北师大学报·社会科学版,2004年第1期
论正始名士傅嘏,孔毅,许昌学院学报,1992年第3期
论中国古今亲属称谓的异制,芮逸夫,"中央研究院"院刊,1954年第1辑
论周初诸王之生称谥,杨希枚,殷都学刊,1988年第3期
论周行己,周梦江,杭州师范学院学报·社会科学版,2003年第3期
论朱温,黄朴民,温州师范学院学报,1984年第1期
论朱熹的公私观,朱瑞熙,上海师范大学学报·哲学社会科学版,1995年第4期
论庄子,冯友兰,人民日报,1961年2月26日
论祖逖与北伐,杨德炳,武汉大学学报·哲学社会科学版,1985年第2期
罗隐籍贯考辨,谢先模,江西师范大学学报·哲学社会科学版,1985年第4期
罗壮勇公年谱所记的绿营史料,罗尔纲,天津益世报读书周刊,1936年10月22日
骆宾王任官考,滕福海,温州师范学院学报,1993年第1期
妈祖护使授封考,陈钧,神州,2006年第Z1期
妈祖历代褒封考,陈钧,神州,2006年第1期
妈祖生地冢世考,陈钧,神州,2006年第1期
妈祖世谱考论,谢重光,东南文化,1992年第1期
马驰不及的杨大眼,刘秉果,体育与科学,1994年第3期
马端临和《文献通考》,张孟伦,杭州师范学院学报·社会科学版,1984年第3期
马端临卒年考,王炜民,浙江学刊,1996年第6期
马可·波罗和他的《游记》,马毓良,文史知识,1982年第1期
马谡新论,史义银,盐城师范学院学报·哲学社会科学版,1997年第3期
马王堆帛书《经法·道法》与传说中的蚩尤,连劭名,文献,2000年第4期
马援的苦酒是怎样酿成的,刘易修,文史知识,1988年第12期
马致远,邓绥宁,中国文学史论集,1958年第3卷
马致远的生平及其著作,张逸,学术季刊,1958年第6卷第3期
马致远和他的散曲,李茂肃,光明日报,1960年11月6日
"满城争说叫天儿"——试说谭鑫培,张扶直,文史知识,1998年第2期
满族姓氏源流考,朱积孝,承德民族师专学报,1990年第2期
慢词的开拓者柳永,李国庭,文史知识,1983年第4期
漫话清官包拯,张习孔,文史知识,1993年第5期
漫话苏轼与饮食文化,刘文刚,文史杂志,2006年第2期
漫说龙虎山上的张天师,彭琦,文史知识,1996年第11期
漫议窦娥鬼魂形象,张慧,文史知识,1995年第11期
漫议李商隐诗歌中的"女冠诗",耿则伦,文史知识,1997年第3期
毛东堂行实考略,周笃文,文学评论,1984年第2期
毛文龙的功过是非,樊树志,文史知识,2003年第9期
毛西河,张尚,文艺杂志,1914年第10期

毛子晋与"汲古阁",杨剑花,中华月报,1944年第7卷第5期

毛子晋与绿君亭,刘盼遂,图书季刊,1947年第8卷第1、2期

冒辟疆与董小宛的闺中雅趣,王利民、顾启,文史知识,2003年第8期

枚乘故里考略,骆培芳,淮阴师专学报·社会科学版,1983年第4期

梅定九年谱,商鸿逵,中法大学月刊,1932年第2卷第1期

梅兰芳的艺术道路,马少波,文史知识,1981年第2期

梅郎中年谱,吴常焘,国专月刊,1936年第4卷第1期

梅清生平及其绘画艺术,杨臣彬,故宫博物院院刊,1985年第4期

梅清生平及其绘画艺术(续),杨臣彬,故宫博物院院刊,1986年第2期

梅文鼎年谱,李俨,清华学报,1925年第2卷第2期

梅文鼎——十七世纪我省著名科学家,杨迁之,安徽日报,1960年10月29日

梅勿庵先生年谱,钱宝琮,浙江大学季刊,1932年第1卷第1期

梅尧臣、欧阳修交谊考辨,张仲谋,徐州师范大学学报·哲学社会科学版,1992年第4期

梅尧臣事迹考略,吴孟复,安徽大学学报·哲学社会科学版,1988年第2期

梅尧臣与宋诗风,周明辰,大同高等专科学校学报·综合版,1994年第3期

美男子潘岳的悲哀,王玫,文史知识,2004年第11期

美女王嫱,莜华,文史知识,2003年第1期

蒙古名将速不台,马曼丽,文史知识,1984年第4期

孟东野年谱,李士翘,北平晨报艺圃,1934年5月16、22、23日

孟浩然、李白游越中、天台之探析,胡正武,台州学院学报,1995年第1期

"孟浩然遇唐明皇"事质疑兼论孟浩然的功名仕进思想,李景白,甘肃社会科学,1984年第1期

孟简籍贯考辨,王楠,陕西师范大学学报·哲学社会科学版,1990年第3期

孟姜一哭震天地,屈育德,文史知识,1986年第3期

孟郊"分半俸"事迹考辩,迟乃鹏,西华大学学报·哲学社会科学版,1986年第2期

孟丽君的两难选择,吕启祥,文史知识,1996年第3期

孟子,尹明,教学与研究,1962年第2期

孟子(教育家),毛礼锐,教师报,1956年8月24日

孟子大事考,太炎,制言,1935年第7期

孟子的"民贵君轻"思想述评,吕涛,文史知识,1983年第5期

孟子的社会政策,雷通群,厦大周刊,1930年第9卷第3期

孟子的实践哲学及其特征,张彦修,史学月刊,2007年第8期

孟子的思想,杨向奎,文史哲,1957年第9期

孟子及其重农思想,徐学武,之江经济期刊,1936年第6期

孟子理想农业国,刘淦芝,清华周刊,1927年第27卷第9期

孟子农村经济思想的探讨,牛磊若,河南政治,1936年第6卷第5期

孟子"仁政"思想新探,黄朴民,杭州大学学报·哲学社会科学版,1984年第2期

孟子身后的遭遇,黄朴民,语文新圃,2005年第7期

孟子生卒年月考,董桂新,国学,1927年第1卷第4期

孟子事迹考,李竹薰,民钟季刊,1936年第2卷第1期

孟子事迹思想考辨,蔡介民,新东方,1941年第2卷第7期

孟子是何时被尊为"亚圣"的,朱维铮,文史知识,1988年第11期

孟子未及师事子思之详考,郑国基,国文月刊,1943年第23期

孟子五说,王建华,江苏社会科学,1999年第4期

孟子研究,治心,中华基督孝文社月刊,1926年第1卷第9—12期

孟子在唐宋时期社会和文化地位的变化,李传印,中国文化研究,2001年第3期

"弥勒佛"为何要携带布袋,黄炳章,出版参考,2004年第35期

祢衡论,杜朝晖,湖北大学学报·哲学社会科学版,2003年第6期

祢衡论,顾农,湖北大学学报·哲学社会科学版,1993年第2期

米万钟与勺园,郝润华,文史知识,2006年第6期

蔑视权贵的文学家温庭筠,刘扬忠,文史知识,1985年第9期

民间传说叶天士趣事一打,郑轩渠,中医科学,1937年第1卷第10—12期

民间传说中的傅山先生,张国宁,文史知识,2007年

第 7 期
民间传说中的徐渭,宋浩成,文史知识,2004 年第 9 期
民众诗人郑板桥,君实,晨报,1928 年第 5 卷第 1—10 期
民族诗人杜少陵及其生平,杜若莲,中国青年,1943 年第 8 卷第 3 期
民族诗人文天祥,田奇,建国月刊,1935 年第 12 卷第 1 期
民族诗人阎尔梅,李用中,教授与作家,1934 年第 1 卷第 1 期
民族学者钱田间小传,何晓履,学风,1937 年第 7 卷第 1 期
民族英雄陈龙川,唐圭璋,国衡半月刊,1935 年第 1 卷第 6 期
民族英雄文天祥,轩辕元,汗血月刊,1934 年第 4 卷第 2 期
民族英雄——岳武穆传略,清流,春笋,1930 年第 1 卷第 6、7 期
民族政治家管夷吾相齐创霸,少游,北平华北日报中国文化,1935 年 10 月 20、27 日
民族政治家郑子产之内政外交,新玖,北平华北日报中国文化,1934 年 12 月 16 日
名和字的区别及其意义,斯维至,文史知识,1999 年第 8 期
名教的叛徒李卓吾,吴泽,中华论坛,1946 年第 2 卷第 1、2 期
名剧《打金枝》与重臣郭子仪,许天柏,山西老年,2007 年第 3 期
名医李声远先生别传,中西医学报,1911 年第 11 期
明朝宦官专权的代表人物刘瑾,廖心一,文史知识,1988 年第 12 期
明朝名将谭纶的军事思想评析,胡长春,江西社会科学,2008 年第 3 期
明朝清官赵南星,容肇祖,人物杂志,1947 年第 2 卷第 6 期
明朝中叶著名教育家吕柟,韦祖辉,文史知识,1987 年第 9 期
明成祖与帖木儿帝国,商传,文史知识,1987 年期 9 期
明代爱国志士杨继盛,韦冰,文史知识,1985 年第 12 期
明代出版家毛晋,路工,人民日报,1962 年 3 月 6 日
明代大太监刘瑾,傅同钦,克晟,故宫博物院院刊,1980 年第 2 期
明代大学士趣称,林延清,紫禁城,1988 年第 1 期
明代大政治家张居正,俞振基,政治学报,1937 年第 7 期

明代的乡绅,任昉,文史知识,1993 年第 2 期
明代官僚政治的代表人物严嵩,廖心一,文史知识,1986 年第 3 期
明代鸿儒周洪谟,向卫,文史杂志,2007 年第 3 期
明代畸人唐寅与徐渭,张同光,中学生,1935 年第 52 期
明代艰苦朴素的科学家薄钰,谢刚主,文汇报,1961 年 3 月 3 日
明代杰出史家王世贞,徐彬,文史知识,1997 年第 1 期
明代经济改革家周忱,吴申元,文史知识,1985 年第 6 期
明代军事家翁万达,黄赞发,文史知识,1997 年第 9 期
明代开国文臣刘基,镜澄,文史知识,1985 年第 8 期
明代开教名贤之一李我存先生传略,陈援庵,我存杂志,1933 年第 1 卷第 11 期
明代名将与佛郎机,王兆春,国防科技工业,2000 年第 4 期
明代女诗人黄峨,杨廷乐,文史知识,1989 年第 9 期
明代丘濬的生卒年,吴缉华,大陆杂志,1967 年第 9 期
明代山人之巨擘——陈继儒,冯保善,文史知识,2006 年第 7 期
明代土族名将李英,崔永红,中国土族,2004 年第 1 期
明代贤相杨士奇,赵永春、徐建祥,吉林师范大学学报·人文社会科学版,1988 年第 2 期
明代异端思想家李贽,魏崇新,文史知识,1996 年第 2 期
明代正直的名相——叶向高,范兆琪,史学月刊,1988 年第 3 期
明代植物与方剂学者朱橚生年考,倪根金,学术研究,2002 年第 12 期
明代著名的法家代表李贽——读《藏书》笔记,包遵信,文物,1974 年第 6 期
明代著名政治家李东阳,冯宪军,文史知识,1995 年第 12 期
明代状元林大钦述议,黄赞发,汕头大学学报·人文科学版,2000 年第 1 期
明冯梦龙生平及著作,容肇祖,岭南学报,1932 年第 2 卷第 3 期
明冯梦龙生平及著作续考,容肇祖,岭南学报,1932 年第 2 卷第 3 期
"明湖第一词流过客"——王梦湖,钱鼎芬,文史知识,1989 年第 4 期
明季第一重要人物袁崇焕传,中国之新民,新民丛报,1903 年 12 月
明季名臣张慎言年寿辨正,赵承中,江苏广播电视大学学报,2006 年第 4 期

明季上海名医——李中梓,李融之,上海中医药杂志,1955年第8期
明蓟辽督师袁崇焕传,张伯祯,正风半月刊,1935年第1卷第7—18期
明瞿佑等四词人生卒考,张仲谋,南京师范大学文学院学报,2002年第4期
明君和贤相——苻坚与王猛,李恩普,历史教学问题,1984年第5期
明李卓吾别传,吴虞,进步杂志,1916年第9卷第3、4期
明两广总督戴燿传,黄仲琴,岭南学报,1935年第4卷第1期
明名医邱景一轶事,邱一峰,医药研究,1948年第2卷第1期
明末回族画家梁檀事辑,马明达,西北民族研究,1996年第1期
明末民族英雄张煌言,冯励青,中央时事周报,1937年4月3、10日
明末名医傅青主,施若霖,上海中医药杂志,1956年第12期
明末叛将刘泽清,徐寿亭、金云祥,文史知识,1993年第7期
明末奇女子刘淑及其《个山集》,赵伯陶,文史知识,2006年第7期
明末清初武术家吴殳,林伯原,文史知识,1993年第8期
明末清初著名画家朱耷,黄细嘉,文史知识,1995年第8期
明末曲家沈自晋,赵景深,文艺春秋,1946年第2卷第5期
明末三大儒顾炎武、黄宗羲与王夫之地位之变迁,户华为,文史知识,2005年第3期
明末诗史吴梅村,林佩芬,文史知识,2002年第6期
明末西学翻译家李之藻,宋巧燕,文史知识,2002年第12期
明庞尚鹏疏盐对策浅析,余三乐,盐业史研究,1988年第4期
明清藏书楼索引,王璟,无锡图书馆协会会报,1935年第4号
明清大医傅青主,张益民,文史知识,2007年第7期
明清的"自费生"与"吝啬鬼"严监生,赵建坤,文史知识,2003年第1期
明清史学家郭影秋,王俊义,中国人民大学学报,1988年第4期
明清蝉林辑传,汪闇,图书馆学季刊,1933年第7卷第1期
明清之际的布衣奇士傅山,降大任,文史知识,2007年第7期
明清之际两思想家——傅山和屈大均,朱谦之,光明日报,1962年12月16日
明曲大家杨夫人别传,卢冀野,书报展望,1935年第1期
明曲家冯惟敏生平事迹考述,韩伟,烟台师范学院学报·哲学社会科学版,1994年第2期
明儒梁夫山先生年谱,何子培,中法大学月刊,1934年第5卷第5期
《明史稿》的实际编撰者万斯同,朱端强,文史知识,1982年第3期
明太祖的良内助——马皇后,楚南,文史知识,1984年第1期
明武宗,郑克晟,故宫博物院院刊,1981年第1期
明戏剧家汤显祖三百三十年纪念,赵景深,大路,1947年第2期
明遗民万履安先生年谱,王焕镳,江苏省立国学图书馆年刊,1932年第5年刊
明遗民张穆之先生事迹及遗稿,张江裁,国立北平研究院院务汇报,1936年第7卷第6期
明懿安后正传,王逸樵,北平晨报艺圃,1936年3月3、4日
明张燮及其著述考,薛澄清,岭南学报,1935年第4卷第2期
明志士朱舜水,郭廉,史地半月刊,1937年第1卷第11、12期
命运多舛的唐代储君——嫡长子继承法的反思,胡戟,文史知识,1996年第1期
缪荃孙的史学成就,张承宗,近代史研究,1983年第2期
墨井道人传校译,陈垣,东方杂志,1937年第34卷第1期
墨井道人年谱,方豪,新北辰,1932年第2卷第12期
墨勒根王,天挺,天津益世报读书周刊,1936年10月22日
墨翟非印度人辨,钟钟山,国立中央大学历史语言研究所周刊,1929年第6卷第67、68期
墨翟为印度人辨驳论,郑师许,东方杂志,1928年第25卷第16期
墨翟为印度人说正谬后案,童书业,文澜学报,1936年第2卷第1期
墨子,王桧林,光明日报,1951年10月20日
墨子,王明等,教学与研究,1962年第4期

墨子,郑侃嬼,大众知识,1936年第1卷第5期
墨子的"兼爱"和实利思想,刘节,学术研究,1963年第1期
墨子的几何学知识,华绳武,数学教学,1957年第8期
墨子的社会思想,学群,集美周刊,1932年第11卷第7—9期
墨子(教育家),毛礼锐,教师报,1956年8月21日
墨子生卒年简考,任继愈,文史哲,1962年第2期
墨子为印度人辨,胡怀琛,东方杂志,1928年第25卷第8期
墨子姓氏辨(附钱宾四来函并答及吴世昌书后),顾颉刚,童书业,史学集刊,1936年第2期
墨子传略,张默生,文化先锋,1943年第2卷第9期
谋略家崔浩,陈洪宜,文史知识,1985年第12期
谋士敬翔,李鸿宾,文史知识,1988年第11期
谋有道之生的李渔,姜光斗,闻之,文史知识,2003年第8期
木工祖师鲁班,孙宗文,建筑工人,2000年第5期
"木兰"新释,龚维英,昆明师范学院学报·哲学社会科学版,1980年第6期
木主与社主,王春光,文史知识,1987年第9期
目录版本学家钱遵王及其藏书,丁喻,光明日报,1962年9月1日
目录学的始祖刘向,霍衣仙,培正中学图书馆馆刊,1936年第3卷第1期
目录学家晁公武其人,郝润华,文史知识,2007年第6期
幕客·儒将·使才——薛福成,史义银,文史知识,2003年第6期
睦邻友好的杰出使者——郑和,范金民,中国民族,2005年第5期
"暮年登上第"的老童生周进,陈美林,文史知识,1991年第8期
纳兰成德传,张荫麟,学衡,1929年第70期
纳兰容若,陈适,人间世,1935年第32期
纳兰容若,滕固,小说月报第十七卷号外,商务印书馆,1927年
纳兰容若评传,徐裕昆,光华大学半月刊,1934年第2卷第10期
纳兰性德,慕华,晨报,1927年10月8—17日
纳兰性德年谱,张任政,国学季刊,1930年第2卷第4期
纳兰性德传,罗曼思,天津益世报副刊,1929年12月25—31日
纳兰性德传,张阴,学衡,1923年第17期

南朝大族的鼎盛与衰落,武仙卿,食货,1935年第1卷第10期
南朝寒门与世族的最后较量,梁满仓,文史知识,2006年第1期
南汉国主刘䶮简论,曾国富,广东史志,1994年第3期
南后、郑袖二人说补证,龚维英,学术论坛,1983年第2期
南明殉节使臣左懋第,丁鼎,文史知识,2007年第10期
南屏道人年谱,高谊,瓯风杂志,1935年第17—22期
南齐诗坛之冠谢朓,张宗原,文史知识,1984年第4期
南宋编年史家二李年谱,方壮猷,史学史研究,1981年第1期
南宋丞相——江万里,尹波,文史知识,2000年第2期
南宋初的钟相、杨幺起义,赵俪生,历史教学,1954年第11期
南宋词人管鉴生平考索,王兆鹏,邓建,上海大学学报·社会科学版,2008年第2期
南宋词人沈瀛、李处全生平考略,王可喜,王兆鹏,文史,2006年第1期
南宋词人王质、沈瀛、李洪生卒年小考,王可喜,文学遗产,2005年第5期
南宋词人小记,沅君,北大国学月刊,1926年第1卷第3、4号
南宋词人小记二则,沅君,北大国学月刊,1926年第1卷第3、4号
南宋词人易祓行年考,王可喜,王兆鹏,中国韵文学刊,2005年第4期
南宋词人张元干的生卒年问题,曹济平,江海学刊,1962年第8期
南宋的宰相贾似道,易思缄,正论,1935年第48期
南宋第一流外交家魏杞,国闻周报,1936年第13卷第43期
南宋反理学思潮的理论总结者——叶适,陈国灿,文史知识,1999年第1期
南宋时高斯德的气节及其作品,张天畴,越风,1936年第13期
南宋政论家叶水心先生,李源澄,论学,1937年第3期
南宋著名学者叶适,周梦江,文史知识,1992年第8期
南唐二主年谱,夏承焘,词学季刊,1934年第2卷第4期
南唐后主李煜年谱,衣虹,新文化,1931年8月
南唐三主的人品及政治,王定璋,天府新论,2001年第5期

南唐先主李昪行事述略,诸葛计,学术月刊,1983年第12期
南五祖,羊华荣,宗教学研究,1983年第2期
南诏、大理国"骠信""摩诃罗嵯"名号探源,徐琳,民族语文,1996年第5期
恼人最是戒珠圆——妙玉论,薛瑞生,红楼梦学刊,1997年第1期
哪吒神话和莲花母题,李祥林,民族艺术,2008年第1期
倪咸初,毛达可,神州国医学报,1935年第3卷第6期
年羹尧——一个身败名裂的功臣,李世瑜,文史知识,1988年第10期
佞道昏君宋徽宗,羊华荣,文史知识,1987年第5期
牛布衣、牛浦郎和牛玉圃,陈美林,文史知识,1992年第11期
牛郎、织女与七夕乞巧,屈育德,文史知识,1986年第7期
牛僧孺论,丁鼎,人文杂志,1995年第1期
牛僧孺年谱简编,丁鼎,烟台师范学院学报·哲学社会科学版,1993年第2期
牛僧孺与"牛李党争"研究二题,丁鼎,聊城大学学报·哲学社会科学版,2002年第1期
扭曲的灵魂,悲剧的命运——《金瓶梅》中的潘金莲,宋培宪,叶桂桐,文史知识,1991年第2期
农民起义与张献忠,谢国桢,历史教学,1952年第2期
《农桑易知录》撰者郑之侨故里考察记,倪根金,农业考古,2004年第3期
奴俗与率真(关于傅青主),知堂,宇宙风,1935年第7期
努尔哈赤建立后金考,阎崇年,社会科学辑刊,1983年第3期
女词人李清照,赵景深,复旦学报,1935年第1期
女词人张玉娘,赵景深,妇女月刊,1939年第5卷第3期
女革命家秋瑾事略,赵慎修,文史知识,1983年第6期
女冠诗人鱼玄机,卢楚娉,集美周刊,1931年第11卷第10期
女曲家吴藻传考略,陆萼庭,文史杂志,1948年第6卷第2期
女诗人薛涛,赵景深,妇女月刊,1948年第6卷第6期
女诗人鱼玄机,闻国新,世界日报副刊,1926年9月16日
女诗人朱淑贞,公盾,人物杂志,1948年第3卷第8、9期
"女娲"得名考,王建堂,文史知识,1997年第7期
女婴非屈母——与龚维英同志商榷,戴伟华,贵州社会科学,1982年第5期

女医志,季寅,中医世界,1929年第1卷第4期
女乐倡优,孙景琛,文史知识,1984年第7期
女政治家:东汉和帝皇后邓绥,王鑫义,安徽史学,1995年第2期
欧阳修,艾治平,经世日报经世副刊,1947年11月20日
欧阳修,梁容若,中国文学史论集,1958年第4卷
欧阳修的辨伪精神,王明,天津益世报读书周刊,1935年10月10日
欧阳修的两次狱事,胡适,吴淞月刊,1924年第1期
欧阳修的生平和文学(1、2),梁容若,新时代,1966年第6卷第3期
欧阳修的史学成就,陈光崇,社会科学辑刊,1982年第1期
欧阳修与佛老,严杰,学术月刊,1997年第2期
欧阳修与"庆历新政",黄庆来,上饶师范学院学报,1984年第1期
欧阳修治史的求实精神,宋衍申,中国历史文献研究集刊,1981年第3期
呕心沥血的青年诗人李贺,宋德金,文史知识,1981年第2期
潘金莲、武松新论,龚维英,贵州社会科学,1990年第12期
潘金莲形象的历史演变,魏崇新,徐州师范大学学报·哲学社会科学版,1997年第1期
潘岳文学刍论,凌迅,东岳论丛,1983年第2期
潘岳系年考证,傅璇琮,文史,1982年第14辑
潘岳研究二题,顾农,宁夏师范学院学报,2007年第4期
潘岳早期任职及徙官考辨,徐公持,文学遗产,2001年第5期
盘古神话:史料新读,刘屹,中国史研究,2007年第1期
槃薖硕人徐奋鹏与《伯喈定本》,朱万曙,文献,2000年第3期
庞统:盛名之下有虚士,马大勇,文史知识,2004年第11期
裴度与淮西之乱的平定,负大强,唐都学刊,1997年第1期
裴松之和范晔,杨翼骧,光明日报,1962年7月14日
裴炎谋反说辨诬,赵光贤,北京师范大学学报·社会科学版,1982年第4期
裴子野与沈约,马艳辉,文史知识,2006年第5期
配角和主角——红娘形象的诞生,宁宗一,文史知识,1998年第9期
彭祖长寿的神话和仙话,袁珂,民间文化论坛,1994

年第 2 期
彭祖长年新论,李大明,四川师范大学学报·社会科学版,1988 年第 4 期
彭祖的养生之道,朱存明,中国道教,2001 年第 5 期
捧心西子玉为魂——林黛玉论,薛瑞生,红楼梦学刊,1993 年第 3 期
批评家李笠翁,朱湘,语丝,1925 年第 19 期
皮鹿门先生传略,皮名举,国学季刊,1936 年第 5 卷第 3 号
皮日休的事迹思想及其作品,缪钺,四川大学学报,1955 年第 2 期
皮日休究竟是怎样死的,张志康,学术月刊,1979 年第 8 期
琵琶记作者高明传,钱南扬,上海大公报文史周刊,1946 年 11 月 13 日
拼写汉语人名地名(下),周有光,语文建设,1966 年第 4 期
平话奇才柳敬亭,陈辽,文史知识,2003 年第 8 期
"平生五色线,愿补舜衣裳"——晚唐杰出诗人杜牧,陈企孟,文史知识,1982 年第 12 期
平倭名将俞大猷戚继光合传,横海,建国月刊,1934 年第 9 卷第 5 期
评春秋时的孔子和汉代的孔子,傅斯年,国立中央大学历史语言研究所周刊,1929 年第 1 卷第 7 期
评价桑弘羊必须一分为二,李迪,冯立升,江淮论坛,1982 年第 5 期
评价辛弃疾的几点零星意见,冯沅君,山东文学,1961 年第 7 期
评李密二题,臧嵘,中州学刊,1981 年第 3 期
评钱起诗歌,王定璋,盐城师范学院学报·人文社会科学版,1987 年第 3 期
评桑弘羊年谱,戴家祥,河南政治,1935 年第 5 卷第 12 期
评新版的《司马迁年谱》——兼论司马迁的生年问题,赵燕士,光明日报,1956 年 8 月 16 日
"破肚将军"蓝理,王政尧,文史知识,1989 年第 7 期
《蒲柳泉先生年谱》辨疑,劳洪,文学遗产,1980 年第 1 期
蒲松龄的审美价值观,张光兴,文史知识,1991 年第 4 期
蒲松龄设馆教书时间的考证,赵克,求是学刊,1980 年第 4 期
蒲松龄死年辨,履道,北平晨报艺圃,1935 年 7 月 29、30 日
"蒲松龄死年辨"之答辨,履道,北平晨报艺圃,1935 年 8 月 4、16 日
蒲松龄死年辨之论战,胡适来信,北平晨报艺圃,1935 年 8 月 19 日
"蒲松龄死年辨"之商榷,邵恒修,北平晨报艺圃,1935 年 8 月 23 日
蒲松龄先生墓表,赵荫棠,新生命,1945 年第 1 卷第 1 期
蒲松龄与王士禛,袁世硕,文史哲,1980 年第 6 期
蒲松龄远祖蒲鲁浑与蒲居仁小考,张文澍,蒲松龄研究,2004 年第 3 期
普宁县志,李炳勋,神州国医学报,1934 年第 3 卷第 4 期
普贤延命菩萨考,张子开,宗教学研究,2007 年第 4 期
戚继光,袁震,天津益世报史学,1937 年 5 月 30 日
戚继光籍贯考,阎崇年,文史哲,1991 年第 3 期
"漆道人"——道安其人其事,梁晓红,文史知识,1992 年第 9 期
祁墳与鸦片战争,崔克诚,高淑明,文史知识,1993 年第 10 期
齐楚多辩知——山东古代辩才漫谈,凌迅,文史知识,1987 年第 10 期
齐国文学家淳于髡,赵蔚芝,文史知识,1989 年第 3 期
齐桓公与管仲,赵俪生,管子学刊,1990 年第 3 期
齐威王一鸣惊人,田久川,东北之窗,2007 年第 2 期
齐已生卒年考证,曹汛,中华文史论丛,1983 年第 3 辑
岐伯考,宋向元,河北卫生,1951 年第 1 卷第 1 期
奇特迷人的狐女封三娘——《聊斋》人物谈,马瑞芳,文史知识,1995 年第 8 期
奇针列传,谢建明,针灸杂志,1934 年第 2 卷第 4 期
骑鲸跋浪是平生要与云龙韩孟争——胡天游的生平与创作,王翚,文史知识,1997 年第 5 期
千古漫说貂蝉女,宁业高,夏国珍,文史知识,1995 年第 6 期
千古名高一梦英,陈志平,文史知识,2007 年第 3 期
千古文章未尽才——为纪念曹雪芹逝世二百二十周年而作,冯其庸,红楼梦学刊,1983 年第 4 期
千古一高僧——玄奘,林怡,林鼎濂,文史知识,1992 年第 9 期
千古一太守——况钟,周国荣,文史知识,1991 年第 10 期
千秋功过谁与评说——漫谈秦始皇和汉武帝,安作璋,文史知识,2006 年第 1 期
千秋功罪论西施,刘斌,文史知识,1986 年第 9 期
千五百年前之留学生,梁启超,改造,1921 年第 4 卷第 1 号

前赴后继,终成大业——鲧禹治水(上)(下),屈育德,文史知识,1988年第2期
钱大昕和他的著述,张荫麟,清华周刊,1924年第4期
钱镠与传统宗教,曾国富,船山学刊,2007年第4期
钱镠与越州,钱茂竹,文史知识,2004年第9期
钱牧斋新传,柳作梅,图书馆学报,1950年第2期
钱南园遗著辑刊始末,朱桂昌,云南民族大学学报·哲学社会科学版,1984年第3期
钱起交游考,王定璋,成都大学学报·社会科学版,1987年第4期
钱起交游续考,王定璋,湖南师范大学社会科学学报,1989年第3期
钱起尉蓝田年月考辨,王勋成,兰州大学学报·社会科学版,1988年第1期
钱谦益晚年修史活动与思想转变,赵刚,文史知识,1988年第5期
钱谦益与马士英阮大铖,樊树志,文史知识,2003年第7期
钱田间先生传,马其昶,民彝,1928年第1卷第10期
钱乙传,〔宋〕刘跂,医学杂志,1922年第7期
乾隆皇帝与《贰臣传》,杨钊,文史知识,1994年第12期
乾隆让位,李正中,齐鲁学刊,1983年第2期
乾隆四库征书浙江进呈秘籍之七大藏书家,洪焕椿,浙江通志馆馆刊,1945年第1卷第4期
"潜夫论"的作者,梁朝威,清华周刊·书报介绍副刊,1924年第11期
浅论完颜希尹,王孝华,北方文物,2006年第3期
浅谈曹雪芹的风貌,端木蕻良,文史知识,1984年第10期
浅谈辞书对姓氏"萧"的处理,萧惠兰,辞书研究,2000年第6期
浅谈李贽的治国思想,李珍梅,广播电视大学学报·哲学社会科学版,2005年第3期
浅谈项伯在鸿门宴中的作用,葛新民,文史杂志,2007年第6期
谴责小说的大家吴趼人,叶易,文史知识,1982年第10期
强智而标新立异的宰我,张廷银,文史知识,2000年第7期
谯周与陈寿,王定璋,西华大学学报·哲学社会科学版,2005年第1期
《切韵》的作者——陆法言,黄典诚,辞书研究,1981年第4期

妾的分析,周谦,东北大学周刊,1929年第84期
妾之研究,宋恩浡,民众生活,1933年第42期
秦昌遇逸事,陈影鹤,国医旬刊,1934年第1卷第1期
秦代文学家李斯,陈同生,奔流,1962年第1期
秦代之开国勋臣王翦,段国超,商洛学院学报,2008年第1期
秦观,艾治平,经世日报经世副刊,1947年第177—178期
秦观陆游名字考释,欧明俊,中国典籍与文化,2007年第1期
秦观为何由"太虚"改字"少游",陈祖美,文史知识,2006年第3期
秦汉的皇帝,沈巨尘,文化建设,1935年第1卷第8期
秦汉之豪族,傅衣凌,现代史学,1933年第1卷第10期
秦桧评,陈登元,金陵学报,1931年5月
秦桧事迹述评,王曾瑜,江西社会科学,1981年第4期
秦九韶,李敬,文史知识,2001年第7期
秦九韶及其数学成就,刘复生,社会科学研究,1996年第4期
秦可卿晚死考——石兄《风月宝鉴》旧稿探索之一节,戴不凡,文艺研究,1979年
秦罗敷,乃是秦丽华,黄崇浩,黄冈师范学院学报,1999年第5期
秦人程邈创隶书说质疑,兰殿君,文史杂志,2006年第6期
秦始皇的恚恨,林剑鸣,人文杂志,1994年第3期
秦始皇帝,张荫麟,大公报史地周刊,1936年5月29日
秦始皇帝传,马元材,河南政治,1935年第5卷第10—12期
秦相吕不韦功过简论,朱绍侯,河南大学学报·社会科学版,2000年第5期
琴学家九疑山人小传,周季英,音乐杂志,1920年第2卷第2号
"勤求古训,博采众方"的张仲景,中医研究院医史文献研究室,新医药学杂志,1974年第9期
勤政爱民,两袖清风——清朝廉吏于成龙,赵元,文史知识,1997年第4期
《青楼集》所记的朱帘秀,杨溢,新民晚报,1961年7月5日
青衫与江州司马,侯玉芳,文史知识,1994年第11期
清朝目录学家章学诚,傅振伦,史学史资料,1980年第1期
清初辅治才女王淑昭,杜海华,文史知识,2007年第

10 期

清初回族名将杨谦、杨凯——清代回族名将史事辑考之一,马明达,回族研究,2004 年第 2 期

清初杰出的女政治家——孝庄文皇后,李鸿彬,满族研究,1998 年第 2 期

清初杰出政治家——范文程,李鸿彬,社会科学战线,1983 年第 4 期

清初名将鳌拜的一生,王思治,文史知识,1985 年第 9 期

清初钱毛诸藏书家与学风考,罗炳绵,新亚书院学术年刊,1964 年第 6 卷

清初摄政王多尔衮,郑克晟,文史知识,1983 年第 11 期

清初审音家赵绍箕及其贡献,赵荫棠述,辅仁学志,1932 年第 3 卷第 2 期

清初文献学家阎若璩,王春光,内蒙古民族大学学报·社会科学版,1991 年第 3 期

清初著名散文家魏禧,周红兵,文史知识,1992 年第 3 期

清代滨州才女刘睿仪,石业华,春秋,1997 年第 6 期

清代藏书家考,洪有丰,图书馆学季刊,1926 年第 1 卷第 2—4 期

清代藏书家考,钱希平,东方文化,1943 年第 2 卷第 4 期

清代藏书家志,蟫翁,国艺,1941 年第 3 卷第 1—4 期

清代的古音学创始人顾炎武,王显,中国语文,1957 年第 6 期

清代的皇族,郭松义,文史知识,1995 年第 12 期

清代地理家列传(丁谦),叶瀚,地学杂志,1920 年第 11 卷第 8、9 期

清代地理家列传(魏默深),叶瀚,地学杂志,1920 年第 11 卷第 10 期

清代地理家列传(邹代钧),叶瀚,地学杂志,1920 年第 11 卷第 7 期

清代第一词家纳兰性德之略传及其著作,陈铨,清华周刊,1924 年第 305 期

清代滇南学者陈履和事迹考述,朱桂昌,云南民族学院学报,1983 年第 1 期

清代福建藏书家辑传,萨士武,图书馆学周刊·福建民国日报副刊,1932 年 1 月 9 日

清代宫廷画家冷枚生平及其艺术考析,潘深亮,荣宝斋,2008 年第 5 期

清代火器制造家——戴梓,李鸿彬,社会科学辑刊,1991 年第 2 期

清代建筑世家"样式雷",张宝章,文史知识,2007 年第 8 期

清代江南大侠甘凤池,郭松义,文史知识,1992 年第 11 期

清代杰出的经济学家王源,阎崇年,前线,1984 年第 12 期

清代杰出将领——施琅,许良国,文史知识,1983 年第 5 期

清代金石学家顾亭林先生,许敬武,河南大学文学院季刊,1930 年第 2 期

清代经典考据学之祖——顾炎武,吴长庚,湖南大学学报·社会科学版,2007 年第 2 期

清代经学大家汪容甫,旅人,西北公论,1942 年第 4 卷第 4 期

清代经学大师俞曲园,牟小东,文史知识,1983 年第 8 期

清代两个大辑佚书家评传(马国翰),王重民,辅仁学志,1932 年第 3 卷第 1 期

清代两个大辑佚书家评传(章宗源),王重民,辅仁学志,1932 年第 3 卷第 1 期

清代满族词人纳兰性德,阎崇年,前线,1984 年第 6 期

清代名臣阮元,冯尔康,故宫博物院院刊,1989 年第 1 期

清代名医——徐大椿,刘元,中医杂志,1956 年第 1 期

清代能吏蓝鼎元,陈鸿彝,文史知识,1990 年第 5 期

清代朴学大师阎若璩,林久贵,文史知识,1999 年第 12 期

清代三朝名臣英和,谭彦翘,黑龙江史志,1995 年第 4 期

清代生物学家李元及其著作,YLC,清华周刊·书报介绍副刊,1924 年第 13 期

清代诗人黄仲则评传,章衣萍,学林杂志,1921 年第 1 卷第 2 期

清代诗人张晋生平考辨,赵逵夫,社会科学,1983 年第 6 期

清代诗僧八指头陀年谱,大醒,海潮音,1934 年第 15 卷第 7 期

清代数学家梅谷成在数学史上的贡献,严敦杰,安徽史学通讯,1959 年第 3 期

清代算家姓名录,李俨,学艺,1937 年第 16 卷第 2 期

清代王清任在临床医学上的贡献,邓铁涛,中医杂志,1958 年第 7 期

清代学者龚定庵之生平与著作,洪焕椿,读书通讯,1948 年第 155 期

清代学者洪北江的社会思想,尉之嘉,新社会科学季刊,1934 年第 1 卷第 1 期

清代医学家卢之颐及其著作,赵燏黄,上海中医药杂志,1957 年第 7 期

清代治黄名臣——靳辅,李鸿彬,中国水利,1982 年

第 3 期
清代著名目录校勘学家——莫友芝,康恒基,贵图学刊,1981 年第 4 期
清代著名清官于成龙,金铁纯,文史知识,1993 年第 5 期
清代著名戏剧家洪升,李简,文史知识,1993 年第 2 期
清代著名学者顾广圻,漆永祥,文史知识,1993 年第 3 期
清代卓越的史学家全祖望,谢国桢,清史论丛·第二辑,1980 年
清广州知府李威传,黄仲琴,岭南学报,1935 年第 4 卷第 1 期
清末大学者王国维,任伊临,文史知识,1982 年第 6 期
清末进步学者、外交家钱恂,伯钧,历史教学,1992 年第 3 期
清末外交官薛福成,史革新,文史知识,1983 年第 12 期
清末张之洞的路政经济思想,陈钧,河北学刊,1986 年第 6 期
清平西王吴三桂传,兆璜,莽苍社刊,1928 年第 1 卷第 2 期
清儒方望溪之备荒政策,张鸿藻,钱业月报,1932 年第 12 卷第 4 号
清入关后傅山的活动与交游,谢兴尧,柯愈春,晋阳学刊,1985 年第 1 期
清史稿吴历传匡缪,徐景贤,天津益世报副刊,1929 年 2 月 23 日
清史林则徐传,林崇墉,中国一周,1961 年第 587 期
清孙诒让先生传,董允辉,燕大月刊,1930 年第 6 卷第 3 期
清太宗后妃之谜,阎崇年,紫禁城,2005 年第 2 期
清太宗继位之谜,阎崇年,紫禁城,2005 年第 1 期
清太宗杀兄之谜,阎崇年,紫禁城,2005 年第 4 期
清太祖大妃之谜,阎崇年,紫禁城,2004 年第 5 期
清太祖炮伤之谜,阎崇年,紫禁城,2004 年第 6 期
清太祖杀弟之谜,阎崇年,紫禁城,2004 年第 3 期
清太祖身世之谜,阎崇年,紫禁城,2004 年第 2 期
清太祖姓氏之谜,阎崇年,紫禁城,2004 年第 1 期
清太祖斩子之谜,阎崇年,紫禁城,2004 年第 4 期
"清谈误国"的王衍,孔毅,文史知识,1995 年第 7 期
清学开山祖师之顾亭林,梁启超,晨报副刊,1924 年 3 月 2—6 日
清正的节操,不幸的命运——谈《桃花扇》中的李香君,侯光复,文史知识,1986 年第 2 期
清正敢言的刘宗周,林金树,文史知识,1989 年第 5 期
情圣杜甫,梁启超,晨报副刊,1922 年 5 月 28、29 日

"请卖爵子"者是谁,陈道新,文史知识,1996 年第 5 期
庆历改革者们的失策,张中山,文史知识,2007 年第 11 期
"穷波斯"解,袁世硕,文史知识,2000 年第 1 期
"穷翰林"鲁氏父女,陈美林,文史知识,1992 年第 5 期
穷苦诗人张籍,潘景翰,文史知识,1983 年第 10 期
穷奢极侈的西晋富豪石崇,李景琦,文史知识,1997 年第 3 期
丘迟和他的《与陈伯之书》,顾农,名作欣赏,2005 年第 19 期
丘处机,羊华荣,宗教学研究,1983 年第 2 期
丘处机的西游与白云观,张文澍,中国典籍与文化,1996 年第 2 期
丘处机和成吉思汗,姚道冲,马晓红(编译),文史知识,1987 年第 5 期
邱处机与成吉思汗,方衍,贾书梅,学习与探索,1994 年第 6 期
丘逢甲离台内渡考,戚其章,学术研究,2000 年第 10 期
丘逢甲乙未保台事迹考,戚其章,学术研究,1984 年第 4 期
丘逢甲与乙未抗日保台运动,戚其章,社会科学研究,1996 年第 4 期
丘逢甲在台湾任职考辨,戚其章,汕头大学学报·人文社会科学版,1985 年第 1 期
丘浚与会计,吴申元,上海会计,1982 年第 7 期
丘濬其人其业,周明初,文史知识,1996 年第 9 期
邱心如和她的《笔生花》,戚世隽,文史知识,1992 年第 11 期
邱祖精神不朽,牟钟鉴,中国宗教,2004 年第 5 期
"秋""霜"中的李白,戴伟华,中国典籍与文化,2001 年第 4 期
秋胡有意试妻吗,叶爱国,敦煌研究,1991 年第 3 期
秋神与冬神的斗争,尹荣方,文史知识,1995 年第 5 期
曲江年谱拾遗,何格恩,岭南学报,1935 年第 4 卷第 2 期
驱邪斩鬼话钟馗,程毅中,文史知识,1986 年第 8 期
屈大均(翁山)著述考,朱希祖,文史杂志,1942 年第 2 卷第 7、8 期
屈大均传,朱希祖,文史学研究所月刊,1933 年第 1 卷第 5 期
屈大均的儒学情结,何天杰,学术研究,1997 年第 8 期
"屈伸舒卷,动有操术"——北宋重臣吕夷简,李学诗,文史知识,1995 年第 12 期
屈原本是巴族人,楚辞得益巴人歌,王红旗,文史杂

志,2003年第6期
屈原不会是弄臣,郭沫若,诗歌月刊,1946年第3、4期
屈原不平凡的一生,陈子展,文汇报,1962年6月3日
屈原曾任楚太子师傅,黄崇浩,江汉论坛,1988年第9期
屈原的悲哀和南公的慷慨,天疣,中国新论,1936年第2卷第7期
屈原的放逐问题,孙作云,开封师院学报,1961年第11期
屈原的故乡和墓葬,程欣人,湖北日报,1956年6月11日
屈原的故乡是哪里,孙作云,历史教学,1956年第5期
屈原的籍贯,王同策,咬文嚼字,2001年第12期
屈原的生辰与《离骚》的著作时期,李延凌,学术月刊,1957年第12期
屈原的生平及其创作之研究,费德林(著),戈宝权(译),中原,1944年第1卷第4期
屈原的生日,连登岗,淮北煤炭师范学院学报·哲学社会科学版,2003年第6期
屈原的首丘情结及屈氏封地考略,周笃文,云梦学刊,2006年第4期
屈原的思想,杜复和,厦大周刊,1936年第15卷第19期
屈原的姊女嬃及其他家属,陈子展,人民日报,1962年6月3日
屈原故乡非秭归及其出身考,龚维英,晋阳学刊,1993年第4期
屈原故乡考,张中一,贵州教育学院学报·社会科学版,1990年第2期
屈原故乡觅踪,张中一,云梦学刊,2007年第5期
屈原和鲧,欧阳凡海,光明日报,1957年1月13日
屈原"怀石"自沉新论,张中一,贵州文史丛刊,1992年第4期
屈原及其作品研究综述,董洪利,文史知识,1982年第4期
屈原简介,郭沫若,新闻日报,1953年10月7日
屈原考证,钱穆,学灯,1923年1月8—10日
屈原里籍考,龚维英,社会科学辑刊,1989年第Z1期
《屈原列传》中"夺稿"问题新解,李雨昌,文史知识,1991年第11期
屈原——人民的诗人,王璞,人物杂志,1948年第3卷第6期
屈原日本行异议,张中一,贵州文史丛刊,1995年第6期
屈原生活在湖湘的年代与作品,张中一,贵州社会科学,1994年第3期

屈原生年考证,陆侃如,学灯,1923年3月11—21日
屈原生年说,刘操南,真理杂志,1944年第1卷第3期
屈原生年新考,胡念贻,文史,1978年第5辑
《屈原生年新考》志疑,张闻玉,重庆师院学报·哲学社会科学版,1985年第2期
屈原生年月日的推算问题,浦江清,历史研究,1954年第1期
屈原生于南阳说,黄崇浩,中州学刊,1998年第5期
屈原生卒年岁考证,鸿杰,学灯,1923年3月22、24日
屈原生卒年月日时考订,朱君哲,山西大学校刊,1947年第4卷第5期
屈原生卒志疑,鸿杰,学灯,1923年3月10日
屈原是江陵人,不是秭归人,吴郁芳,江汉论坛,1988年第2期
屈原未放汉北说质疑与被放汉北新证,赵逵夫,中国文学研究,1990年第3期
屈原未遭"放逐"考,张中一,河北学刊,1985年第3期
屈原问题(敬质孙次舟先生),闻一多,民主与科学,1945年第2卷第2期
屈原研究,梁任公,晨报副刊,1922年11月23日
屈原研究,周而复,光华大学半月刊,1935年第3卷第8期
屈原与离骚,李陵,南开大学周刊,1932年第137、138期
屈原与屈子祠,张中一,文物天地,1983年第6期
屈原在楚怀王时被放逐的年代,孙作云,光明日报,1953年10月3日
屈原在美学上的价值,华林,觉悟,1923年1月23日
屈原之死,陶光,大陆杂志,1950年第8期
屈原职业考,吴郁芳,江汉论坛,1982年第11期
屈原传略,松如,正中校刊,1937年第37期
屈原自沉汨罗探隐,龚维英,辽宁大学学报·哲学社会科学版,1984年第3期
屈子发微,陈介石,唯是,1920年第2期
屈子生卒年月及流地考,范希曾,国学丛刊,1923年第1卷第1期
屈子疑年,孙海波,留日同学会季刊,1943年第4号
瞿式耜,张全恭,民族,1937年第5卷第7期
瞿式耜与其民族诗,隋树森,军事与政治,1945年第8卷第1期
瞿佑续考,李剑国,陈国军,南开学报·哲学社会科学版,1997年第3期
取经路上的凡夫俗子——猪八戒,侯光复,文史知识,1989年第7期

取胜若神的秦将白起,彭林,文史知识,1992年第6期
《全宋词》郭子正等五家斠议,钟振振,文史,2007年第1期
全祖望和《宋元学案》,仓修良,史学月刊,1986年第2期
全祖望在清代史学上的贡献,徐光仁,学术月刊学术研究,1963年第2期
全祖望传,刘光汉,国粹学报,1905年第11期
权德舆先世及行事系谱,王红霞,四川师范大学学报·哲学社会科学版,1996年第3期
权德舆在中唐诗坛上的地位——兼评《权德舆诗集》,郝润华,社科纵横,1996年第6期
穰侯魏冉新论,卢鹰,人文杂志,1998年第3期
人皇新考,冯广宏,文史杂志,2008年第3期
人民的诗人屈原,闻一多,诗歌月刊,1946年第3、4期
人生长恨:李煜的悲剧性生命体验,杨海明,文史知识,1999年第3期
人生七十古来稀——谈唐代诗人的寿命,沈松泉,文史知识,1984年第11期
人物画一代宗师——陈洪绶,温雪勇,文史知识,1997年第4期
"人中之龙、文中之虎"陈亮,林蔚兰、徐传胜,文史知识,1988年第2期
"人中之龙,文中之虎"——南宋著名学者陈亮,陈国灿,文史知识,1997年第12期
任伯年和他的《风尘三侠图》,聂崇正,文史知识,1982年第4期
任化邦传,罗尔纲,安徽史学,1985年第3期
"任侠放荡"的少年曹操,王永平,文史知识,1992年第2期
《容成氏》所见舜帝事迹考,王瑜,四川文物,2006年第1期
如何看待张昭劝孙权降归曹操,李宜春,文史知识,1996年第9期
如何理解孔子所说的"思无邪"(讨论二),倪祥保、童毅之、陈树民,文史知识,1986年第7期
如何评价韦昌辉,殷常符,河北大学学报·哲学社会科学版,1987年第1期
儒家正统司马光,劳干,中国一周,1955年第278期
儒学独尊的奠基人——经学大师董仲舒,王生平,文史知识,1988年第6期
阮步兵年谱,董众,东北丛镌,1930年第3期
阮大铖与东林、复社的恩怨始末,宋志英,文史知识,2005年第12期
阮籍事迹新考,范子烨,学术交流,1995年第1期
阮籍研究,何蟠飞,文学年报,1937年第3期
阮嗣宗评传,钱振东,新晨报副刊,1929年
阮元,佚名,江苏研究,1935年第4期
锐意改革的周世宗柴荣,马诤,文史知识,1986年第7期
萨都剌及其诗词创作,范宁,文史知识,1985年第3期
萨都剌生年小考,刘真伦,晋阳学刊,1989年第5期
萨都剌"升侍御史于南台"考实——兼考其族别姓名,刘真伦,四川师范大学学报·社会科学版,1992年第4期
萨都剌为阿拉伯人,房建昌,江汉论坛,1983年第2期
萨都剌姓名族别及家世考索,刘真伦,重庆师范大学学报·哲学社会科学版,1991年第1期
萨都剌原名之推测,杨志玖,回族研究,2001年第2期
三百年前之算学大家梅定九先生,龚颠波,学风,1930年第1卷第2期
三次舍身寺院的梁武帝,方安,文史知识,1986年第10期
三度临朝的褚太后,李润英,文史知识,1994年第2期
"三宫六院七十二妃"琐谈,潘深亮,文史知识,1982年第4期
三国巴蜀学派的大师谯周,张云江,文史杂志,2007年第1期
三国将军知多少,沈伯俊,文史知识,2007年第3期
三国时代的"客",鞠清远,食货,1936年第3卷第4期
三国时代的伟大医家华佗,任林圃、周诗贵,中华医史杂志,1953年第4期
三国时期国家的三种领民,何兹全,食货,1935年第1卷第11期
三晋儒商——乔致庸,武殿琦、马晓燕,文史知识,2006年第11期
三勘虚云和尚年谱,胡适,台湾风物,1960年第10期
"三李"之称及其相互关系,阮堂明,天津师大学报·社会科学版,1999年第5期
三娘子画像考实,贾敬颜,内蒙古社会科学·汉文版,1985年第2期
三上三下郭嵩焘,史义银,文史知识,2004年第4期
三仕三隐的谢铎,林家骊、李慧芳,文史知识,2005年第4期
"三言"、"二拍"编者的朋友——董斯张,冯保善,文史知识,2002年第4期
"散朗"才女谢道韫,顾农,南京师范大学文学院学报,2005年第3期

"散僧入圣"的"杨风子",刘涛,文史知识,1996年第3期
桑弘羊年谱,静好书室主,河南政治,1934年第4卷第2—4期
桑弘羊传,韩朴,兰州大学学报,1974年第2期
僧格林沁其人,贾熟村,文史知识,1984年第12期
杀死皇帝的马球将,刘秉果,体育与科学,1994年第4期
杀头相似风吹帽,敢在世上逞英雄——罗福星革命述略,陈克进,文史知识,1990年第5期
沙里福汗其人,张国杰,中央民族大学学报·哲学社会科学版,1991年第1期
沙陀豪酋李克用,金石,中学历史教学参考,1997年第7期
沙陀诗家,并州豪杰——记金末奇人李汾,董国炎,文史知识,1991年第10期
山西藏书考,聂光甫,中华图书馆协会会报,1928年第3卷第6期
"山中宰相":南朝奇人陶弘景,张兰花,文史知识,2006年第9期
"山中宰相"——陶弘景,方平,文史知识,1998年第2期
善于谋事而不善于谋身的郭崇韬,沙宗复,文史知识,1995年第2期
善照"镜子"的唐太宗,汪瀛,文史知识,1989年第10期
商代的女将军妇好,贾义炳,文史知识,1983年第2期
商界先贤——猗顿,王树山,运城高等专科学校学报,1999年第2期
商君传,新民丛报,1903年第30—32期
"商女"指张丽华,迟乃鹏,社会科学战线,1989年第2期
商王名号与日名制,张富祥,文史知识,2006年第5期
商业型文人与文化型商人——李渔的人生角色,傅承洲,古典文学知识,2008年第4期
商纣姐醢侯伯新证,王晖,史学月刊,2004年第2期
上古人的名号探微,朱积孝,西北民族大学学报·哲学社会科学版,1989年第3期
《尚书》所载的大禹,王定璋,天府新论,2007年第3期
少陵先生年谱会笺,闻一多,武大文哲季刊,1930年第1卷第1—3期,1931年第1卷第4期
少年史学家练恕,朱端强,文史知识,1986年第1期
邵廷寀理学思想浅议,史革新,福建论坛·人文社会科学版,2007年第1期
射石没镞的李广,刘秉果,体育与科学,1994年第4期
申报总编纂"长毛状元"王韬考证,洪深,文学,1934年第2卷第6期
身仕三朝郭药师,周峰,文史知识,1996年第2期

身死从人说是非,诗史应留才子名——严嵩诗文杂撼,曹国庆,文史知识,1993年第11期
深入探究李白、苏轼其人的文化意义,刘扬忠,求索,2002年第1期
神农氏考略,洗冤录银针检毒谬误:法医研究所考查认为不切实用,清瘇,神州国医学报,1933年第1卷第10期
神清骨冷无尘俗——梅妻鹤子的隐士林逋,郑扬,文史知识,1991年第9期
沈葆桢保卫台湾开发台湾的贡献,林岷,中央民族大学学报·哲学社会科学版,2002年第1期
沈葆桢轶闻,陈则东,建设,1963年第12期
沈庚笙传,金天翮,国学商兑,1933年第1卷第1期
沈家本与《历代刑法考》,崔文印,文史知识,1990年第12期
沈璟剧作再评价,朱万曙,艺术百家,1990年第3期
沈括,王恩厚,历史教学,1982年第2期
沈括编年事辑,张荫麟,清华大学学报,1936年第11卷第2期
沈括的科学成就的历史环境及其政治倾向,胡道静,文史哲,1956年第2期
沈括对中国地学发展的贡献,艾素珍,文史知识,1995年第9期
沈括"官于宛丘"献疑,徐规,杭州大学学报·哲学社会科学版,1979年第Z1期
沈括和《梦溪笔谈》,倪平,文史知识,1981年第3期
沈括和他的《梦溪笔谈》,杨渭生,杭州大学学报·哲学社会科学版,1978年第2期
沈括军事思想探源——论沈括与其舅父许洞的师承关系,胡道静,社会科学,1980年第6期
沈括生年记误,倪文木,中华文史论丛,1980年第4辑
沈括生卒年考,丁则良,大公报文史周刊,1947年5月21日
沈括生卒年问题的再探索——兼论《嘉定镇江志》引录《长兴集》逸文《自志》的真伪,徐规,杭州大学学报·哲学社会科学版,1977年第3期
沈括与医药学,杨存钟,北京医学院学报,1976年第3期
沈括在古农学上的成就和贡献,胡道静,学术月刊,1966年第2期
沈括治学的艰苦踏实作风——纪念沈括诞生九三〇周年,张家驹,文汇报,1961年3月3日
沈万三并非死于明初,伯骅,文史知识,1993年第9期
沈万三及其家族事迹考,顾诚,历史研究,1999年第1期

沈约籍贯故里考,林家骊,杭州大学学报·哲学社会科学版,1997年第2期
沈约年谱,伍叔,文史所辑刊,1931年第1册
生子当如李亚子——五代名将李存勖,曾国富,文史知识,1995年第9期
生子当如孙仲谋,翟政,文史知识,1983年第2期
"生子当如孙仲谋"——雄才大略的东吴英主孙权,唐兴礼,文史知识,1991年第6期
省元法师传,蒋维乔,光华大学半月刊,1936年第5卷第3、4期
盛世英主唐玄宗,黄永年,文史知识,1992年第6期
盛唐诗风和殷璠诗论,李珍华,清华大学学报·哲学社会科学版,1988年第3期
盛唐诗人刘春虚考,谢先模,学术月刊,1980年第4期
失街亭斩马谡与蜀军的战斗力,杨德炳,武汉大学学报·社会科学版,1992年第2期
诗歌史上的双子星座——李白与杜甫,罗宗强,文史知识,1981年第1期
《诗经》是不是孔子所删定的,张寿林,北大国学月刊,1926年第1卷第2期
《诗经》中的贵妇:行走在政权边缘的女人,李会玲,文史知识,2005年第2期
《诗品》诗人籍贯辨说(一),陈元胜,学术研究,2002年第8期
《诗品》诗人籍贯辨说(二),陈元胜,学术研究,2002年第10期
《诗品》诗人籍贯辨说,陈元胜,许昌师专学报,2002年第6期
诗人白居易析论,陶愚川,大夏年刊,1933年第4期
诗人杜牧,王叔苹,文艺月刊,1937年第10卷第2期
诗人高启之死与明初江南文祸,吴士勇,史学月刊,2006年第2期
诗人纪昀及其诗论,魏明安,西北师大学报·社会科学版,1992年第4期
诗人王昌龄籍贯考,李士翘,北平晨报艺圃,1933年11月24日
诗人眼中之马嵬坡,蛰公,新蒙古,1935年第3卷第6期
诗人张九龄,少泉,辅仁广东同学会半月刊,1934年第2期
诗人朱熹,蔡厚示,文史知识,1992年第5期
诗僧齐己,夏莲,文史知识,1992年第2期
诗圣杜甫终老之夕,康震,文史知识,2007年第4期
诗史吴梅村,簸生,新垒,1933年第1卷第1期

"诗、书、画三绝"的文征明,周晓光,文史知识,1997年第8期
诗坛久作风骚主,闺阁频添弟子班——随园与女弟子,王英志,文史知识,1994年第7期
施琅与清初治台政策,林其泉,台湾研究集刊,1984年第1期
施琅与清政府统一台湾的决策,胡沧泽,福建师范大学学报·哲学社会科学版,1998年第4期
施耐庵其人,震江,山西日报,1975年11月3日
施耐庵为兴化施族祖先应非假托辨,丁正华,江海学刊,1961年第5期
十八传贤,陈舜俞,海潮音,1932年第13卷第5期
"十八学士"对唐王朝的贡献,臧嵘,文史知识,1982年第10期
十二生肖和袁宏的生卒年,〔加拿大〕陈三平,文史知识,2007年第4期
十六世纪我国杰出的科学家——李时珍,华中师院学报·自然,1975年第Z1期
石徂徕年谱,许毓峰,责善半月刊,1942年第7卷第12期
石达开出走,苏双碧,炎黄春秋,1992年第3期
石达开的功过,苏双碧,文史知识,1983年第6期
石达开评价问题讨论综述,邱远猷,文史知识,1983年第6期
石门慧洪禅师,近仁(译),微妙声,1937年第6期
石涛丛考,傅抱石,文艺月刊,1936年第9卷第5期
石涛年谱稿,傅抱石,文艺月刊,1936年第9卷第1期
石涛再考,傅抱石,文艺月刊,1937年第10卷第6期
石天外及其著作,何鹏,学风,1936年第6卷第6期
石溪生卒年考,杨新,美术研究,1980年第2期
石豀卒年再考,杨新,故宫博物院院刊,1988年第3期
石隐山人自订年谱,朱骏声,安徽大学月刊,1935年第2卷第7期
实证哲学家颜习斋,致甫,湖南大学期刊,1934年第2卷第4期
史地学家杨守敬,容肇祖,禹贡,1935年第3卷第1期
史官世家司马迁,凡石,上海文化,1946年第4期
史籍中的第一个清官——孙叔敖,王兆兰,文史知识,1989年第8期
《史记》的作者——司马迁,淡雅,华侨日报,1962年10月31日
史记老子列传辩证,徐震,中央大学半月刊,1930年第1卷第16期

史记老子传笺证,高亨,北强,1934年第1卷第1、2期
史记老子传考证,谭戒甫,武大文哲,1936年第5卷第2期
史记屈原贾生列传疏证,苗可秀,东北丛镌,1931年第16期
史记屈原传考证,L.M.,益世报国学周刊,1929年8月19日
史家绝唱——司马迁,张勇,西部大开发,2002年第11期
史家年寿和著史年岁,舒离,文汇报,1961年8月20日
史可法的精神与事业,易正伦,汗血月刊,1934年第4卷第2期
史可法生日考,朱文长,国闻周报,1936年第13卷第20期
史可法是民族英雄吗,丁正华,历史教学,1952年第5期
史学大家班昭和她的《女诫》,李均惠,文史杂志,2006年第6期
史学大家司马迁(上、中、下),一民,大众日报,1971年8月
史学工具书努力者汪辉祖年谱,陈让,辅仁学志,1929年第1卷第2期
史佚——我国古代第一位政治理论家士,许兆昌,代英,文史知识中国青年,1998年第8期
《史籀篇》年代考,潘玉坤,杭州师范学院学报,2002年第2期
使《史记》得以公开面世的杨恽,段国超,渭南师范学院学报,2008年第1期
士的起源,成本俊,珞珈月刊,1935年第2卷第7期
士君子,夏雍,益旦,1935年第1卷第1期
"氏"的起源,刘蕙孙,文汇报,1961年11月18日
氏民辨,黄文杰,容庚先生百年诞辰纪念文集,广东人民出版社,1998年
世本记孔子生年月日说质疑,芮逸夫,"中央研究院"历史语言研究所集刊外编,1960年第4种
世界第一个法医学家——宋慈和他们的《洗冤集录》,黄汉纲,南方日报,1962年11月18日
世医李君(能谦)传,汪宗沂,中西医学报,1911年第1卷第11期
世族·豪杰·游侠——从一个侧面看袁绍,方诗铭,上海社会科学院学术季刊,1986年第2期
事国一心勤以瘁——欧阳修的官德,张福勋,文史知识,2007年第4期
事近小臣毙——略谈李邕之死,王元军,文史知识,1991年第6期
试论鲍照于齐梁之际的文学影响,凌迅,东岳论丛,1984年第3期
试论"伯林雉经"和吴刚伐桂的关系,龚维英,绥化学院学报,1986年第4期
试论陈抟的历史地位及其影响,李远国,社会科学研究,1988年第3期
试论陈抟的生平及其学术渊源,李远国,中国道教,1987年第2期
试论多尔衮对明皇室态度之演变,郑克晟,社会科学战线,1991年第2期
试论多尔衮在清初统一中国过程中的历史作用,郑克晟,历史教学,1980年第6期
试论傅玄的乐府诗,赵以武,社会科学,1984年第3期
试论龚自珍的社会批判思想,冯天瑜,社会科学辑刊,1987年第5期
试论郭嵩焘与太平天国起义的不解之缘,张静,安康师专学报,2001年第3期
试论皇太极与大凌河之战,李鸿彬,史学集刊,1997年第1期
试论嵇康,何世华,人文杂志,1959年第4期
试论孔子,杨伯峻,东岳论丛,1980年第2期
试论李清照,何权衡,语文教学通讯,1957年第12、13期
试论李渔的白话短篇小说,肖荣,杭州大学学报·哲学社会科学版,1982年第3期
试论梁启超对中国目录学的贡献,黄炯旋,云南图书馆季刊,1982年第4期
试论梁武帝一生事功的的成败得失——兼论梁代在中国文化史上的地位,赵以武,嘉应大学学报,2001年第5期
试论刘知几对史学的贡献,邓瑞,学术月刊,1980年第10期
试论陆贾在学术、思想领域的创造性贡献,项永琴,烟台师范学院学报·哲学社会科学版,2004年第1期
试论梅尧臣的诗歌,周梦江,杭州师范学院学报·社会科学版,1989年第4期
试论"壬午之役"与袁时中,郑克晟,史学月刊,1981年第1期
试论任昉,谭家健,文学评论丛刊,1982年第16辑
试论商王武丁,彭邦炯,中州学刊,1987年第3期
试论司马迁的政治观,施丁,东岳论丛,1981年第4期
试论司马迁在思想方面的贡献,许绍光,扬州师院学报,1981年第4期

试论汤显祖和其剧作——纪念汤显祖逝世三百四十周年,石凌鹤,江西日报,1957年11月12日
试论伍廷芳,世博,历史教学,1991年第6期
试论杨秀清,徐力,史学月刊,1957年第10期
试论耶律楚材、元好问、丘处机——兼及金元之际儒生的出路与贡献,李桂枝,中央民族学院学报,1984年第1期
试论俞正燮,于石,安徽大学学报·哲学社会科学版,1998年第4期
试论曾国藩的理学思想,史革新,娄底师专学报,1993年第1期
试论张若沽蜀,赵毅,西南师范大学学报·人文社会科学版,2000年第3期
试论章学诚对目录学的贡献,魏德裕,南京大学学报,1979年第3期
试论赵普,李勤德,史学月刊,1983年第6期
试论郑樵的"会通"思想,李昭恂,史学集刊,1986年第1期
试论中国古代的隐士,刘叶秋,文史知识,1986年第2期
试论周行己,周梦江,浙江学刊,1985年第6期
试论朱敬则,郑显文,松辽学刊·人文社会科学版,1994年第1期
试论朱熹在徽州的理学教育活动及其影响,周晓光,华东师范大学学报·教育科学版,2004年第3期
试评孔子政治思想中的几个问题,夏子贤,安庆师范学院学报·社会科学版,1986年第4期
试评左宗棠对陕甘回军的镇压,杨东梁,湖南师范大学社会科学学报,1985年第2期
试述顾炎武、王夫之和黄宗羲的倡廉思想,赵宏坤,项永琴,理论学刊,2007年第1期
试述金太宗吴乞买在金代历史中的作用,周喜峰,齐齐哈尔社会科学,1991年第1期
试析王阳明心学对明代史学的影响——兼及有关拓展史学思想史研究的思考,向燕南,淮北煤炭师范学院学报·哲学社会科学版,2006年第1期
试析左宗棠的海防思想与实践,杨东梁,福建论坛·人文社会科学版,1985年第3期
是"范雎(suī)"还是"范雎(jū)",程国煜,于智荣,汉字文化,2008年第3期
是真名士自风流——史湘云论,薛瑞生,红楼梦学刊,1996年第3期
释楚器中的人名"赤目"、"墨啟",施谢捷,江汉考古,1995年第4期

释"黄帝",唐善纯,刘镜华,文史知识,1988年第9期
释"角妓",袁津琥,文史知识,1996年第11期
释"面首",沈玉成,文史知识,1993年第9期
释士与民爵,劳贞一,史学年报,1934年第2卷第1期
释"台参"并论韩愈和李绅争论,杨志玖,社会科学战线,1982年第3期
释战国楚玺中的"登徒"复姓,施谢捷,文教资料,1997年第4期
释"祝融八姓",唐嘉弘,江汉论坛,1981年第3期
首任出驻英法公使郭嵩焘(上、中、下),沈云龙,传记文学,1968年第12卷第1—3期
书痴郎玉柱,万揆一,文史知识,1990年第3期
书顾亭林轶事,章炳麟,华国,1924年第1卷第6期
书评:曾国藩之生平及事业,一风,文化与教育,1936年第100期
书圣王羲之,周勤,贵阳文史,2008年第2期
书史记伯夷列传后,高燮,国学丛选,1916年
书"孙诒让年谱"后,戴家祥,浙江省通志馆馆刊,1945年第1卷第2期
"叔世大儒"——戴震,胡发贵,船山学刊,1994年第1期
叔孙通的迂回与执著,曲利丽,文史知识,2003年第10期
蜀汉后主刘禅评,陈登原,金陵学报,1932年第2卷第1期
蜀之勇将魏延,冯康波,文史知识,1989年第10期
蜀中八仙考,王家祐,四川文物,1998年第4期
衰世中的弄臣董贤,余行迈,文史知识,1985年第4期
摔跤择婿的公主,刘秉果,体育与科学,1994年第5期
"双悬日月乾坤"——纪念曹雪芹逝世二百二十周年,周汝昌,红楼梦学刊,1983年第4期
谁是武当山内当家拳技的创始人,李大东,文史知识,1988年第12期
《水浒后传》的著者陈忱,顾颉刚,读书杂志,1924年第17期
《水浒》人物考,胡竹安,河南大学学报·社会科学版,1983年第5期
《水浒传》的两大批评家——李卓吾和金圣叹,滕云,文史知识,1981年第3期
《水浒传》的作者是谁,刘世德,文史知识,1998年第4期
顺治继位之谜新解,阎崇年,承德民族师专学报,2006年第3期
顺治与传教士汤若望,李景屏,文史知识,2005年第1期
顺治追夺多尔衮,李景屏,文史知识,2006年第4期

舜帝卒葬地考,万里,长沙理工大学学报·社会科学版,2007年第4期

舜寿百岁考,汪柏年,制言,1935年第4期

舜、禹之讹,卢元,文史知识,2003年第3期

说"魁(八)怪",王世华,扬州大学学报·人文社科版,2002年第5期

说不尽的金兀术,陈才训,刘景枝,文史知识,2007年第2期

说春秋时代的"君"与"民",王兰仲,文史知识,1981年第3期

说到关汉卿,么书仪,文史知识,2003年第4期

说"顾怪",夏晓虹,瞭望,1992年第30期

说林纾的"好名",夏晓虹,中国文化,1989年第1期

说弥勒形象的演变,郭绍林,丝绸之路,1993年第6期

说米芾,刘涛,文史知识,1996年第11期

说名道姓,王充闾,文史知识,2007年第10期

说女婴,朱东润,解放日报,1961年7月22日

说神农,徐相任,中医世界,1929年第1卷第2期

说说"律师",韩栋,文史知识,2007年第7期

说说唐代的"姬",张琰琰,沈成飞,文史知识,2007年第10期

说宋祁《凉蟾》诗,吴小如,文史知识,1991年第2期

说唐诗"三李",周汝昌,文史知识,1992年第7期

说陶渊明"不为五斗米折腰",韦凤娟,文史知识,1987年第1期

说陶渊明的爱酒,黄永年,中国典籍与文化,1997年第2期

《说文解字》的作者许慎,洪笃仁,辞书研究,1981年第3期

说咸扯淡话曹寅,端木蕻良,文学自由谈,1992年第2期

说赵高不是宦阉——补《史记·赵高列传》,李开元,史学月刊,2007年第8期

说中国历史上的宰相,瞿林东,安徽史学,1995年第3期

司空曙生平与创作考论,季平,新乡师范高等专科学校学报,2000年第3期

司空图,杜呈祥,中国文学史论集,1958年第2卷

司马光诞生地考,胡昭曦,四川大学学报·哲学社会科学版,1985年第1期

司马光的人才观,顾全芳,运城学院学报,1987年第2期

司马光的务实精神,顾全芳,中州学刊,1986年第1期

司马光:身殉社稷的一代廉吏,李传印,吴晓平,正气,2000年第4期

司马光、王安石俱主张罢诗赋考经义,王兆鹏,文史知识,1993年第11期

司马光与故乡,崔凡芝,晋阳学刊,1987年第1期

司马光与王安石变法,顾全芳,晋阳学刊,1984年第2期

司马光与熙丰时期的洛阳诗坛,马东瑶,中国文化研究,2004年第2期

司马光与《资治通鉴》,范я琪,史学月刊,1986年第2期

司马光怎样编修《资治通鉴》,徐志啸,文史知识,1981年第2期

司马迁,蒋武雄,古今谈,1980年第176期

司马迁笔下的鲁仲连,俞樟华,文史知识,2000年第10期

司马迁崇尚道家说,程金造,师大月刊,1933年第2期

司马迁创作《史记》的历程及其评价,林宗霖,艺文志,1975年第123期

司马迁的崇实精神,韩兆琦,北京师大学报,1978年第4期

司马迁的斗争精神及其艺术成就,廖秉真,华南师院学报,1956年第1期

司马迁的"发愤著书说"及其历史发展,陈子谦,厦门大学学报,1981年第1期

司马迁的父亲,李长之,东方杂志,1944年第40卷第11期

司马迁的"究天人之际"初探,江淳,广西师院学报,1982年第4期

司马迁的历史人本学,方辉旺,武汉师院汉口分院学报,1982年第1期

司马迁的历史哲学,杨向奎,中国史研究,1979年第1期

司马迁的民族观,韩兆琦,曲靖师范学院学报,1983年第2期

司马迁的民族一统思想试探,肖黎,张大可,中南民族学院学报·哲学社会科学版,1982年第3期

司马迁的人生观、生死观,韩兆琦,古典文学知识,1996年第4期

司马迁的审美观,韩兆琦,北京师范大学学报·社会科学版,1982年第2期

司马迁的史学,雷海宗,清华学报,1941年第13卷第2期

司马迁的受宫刑及其忍辱著书,韩兆奇,北方论丛,1981年第4期

司马迁的素封社会论,马非百,力行,1940年第1卷第2、3期

司马迁的心,阮芝生,文史哲,1974年第23期

司马迁对"人"的态度,李少雍,学习与思考,1981年

第 3 期
司马迁对专制主义弊病的批评,陈可青,光明日报,1980 年 12 月 9 日
司马迁——汉代的史学家和档案工作者,费云东,档案工作,1964 年第 4 期
司马迁和班固,白寿彝,史学史资料,1979 年第 2 期
司马迁和他的不朽巨著——《史记》,安平秋,文史知识,1981 年第 2 期
司马迁和他的《史记》(司马迁诞生二千一百年纪念),张白山,文艺学习,1956 年第 1 期
司马迁和《史记》,上志,吉林日报,1961 年 8 月 4 日
司马迁及其时代精神(附司马迁生年为建元六年辨),李长之,国文月刊,1946 年第 47 期
司马迁记事求真的方法与精神,杨翼骧,经世日报读书周刊,1947 年 10 月 1 日
司马迁剪裁史料的匠心,田居俭,文史知识,2007 年第 4 期
司马迁经济思想研究综述,俞樟华,文史知识,1991 年第 8 期
司马迁历史学形成的基础和它在中国史学上的地位及影响,赖长扬,史学史研究,1981 年第 4 期
司马迁两题,舒离,文汇报,1961 年 8 月 4 日
司马迁论,梁之盘,红豆,1934 年第 2 卷第 2 期
司马迁年表,李奎耀,商职月刊,1936 年第 1 卷第 5 期
司马迁生年考,黄瑞云,安徽大学学报,1980 年第 3 期
司马迁生年考辨,赵光贤,北京师范大学学报 1983 年第 3 期
司马迁生年考——兼及司马迁入仕考,施丁,杭州大学学报·哲学社会科学版,1984 年第 3 期
司马迁生年为建元六年辨,李长之,中国文学,1944 年第 1 卷第 2 期
司马迁生年为建元六年辨,刘际铨,历史研究,1955 年第 6 期
司马迁生年问题辨析(续完),罗芳松,成都大学学报·社会科学版,1987 年第 3 期
司马迁生年问题的重新商榷,蒙传铭,新亚书院学术年刊,1974 年第 23 期
司马迁生年新说,〔日〕桑原骘藏,周德永(译),中国公论,1942 年第 7 卷第 2 期
司马迁生平及其在历史学上的伟大贡献,郑鹤声,山东大学学报,1955 年第 2 期
司马迁生平商榷,郝昺衡,语文教学,1957 年第 12 期
司马迁生平问题辨析,罗芳松,成都大学学报·社会科学版,1986 年第 4 期
司马迁生于汉景帝中五年,施丁,史学史研究,2005 年第 3 期
司马迁生于景帝中元五年之一证,何直刚,河北学刊,1982 年第 4 期
司马迁生卒年考辨——驳王国维《太史公系年考略》,李伯勋,兰州大学学报,1980 年第 1 期
司马迁受宫刑,韩兆琦,史学史资料,1979 年第 4 期
司马迁受刑之年略考,施丁,辽宁大学学报·哲学社会科学版,1984 年第 3 期
司马迁所遭"李陵之祸"探讨——兼谈司马迁与汉武帝的一段关系,吴汝煜,徐州师院学报,1982 年第 4 期
司马迁为何被刑,沈伯俊,陕西师大学报,1982 年第 4 期
司马迁下吏、受刑年考,李开元,文史,1982 年第 13 辑
司马迁写当代史,施丁,历史研究,1979 年第 7 期
司马迁写历史人物,施丁,史学史资料,1979 年第 4 期
司马迁研究中的几个问题,肖黎,张大可,西南师范大学学报·人文社会科学版,1982 年第 2 期
司马迁与班固,白寿彝,北京师大学报,1963 年第 4 期
司马迁与春秋公羊学,赖长扬,史学史研究,1979 年第 4 期
司马迁与李陵案,李长之,东方杂志,1945 年第 41 卷第 7 期
司马迁与历史教育,张显传,首都师范大学学报·社会科学版,1995 年第 5 期
司马迁寓论断于序事,白寿彝,史学史资料,1980 年第 1 期
司马迁在中国史学上的贡献,吴寿祺,安徽师院学报,1957 年第 1 期
司马迁在中国文学史上的地位,李长之,语文学习,1956 年第 8 期
司马迁在祖国文化遗产上的伟大贡献与成就,卢南乔,文史哲,1956 年第 1 期
司马迁之识与学,李长之,东方杂志,1946 年第 42 卷第 9 期
司马迁之史学及其它,李长之,东方杂志,1946 年第 42 卷第 10 期
司马迁之性格与交游,李长之,东方杂志,1945 年第 41 卷第 6 期
司马迁传,汪定,清华周刊,1930 年第 34 卷第 1 期
司马迁自请宫刑说,韩兆琦,北京师范大学学报·社会科学版,1988 年第 2 期
司马迁尊奉黄老论,张家顺,中州学刊,1982 年第 5 期

司马穰苴与《司马法》考论,杨善群,管子学刊,1990年第2期
司马谈作史补证,赖长扬,史学史研究,1981年第4期
司马相如评传,游国恩,文艺旬刊,1923年第13—17期
司马相如种种——退士闲谈(之一),白化文,文史知识,2005年第5期
司南珮考,张明华,故宫博物院院刊,2000年第1期
思想家兼文学家荀子,郑君华,文史知识,1985年第5期
死于曹操之手的名士,徐国荣,胡中胜,文史知识,2004年第11期
死诸葛走活仲达,卓太栾,文史知识,1986年第12期
四部分类顺序的确定者李充,曹淑文,图书与情报,1983年第3期
"四杰"与初唐诗歌,钱伟康,沈惠乐,文史知识,1982年第9期
《四库全书》的总纂——纪昀,逢春,俱乐部,1980年第4期
《四库全书》收录个人著述最多的人——毛奇龄,林久贵,文史知识,1997年第7期
四库提要"数学九章"撰人秦九韶补考,心史,天津益世报读书周刊,1936年12月17日
四明狂客贺知章,蒋肇周,古今谈,1966年第17期
四十年骆宾王研究概述,俞樟华,梅新林,文史知识,1991年第12期
四学士与六君子,马东瑶,文史知识,2005年第3期
氾胜之:令后人受惠的西汉农学宗师,徐寿亭,走向世界,1997年第2期
宋词发展中三位关键性的词家,吴新雷,文史知识,1997年第11期
宋词人柳永生年的推测,储皖峰,微音,1932年第2卷第7、8期
宋词人朱敦儒小传,出版周刊,1925年第112号
宋代的军将和军大将,陈峰,文史知识,1996年第8期
宋代古文大师欧阳修,胡士明,文史知识,1984年第11期
宋代贵州女画家宫素然及其《明妃出塞图》,王永祥,贵州文史天地,1996年第4期
宋代吉金书籍述评,容庚,学术研究,1964年第1期
宋代杰出的法医学家宋慈,林永匡,朱家源,西北大学学报·哲学社会科学版,1980年第1期
宋代名优丁仙现,丰家骅,艺术百家,1991年第2期
宋代目录学家晁公武和《郡斋读书志》,倪士毅,杭州大学学报,1980年第3期

宋代女词人张玉娘("鸳鸯冢"故事的来源),唐圭璋,文艺月刊,1935年第6卷第4期
宋代三居士名考,张海鸥,中山大学学报·社会科学版,1999年第1期
宋代十三家词人生卒年考辨,王兆鹏,湖北大学学报·哲学社会科学版,2000年第3期
宋代史学家郑樵历史资料的新发现,厦门大学郑樵调查组,文汇报,1963年第4期
宋代遗民诗人郑菊生父子评传及其诗文研究,殷齐德,学艺杂志,1936年第15卷第5期
宋高宗与春秋学,张尚英,史学月刊,2007年第12期
宋徽宗和宣和画院,杨新,文史知识,1983年第9期
宋徽宗在中国古代绘画史上的地位,王晓如,青海师专学报,1992年第1期
宋金时代的俳优和杂剧中的说唱因素,于天池,文史知识,2004年第11期
宋濂的史学思想,向燕南,湛江师范学院学报,2008年第1期
宋濂和王祎的史学成就,朱仲玉,史学史研究,1983年第4期
宋濂与徐达之死——明史中的两桩疑案,徐道邻,东方杂志,1967年第4期
宋目录学家晁公武陈振孙传,陈寿祺,国粹学报,1910年第68期
宋南渡词坛的"狂士"——王以宁,王兆鹏,古典文学知识,1996年第1期
宋齐丘的政治命运,高峰,文史知识,2006年第9期
宋钦宗和他的四名宰执,王曾瑜,学习与探索,1999年第6期
宋人洪迈使金事迹考论,沈如泉,史学月刊,2006年第7期
宋神宗与王安石共定"国是"考辨,李华瑞,文史哲,2008年第1期
宋神宗与熙丰变法,顾全芳,学术月刊,1988年第8期
宋诗代表者——陈与义,何庆华,中国一周,1964年第739期
宋诗革新倡导者梅尧臣及其诗,吴孟复,江淮学刊,1963年第4期
宋史陈亮传考证及陈亮年谱,何格恩,民族,1935年第3卷第11期
《宋史》地华伽罗身份的争议,黎道纲,南洋问题研究,2004年第2期
《宋史》人名补校,汪圣铎,文献,2000年第4期

宋史岳飞・张宪・牛皋・杨再兴传考辨,邓广铭,复旦学报・社会科学版,1947年第3期
宋恕思想简论,张锡勤,中国哲学史,1995年第5期
宋太祖研究札记,曾国富,湛江师范学院学报・社会科学版,1995年第2期
宋型文化的标准产儿李清照,沈家庄,文史知识,2007年第11期
宋杨辉算书考,李俨,图书馆学季刊,1930年第4卷第1期
宋应星在总结蚕业科技上的贡献,蒋猷龙,农业考古,1987年第1期
宋玉和他的《九辨》,袁梅,文史知识,1985年第5期
宋玉评传,陆侃如,小说月报第十七卷号外,商务印书馆,1927年
宋之问告变考补,张锡厚,中国文化,1996年第2期
宋之问其人其诗,李峰,历史教学,1996年第10期
宋之问传论附考,李峰,苏州教育学院学报,2006年第2期
宋之问卒于桂州考,陶敏,文学遗产,2000年第2期
宋芷湾先生年谱初稿,张灵瑞,国立中央大学历史语言研究所周刊,1929年第9卷第103期
苏东坡和"公在乾侯",吕叔湘,读书,1991年第9期
苏东坡论,顾全芳,晋阳学刊,1988年第3期
苏东坡评传,梁容若,文坛,1965年第65期
苏东坡与苏州"二丘"之缘,黄泳,文史杂志,2006年第2期
苏东坡之死,严魏,光华医药杂志,1936年第3卷第8期
苏黄门非苏轼,曹济平,文史,1980年第9辑
苏禄王和苏禄王墓,刘如仲,文史知识,1984年第5期
苏禄王与苏禄王墓,林延清,历史教学,1995年第5期
苏曼殊论,任访秋,河南师范大学学报・哲学社会科学版,1980年第2期
苏冕与《会要》——为会要体史书创立1200周年而作,瞿林东,安徽大学学报・哲学社会科学版,2003年第5期
苏秦考,唐兰,文史杂志,1941年第1卷第12期
苏秦、张仪是否同时代,臧嵘,文史知识,2002年第1期
苏轼称谓考略,朱安义,四川教育学院学报,2007年第3期
苏轼的诗与唐代绘画,朱禹惠,文史知识,1993年第3期
苏轼及其墨迹四种,杨臣彬,故宫博物院院刊,1988年第1期
苏轼是苏武的后代,陈钧,盐城师范学院学报・哲学社会科学版,1995年第1期
苏轼书简中所论"晁君骚辞"之"晁君"考辨,周小兵,古籍整理研究学刊,2001年第2期
苏轼研究二题,徐志福,文史杂志,2007年第6期
苏轼"以(煤)冶铁作兵,犀利胜常"辨析,徐东升,西北师大学报・社会科学版,2008年第3期
苏轼与黄楼,赵凯,治淮,1989年第1期
苏轼与"苏门四学士"的相识与相知,崔铭,文史知识,2002年第10期
苏轼与砚,朱思红,文博,2004年第5期
苏轼与张耒交谊考,马斗成、马纳,泰安师专学报,2002年第1期
苏舜钦生卒、籍贯考,陈植锷,苏州大学学报・哲学社会科学版,1985年第2期
苏颂的生平及其主要贡献,颜中其,东北师大学报・哲学社会科学版,1990年第6期
苏颂徙居丹阳考,施和金,南京师大学报・社会科学版,1989年第4期
苏颂与苏轼,颜中其,东北师大学报・哲学社会科学版,1988年第4期
苏颂与苏轼交谊考述,管成学、王兴文,清华大学学报・哲学社会科学版,2002年第2期
苏颋年谱(一),陈钧,盐城师范学院学报・人文社会科学版,1991年第1期
苏颋年谱(二),陈钧,盐城师范学院学报・人文社会科学版,1991年第4期
苏颋年谱(三),陈钧,盐城师范学院学报・人文社会科学版,1992年第4期
苏颋年谱(四),陈钧,盐城师范学院学报・人文社会科学版,1993年第2期
苏颋年谱(五),陈钧,盐城师范学院学报・人文社会科学版,1993年第4期
苏颋年谱(六),陈钧,盐城师范学院学报・哲学社会科学版,1994年第1期
《苏颋年谱》订补(一),陈钧,盐城师范学院学报・哲学社会科学版,1994年第2期
《苏颋年谱》订补(二),陈钧,盐城师范学院学报・哲学社会科学版,1994年第3期
苏颋生平事迹考论,柯卓英、岳连建,唐都学刊,1998年第3期
苏颋事迹三考,陈钧,盐城师范学院学报・哲学社会科学版,1997年第1期
苏武牧羊所吞之毡一辨,兰殿君,文史杂志,1986年

第 4 期

苏洵年谱,关贤柱,贵州师范大学学报·社会科学版,1982 年第 3 期

肃顺与左宗棠弹劾案,高中华,文史知识,2006 年第 1 期

酸甜苦辣一书生——毕沅的为官与为人,刘玉平,文史知识,1992 年第 5 期

"虽苏武不能过"——南宋刚正名臣洪皓,徐茂明,文史知识,1989 年第 2 期

隋代名将杨素,张文才,文史知识,1993 年第 2 期

隋文帝死因质疑,郑显文,史学集刊,1992 年第 2 期

隋文帝先君杨忠,王光照,文史知识,1993 年第 11 期

隋炀帝的三大贡献,朱江,陕西水利,1992 年第 4 期

隋炀帝杨广生平事迹述议,庄俊华,大理师专学报·社科版,1989 年第 1 期

隋炀帝与道教,李刚,世界宗教研究,2000 年第 1 期

隋炀帝与流求,胡沧泽,武陵学刊,1997 年第 5 期

孙膑的膝盖骨被剔掉了吗,李乔,文史知识,1998 年第 3 期

孙膑究竟受的是什么刑,邓明,沈官,文史知识,2001 年第 4 期

孙膑究竟受的是什么刑——与李乔先生商榷,邓明,晋中师范高等专科学校学报,2000 年第 1 期

孙敬轩先生年谱,孙延钊,瓯风杂志,1934 年第 4—6 期

孙兰传,刘光汉,国粹学报,1905 年 10 月 18 日

孙卿子札记,陶鸿庆,国学丛刊,1924 年第 2 卷第 2 期

孙髯翁与万锺杰,朱桂昌,云南师范大学学报·对外汉语教学与研究版,1988 年第 1 期

孙盛儒学思想述评,李中华,晋阳学刊,1992 年第 5 期

孙思邈,李经纬,中医杂志,1960 年第 5 期

孙思邈对仲景学说研究的贡献,苏礼,陕西中医,1982 年第 5 期

孙思邈记,徐伯英,三三医报,1924 年第 7 期

孙思邈生年考,干祖望,南京中医药大学学报·社会科学版,1999 年第 1 期

孙思邈生年考及年谱简编,马伯英,中华医史杂志,1981 年第 4 期

孙思邈生卒年代考,李经纬,中医杂志,1963 年第 3 期

孙思邈——唐代伟大的医学家,方昭,北京日报,1961 年 8 月 31 日

孙思邈轶事,列仙传拾遗,神州国医学报,1937 年第 5 卷第 8 期

孙思邈与养生,聂啸虎,文史知识,1993 年第 8 期

孙思邈在医学发展上的伟大贡献,李经纬,中医杂志,1962 年第 2 期

孙武里籍考,骆承烈,石油大学学报·社会科学版,1991 年第 3 期

孙武生平事迹考,杨善群,军事历史研究,1990 年第 4 期

孙武与齐文化,孙开泰,石油大学学报·社会科学版,1991 年第 3 期

孙悟空形象原型研究综述,朱迎平,文史知识,1985 年第 8 期

孙悟空与夏启,龚维英,学术月刊,1984 年第 7 期

孙星衍和医药书籍,李鼎,中华医史杂志,1954 年第 1—4 期

孙诒让传,钱南扬,浙江学报,1947 年第 1 卷第 1 期

孙诒让传,章绛,国粹学报,1908 年第 4 卷第 7 期

孙诒让传,章梫,亚洲学术杂志,1921 年第 2 期

孙诒让著述考略,董朴垞,温州师专学报,1980 年第 2 期

孙真人思邈传,黄竹斋,光华医药杂志,1936 年第 3、9 期

孙征君诒让事略,朱孔彰,甲寅,1915 年第 1 卷第 9 期

孙之獬与薙发令,石业华,文史知识,1993 年第 9 期

孙仲容先生生平与学术贡献,洪焕椿,东方杂志,1948 年第 44 卷第 9 期

孙籀顾先生年谱,宋慈抱,东方杂志,1926 年第 23 卷第 12 号

《孙子兵法》的作者孙武,娄良,南开史学,1981 年第 2 期

索靖、陆机交往考,戴燕,中国典籍与文化,2004 年第 1 期

台湾爱国英雄柯铁,戚其章,文史杂志,1986 年第 1 期

台湾第一任巡抚刘铭传,林其泉,瞭望,1985 年第 43 期

台湾诗人丘仓海评传,梁国冠,读书通讯,1947 年第 143 期

台湾首任巡抚刘铭传,钟康模,文史知识,1987 年第 2 期

台湾文献的始祖沈光文,卢嘉兴,古今谈,1965 年第 7 期

太伯何曾奔吴立国,龚维英,浙江学刊,1988 年第 1 期

太皞伏羲氏与中原文明,徐日辉,河南科技大学学报·社会科学版,2006 年第 6 期

太鹤山人年谱,端木百禄(原著)、陈谧(补辑),瓯风杂志,1934 年第 1—5 期

《太平广记》中所见的早期行业神,霍明琨,文史知识,2005 年第 12 期

太平军著名女将苏三娘,陈驹,文史春秋,1996 年第 1 期

太平天国的儒将——石达开,魏汝霖,思想与时代,1964 年第 117 期

太史公解,朱希祖,制言,1936 年第 15 期

太史公历年考,徐震,国学论衡,1933 年第 2 期

太史公名位辨，施蛰存，学原，1948年第2卷第5期
太史公名位考，闻惕，安雅，1935年第1卷第1期
太史公年谱（1）附墓铭，大公报图书副刊，1936年9月3日
太史公年岁考，蒋元庆，学海，1945年第2卷第1期
太史公生年问题，陈监先，山西师院学报，1957年第3期
《太史公行年考》辨疑，施之勉，东方杂志，1944年第40卷第16期
"太史公行年考"有问题（关于考定司马迁生年问题），郭沫若，历史研究，1955年第6期
泰山府君与阎罗王更替考，刘影，华东师范大学学报·哲学社会科学版，1999年第3期
谈成吉思汗的历史贡献，蔡美彪，文史知识，2006年第1期
谈冯梦龙与金圣叹，知堂，人间世，1935年第19期
谈龚定庵，周劭，人世间，1935年第35期
谈古代人名、地名中"父"字的读音，薛克谬，河北大学成人教育学院学报，2001年第1期
谈金轼对王莽朝记事的篡改，刘子敏，北方文物，2007年第1期
谈金圣叹，江寄萍，天津益世报语林，1935年6月10日
谈金圣叹，知堂，人间世，1935年第31期
谈金世宗的用人政策，朱耀廷，社会科学辑刊，1988年第6期
谈李清照的再嫁问题，欧盦，文友，1944年第2卷第10期
谈迁及其《国榷》，罗仲辉，史学史研究，1983年第3期
谈迁生卒年月订误，罗仲辉，浙江学刊，1982年第4期
谈清代科名人物，凌霄汉阁，中国公论，1940年第4卷第2期
谈"屈原的生卒"，张汝舟，光明日报，1951年10月13日
谈《史记》中的范蠡形象，韩兆琦、陈曦，周口师范高等专科学校学报，2000年第3期
谈《三国演义》中的关羽，袁世硕，文学评论，1965年第6期
谈史说戏话诸葛，张习孔，北京教育学院学报，1994年第1期
谈司马迁，孟源，读书月报，1955年第6期
谈孙衣言著叶适年谱的问题及其他，周梦江，温州师范学院学报，1997年第4期
谈谈成吉思汗，朱耀廷，北京联合大学学报·人文社会科学版，2004年第4期
谈谈关于秦始皇的评价和翻案问题，史苏苑，郑州大学学报，1964年第2期
谈谈建安七子，隋文，文史知识，1988年第3期
谈谈老子的年代，卢方津，北平晨报学园，1931年9月18、20、21日
谈谈状元，徐彬彬，逸经，1936年第4期
谈谈子贡，德浴，论语，1937年第113期
谈晚清金石大师吴大澂，申石伽，越风，1936年第10期
谈与瓜州曹氏世谱有关的几个问题，孙修身，甘肃社会科学，1983年第5期
谈张居正改革，张习孔，北京教育学院学报，1996年第1期
覃沁考，张中孚，河南博物馆馆刊，1936年第2期
谭复生事略，长沙，报学季刊，1934年创刊号
谭纶与明嘉靖东南抗倭，胡长春，南昌大学学报·人文社会科学版，2002年第1期
谭嗣同，杨一峰，中国文学史论集，1958年第4卷
谭嗣同论，任访秋，中州学刊，1982年第3期
谭嗣同论（续完），任访秋，中州学刊，1982年第4期
谭嗣同评传（上、中、下），左舜生，艺文志，1967年第19—21期
谭嗣同先生评传，王森然，北华月刊，1941年第2卷第1—2期
探访丁汝昌身世之谜，戚其章，百年潮，2005年第5期
汤若望"梅开二度"，余三乐，新视野，1993年第5期
汤若望司铎年谱，渠志廉，磐石杂志，1934年第2卷第9—11期
汤显祖，李曰刚，中国文学史论集，1953年第3卷
汤显祖和他的传奇，周玑璋，解放日报，1957年12月17日
汤显祖年谱，黄之冈，戏曲研究，1957年第3期
汤显祖：在政治与艺术之间，周明初，中州学刊，1996年第4期
唐八分书家蔡有邻、梁升卿、韩择木生平考略，熊飞，辽宁师范大学学报·社会科学版，1996年第6期
唐初军事家李靖，周进范，文史知识，1982年第11期
唐初两个白话诗人：王绩、王梵志，储皖峰，文理，1932年第3期
《唐刺史考》小补，熊飞，咸宁师专学报，1994年第2期
《唐刺史考》小补（续完），熊飞，咸宁师专学报，1994年第3期
唐代八分书家史惟则生平考略，熊飞，咸宁师专学报，1995年第4期
唐代第一流小说家蒋昉，吴庚舜，文史知识，1986年

第1期
唐代杜环的摩邻之行,沈福伟,世界历史,1980年第6期
唐代福建著名政治家林蕴,许在全,福建师范大学学报·哲学社会科学版,1980年第4期
唐代宫廷名伶李龟年,李日星,文史知识,1993年第4期
唐代画家宰相——韩滉,王波,文史知识,1998年第3期
唐代杰出的宫廷舞蹈家——杨贵妃,李润英,文史知识,1991年第3期
唐代杰出的政治家姚崇,田廷柱,文史知识,1984年第12期
唐代开国元勋裴寂,郭绍林,文史知识,1992年第7期
唐代昆仑奴考,李季平,唐史研究会论文集,陕西人民出版社,1983年
唐代来华学法之日本沙门空海记,余又荪,文化与教育,1935年第62、63期
唐代民族诗人——岑参,叶鼎彝,文化与教育,1935年第57期
唐代诗人考略,傅璇琮,文史,1980年第8辑
唐代诗人札记——孟浩然·王维·李白·储光羲·杜甫,葛兆光,文学评论,1991年第4期
唐代史学家吴兢,张邃青,河南日报,1961年10月8日
唐代天文数学家李淳风,门蝉,文史知识,1988年第2期
唐代田园诗人储光羲之研究,施章,艺林,1929年第1期
唐代伟大的医学家孙思邈,马堪温,大众医学,1954年第5期
唐代文人亲属关系考,英子,南都学坛,2006年第2期
唐代文人小记,缪钺,真理杂志,1944年第1卷第2期
唐代宰相的名号,邱久荣,文史知识,1982年第4期
唐代最杰出的小说家之一——李公佐,陈正红,文史知识,1988年第3期
唐女诗人玄机评传,何一鸿,新东方,1949年第2卷第5期
唐人为何要将李白、杜甫并称为"李杜",子规,文史杂志,2006年第2期
唐三藏探源,李安纲,晋阳学刊,1995年第3期
唐诗革新的先驱陈子昂,彭庆生,文史知识,1982年第5期
唐诗人杜审言卒年考,陈钧,河南师范大学学报·哲学社会科学版,2002年第6期
唐诗人李益的生平,容肇祖,岭南学报,1931年第2卷第1期
唐诗中的"李将军",温显贵,湖北大学成人教育学院学报,2005年第4期
唐书法家怀素事迹考异,何清谷,陕西师范大学学报·哲学社会科学版,1992年第2期
唐宋八大家论,周振甫,文学遗产,1996年第6期
唐宋词人年谱,陈瀣,文学研究,1957年第1期
唐宋时期的朝献,桂始馨,文史知识,2007年第5期
唐太宗的良佐——长孙皇后,钟来因,文史知识,1982年第10期
唐太宗是怎样选丞相的,冯建国,领导文萃,1995年第10期
唐太宗与史学,张志鹄,文史知识,1995年第5期
唐太宗与"贞观之治",吴宗国,文史知识,1982年第10期
唐琬非陆游表妹考,施光明,杭州师范学院学报·社会科学版,1982年第1期
唐文人沈亚之生平,张全恭,文学,1934年第2卷第6期
唐五代来巴蜀的外国人,冯汉镛,文史杂志,2006年第2期
唐熙武备思想浅析,贺海,文史知识,1991年第5期
唐徐有功生卒年考,曾维华,上海师范大学学报·哲学社会科学版,1992年第4期
唐玄奘法师年谱,陈思,东北丛镌,1931年5—7月
唐玄奘法师年谱,刘汝霖,女师大学术季刊,1930年第1卷3期
唐玄奘法师生平及西游年代考,刘泽民,南开大学周刊,1930年第81期
唐玄宗的道路,张国刚,文史知识,1983年第8期
唐玄宗的忠实家奴——宦官高力士,陶冶,文史知识,1987年第3期
唐寅和他的日本友人,张希广,文史知识,1988年第11期
唐寅和晚明的浪漫思潮,周月亮,读书,1987年第12期
唐元次山世系表,孔德,国立中央大学历史语言研究所周刊,1928年第5卷第56期
唐元次山先生评传年谱,孔德,说文月刊,1944年第4卷
唐元结年谱,孔德,国立中山大学文史集刊,1948年1月
唐《郑洵墓志》考释,陶敏,咸宁师专学报,1999年第2期
唐宗海生卒著述考,陈先赋,成都中医学院学报,1983年第2期
唐宗室与李白,孙楷第,经世日报读书周刊,1946年第12期
桃花扇的作者孔尚任,范宁,光明日报,1951年11月10日

陶辅评传,程毅中,明清小说研究,1999年第4期
陶弘景的温州遗踪,李珍,中医药文化,2008年第1期
陶弘景东游"南霍"行踪考实——兼记与沈约的交往,李鼎,中医药文化,2008年第3期
陶弘景记,徐伯英,三三医刊,1924年10月
陶弘景与佛教史实考辨,卢仁龙,史林,1991年第4期
陶弘景在古代科学上的贡献,王明,光明日报,1954年10月11日
陶靖节的作品及其生卒考,平子,国艺,1941年第3卷第1—2期
陶潜与孙恩,夏承焘,光明日报,1959年9月13日
陶胜力注本草,范行准,中西医药,1936年第2卷第1期
陶渊明的爱好和抚无弦琴,王定璋,文史杂志,1996年第6期
陶渊明的故乡——最初是江西宜丰不是浔阳紫桑,刘师舜,东方杂志,1967年第1卷第3期
陶渊明的年纪问题,古直,光明日报,1958年5月25日
陶渊明的人格和诗品,张羽,内蒙古教育学院学报,1995年第Z1期
陶渊明的"僮仆",顾农,文学遗产,2005年第6期
陶渊明故乡考,刘师舜,江西文献,1968年第29期
陶渊明考,陆侃如,国学月报汇刊,1924年第1卷
陶渊明考,圣旦,文艺月刊,1934年第6卷第4期
陶渊明论,孙大珂,中国语文学丛刊,1933年创刊号
陶渊明年谱稿,逯钦立,国立中央研究院历史语言研究所集刊,1948年第20本上
陶渊明年谱中的几个问题,宋云彬,新中华,1948年第6卷第3期
陶渊明年谱中之问题,朱自清,清华学报,1934年第3期
陶渊明生平事迹及其岁数新考,赖义辉,岭南学报,1937年第6卷第1期
陶渊明生日考,龚嘉英,江西文献,1968年第24期
陶渊明世系略考,星笠,文学杂志·中山大学,1933年第4期
陶渊明事迹新探,段熙仲,文学研究,1957年第3期
陶渊明行年简考,逯钦立,读书通讯,1942年第50、51期
陶渊明隐居浔阳考,陈元胜,中国地名,2004年第2期
陶渊明与郭璞,蒋家骧,金陵光,1925年第14卷第2期
陶渊明与鸟,周海平,文史知识,1988年第5期
陶宗仪生年考,昌彼得,大陆杂志,1963年第26卷第11期
天安门的设计者,朱光亚,文史知识,1985年第5期
天门——陆羽,倪枫舟,湖北文献,1967年第5期

天蓬元帅考辨,李远国,王家祐,四川文物,1997年第3期
天生刘伶,以酒为名,白陆,文史知识,1983年第11期
天算大家海宁李善兰的著述,顾颉刚,陈槃,中山大学图书馆报,1929年第7卷第4期
天竺取经第一人,陈礼荣,文史知识,1996年第4期
田宝臣传,刘师培,国粹学报,1908年第39期
田丰,一个不应被遗忘的谋士,王永平,文史知识,1994年第11期
田骈和骈衍,谢扶雅,岭南学报,1934年第3卷第2期
"忝列衣冠"的严贡生,陈美林,文史知识,1991年第11期
铁肩担道义,辣手著文章——明代名臣杨继盛小记,王树民,文史知识,1998年第5期
《通鉴》编修的"全局副手"——刘恕,仓修良,中国历史文献研究集刊,1980年第1集
通俗小说作家冯梦龙,范烟桥,新华日报,1956年8月22日
《同光名伶十三绝》中的"四大名旦",张扶直,文史知识,2000年第4期
桐城派的奠基人方苞,刘秀高,文史知识,1983年第8期
统一河西的功臣——张议潮,谭蝉雪,文史知识,1988年第8期
统一青藏高原的顾实汗,杜常顺,文史知识,2006年第2期
突地稽事迹考略,刘晓东,北方文物,1985年第3期
突厥启民可汗、隋炀帝与内蒙古,张文生,内蒙古师大学报·哲学社会科学版,2000年第5期
图书分类的理论家——郑樵(宋),李严,黑龙江图书馆,1981年第Z1期
屠苏考,胡书城,中西医学杂志,1921年第1卷第4期
推进了炼丹术的葛洪和他底著作,袁翰青,化学通报,1954年第5期
退士闲谈之三:信陵君,白化文,文史知识,2005年第8期
退士闲谈之四:留侯张良,白化文,文史知识,2005年第9期
托塔天王何以是李靖,郭绍林,洛阳大学学报,2002年第3期
完颜阿骨打对宋政策探析,赵永春,辽宁师范大学学报·社会科学版,2004年第5期
完颜昌对宋态度的转变及其成因,赵永春,史学集刊,2004年第2期

完颜宗翰对宋政策述论,赵永春,北方文物,2004年第1期

晚明杭州医人张卿子事迹,董志仁,浙江中医杂志,1956年第12期

晚明名妓的气质与形象及其文化透视,柳素平,史学月刊,2006年第4期

晚明散文家、史学家张岱,何永康,文史知识,1987年第11期

晚明思想漩涡中的利玛窦,邓志峰,文史知识,2002年第12期

晚年汉武帝与"巫蛊之祸",王子今,固原师专学报,1998年第5期

晚宋诗人刘克庄补传初稿,孙克宽,东海学报,1961年6月

晚唐宫廷名伶李可及,李日星,文史知识,1994年第8期

晚唐桂林诗人曹唐考略,梁超然,广西师范大学学报·哲学社会科学版,1989年第4期

晚唐杰出诗人李商隐,郁贤皓,文史知识,1983年第11期

晚唐诗人杜牧之,林建略,中国语文学丛书,1933年5月

晚唐诗人方干生卒年考辨,熊飞,咸宁师专学报,1997年第4期

晚唐诗人李郃事迹考略,周松芳,张介立,中山大学研究生学刊·社会科学版,1997年第3期

晚唐诗人李远考略,梁超然,广西民族学院学报·哲学社会科学版,1990年第2期

晚唐诗人周繇及其作品考辨,陶敏,湖南科技大学学报·社会科学版,1993年第2期

晚唐诗坛话张蠙,王定璋,文史杂志,1989年第5期

晚唐政治家李德裕,田廷柱,文史知识,1989年第1期

万季野先生系年要录,王焕镳,史地杂志,1937年第1卷第2期

万里常为客,孤愤自潜然——北宋青年诗人王令的一生,吴允高,文史知识,1989年第9期

万年少先生事迹汇考,段拭,真知学报,1944年第3卷第3、4期

万斯同与《明史》纂修,黄爱平,史学集刊,1984年第3期

万斯同之生平及其著述,马太玄,国立中央大学历史语言研究所周刊,1928年第3卷第28期

汪道昆与徽商,赵克生,皖西学院学报,1999年第1期

汪辉祖的生平及其对吏治的见解,希彻,天津益世报读书周刊,1936年7月2日

汪辉祖著述考,鲍永军,文献,2007年第4期

汪元量祖籍、生卒、行实考辨,杨树增,中华文史论丛,1983年第4辑

汪中生平及其述学,黄贤俊,国闻周报,1931年第8卷第36期

汪宗沂先生传,刘师培,国粹学报,1909年第5卷第11期

亡国词人李后主论,叶德荣,厦大周刊,1935年第15卷第12、13期

亡明怪叟张岱,张斗衡,人生,1965年第29卷第4期

王安石,蒋复璁,中国文学史论集,1958年第2卷

王安石,郑侃嬺,大众知识,1936年第1卷第3期

王安石的雇役法,范振兴,责善半月刊,1941年第2卷第4期

王安石的社会思想与经济政策,陶希圣,北大社会科学季刊,1935年第5卷第3期

王安石的政治改革与水利政策,王兴瑞,食货,1935年第2卷第2期

王安石人品小论,张尚英,焦作工学院学报·社会科学版,2001年第2期

王安石晚年与变法,张明华,抚州师专学报,2001年第2期

王安石与秦淮小宅,丰家骅,古典文学知识,2002年第3期

王安石与司马光,程仰之,文史杂志,1942年第2卷第1期

王安石葬于何处,丰家骅,古典文学知识,2003年第4期

王安石之研究,詹寿山,河南政治月刊,1935年第5卷第8期

王安石著述考,于大成,"国立"中央图书馆馆刊,1968年第3期

王安石撰写《马汉臣墓志铭》时间考,杨天保,徐规,史学月刊,2006年第4期

王半塘老人传略,北平图书馆馆刊,1934年第8卷第6期

王碧山年岁考,映庵,同声月刊,1942年第2卷第10期

王勃年谱,阎崇璩,师大学刊,1943年第2期

王勃评传,陆侃如,晨报副刊,1923年7月16、18、19、20日

王勃生卒年与籍贯考辨,王天海,贵州民族学院学报·哲学社会科学版,1994年第1期

王粲论,顾农,天津师范大学学报·自然科学版,1992年第5期

王粲行年考,缪钺,责善半月刊,1942年第2卷第21期

王粲卒年驳议,段凌辰,儒效月刊,1946年第2卷第5期
王昌龄的籍贯及其《失题诗》的问题——唐诗札记,王运熙,光明日报,1962年2月25日
王充,蒋祖怡,浙江日报,1961年3月26日
王充的教育思想,高时良,福建师范学院学报,1957年第2期
王充的世界观初探,郑文,西北师院学报,1957年第1期
王充及其哲学巨著《论衡》,张习孔,文史知识,1994年第9期
王充论,徐建邻,东海学报,1961年第1期
王充评论,李少玲,师大史学会刊,1979年第23期
王充——我国伟大的唯物主义的战士,汪毅,光明日报,1955年12月28日
王充写《论衡》,朱仲玉,人民日报,1961年12月3日
王充研究,潘清芳,师大国文研究所集刊,1978年第22号
王充传,陆晓松,学习与批判,1974年第7期
王重阳,羊华荣,宗教学研究,1983年第2期
王船山的经世思想,张西堂,经世,1937年第1卷第1期
王船山的政治思想,赵九成,河南政治月刊,1936年第6卷第11、12期
王船山各种著述完成的时期,周调阳,江海学刊,1962年第12期
王船山年表,王船山学术讨论集(下),中华书局,1965年
王船山先生学案,唐鉴,船山学报,1936年第1期
王船山先生之政法思想,束世澂,史地学报,1924年第3卷第4期
王船山与李卓吾,嵇文甫,历史研究,1961年第6期
王次回研究,郑清茂,文史哲,1965年第14期
王敦行年简表,林石,宁德师专学报·哲学社会科学版,1997年第3期
王梵志和他的五言通俗诗,张锡厚,文史知识,1988年第8期
王夫之,顾颉刚,中学生,1936年第65期
王夫之抗清失败后隐居地点和流亡地域考,戴匡平,湖南师院学报,1957年第2期
王夫之与中国古代哲学的发展,胡发贵,学海,1998年第3期
王辅臣事略考述,李峰,晋阳学刊,1996年第4期
王艮传,刘光汉,国粹学报,1905年11月28日
王国维的思想道路及其死,陈弢,历史教学问题,1957年第5期
王国维对图书馆学目录学的贡献,周启付,图书馆学刊,1983年第3期
王厚生卒年考,王可喜,文学遗产,2008年第3期
王黄华先生年谱,金毓黻,制言,1937年第37卷第8期
王继先,朱瑞轩,三三医报,1925年第3卷第7期
王建的道教信仰,迟乃鹏,成都师范高等专科学校学报,1996年第2期
王建生平事迹考(上),迟乃鹏,西华大学学报·哲学社会科学版,1990年第3期
王建生平事迹考(下),迟乃鹏,西华大学学报·哲学社会科学版,1991年第1期
王景弘非为副使,范金民,航海,1985年第3期
王兰生年谱,罗常培,现代学报,1947年第1卷第2、3期
王陵卒年考,曾维华,中国史研究,1994年第1期
王毛仲与唐玄宗政权,王元军,文史知识,1993年第5期
王冕生卒年代辨误,姜克涵,学术论坛,1957年第2期
王鸣盛涵养感人,宋元强,道德与文明,1986年第5期
王鸣盛学术述评,来新夏,南开史学,1982年第2期
王念孙,江苏研究,1935年第1卷第2期
王鹏运传,况周颐,学衡,1924年第27期
王清任氏之医学思想及其方剂,叶心铭,江西中医药,1955年第11期
王清任先生事迹琐探,宋向元,医史杂志,1951年第2期
王清任先生一百二十年祭,宋向元,天津医药,1951年第3—4期
王若虚,申锴,国学季刊,1936年第6卷第2期
王韶佚文考,王可喜,青海民族研究,2006年第1期
王审知治闽,林祥瑞,福建论坛·社科教育版,1981年第3期
王石渠先生年谱,刘盼遂,女师大学术季刊,1930年第1卷第3期
王时敏与王麓台,倪贻德,青年界,1936年第10卷第5期
王实甫居家定州考析(六则),谢美生,王华之,河北大学学报·哲学社会科学版,2001年第2期
王实甫生平的探索——王实甫退隐散套跋,冯沅君,文学研究,1957年第2期
王士祯,丁治盘,中国文学史论集,1958年第4卷
王士祯与清初词学复兴,张亦伟,文史知识,2007年第12期
王士祯与赵执信的一段文学史公案,蒋寅,文史知识,2003年第11期
王世贞,王寿康,中国文学史论集,1958年第3卷
王世贞的史学,顾诚,明史研究论丛,1983年第2辑

王世贞散文简评,陈书录,苏州大学学报·哲学社会科学版,2001年第3期
王守仁的个性与明代士风,方志远,文史知识,1992年第7期
王叔和的籍贯考,张年顺,张向群,北京中医药大学学报,2004年第6期
王叔和考,章太炎,中医新生命,1934年第3号
王遂生卒年考,王可喜,文学遗产,2008年第3期
王韬到过俄国吗,李景光,社会科学战线,1986年第2期
王韬非黄畹考,吴申元,内蒙古大学学报·人文社会科学版,1982年第2期
王韬考证,赵意城,学风,1936年第6卷第1期
王韬任职格致书院的时间,李景光,社会科学辑刊,1988年第1期
王韬是屡试未中吗,李景光,社会科学辑刊,1987年第3期
王韬与近代中外文化交流——兼评王韬变法思想的形成和发展,郑海麟,开放时代,1986年第8期
王韬卒年月日新证,李景光,社会科学辑刊,1991年第6期
王庭珪年谱简编(上),萧东海,井冈山师范学院学报,1994年第2期
王庭珪年谱简编(下),萧东海,井冈山师范学院学报,1994年第3期
王庭珪生平考述三题,萧东海,长沙理工大学学报·社会科学版,1993年第4期
王通和韩愈,许寿裳,台湾文化,1948年第3卷第1期
王通生平著述考,陈启智,东岳论丛,1996年第6期
王维,小尹,中国文艺,1940年第2卷第5、6期
王维,朱湘,小说月报第十七卷号外,商务印书馆,1927年
王维的生平及其艺术,何铁华,香港佛教,1961年第13期
王维和他的山水田园诗,田惠刚,文史知识,1989年第8期
王维进士及第与出生年月考,王勋成,文史哲,2003年第2期
王维进士及第之年及生年新考,王勋成,华中师范大学学报·人文社会科学版,2001年第1期
王维年谱,陈铁民,文史,1982年第16辑
王维评传,彭逸农,学灯,1925年4月15—18日
王维评传及其诗,陈秀清,艺术学报,1966年10月
王维前期事迹新探,葛晓音,晋阳学刊,1982年第4期

王维生卒年考辨,王从仁,文学评论丛刊,1982年第16辑
王维诗歌与儒家文化精神,赵海菱,山东社会科学,1997年第1期
王维五考,王从仁,宁夏大学学报·社会科学版,1984年第1期
王维与华严宗诗僧道光,陈允吉,复旦学报·社会科学版,1981年第3期
王维谪济州司仓参军年月及行踪考,王勋成,兰州大学学报·社会科学版,1989年第2期
王文敏公年谱,王崇焕,中和,1943年第4卷第7期
王锡朋与定海抗战,伯钧,史学月刊,1983年第1期
王熙凤形象讨论综述,张庆善,文史知识,1986年第7期
王羲之评传(附兰亭新考,六朝书家评述二篇),朱杰勤,史学专刊,1936年第1卷第4期
王雅宜年谱,翁方纲,艺文,1936年第1卷第1期
王阳明和他的学派,赵俪生,文史知识,1982年第6期
王阳明论,剡川野客,大陆,1941年第1卷第6期
王阳明先生,谈师籍,中兴周刊,1933年第10期
王阳明先生年谱校录,马叙伦,浙江图书馆报,1928年8月
王阳明先世及家世考实,张克伟,浙江学刊,1991年第3期
王阳明遗迹考录,张克伟,浙江学刊,1990年第5期
王阳明与敷文书院,张克伟,贵州文史丛刊,1990年第4期
王阳明与江右王门学派,方志远,文史知识,1998年第1期
王漾酬传,许承尧,中西医学报,1911年6月
王以宁生平事迹考略,王占奎,中国文学研究,1988年第1期
王懿荣与张之洞书记略,林仙庭,历史教学,1987年第7期
王引之,江苏研究,1935年第1卷第4期
王应麟:开封县志稿,许钧,河南博物馆馆刊,1937年第9期
王渔洋,风痕,红豆,1934年第1卷第5期
王渊和他的墨笔花鸟,穆益勤,故宫博物院院刊,1979年第4期
王昭君的子女、外孙和侄子,周锡山,文史知识,2004年第3期
王征之事迹及其输入西洋学术之贡献,方豪,文史哲,1964年第13期

王子安年谱,刘汝霖,师大月刊,1933年第2期
王子庄先生传,王舟瑶,亚洲学术杂志,1922年第4期
往年壮心在,尝欲济时难——中唐诗人元结,徐传胜,林蔚兰,文史知识,1989年第8期
"威名著于南北"的抗金名将刘锜,王云裳,文史知识,1991年第8期
威武不屈的苏武,魏达志,文史知识,1982年第8期
威震中外之林则徐,龚心印,民鸣周刊,1935年第2卷第26期
为人磊落负奇气,激扬讽议真君子——明末东林名士杨涟,姜晓萍,文史知识,1995年第6期
韦端己年谱,夏承焘,词学季刊,1934年第1卷第4号
韦应物和白居易,陈珏人,光明日报,1959年3月15日
韦应物事迹考述,孙望,南师学报,1962年第1期
韦应物系年考证,傅璇琮,文史,1978年第5辑
韦应物传,万曼,国文月刊,1947年第60、61期
韦庄,艾治平,经世日报经世副刊,1947年11月15、17、18日
韦庄评传,何寿慈,中国文学季刊,1929年第1卷第1期
韦庄生年考订,刘星夜,光明日报,1957年5月26日
韦庄为什么要在江南避乱,封野,文史知识,1996年第3期
维摩诘与王维,胜极居士,文史杂志,2006年第2期
伟大的历史学家司马迁,吴晗,人民文学,1962年第2期
伟大的史学家和文学家——司马迁,杜甫若,陕西日报,1958年1月19日
伟大的史学家司马迁,齐力,中国历史人物论集,三联书店,1957年
伟大的数学家梅文鼎,郑澄,数学教学,1957年第8期
伟大的戏剧家关汉卿,力耕,文史知识,1989年第12期
伟大的学者、旅行家、翻译家玄奘,中国青年报,1961年7月30日
伪齐刘豫被废原因考辨,赵永春,吉林大学社会科学学报,2006年第2期
卫青、霍去病生年试探,张大可,社会科学,1982年第1期
为独尊儒术导夫先路者——陆贾,项永琴,文史知识,2003年第3期
为韩侂胄辨诬,周梦江,江淮论坛,1981年第2期
为墨子国籍致胡怀琛君,陈登元,一般,1929年第9卷第4期
为什么三国人物多单名,王泉根,文史知识,1993年第3期

为什么项羽有"身死东城"和"自刎乌江"两种说法,熊明陶,石家红,文史知识,1996年第5期
为杨贵妃辩诬,郑文,甘肃社会科学,2000年第1期
为子路辨诬,徐仁甫,文史杂志,1985年第1期
未必神灵判阴阳,倒也明察善审断——包拯审案断狱勾画与评说,肖建新,文史知识,1996年第9期
"未出梅关人已香"——记爱国诗人、学者屈大均,袁钟仁,文史知识,1996年第11期
魏晋南北朝人名字,石云孙,皖西学院学报,2003年第3期
魏晋南北朝人小名,石云孙,淮南师范学院学报,2003年第1期
魏晋人物续志,文载道,古今,1944年第41期
魏晋人物志,文载道,古今,1944年第39期
魏晋时代之"族",陈啸江,史学专刊,1935年第1卷第1期
魏晋思潮与皇甫谧,魏明安,兰州大学学报·社会科学版,1985年第1期
魏收和《魏书》,桂郁,文史知识,1985年第11期
魏收年谱,缪钺,四川大学学报,1957年第3期
"魏响"诗人曹丕论,顾农,阜阳师范学院学报·社会科学版,2000年第2期
魏秀仁的生平及著作考辨,陈新,文学评论丛刊,1982年第13期
魏延何尝有反骨,马大勇,文史知识,2004年第2期
魏延脑后无反骨,骆承烈,兰台内外,1994年第6期
魏源的改革思想与史学成就,张承宗,苏州大学学报·哲学社会科学版,1985年第1期
魏源和他的著作,李瑚,文物天地,1983年第6期
魏源简论,黄世宪,四川大学学报,1976年第1期
魏源论,任访秋,河南师范大学学报·哲学社会科学版,1983年第2期
魏源年谱简编(上、下),骆承烈,徐光仁,华南师院学报,1978年第1,2期
魏源文化思想析论,李占领,固原师专学报,1995年第2期
魏忠贤乱政和客氏,傅同钦,故宫博物院院刊,1981年第3期
温飞卿论,顾学颉,史地丛刊,1947年第1、2、3期
温飞卿与柔卿,邹啸,青年界,1934年第5卷第4期
温飞卿与鱼玄机,邹啸,青年界,1934年第5卷第4期
温庭筠交游考,顾学颉,北京师范大学学报·社会科学版,1982年第5期

温庭筠考略,梁超然,漳州师范学院学报·哲学社会科学版,1994年第3期
温序为东汉第一任护羌校尉考,李大龙,西北民族大学学报·自然科学版,1996年第2期
文明教师:耶律楚材,周月亮,文史知识,2001年第4期
文起八代之衰的韩愈,吴文治,文史知识,1985年第5期
文士舌,武夫色——明末清初的说书大家柳敬亭,俞允尧,文史知识,1998年第11期
文坛怪杰金圣叹,畏如,文坛,1964年第233期
文韬武略,经国能臣——记前秦政治、军事家王猛,李观澜,文史知识,1997年第1期
文天祥,袁震,天津益世报史学,1937年4月26日
文天祥评传,冯励青,中央时事周报,1936年第5卷第12、13、15、16期
文天祥传略,效逊,北平华北日报中国文化,1935年4月21日
文同与《墨竹图》,缪元朗,文史知识,1986年第9期
文文山先生年谱,翁其荣,正气月刊,1946年第1卷第1期
文武兼备,卓然大家——明代散文家、唐宋派主将唐顺之,黄道京,文史知识,1990年第10期
文献学家萧穆年谱,吴孟复,安徽师范大学学报·人文社会科学版,1988年第4期
文信国公生平事迹的分析,鉴如,江汉思潮,1936年第4卷第5、6期
文信国公述传,熊公哲,江西文献,1966年第1期
文学画廊中的越女西施,高利华,文史知识,2004年第9期
文学家高邮秦观世家,岳毅平,淮南师范学院学报,1999年第1期
文学批评家李笠翁,胡梦华,小说月报第十七卷号外,商务印书馆,1927年
文学批评家刘彦和评传,梁绳祎,小说月报第十七卷号外,商务印书馆,1927年
文学上的庄子,张志岳,社会科学战线,1980年第3期
文学史上的多面手苏轼,杨明照,文史知识,2001年第11期
文艺萃于一门的赵吴兴,程凤鸣,越风,1936年第12期
文章为命书为魂——从金圣叹《绝命词》看其人奇事,王艳梅,名作欣赏,2000年第1期
文征明先生年谱,段拭,国艺,1940年第2卷第3、4期
文征明先生事迹辑略,段拭,中日文化,1942年第2卷第8期

文中子补传,马兆丰,山西大学校刊,1947年第4卷第4期
闻鸡起舞的刘越石,林恩卿,协大艺文,1935年第1期
稳婆,张德英,文史知识,2003年第3期
问渠哪得清如许？——论包拯清廉的品性和修养,肖建新,安徽师范大学学报·人文社会科学版,1999年第4期
翁同和与甲午和战之争,戚其章,山东社会科学,1994年第2期
翁同龢"朋谋纳贿"辩诬,戚其章,历史教学,2000年第7期
翁同龢先生,沧海,雄风,1946年第1卷第3期
我的畏友弘一和尚,夏丏尊,越风,1936年第9期
我国倡议地方档案馆学说的先驱者——章学诚,殷钟麟,档案工作,1957年第6期
我国第一个到达地中海的旅行家——杜环,谢方,文史知识,1981年第4期
我国佛教史上的四大翻译家,李富华,文史知识,1986年第11期
我国古代大史学家——郑樵,高伟,福建日报,1961年10月22日
我国古代的女历史学家——班昭,黎虎,中国妇女,1963年第4期
我国古代杰出的气象学家——沈括,李贤琅,气象知识,1981年第1期
我国古代目录和目录学家简介,梁林德,宁夏图书馆通讯,1980年第1期
我国古代伟大科学家——沈括,王锦光,科学画报,1956年第5期
我国古代伟大历史家——司马迁,江筱,人民日报,1955年12月31日
我国古人的名字连贯,常善奎,文史知识,1991年第6期
我国杰出的启蒙思想家金圣叹,张国光,江汉论坛,1979年第1期
我国母系氏族社会与传说时代——黄帝等人为女人辨,郑慧生,河南大学学报·社会科学版,1986年第4期
我国十六世纪伟大的药物学家李时珍,范行准,科学画报,1954年第5期
我国十七世纪力学家王征,李迪,力学与实践,1980年第2期
我国十七世纪梅毒学家陈司成的贡献,杨国亮,中华皮肤科杂志,1956年第4卷4期

我国图书馆学的奠基人——郑樵,钱亚新,安徽大学学报,1980年第3期
我国伟大的科学家李时珍,李纹,文汇报,1954年3月
我国伟大的药物学家——李时珍简传,中国药学会中药整理委员会通讯,1954年第1期
我国伟大的医药科学家介绍之三——外科鼻祖华佗,沈仲理,大众医学,1958年第12期
我国伟大的医药科学家介绍之五——药物学家李时珍,沈仲理,大众医学,1959年第2期
我国伟大的针灸学家——皇甫谧,王德隽,大众医学,1956年第1期
我家"楚"姓何来,楚庄,寻根,2007年第1期
乌目山僧传,高良佐,建国月刊,1936年第15卷第5期
乌目山僧传,刘永昌,人文,1944年第4卷第9期
无奈而执著的抗争者——李固,万青,文史知识,2004年第10期
"无神论"者范缜,秦佩珩,光明日报,1960年2月3日
无头战神刑天考辨,龚维英,云南社会科学,1986年第1期
无锡藏书考,秦国璋,无锡图书馆协会会报,1932年第2期
无盐丑女钟离春的故事,郭良玉,文史知识,1987年第10期
吴承恩不是《西游记》作者,李安纲,文史知识,1996年第11期
吴承恩考辨之题,苏兴,中华文史论丛,1982年第4辑
吴承恩生平述略,刘修业,文史知识,1990年第9期
吴澄:一个正在被认识的重要文论家,查洪德,文史知识,2001年第8期
吴大澂的金石学研究与篆书,罗勇来,书画艺术,2007年第5期
吴刚的性别,李莉,文史知识,2002年第7期
吴国伦里籍考辨,魏崇新,文学遗产,1998年第5期
吴国伦年寿及王世贞卒年辨正,魏宏远,兰州学刊,2006年第9期
吴兢与《贞观政要》——纪念吴兢逝世一千二百三十周年,瞿林东,河南师范大学学报·哲学社会科学版,1979年第6期
吴敬梓的恋乡情结,乔琛,文史知识,2000年第6期
吴敬梓年谱,胡适,努力周报,1922年第31、33、34期
吴均生平与著述考索,黄崇浩,文献,1998年第4期
吴均与"吴均体",谢永攀,文史知识,2003年第4期
"吴可"即"吴默",张明华,文学遗产,2004年第5期

吴崐的生平、著作及学术功底,王珏,山西中医学院学报,2008年第1期
吴梅村评传,党蕴秀,励学,1933年第3期
吴梅村诗中的卞玉京,林佩芬,文史知识,2002年第8期
吴梦窗年齿与姜石帚,梁启超,图书馆学季刊,1929年第3卷第3期
吴其濬和植物名实图考,王筠默,中华医史杂志,1955年第4期
吴起法律思想略述,达知,法学,2000年第7期
吴潜年谱(晚宋爱国诗人),宛敏灏,合肥师院学报,1963年第1期
吴荣光自订年谱,南华月刊,1937年第1卷第1期
吴汝纶生平述略,李琳琦、郑德新,江淮论坛,2008年第1期
吴汝纶与桐城派古文,吴微,文史知识,2003年第12期
吴沃尧论,任访秋,河南师范大学学报·哲学社会科学版,1981年第6期
吴渔山先生年谱,陈垣,辅仁学志,1937年第6卷第1、2期
吴越春秋话范蠡,刘向阳,文史知识,1988年第3期
吴筠荐李白说辨疑,郁贤皓,南京师大学报·社会科学版,1981年第1期
吴筠生平事迹著作考,卢仁龙,中国道教,1990年第4期
吴缜事迹考辨,陈光崇,中华文史论丛,1983年第3辑
吴缜首创"纠谬"体考论,余敏辉,成都大学学报·社会科学版,1998年第1期
五代词人李珣生平及其词初探,程郁缀,北京大学学报·哲学社会科学版,1992年第5期
五代的游幕,戴振辉,大公报史地周刊,1936年10月16日
五柳先生的读书方法论,石泽镒,文史知识,1993年第12期
"伍子"新解,陈立仲,文史知识,1990年第3期
伍子胥事迹的新发现——《天问》"荆勋""勋阖"破译,杨琳,社会科学战线,2000年第4期
伍子胥与钱江潮,仓修良,文史知识,2006年第8期
武大郎的女儿,吕玉华,文史知识,2006年第6期
"武圣"孙武,章宏伟,百科知识,1998年第3期
武术史上的宋太祖,马明达,文史知识,2000年第7期
武王在位年数考——兼说文王受命及武王是否改元,黄怀信,人文杂志,1998年第3期
武纬文经的唐代名相张说,王新年,文史知识,1994年第3期

武训办"义学",史元,文史知识,1981年第2期
武则天的诗歌创作,沈立东,文史知识,1992年第10期
《武则天的诗歌创作》疏误二则,吴稚甫,文史知识,1993年第4期
武则天是怎样走向权力顶峰的,徐庆全,炎黄春秋,1994年第12期
武则天与酷吏政治,胡戟,炎黄春秋,1994年第7期
戊戌政变中心人物康梁之政治思想,丕模,河南政治月刊,1937年第7卷第4期
西北边陲的骁将刘锜,王云裳,杭州师范学院学报·社会科学版,1993年第4期
西汉牧羊商人卜式,梁仲明,文史知识,1986年第2期
西汉时代的"客",陶希圣,食货,1937年第5卷第1期
西汉细君公主、解忧公主、冯夫人轶事,胡昭静,文史知识,1981年第3期
西汉匈奴族杰出的人物金日磾,陈全仁,文史知识,1989年第2期
西汉著名农学家氾胜之,徐寿亭,文史知识,2000年第12期
西晋八王事行系年,林石,宁德师专学报·哲学社会科学版,1999年第2期
西晋大诗人左思及其妹左芬,李长之,国文月刊,1948年第70期
西晋名臣张华,王文涛,文史知识,2002年第4期
西晋名将王濬,李熊,文史知识,1987年第7期
西晋名士刘毅,凌迅,文史知识,1986年第3期
西晋诗人潘岳的生平及其创作,李长之,国文月刊,1948年第68期
西晋政治家羊祜,王立平,文史知识,1983年第5期
西昆酬唱诗人生卒年考,陈植锷,文史,1984年第21辑
西施沉江说,张明华,读书,1982年第10期
西施与"东施",斯维至,绍兴文理学院学报·社科版,1986年第4期
西王母考,崔永红,青海民族学院学报,2003年第4期
西王母演变补说,蒋宗福,文史知识,1991年第7期
西望白山云气渺,图们江水自悠悠——吴禄贞的延吉筹边生涯,田毅鹏,文史知识,1994年第6期
西魏改革家苏绰,汪波,文史知识,1998年第8期
西夏的奠基人李继迁,徐庄、李萌,文史知识,1982年第3期
西学传人利玛窦,阿巍,文史知识,1992年第10期
西巡五台与顺治生死之谜,李景屏,文史知识,2002年第3期

西游记作者的思想,徐旭生,太平洋,1925年第4卷第9期
西游记作者吴承恩年谱,赵景深,中国学生,1936年第2卷第1—4期
西周开国功臣太公望,盛冬铃,文史知识,1986年第6期
稀世通才沈括成长道路的启示,龚延明,文史知识,1996年第10期
"蟋蟀宰相"贾似道,朱瑞熙,文史知识,1983年第9期
戏曲里的陈世美和生活里的陈熟美,王春华,文史杂志,2006年第3期
戏曲中的第一个侠妓——关汉卿《救风尘》中的赵盼儿,黄竹三,文史知识,1989年第9期
夏承焘传略,章式教,温州师范学院学报,1994年第2期
夏庭芝和他的《青楼集》,鲍起群,文史知识,1988年第4期
夏燮生卒年月考,王世华,安徽史学,1990年第3期
夏永及其界画,魏冬,故宫博物院院刊,1984年第4期
夏禹传说与大夏地理,李得贤,中国历史地理论丛,1993年第4期
夏禹治水考,秦白谷,青年月刊,1936年第2卷第6期
夏允彝完淳父子合传,南史,中美周刊,1940年第1卷第30期
夏曾佑及其《中国历史教科书》,吴怀祺,文史知识,1987年第7期
先船山公年谱前编,船山学刊,1934年第2期
先公田间府君年谱,国粹学报,1911年第7本第75—79期
先秦法治家申不害术强韩国,宗韶,北平华北日报中国文化,1935年1月13日
先秦时期的士,刘泽华,文史知识,1987年第12期
先秦时期的游侠,仝卫敏,寻根,2003年第4期
先天下之忧而忧——记北宋著名文学家范仲淹,李简,文史知识,1992年第2期
先贤张文忠公传略,钱江潮,湖北文献,1968年第7期
鲜卑族杰出的军事家和政治家——慕容恪,宋丹凝,社会科学辑刊,1987年第2期
鲜明的时代烙印——略谈西门庆之死,叶桂桐、宋培宪,文史知识,1991年第9期
闲话宋孝宗的前前后后,陈同年,文史杂志,2006年第2期
闲话王安石的人品,王晓如,文史知识,1996年第7期
闲话吕无党,罗天云、陈益刚,书城,2006年第1期
贤首宗诸祖略传,谈玄,海潮音,1932年第13卷第11期

显隐难遂病才子，新旧始更雅文风——卢照邻简论，温斌，阴山学刊·社会科学版，1993年第4期
现代目录学家容肇祖，鲁海，广东图书馆学刊，1983年第1期
献身于祖国地理调查研究工作的徐霞客，吴晗，北京日报，1961年5月5日
乡贤汤显祖先生传评，张再苏，江西图书馆刊，1935年第2期
香妃的美丽传说，左芳，文史知识，2004年第5期
湘君、湘夫人身份考，钱玉趾，西南民族学院学报·哲学社会科学版，2000年第S2期
湘君、湘夫人新考，过常宝，文史知识，1988年第9期
向子諲的籍贯应是河南开封，王占奎，中国文学研究，1986年第1期
"枭雄"刘备的起家与"争盟淮隅"，方诗铭，史林，1994年第2期
萧何、张良、陈平在建立汉朝中的作用，冯尔康，紫禁城，1985年第1期
萧郎考，黄崇浩，黄冈师范学院学报，2006年第1期
萧梁名将陈庆之，朱大渭，文史知识，1992年第12期
萧统评传，谢康，小说月报第十七卷号外，商务印书馆，1927年
小德张与慈禧，王处辉，文史知识，1981年第4期
小青考证补录，潘光旦，人间世，1934年第2、3期
小人公孙弘，黄朴民，博览群书，2007年第8期
小市民许宣与有情有义的白蛇，王昕，文史知识，2004年第8期
小说家夏二铭年谱，赵景深，东方杂志，1937年第34卷第13期
小议张淮深受旄节，杨森，敦煌研究，1999年第1期
肖散诗人马致远，任维焜，师大月刊，1936年第30期
笑矣乎我婴宁——聊斋人物谈，马瑞芳，文史知识，1996年第1期
谢安与淝水之战，张文，文史知识，1996年第5期
谢安与谢氏家族，刘宁勋，文史知识，1983年第6期
谢铎籍贯故里和家世考，林家骊，中国典籍与文化，2005年第4期
谢铎诗歌主题的创新，林家骊，台州学院学报，2005年第4期
谢康乐年谱，丁陶庵，京报文学周刊，1925年10月17日
谢灵运，陈友琴，青年界，1935年第8卷第2期
谢灵运的一生，昌黎，西北公论，1942年第4卷第1期
谢灵运年谱，郝昺衡，华东师大学报，1957年第3期

谢灵运年谱中的几个问题，顾绍柏，社会科学家，1987年第5期
谢灵运新研三题，顾农，山东师范大学学报·人文社会科学版，2003年第3期
谢灵运研究中的两个问题，顾农，扬州大学学报·人文社会科学版，2003年第5期
谢灵运与"大历十才子"，王定璋，河北大学学报·哲学社会科学版，1992年第4期
谢灵运与李白之悲剧，岳毅平，安庆师范学院学报·社会科学版，2000年第4期
谢灵运与永嘉，杨勇，温州师范学院学报·哲学社会科学版，1992年第4期
谢朓年谱，伍叔傥，小说月报，1927年第17卷
谢朓之死，陈庆元，文史知识，2002年第2期
解晋和《永乐大典》，张国朝，辞书研究，1983年第1期
解晋与《永乐大典》，耿实柯，江西社会科学，1981年第4期
解晋与《永乐大典》，黄庆来，江西日报，1980年10月29日
解缙的荣与死，廖心一，出版参考，2005年第23期
辛稼轩交游考，邓广铭，复旦学报·社会科学版，1944年第1期
《辛稼轩年谱》及《稼轩词疏证》总辨证，邓恭三，国闻周报，1937年第14卷第7期
辛稼轩先生年谱，陈思，东北丛镌，1930年第7、8期
辛派词人刘克庄，李国庭，文史知识，1984年第7期
辛弃疾，吴世昌，新月，1931年第3卷第8、9期
辛弃疾的生平，王伯祥，星海，1924年8月
辛弃疾与开禧北伐，李传印，安庆师范学院学报·社会科学版，1996年第1期
辛勤编写《方言》的扬雄，苑育新，辞书研究，1982年第3期
新安画派的始祖——弘仁，温雪勇，文史知识，1997年第11期
新编王安石年谱，高文，河南大学学报·社会科学版，1992年第5期
新旧唐书温庭筠传订补，顾学颉，国文月刊，1947年第62期
刑澍和张澍，李鼎文，文史知识，1997年第6期
邢澍的生平及著述——兼论金石证史的作用和局限，赵俪生，甘肃社会科学，1982年第3期
姓的来源——从"因生以赐姓"谈起，庞子朝，文史知识，1998年第2期

姓名的故事,斯维至,文史知识,1999年第7、8、10、11、12期

姓名的故事(一)姓的起源,氏的起源,斯维至,文史知识,1999年第7期

姓名的故事(三),斯维至,文史知识,1999年第10期

姓名的故事(四)——春秋战国社会变化及正名之辨,斯维至,文史知识,1999年第11期

姓名的故事(五)秦汉民族统治及其姓名方式,斯维至,文史知识,1999年第12期

姓氏的变迁,瞿蜕园,文汇报,1962年6月15日

姓氏读音与写法中的若干问题研究,庞可慧,安徽农业大学学报·社科版,2004年第3期

姓氏说源,朱积孝,青海师专学报,1987年第2期

姓氏与台湾同胞的"根",王泉根,文史知识,1992年第3期

姓与氏,丁山,新建设,1951年第6期

性灵派殿军张问陶,王英志,苏州大学学报·哲学社会科学版,1998年第4期

性灵派之忧愁诗人——袁枚之甥陆建,王英志,古典文学知识,1997年第1期

性灵诗人何士颙,王英志,文史知识,1997年第2期

"匈奴未灭,何以家为"——记西汉抗匈英雄霍去病,唐赞功,文史知识,1982年第9期

休屠王阏氏和她的子孙,徐庭云,文史知识,1992年第11期

虚云和尚年谱讨论,胡适,自由中国,1959年第12期

徐枋的心路历程及其诗歌的认识价值,张兵,苏州大学学报·哲学社会科学版,1999年第1期

"徐巿""徐市"与"徐福",朱绍侯,寻根,1999年第4期

徐干论,顾农,山东师范大学学报·人文社会科学版,1992年第3期

徐光启,江苏研究,1935年第1卷第4期

徐光启,科学普及,1975年第12期

徐光启,陆征祥,新北辰,1935年第2期

徐光启出身的家庭成分问题,袁翰青,文汇报,1962年5月31日

徐光启非东林党,徐宗泽,东方杂志,1947年第43卷第5期

徐光启农学著述考,胡道静,图书馆,1962年第3期

徐光启氏水利学说在西北垦荒之效用,王灿如,新北辰,1935年第1卷第12期

徐光启著述考略,徐景贤,新月,1928年第1卷第8期

徐光启传,黄节,国粹学报,1906年第1卷第10期

徐灵胎评传,谢诵穆,现代中医,1934年第1卷第5—6期

徐灵胎轶事,贾端甫,中西医学报,1911年2月

徐陵年谱,牛夕,清华周刊,1932年第38卷第2期

徐梦莘考,陈乐素,国学季刊,1934年第4卷第2号

徐日升、张诚与中俄《尼布楚条约》的签定,余三乐,北京行政学院学报,2000年第5期

徐寿——我国近代化学的启蒙者,袁翰青,化学通报,1955年第2期

徐寿传,钱基博,国学丛刊,1923年第1卷第1号

徐渭与胡宗宪,王明辉,文史知识,2003年第11期

徐文定公逝世三百年纪念文汇编,圣教杂志,1934年第23卷第6、7期

徐文定公与中国科学,马相伯,科学,1933年第17卷第11期

徐文定公之科学观,徐宗泽,圣教杂志,1936年第25卷第10期

徐霞客的米盐琐屑与高风亮节,兰庭客,文史知识,2007年第7期

徐霞客及《徐霞客游记》,吕锡生,文史知识,1990年第11期

徐霞客千古奇人,伍稼青,畅流,1960年第21卷第1期

徐霞客与佛教,江桂苞,文史知识,1993年第12期

徐霞客与家乡的山山水水,田柳,文史知识,1996年第9期

徐夜与顾炎武,张光兴,齐鲁学刊,1994年第5期

徐璋的人物肖像画,聂崇正,文物,1998年第11期

许穆夫人——我国最早爱国女诗人,张国光,烟台大学学报·哲学社会科学版,1991年第3期

许慎之著述,张震泽,文史杂志,1944年第4卷第1、2期

许慎最后的官职是什么,孙毓苹,辞书研究,1982年第5期

许叔重事,敬言,东吴学报,1933年第1卷第1期

许文肃公年谱,高树,国专月刊,1936年第4卷第3号

许元:欧阳修的扬州至交,朱广盛,文史知识,2007年第11期

绪绝学之传,立一定之规的理学大师朱熹,沈芝盈,文史知识,1988年第6期

玄林"新语"——《王弼评传》,王生平,中国社会科学,1997年第4期

玄秘的孙绰,王玫,文史知识,2003年第2期

玄奘大师的一生,屈一平,教育与文化,1955年第3期

玄奘大师年代之论定,印顺,海潮音,1961年第4期

玄奘法师,杨莲生,大众知识,1937年第1卷第6期
玄奘法师的译经事业,游侠,现代佛学,1964年第3期
玄奘法师年代考,罗香林,东方文化,1956年第1期
玄奘法师年谱,曾了若,文史学研究所月刊,1934年第3卷第1期
玄奘故里,徐金星,文史知识,1994年第3期
玄奘和弥勒——回鹘文《玄奘传》研究,茨默,杨富学,喀什师范学院学报,1998年第1期
玄奘三藏,孤鸾,北平晨报学园,1930年12月24、25、27、29—31日
玄奘三藏生平年代考,东初,佛教文化,1966年第4期
玄奘西行迹图,方志月刊,1933年第6卷第2期
薛存诚生平考,陈钧,盐城师范学院学报·哲学社会科学版,1997年第3期
"薛家将"的戏与史,许天柏,当代戏剧,1984年第4期
薛涛小传,石岩,无锡国专季刊,1933年第1期
薛瑄行踪考,李安纲,运城学院学报,1994年第3期
薛瑄与佛教,陈扬炯,运城学院学报,1990年第S1期
学成文武,勋勒旌旗——明朝名将谭纶在蓟镇,封越健,文史知识,1989年第6期
学海堂考,容肇祖,岭南学报,1934年第3卷第4期
学习西方自然科学的先驱徐光启,张友文,文史知识,1990年第9期
勋业千秋留赤壁,风流一代说周郎——三国著名军事家周瑜的一生,李景琦,文史知识,1995年第1期
寻山如访友,远游如致身——谈徐霞客壮游及其《游记》,徐公持,文史知识,1998年第2期
荀卿非儒家考,李凤鼎,女师学院期刊,1933年第1卷第1期
荀卿考,游国恩,读书杂志,1923年第18期
荀卿年代补考,罗根泽,东方杂志,1947年第43卷第5期
荀勖与荀勖律尺,关增建,中国计量,2004年第4期
荀彧的无奈,虞云国,文史知识,2006年第5期
荀子对孔孟唯心主义"天命论"的批判,夏子贤,安徽师范大学学报·人文社会科学版,1974年第2期
荀子(教育家),邵鹤亭,人民日报,1956年8月28日
荀子是中国封建主义思想的开山者吗,伍文,哲学研究,1957年第4期
荀子义利观初探,王建,云南师范大学学报·对外汉语教学与研究版,1991年第2期
荀子传略,陈登元,国学丛刊,1924年第2卷第1期
鸦片战争与邓廷桢,邓瑞,南京晓庄学院学报,1998年第2期

亚圣考证,宋鼎宗,成功大学学报,1980年第15期
严复的早年与晚年,马勇,文史知识,1987年第1期
严复和他的维新爱国思想,范兆琪,史学月刊,1982年第1期
严复历史观散论,张锡勤,求是学刊,2000年第1期
严复论,任访秋,河南师范大学学报·哲学社会科学版,1979年第5期
严复社会思想,林耀华,社会学界,1933年第7卷
严复所介绍及所抱持的政治学说,刘芝城,清华周刊,1932年第38卷第3期
严复与近代思想启蒙,何晓明,福建论坛·人文社会科学版,1986年第2期
严复与中国近代文化,史革新,政协天地,2004年第3期
严侯官先生的政治经济思想,郑学稼,文化建设,1935年第1卷第12期
严如熤及其经世文献的价值,蓝勇,清史研究,1996年第4期
严嵩的末日,方舟子,同舟共进,2007年第5期
严嵩与北京外城的修筑,余三乐,北京社会科学,1996年第2期
严嵩与嘉靖中后期文坛,廖可斌,文史知识,1993年第7期
严羽及其《沧浪诗话》,张少康,文史知识,1982年第2期
"炎帝神农氏"形成过程探索,龚维英,华南师范大学学报·社会科学版,1984年第2期
阎潜丘先生年谱补正,夏定域,东方杂志,1946年第42卷第12期
阎若璩,晁松亭,河北日报,1961年9月26日
阎若璩,严薇青,教育短波,1947年第1卷第4期
阎若璩,张一彭,山西地方史研究,1960年第1期
阎若璩的考证学,容肇祖,岭南学报,1930年9月
颜回的成名,丁启阵,文史知识,2004年第7期
颜回思想的积极因素,骆承烈,社会科学战线,1991年第2期
颜李二先生传,刘光汉,国粹学报,1905年第12期
颜师古和他的《汉书注》,祝鸿杰,语文研究,1982年第2期
颜习斋先生评传,阎慎修,南开双周,1928年第2卷第5期
颜习斋著述编年,赵卫邦,图书季刊,1943年新4卷第1、2期
颜延之年谱,季冰,清华周刊,1933年第40卷第6、9期

颜延之年谱,缪钺,中国文化研究汇刊,1948年第8卷
颜延之诗歌风格论,李宗长,江苏社会科学,1992年第6期
颜延之诗歌主题选择的文化审视,李宗长,贵州师范大学学报·社会科学版,1992年第3期
颜元,顾颉刚,中学生,1936年第67期
颜元,商鸿逵,中法大学月刊,1936年第9卷第5期
颜元的生平及其思想,容肇祖,国立中央大学历史语言研究所周刊,1928年第3卷第34期
颜元思想简论,张锡勤,求是学刊,1981年第1期
颜真卿与佛、道,史向前,文史知识,1998年第3期
颜之推的文字、训诂、声韵、校勘之学,缪钺,文汇报,1961年8月20日
颜之推年谱,缪钺,真理杂志,1944年第1卷第4期
晏几道,艾治平,经世日报经世副刊,1947年12月18、19日
晏几道的"痴",陈乃容,瞭望,1990年第30期
晏殊,吕佛庭,中国文学史论集,1958年第2卷
晏同叔年谱,宛敏灏,安徽大学月刊,1934年第1卷第6期
晏同叔年谱,夏承焘,词学季刊,第2卷第1期,1934年10月—1935年1月
《晏子春秋》人名概况,周勤,重庆三峡学院学报,2007年第2期
晏子的幸与不幸,季城,文史知识,1985年第1期
晏子与《晏子春秋》,凌迅,文史知识,1984年第12期
燕青相扑,刘秉果,体育与科学,1994年第1期
扬雄,陈觉玄,文史教学,1942年第7期
扬雄的姓,黄仲琴,岭南学报,1931年第2期第1卷
扬雄评司马迁之意义,施丁,求是学刊,2007年第4期
扬雄生平、作品评价及其他有关问题,张震泽,辽宁大学学报·哲学社会科学版,1992年第3期
扬雄世系考辨,周清泉,成都大学学报·社会科学版,1992年第2期
"扬州八怪"的友谊,薛勤,文史知识,1997年第12期
"扬州八怪"漫议,杨良,文史杂志,2006年第4期
"扬州八怪"与盐商,薛勤,东南文化,1996年第1期
"扬州八怪"之一李方膺,卞孝萱,文史知识,2003年第8期
扬子平论,张鸿来,师大学刊,1943年第2期
扬子云年谱,汤炳正,论学,1937年第4—7期
阳明先生年谱校记,毛春翔,浙江图书馆馆刊,1935年第4卷第5期
阳明先生事略,宋海屏,大学生,1968年第48期
杨夫人别传,卢前,制言,1935年第5期
杨贵妃传说故事探源,解家福,文史知识,1991年第5期
杨家将的历史和传说,羽白,文史知识,1981年第2期
杨家将与杨家将戏,骆承烈,辽宁大学学报·哲学社会科学版,1981年第1期
杨家骆十大巨著在中国文化上之评价,许伯攸,中国出版月刊,1935年第4卷第1—3期
杨椒山,崇勋,北平华北日报中国文化,1935年12月29日
杨炯卒年求是,陶敏,文学遗产,1995年第6期
杨牢进士及第年分辨证,周晓薇,陕西师范大学学报·哲学社会科学版,1996年第1期
"杨么"、"杨幺"、"杨太"三种称呼哪个正确,杨云,文史知识,1982年第12期
杨蟠生平与诗歌考论,林家骊,文学遗产,2006年第6期
杨岐山与杨岐宗,黄鬻,萍乡文物,1948年第1期
杨慎二、三事,李恩普,文史知识,1984年第11期
杨慎诗论著述考(上),张锡厚,四川师范大学学报·社会科学版,1981年第2期
杨慎诗论著述考(下),张锡厚,四川师范大学学报·社会科学版,1981年第3期
杨慎卒年卒地新证,丰家骅,南京师范大学文学院学报,2006年第2期
杨士奇之创作及对台阁文风之影响,魏崇新,2004年第2期
杨守敬舆地著述考辨,郗志群,文献,1994年第2期
杨完者与苗、僚武装,王颋,复旦学报·社会科学版,2001年第1期
杨万里的生卒年月,储皖峰,国学季刊,1936年第5卷第3期
杨维桢生平事迹及学术成就考述,张伟,浙江学刊,2001年第1期
杨秀清永安除奸记,殷常符,文史知识,1983年第10期
杨炎及其两税法,庄心在,新中华,1933年第1卷第24期
杨业籍贯考,顾全芳,人文杂志,1982年第6期
杨沂孙年表,罗勇来,中国书画,2007年第10期
杨沂孙与清代篆书,罗勇来,书画艺术,2005年第3期
杨愔与北朝政治,赵俪生,史学月刊,1985年第1期
杨朱辨略,周国荣,苏州大学学报,1983年第4期
杨朱考,唐钺,东方杂志,1925年第22卷第5期
《杨朱考》补证,唐钺,东方杂志,1925年第22卷第5号

杨朱考略,石固,仁爱月刊,1935年第1卷第3期
杨朱篇考辨,吴泽,华东师大学报,1957年第2期
杨朱思想的演化与学派问题,吴泽,学术月刊,1957年第8期
杨朱为战国时人杨朱不即是庄周考,黄文弼,中大季刊,1926年第1卷第1期
杨朱与庄周二人乎抑一人乎,傅铜,陈玄冲,蔡元培,哲学,1921年第4期
杨朱之学,冯友兰,清华周刊,1933年第39卷第1期
杨朱传略,郑宾于,北京大学研究所国学门周刊,1925年第1卷第5期
杨梓生平辨补,张文澍,殷都学刊,2003年第4期
佯狂玩世的阮籍,凡石,上海文化,1946年第7期
养天下为己任——《老残游记》的作者刘鹗,连燕堂,文史知识,1987年第8期
尧舜禹的治绩,晁南之,文史知识,1986年第5期
姚按察传,马其昶,民彝,1927年第1卷第6期
姚编修叶庶子传,马其昶,民彝,1928年第1卷第12期
姚崇理政与"开元之治",田廷柱,辽宁大学学报·哲学社会科学版,1985年第1期
姚端恪公传,马其昶,民彝,1928年第1卷第11期
姚广孝曾随郑和下过一次西洋,池敬嘉,文史知识,2005年第7期
姚海槎先生年谱,陶存煦,文澜学报,1935年第1期
姚鼐,章微颖,中国文学史论集,1958年第4卷
姚鼐的妇女观和他笔下的妇女形象,周中明,安徽大学学报·哲学社会科学版,2003年第5期
姚鼐"老年惟耽爱释氏之学"之我见,周中明,安徽大学学报·哲学社会科学版,2004年第6期
姚鼐追求自我的思想嬗变过程及其时代特色,周中明,安庆师范学院学报·社会科学版,2003年第5期
姚配中传,胡韫玉,国粹学报,1911年第80期
姚启圣著述小考,邓孔昭,台湾研究集刊,1987年第1期
姚惜抱先生传,马其昶,民彝,1927年第1卷第5期
姚振宗与《隋书·经籍志证考》,刘洪全,内蒙古师大报,1983年第1期
耶律阿保机"盐池宴"考辨,肖爱民,北方文物,2003年第4期
耶律楚材,李桂枝,历史教学,1986年第5期
耶律楚材父子之异趣,陈垣,燕京学报,1929年第6期
耶律楚材———一位杰出的少数民族政治家,谢方,文史知识,1985年第7期
耶律楚材之生卒年,陈垣,燕京学报,1930年第8期
耶律大石年谱,唐长孺,国学论衡,1936年第7、8期
也论韩愈其人,刘国盈,文学评论丛刊,1980年第7辑
也评刘秀在西汉农民起义中的历史地位,高景新,辽宁大学学报·哲学社会科学版,1984年第4期
也说包公——与陈四益先生商榷,段宝林,前线,2000年第7期
也说梁武帝佞佛,秦静,文史杂志,2006年第4期
也谈曹雪芹祖籍之争,张庆善,红楼梦学刊,1997年第1期
也谈合失,刘晓,中国史研究,2006年第2期
也谈黄巢的最后下落,崔宪涛,文史知识,2000年第11期
也谈李自成生死问题,兰殿君,理论观察,1986年第3期
也谈孟子是何时被尊为"亚圣"的,刘培桂,文史知识,1989年第6期
也谈西王母,崔永红,柴达木开发研究,2003年第3期
也谈项羽"不肯过江东",周明,文史知识,1995年第11期
也谈张淮深之死,邓文宽,敦煌研究,1988年第1期
"也有性气"的杨万里,肖东海,文史知识,2002年第3期
叶赫逸史拾零,张云樵,衣作华,文史知识,1994年第6期
叶来传,罗香林,中国新论,1936年第2卷第3期
叶淇与明代的"开中纳粟"制度,朱庆永,大公报经济周刊,1935年3月13日
叶适的功利思想及其渊源,周梦江,温州师范学院学报,1983年第1期
叶适的经济思想,周梦江,温州师范学院学报,1988年第1期
叶适的政治思想,周梦江,河南大学学报·社会科学版,1991年第1期
叶适教育思想述论,周梦江,温州师范学院学报,1988年第3期
叶适门人考略,周梦江,温州师范学院学报,1989年第4期
叶适年谱(一),周梦江,温州师范学院学报,1994年第2期
叶适年谱(二),周梦江,温州师范学院学报,1994年第4期
叶适年谱(三),周梦江,温州师范学院学报,1994年第5期
叶适师友考略,周梦江,温州师范学院学报,1990年第1期

叶适与朱熹,周梦江,杭州师范学院学报,1997年第5期

叶适与朱熹道学,周梦江,温州师范学院学报,1986年第1期

叶适在中国哲学史上之位置,何格恩,岭南学报,1933年第2卷第4期

叶天士轶事,林紫宸,复兴中医,1941年第2卷第1期

叶天士轶事,慎初,复兴中医,1940年第1卷第2期

叶天士之研究,叶劲秋,中西医药,1947年33—37期

叶廷珪和《海录碎事》,胡道静,辞书研究,1990年第1期

叶香岩遗事,张俨若,医学杂志,1924年第18期

叶香岩轶事二则,时逸人(记),复兴中医,1940年第1卷第1期

叶小鸾及其词,区宗坤,厦大周刊,1936年第12卷第8期

一代才女汪端,蒋寅,文史知识,2000年第9期

一代词宗辛弃疾,陈一琳,畅流,1964年第29卷第12期

"一代辞宗"——沈约,张宝坤,文史知识,1984年第7期

一代《公羊》学大师——何休,黄朴民,文史知识,2001年第12期

一代畸人徐文长,骆玉明、贺圣遂,文史知识,1983年第7期

一代名将郭知运,陈全仁,丝绸之路,1995年第6期

一代名优珠帘秀,丰家骅,文史知识,1991年第7期

一代明君的君主论——唐太宗和《帝范》,瞿林东,陕西师范大学学报·哲学社会科学版,2005年第6期

一代明主唐太宗的另一面,徐庆全,炎黄春秋,1995年第7期

一代人杰——虞诩,刘荣升,文史知识,1991年第8期

一代儒臣张之洞,何晓明,文史知识,1993年第12期

一代诗宗钱谦益,胡铁军,文史知识,1987年第3期

一代书圣王羲之,王汝涛,走向世界,2003年第4期

一代说书名家柳敬亭,胡梅君,文史知识,1987年第4期

一代天骄,宋德金,文史知识,1982年第4期

一代天骄的象征——成吉思汗陵,哈斯查干,文史知识,1985年第3期

一代学人孙诒让,杨渭生,杭州师范学院学报·社会科学版,1994年第5期

一代忠烈黄道周,林剑忱,艺文志,1966年第9期

一代宗师——黄宗羲,张仲谋,古典文学知识,1999年第3期

一个充满矛盾的历史人物——"书圣"王羲之,刘项扬,文史知识,1988年第9期

一个独特的悲剧人物——邢岫烟,唐明文,文史知识,1987年第2期

一个短命王朝的悲剧人物——高颎,陈乃容,文史知识,1988年第11期

一个民族英雄之老师,汪乃秩,遗族校刊,1935年第2卷第1—5期

一个女伶的悲剧命运——小议龄官,刘红萍,文史知识,1988年第4期

一个特立独行的学者——汪中治学精神述要,陈祖武,文史知识,1991年第5期

一个性格丰满的老妇人形象——《红楼梦》前八十回的贾母,马瑞芳,红楼梦学刊,1983年第2期

一个需要再认识的人物——谯周,李伯勋,文史知识,1993年第6期

一个政治家的史学自觉——略论唐太宗和历史学,瞿林东,山西师大学报·社会科学版,2003年第4期

一个忠贞爱国的医学家,江静波,医药研究,1948年第2卷第2—3期

一剑霜寒十四州的江南雄藩钱镠,杨渭生,文史知识,1996年第10期

"一廉如水,一猛如虎"——明代的经济改革家庞尚鹏,余三乐,文史知识,1990年第1期

一门将种,三世元戎——三国著名军事家陆逊及其子孙,李景琦,文史知识,1996年第8期

一门三父子,都是大文豪——眉山三苏,毛建华,文史知识,2001年第7期

"一鸣惊人"的楚庄王,吕美泉,文史知识,1986年第4期

一千五百年前之中国科学家,陈登原,人文,1934年第5卷第7期

一曲琵琶弹至今——昭君故事的历史面貌,陈季蒙,文史知识,1989年第5期

一生肝胆如星斗——北宋诗人苏舜钦及其创作,张晶,文史知识,1991年第12期

一头失控的江湖怪兽——李逵形象新说,淮茗,古典文学知识,2005年第1期

一位可敬的训诂学家——朱起凤,屠基冶,辞书研究,1980年第3期

一位埋没千载的诗人——简介王梵志和他的诗作,金启华,名作欣赏,1982年第6期

一位有贡献的沙陀政治家——论后唐明宗,徐庭云,中央民族大学学报·哲学社会科学版,1988年第1期

伊尹的出身及其姓名考辨,李裕民,山西大学学报·哲学社会科学版,1983年第4期

医籍解题,朱聘三,国医杂志,1933年第5期

医镜,汪岷牺,三三医报,1927年第4卷第25期
医林外史,吴去疾,国医导报,1940年第2卷第3—5期
医圣张仲景与中国固有的医学,郭光武,民国医学杂志,1927年第5卷第11期
医圣张仲景传,黄谦,国医文献,1936年第1卷第1期
医圣张仲景传,黄竹斋,张仲景研究,1981年第1期
医药前贤纪事,徐伯英,三三医报,1924年第2卷第7期
依违之间:崔立功德碑事件中的元好问,杨庆辰,文史知识,2007年第2期
黟县俞理初先生年谱,柳雨生,真知学报,1942年第2卷第3期
以诗寄恨之吴梅村,味根,古今谈,1966年第16期
以天下安危为己任的虞允文,王镛,文史知识,1997年第11期
以弋射消闲的孔丘,刘秉果,体育与科学,1994年第3期
艺术家的蔡邕,沙孟海,国立中央大学历史语言研究所周刊,1930年第10卷112期
亦文亦武的汪道昆,朱万曙,文史知识,2003年第5期
易安居士与佛教,史向前,文史知识,1995年第9期
易牙本传与其传说,孙开泰,管子学刊,2001年第3期
弈坛双星——清代围棋大师范西屏和施襄夏,王宏凯,文史知识,1993年第1期
"因看吴越谱,世事使人哀"——经世学者归有光,王培华,文史知识,1997年第5期
因时?民本?尚德:论刘基的法制思想,肖建新,江海学刊,2008年第1期
阴铿生平事迹考述,戴伟华,扬州大学学报·人文社会科学版,1986年第3期
引领历史向善——方孝孺的正统论及其史学影响,向燕南,齐鲁学刊,2004年第1期
隐居镜湖的晚唐诗人方干,吴在庆,文史知识,1995年第1期
"隐括全文"的"名流"王晊,陈美林,文史知识,1991年第7期
胤禛义和事实考,许兆昌,吉林大学社会科学学报,2004年第2期
应伯爵和他的混饭术,徐景洲,文史知识,1993年第9期
应场论,顾农,临沂师范学院学报,1993年第1期
应该恢复岳飞的历史地位,吴泰,历史教学,1979年第5期
应是"韦陀",龚维英,读书,1984年第1期
应征徒至洛下,著成天体新说——试论西晋后期杰出的思想家杨泉的生平与学说,赵以武,甘肃社会科学,1996年第3期

英雄歧路,末世悲歌——论元末西域作家余阙,张文澍,民族文学研究,2006年第4期
"瘿相"——王钦若,吴晓萍,文史知识,1998年第12期
硬骨头廉政名臣范仲淹,徐庆全,炎黄春秋,1994年第5期
媵,杨筠如,国学论丛,1927年第1卷第1号
雍陶交游考,梁超然,贵州大学学报·社会科学版,1986年第4期
雍正得位前后,许曾重,文史知识,1983年第3期
雍正帝崇佛,冯尔康,紫禁城,1982年第3期
雍正继位的历史疑谜,戴逸,领导文萃,2003年第11期
雍正与科目朋党案,李景屏,百科知识,1999年第6期
雍正与文字狱,李景屏,百科知识,1999年第8期
《永乐大典》有关宋慈的记载,朱家源,社会科学战线,1980年第4期
永乐士子群像,吴士勇,文史知识,2005年第3期
咏絮才高,林下清风——东晋才女、名士谢道韫,李景琦,文史知识,1994年第4期
勇而多智,屡建战功——五代著名军事家周德威,方积六,文史知识,1990年第10期
优素甫·哈斯·哈吉甫与《福乐智慧》,薛晖,文史知识,2004年第5期
"优秀皇帝"——苻坚,陈丹,文史知识,1993年第7期
忧惧衰老:晏殊的惜时心绪,杨海明,文史知识,1999年第12期
悠悠二苏手足情,马斗成,文史知识,2005年第5期
尤袤与《遂初堂书目》,张克伟,文史知识,1991年第3期
由读《庄子》而考得之孔子与老子,范祎,学衡,1924年第29期
由"能员"而"钦犯"的王惠,陈美林,文史知识,1991年第10期
游踪极广的司马迁,黄展岳,旅行家,1956年第2期
有爱国主义及正义感的明代妇科名医傅青主,郭泉清,上海中医药杂志,1955年第9期
有关曹雪芹卒年问题的商榷,陈毓罴,光明日报,1962年4月8日
有关岑参生平的几个问题,王勋成,宁夏大学学报·人文社会科学版,1993年第2期
有关马致远生平的几个问题,赵景深,复旦学报·社会科学版,1982年第5期
有关吴国国君在位年代问题,崔恒升,东南文化,1992年第2期

有关吴三桂的几件史料,刘如仲,历史档案,1990年第1期

有关炎、黄二帝的若干史实考,史为乐,宝鸡文理学院学报·社会科学版,2007年第6期

有关扬雄,李嘉言,光明日报,1960年5月15日

有明书法推第一——论王铎及其书法艺术,赵宝琴,文物世界,2003年第4期

有为有守的长孙无忌,周天固,中国一周,1956年第324期

"有虞氏"谱系探析,罗琨,中原文物,2006年第1期

于谦和北京,阎崇年,前线,1983年第11期

余姚黄宗羲先生传纂,谢国桢,北大国学月刊,1927年第1卷第5期

余姚邵念鲁先生年谱,姚名达,国学论丛,1927年第1卷第2期

鱼凫·三星堆·弓鱼氏,冯广宏,文史杂志,2002年第4期

鱼凫新考,冯广宏,文史杂志,2008年第1期

鱼玄机考略,梁超然,西北大学学报·哲学社会科学版,1997年第3期

俞曲园先生年谱,徐澄(辑),国艺,1940年第2卷第1—6期

俞曲园先生年谱,周云青,民铎杂志,1927年第9卷第1号

俞先生传,章绂,国粹学报,1908年第44期

俞樾,林辛,中国文学史论集,1958年第4卷

俞振飞与昆剧,赵景深,上海戏剧,1980年第2期

虞姬和五言诗,沈玉成,文史知识,1994年第2期

虞舜耕地葬地的探讨,孔君诒,江苏研究,1937年第3卷第5—6期

与翦伯赞论杜甫研究,杜呈祥,文化先锋,1945年第4卷第21、22期

与闻一多先生论屈原问题,邱汉生,读书通讯,1946年第111期

宇文虚中年谱,毛汶,国学论衡,1933年第2期

禹的两种出生说试释,李衡梅,齐鲁学刊,1985年第4期

庾信和镜,张喜贵,文史知识,1996年第5期

庾信和他的创作道路,陈洪宜,文史知识,1983年第1期

庾信入北仕历及其主要作品的写作年代,鲁同群,文史,1983年第19辑

庾信与李陵,张仲谋,文史知识,1996年第12期

庾子山之生平及其著作,黄汝昌,南风,1933年第8卷第1期

玉溪生年谱会笺平质,岑仲勉,国立中央研究院历史语言研究所集刊,1948年第15本

玉烛宝典箚记,杨守敬,图书馆学季刊,1929年第3卷第3期

喻嘉言轶事,吴去疾,神州国医学报,1936年第4卷第5期

御倭名将俞大猷,吴忠亚,中兴周刊,1935年第111—112期

元朝东吴士人领袖郑元祐,王培华,文史知识,2000年第11期

元朝国师八思巴,陈庆英,文史知识,1998年第9期

元初·松阳女诗人·张玉娘,子星,括苍,1925年第4期

元初畏兀儿族政治家廉希宪,赵永春,吉林师范大学学报·人文社会科学版,1984年第2期

元初著名曲家杜善夫生平行迹考,孔繁信,东岳论丛,1990年第1期

元次山年谱,孙望,金大文学院季刊,1935年第2卷第1期

元大都的设计者刘秉忠,王岗,文史知识,1988年第5期

元代畴人——郭守敬,丁昆健,史学通讯,1967年第2期

元代的几个答失蛮,杨志玖,内蒙古社会科学·汉文版,1983年第4期

元代雕塑家钩沉,马明达,西北民族研究,1997年第1期

元代画家高克恭"字号"考,杨杰,卫欣,新西部,2007年第12期

元代回回画家高克恭丛考,马明达,回族研究,2005年第2期

元代江南的大地主,陶希圣,食货,1935年第1卷第5期

元代蒙古色目双语诗人新探,杨镰,民族文学研究,2004年第2期

元代名臣刘秉忠,赵建坤,陈红,档案天地,2005年第6期

元代维吾尔散曲家薛昂夫,栾睿,文史知识,2005年第10期

元代文章大手笔姚燧,杨新勋,文史知识,1998年第12期

元代杂剧作家传略,傅惜华,中国学报,1944年第2卷第1—3期

元代著名科学家郭守敬,马净,文史知识,1982年第11期

元代著名天文学家郭守敬,齐学源,自然辩证法杂志,1976年第3期

元代著名维吾尔族外交家、旅行家拉班·扫马,王永

生,文史知识,1992年第3期
元好问山水诗的成就及其特色,李知文,贵州社会科学,1991年第2期
元好问在乱世中的翰墨文玩之情,张文澍,文史知识,1998年第9期
元昊是怎么死的,龚维英,读书,1980年第11期
元滑伯仁先生传,张锡君,光华医药杂志,1936年第3卷第7期
元化周游亚非的航海家汪大渊——《海上丝绸之路》(六),沈福伟,瞭望,1984年第42期
元明名医家倪维德及其眼科巨著原机启微简介,孙桂毓,中华医学会济南分会,1955年
元末农民起义与民族英雄刘福通,李则纲,江淮论坛,1980年第1期
元末曲家赛景初家世考,孙楷第,经世日报读书周刊,1946年11月26日
元末西夏人那木翰事迹考述,马明达,西北民族研究,1991年第2期
元曲家考略,孙楷第,燕京学报,1949年第36期
元曲家考略稿摘钞〔刘时中卒年考、冯海粟行年考〕,孙楷第,文学遗产,1983年第4期
元曲家考略续编,孙楷第,文学评论,1963年第2期
元曲家郑光祖之生平及其著作,仲玉,政治月刊,1942年第4卷第2期
元曲中三个代表作者,陈铨,清华周刊,1924年第317期
元曲作家马致远,隋树森,东方杂志,1946年2月
元僧溥光的艺术成就,李峰,文史知识,1996年第6期
元僧诗与僧诗文献研究,杨镰,张颐青,北京工业大学学报·社会科学版,2003年第1期
元上都留守颜伯祥任职时间考,孟繁清,中国史研究,2007年第3期
元遗山年谱纂汇,缪钺,国风,1935年第7卷第3、5期
元稹交游考,胥洪泉,西南民族大学学报·人文社科版,1989年第2期
元稹其人,董乃斌,文史知识,1985年第1期
原氏考,彭占清,烟台师范学院学报·哲学社会科学版,1991年第3期
袁崇焕的冤案和他的满族后裔,陈驹,文史春秋,1996年第3期
袁崇焕籍贯考辨,阎崇年,学术论坛,1981年第1期
袁崇焕与北京保卫战,阎崇年,前线,1981年第2期
袁崇焕与宁远,李鸿彬,史学月刊,1990年第1期
袁崇焕之死,樊树志,文史知识,2003年第10期

袁崇焕传补遗,张篁溪,正风半月刊,1936年第2卷第1期
袁崇焕传附录,张伯桢,正风半月刊,1935年第1卷第19期
袁宏道:适意与避世,周明初,中国文学研究,1997年第1期
袁黄与明代的宝坻水田,郑克晟,天津社会科学,1982年第5期
袁江、袁耀画作鉴赏,张献哲,文物世界,2006年第6期
袁江、袁耀及其绘画艺术,聂崇正,中国书画,2005年第9期
袁了凡生卒年考,章宏伟,中国道教,2007年第6期
袁枚初归随园考述,王英志,锦州师范学院学报·哲学社会科学版,2001年第1期
袁枚辞官考述,王英志,古典文学知识,2001年第2期
袁枚的生死观,王英志,锦州师范学院学报·哲学社会科学版,2002年第2期
袁枚的思想哲学和文学观念,胡明,文史知识,1987年第11期
袁枚评传,梁容若,文坛,1964年第44期
袁枚评传,杨鸿烈,晨报附刊,1925年2月23—26日
袁枚七载县令考述,王英志,苏州大学学报·哲学社会科学版,2001年第1期
袁枚神交张问陶,王英志,古典文学知识,2002年第1期
袁枚隐居复出纪事,王英志,文史知识,2001年第2期
袁枚与蒋士铨——袁枚纪事之一,王英志,文史知识,1998年第4期
袁枚与蒋士铨交游考述,王英志,江淮论坛,2001年第2期
袁枚与吴门闺秀金逸,王英志,文史知识,1999年第1期
袁枚与扬州八怪交谊考述,王英志,扬州大学学报·人文社会科学版,2002年第1期
袁枚与赵翼——袁枚纪事之二,王英志,文史知识,1998年第7期
袁枚与赵翼交游考述,王英志,徐州师范大学学报·哲学社会科学版,2002年第1期
袁枚著编考辨,王英志,宁波大学学报·教育科学版,1994年第2期
袁绍论,史义银,盐城师范学院学报·人文社会科学版,1993年第3期
袁中郎的佛学思想,张汝钊,人间世,1935年第20期
袁中郎的诗文观,刘大杰,人间世,1934年第13期
袁中郎评传,任维焜,师大月刊,1933年第1卷第2期

袁中郎师友考,任维焜,师大国学丛刊,1931年第1卷第2期

袁中郎与酒,曾迭,人言,1935年第1卷第47期

袁中郎与政治,阿英,人间世,1934年第7期

院体山水的一代宗师——李唐,李怡,文史知识,2005年第6期

月里嫦娥毁誉多,屈育德,文史知识,1986年第1期

月下老人,方达秀,文史知识,1983年第8期

月下老人原为女性,龚维英,社会科学辑刊,1988年第1期

岳飞背刺"尽忠报国"和岳母刺字的传说,王曾瑜,文史知识,2007年第5期

岳飞刺字之谜,兰殿君,教师博览,2004年第9期

岳飞的傲骨,筱华,文史知识,2002年第4期

岳飞和姐氏家谱,张明华,中国档案,1995年第6期

岳飞在江西的若干史实,赵九成,九江师专学报,1994年第2期

岳飞之死与宋太祖"不杀大臣"誓约考,顾宏义,华东师范大学学报·哲学社会科学版,2001年第1期

云南古代医药学家——兰茂,万揆一,云南中医学院学报,1979年第3期

恽寿平早年事迹及年谱简编,杨臣彬,故宫博物院院刊,1983年第3期

恽铁樵先生年谱,章巨膺,铁樵医学月刊,1935年第2卷第7期

恽铁樵先生传,孙世扬,铁樵医学月刊,1935年第2卷第7期

《韵府群玉》作者阴幼遇登科之年及其生年考,谢先模,江西师院学报,1982年第2期

杂谈包拯,许天柏,文史知识,1984年第12期

再记吴其濬先生和他的著作,王筠默,上海中医药杂志,1956年第6期

再论曹雪芹的家世、祖籍和《红楼梦》的著作权,冯其庸,红楼梦学刊,1995年第1期

再论东阳王元荣领瓜州刺史的时间,文梦霞,敦煌研究,2006年第2期

再商曹雪芹卒年,周汝昌,光明日报,1962年7月8日

再释"夏屋"李淑惠,古籍整理研究学刊,1998年第6期

再说暾欲谷其人,罗新,文史,2006年第3期

再谈曹雪芹的卒年问题,邓允建,光明日报,1962年6月10日

再谈关汉卿的年代(附冯沅君跋),胡适,文学年报,1937年第3期

再谈屈原的生卒,张汝舟,文史哲,1957年第5期

再谈《再生缘》的作者陈端生,郭沫若,光明日报,1961年6月8日

在清浊之间——晚明诗人王穉登,冯保善,文史知识,2007年第3期

在宋金战争中的兀术,吴泰,文史知识,1983年第9期

早失家园的朱彝尊,李瑞卿,文史知识,2003年第3期

造纸术的发明者是不是蔡伦,江风,文史知识,1981年第4期

曾巩的历史命运——代序,王水照,抚州师专学报,1988年第4期

曾巩的生平及其文学,熊翘北,江西图书馆刊,1934年第1期

曾巩和他的散文,鲍时祥,文史知识,1987年第12期

曾巩与王安石变法,顾全芳,江西社会科学,1988年第5期

曾国藩的教育思想,曾盛镇,师大月刊,1936年第28期

曾国藩的一生,杨之曦,新认识,1941年第2卷第6期

曾国藩军事战略思想初探,张红军,山东社会科学,1990年第6期

曾国藩瓦解太平军的"免死牌",邵凤芝,文博,2007年第3期

曾国藩与清政府的矛盾及其对镇压太平天国战局的影响,董蔡时,文史知识,1986年第4期

曾国藩与太平天国,贾熟村,文史知识,2001年第5期

曾国藩之研究,叶新明,政治月刊,1935年第3卷第3期

曾侯乙墓的棺画与《招魂》中的"土伯",汤炳正,社会科学战线,1982年第3期

曾纪泽——近代中国出色的外交家,钟康模,文史知识,1985年第11期

曾朴和他的《孽海花》,任访秋,河南师范大学学报·哲学社会科学版,1981年第2期

曾文正公评传,斗南,津逮季刊,1934年第1卷第3期

曾习经和近代诗坛,陈永正,文史知识,1997年第9期

查继佐其人其事,汪茂和,社会科学辑刊,1989年第1期

战国"四公子"的君号,钱林书,文史知识,1997年第8期

《战国策》与纵横家,杨钊,文史知识,1994年第7期

战国秦汉社会的长者慕尚,丁毅华,文史知识,1999年第11期

战国秦汉时期女娲形象的演变,宋超,咸阳师范学院学报,2004年第1期

战国时期的风云人物信陵君,侯光复,文史知识,1986年第8期

战国时期"雎"字人名考释,于智荣,东北师大学报·哲学社会科学版,2007年第1期

战将陶勇鲜为人知的二三事,时平,钟山风雨,2004年第1期

湛方生,钱志熙,文史知识,1999年第2期

张安世并没有受宫刑,陈连康,文史知识,1982年第9期

张博望班定远合传,中国之新民,新民丛报,1902年4—12月

张参政传,马其昶,民彝,1927年第1卷第1期

张苍水抗清始末,董贞柯,越风,1936年第13期

张苍水先生,师籍,中兴周刊,1933年第20期

张敞的气魄,杨树森,重庆社会科学,1995年第1期

张彻生年小考,阮堂明,文学遗产,2002年第3期

"张楚"正义,郑慧生,文史知识,1999年第12期

张聪咸传,胡韫玉,国粹学报,1911年第7卷第3、4期

张道陵与黄巾,钱穆,责善半月刊,1941年第2卷第16期

张耳陈余新论,臧嵘,历史教学,1981年第9期

张光藻与《北戍草》,谭彦翘,北方文物,1995年第4期

张好好与白居易,顾学颉,江汉论坛,1982年第8期

张衡别传,张荫麟,学衡,1925年第40卷

张衡家乡不在南召县,管成学,社会科学战线,1984年第4期

张衡年谱,孙文青,金陵学报,1933年第3卷第2期

张衡——世界历史文化巨人的伟大品格,丁毅华,南都学坛,1995年第1期

张衡:世界史中罕见的全才伟人,王志尧,黄河科技大学学报,2002年第4期

张衡著述年表,孙文青,金陵学报,1932年第2卷第1期

张弘范不是宋朝军官,戊丁,文史杂志,2006年第3期

张湖上先生传,马其昶,民彝,1927年第1卷第2期

张煌言:复郎廷佐书,中兴周刊,1934年第3卷第20期

张籍及其乐府,公盾,人物杂志,1947年第10期

张籍简谱(唐代杰出的现实主义诗人),卞孝萱,安徽文学通讯,1959年第4、5期

张籍、刘禹锡相替主客郎中前后事迹考,迟乃鹏,西华师范大学学报·哲学社会科学版,1983年第2期

张籍系年考证,潘竟翰,安徽师范大学学报·人文社会科学版,1981年第2期

张籍轶事及诗话——张籍年谱附录之四、五,罗联添,大陆杂志,1963年第10期

张籍之交游及其作品系年——张籍年谱附录一、二、三,罗联添,大陆杂志,1963年第12期

张謇感动中国,章开沅,文史知识,2003年第8期

张謇实业救国的四次历险,王凡,文史知识,1987年第6期

张謇与"中国近代第一城",吴良镛,文史知识,2003年第8期

张江陵年谱、皮鹿门沈寐叟二年谱,林树惠,齐思和,史学年报,1940年第3卷第2期

张晋交游考,赵逵夫,西北师大学报·社会科学版,2003年第3期

张景岳传,黄梨洲,神州国医学报,1936年8月

张九龄年谱,何格恩,岭南学报,1935年第4卷第1期

张九龄年谱补正,何格恩,岭南学报,1937年第6卷第1期

张九龄研究中若干重要问题考辨——兼答顾建国先生,熊飞,韶关学院学报·社会科学,2007年第10期

张九龄之政治生活,何格恩,岭南学报,1935年第4卷第1期

张居正的无奈,郭松民,文史知识,1996年第3期

张居正评传,蒋星德,中央周刊,1943年第5卷第56期

张居正述评,永儿,政治月刊,1935年第3卷第3、4期

张居正"威权震主,祸萌骖乘",樊树志,文史知识,2003年第4期

张居正与冯保——历史的另一面,樊树志,复旦学报·社会科学版,1999年第1期

张居正政治思想阐释,高寿仙,沧州师范专科学校学报,1992年第4期

张可久行年汇考,杨镰,文学遗产,1995年第4期

张灵及其绘画艺术,于富春,故宫博物院院刊,1991年第1期

张履祥理学思想初探,史革新,徐州师范大学学报·哲学社会科学版,2007年第1期

张洛行传,罗尔纲,安徽史学,1984年第3期

张穆"亭林年谱"订补,赵俪生,学原,1948年第1卷第12期

张穆传,容庚,岭南文史,1985年第2期

张骞"不能得月氏要领"新解,陶喻之,西域研究,1994年第4期

张骞通西域,冯惠民,文史知识,1981年第4期

张骞与西域,张仲和,史学杂志,1930年第2期

张曲江著述考,何格恩,岭南学报,1937年第6卷第1期

张三丰与武当内家拳,朱道琼、陶真典,文史知识,1987年第5期

"张三"、"郓城虎"与"刘丈",刘世德,文史知识,1998

年第3期
张慎言生卒年小考,李蹊,晋阳学刊,1988年第6期
张士保先生评论,丁锡纶,北平华北日报图书周刊,1935年4月8日
张士诚在苏州,李恩普,苏州大学学报·哲学社会科学版,1981年第4期
张澍的生平及其著述——为敦煌学研究贡一脔,赵俪生,兰州大学学报·社会科学版,1980年第4期
张遂的天文历法成就及自然观,厦门大学学报·自然,1976年第2期
张汤的幸与不幸,田静,文史知识,1995年第2期
张汤评传,林剑鸣,西北大学学报·哲学社会科学版,1985年第2期
张天师与道教,谢兴尧,逸经,1936年第9期
张维和他的著述,张令瑄,社会科学,1982年第3期
张文端公传,马其昶,民彝,1927年第1卷第3期
张文和公传,马其昶,民彝,1927年第1卷第3期
张文襄公年谱初稿,许同莘,河北月刊,1933年第1卷第3期
张问陶与"性灵"说,赵伯陶,宁夏社会科学,1987年第3期
张先,艾治平,经世日报经世副刊,1947年12月19日
张献忠事迹与作用述略,李迪,冯立升,西华大学学报·哲学社会科学版,1986年第2期
张献忠与耶稣会士,王薇,文史知识,1984年第5期
张孝祥和他的《于湖词》,宛敏灏,合肥师院学报,1962年第1期
张孝祥年谱(宋代文人),宛敏灏,安徽史学通讯,1959年第4、5期
张孝祥世系里贯考辨,宛敏灏,安徽师院学报,1957年第1期
张旭卒年考辨,阮堂明,太原师范学院学报·社会科学版,2004年第4期
张炎(词家通论之十四),艾治平,经世日报经世副刊,1947—1948年
张养浩史实新证,冯保善,东南大学学报·哲学社会科学版,2005年第5期
张揖的辞书编纂思想,孙菊芬,南通大学学报·社科版,2005年第4期
张议潮起义发生在大中二年三、四月间,李正宇,敦煌学辑刊,2007年第2期
张易之、张昌宗到底是武则天的什么人,郭绍林,河南大学学报·社会科学版,1995年第4期

张雨其人其诗,李知文,贵州社会科学,1992年第7期
张元干生平事迹考略,曹济平,南京师大学报·社会科学版,1980年第2期
张载哲学探索的主题及其出入佛老的原因,余敦康,中国哲学史,1996年第Z1期
张之洞的道路——从清流党到洋务派,冯天瑜,江汉论坛,1983年第10期
张之洞氏之教育思想及其事业,郑鹤声,教育杂志,1935年第25卷第2、3期
张之洞外交思想论,何晓明,求索,1992年第2期
张之洞文化人格论,何晓明,哲学研究,1993年第10期
张之洞学术思想论,何晓明,学术研究,1993年第4期
张之洞"游学""广译"之倡对近代术语的促成,冯天瑜,学习与实践,2002年第9期
张之洞与反割台运动,戚其章,历史教学,1984年第10期
张之洞与湖北近代教育,冯天瑜,湖北大学学报·哲学社会科学版,1984年第3期
张之洞与清流派,张振鹤,文史知识,1983年第1期
张之洞与清末湖北农政,陈钧,湖北大学学报·哲学社会科学版,1989年第6期
张之洞与四川近代教育的萌芽,何俊华,文史杂志,2006年第6期
张之洞与戊戌维新,冯天瑜,清史研究,1999年第1期
张之洞政治风格论,何晓明,江汉论坛,1994年第2期
张之洞著作刊刻述略,冯天瑜,江汉论坛,1992年第6期
张志和著作考,陈耀东,浙江学刊,1982年第1期
张忠节公传,马其昶,民彝,1927年第1卷第2期
张仲景,黄谦,光华医药杂志,1934年第1卷第9、10期
张仲景及其医学成就,刘洪涛,文史知识,1982年第8期
张仲景郡望生卒的推测,洪贯之,中西医药,1935年第3期
张仲景生平事迹考证,薛凝嵩,新中医药,1953年第7期
张仲景生平问题的讨论,宋向元,新中医药,1953年第4卷第8—9期
张仲景事状考,章太炎,中医新生命,1935年第10期
张仲景特辑,国医文献,1936年第1卷第1期
张仲景特辑,中医新生命,1935年第10期
张仲景姓名事迹考,郭象升,山西医学杂志,1926年第29期
张仲景在药剂方面的贡献,张浩良,山东中医学院学报,1979年第2期
张仲景在医学上的成就,章次公,中医杂志,1955年

第 2 期
张仲景治诈病,祁燕然,健康报,1956 年 11 月
张仲景著作考,万里,湘潭师专学报,1982 年第 1 期
张鷟,康树欣,河北学刊,1983 年第 4 期
张鷟事迹系年考,刘真伦,重庆师范大学学报·哲学社会科学版,1987 年第 4 期
张子野年谱,夏承焘,词学季刊,1933 年第 1 卷第 1 期
张宗禹传,罗尔纲,安徽史学,1985 年第 1 期
章炳麟与张之洞,莼轩,子曰丛刊,1948 年第 2 辑
章实斋年谱,姚名达,国学月报,1927 年第 2 卷第 4 期
章实斋年谱的新资料,陈鉴先,上海大公报文史周刊,1946 年第 4 期
章实斋(学诚)与汪容甫,柴德赓,史学史资料,1979 年第 2 期
章实斋与戴东原(戴赵水经注案辨证),李得贤,学思,1943 年第 3 卷第 2 期
章实斋著述流传谱,孙次舟,说文月刊,1941 年第 3 卷第 2、3 期
章太炎和孙中山,汤志钧,社会科学战线,1978 年第 3 期
章太炎年谱(1868—1936),高景成,文学年报,1941 年第 7 期
章太炎先生逝世记,吴去疾,神州国医学报,1936 年第 4 卷第 12 期
章太炎与"苏报案",魏兰英,文史知识,1984 年第 1 期
章学诚及其史学,保尔·戴密微(著),孙业山,王东(译),历史教学问题,1996 年第 4 期
章学诚先生评传,王大曼,新东方,1940 年第 1 卷第 7 期
章学诚与"六经皆史",张勇,文史知识,1996 年第 3 期
章学诚与"知识爆炸",傅孙久,光明日报,1982 年 3 月 1 日
章学诚在史学上的贡献,傅振伦,史学月刊,1964 年第 9 期
长孙无忌——贪恋权势的悲剧人物,李波,喻雅君,文史知识,1994 年第 8 期
"杖策只因图雪耻,横戈原不为封侯"——明代督师袁崇焕,杨艳秋,文史知识,1997 年第 8 期
昭明太子的皈佛,李意如,佛学月刊,1942 年第 2 卷第 7 期
昭明太子和梁武帝的建储问题,曹道衡,郑州大学学报·哲学社会科学版,1994 年第 1 期
召公与周初政治,郭旭东,华中师范大学学报·人文社会科学版,2003 年第 1 期
召穆公传,丁山,国立中央研究院历史语言研究所集刊,1930 年第 2 本第 1 分
赵翼生平著述考,李剑国,陈国军,文学遗产,2003 年第 1 期
赵东潜年谱稿,李宗侗,文史哲学报,1950 年第 1 期
赵复理学活动述考,魏崇武,信阳师范学院学报·哲学社会科学版,1995 年第 1 期
赵匡胤黄袍加身处,王彪,李天锡,文史知识,1982 年第 11 期
赵令畤的生年,孔凡礼,文学遗产,1994 年 5 期
赵孟頫和他的《岳鄂王墓》,陈晓明,江汉大学学报·社会科学版,1986 年第 3 期
赵孟頫及其"赵体"书,葛鸿桢,文史知识,1984 年第 1 期
赵孟頫其人其书,朱瑞平,中国典籍与文化,1996 年第 2 期
赵孟頫人品新论,张其凤,孔子研究,1995 年第 2 期
赵孟頫文学创作平议,赵维江,暨南学报·哲学社会科学版,2003 年第 2 期
赵孟頫与"元四家"之变,杨振国,美苑,2006 年第 1 期
赵明诚、李清照与古文字学,林志强,中山大学学报·社会科学版,1994 年第 2 期
赵歧还是赵岐,杨琳,古籍整理研究学刊,2002 年第 2 期
"赵娆"何指,马固钢,文献,2007 年第 3 期
赵奢与平原君,杨树森,学习月刊,1996 年第 12 期
赵佗对统一岭南的贡献,吉书时,文史知识,1992 年第 4 期
赵壹生平著作考,赵逵夫,兰州大学学报·社会科学版,2002 年第 4 期
赵翼及其史学著作,雷大受,首都师范大学学报·社会科学版,1980 年第 3 期
赵贞吉卒年考——《明史》正误一则,陈支平,文史,1982 年第 16 辑
赵之谦生平及绘画艺术,聂崇正,荣宝斋,2007 年第 4 期
哲匠录,梁启雄,中国营造学社汇刊,1932 年第 3 卷第 1—3 期
浙江藏书家和藏书楼,祐浙生,文学报,1983 年 12 月 15 日
浙江藏书家考略,项士元,文澜学报,1937 年第 3 卷第 1 期
浙江古代著名书法家巡礼,方爱龙,文史知识,1996 年第 10 期
浙江两藏书家,秉卫,文艺杂志,1914 年第 5 期
浙江文化名人录,文史知识,1996 年第 10 期
贞观盛世时期的布衣宰相马周,杨希义,文史知识,

1994 年第 4 期

《贞观之治》有关的政治家魏征,林治平,反攻,1958 年第 196 期

真孔子的史料,郑泽,国立中央大学历史语言研究所周刊,1929 年第 6 卷第 71 期

真名士自风流——王安石的生活方式,张明华,文史知识,2002 年第 8 期

真切完整的人物形象——也谈李瓶儿,沈天佑,文史知识,1989 年第 2 期

鸠摩罗什(公元 344 年著名佛经翻译家高僧),徐景行,新疆日报,1963 年 1 月 13 日

"铮铮有名"的廪生王德王仁,陈美林,文史知识,1992 年第 1 期

整理医学文献的大师王焘,李经纬,健康报,1963 年第 11 期

正胡怀琛的墨子为印度人辨,吴进修,东方杂志,1928 年第 25 卷第 16 期

正说明朝朱棣帝,许文继,出版参考,2005 年第 8 期

正说赵飞燕,张小锋,文史知识,2006 年第 8 期

正直不阿的学者程廷祚,陈美林,文史知识,1991 年第 4 期

正直的汲黯,崔雨风,文史杂志,2007 年第 1 期

正直多情的才子,无能救国的书生——谈谈《桃花扇》中的侯方域,孔瑾,文史知识,1991 年第 7 期

郑板桥和"扬州八怪",杨新,文史知识,1983 年第 3 期

郑板桥"难得糊涂"新探,刘红,泰州职业技术学院学报,2005 年第 2 期

郑板桥轶事,策六,北京益世报,1926 年第 8 卷第 11 期

郑板桥与吕留良,卞孝萱,文史知识,1998 年第 4 期

郑成功父子开发台湾的历史贡献,范兆琪,史学月刊,1982 年第 6 期

郑成功海上贸易及其内部组织之特点,郑克晟,中国社会经济史研究,1991 年第 1 期

郑成功事迹考,阳树芳,福建文化,1935 年第 3 卷第 17 期

郑成功与隐元禅师关系略论,胡沧泽,福建师范大学学报·哲学社会科学版,1997 年第 4 期

郑观应考证两则,邓景滨,岭南文史,1994 年第 2 期

郑光祖,黄竹三,语文教学通讯,1980 年第 2 期

郑和为什么下西洋?——从《奉天命三保下西洋》杂剧谈起,万明,文史知识,2005 年第 7 期

郑和下西洋研究综述,范金民,文史知识,1985 年第 7 期

郑和下西洋与中国社会的发展,时平,文史知识,1994 年第 10 期

郑和与博物馆,钟惠芳,四川文物,2006 年第 1 期

郑和与南亚,刘如仲,南亚研究,1981 年第 Z1 期

郑和与"西洋"各国的经济文化交流,刘如仲,贵州社会科学,1983 年第 3 期

郑经与三藩之乱,李鸿彬,台湾研究集刊,1984 年第 4 期

郑康成著述考,陈家骥,文学年报,1936 年 5 月

郑虔杜甫与台州,胡正武,台州学院学报,2007 年第 2 期

郑樵的治学精神及史学成就,范兆琪,文史知识,1988 年第 12 期

郑樵对刘知己史学的发展,白寿彝,人民日报,1961 年 4 月 6 日

郑樵对文献学的贡献(北宋),李昭恂,文献,1981 年第 1 辑

郑樵和《通志》,仓修良,杭州大学学报·哲学社会科学版,1980 年第 4 期

郑樵目录学思想初探,朱天俊,社会科学战线,1978 年第 3 期

郑樵研究,张锡祜,福建文化,1934 年第 2 卷第 16 期

郑樵与校雠学,李希泌,图书馆,1962 年第 4 期

郑樵与《六书略》,韩伟,信阳师范学院学报·哲学社会科学版,2008 年第 3 期

郑樵与袁枢,许力全,陈明光,福建师大学报,1979 年第 3 期

郑樵在历史编纂学上的成就,吴怀祺,史学史研究,1981 年第 4 期

郑樵在文献学方面的成就,曾贻芬,史学史研究,1993 年第 1 期

郑樵传,顾颉刚,国学季刊,1923 年第 1 卷第 2 号

郑樵传,盛俊,新民丛报,1903 年第 2 卷第 42、43 期

郑樵著述考,顾颉刚,国学季刊,1923 年第 1 卷第 1 号

郑师山先生,郑浩然,学风,1936 年第 6 卷第 3 期

郑羲使宋述略,黎虎,文史哲,1993 年第 3 期

郑霞谷与朝鲜阳明学,张克伟,晋阳学刊,1991 年第 1 期

郑燮生平与艺术,单国强,荣宝斋,2005 年第 2 期

郑兴、郑众父子经籍训诂方面的成就,韩卫斌,语文知识,2007 年第 3 期

郑玄生平事迹考略,杨天宇,河南大学学报·社会科学版,2001 年第 5 期

郑玄著述考,王竞,太平洋,1924 年第 4 卷第 7 期

郑玄著述考,杨天宇,洛阳师范学院学报,2002 年第 1 期

郑之侨与《鹅湖讲学会编》,吴长庚,上饶师专学报,1996 年第 5 期

郑之珍与目连戏剧文化,朱万曙,艺术百家,2000年第3期

郑子尹评传,张寿林,世界日报附刊(苦果),1927年5月4—11日

政治合法性视野中的明成祖朱棣——一个范本的解读,张小平,周少青,吉林师范大学学报·人文社会科学版,2008年第2期

政治与伦理的两难选择——"大礼议"中的杨廷和,邓牧之,文史知识,1998年第10期

支那内学院精校本玄奘传书后——关于玄奘年谱之研究,梁启超,东方杂志,1924年第21卷第7期

知不足的鲍廷博(清代著名的古籍整理家),果鸿孝,历史知识,1983年第2期

直如朱丝绳,清如玉壶冰——南朝著名诗人鲍照,王毅,文史知识,1986年第2期

《直斋书录解题》作者陈振孙,陈乐素,上海大公报文史周刊,1946年11月20日

值得我们崇拜和学习的祖国医药界大师——华佗,梁俊青,大众医学,1955年第3期

至今犹忆李将军——西汉抗匈奴名将李广,蔺继曾,文史知识,1995年第6期

至情女子与练达女妓——唐传奇中霍小玉、李娃两个人物形象的比较,杜爱贤,文史知识,2000年第10期

治安之策:贾谊和马周,瞿林东,安徽决策咨询,1999年第4期

质胡适著章实斋年谱,〔日〕内藤虎次郎(著),马导源(译),中兴月刊,1937年第2卷第5期

"质任"解,兹全,中一,食货,1935年第1卷第8期

致力于工具书的清代学者——汪辉祖,毕于洁,资料工作通讯,1981年第4期

智慧名人左宗棠,杨东梁,领导文萃,2006年第10期

智者范蠡,望舒,文史知识,2001年第10期

中国爱国者郑成功传,匪石,浙江潮,1903年第2、3、5、6、8、9期

中国北方程朱理学传播者的先驱——姚枢,陆新朔,文史知识,1997年第12期

中国大文豪苏东坡的生平及其作品,勖吾,海滨文艺,1932年创刊号

中国的第一个留学生,朱士嘉,史学年报,1930年第1卷第2期

中国的史学评论:刘知几和司马光,E.G.普列布兰克(著),王东(译),安徽史学,1989年第1期

中国的医圣扁鹊——秦越人,赵玉青、孔淑贞,中华医史杂志,1954年第3期

中国的战争女神——九天玄女,周晓薇,文史知识,1991年第8期

中国的种种发明家,小慧,同行月刊,1936年第4卷第11期

中国第一个民族文学家屈原,吴长庚,遗族校刊,1935年第2卷第4、5期

中国第一个探险家张骞,黄植诚,遗族校刊,1935年第2卷第4、5期

中国法书大家文征明,故宫周刊,1933年第288—291、293—300期

中国佛教净土宗始祖——慧远法师,何明栋,文史知识,1998年第1期

中国古代的妾,曾友豪,社会学杂志,1922年第2期

中国古代的侠,张英,文史知识,1990年第1期

中国古代的姓和氏,李解民,文史知识,1982年第3期

中国古代的隐士、居士和名士,张海鸥,文史知识,1997年第8期

中国古代计量史上的祖冲之,关增建,中国计量,2004年第12期

中国古代巫师的种类,梁钊韬,民族学研究集刊,1946年第5期

中国古代哲学家(王充、范缜、王船山),孔繁等,教学与研究,1962年第3期

中国古代卓越的目录学家——刘向、刘歆父子,张遵俭,图书馆工作,1957年第13期

中国古人的名和字,郑懿德,语言教学与研究,1980年第1期

中国近代民主宪政的先驱宋教仁,秦力,文史知识,1985年第1期

中国历代书法家——八大山人,万方,书屋,2005年第12期

中国历代书法家——怀素,万方,书屋,2005年第8期

中国历代书法家——黄庭坚,万方,书屋,2005年第10期

中国历代书法家——米芾,万方,书屋,2005年第7期

中国历代书法家——苏轼,万方,书屋,2005年第4期

中国历代书法家——王铎,万方,书屋,2005年第11期

中国历代书法家——王献之,万方,书屋,2005年第9期

中国历代书法家——颜真卿,万方,书屋,2005年第2期

中国历代书法家——杨凝式,万方,书屋,2005年第3期
中国历代书法家——赵孟頫,万方,书屋,2005年第5期
中国历史上永不会磨灭的人物——吴起,李衡梅,文史知识,1987年第12期
中国历史学的开创者司马迁,翦伯赞,中国青年,1951年第57期
中国六大政治家之一的张居正,梅云,北平晨报现代政治,1937年2月2日
《中国人名大辞典》"钱绎"条订误,袁津琥,文献,1994年第2期
中国人姓氏摭谈,杨新,世纪行,1995年第1期
中国史界太祖司马迁传略,陈石孚,文化建设,1934年第1卷第2期
中国算学家祖冲之及其圆周率之研究,严敦杰,学艺,1936年第15卷第5号
中国伟大旅行家,徐霞客,方萧矩,东方杂志,1945年第41卷
中国文化史上之张仲景观,徐衡之,中医新生命,1935年第10期
中国现代会计创始人谢霖事略,黄太冲,文史知识,1991年第2期
中国远古的女神,宋兆麟,寻根,1995年第4期
中国最早的文学家屈原,朱维之,青年进步,1925年第85期
中国最早的小说家——邯郸淳,顾农,古典文学知识,2000年第4期
中国最早之麻疯病专家——孙思邈,王吉民,麻疯季刊,1940年第14卷第1期
中日学者屈原问题论争综述,金菊、余火、松啸,文史知识,1988年第9期
中唐诗人元稹和他的《莺莺传》,刘毅,文史知识,1992年第5期
中唐时代天才的政治家文学家吕温,张伟,山西大学学报·哲学社会科学版,1994年第2期
中唐书僧怀素交游考(一),熊飞,咸宁学院学报,2003年第1期
中晚唐间著名诗人,张祜,陈广宏,文史知识,1984年第6期
中兴名臣霍光,刘则永,文史知识,1999年第7期
中兴名将小考,侯会,文史知识,1994年第8期
中兴清室的大政治家曾国藩,林治平,反攻,1960年第218期
"中兴"贤相裴度,张国刚,文史知识,1984年第8期
忠臣的尴尬:杭世骏、洪亮吉遭遇之比较,李鹏,文史知识,2007年第3期
忠臣与贰臣之际——刘基的仕明心态,周松芳,文史知识,2003年第12期
忠诚耿介的陆贽,张燕,文史知识,1995年第11期
忠诚卫国、勇荷重任的虞允文,雷大受,文史知识,1982年第9期
忠精烈烈、硬骨铮铮的颜真卿,刘新科,文史知识,1993年第10期
忠孝·侠义·忠君·反叛——谈宋江其人,汪道伦,文史知识,1991年第10期
钟会的才与德,孔毅,文史知识,2003年第2期
钟馗故事的传播方式与演变过程,张兵、张毓洲,宁夏社会科学,2008年第1期
钟嵘《诗品》研究综述,曹旭,文史知识,1989年第11期
钟惺的病与画、诗及禅,魏宏远,文史知识,2006年第11期
中举前后的范进,陈美林,文史知识,1991年第9期
仲长统,汉代杰出的政治批判家,张子开,渝州大学学报·哲学·社会科学版,1994年第1期
周邦彦,冯放民,中国文学史论集,1958年第2卷
周邦彦并未"流落十年"考辨,薛瑞生,文学遗产,2005年第3期
周邦彦卷入王㝢、刘昺"谋逆"事件考辨,薛瑞生,西北大学学报·哲学社会科学版,2004年第4期
周邦彦两入长安考,薛瑞生,文学遗产,2002年第3期
周邦彦与他的三任妻子,孙虹,文史知识,2007年第12期
周邦彦与萧娘和桃叶的两段爱情传奇,孙虹,文史知识,2006年第1期
周代金文中的妇名,穆海亭,文博,2007年第5期
周敦颐的哲学思想,杨荣国,学术月刊,1961年第9期
周敦颐通书多采晋人说考,但值之,制言,1936年第21期
周福清的生平及其思想概述(上),段国超,商丘师范学院学报,1988年第2期
周福清的生平及其思想概述(下),段国超,商丘师范学院学报,1988年第3期
周公篡位考——从"桐叶封弟"的疑案说起,李裕民,晋阳学刊,1984年第4期
周公东征简论,杨善群,军事历史,1989年第3期

周公为政及其历史功绩,晁福林,文史知识,2005年第4期
周公营建洛邑,李民,刘学顺,文史知识,1994年第3期
周濂溪年谱(附图表),许毓峰,文化集刊,1943年第3期
周起元的一生,何万原,文史知识,1993年第4期
周文矩《重屏会棋图》,单国强,文史知识,1983年第12期
周宗建传,陈去病,国粹学报,1906年第17期
纣为暴君说献疑,王慎行,殷都学刊,1987年第3期
朱棣与北京,阎崇年,前线,1983年第10期
朱敦儒暮年的人生悔恨,杨海明,文史知识,2000年第5期
朱敦儒小传,胡适,语丝,1926年第91期
朱肱,包衡村,医学杂志,1925年第23期
朱珔传,胡韫玉,国粹学报,1911年第6卷第12期
朱升与"免死券",张健,文史知识,2007年第7期
朱淑贞,伯凌,经世日报经世副刊,1947年11月24、25日
朱舜水传,汉帜,1907年第2期
朱筠河先生年谱,王兰荫,师大月刊,1933年第1卷第2期
朱熹辟佛与朱熹史学,廉敏,文史知识,2007年第9期
朱熹絜矩思想研究,李振宏,商丘师范学院学报,2005年第1期
朱熹眼中的"淫"与"淫奔",钱玉趾,文史杂志,2006年第3期
朱熹印象,沈淦,文史杂志,2006年第6期
朱熹再评价,宋元强,中州学刊,1983年第5期
朱熹传,戚珊洁,教育实践,1976年第8、9期
朱熹:作为政治家的评价,樊树志,复旦学报·社会科学版,1981年第3期
朱雅南传略,严国政,中西医学报,1911年第1卷第10期
"朱衣道人案"中的傅山,张继红,文史知识,2007年第7期
朱有燉生平及其作品考述,陈捷,艺术百家,2001年第4期
朱元璋生平十事漫论,史苏苑,郑州大学学报·哲学社会科学版,1987年第6期
朱元璋为韩林儿属部考辨,杨济堃,重庆师范大学学报·哲学社会科学版,1983年第2期
朱元璋与胡蓝党案,樊树志,文史知识,2003年第5期
朱元璋与思南,张勇,文史天地,2002年第11期

朱张二先生传,国粹学报,1905年第1卷第12期
朱止泉传,刘光汉,国粹学报,1906年5月13日
朱子著述考,金云铭,福建文化,1934年第2卷第16期
诸葛亮,郑侃燃,大众知识,1937年第1卷第8期
诸葛亮北伐"以攻为守"说质疑,施光明,宝鸡文理学院学报·社会科学版,1987年第3期
诸葛亮故里暨离阳都年代诸异说辨正,王汝涛,成都大学学报·社会科学版,1987年第3期
诸葛亮家世考略,唐嘉弘,贵州大学学报·社会科学版,1998年第4期
诸葛亮"空城计"的由来及完善,刘晓霞,文史杂志,2007年第1期
诸葛亮"心战"新论,刘伟航,中华文化论坛,2001年第3期
"竹林七贤"称名依托佛书说质疑,滕福海,温州师范学院学报·哲学社会科学版,2002年第2期
竹林七贤与《竹林七贤图》,融武,文史知识,1982年第7期
竺道生与涅槃学,汤用彤,国学季刊,1932年第3卷第1期
著名学者扬雄,李殿元,李松涛,四川党的建设,2007年第9期
颛顼的来历,阿波,文史杂志,2007年第6期
颛顼史迹及其改革作为考,冯广宏,阿坝师范高等专科学校学报,2006年第1期
颛顼是四川人还是山东人,冯广宏,文史杂志,2001年第4期
颛顼为女性考,龚维英,华南师范大学学报·社会科学版,1981年第3期
庄存与,江苏研究,1935年第1卷第5期
庄辛—屈原之后楚国杰出的散文作家,赵逵夫,西北民族大学学报·哲学社会科学版,1990年第4期
庄周与惠施,郭德茂,文史知识,2007年第5期
庄子,任继愈,中国青年,1956年第10期
庄子的生平,易声伯,建国青年,1947年第5卷第5期
庄子的思想,杨向奎,文史哲,1957年第8期
庄子考,〔日〕武内义雄(著),王古鲁(译),图书馆学季刊,1930年第4卷第2期
庄子也是伟大的辩者,邹林,阜阳师范学院学报·社科版,1997年第1期
庄子与惠子:智者的论辩与科学精神在中国的流失,王红旗,文史杂志,2006年第6期
状元考略,班书阁,新民学院季刊,1942年第1卷第

2—4 期

状元宰相翁同龢的生平,杨佛士,古今谈,1965 年第 6 期

追忆:一种特殊的潜在交往——"苏门"晚期交游考述,崔铭,中国韵文学刊,2004 年第 3 期

"卓然不惑 求是辨诬"——清初著名学者阎若璩,黄爱平,文史知识,1989 年第 12 期

子产治郑,熊宪光,文史知识,1984 年第 4 期

子产治郑,郑侃燮,广播周报,1937 年 5 月

子夏传述六经的历史贡献,王红霞,文史知识,2007 年第 9 期

子夏生平考述,王红霞,北方论丛,2006 年第 4 期

字圣许慎,朱绍侯,史学月刊,2005 年第 10 期

自负一代文宗——论刘基的散文创作,周松芳,丽水学院学报,2005 年第 6 期

综论曹雪芹卒年问题,吴世昌,新建设,1963 年 6 月

纵横欧亚的成吉思汗,詹涤存,汗血月刊,1934 年第 4 卷第 2 期

邹容和《革命军》,陈净,文史知识,1981 年第 5 期

邹征君传稿,邹永修,地学杂志,1922 年第 13 卷第 6、7 期

走出"神话"的伏羲,徐日辉,华人时刊,2001 年第 9 期

走"终南捷径"的名隐士种放,马斗成,文史知识,1995 年第 8 期

祖冲之,李俨,科学大众,1956 年第 9 期

祖冲之,刘洪涛,历史教学,1981 年第 12 期

祖国的医学大师——扁鹊,赵玉青、孔淑贞,健康报,1954 年 8 月

祖国古代名医——华佗,宋向元,中医杂志,1955 年第 1 期

祖国清代杰出的医学家王清任,马堪温,科学史集刊,1963 年 5 月

祖国伟大医学家——张仲景,陈邦贤,大众医学,1956 年第 6 期

"钻天侯",伊永文,瞭望,1993 年第 39 期

最大限度实现人生价值的张衡,刘周堂,文史知识,1988 年第 12 期

最难理解是宋江,张国风,文史知识,2006 年第 12 期

最先渡台之学者——陈第,朱玖莹,文史荟刊,1959 年第 1 期

最早记录水浒人物的艺术家——宋末画家龚开其人其事,朱禹惠,文史知识,1992 年第 3 期

尊儒反法的文艺思想家—刘勰,顾农,文史哲,1975 年第 2 期

尊师重法的马皇后,冯尔康,紫禁城,1983 年第 4 期

"尊尊"与"亲亲"——孔子的"直"与封建法制,武树臣、马小红,文史知识,1991 年第 7 期

《左传》人名与春秋卿大夫采邑制度,曹道衡,文史知识,2004 年第 11 期

《左传》人物称名中"子"字的解说,闫丽,古籍整理研究学刊,2008 年第 1 期

左懋第,咨实,中兴周刊,1936 年第 5 卷第 7 期

左懋第史事辨正,丁鼎、王明华,滨州学院学报,2005 年第 1 期

左丘明氏族议,次公,河南大学学报,1934 年第 3 期

左丘明是《左传》还是《国语》的作者,徐仁甫,社会科学研究,1979 年第 3 期

左丘明——一个被遗忘的大儒,王红霞,天府新论,2004 年第 4 期

左丘明之姓氏,黄仲琴,国立中央大学历史语言研究所周刊,1929 年第 7 卷第 82 期

左丘失明,颉刚,文史杂志,1943 年第 2 卷第 9、10 期

左思,李辰冬,中国文学史论集,1958 年第 1 卷

左忠毅公传,马其昶,民彝,1927 年第 1 卷第 7 期

左宗棠事略,马振举、周延鸿,文史知识,1982 年第 5 期

左宗棠"勋业"探源,周明,扬州大学学报·人文社会科学版,1992 年第 2 期

左宗棠研究的回顾,杨东梁,湖南师范大学社会科学学报,1984 年第 5 期

左宗棠在甘肃经营的洋务事业,杜经国,兰州大学学报·社会科学版,1983 年第 3 期

左宗棠在两江的海防建设,杜经国,史学集刊,1985 年第 2 期

左宗棠在陕甘与新疆民族政策的比较研究,杜经国,兰州大学学报·社会科学版,1986 年第 2 期

作为文学家的张衡,季镇淮,文史知识,1991 年第 1 期

作为戏剧家的阮大铖,蔡昌荣,文史知识,2001 年第 1 期

作为戏曲家的曹寅——兼谈曹雪芹的家学渊源,顾平旦,红楼梦学刊,1984 年第 4 期

作为哲学家的王国维,王锦第,光明日报,1957 年 6 月 23 日

作洋文、讲儒道的"怪杰"——辜鸿铭,李占领,文史知识,1991 年第 2 期

柞伯鼎与西周晚期周和东国淮夷的战争,李凯,四川文物,2007 年第 2 期

做执笔不阿的"良史"——略谈司马迁写《史记》的唯实精神,詹文元,浙江日报,1979 年 8 月 22 日

1980 年代以来谢朓研究综述,徐明英、顾农,徐州师范大学学报·哲学社会科学版,2006 年第 5 期

三、文献

《白虎通义》是不是章句,杨权,学术研究,2002年第9期
白文《山花碑》释读,徐琳,赵衍荪,民族语文,1980年第3期
《百家姓》杂谈,袁庭栋,文史知识,1989年第4期
《报任安书》写作年代辨,黄振民,首都师范大学学报·社会科学版,1981年第4期
《北齐书》纪传疑年录,许福谦,首都师范大学学报·社会科学版,1999年第1期
毕仲衍《中书备对》户口年代考,徐东升,中国社会经济史研究,2004年第2期
《彬雅》及其作者,徐莉莉,辞书研究,1988年第6期
《兵车行》本事系年考,戴建华,陆精康,杜甫研究学刊,2003年第4期
《伯牙鼓琴图》及作者王振朋,聂崇正,文史知识,1982年第3期
帛书《黄帝四经》中的阴阳刑德思想初探,崔永东,中国哲学史,1998年第4期
帛书《易传》研究综述,王化平,古籍整理研究学刊,2007年第6期
《菜根谭》的人生哲学,王建,六盘水师范高等专科学校学报,1994年第1期
曹丕《柳赋》作年考,杨鉴生,文学遗产,2006年第5期
曹寅与《栋亭十二种》,顾农,书城,1996年第3期
曹渊、曹颜与《红楼梦》作者问题,张庆善,红楼梦学刊,1994年第4期
《茶经》所谓的"类玉""类冰"问题,李刚,河北陶瓷,1987年第4期
《长恨歌》的新评价,罗继祖,文史知识,1991年第11期
《诚斋杂记》作者考,田忠侠,学习与探索,1983年第3期
《敕勒歌》和斛律金,张国杰,文史知识,1982年第1期
《敕勒歌》新论,汪泛舟,殷都学刊,1987年第2期
崇祯历书,徐宗泽,圣教杂志,1938年第27卷第6期
《畴斋文稿》及其作者,汪桂海,文献,2006年第2期
出自地下的古史《竹书纪年》,盛冬铃,文史知识,1985年第1期
《楚辞》编纂者及其成书年代的探索,汤炳正,江汉论坛,1963年第10期
楚妃泪竹斑斑红——文征明的《湘君、湘夫人图》,魏冬,文史知识,1984年第6期

《春江花月夜》:诗中的顶峰,子规,文史杂志,2006年第6期
《春秋》,杨伯俊,文史知识,1982年第5期
《春秋》称名管见,王红霞,齐鲁学刊,2004年第5期
《辞源》忆旧,舒宝璋,辞书研究,2007年第4期
从敦煌唐卷看刘商《胡笳十八拍》的写作年代,王勋成,敦煌研究,2003年第4期
《丛书集成初编》———一部完备而实用的古籍丛书,陈抗,文史知识,1990年第6期
《蹴鞠谱》著作年代考,刘秉果,体育文化导刊,1986年第6期
《大戴礼记》传本源流考,黄怀信,中国典籍与文化,2005年第1期
《大风歌》与《秋风辞》,赵伯陶,文史知识,1992年第11期
《大正藏》第85卷词语辑释,于淑健,敦煌研究,2004年第6期
《大正藏》第八十五卷(敦煌卷)词语校释,于淑健,新疆师范大学学报·哲学社会科学版,2006年第1期
《大正藏》第八十五卷(敦煌卷)误例浅析,于淑健,南京师大学报·社会科学版,2005年第2期
《道藏》简介,钟肇鹏,文史知识,1987年第5期
道教的重要经典——《黄庭经》,徐兆仁,文史知识,1998年第12期
第一部志人小说——裴启《语林》,周楞伽,文史知识,1986年第1期
典出《左传》,王一鸣,咬文嚼字,2006年第8期
《东皇太一》与《东君》当为一篇考,杨琳,贵州教育学院学报·社会科学版,1997年第4期
董源的《潇湘图卷》,张蔷,文史知识,1985年第9期
读标点本《晋书》,吕叔湘,语文研究,1985年第2期
《读律佩觹》评析,何勤华,法商研究,2000年第1期
读《陌上桑》札记二则,金文伟,文史知识,1997年第2期
读《〈屈原列传〉新探》兼论《离骚》创作的时间,郑文,西北师大学报·社会科学版,1962年第4期
读《世说新语》札记二则,张海明,文史知识,1996年第7期
段玉裁《诗经小学》研究(上),虞万里,辞书研究,1985年第5期

段玉裁《诗经小学》研究（下），虞万里，辞书研究，1985年第6期

对《〈三字经〉成书年代小考》一文的意见，本刊编辑部，文史知识，1996年第1期

对《山海经》的新认识，王红旗，文史杂志，1997年第5期

敦煌儒家蒙书与意义略论，汪泛舟，孔子研究，1993年第1期

垛积比类疏证，李俨，科学，1939年第23卷第11期

《尔雅》，陆宗达、王宁，文史知识，1983年第2期

《尔雅》，彭林，古籍整理研究学刊，1986年第1期

《尔雅》的年代和性质，何九盈，语文研究，1984年第2期

《尔雅》注本文献系列对训诂学形成产生的影响，杨薇，江汉论坛，2005年第6期

《尔雅·释诂》同义词词义特点考论，苏新春，江西师范大学学报·哲学社会科学版，1986年第3期

《尔雅义疏》及其作者郝懿行，虞万里，辞书研究，1984年第1期

《樊川文集》，戴燕，文史知识，1981年第2期

"泛释无义"与郑樵《艺文略》之失误，王嘉川，图书馆理论与实践，2008年第2期

《方言》版本流传及文字校订，王彩琴、华学诚，河南社会科学，2006年第4期

《方言》：开创中国方言之学的经典之作，李峰、靳爱红，洛阳师范学院学报，2000年第4期

仿宋重刊营造法式校记，中国营造学社汇刊，1930年第1卷第1期

《飞燕外传》的问世与流播，王建堂，晋东南师范专科学校学报，2002年第4期

风俗志，太白，1934年、1935年

《高唐赋》的源流与影响，钟来因，文学评论，1985年第4期

《革象新书》提要，刘操南，古籍整理研究学刊，1995年第5期

《公羊传》《穀梁传》，杨伯俊，文史知识，1982年第8期

古来何谓"玉阑干"，谭雪京，文史知识，1995年第3期

顾观光的《别录》、《七略》辑本，李解民，社会科学战线，1992年第2期

《怪异录》非袁枚作考论，王英志，明清小说研究，2004年第4期

关汉卿作或续作《西厢》说溯源，谭正璧，学术月刊，1962年第4期

《关雎》释解之我见，郑兆钧，文史知识，1987年第9期

关于《大戴礼记》源流的几个问题，黄怀信，齐鲁学刊，2005年第1期

关于《刘子》的作者问题，曹道衡，中国社会科学院研究生院学报，1990年第2期

关于《六韬》成书的文献学考察，杨朝明，中国文化研究，2002年第1期

关于《陋室铭》的作者，张云江，文史杂志，2005年第5期

关于《宋史》中的若干问题，李之亮，古籍整理研究学刊，2004年第1期

关于《周礼》书名、发现及其在汉代的流传，杨天宇，史学月刊，1999年第4期

关于《周易》的作者问题，金景芳，周易研究，1988年第1期

《管子》"计数"新探，戴吾三，管子学刊，2000年第3期

贯串生死的人生礼仪——《仪礼》，彭林，文史知识，2002年第6期

《广说品》考，刘屹，首都师范大学学报·社会科学版，1999年第6期

广韵——中国古代韵书的佼佼者，李峰，图书馆，2004年第5期

《归藏》卦名辨证，王宁，周易研究，1995年第2期

《鬼谷子》的学术价值，王步贵，青海师范大学学报·哲学社会科学版，1995年第3期

郭璞《尔雅注》简论，越振铎，语文研究，1985年第1期

郭熙《窠石平远图》，杨新，文史知识，1982年第12期

《国朝汉学师承记》和《国朝宋学渊源记》，马冰，文史知识，1985年第5期

"国风"第一篇飘渺文字：说《诗经·秦风·蒹葭》，魏耕原，文史知识，1992年第6期

《国风》原是祭社诗（附：孔子"乐正"考），萧甫春，大庆高等专科学校学报，1997年第2期

《国榷》的史料价值，王恩厚，历史教学，1987年第6期

《国语》漫谈，尹衡，文史知识，1982年第4期

《海荒经》的底本是共同的古图，冯广宏，文史杂志，2007年第3期

《海经》的作者及记述的地理与时代，王宁，古籍整理研究学刊，1997年第5期

《海篇》成书年代考，杨正业，辞书研究，2005年第1期

《韩非子》，张力伟，文史知识，1981年第5期

韩注《洛阳伽蓝记》商兑，萧红，古籍整理研究学刊，2005年第4期

《汉书》，董洪利，文史知识，1981年第3期

《汉书·律历志》补注订误自序，周正权，学衡，1922年第8期

《汉书·五行志》所记自然现象,王春光,史学史研究,1990年第3期
《汉语大词典》同名异实古星名条目的问题,朱习文,辞书研究,2006年第2期
《汉语大词典》(网络版V.2)的特色,刘奇惕,辞书研究,2006年第4期
《何典》作者籍贯考,潘慎,晋阳学刊,1982年第3期
《何氏语林》是否包含《世说》的内容,周小兵,明清小说研究,2004年第4期
《何氏语林》文献方面的疏误,周小兵,温州大学学报·自然科学版,2003年第6期
"河图洛书"与汉字起源,李立新,周易研究,1995年第3期
黑白点子河图洛书,刘起釪,中国史研究,2006年第4期
《红楼梦》成书过程推测,马瑞芳,红楼梦学刊,2004年第2期
《侯子钦墓志》释考,李磊,古籍整理研究学刊,2005年第5期
《后汉书》,王凌,文史知识,1981年第3期
蝴蝶与《蝶恋花》,曾良,文史知识,1996年第12期
《华阳国志》,刘琳,文史知识,1982年第7期
华峤《后汉书》考述,宋志英,史学史研究,2001年第4期
黄册和鱼鳞图册,王剑英,文史知识,1984年第3期
《黄帝内经》的整体观,宋丹凝,文史知识,1989年第2期
黄生《义府》评介,钱剑夫,辞书研究,1987年第2期
《黄庭经》考,王明,国立中央研究院历史语言研究所集刊,1948年第20本上册
黄宗羲与《明儒学案》,张承宗,潘浩,历史教学问题,2002年第4期
《慧琳音义》与辞书编纂史研究,姚永铭,辞书研究,2002年第5期
《慧琳音义》与大型字书编纂,姚永铭,辞书研究,2002年第2期
贾谊《鵩鸟赋》的哲学思想,殷明耀,史学月刊,2007年第10期
贾谊《鵩鸟赋》及其人学,饶宗颐,东南大学学报·哲学社会科学版,2003年第4期
简帛《五行》述略,刘信芳,江汉考古,2001年第1期
简牍医著《治百病方》,祝中熹,丝绸之路,1997年第4期
简介几种明、清方言词典,陈炳迢,辞书研究,1983年第5期
建国以来《吕氏春秋》研究述评,王纪刚,文史知识,1991年第6期

《江南才子解缙》订误,杨济堃,文史知识,1990年第2期
《金瓶梅》的布局,张国风,文史知识,1991年第11期
《金瓶梅》对"子弟书"的影响,伊永文,明清小说研究,1997年第2期
《金瓶梅》里的四"泉",陈建生,文史知识,1995年第2期
《金瓶梅》是一部什么样的小说,沈天佑,文史知识,1985年第4期
《金瓶梅》中的体育文化,刘秉果,体育文化导刊,2004年第2期
《金瓶梅》作者考,王汝涛,刘家骥,春秋,2000年第1期
锦绣山河尽收眼底——王希孟《千里江山图》,聂崇正,文史知识,1986年第7期
近八十年来对《水浒》作者的争议,黄俶成,文史知识,1984年第11期
近年来《西厢记》研究综述,周继庚,文史知识,1988年第2期
《晋灵公不君》注释质疑,张代会,山西教育学院学报,2001年第4期
《晋书·郭璞传》志疑,曹道衡,苏州大学学报·哲学社会科学版,1983年第2期
《晋书·载记》略论,陶新华,杭州师范学院学报·社会科学版,1996年第2期
《经典释文》成书年代新考,孙玉文,中国语文,1998年第4期
《经籍纂诂》与汉语辞书编纂,陈东辉,古籍整理研究学刊,2003年第1期
《九辩》应释"鬼偏",龚维英,福建论坛,1982年第6期
九歌新证——地祇考,张中一,船山学报,1987年第S1期
九章算术篇目考,孙文青,金陵学报,1932年第2卷第2期
《酒诰》——历史上最早的戒酒令,王定璋,文史杂志,2000年第3期
就《诗经》的编者及入乐答杨先生,许廷桂,重庆师院学报·哲学社会科学版,2000年第4期
《开宝藏》和《辽藏》的传承渊源考,徐时仪,宗教学研究,2006年第1期
《开蒙要训》初探,汪泛舟,敦煌研究,1999年第2期
科技百科《梦溪笔谈》和它的作者沈括,胡道静,辞书研究,1981年第2期
《孔丛子》的时代与作者,黄怀信,西北大学学报·哲学社会科学版,1987年第1期
"孔子删《诗》说"之再清算,许廷桂,重庆师院学报·哲

学社会科学版,1995年第4期

孔子与《六经》的关系,李景春,文史哲,1962年第5期

孔子作《春秋》考,张汉东,齐鲁学刊,1988年第4期

《兰亭集序》真伪问题的再思考,顾农,文学遗产,2008年第1期

《老子》新证,暴拯群,学习论坛,1997年第11期

《乐小舍拼生觅偶》与钱塘弄潮,伊永文,体育文化导刊,1993年第3期

《离骚》的创作时地考,赵逵夫,江西社会科学,1986年第4期

《离骚》的作者及其他,戴建华,郭沫若学刊,2002年第4期

《离骚》"九疑"即"众巫"辨,辛志贤,文史知识,2005年第4期

《离骚》零诂,张中一,贵州社会科学,1986年第10期

《离骚》"求女"辨,潘啸龙,学术论坛,1982年第6期

《离骚》为何也称"经",黄建荣,文史知识,1992年第7期

《离骚》中的"民生"与"民心",戴建华,中学语文教学,2003年第9期

《礼记》,王文锦,文史知识,1982年第11期

《礼记·礼运篇》的误解与错简,徐仁甫,晋阳学刊,1985年第2期

李觏的《易论》,余敦康,孔子研究,1994年第2期

李吉甫的《元和郡县图志》,何珍如,文史知识,1985年第4期

《李陵变文》校补拾遗,赵逵夫,甘肃社会科学,1991年第2期

《俚语证古》说略,韩璐,文化学刊,2006年第2期

《历代法宝记》、杜诗及其他,陶敏,文学遗产,2001年第2期

立意高妙、气势雄迈的奇赋——枚乘《七发》赏析,潘啸龙,文史知识,1991年第4期

《连山》《归藏》名称由来考,王宁,古籍整理研究学刊,1991年第5期

《聊斋志异》与《阅微草堂笔记》,詹幼馨,文史知识,1988年第3期

刘向的《列女传》,杨钊,史学集刊,1990年第4期

刘向撰《五经通义》《五经要义》《五经杂义》辨,刘师培,国粹学报,1910年第6卷第8期

刘勰的创作论——《文心雕龙》简介之五,陆侃如,牟世金,山东文学,1962年第6期

刘勰的批评论——《文心雕龙》简介之八,陆侃如,牟世金,山东文学,1962年第10期

刘勰的生平思想——《文心雕龙》简介之一,陆侃如,牟世金,山东文学,1962年第1期

刘勰的文体论——《文心雕龙》简介之二,陆侃如,牟世金,山东文学,1962年第2期

刘勰的作家论——《文心雕龙》简介之九,陆侃如,牟世金,山东文学,1962年第11期

刘勰论内容与形式的关系——《文心雕龙》简介之四,陆侃如,牟世金,山东文学,1962年第5期

刘勰论文学与现实的关系——《文心雕龙》简介之三,陆侃如,牟世金,山东文学,1962年第4期

刘勰有关浪漫主义的论点——《文心雕龙》简介之七,陆侃如,牟世金,山东文学,1962年第8期

刘勰有关现实主义的论点——《文心雕龙》简介之六,陆侃如,牟世金,山东文学,1962年第7期

柳宗元《龙城录》真伪新考,陶敏,文学遗产,2005年第4期

《六经奥论》作者与成书考辨,杨新勋,淮北煤炭师范学院学报·哲学社会科学版,2006年第4期

六十年来《醒世姻缘传》研究综述,万建清,文史知识,1992年第2期

《六书故》词义系统研究,党怀兴,陕西师范大学学报·哲学社会科学版,1988年第3期

《龙会兰池录》产生时代考,李剑国,何长江,南开学报·哲学社会科学版,1995年第5期

《龙龛手镜》《类篇》古本考,杨正业,辞书研究,2008年第2期

《陋室铭》的作者不是刘禹锡吗,颜春峰,汪少华,寻根,1996年第6期

"鲁酒薄"与周公《酒诰》,杨朝明,天津师范大学学报·社会科学版,1995年第4期

陆佃的《埤雅》及其学术价值,夏广兴,上海师范大学学报·哲学社会科学版,1994年第1期

陆佃与《埤雅》,赵诚,康素娟,陕西教育学院学报,1999年第4期

陆贾《新语》与易学,项永琴,周易研究,2003年第4期

《录鬼簿》及其《续编》,杨沛超,文史知识,1982年第5期

《鹿菴集》作者王磐辨正,丰家骅,学术研究,1990年第4期

《吕氏春秋》,吕艺,文史知识,1981年第4期

略论《两都赋》和《二京赋》,曹道衡,文学评论,1992年第3期

略述中国古代的《礼记》学,杨天宇,河南大学学报·社会科学版,2000年第5期

略述中国古代的《周礼》学,杨天宇,南都学坛,1999年第4期

略述《周礼》的成书时代与真伪,杨天宇,郑州大学学报·哲学社会科学版,2000年第4期

略说《韩非子》,周钟灵,文史知识,1987年第8期

论《楚辞》的形成及秦楚文化圈,斯维至,陕西师范大学学报·哲学社会科学版,1994年第4期

论何延之《兰亭记》乃是信史——附论《兰亭》临摹本的变迁,王汝涛,临沂师范学院学报,2005年第5期

《论衡》,梁运华,文史知识,1981年第4期

论《红楼梦》对俗语的熔铸和提炼,钟必琴,红楼梦学刊,1991年第3期

论《金人铭》的产生时代,庞光华,孔子研究,2005年第2期

论匡正汉主是班固撰述《汉书·五行志》的政治目的,向燕南,河北师范大学学报·哲学社会科学版,2000年第1期

论《礼记》四十九篇的初本确为戴圣所编纂——兼驳洪业所谓"《小戴记》非戴圣之书"说,杨天宇,孔子研究,1996年第4期

论刘祁《归潜志》的史料价值,王德朋,社会科学辑刊,2004年第1期

论《埤雅》对专科辞典编纂的贡献,杨薇,辞书研究,2006年第4期

论《蜀王本纪》成书年代及其作者,徐中舒,史学史研究,1979年第3期

论《水浒传》(百回本)的后半部——兼论《水浒传》的民族思想,吕乃岩,文史知识,1991年第1期

论《太平经》为汉代道书之合集——兼与金春峰先生商榷,李刚,社会科学研究,1993年第3期

论《小五义》,谭正璧,上海师范大学学报·哲学社会科学版,1981年第2期

论《禹贡》的著作年代,史念海,陕西师范大学学报·哲学社会科学版,1979年第3期

《论语》,杨伯俊,文史知识,1982年第1期

《论语》中的"仁"与孔子仁学的内涵,黄怀信,齐鲁学刊,2007年第1期

论张凤翼及其《红拂记》,谭正璧,谭寻,河北大学学报·哲学社会科学版,1981年第3期

罗贯中原著书名非"三国演义",陈翔华,文史知识,1995年第5期

"洛阳纸贵"——说左思《三都赋》,王志民,文史知识,1994年第3期

《马术图》和作者郎世宁,聂崇正,文史知识,1982年第5期

马王堆汉墓帛书《春秋事语》和《左传》的事、语对比研究——谈《左传》的成书时代和作者,徐仁甫,社会科学战线,1978年第4期

漫话《清史稿》,傅振伦,文史知识,1991年第6期

漫谈《古诗十九首》,倪其心,文史知识,1982年第10期

漫谈《周易》的智慧,余敦康,文史知识,1987年第7期

《毛诗》郑笺与《周礼》,沈薇薇,文史知识,2006年第4期

《毛诗》《传》、《序》作者考,滕福海,南开学报·哲学社会科学版,1994年第2期

孟浩然《登安阳城楼》小考,易严,文献,1996年第3期

《孟子》,杨伯俊,文史知识,1982年第2期

《孟子》"民贵君轻"的确释,龚维英,东岳论丛,1988年第4期

《孟子》误解孔子语四则,黄怀信,中国典籍与文化,2008年第2期

《孟子》中的"民"是指沦为庶民的奴隶主阶级吗,刘百顺,学术月刊,1981年第9期

民族和睦的颂歌——谈唐代阎立本《步辇图》,聂崇正,文史知识,1982年第8期

明代建文朝史修纂的开山之作:《革除录》,潘忠泉,李怡,图书馆论坛,2007年第1期

明代鱼鳞图册考,梁方仲,地政月刊,1933年第1卷第8期

"明人杂俎"并非书名,汪少华,咬文嚼字,1995年第9期

《明史》,黄爱平,文史知识,1982年第1期

《明史·功臣世表三》纠误一则,张祥明,中国史研究,2007年第3期

《墨经》的作者问题及诸本之比勘,周小兵,古籍整理研究学刊,2006年第4期

《墨子间诂》书名正义,汪少华,南昌大学学报·人文社会科学版,1991年第3期

《牡丹亭》散论,周先慎,文史知识,1981年第3期

《牡丹亭》语言琐谈,张燕瑾,文史知识,1987年第11期

《牡丹亭》在中国文学史上的地位,傅修延,叶树发,文史知识,1998年第1期

《木兰诗》种种,方舟子,文史知识,1998年第11期

《穆天子传》的史料价值,王贻梁,华东师范大学学报·哲学社会科学版,1994年第6期

《穆天子传》是一部什么样的书,缪文远,文史知识,1985年第11期

《穆天子传》西征年历,顾实,东方杂志,1930年第27

卷第 5 期

《南齐书·海赋》订误,王显,古汉语研究,1988 年第 1 期

欧阳修的《吉州学记》,黄庆来,江西教育,1984 年第 Z1 期

裴松之《三国志注》,张孟伦,中国历史文献研究集刊,1982 年第 3 集

裴松之与《三国志注》,杨翼骧,历史教学,1963 年第 2 期

裴庭裕与《东观奏记》,田廷柱,辽宁大学学报·哲学社会科学版,1988 年第 3 期

"枇杷门巷"何从来王建薛涛并蒙冤——读王建《寄蜀中薛涛校书》诗辩讹,刘玉珊、杨正苞,文史杂志,2001 年第 4 期

《篇海》世家,杨正业,辞书研究,2006 年第 2 期

评班彪的《前史略论》,施丁,史学史研究,2006 年第 4 期

评《尔雅》的语义分类,苏新春,九江师专学报,1986 年第 1 期

评介明杨慎著《滇程记》和《滇载记》,谢国桢,思想战线,1978 年第 4 期

《蒲氏漫斋录》新考,李剑国、任德魁,文学遗产,2004 年第 6 期

《朴通事》的成书年代及相关问题,汪维辉,中国语文,2006 年第 3 期

《七发》的形式美,徐宗文,文史知识,1988 年第 10 期

《七发》与枚乘生平新探,赵逵夫,西北师大学报·社会科学版,1999 年第 1 期

《七月》札记——授衣、褐、举趾、殆及公子同归、微行、穹窒,张震泽,辽宁大学学报·哲学社会科学版,1981 年第 3 期

《齐民要术》卷前"杂说"非贾氏所作补证,汪维辉,古汉语研究,2006 年第 2 期

奇葩一朵《三字经》,朱辉光,文史知识,1992 年第 5 期

《钱考功集》考辨,王定璋,社会科学研究,1987 年第 1 期

浅谈《现代汉语词典》对地名用字的收录原则,李娟、黄启庆,浙江教育学院学报·杭州,2003 年第 1 期

浅谈周春的《十三经音略》,钱剑夫,辞书研究,1984 年第 3 期

清代文坛上的三颗明珠——纵谈《聊斋志异》、《儒林外史》和《红楼梦》,沈天佑,文史知识,1988 年第 1 期

《清明上河图》的命名,邹身城,河南大学学报·哲学社会科学版,1986 年第 4 期

《清明》诗与杏花村,周笃文,贵州社会科学,1981 年第 4 期

清·蒲松龄《农桑经》考,天野元之助(著),陶振纲(译),蒲松龄研究,1993 年第 Z2 期

《訄书详注》简介,王华宝,中国典籍与文化,2001 年第 4 期

《全唐诗·牟融集》证伪,陶敏,文献,1997 年第 2 期

《全唐诗人名考证》(武元衡卷),陶敏,湖南科技大学学报·社会科学版,1989 年第 1 期

《全唐诗·殷尧藩集》考辨,陶敏,湖南科技大学学报·社会科学版,1990 年第 5 期

却开图本看风烟——张择端的《清明上河图》,张光福,文史知识,1984 年第 2 期

任伯年的《秋郊射禽图》,水天中,文史知识,1984 年第 5 期

《塞翁失马》质疑,冯振广,郑州大学学报·哲学社会科学版,1994 年第 3 期

《三国演义》故事的流传,刘乃和,文史知识,1991 年第 4 期

《三国演义》作者及版本问题研究述评,张志和,高校理论战线,2002 年第 1 期

《三国志》"都乡侯"辨正,杨鉴生,江海学刊,2003 年第 6 期

《三峡》的作者是郦道元吗,施和金,南京师大学报·社会科学版,1992 年第 3 期

《三字经》成书年代小考,张子开,文史知识,1995 年第 8 期

《三字经》的渊源,徐梓,文史知识,2006 年第 8 期

《山鬼》考,刘毓庆,山西大学学报·哲学社会科学版,2002 年第 4 期

《山海经》新解,安京,文史知识,2003 年第 12 期

删诗辨,薛思明,国专月刊,1936 年第 3 卷第 4 期

删诗的问题,全国斌,绵延半月刊,1926 年第 2 期

《尚书·尧典》新议,冯广宏,文史杂志,2007 年第 1 期

《尚书》札记二则,宋华强,古籍整理研究学刊,2001 年第 5 期

《尚书》中的特权思想——从"沈潜刚克"到"高明柔克",王定璋,天府新论,2000 年第 5 期

《尚书》中的裕民思想,王定璋,社会科学研究,2000 年第 4 期

申论《周易》之制作时代,王宁,郭沫若学刊,1996 年第 2 期

《神女传》《杜兰香传》《曹著传》考论,李剑国,明清小说研究,1998 年第 4 期

《神乌赋》试论,扬之水,中国文化,1996 年第 2 期

沈德潜与《古诗源》,冯保善,江苏大学学报·社会科学

版,2005年第3期
沈约《宋书》述评,朱绍侯,南都学坛,2001年第4期
《诗经》编者新说,许廷桂,重庆师院学报·哲学社会科学版,1997年第4期
《诗经》结集平王初年考,许廷桂,西南师范大学学报·人文社会科学版,1979年第4期
《诗经》与春秋外交,易思平,文史杂志,1995年第5期
《诗经》在先秦不叫《诗三百》,许廷桂,文史知识,1996年第5期
《诗论》"文无离言"考,王芳,杨鉴生,兰州学刊,2006年第2期
《诗品》,常振国,文史知识,1981年第5期
诗人玉屑,张明华,文史知识,1984年第2期
《郘公典盘》及相关问题,涂白奎,考古与文物,2003年第5期
《十六国春秋》,吕叔桐,文史知识,1990年第8期
《十七史商榷》,黄爱平,文史知识,1984年第6期
《史记》辨误二则,王瑞来,首都师范大学学报·社会科学版,1985年第1期
《史记》《汉书》比较,瞿林东,文史知识,1987年第12期
《史记》"孔子删《诗》"说非后人强加,许廷桂,重庆师院学报·哲学社会科学版,1995年第3期
《史记·律书·历书》考释,刘操南,古籍整理研究学刊,1996年第1期
《史记》"太伯奔吴"说质疑,崔凡芝,张莉,山西大学学报·哲学社会科学版,2002年第5期
《史籀篇》年代考,潘玉坤,杭州师范学院学报·社会科学版,2002年第2期
《世本》及其辑本,郑超,文史知识,1986年第11期
世界第一部法医学专著《洗冤集录》,陈洪宜,文史知识,1989年第7期
世界第一部竹类专著——《竹谱》,王建,古籍整理研究学刊,1992年第1期
《世说新语》中驸马与公主的婚姻悲剧(下),蒋凡,文史知识,2004年第2期
《世说新语》中所见魏晋清谈风尚,叶柏村,浙江师范大学学报·社会科学版,1982年第2期
试论《沧浪诗话》成书年代及严羽对江西派诗论的态度,程自信,安小兰,安徽教育学院学报·哲学社会科学版,1993年第3期
试论《楚辞补注》中的"五臣注",周俊勋,阿坝师范高等专科学校学报,1999年第1期
试论《离骚》的写作地点与年代,张中一,云梦学刊,1985年第3期
试论《述善集》的学术价值,朱绍侯,史学月刊,2000年第4期
试论《说文》和《纬书》的关系,钱剑夫,古汉语研究,1989年第2期
试论《仪礼》的作者与撰作时代,丁鼎,孔子研究,2002年第6期
试谈颜之推和《颜氏家训》,谭家健,徐州师范大学学报·哲学社会科学版,1982年第3期
《释名》的作者及成书年代考,宦荣卿,复旦学报·社会科学版,1985年第5期
释《孙子兵法》中的"险",张涅,浙江海洋学院学报·人文科学版,2002年第4期
《释言》、《释诂》异同考辨,刘乃叔,东北师大学报·哲学社会科学版,1990年第4期
收字最多规模宏大的韵书《集韵》,路萌怡,文史知识,1984年第11期
首先怀疑"孔子删《诗》说"的不是孔安国,许廷桂,重庆师院学报·哲学社会科学版,1995年第2期
水浒数事,贾敬颜,社会科学辑刊,1980年第2期
《水浒传》和苏东坡,颜中其,西华师范大学学报·哲学社会科学版,1981年第2期
《水浒传》中的体育文化,刘秉果,体育文化导刊,2004年第1期
《水经注》词汇性质浅论,王东,唐都学刊,2006年第5期
《水经注》地名反映的词汇现象,罗明月,王东,学术探索,2006年第3期
《水经注》与游记文学,任访秋,文史知识,1984年第7期
说官箴,夏桂苏,夏南强,中国文化,1996年第2期
说《击壤歌》,钟肇鹏,文史杂志,1986年第2期
《说文解字》的产生及其由来,汪耀楠,辞书研究,1986年第1期
《说文解字》的历史文献价值,朱积孝,殷都学刊,1986年第2期
《说文解字》及其在文献阅读中的应用,陆宗达,文史知识,1981年第5期
说《易》,金景芳,史学月刊,1985年第1期
司马彪《续汉书》考辨,宋志英,史学史研究,2005年第2期
司马迁《史记》终讫再考,施丁,汉中师范学院学报·社会科学,1995年第1期
司马迁写《报任安书》年代考,施丁,西南师范大学学报·人文社会科学版,1985年第4期

《四部丛刊》和《四部备要》,李鼎霞,文史知识,1982年第3期

"四大奇书"名称的确立与演变,苏兴,明清小说研究,1990年第Z1期

宋代四大书之一《太平御览》,戚志芬,文史知识,1983年第4期

宋代最大的类书——《册府元龟》,陈炳迢,文史知识,1984年第8期

宋·蒋祈《陶记》校注,白焜,景德镇陶瓷·《陶记》研究专刊,1981年第S1期

《宋史·高丽传》史源考,顾宏义,中国边疆史地研究,2007年第4期

《宋之问集》考辨,陶敏,湘潭师范学院学报·社会科学版,1994年第5期

《孙武兵法》八十二篇的真伪,黄朴民,文史知识,1997年第1期

《孙子兵法》在中国历史上的地位与影响,黄朴民,文史知识,1991年第8期

《孙子》真伪及价值,黄朴民,烟台大学学报·哲学社会科学版,1997年第3期

《太公家教》考,汪泛舟,敦煌研究,1986年第1期

《太公家教》考补,汪泛舟,兰州学刊,1986年第6期

谈《尔雅图》及其原作者郭璞,王鸿宾,文物世界,2006年第1期

谈汉代《今文尚书》的篇目,杨天宇,史学月刊,1989年第3期

谈《红楼梦》的俗语运用,钟必琴,徐州师范大学学报·哲学社会科学版,1984年第4期

《谈今本〈周易〉的语料问题》商榷,徐山,中国语文,2008年第4期

谈迁写《国榷》,苑兴华,文史知识,1981年第1期

谈谈明代的四大奇书,沈天佑,文史知识,1986年第1期

谈谈《唐诗三百首》,振甫,文史知识,1981年第1期

谈谈《唐诗三百首》中误收的宋诗,子规,文史杂志,2007年第3期

谈《易经》的成书时代与作者,杨天宇,史学月刊,1988年第4期

唐代新兴韵书《韵诠》考探,徐时仪,李丰园,辞书研究,2007年第3期

《唐诗品汇》,戴燕,文史知识,1985年第4期

《唐诗三百首》的编选艺术,洪振快,文史知识,1996年第7期

唐宋律诗的精华荟萃——《瀛奎律髓》,朱迎平,文史知识,1987年第6期

唐以前文章的总集——《全上古三代秦汉三国六朝文》,陈捷,文史知识,1983年第8期

唐张萱《捣练图》及其相关问题,陈继春,文博,2007年第2期

《桃花源记》一处断句的辨析,徐风,文史知识,1989年第1期

《滕王阁序》的句调语义拾零——兼就中专《语文》注释求疵,易严,博览群书,1997年第8期

《滕王阁序》写于何时,王天海,贵州大学学报·社会科学版,1991年第3期

《天工开物》及其作者宋应星,胡道静,辞书研究,1982年第5期

《通雅》:雅学的辉煌,石云孙,安庆师院社会科学学报,1997年第2期

王安石《春秋》"断烂朝报"说辨正,杨新勋,中国典籍与文化,2004年第2期

王世贞《祝子罪知录序》真伪考,向燕南,中州学刊,2004年第3期

王羲之与唐摹《兰亭序》,李艳霞,紫禁城,2005年第S1期

王隐《晋书》初探,宋志英,文献,2002年第3期

维鹈在梁不濡翼荟蔚朝隮季女饥,姚庆瑞,文史知识,1991年第6期

伪《古文尚书》与伪孔安国《尚书传》,王树民,文史知识,2003年第10期

为王安石的《明妃曲》辨诬,邓广铭,文学遗产,1996年第3期

《尉缭子》军事用语三则,刘孝利,俞理明,西南师范大学学报·人文社会科学版,2006年第3期

文天祥的《指南录》和《指南后录》,沈起炜,文史知识,1982年第8期

文廷式及其《云起轩词》刍议,赵伯陶,江淮论坛,1989年第1期

《文心雕龙》与我国文化传统,张少康,文史知识,1987年第1期

《文心雕龙》这个书名是什么意思,滕福海,文史知识,1983年第6期

文徵明的《西苑诗卷》,许国平,紫禁城,1999年第4期

文徵明"绿阴清话图",杨臣彬,紫禁城,1986年第00期

《文子》其书,卢仁龙,文史知识,1989年第2期

我国第一部方言词典《方言》,左民安,文史知识,1982年第4期

我国第一部系统的语法学专著《马氏文通》,俞敏,谢纪锋,文史知识,1984年第11期
我国古代的农学百科全书《农政全书》,吴旭民,文史知识,1983年第6期
我国古代最大的丛书《四库全书》,胡宜柔,文史知识,1982年第8期
我国最大的一部丛书——《四库全书》,牟小东,今日中国·中文版,1982年第7期
无名氏《海阳泉》诗当为元结作,〔日〕太田晶二郎(著),王汉民,陶敏(译),吴中学刊,1994年第4期
《西京杂记》非葛洪伪托考辨,丁宏武,图书馆杂志,2005年第11期
《西厢记》发覆,董每戡,中山大学学报·社会科学版,1980年第2期
《西游记》非吴承恩所著及主题是修心证道,李安纲,编辑之友,1995年第4期
《西游记》:奇特的精神漫游,刘勇强,文史知识,1991年第4期
《西域尔雅》及其作者,徐莉莉,辞书研究,1992年第2期
《郗氏墓识》考辨,王汝涛,临沂师范学院学报,2007年第1期
夏小正之检讨,陈兆鼎,江苏省立国学图书馆年刊,1936年第九年刊
《小尔雅》,彭林,古籍整理研究学刊,1986年第2期
小说渊薮《太平广记》,南丽华,文史知识,1983年第10期
《谀闻续笔》作者考,朱松山,明清小说研究,1995年第4期
《孝经》,杨伯俊,文史知识,1982年第3期
新出竹书与《论语》成书问题再认识,杨朝明,中国哲学史,2003年第3期
《新华字典》的自述,李岩,文学与人生,2006年第10期
《新唐书》修撰考,颜中其,史学史研究,1980年第4期
《醒世姻缘传》成书时代,颜廷亮,马桂冬,聊城大学学报·社会科学版,2006年第5期
《醒世姻缘传》作者为兖州府人贾凫西续考,徐复岭,济宁师范专科学校学报,2005年第4期
徐众《三国评》考辨,宋志英,史学史研究,2000年第3期
玄应《众经音义》的成书和版本流传考探,徐时仪,古籍整理研究学刊,2005年第4期
荀子传《易》说献疑,王化平,社会科学家,2005年第5期
研究元史的重要参考书——《元典章》,韩志远,文史知识,1985年第12期

研究中国佛教史的重要史料——三朝《高僧传》,毛双民,文史知识,1986年第10期
颜之推写《抱朴子》,章锡良,咬文嚼字,1999年第6期
《晏子春秋》——中国最古老的传说故事集,孙绿怡,文史知识,1989年第3期
《姚孝经砖文》性质简说,涂白奎,华夏考古,2005年第1期
也谈今本《大唐新语》的真伪问题,陶敏,李德辉,山西大学学报·哲学社会科学版,2007年第1期
也谈《三字经》的成书年代,欧阳光,文史知识,1996年第2期
也谈《萤窗异草》之成书年代及作者,李峰,盐城师范学院学报·人文社会科学版,2002年第3期
一部很有价值的古典辞书——《小尔雅》,黄怀信,辞书研究,1988年第1期
一出谐趣横生的独幕诗剧——说汉乐府《陌上桑》,魏耕原,文史知识,1991年第3期
《一切经音义》与词语探源,姚永铭,中国语文,2001年第2期
《仪礼》,王文锦,文史知识,1982年第10期
《仪礼》的来源、编纂及其在汉代的流传,杨天宇,史学月刊,1998年第6期
《仪礼·士昏礼》用雁问题新证,胡新生,文史哲,2007年第1期
《夷坚志》成书考——附论"洪迈现象",李剑国,天津师范大学学报·社会科学版,1991年第3期
《颐和园》史实补正,王道成,读书,1981年第7期
以人法天的理想国纲领——《周礼》,彭林,文史知识,2002年第4期
以史资政的《吕氏春秋》,汪受宽,兰州大学学报·社会科学版,1997年第4期
《艺文类聚》和《初学记》,许逸民,文史知识,1982年第5期
《易经》中的方法论思想,王德胜,文史知识,1992年第2期
《逸周书·度邑》"依天室"解,叶正渤,古籍整理研究学刊,2000年第4期
《逸周书》各家旧校注勘误举例,黄怀信,西北大学学报·哲学社会科学版,1991年第3期
《逸周书》浅探祝中熹,祝中熹,青海师范大学学报·哲学社会科学版,1989年第2期
《逸周书》时代略考,黄怀信,西北大学学报·哲学社会科学版,1990年第1期

《阴符经》真解,张纯一,政治季刊,1947年第5卷第1,2期

尹湾汉简《神乌赋》"勒靳"试释,刘乐贤,古籍整理研究学刊,2003年第5期

《莺莺传》研究综述,程国赋,文史知识,1992年第12期

《永乐大典》的编纂及其价值,王重民,社会科学战线,1980年第2期

《永乐大典》和它的价值,张忱石,文史知识,1984年第3期

《永乐大典》正本殉葬说质疑,王春瑜,寻根,1999年第4期

有关司马迁及《史记》种种,孙正容,浙江师范大学学报·社会科学版,1963年第1期

虞世南的《夫子庙堂碑》,蒋文光,文史知识,1986年第2期

《与山巨源绝交书》作年考,顾农,江海学刊,1998年第4期

《玉台新咏》,隽雪艳,文史知识,1984年第1期

《元光元年历谱》考释,刘操南,古籍整理研究学刊,1995年第Z1期

《元曲选》,宋祥瑞,文史知识,1982年第2期

元诗文献新证,杨镰,山西大学学报·哲学社会科学版,2007年第3期

元诗文献研究,杨镰,文学遗产,2002年第1期

《元史·郝经传》札记一则,张国旺,中国史研究,2006年第1期

《圆圆曲》的主题和意旨,程相占,文史知识,1996年第3期

再论《三国演义》作者不是罗贯中——答杜贵晨先生,张志和,许昌师专学报,2002年第3期

再研《考工记》,刘广定,广西民族学院学报·自然科学版,2005年第3期

《战国策》及其记事的虚与实,陈抗,文史知识,1985年第11期

《战国策》士人种种,易思平,文史杂志,1996年第2期

张湛《列子注》之佛教"无常"意,王光照,卞鲁晓,广西社会科学,2008年第2期

张自烈著《正字通》新证,萧惠兰,湖北大学学报·哲学社会科学版,2003年第5期

赵孟頫《秋郊饮马图》,杨臣彬,文史知识,1982年第11期

《浙藏敦煌文献》字词一则,于淑健,古汉语研究,2004年第2期

《真诰》词语校释三则,冯利华,中国道教,2002年第3期

《正纬》篇衍说,徐公持,文学评论,1991年第6期

《正字通》一书及其作者,董琨,辞书研究,1996年第3期

郑玄《鲁礼禘祫志》辨,钱玄,古籍整理研究学刊,1994年第5期

"植物名实图考"在植物学史上的位置,周建人,自然界,1926年第1卷第4期

中国古代词典之先河——尔雅,图书馆建设,2000年第4期

中国古代的理财名著——《管子》,缪文远,文史知识,1988年第1期

中国古代的女子教育课本——《女四书》,张鸣岐,文史知识,1988年第6期

中国古代第一部字典——说文解字,李峰,河南图书馆学刊,2000年第1期

中国古代动植物工具书的文化特征,于翠玲,图书与情报,2004年第1期

中国古代科技史巨著——《畴人传》,曾学文,文史知识,2007年第12期

中国古地图——地理图,万方,书屋,2006年第7期

中国古地图——地形图,万方,书屋,2006年第3期

中国古地图——放马滩一号秦墓出土地图,万方,书屋,2006年第2期

中国古地图——混一疆理历代国都之图,万方,周宏伟,书屋,2006年第10期

中国古地图——静江府城图,万方,书屋,2006年第9期

中国古地图——坤舆万国全图,万方,周宏伟,书屋,2006年第12期

中国古地图——历代舆地图,万方,周宏伟,书屋,2006年第11期

中国古地图——平江图,万方,书屋,2006年第8期

中国古地图——市井图画像砖,万方,书屋,2006年第4期

中国古地图——五台山图,万方,书屋,2006年第5期

中国古地图——禹迹图图石,万方,书屋,2006年第6期

中国古地图——兆域图,万方,书屋,2006年第1期

中国目录学之祖——《别录》和《七略》,苑琪,文史知识,1986年第12期

中国十七世纪的工艺百科全书《天工开物》,梁静波,文史知识,1984年第3期

中国天文学史之一重大问题:周髀算经之年代,刘朝

阳,国立中山大学语言历史学研究所周刊,1929年第8卷第94—96期

中国最早的有系统的学术史专著《明儒学案》,任大援,文史知识,1985年第2期

中华书局校点本《宋书·天文志》正误,郑慧生,史学月刊,2006年第8期

中日文化交流的奇葩——《文镜秘府论》,朱迎平,文史知识,1986年第8期

中西交通史的名著——《大唐西域记》,洪偶,文史知识,1984年第5期

《中庸》成书问题新探,杨朝明,河南科技大学学报·社会科学版,2006年第5期

《中原音韵》,杨耐思,语文建设,1964年第7期

《周礼》,金景芳,文史知识,1983年第1期

《周礼》成书于汉初说,彭林,史学史研究,1989年第3期

《周礼》的内容、行文特点及其史料价值,杨天宇,史学月刊,2001年第6期

周史遗珍须细读——《逸周书》简介,缪文远,文史知识,1988年第7期

周氏《涉笔》考,仝卫敏,古籍整理研究学刊,2007年第1期

《周书》纪传疑年录,许福谦,刘勇,大同高等专科学校学报,2000年第1期

《周易》,杨伯俊,文史知识,1982年第4期

《周易》给美学的启发,王世德,文史杂志,2007年第2期

《周易》是世界最早的系统科学著作,王治功,汕头大学学报·人文社会科学版,2006年第4期

周易参同契——世界炼丹史上最古的著作,袁翰青,化学通报,1954年第8期

朱熹的《诗经》说与《毛诗序》,杨天宇,河南大学学报·社会科学版,1992年第2期

朱载堉《瑟谱》及相关问题探讨,赵毅,黄钟,武汉音乐学院学报,1995年第1期

《诸子辨》性质考辨,王嘉川,浙江社会科学,2004年第5期

《竹谱》略论,王建,贵州文史丛刊,1992年第1期

《庄子》的物性观及其现代意义,王晖,江苏社会科学,1999年第4期

濯去缨尘写青山:谈唐寅《庐山图》,周曙,文史知识,1992年第9期

《宗经》篇衍说,徐公持,文学遗产,1995年第6期

《醉醒石》作者新考,徐复岭,济宁师专学报,1994年第1期

《左传》,杨伯俊,文史知识,1982年第6期

《左传》称名略说,王红霞,学术论坛,2004年第4期

《〈左传〉成书年代质疑》的质疑,王伯虎,文史知识,1991年第4期

《左传》人物称名中"子"字的解说,闫丽,古籍整理研究学刊,2008年第1期

左丘明与《左传》《国语》关系考论,刘丽文,聊城大学学报·社会科学版,2004年第3期

左思《三都赋》及其序注综考,顾农,广西师范大学学报·哲学社会科学版,2005年第1期

四、职官

北齐官品的年代问题,阎步克,历史研究,2001年第3期
北宋的御史台和谏院,费海玑,思想与时代,1965年第132期
北宋前期审刑院与宰相的司法复审权,祁琛云,史学月刊,2007年第9期
北周职官考,李源澄,图书集刊,1942年第3期
必然的走向:九品中正制,胡宝国,文史知识,1998年第11期
"弼马温"何解,王春瑜,课外语文•初中,2004年第6期
补唐代翰林两记(附表),岑仲勉,国立中央研究院历史语言研究所集刊,1944年第11本
长芦都转考,陈儁如,禹贡,1936年第4卷第12期
"朝奉"及其文化意义,任朝霞,文史知识,2002年第6期
丞相职权考,钟秀崎,东北大学周刊,1929年第75期
春秋时代官制考,刘师培,国粹学报,1907年第3卷第6—9期
从丞相到三公——西汉职官之一,孙钺,文史知识,1984年第7期
从社会学上所见中国古代的官吏,汤鹤逸,正风半月刊,1935年第1卷第8期
从相邦到伍老——战国时期的中央与地方职官,彭邦炯,文史知识,1984年第4期
东汉的世家士族宦官与党锢,紫僧,天津益世报,1937年2月9日
督邮:从受人敬重到不被欢迎,刘桂秋,文史知识,2004年第4期
敦煌书仪中的贺官,吴丽娱,文史知识,2003年第5期
敦煌写本唐天宝官品令考释,金敏黻,说文月刊,1943年第3卷第10期
公、卿——东汉职官之一,孙钺,文史知识,1984年第12期
古代的县及县官,刘森,文史知识,1988年第11期
《古代官职升降称谓浅释》补遗(上、下),杨忠,文史知识,1985年第9、11期
古爵名无定称说,杨树达,岭南学报,1950年第2期
古执政长官考,谢之勃,国专月刊,1936年第2卷第5期
关于汉代西域都护的两个问题,李炳泉,民族研究,2003年第6期
关于唐代转运使设置的年代,徐庆全,社会科学辑刊,1992年第4期
关于"总理各国事务衙门",郑师渠,文史知识,1981年第4期
官制沿革备论(论秦以后无真宰相上),邓子诚,史学年报,1938年第2卷第5期
贯休官职考,王秀林,中国典籍与文化,2005年第1期
光禄寺与光禄大夫,朱松山,红楼梦学刊,1983年第2期
汉代的西域都护与戊巳校尉,劳干,"中央研究院"历史语言研究所集刊,1956年第28本上册
汉代郡府之功曹督邮,严耕望,大陆杂志,1953年第1期
汉代乡官,杨树藩,政治大学卅周年纪念论文集,(台北)政治大学,1957年
汉官考,李源澄,图书集刊,1943年第5期
汉书地理志所记掌物产之官,袁钟妪,禹贡,1934年第1卷第1期
汉魏的中央官制,萨孟武,新认识,1942年第6卷第2期
汉武帝时的将军封号,杨旭东,李川,文史知识,2007年第12期
汉掌故吏考,孙师郑,国粹学报,1907年第3卷第12期
何谓"秘阁",李传军,文史知识,2004年第6期
"侯"与"射侯",陈槃,"中央研究院"历史语言研究所集刊,1950年第22本
皇帝大权独揽——秦职官之一,孙钺,文史知识,1984年第5期
皇帝•宰相•宦官——晚唐中枢权力分配格局变动述略,陈明光,文史知识,1996年第7期
简牍所见汉代乡部的建制与职能,臧知非,史学月刊,2006年第5期
简牍所见秦汉县属吏设置及演变,邹水杰,中国史研究,2007年第3期
简论两汉时期的"风俗使",范志军,濮阳教育学院学报,2002年第4期
将军、校尉、州、郡国、县、乡里——东汉职官之二,孙钺,文史知识,1985年第1期
金代职官,周清澍,文史知识,1986年第11期
"九品中正"的研究,许世英,清华周刊,1931年第36卷第9、10期
九品中正制浅说,田久川,文史知识,1983年第1期
爵名释例——西周封建制探索之一,束世澂,学术月

刊，1961年第4期
郡县乡官——西汉职官之四，孙钺，文史知识，1984年第11期
开封繁台之沿革及其建置，赵玉芳，河南政治，1934年第4卷第9期
"兰台"多重涵义详考，朱孔伦，济宁师范专科学校学报，2004年第6期
历代农官考，万国鼎，农矿公报，1929年第14期
历代水利职官志，叶遇春，国风半月刊，1934年第4卷第5期
吏部也曾无权，鹿谐慧，文史知识，1997年第2期
两汉代的行政中枢机关，于鹤年，大公报史地周刊，1935年7月12日
两汉官署，刘敦桢，中国营造学社汇刊，1932年第3卷第3期
两汉郡县属吏考，严耕望，中国文化研究汇刊，1942年第2卷
两汉郡县属吏考补正，严耕望，中国文化研究汇刊，1943年第3卷
两汉农都尉的设置数额及其隶属关系，李炳泉，中国边疆史地研究，2005年第2期
两汉戊己校尉建制考，李炳泉，史学月刊，2002年第6期
两晋的中央官制，萨孟武，新认识，1943年第7卷第2期
两晋职官，孙钺，文史知识，1985年第5期
两周金文所见职官考（附表），斯维至，中国文化研究汇刊，1947年第7卷
辽朝监察官考，〔日〕岛田正郎，大陆杂志，1965年第7期
辽朝林牙翰林考（上、下），〔日〕岛田正郎，大陆杂志，1965年第1—2期
列卿职守——西汉职官之二，孙钺，文史知识，1984年第8期
略论两汉士大夫的异同，张保同，史学月刊，2006年第9期
略论秦汉的相权，张凯声，文史知识，1993年第9期
略论宋代州县公吏违法，黄山松、胡宁宁，中共浙江省委党校学报，1999年第5期
略谈史官源流，左言东，文史知识，1982年第12期
论东周秦汉时代的乡官，王彦辉，史学集刊，2001年第3期
论历代中央官制之变迁，刘师培，国粹学报，1907年第27、28期
论宋朝御史的素质，肖建新，安徽师范大学学报·人文社会科学版，1992年第4期

论宋代官品制度及其意义，龚延明，西南师范大学学报·人文社会科学版，1990年第1期
论所谓五等爵，傅斯年，国立中央研究院历史语言研究所集刊，1930年第2本第1分
论先秦时期瞽矇的社会功能及历史地位，许兆昌，史学集刊，1996年第2期
满汉官释，聂崇岐，燕京学报，1947年第32期
名称与中原不同的楚国官制，杨升南，文史知识，1984年第2期
名亡实存的宰相——明代中、后期的内阁，怀效锋，文史知识，1993年第1期
明代的官制（一、二、三），周清澍，文史知识，1986年第12期，1987年第2、3期
明代的官制（一至五），许大龄，文史知识，1987年第4、6、7、8、9期
明代的宦官和厂卫，王宏志，文史知识，1982年第3期
明代的巡按御史，王世华，文史知识，1991年第10期
明代宦官权势的演进，王崇武，北平晨报艺圃，1935年1月29、30日，2月1、2、6、8、9、12、16日
明代宦官生活概况，王崇武，北平晨报艺圃，1935年3月12、13日
明代宦官势力之消长，菊生，西北论衡，1937年第5卷第1期
明代宦官与自宫禁令，王崇武，北平晨报艺圃，1935年3月23、27、29日，4月1、2日
明代给事中简论，李熊，东北师大学报·哲学社会科学版，1991年第1期
明代女官制度，常景宗，北平晨报艺圃，1935年7月1、3日
明代四辅官考，吴辑华，大陆杂志，1959年第5期
明代胥吏，缪全吉，研究生，1967年第1期
明代巡按御史，李熊，史学月刊，1988年第4期
明清玉堂之署——翰林院，赵洛，文史知识，1982年第6期
内阁出处考，邹身城，文史知识，1981年第5期
内阁与司礼监——明代皇权平衡的两个砝码，舒敏，文史知识，1997年第5期
南北朝的中央官制，萨孟武，新认识，1943年第7卷第5、6期
《南齐书·丘灵鞠传》试释兼论南朝文武官位及清浊，周一良，清华学报，1948年第2期
南书房，黄爱平，文史知识，1983年第3期
南宋的隅及隅官，李明泽，大陆杂志，1963年第1期

品、阶、爵、勋与公、孤——略谈我国古代的官阶与尊衔,袁庭栋,文史知识,1989年第1期
仆射的时代、职掌及其原始的意义,赵尺子,反攻,1962年第247期
浅议秦汉官吏法的几个特点,王彦辉,于凌,史学月刊,2006年第12期
秦博士职掌考,施之勉,东方杂志,1944年第40卷第3期
秦代九卿制度考(上、下),蔡兴安,大陆杂志,1963年第4、5期
秦代县行政主官称谓考,邹水杰,湖南师范大学社会科学学报,2006年第2期
秦官多同六国考,施之勉,东方杂志,1944年第40卷第12期
秦官考(《秦会要订补职官篇》补正),金少英,西北师院学报,1958年第3期
秦汉的博士官,张汉东,文史知识,1982年第9期
秦汉的郎官制度,曾謇,北平华北日报史学周刊,1936年7月16日
秦汉的尚书台,沈巨尘,文化建设,1935年第2卷第1期
秦汉的中央官制,萨孟武,新认识,1942年第6卷第1期
秦汉官吏为什么用"若干石"为等级,阎步克,文史知识,2002年第10期
秦汉国家行政中枢的演变,卜宪群,文史知识,2000年第10期
秦汉九卿考,劳干,大陆杂志,1957年第11期
秦汉时代"卿"的考证,家邦,大风,1947年第1期
秦汉魏晋的少府官属,徐式圭,学艺,1935年第14卷第5期
秦及汉初博士考,谢之勃,国专月刊,1936年第2卷第1期
秦客卿考,丹秋,文化建设,1935年第1卷第8期
清初的皇家密探——织造,田介清,羊城晚报,1962年8月10日
清代"笔帖式",杜家骥,文史知识,1983年第4期
清代地方文职官概说,单士魁,历史档案,1984年第3期
清代后妃之位号与等级,抑斋主人,越风,1937年第2卷第4期
清代九卿小考,王道瑞,故宫博物院院刊,1983年第2期
清代军机处的沿革、职掌和主要档案,单士魁,光明日报,1957年7月18日
清代军机处漫谈,宋元强,文史知识,1981年第3期
清代科道官之公务关系,汤吉禾,中央大学社会科学丛刊,1934年第1卷第2期
清代科道官之任用,汤吉禾,中央大学社会科学丛刊,1934年第1卷第2期
清代科道之成绩,汤吉禾,中山文化教育馆季刊,1935年第2卷第2期
清代科道之职掌,汤吉禾,东方杂志,1936年第33卷第1期
清代科道组织之沿革,汤吉禾,新社会科学季刊,1934年第1卷第1期
清代内阁,季士家,历史教学,1963年第4期
清代总督与巡抚,赵希鼎,历史教学,1963年第10期
清内廷十三衙门考,刘振卿,北平晨报艺圃,1932年9月12、13、16、20、26、27日
全面推行郡县制——秦职官之二,孙钺,文史知识,1984年第6期
三国的侍中、武职及郡国——三国职官之二,孙钺,文史知识,1985年第4期
三国的文职公卿——三国职官之一,孙钺,文史知识,1985年第2期
十余年来对明代宦官的研究综述,吴悟,文史知识,1992年第3期
史官与官史——韩、柳的史官辩,朱维铮,复旦学报·社会科学版,2006年第3期
史官源流考,许兆昌,吉林大学社会科学学报,1997年第1期
《史记索隐》注"太史令"有问题,施丁,中国社会科学院研究生院学报,1996年第2期
《史记·天官书》之研究,刘朝阳,国立中央大学历史语言研究所周刊,1929年第7卷第73、74期
世官制的盛行及其衰亡——春秋时期中原各国的官制,杨升南,文史知识,1984年第1期
试论明代的巡检司,王伟凯,史学月刊,2006年第3期
试论唐代历史上的"简政省官",杨希义,西北大学学报·哲学社会科学版,1992年第4期
试说清代五等爵,雷炳炎,文史知识,2007年第10期
释"莫敖",唐嘉弘,江汉论坛,1984年第11期
述满清特务官(实斋随笔),君实,大公报,1949年10月24日
说明代宦官,张存武,幼狮学报,1964年第3卷第2期
宋代官民的称谓,朱瑞熙,上海师范大学学报·哲学社会科学版,1990年第3期
宋代官员的官年与实年,孔学,文史知识,2004年第1期
宋代官员分司制度,徐东升,史学月刊,2007年第1期

宋代翰林图画院的体制,彭亚,史学月刊,2007年第9期
宋代画院考略,潘天寿,亚波罗,1936年第15期
宋代监修国史和提举修史制度变化考,王胜恩,史学月刊,2006年第7期
宋代提刑司废置考述,李之亮,文史,2006年第1期
宋代学士院与翰林院、翰林司,龚延明,文史知识,1993年第11期
宋代之画院,傅鼎梅,广播周刊,1947年第25期
宋代职官简称别名汇释选,龚延明,杭州大学学报·哲学社会科学版,1987年第3期
宋代转运使补论,汪圣铎,中国史研究,2004年第1期
宋官制杂释,辰佰,文史杂志,1941年第1期
宋官制最善篇,明夷,新民丛报,1903年第46—48期
《宋史》官称勘误,李之亮,河北师范大学学报·哲学社会科学版,2004年第2期
宋史职官志考正,邓广铭,国立中央研究院历史语言研究所集刊,1943年第10本
《宋史·职官志》所载选格疏正,方诚峰,文史,2006年第1辑
隋宰辅官制考,曾了若,国立中山大学文史学研究所月刊,1934年第2卷第3、4期
他是文官,为什么叫"大将",刘世德,文史知识,2007年第6期
谈大小九卿,徐一士,国闻周报,1935年第12卷第23期
谈敦煌社邑文书中"三官"及"录事""虞侯"的若干问题,杨森,敦煌研究,1999年第3期
谈清代总管内务府,曹宗儒,北平晨报艺圃,1934年7月30、31日,8月22、25日
谈《仪礼》中的宰,杨天宇,郑州大学学报·哲学社会科学版,1996年第5期
唐朝"村正"考,刘再聪,中国农史,2007年第4期
唐代的御史台,胡沧泽,文史知识,1990年第8期
唐代都护府之设置及其变迁,邝平章,禹贡,1936年第5卷第10期
唐代都护府之设置及其变迁,萧初,国民杂志,1941年第1卷第10、11期
唐代兰州刺史考,郁贤皓,兰州学刊,1984年第3期
唐代六部与九寺诸监之关系,严耕望,大陆杂志,1951年第11期
唐宋的知制诰,张东光,文史知识,1993年第1期
唐宋时代的转运使及发运使,〔日〕青山定男(著),友庄(译),清华周刊,1934年第1期
唐宋时代之转运使及发运使,黄现璠,进展月刊,1933年第2卷第12期
"团头"小考,熊飞,辞书研究,1985年第3期
魏晋南北朝时期的使节,王波,文史知识,1997年第8期
魏晋南北朝之尚书,张亚沄,政大学报,1963年第8期
我国古代的画院,赵险峰,文史知识,1995年第1期
我国古代国家首脑的称号,左言东,文史知识,1981年第2期
五代的幕府,刘樊,食货,1937年第5卷第1期
五等爵在殷商,董作宾,国立中央研究院历史语言研究所集刊,1936年第6本第3分
武职与诸侯——西汉职官之三,孙钺,文史知识,1984年第10期
西汉三公九卿考,王树椒,图书集刊,1943年第4期
西汉时代之都刺史,芮和蒸,政大学报,1961年第3期
西汉时期的西域都护府,维衍,文史知识,1983年第4期
西汉文官制度概述,赵俊欣,新社会科学季刊,1935年第1卷第4期
西汉戊己校尉的名和实,贾丛江,中国边疆史地研究,2006年第4期
西汉中后期的儒宗宰相,丁毅华,河南科技大学学报·社会科学版,2005年第2期
先秦两汉乡官考,谢之勃,国专月刊,1936年第3卷第5期
洗马·行马·但马,温显贵,文史知识,2001年第5期
新莽职官考,饶宗颐,东方学报,1957年第1卷第1期
行省制度浅谈,王颋,文史知识,1985年第3期
巡台御史的设立及其历史作用,刘如仲,中国历史文物,1991年第1期
循吏与循吏之政绩,张纯明,政治经济学报,1935年第3卷第2期
"盐政"、"盐课"及"巡盐御史",朱松山,红楼梦学刊,1980年第1期
也谈辛延年《羽林郎》中的"金吾子",阎步克,中国文化研究,2004年第1期
殷有"封人"说,刘钊,殷都学刊,1989年第4期
元朝的"录事司"考(上、下)司侯司附,王民信,大陆杂志,1968年第2、3期
元代初期诸路转运司考述,温海清,中国史研究,2007年第3期
"宰"的阶级属性,孙香兰,学术月刊,1982年第12期
宰官考原,王恒馀,"中央研究院"历史语言研究所集刊,1967年第37本
职官沿革考,蒙文通,史学论丛,1935年第2期

中国古代的官制及其沿革,向村,前线,1963年第3期

中国古代的品、阶、勋、爵,楚庄,天津师范大学学报·社会科学版,1982年第1期

中国古代爵制考,曾謇,北平华北日报史学周刊,1936年5月14、21日

中国古官制篇,明夷,新民丛报,1903年第37—41期

中国汉后官制篇,明夷,新民丛报,1903年第42—43期

中国历代职官别名研究,龚延明,历史研究,1998年第6期

中正九品考,谷霁光,天津益世报史学,1936年3月31日

周代官员称"老"现象考述,许兆昌,史学集刊,2000年第2期

周官六官沿革表,敖士英,女师大学术季刊,1931年第2卷第1期

《周礼》"大史"职掌记事考,许兆昌,大连教育学院学报,2000年第1期

自汉迄唐交阯官吏考,王福隆,史地学报,1926年第4卷第1期

宗法观念与清代职官制度,冯尔康,文史知识,2005年第10期

五、动物

巴虎与开明兽,刘弘,四川文物,1988年第4期
巴蜀图像符号中所见螳螂为"玃"之图腾考,刘弘,四川文物,1987年第4期
病马、老马、慢马意象与佛经故事——文学意象家族与文人心态史探佚,王立,社会科学研究,2001年第3期
"草马"探源,曾良,中国语文,2001年第3期
蝉与中国古代文化,张乃格,文史知识,1991年第12期
嫦娥·癞蛤蟆·天鹅及其他——"癞蛤蟆想吃天鹅肉"探源,龚维英,人文杂志,1989年第1期
鸱尾与鸱吻,朱启新,文史知识,2003年第6期
鸱鸮与凤凰——中国文学中的一组对立意象,姚立江,北方论丛,2002年第3期
慈乌反哺与鸱鸮食母——兼论中国古代的兽德观,潘兰香、姚立江,求是学刊,1998年第3期
从类书论狐文化与狐文学,于翠玲,西北大学学报·哲学社会科学版,2003年第2期
大型字词典鸟兽词条释义纠补,李海霞,三峡大学学报·人文社会科学版,2008年第1期
大型字词典鱼类词条补正,李海霞,辞书研究,1999年第5期
动物名传统释名的弊病,李海霞,渝西学院学报·社会科学版,2002年第2期
动物学发达略史,陈兼善,博物杂志,1920年第2、3期,1921年第4期
对大型语文辞书动物词条释义改进的意见,李海霞,辞书研究,2002年第1期
尔雅梁山产象考,叶国庆,国立中央大学历史语言研究所周刊,1928年第1卷第14期
尔雅梁山之犀象考,黄仲琴,国立中央大学历史语言研究所周刊,1928年第1卷第10期
凤的文化解读,刘德增,文史知识,2006年第9期
凤凰散笔,张演生,化石,1988年第3期
凤凰研究,贾祖璋,东方杂志,1931年第28卷第12期
凤薮丽羽:海外珍禽"倒挂鸟"考,王颋,暨南学报·哲学社会科学版,2003年第4期
古代鱼的称谓,邢湘臣,中国钓鱼,1994年第5期
关于凤凰的传说和用典,徐传武,古籍整理研究学刊,1986年第4期
关于"蝴蝶"的讨论——《"蝴蝶"考》献疑,沈怀兴,中国语文,2002年第2期
关于龙和龙文化的臆测与探讨,张晟,青海师范大学学报·哲学社会科学版,2005年第3期
龟、鸭、王八语源考,杨琳,中国文化研究,2006年第2期
蛤士蟆考,曹炳章,华西医药杂志,1948年3卷1—3期
"海鸥鸟"解,张永言,古汉语研究,1994年第3期
汉代鱼鸟图小考,刘弘,民俗研究,1989年第3期
汉语常见鱼名命名理据考,李海霞,浙江海洋学院学报·人文科学版,1999年第4期
汉语动物命名研究,李海霞,古汉语研究,2001年第2期
汉语动物命名原则,李海霞,殷都学刊,2000年第2期
汉语鱼名命名理据考,李海霞,古籍整理研究学刊,1999年第4期
汗血马小考,周士琦,文史杂志,2002年第2期
何物"枳首蛇",周士琦,文史知识,1993年第9期
河鲀古今谈,邢湘臣,中国农史,1988年第3期
黑虎与罗罗,周士琦,文史知识,1997年第5期
《"蝴蝶"考》献疑,沈怀兴,中国语文,2002年第2期
蝴蝶漫说,沈祖春,文史知识,2006年第1期
话说"凤凰",曾昭聪,文史知识,2005年第1期
家鸡之来历,张石朋,学生杂志,1919年第6卷第2期
家禽的原始与历史,黄中成,禽声月刊,1933年第1卷第9期
甲骨文与龟,邢湘臣,化石,1991年第3期
"角端"与成吉思汗西征班师,王颋,史林,2004年第6期
"九头鸟"之谜,周士琦,文史杂志,1994年第4期
《离骚》"龙马"纵横考,龚维英,衡阳师范学院学报,1989年第1期
鲤鱼漫谈,邢湘臣,文史知识,1989年第2期
鲤鱼与道教,胥洪泉,中国道教,2001年第6期
灵禽·祥物·卜具与戏物——我国古代鸡文化漫说,陈宁英、孙秋云,文史知识,1993年第5期
"龙"的字形字意及"龙"的文化精神,李峰,中华文化论坛,2008年第2期
龙解,吴元涤,科学,1923年第8卷第1期
龙考,玄蝶,博物学杂志,1923年第2卷第1期
"龙生九子"的来龙去脉,丰家骅,寻根,2006年第6期
龙为树神说——兼论龙之原型是松,尹荣方,学术月刊,1989年第7期
芦林兽吼——以狮子为"贡献"之中西亚与明的交往

王颋,西北民族研究,2004年第1期
"鸾""和"之鸣,朱启新,文史知识,2005年第5期
论明代四大奇书传说里的"马"话语,董晓萍,思想战线,2000年第5期
马种由来,科学,1915年第1卷第5期
漫话乌龟,王立新,文史知识,1992年第11期
漫话"镇水兽",姚立江,文史知识,1991年第5期
漫说鸡入六牲,王炜民,文史知识,1996年第9期
毛诗动植物今释,薛蛰龙,国粹学报,1908年第38—42、45、48期,1909年第56、57期
蒙古寻获之古代巨兽(附图),科学,1924年第9卷第3期
牡蛎古今谈,邢湘臣,化石,1993年第3期
螃蟹史话,邢湘臣,农业考古,1998年第3期
"淇鲫"故事三则,邢湘臣,中州今古,2002年第4期
麒麟,余瑞瑛,国立武昌师范大学博物学会杂志,1923年第5卷第1期
麒麟探源——兼谈大汶口文化的獐崇拜,王永波,民俗研究,1992年第4期
麒麟原型与中国古代犀牛活动南移考,王晖,中国历史地理论丛,2008年第2期
禽鸟:中国文化中的情爱象征,姚立江,哈尔滨师专学报,2000年第6期
诗史话"金鸡",宁业高,文史知识,2005年第2期
狮子与狮子吼,白化文,文史知识,1998年第12期
十二生肖说的起源和功用,周庆基,河北大学学报·哲学社会科学版,1989年第4期
试论白蛇传故事的嬗变,王立,辽东学院学报,2005年第5期
释鹄,阿波,文史杂志,2007年第3期
释尸鸠,黄侃,华国,1923年第1卷第4期
释"蜮":字典专科字名实考订之二,倪文木,词典研究丛刊,1981年第2辑
蜀鸡考,冯广宏,文史杂志,2006年第2期
说龟,张演生,化石,1989年第2期
说狐,丁广惠,文史知识,1988年第10期
说龙,地学杂志,1910年第1卷第2期
说"龙",段宝林,神州学人,1994年第6期
说龙(附照片),斯行健,自然科学,1929年第1卷第4期
说驴,程章灿,文史知识,1991年第1期
说"麒麟",梅显懋,文史知识,1991年第6期

说驼,罗罗,东方杂志,1918年第15卷第6期
《说文解字》中人鸟相关的词及其文化蕴涵,李艳红,中州学刊,2004年第2期
《说文》所见古代动物图腾事象,赵小刚,兰州大学学报·社会科学版,1996年第3期
说乌鸦,王鲁昌,文史知识,1996年第2期
说燕子,王鲁昌,文史知识,2005年第3期
说"蜮",尹荣方,文史知识,1992年第2期
狻猊·忽律·犴,徐传武,文献,1999年第4期
太阳神鸟可能是古代成都的徽图,钱玉趾,文史杂志,2003年第3期
谈"鸩",王永宽,文史知识,1991年第6期
"梼杌"臆想,〔美〕朱学渊,文史知识,2005年第5期
"螣蛇"会飞之谜,周士琦,文史杂志,1996年第1期
田鼠化鴽辨,沈维钟,国粹学报,1907年第3卷第11期
兔子曾被称为"禽",赵恩柱,咬文嚼字,2000年第8期
西域鼠国及鼠神撅谈,谭蝉雪,敦煌研究,1994年第2期
蟋蟀与促织辨,沈维钟,国粹学报,1907年第3卷第12卷
戏说"火鸡",周士琦,语文建设,1994年第12期
猩猩的传说与正误,李海霞,文史杂志,2006年第1期
也说"凤凰",李玲,文史知识,2006年第9期
也说"麒麟",王永波,文史知识,1992年第5期
"意急"考,唐兰,国学丛编,1933年第2卷第2期
意急鹬鴯一鸟说,杨树达,国学丛编,1932年第2卷第1期
应声虫,任建铎,文史知识,1986年第9期
用科学解释中国古人对于昆虫生活史上几点错误,邹树文,科学的中国,1933年第1卷第1期
藏獒古名考,李海霞,文史杂志,2006年第5期
怎样看待中国古代的"龙",段宝林,文史知识,2007年第6期
中国古代鸿雁文化的道德色彩,姚立江,宁夏大学学报·人文社会科学版,2003年第3期
中国古代之怪生物,斯东,清华周刊,1930年第33卷第12、13期
中国鸟类之过去与现在,理初,清华周刊,1930年第33卷第12、13期
螽斯考,龙建春,文史知识,1996年第1期
"猪"的来源与"猪""豕"的兴替,骆晓平,湖北民族学院学报·哲学社会科学版,1996年第3期

六、植物

巴苴蘘荷辨，黎锦熙，师大月刊，1934 年第 10 期
白木耳之研究，周振汉，华西医药杂志，1948 年第 3 卷第 4—6 期
北京栽培植物俗名之研究，彭世芳，博物杂志，1919 年第 1 期
补植物名实图考，吴续祖，博物杂志，1920 年第 2、3 期
当归考，周振汉，华西医药杂志，1948 年第 3 卷第 7—9 期
杜鹃研究，贾祖璋，东方杂志，1927 年第 24 卷第 7 期
"蹲鸱"趣谈，周士琦，文史知识，1991 年第 1 期
番薯纵横谈，邢湘臣，农业考古，1997 年第 1 期
福建番薯考，翁国樑，福建文化，1933 年第 2 卷第 13 期
橄榄杂谈，邢湘臣，森林与人类，1995 年第 2 期
古度考，赵意空，医学杂志，1925 年第 24 期
谷类名实考，丁颖，农声，1918 年第 99—112 期、114—116 期
瓜蒂考，王锡光，复兴中医，1940 年第 1 卷第 2 期
关于棉花来历之新研究，马成春，农业周报，1931 年第 1 卷第 17 期
何首乌逸事，佛石翁，光华医药杂志，1934 年第 1 卷第 10 期
何物"同心结"，陈驹，文史知识，1985 年第 11 期
华棉史之略考，胡荣光，圣公会报，1934 年第 27 卷第 20 期
菱草形段罗草补注，汤天栋，科学，1926 年第 11 卷第 11 期
菊谱，国学杂志，1915 年第 3 期
考证几种福建植物的来源，唐仲璋，福建文化，1932 年第 1 卷第 5 期、1933 年第 1 卷第 7 期
"栗"是我国先民的食物之一，邢湘臣，化石，1990 年第 2 期
"莲"始源考释，邢湘臣，化石，1990 年第 2 期
灵芝考，张若霞，三三医报，1925 年第 2 卷第 23、24 期
论庾信对植物意象的应用——以"桂"为例，林怡，福建师范大学学报·哲学社会科学版，1998 年第 3 期
漫话茱萸，郭鹏，文史知识，1995 年第 5 期
棉花是怎样在中国传播开的，袁庭栋，文史知识，1984 年第 2 期
牡丹考，厉慕鹗，学生杂志，1920 年第 7 卷第 6 期
牡丹谱，计楠，农学报，1905 年第 295 期
木棉考，陈寿彭（译辑），农学报，1897 年第 4—8 期
木棉谱，褚华，农学报，1900 年第 109、110 期

首蓿考（金花菜），黄以仁，东方杂志，1911 年第 8 卷第 1 期
葡萄考，谭少惠，遗族校刊，1937 年第 4 卷第 2 期
葡萄文化与丝绸之路，李永平，百科知识，1994 年第 10 期
释"蕈"，闫艳，汉字文化，2002 年第 1 期
释"葵"：字典专科字名实考订之一，倪文木，词典研究丛刊，1981 年第 2 辑
说"桃"，王艳梅，文史知识，2007 年第 4 期
说文植物古名今证，胡先骕，科学，1915 年第 1 卷第 7 期，1916 年第 2 卷第 3 期
谈"葵"，王冀民，文史知识，1987 年第 7 期
谈梨，刘萃杰，励学，1936 年第 5 期
谈梅、蜡梅、杨梅——《蜡梅、杨梅与气候变迁》辨误，周方，文史知识，1995 年第 9 期
唐代润州的玉蕊花，罗勇来，文史知识，2003 年第 3 期
"唐花·堂花"溯源，周士琦，语文建设，1994 年第 4 期
桃木漫说，赵文心，文史知识，1986 年第 11 期
外域输入中国之植物考，施亮功，学生杂志，1927 年第 4 卷第 6 号
我国"西瓜"种植起源考略，曾维华，上海师范大学学报·哲学社会科学版，1989 年第 2 期
我国西瓜种植史探源，连登岗，文史杂志，2002 年第 4 期
西瓜何时传入中国，马执斌，文史知识，1983 年第 7 期
西瓜入华始于五代吗，文史知识，1991 年第 2 期
西汉名将霍去病墓，王建清，文史知识，1988 年第 9 期
芎箕解，何琳仪，农业考古，1992 年第 1 期
芎䓖之研究，科学，1931 年第 15 卷第 8 期
亚州稻的起源和稻作圈的构成，〔日〕渡部忠世（著），熊海堂、欧阳忆耘（译），农业考古，1988 年第 2 期
杨、柳通用考，曾良，文史知识，1992 年第 4 期
杨·柳·杨柳，张先觉，鄢化志，文史知识，1991 年第 3 期
银杏——中国的名树，张演生，中国花卉盆景，1987 年第 2 期
中国的柠檬（上），赖弗尔（著），娄子伦（译），孟姜女，1937 年第 1 卷第 3 号
中国棉花考，杨士京，江西省农会报，1915 年第 3 期
中国棉史考，许震宙，农学，1926 年第 3 卷第 5 期
中国作物原始，丁颖，农声，1917 年第 83—85 期
竹与中国文化，王利华，文史知识，1988 年第 10 期
作物名实考，丁颖，农声，1929 年第 123 期，1930 年第 129 期

七、器物

"八珍"浅释,邢湘臣,文史知识,1994年第7期
白瓷、青瓷、黑瓷、青白瓷——宋代瓷器略说,徐苹芳,文史知识,1983年第9期
白陶,安志敏,文物参考资料,1954年第1期
百年简帛(上),谢桂华,文史知识,1999年第8期
百年简帛(下),谢桂华,文史知识,1999年第9期
百褶裙与铜鼓关系谈,盘福东、赵戈茸,文史知识,1993年第9期
"抱布贸丝"之"布",张怡青,文史知识,1998年第11期
抱朴子中所说的仙药,萧淑轩,国医评论,1933年第1卷第3期
爆竹,智堂,北平世界日报明珠,1936年11月3日
北朝瓦当,杨泓,收藏家,1996年第5期
北京大学考古系李零同志答读者问再谈楚公钟,李零,江汉考古,1986年第3期
北京大正觉寺金刚宝座塔石雕,白文明,美术大观,1995年第11期
北京"胡同"的起源,周士琦,寻根,2003年第1期
北宋"魂瓶",蒋仁晏,贵州文物志稿,1983年第2期
北元官印考,罗福颐,故宫博物院院刊,1979年第1期
本草的沿革,宋刚辅,江西中医药,1953年第11期
本屐考,尚节之,国闻周报,1933年第10卷第40期
鼻烟源流考,故宫周刊,1932年第187—190期
鼻烟源流考(易培基藏抄本),故宫周刊,1932年第10卷第2期
笔筒诗筒香筒,扬之水,收藏家,2006年第3期
"韠、韨、韐"是不是蔽膝(围裙)？——对古代名物字考释的探讨,李运益,西南师范大学学报·人文社会科学版,1987年第1期
便盈,刘振卿,北平晨报艺圃,1935年9月4日
饼、飥、馄饨、扁食、饽饽等考探,徐时仪,南阳师范学院学报·社会科学版,2003年第7期
卜用甲骨钻、凿的起源及其形态,段渝,文史知识,1991年第7期
布币、刀币(名词解释),历史教学,1961年第7期
彩绘木雕六博俑,祝中熹,丝绸之路,1999年第3期
茶禅一味,降大任,文史知识,1995年第1期
茶的别号,马舒,文史知识,1995年第9期
茶考,邵公佑,浙江医药,1950年第2期
茶叶与中国佛教,王宏凯,文史知识,1986年第9期

茶之漫语,杨乐民,文史知识,1988年第3期
钗头凤,扬之水,收藏家,2003年第8期
"车船"考述,周世德,文史知识,1988年第11期
晨钟暮鼓与晨鼓暮钟,朱启新,百科知识,2007年第4期
称情而立文：丧服(上),彭林,文史知识,2003年第4期
称情而立文：丧服(下),彭林,文史知识,2003年第5期
箎之研究,庄本立,民族学研究所集刊,1965年第19期
筹与运筹,朱启新,文史知识,1999年第8期
楚国铜器类说,李零,江汉考古,1987年第4期
楚铜钱牌"见金"应读"视金",黄锡全,中国钱币,1999年第2期
楚燕客铜量铭文补正,李零,江汉考古,1988年第4期
传统益智玩具——中国古环,杨世明、宋健,文史知识,2001年第3期
床与席,劳干,大陆杂志,1950年第1卷第5期
床之辩,沈卢旭,文史知识,1997年第7期
吹青与吹红,陆明华,上海博物馆集刊,1982年第2期
炊饼、馒头及其他,张传曾,文史知识,1991年第8期
春灯溯源,杨汝泉,国闻周报,1934年第11卷第9期
春联史话,范放,人民日报,1959年1月30日
春秋器物浅议,周书灿,中原文物,1994年第3期
春秋战国时期的服饰,宋镇豪,中原文物,1996年第2期
瓷器浅说(1—10),冯先铭,文物,1959年第2—5、7—9、11期
刺桐与缎子,杨志玖,历史研究,1999年第4期
刺绣艺术史,常景宗,北平晨报艺圃,1935年4月12日、13日、15日
刺绣源流述略,邹竹厓,东方杂志,1930年第27卷第2期
从"齿木"到牙刷,宋红,文史知识,2000年第5期
从《汉武大帝》谈古代若干名物及其变化,王曾瑜,文史知识,2005年第6期
从汉字看汉族先民下衣的演进,敏春芳,西北民族研究,2001年第4期
从"胡禄"说起——兼论古代藏矢之器的源流演变,杜朝晖,中国典籍与文化,2007年第4期
从巾冠到帽子——帽子的故事,马岱,羊城晚报,1963年4月21日
从椠到攒盒,陆锡兴,中国典籍与文化,2003年第3期

从麻黄到麻黄素,何云鹤,新中医药,1953年第4卷第7期
从秦始皇陵出土铜车看"绥"的部位与形制,汪少华,华东师范大学学报·哲学社会科学版,2004年第1期
从文献看唐宋以来饮茶风尚及陶瓷茶具的演变,冯先铭,文物,1963年第1期
从《武经总要》看宋初的火药和火器,王兆春,文史知识,1982年第5期
从乐器到玩具的演变——拨浪鼓漫谈,王义芝,寻根,2006年第5期
大安通宝为西夏铸币辩,理泉,中国钱币,2005年第3期
大本堂考,汪桂海,文献,2001年第2期
大枫子油之历史和制造,张泳泉,科学世界,1936年第5卷第9期
大红灯笼,钟炜,对外传播,2008年第4期
大黄之历史考,赵福琳,三三医报,1926年第4卷第7期
大通银壶考,孙机,中国历史文物,2002年第3期
谛闲大师碑,蒋维乔,人文,1933年第4卷第10期
蹀躞带——契丹文化中的突厥因素,冯恩学,文物世界,1998年第1期
鼎、鬲、釜、镬、锅的演变递嬗考探,徐时仪,湖州师范学院学报,2002年第2期
定名与相知,扬之水,读书,2004年第11期
东汉连弧纹镜考述,杨金平,东南文化,2007年第1期
东汉七乳镜的源起和发展,杨金平,文博,2006年第6期
东汉神人神兽镜的发展和工艺,杨金平,文博,2004年第4期
洞穴的知识,裴文中,文物春秋,2004年第3期
斗栱考,乐嘉藻,河北博物院画刊,1936:1—5
犊鼻裈考,董志翘,学术研究,1982年第4期
髑髅饮器考,重松俊章(著),吴廷璆(译),北大学生,1931年第1卷第5—6期
杜甫诗中的"土酥"辨识,李祥林,社会科学辑刊,1991年第3期
度牒,刘勉之,人民日报,1959年5月27日
度量衡起源,郭伯南,中国历史文物,1992年第00期
"短长书"释名,傅定淼,贵州文史丛刊,1989年第2期
段续创制兰州水车考释,邓明,档案,2003年第5期
对《长恨歌》中长生殿引发诸说之管见,骆希哲,文博,2007年第6期
对"木牛流马"的探讨,李迪,冯立升,寻根,2002年第4期
对伤寒论的方药初步分析,熊梦,王龙骧,江西中医药,1954年第10期
对宋银锭铭文"军资库"释义的一点不同看法,刘森,中国钱币,1987年第2期
敦煌壁画中的胡床家具(一),杨森,敦煌研究,2005年第5期
敦煌壁画中的"角"研究,杨森,敦煌研究,1991年第4期
敦煌壁画中的乐器,郑汝中,文史知识,1988年第8期
敦煌壁画中的盆景,杨森,新疆艺术·汉文版,2000年第1期
敦煌壁画中的鏖尾图像研究,杨森,敦煌研究,2007年第6期
敦煌石窟艺术中的箜篌乐器形态简析,杨森,敦煌研究,1991年第1期
舵的发明及其对世界航海事业的贡献,王心喜,文史知识,1988年第5期
法定传染病,幻尘,中西医药,1936年第2卷第7—10期
翻车和筒车浅谈,李发林,文史哲,1968年第3期
防腐剂发明史,健康医报,1946年第12期
翡翠的由来及异名,程军,文史知识,2001年第8期
丰图义仓调查记,杨政,秦建明,考古与文物,1995年第6期
风筝名称辨误,王赛时,体育文化导刊,1985年第4期
风筝史话,谢先模,文史知识,1994年第1期
风筝?纸鸢,熊飞,读书,1986年第2期
烽、燧、表析,王宗祥,文史知识,1991年第11期
凤盌,刘振卿,北平晨报艺圃,1935年9月30日
佛经中有关乳制品的词语考探,徐时仪,南阳师范学院学报,2002年第3期
佛塔考略,震华,微妙声,1937年第1卷第7、8期
服饰起源探趣,王心喜,世界文化,1999年第6期
"辅车"考释,李小平,长春师范学院学报,2003年第1期
改良算盘说,寿孝天,教育杂志,1914年第6卷第7期
刚痉柔痉说,桂步阶,华国,1925年第2卷第5期
高丽松扇非折叠扇,杨琳,中国典籍与文化,2000年第4期
高善穆石造像塔,祝中熹,丝绸之路,1998年第3期
高原飞舟——皮筏,汪受宽,民俗研究,1996年第1期
"告了"与"角先生"解,张崇,文史知识,1993年第5期
戈戟余论(戈戟形制),郭宝钧,国立中央研究院历史语言研究所集刊,1935年第5本第3分
"哥窑"问题质疑,冯先铭,故宫博物院院刊,1981年第3期
工夫茶二题,马风,文史知识,1997年第9期

弓箭的使用,苏苑,上海大公报,1951年7月14日
弓箭源流考及其近代之功用与独立制造法,芷香,科学的中国,1938年第8卷第5、6期
"弓形器"(铜和秘)用途考,唐兰,考古,1964年第1期
古车舆"辀""较"考,汪少华,华东师范大学学报·哲学社会科学版,2005年第3期
古瓷定名概述,陈尔俊,龙语文物艺术,1990年第2期
古瓷考略,权伯华,东方杂志,1930年第27卷第2期
古代彩陶,易水,人民日报,1962年4月9日
古代车驾杂说,孙华,四川文物,1986年第2期
古代的笛和箫,臧立,文史知识,1983年第1期
古代的服装及其他,刘勉之,人民日报,1959年6月5日
古代的航海计算仪器,袁同均(译),知识就是力量,1961年第5期
古代的胡琴与琵琶,臧立,文史知识,1983年第11期
古代的简牍,林沄,中国典籍与文化,1994年第1期
古代的旌节,常培军,文史知识,1997年第10期
古代的酒杯,林沄,中国典籍与文化,1995年第4期
古代的铃,田迎五,文史知识,1988年第9期
古代的琉璃,蒋玄怡,文物,1959年第6期
古代的屏风,汪莱茵,文史知识,1983年第6期
古代的书籍材料及其称谓形式,文史杂志,1993年第6期
古代的梭子,戴吾三,文史知识,1997年第4期
古代的洗涤剂,何端生,文史知识,1985年第4期
古代的烟花爆竹,白云涛,文史知识,1991年第12期
古代的狱具,殷啸虎,文史知识,1993年第2期
古代的坐具与坐姿,文史杂志,1992年第2期
古代殿堂建筑上的"鸱吻",戴吾三、陆法同,文史知识,1996年第12期
古代服饰制度等级的主要标识,赵联赏,文史知识,2001年第2期
古代官服上的十二章纹,李晓华,文史知识,1990年第3期
古代货币名称探源,米万锁,山西财经大学学报,1990年第6期
古代驾车的马与马具,文史杂志,1996年第5期
古代农具统一定名小议,黄展岳,农业考古,1981年第1期
古代漆器,罗卡子,光明日报,1962年8月30日
古代陶瓷"开片"考辨,王一农,文史知识,1993年第12期
古代天文仪器词语辨考二则,朱习文,湖南大学学报·社会科学版,2005年第3期
古代袜子考述,杨琳,中国典籍与文化,1999年第3期
古代"五菜"述略,朱祥麟,文史知识,2000年第10期
古代戏曲的摇篮——金院本,薛祥,文史知识,2007年第2期
古代旋转磨试探,李发林,农业考古,1968年第2期
古代饮食中的饤饾,王赛时,文史知识,1994年第10期
古代御墨初析,王俪阎,文物世界,2006年第5期
古代之麻醉药,章次公,江西中医药,1952年第5、6期
古汉语中的服饰词,俞允海,湖州师范学院学报,1991年第2期
古货币考,杨胤宗,铭专,1967年第35期
古建筑柱础石的演变与分期特点,秦亮泰,文物世界,2006年第6期
古今科学家对于麻黄之研究,汤伟烈,中华农学会报,1930年第73期
古器丛考两则,扬之水,华夏考古,1999年第2期
古钱说略,张志毅,文史知识,1982年第5期
古人的绔(裤)、裈及裆,刘钧杰,寻根,2006年第4期
古玺所见楚系官府官名考略,肖毅,江汉考古,2001年第2期
古戏台的形成及其演变,王慧慧,文博,2006年第4期
古盏小议,程欣人、刘彬徽,江汉考古,1983年第1期
古钟之王——北京大钟寺的永乐大钟,钟炜、夏明明,文史知识,1987年第12期
鼓的历史,林琳,羊城晚报,1962年11月1日
关于古代钱币的一些问题,田子方,文物,1959年第8期
关于古小说中提到的蒙汗药,朱晟、郭正谊,文史知识,1984年第11期
关于"縠皮",李剑国,文史知识,1997年第2期
关于汉代漆器的几个问题,孙机,文物,2004年第12期
关于镜子,黄展岳,人民日报,1957年4月27日
关于弩的起源,周庆基,考古,1961年第11期
关于铁甲、马铠和马镫的问题,杨泓,考古,1961年第12期
关于我国古代计时器的历史资料,张彬,史学战线,1959年第2期
关于西汉古纸的思考,李岩云,寻根,1996年第6期
关于先秦汉初袍服的定名问题,刘彬徽,江汉考古,2000年第1期
关于桱、禁、案的定名,扬之水,中国历史文物,2007年第4期
关于原始青瓷的初步探索,李知宴,文物,1973年第2期

关于中国早期高层佛塔造型的渊源问题,孙机,中国历史文物,1984年第00期
观风鸟源流研究,耿超,文物春秋,2007年第1期
冠盖,朱启新,文史知识,2000年第12期
广济桥考,饶宗颐,国立中山大学研究院文科研究所历史学部史学专刊,1936年第1卷第4期
"圭璧"的理解及其它,曾良,文史知识,1993年第6期
锅灶的始祖,杨葳,人民日报,1959年11月22日
国药之历史演变,邹云翔,光华医药杂志,1936年第4卷第2期
"哈达"的渊源,那·舍敦扎布,文史知识,2004年第10期
寒食散再考,郝黎,文史知识,2002年第11期
汉代常服述略,劳干,"中央研究院"历史语言研究所集刊,1953年第24本
汉代的计时器及相关问题,马怡,中国史研究,2006年第3期
汉代的"阙",童丕绳,文物周刊,1947年第42期
汉代戈戟考,蒋大沂,华西协和大学中国文化研究所集刊,1943年第3卷第1—4期
汉代楼船考,包遵彭,民族学研究所集刊,1966年第22期
汉代造币权的变迁,褚道庵,北平华北日报史学周报,1935年1月10日
汉晋时期的帷帐,劳干,文史哲学线,1951年第2期
汉上林苑与昆明池,秦建明,文博,2004年第3期
汉唐间之异物志,王庸,史地杂志,1937年第1卷第2期
汉药麻黄之研究,黄劳逸,科学,1931年第15卷第11期
汉张衡候风地动仪造法之推测,王振铎,燕京学报,1936年第20期
何必颠倒衣裳(摘发),雷代浩,文史知识,1997年第11期
"和氏璧"小考,龚维英,社会科学辑刊,1988年第4期
和氏璧与传国玺,宋万学,鞍山师范学院学报,1984年第1期
"河漏子""大辣酥"新解,熊飞,江汉论坛,1984年第7期
河姆渡文化的"骨耜"及相关问题,汪宁生,东南文化,1991年第1期
"衡"、"轭"考略——《新定三礼图》校读札记,丁鼎,古籍整理研究学刊,2005年第4期
红楼名物考释,王波,青海师专学报,1994年第2期
红楼器物谈,朱松山,红楼梦学刊,1987年第4期
红衣大炮,潘向明,文史知识,2002年第2期
"候风地动仪"是几件仪器,李迪,寻根,2003年第3期

候风地动仪新说,李志超,寻根,1994年第1期
胡麻考,杨希义,中国农史,1995年第1期
胡同·水井·火巷,周士琦,语文建设,1994年第2期
护照与签证功能合一的过所,程喜霖,文史知识,1992年第8期
话寿联,白化文,文史知识,1998年第10期
话说"丹青",陆宗达,王宁,文史知识,1987年第3期
话说关刀,杨俊才,文史知识,2004年第8期
话说"石敢当",方川,余守坤,文史知识,1993年第6期
话说寺、庵、庙、观,张明华,四川统一战线,2005年第7期
话说"五两竿",黄崇浩,文史知识,1989年第6期
话说玉耳杯——"觞"、"羽觞"、"耳杯"的关联,李凯,王建玲,文博,2007年第5期
话骰子,麻国钧,文史知识,1989年第1期
圂、清、屏、偃——厕所名义及其文化内涵,王子今,周叔平,语文建设,1991年第9期
活力素发明史,健康医报,1946年第7、8期
"火铳"和礮、砲、炮,张勇,辞书研究,1982年第5期
火炮的来历,炜英,解放军战士,1956年第12期
火药的发明发展及西传,冯家升,化学通报,1954年第11期
火药的发明和西传,晏成,文汇报,1955年4月5日
火药是什么时代发明的,杨志玖,历史教学,1953年第5期
机械、冶金、工艺指南针与航海,金秋鹏,文史知识,1987年第6期
"箕裘"新解,戴吾三,华觉明,广西民族学院学报·自然科学版,2004年第2期
箕子,陈广忠,文史知识,1996年第1期
霁红和祭红,陆明华,上海博物馆集刊,1982年第2期
稷下学宫创建于齐威王初年考辨,孙开泰,管子学刊,1994年第1期
枷的演变,林沄,中国典籍与文化,1994年第3期
家鸡之来历,张石朋,学生,1919年第6卷第2期
尖足空首布新品"下虒"考,黄锡全,中国钱币,2000年第2期
尖足空首布新品"禺主"考,黄锡全,故宫博物院院刊,2000年第6期
减铁·减银·减金,扬之水,中国典籍与文化,2004年第11期
简论"司南"兼及"司南佩",孙机,中国历史文物,2005年第4期

简析宋代的研山及其制作,陆锡兴,四川文物,2006年第1期

剑和刀——中国古代兵器丛谈,杨泓,社会科学战线,1979年第1期

剑与剑舞,李珍,祝普文,文史知识,1998年第7期

箭衣·旗袍,吴同宾,文史知识,1998年第11期

江津朝元观,王家祐,中国道教,1995年第4期

江南地区诸印纹陶遗址与夏商周文化的关系,邹衡,文物集刊,1981年第3期

"交子"释义,汪圣铎,中国钱币,1996年第1期

交子——四川古代纸币,雷乐三,四川日报,1962年10月12日

角黍考略,黄华节,东方杂志,1933年第30卷第12期

轿子小考,赵声良,文史知识,1991年第11期

羯鼓琐说,陈驹,文史知识,1987年第6期

介绍一方金质官印,赵新来,李玲,中原文物,1988年第4期

戒指的来历,黄华节,东方杂志,1933年第30卷第5期

"今反表以为里兮,颠裳以为衣"——《上古时期的"衣"与"裳"》质疑,汪少华,文史知识,1997年第11期

金本巴瓶,董青,文史知识,1999年第6期

金饼(《尔雅》·札记),玄常,运城学院学报,1986年第3期

金代"使司"银铤考释,刘浦江,中国历史文物,2005年第2期

金鸡纳霜考,神州,医界春秋,1927年第15期

《金瓶梅》与折叠扇,白维国,中国文化研究,1997年第4期

金桥与刁斗,朱启新,文史知识,2000年第11期

金文中的鼎名简释——兼释尊彝、宗彝、宝彝,杜廼松,考古与文物,1988年第4期

近年出土的中国古代兵器,杨泓,今日中国·中文版,1982年第1期

"晋时始有胡床"说之辩正,周冠华,畅流,1962年6月25日

景泰蓝与他种珐琅,斯庄(著),朴园(译),亚丹娜,1931年第1卷第10期

酒船与槎杯,扬之水,收藏家,2006年第7期

酒在我国是何时起源的,袁庭栋,文史知识,1984年第11期

旧炮简史,宗复,大公报史地周刊,1935年6月14日

居延汉简所见西北边塞的财物"拘校",黄今言,史学月刊,2006年第10期

钜鹿出土之宋漆展(附影片),河北第一博物院半月刊,1932年第13期

"爵"和"尊",黄桂初,文史知识,1993年第7期

爵位盔及兵盔,刘振卿,北平晨报艺圃,1935年9月10日

"鐍匣"与旻宁继统,王思治,清史研究,2003年第4期

铠甲与铁衣,朱启新,文史知识,2000年第10期

《考工记》中轮之检验新探,戴吾三,中国科技史料,2000年第2期

裈裆探析,谭蝉雪,敦煌研究,2006年第3期

裤子考,尚秉和,国闻周报,1933年第10卷第33期

筷子史话,邢湘臣,农业考古,1997年第1期

盔·冠·帽·巾,吴同宾,文史知识,1999年第2期

喇嘛庙门上的铜包叶,白文明,美术大观,1995年第4期

腊八粥,黄华节,东方杂志,1934年第31卷第1期

耒耜考,徐中舒,农业考古,1983年第1期

耒耜考,徐仲舒,国立中央研究院历史语言研究所集刊,1930年第2本第1分

耒耜考(续),徐中舒,农业考古,1983年第2期

历代之兵器与军资,张其昀,思想与时代,1943年第20、21期

良渚王琮,龚缨晏,文史知识,1996年第10期

梁代货币考,朱希祖,广州学报,1937年第1卷第1期

两汉的耒耜类农具,王文涛,农业考古,1995年第3期

两汉的农业设施,吴敬敷,经济学季刊,1934年第5卷第1期

两汉书事,扬之水,中国典籍与文化,2004年第3期

两晋南北朝的宫闱,刘广惠,食货,1935年第2卷第5期

两宋的御街,虞云国,文史知识,2004年第3期

两宋度牒考,袁震,中国社会经济史集刊,1944年第7卷第1期,1946年第7卷第2期

两宋香炉源流,扬之水,中国典籍与文化,2004年第1期

辽代玉魁考,徐琳,考古与文物,2006年第4期

辽宋金代的砲和砲兵,王运熙,河南大学学报·社会科学版,1998年第4期

灵芝考,宋大仁,中西医药,1947年第35期

翎子,吴同宾,文史知识,1999年第4期

琉璃辨,胡肇椿,中山文化教育馆季刊,1935年第2卷第4期

琉璃名实辨,张维用,故宫博物院院刊,1986年第2期

龙泉剑产于何处,郑树荣,体育文化导刊,1984年第6期

漏壶竿影玉仪浑天,李志超,寻根,2006年第1期

露台:中国舞台发展史上的重要一站,车文明,文史知

识,1996年第4期
"鲁币"质疑,王恩田,考古与文物,2000年第4期
旅馆肇源小考,龚维英,社会科学辑刊,1987年第1期
略论郑和下西洋的船,郑鹤声,文史哲,1984年第3期
略述我国的铜石并用时代,杨杰,内蒙古社会科学·汉文版,1985年第4期
略述砚的产生及其形制的演变,朱思红,文博,1992年第6期
略谈对联,刘叶秋,文史知识,1983年第2期
略谈唐代门戟,陈寒,文史知识,1997年第3期
轮:古代木车的核心,戴吾三,装饰,2008年第4期
论戈柲之形式,蒋大沂,中国文化研究所汇刊,1943年第3期
论胡床及其对中原地区的影响,曾维华,学术月刊,2002年第7期
论两汉的私人兵器,范学辉,山东大学学报·社会科学版,1999年第1期
论马耘非君"裤子考书后"之误解,王导明,国闻周报,1933年第41期
论禽簋与鲁国始封年代,王永波,东南文化,2000年第11期
论商代马车的形制和系驾法的复原,郑若葵,东南文化,1992年第6期
论夏代青铜器,杜迺松,文史知识,1994年第2期
论"胁驱"及其革带的定名,汪少华,语言研究,2004年第3期
论印章源流,傅抱石,国立中央大学教育丛刊,1936年第3卷第2期
《论语》"葆"字解诂,于智荣,孔子研究,2007年第6期
论璋之起源及其形制演变,涂白奎,文物春秋,1997年第3期
论中国古代马车的渊源,郑若葵,华夏考古,1995年第3期
罗盘针起源考,F. Hirth(著),毓瑞(译),中原文化,1935年第5期
洛阳铲起源考,秦建明,文博,2006年第6期
麻黄考,叶朗清,中医世界,1935年第9卷第1期
麻醉剂的故事,雍熹,济世日报医药卫生专刊,1947年第1卷第6期
漫话"登闻鼓",宋昌斌,文史知识,1985年第12期
漫话"扶头酒",聂在富,文史知识,1990年第8期
漫话古铃,张鹤,文史知识,1995年第7期
漫话"孔方兄"——铜铸币演变略说之二,李邦经,文史知识,1990年第8期
漫话冥钱,杨琳,世界宗教文化,1997年第2期
漫话木屐,郭伯南,民俗研究,1990年第4期
漫话"十八般兵器",成东,文史知识,1985年第4期
漫话《世说新语》中的"舶来品",侯会,文史知识,1997年第8期
漫话汤饼,柳明晔,文史知识,1993年第12期
漫话铜鼓,叶旭明,文史知识,1993年第4期
漫话屠苏酒,戴祖铭,文史知识,1992年第5期
漫话乌纱帽,王廷德,赵树华,文史知识,1987年第8期
漫话"胭脂",何坦野,文史知识,1992年第2期
漫说古代的床,夏桂苏,贾南强,文史知识,1991年第2期
漫谈古代七夕文物的文化价值,刘明杉,文博,2007年第4期
漫谈花茶,何小颜,文史知识,1999年第5期
漫谈我国古代的鞋文化,李淑惠,辽宁师专学报·社会科学版,2001年第5期
毛笔别名考源,鲍延毅,辞书研究,1988年第3期
毛笔——文房四宝之一,许树安,文史知识,1986年第4期
帽文化之瑰宝——巾,滕维雅,上海大学学报·社会科学版,1997年第3期
帽文化中的一朵奇葩——幞头,滕维雅,文史知识,1993年第7期
媚药考,周大铎,国医评论,1933年第1卷第1期
蒙汗药考,黄鸣驹,医药学,1927年第4卷第9期
蒙汗药考,谢诵穆,克明医刊,1927年第4卷第9期
蒙冤的"汀步",颜春峰,咬文嚼字,2004年第9期
"米昔刀"考,马明达,回族研究,2006年第4期
名物词语考辨九则,马振亚,古籍整理研究学刊,1994年第6期
明代的耳环和耳坠,扬之水,收藏家,2003年第6期
明代金银首饰图说,扬之水,收藏家,2008年第8期
明代女子的几种簪钗,扬之水,紫禁城,2007年第8期
明代四川火井探微,张学君,张莉红,盐业史研究,2005年第4期
明代头面,扬之水,中国历史文物,2003年第4期
明清官员的补服,赵连赏,文史知识,2006年第7期
明清炮术西化考略,龚化龙,珞珈日刊,1935年第2卷第6期
明堂建筑略考,杨哲明,中国建筑,1935年第3卷第2期
冥钱考,杨琳,文献,1997年第3期

莫高窟壁画中的异形笛,杨森,敦煌研究,1988年第1期
木屐,屈万里,大陆杂志,1960年第12卷第10期
"木牛流马"对汉代鹿车的改进及其对犁制研究的一点启示,孙机,农业考古,1986年第1期
墓碑墓碣墓表墓志,沈翀,文史知识,1988年第9期
内涵丰富的"玉文化"概论,罗会同,苏州大学学报·哲学社会科学版,1994年第1期
南汉钱史,罗伯昭,泉币,1941年第5期
南京煦园石舫木雕圆光罩,白文明,美术大观,1994年第12期
南宋对会子的两次大规模"称提",汪圣铎,中国钱币,1993年第1期
南宋杭州的外来食料与食法,全汉升,食货,1935年第2卷第2期
南宋会子的价值初探,周柏龄,文博,2006年第2期
南宋缉熙殿考,汪桂海,文献,2003年第2期
南宋钱牌研究,刘森,中国钱币,1994年第1期
农器考古,谈文英,国立中央大学农学院旬刊,1929年第13期
弩的历史,林沄,中国典籍与文化,1993年第4期
女真文官印考略,贾敬颜,中央民族大学学报·哲学社会科学版,1982年第4期
暖笙杂考,周笃文,文学评论,1980年第2期
耦耕解,钱玄,南京师大学报·社会科学版,1992年第1期
耦耕新探,吴郁芳,文博,1986年第4期
炮弹小史,陈果毅,科学画报,1963年第8期
皮筏的源与流,邓明,档案,2003年第6期
皮筏是羌人的发明吗?——与聪喆先生商榷,汪受宽,青海民族学院学报,1989年第4期
皮影戏——现代电影的先驱,王心喜,发明与革新,2001年第11期
"輣輗"考:《考工记》名物考证之一,汪少华,语言研究,2002年第4期
扑朔迷离的印章起源,杨邦俊,文史知识,1998年第12期
谱牒浅说,朱振华,文史知识,1988年第3期
七鬯与醴栖考,凌纯声,民族学研究所集刊,1961年第12期
栖霞寺舍利塔石雕,白文明,美术大观,1996年第4期
戚璧,那志良,故宫季刊,1967年第1、4期
齐民要术的田器及主要用法,陶希圣,国学季刊,1935年第5卷第2期

绮丽多姿的古铜镜,林琳,四川文物,1996年第6期
"砌末"漫谈,王彦永,文史知识,1995年第5期
"牵诼"小考,曾昭聪,中国典籍与文化,2005年第3期
钱币探源——铜铸币演变略说之一,李邦经,文史知识,1990年第7期
钱币源流沿革考,朱履和,建设,1943年第2卷第6期
浅谈中国古建筑的色彩,白文明,文史知识,1992年第11期
浅析"公道杯",虞刚,中国陶瓷,1983年第4期
茄科蒙药史,黄鸣驹,医药学,1927年第4卷第9期
"琴"作为"文化遗产"的文化意义,易存国,文史知识,2004年第11期
青海古近代兵器演变考述,崔永红,青海民族学院学报,2002年第3期
青花瓷器的起源与发展,冯先铭,故宫博物院院刊,1994年第2期
青铜器的分期与断代,杜迺松,故宫博物院院刊,1982年第4期
青铜器的起源和发展,容庚,中山大学学报,1962年第3期
清朝官服中的袍与褂,何本方,文史知识,1987年第2期
清瓷考略,复父,北平晨报艺圃,1935年3月15日、16日、18日
清代的勋章,王道瑞,文史知识,1988年第1期
清代毒军器,刘振卿,北平晨报艺圃,1937年1月19日
清代"功牌"小考,刘厚生,陈思玲,文史知识,1994年第6期
清代旌表考,小竹文夫(著),毕任庸(译),人文,1936年第7卷第1期
清代旗鞋,莫艳,文博,2007年第2期
秋千的起源与流变,方川,寻根,2003年第2期
秋千考,土翘,北平晨报艺圃,1933年11月13日
璆琳考证,章鸿钊,地学杂志,1918年
曲辕犁新探,杨荣垓,农业考古,1988年第2期
屈原《离骚》"玉轪"解,李新魁,中山大学学报·社会科学版,1983年第2期
儒服考,齐思和,史学年报,1930年第1卷第2期
汝窑,曾二,东方杂志,1930年第27卷第2期
《入唐求法巡礼行记》的口语词,武振玉,绥化师专学报,1997年第2期
瑞脑销金兽,李青苗,文史知识,2006年第5期
三年大将吏弩机考,吴镇烽,文物,2006年第4期
三星堆出土的乐器,娟子,文史杂志,2006年第6期

三星堆的大石璧,娟子,文史杂志,2007年第1期
三议候风地动仪,李志超,寻根,2004年第6期
僧衣别称摭谈,鹤翔,文史知识,2007年第3期
山西古代戏台,王福才,文史知识,1996年第4期
山西名砚,陈辰,沧桑,1993年第4期
珊瑚之小史,冯隽,博物学会杂志,1981年第6期
扇的史料,启埁,北平晨报艺圃,1935年9月25日、27日、28日
扇子史话与杭扇沧桑,刘炼石,文史知识,1996年第10期
扇子艺术史略,魏兆铨,文史知识,1988年第5期
商周的"烛"秦汉的"镫",穆海亭,文博,2007年第1期
商周时期金属称量货币的自名名称及其嬗变,赵平安,华夏考古,2008年第2期
上古时期的"衣"与"裳",柴静、白友涛,文史知识,1997年第3期
上衣与下裳,王作新,文史知识,1992年第5期
烧猪:广州婚俗之要件,刘万章,民俗,1929年第80期
勺子·叉子·筷子——中国古代进食方式的考古学研究,王仁湘,寻根,1997年第5期
生药命名考,陈璞,医药评论,1929年第24期
《诗·小雅·都人士》名物新诠,扬之水,文学遗产,1997年第2期
诗词曲名物考,王锳,贵州民族学院学报·哲学社会科学版,1986年第1期
诗经名物新证之五——《小雅·斯干》,扬之水,中国文化,1997年第Z1期
诗经名物新证之六——《小雅·宾之初筵》,扬之水,中国文化,1997年第Z1期
《诗经》中的佩饰描写,纪向宏,文史知识,2006年第3期
《诗经》中的"薪",金荣权,文史知识,2003年第4期
《诗经》中的乐器,石夫,文史知识,1989年第4期
"十二金钗"事义本原——兼说中国古代女性高髻风俗,王维舟,文史知识,1991年第12期
石黛考,皓龄,人间世,1935年第34期
石与斛,杨中一,北平华北日报史学周刊,1935年4月4日
世界第一张纸币"官交子"诞生地学术研讨会观点综述,罗天云、陈益刚,西南金融,2006年第5期
世界上最早的人造耕地——架田,任翔,文史知识,1991年第5期
试论秦始皇陵铜车内铜方壶的定名,汪少华,杭州师范学院学报·社会科学版,2004年第3期
试论我国古代的馒头窑,刘可栋,中国古陶瓷论文集,文物出版社,1982年
试释如意,白化文,中国文化,1996年第1期
释"丁八""东瓜花儿",李申,古汉语研究,1996年第1期
释"祓",娄可树,文史杂志,2007年第6期
释"耦犁",陈正奇,西安教育学院学报,2004年第1期
释阙,孙次舟,金陵学报,1940年第10卷第1、2期
释"三木",王平,文史知识,1996年第5期
释"袜肚",杜朝晖,中国典籍与文化,2005年第4期
释玺,王人聪,故宫博物院院刊,1995年第S1期
释用——兼论镈、布、镛、用为同物而异名,陈云鸾,中国社会经济史研究,1983年第1期
释鉒,田宜超,江汉考古,1984年第3期
书尚秉和"裤子考"后,马耘非,国闻周报,1933年第10卷第39期
殳,郑树荣,体育文化导刊,1986年第1期
蜀锦,李原、陈丽,文史知识,2001年第7期
束帛、币及其作用,商慧明,文史知识,1992年第2期
双井茶与黄山谷,王河鲁,文史知识,1992年第9期
"双鲤鱼"和古代的信封,麻守中,文史知识,1983年第1期
水耨与踏耕,陈国强,农业考古,2001年第1期
"水手"指称银钱时的具体意义和原因,俞理明,古汉语研究,2002年第4期
水袖·胖袄,吴同宾,文史知识,1998年第12期
说璧,张明华,收藏家,2007年第11期
说兵器(辉县发掘报告之一),郭豫才,河南博物馆馆刊,1937年第7、8期
说"饼",洪沉,文史知识,1981年第4期
说不尽的拜匣,扬之水,紫禁城,2007年第2期
说茶,沈仲圭,广济医刊,1931年第8卷第3期
说琮,那志良,大陆杂志,1955年第11卷第2期
说《大雅·公刘》——《诗经》名物新证之四,扬之水,中国文化,1996年第2期
说《大雅·韩奕》——《诗经》名物新证之三,扬之水,中国文化,1996年第2期
说"毒药",徐莉莉,文史知识,1996年第3期
说"干栏",杨东甫,文史知识,1996年第8期
说"觚",朱启新,文史知识,2000年第9期
说瑚琏、瑚、连——兼论名物词的训释原则,彭占清,烟台师范学院学报·哲学社会科学版,1997年第1期
说"屐",买艳霞,文史知识,2000年第11期
说锦,胡湘生,文史知识,1990年第8期

说"九锡",蒋宗福,文史知识,1994年第2期
说酒·绿酒,闫丽,古籍整理研究学刊,2003年第4期
说玦,周庆基,河北大学学报·哲学社会科学版,2000年第1期
说"钱"——铜铸币演变略说之三,李邦经,文史知识,1990年第9期
说《秦风·小戎》——《诗经》名物新证之一,扬之水,中国文化,1996年第1期
说"书契",林沄,吉林师范大学学报·人文社会科学版,2003年第1期
说说石榴裙,高婧,文史知识,2007年第9期
说唐代洛阳白马寺,郭绍林,河南科技大学学报·社会科学版,2008年第3期
《说文解字》"贝"部字的文化意蕴,米万锁,语文研究,1997年第4期
说文谈物·参差(排箫),朱启新,文史知识,1999年第6期
说文谈物·带钩,朱启新,文史知识,1998年第12期
说文谈物·符·符合,朱启新,文史知识,1999年第4期
说文谈物·古代的粮食储藏,朱启新,文史知识,2001年第12期
说文谈物·搢笏与搢绅,朱启新,文史知识,1999年第9期
说文谈物·漏,朱启新,文史知识,1999年第1期
说文谈物·铺首,朱启新,文史知识,2001年第11期
说文谈物·说繋,朱启新,文史知识,2001年第1期
说文谈物·棬,朱启新,文史知识,1999年第3期
说文谈物·说"轼",朱启新,文史知识,2001年第3期
说文谈物·说唾壶(盂),朱启新,文史知识,2001年第8期
说文谈物·严具,朱启新,文史知识,1999年第2期
说文谈物·扆与屏风,朱启新,文史知识,2001年第5期
说文谈物·招贴,朱启新,文史知识,1998年第7期
说文谈物·俎·豆·俎豆,朱启新,文史知识,1998年第8期
说"玺宝",王恩厚,文史知识,1991年第9期
说香盒,扬之水,文史知识,2003年第10期
说《小雅·车攻》——《诗经》名物新证之二,扬之水,中国文化,1996年第2期
说砚——文房四宝之四,许树安,文史知识,1986年第9期
说玉,朱建新,真知学报,1942年第2卷第2期
说"帐本",孙明霞,上海师范大学学报·哲学社会科学版,2002年第3期
说"针",张琴,安徽广播电视大学学报,2005年第4期
说中药,赵燏黄,国立中央研究院院务月报,1930年第2卷第1期
司母戊鼎的发现和价值,杨云,文史知识,1983年第11期
司南指针与罗经盘(附图表),王振铎,中国考古学报,1948年第3卷第4期
四神、巾子、高髻,王去非,考古通讯,1956年第5期
"泗滨浮磬"考,于省吾,禹贡,1935年第4卷第8期
宋代笔记俗语词斠补,武建宇,河北师范大学学报·哲学社会科学版,2003年第5期
宋代出土的楚王(今酉)章钟,李零,江汉考古,1984年第1期
宋代蹴鞠服饰艺术管窥,李艳艳,装饰,2005年第8期
宋代的灯市与灯具,汪圣铎,陈朝阳,文史知识,2004年第12期
宋代的金银钱,汪圣铎,文史知识,1996年第7期
宋代的金字牌,刘森,文史知识,1988年第1期
宋代的酒,李华瑞,文史知识,2004年第2期
宋代的生活用具,朱瑞熙,上海师范大学学报·哲学社会科学版,1996年第3期
宋代的枕屏,田苗,文史知识,2006年第7期
宋代度牒说,范午,文史杂志,1942年第2卷第4期
宋代妇女服饰考,钱华,中国文学会集刊,1936年第3卷第8期
宋代公路考,张家驹,禹贡,1935年第4卷第1期
宋代花瓶,扬之水,故宫博物院院刊,2007年第1期
宋代会子的起源及其演变为纸币的过程,刘森,中州学刊,1993年第3期
宋代交子具体诞生地探考杂识,胡昭曦,四川大学学报·哲学社会科学版,2006年第4期
宋代名产"纸被",蔡鸿生,文史知识,2002年第10期
宋代铸造铜钱的"料例",刘森,中原文物,1990年第4期
宋定窑白釉孩儿枕,陈润民,文史知识,1999年第2期
宋卢道隆吴德仁记里鼓车之造法,张荫麟,清华学报,1925年第2卷第2期
宋人的沉香(上)——水沉与海南沉,扬之水,文史知识,2004年第3期
宋人的沉香(下)——蒸沉与合香,扬之水,文史知识,2004年第4期
宋燕肃吴德仁指南车造法考,Moule.A.C.(著),张荫麟(译),清华学报,1925年第2卷第1期

宋元耳环,扬之水,装饰,2008年第1期
宋元金银酒器中的盘盏散盏与屈卮,扬之水,收藏家,2008年第2期
宋元金银首饰的样式与工艺(上),扬之水,收藏家,2007年第3期
宋元金银首饰的样式与工艺(中),扬之水,收藏家,2007年第4期
宋元金银首饰的样式与工艺(下),扬之水,收藏家,2007年第5期
宋元金银首饰制作工艺刍论,扬之水,文物,2007年第10期
宋元木渠考,石泉,农业考古,1984年第2期
苏东坡与定州料敌塔,谢飞,河北画报,2007年第1期
塑史,复父,北平晨报艺圃,1935年4月2日、3日、6日、8日、9日
算盘发明小考,吴卯,北平晨报艺圃,1935年8月24日
塔的由来及建筑,碧初,艺风,1933年第1卷第2期
太极图琐谈,兰殿君,文史杂志,2004年第3期
"太平玉玺"真假辨,邹身城,苏州大学学报·哲学社会科学版,1981年第2期
太师椅与秦桧,曾维华,学术月刊,1997年第7期
谈鼓,杨阴浏,光明日报,1963年4月4日
谈"蠡测"的"蠡"和瓠壶匏,王簡,株洲师范高等专科学校学报,2004年第4期
谈墨——文房四宝之二,许树安,文史知识,1986年第7期
谈漆器,沈福文,文物参考资料,1957年第7期
谈谈我国马镫的产生时代,骆晓平,文史杂志,1996年第2期
谈"羽扇纶巾",翼涤,光明日报,1959年9月27日
唐白釉贴花钵、白瓷唾盂和黑釉罐,李知宴等,文物,1979年第1期
唐长安宫城南门名称考实,辛德勇,陕西师范大学学报·哲学社会科学版,1986年第1期
唐长安禁苑,秦建明,中学历史教学参考,2004年第11期
唐代长安外郭城街道及里坊的变迁,史念海,中国历史地理论丛,1994年第1期
唐代的货币,黄君默,食货,1936年第4卷第11期
唐代妇女的流行服装,张庆,文史知识,1997年第3期
唐代革带考,韩伟,西北大学学报·哲学社会科学版,1982年第3期
唐代关中无丝绢说质疑,杨希义,人文杂志,1987年第4期

唐代官员的常服,李怡,潘忠泉,文史知识,2003年第2期
唐代花砖,杨泓,收藏家,1997年第2期
唐代女子着装初探,李丽,聊城大学学报·社会科学版,2008年第2期
唐代士人服饰文化解析,李怡,北京科技大学学报·社会科学版,2005年第4期
唐代饮食中的鱼鲙,王赛时,文史知识,1997年第8期
唐代印纸考,杨希义,人文杂志,1990年第4期
唐人袴褶服演变的文化美学解析,李怡,北京科技大学学报·社会科学版,2007年第1期
唐三彩浅述,李正中,历史教学,1991年第7期
唐诗中的红豆,刘逸生,文史知识,1984年第8期
唐宋两代的"道"和"路",于鹤年,禹贡,1935年第4卷第5期
唐宋时代的茶具与酒具,孙机,中国历史文物,1982年第00期
洮砚,贾海生,文史知识,1997年第6期
"桃苅"考辨,杨雅丽,辞书研究,2002年第3期
"陶"不是"定陶",程兆奎,文史知识,1997年第5期
陶瓷中的吉祥图案与传统文化,张依薇,景德镇陶瓷,1991年第1期
陶器起源的推测,安志敏,文物参考资料,1953年第1期
天安门前说"华表",张羽新,文史知识,1983年第1期
《天工开物》所载几种青料的注释,刘秉诚,景德镇陶瓷,1976年第2期
"铁弦琴"是不是扬琴,臧立,中国音乐,1984年第1期
"铜匜"小考,茅金康,文史知识,1997年第2期
铜镜,张开友,文物参考资料,1957年第8期
铜镜(文物什谈),周庆基,河北日报,1962年3月9日
铜器发展的历史概要讨论,陈梦家,文物参考资料,1953年第7期
"头衣"种种,王作新,文史知识,1991年第5期
骰子,陈竺同,太白,1934年第1卷第3期
屠苏酒,鲁阳子,医史杂志,1951年第3卷第1期
"土圭"仪器非土制,徐传武,文献,1994年第4期
"团扇"和"折扇"的源流,童书业,文物周刊,1947年第47期
瓦罐、龙骨车、抽水机——漫谈古代灌溉工具(上)(下),陈仲安,文史知识,1983年第7、8期
袜的故事,王曾瑜,文史知识,2006年第3期
袜子考,尚节之,国闻周报,1933年第10卷第43期
万年桥志述略,刘敦桢,中国营造学社汇刊,1933年第4卷第1期

王杖鸠首说,祝中熹,文史知识,1995年第11期

维他命发现之历史及其功用,郭秉宽(译),国闻周报,1930年第7卷第33期

味香色艳说花馔,何小颜,文史知识,1994年第5期

"文房四宝"的发源地,晓颖,羊城晚报,1965年12月15日

文房四宝探源,朱启新,神州学人,1996年第7期

我对陶器起源的看法,吴震,文物参考资料,1956年

我国的琉璃文化,贺海,文史知识,1994年第11期

我国的原始农具,宋兆麟,农业考古,1986年第1期

我国对时辰钟的发明和制造,贾敬颜,历史教学,1957年第8期

我国服装的变迁——简论服装发展史上的几次重大变革,周锡保,解放日报,1961年8月1日

我国古代的厕所,方南生,文史知识,1996年第9期

我国古代的重文书写符号,郑慧生,文史知识,2005年第1期

我国古代的凳和裙,阎玉山,文史知识,1985年第7期

我国古代的"枷",殷啸虎,文史知识,1992年第4期

我国古代的井盐,何珍如,文史知识,1990年第6期

我国古代的桥梁,李仲均,李卫,文史知识,1991年第10期

我国古代的天文台,李仲均,李卫,文史知识,1992年第4期

我国古代的天文仪器,李杭,北京日报,1956年5月21日

我国古代的铜镜,王月桂,张协成,文史知识,1992年第4期

我国古代的图书馆,张演生,文史杂志,1988年第1期

我国古代的饮食器具,姚伟钧,文史知识,1992年第11期

我国古代的雨具,方南生,文史知识,1994年第4期

我国古代的栈道及隧道,李仲均,李卫,文史知识,1992年第10期

我国古代对化石的认识,张平,文史知识,1993年第11期

我国古代科学发明——地动仪、司南、记里鼓车、指南车,科学大众,1954年第10期

我国古代梅瓶初探,石红,文物世界,2006年第5期

我国古代农业生产工具的发明创造,范楚玉,文史知识,1994年第12期

我国古代桥梁,叶影柱,科学的中国,1936年第7卷第1期

我国古代石油的发现与利用,张亚洲,陈立宇,文史知识,1993年第5期

我国古算具,小飞,晨报科学介绍,1934年11月16日

我国古陶瓷釉考,程道腴,台湾窑业,1980年第120期

我国历代的钱币,徐矛,解放日报,1962年6月17日

我国特有的两种兵器——"戈"与"钺",容庚等,羊城晚报,1962年10月4日

我国铜钱何时开始称"文",刘森,中国钱币,1985年第1期

我国最早的火锅,罗志和,文史知识,2007年第11期

我国最早的铜"投壶",崔乐泉,体育文史,1995年第2期

我国最早的楹联,谭蝉雪,文史知识,1991年第4期

乌纱帽考论三题,龙建春,文史知识,1995年第6期

"屋漏"考辨,赵海菱,文史知识,2007年第9期

五彩缤纷入樽来——漫话唐代的酒(下),赵仕祥,中国食品,1998年第12期

五代的钱币,刘樊,食货,1936年第4卷第2期

五泉钱,陈铁卿,文物,1959年第9期

武术和戏曲中常见的古兵器,周龙,新民晚报,1961年3月19日

舞器舞衣考,邵茗生,剧学月刊,1934年第3卷第7期

戊种维生素之稽古,耿美阳,澄光医药季刊,1941年第2卷第3期

西藏唐卡与明武宗,傅同钦,紫禁城,1987年第4期

西汉的"郎"官,许树安,文史知识,1981年第3期

西汉鎏金四乳龙虎镜,杨金平,文博,2007年第2期

西湖风景史,张其昀,东方杂志,1929年第26卷第10期

西周早期的重器——大盂鼎,李丽,文史知识,1998年第10期

吸鸦片之发明者,尹文博,广济医刊,1935年第12卷第11期

戏曲中的扇子,吴同宾,文史知识,1999年第5期

虾蟆更,张庆善,红楼梦学刊,1948年第1期

先秦货币考,吉田虎雄(著),陈观(译),说文月刊,1940年第2卷第1期

先秦货币考略,叶受祺,学风,1936年第6卷第6期

先秦青铜器中的酒器,任伊木,文史知识,1986年第5期

先秦时期的战旗、战鼓、战金,杨英杰,文史知识,1987年第12期

先秦战车形制考述,杨英杰,辽宁师范大学学报·社会科学版,1984年第2期

香药考,钱公玄,新中医刊,1939年第2卷第1期

香与文人生活情趣,周施明,文史知识,1992年第3期

鞋考,尚节之,国闻周报,1933年第10卷38期
新嘉量考释,马衡,国立北平故宫博物院年刊,1936年
新嘉量之校量及推算,刘复,辅仁学志,1928年第1卷第1期
"馨"非乐器,汪少华,咬文嚼字,1996年第2期
轩考,乐嘉藻,河北第一博物院半月刊,1935年第80、82、84期
铉鼎解,殷涤非,江汉考古,1983年第4期
学位服源流趣考,王心喜,世界文化,1999年第3期
鸦片的来源,殷尧,广济医刊,1935年第12卷第3期
鸦片史略,陈邦贤,中西医学报,1930年第10卷第10期
鸦片使用之起源,守中清,周德舆(译),民国医学杂志,1932年第10卷第11期
鸦片输出史略,云斯,医药导报,1936年第2卷第5期
鸦片输入中国考,徐颂周,中国新论,1935年第1卷第5期
鸦片输入中国之始,子展,医事公论,1934年第8期
鸦片战争始末,周源,文史知识,1990年第9期
鸦片战争与中国近代爱国主义,陈知恩,文史知识,1990年第9期
鸦片之探讨,韩天(作),新医药刊,1936年第38期
烟草的发现和传入中国,许子,文史知识,1988年第7期
胭脂考,黄石,妇女杂志,1937年第17卷第4期
延春阁,汪莱茵,紫禁城,1998年第6期
阎婆惜的居室,刘世德,文史知识,1998年第7期
砚山与砚屏,扬之水,收藏家,2006年第9期
燕窝谈,顾绍衣,东方杂志,1918年第15卷第8期
羊皮筏子·石油二考,李树辉,青海民族研究,2004年第1期
羊肉与元代宫廷饮食,邓瑞全,文史知识,1998年第9期
"谣钟"小考,李若晖,中国社会科学院研究生院学报,2002年第5期
摇篮小史,陈见微,文史知识,1995年第12期
瑶族铜鼓考,玉时阶,民族艺术,1989年第3期
"钥匙"探源,徐时仪,中国典籍与文化,2003年第3期
也释"香篆"、"宝篆"之类,曹海东,辞书研究,2002年第5期
也说"叵罗",熊飞,学术研究,1985年第2期
也说"上古时期的'衣'与'裳'",汪少华,寻根,1997年第5期
也谈北宋的小钞,刘森,中国钱币,1988年第1期
也谈镜子,黄苗子,人民日报,1957年4月12日
也谈两汉古纸的发现与研究,杨惠福,王元林,考古与文物,2007年第5期
也谈"胭脂",万方,文史知识,1992年第10期
"野干"为何物,黄建宁,文献,2005年第1期
"衣""裳"考释,朱安义,昭通师范高等专科学校学报,2004年第1期
衣冠与中国古代的礼俗文明略谈,杜家骥,历史教学,2003年第2期
宜兴陶器研究及其史的叙述,许冰夏,生力月刊,1935年第1卷第2期
颐和园与圆明园的名称,周士琦,寻根,2005年第3期
蚁鼻钱,刘长荪,羊城晚报,1965年8月20日
殷代的交通工具和驿传制度,于省吾,东北人民大学人文科学学报,1955年第2期
殷商最大的青铜器"司母戊鼎"——古代青铜冶铸,高林生,知识就是力量,2005年第6期
饮食园圃中的国色天香——豆腐,黄金贵,文史知识,1991年第2期
隐几与养和,扬之水,收藏家,2002年第12期
印章的起源及其演变,罗叔子,江海学刊,1961年第7期
俑名试说,何直刚,文物,1965年第5期
由茶说到茶,张希广,文史知识,1982年第12期
卣(yǒu音有),金石,南方文物,1977年第7期
鱼颠匕补释——兼说昆夷,何琳仪,中国史研究,2007年第1期
玉琮浅说,祝中熹,丝绸之路,2004年第S1期
玉环与玉玦,朱启新,文史知识,2000年第3期
玉佩与刚卯,劳干,"中央研究院"历史语言研究所集刊,1956年第27本
玉珮,那志良,大陆杂志,1956年第13卷第4期
玉屏花与玉逍遥,孙机,文物,2006年第10期
郁金对于肝脏胆道的作用,中川谕,新医药观,1940年第11卷第9期
元代的纸币,全汉升,国立中央研究院历史语言研究所集刊,1948年第15本
元代的纸币和钞版,陈煜,文史知识,1998年第9期
元代石狮趣谈,程张,文史知识,1998年第9期
元明以来纸钱的研究,陆锡兴,南方文物,2008年第1期
月中桂索源,尹荣方,东南文化,1992年第5期
云南羊角编钟初探,黄德荣,四川文物,2007年第5期
云梯考略,蓝永蔚,江汉考古,1948年第1期
再论郭守敬玲珑仪,李迪,寻根,2005年第5期
再谈对联,刘叶秋,文史知识,1984年第12期
簪花考,芸子,经世日报文献周刊,1947年4月19日

澡豆趣话,辛宝,文史知识,2004 年第 10 期
澡堂史话,何小颜,文史知识,1992 年第 7 期
战车与车战,袁庭栋,文史知识,1985 年第 4 期
战国平阳刀币考,裘锡圭,李家浩,中国钱币,1988 年第 2 期
折扇何时出现于我国,杨琳,文史知识,2001 年第 6 期
折扇考,陈子展,太白,1934 年第 1 卷第 2 期
褶子·帔·开氅,吴同宾,文史知识,1999 年第 1 期
珍珠衫、百宝箱和通灵宝玉,张国风,文史知识,2007 年第 5 期
珍珠琐谈,安京,文史知识,1994 年第 9 期
珍珠小史,王运熙,寻根,2001 年第 6 期
钲铙考,陈驹,广西大学学报·哲学社会科学版,1987 年第 2 期
蒸饼、笼饼考辨,李祥林,文史知识,1994 年第 11 期
纸——文房四宝之三,许树安,文史知识,1986 年第 8 期
指南车,王冠倬,历史教学,1962 年第 10 期
指南车的秘密,张浚森,科学大众,1954 年第 10 期
指南车记里鼓车之考证及模制(附图版二十、图三、表七),王振铎,史学集刊,1937 年第 3 期
指南车与指南针无关系考,文圣举(译述),科学,1924 年第 9 卷第 4 期
指南车之车制模制说,王振铎,大公报史地周刊,1936 年 12 月 18 日
指南针考,章炳麟,华国,1924 年第 1 卷第 5 期
中国兵车考,奇梵,更生,1940 年第 5 卷第 6 期
中国茶叶史,许椿培,商业月报,1930 年第 10 卷第 5、7、8 期
中国钞票史略,延龄,中央经济月刊,1942 年第 2 卷第 5 期
中国虫蜡史,东方杂志,1919 年第 16 卷第 8 期
中国瓷器的发明和发展,傅振伦,史学月刊,1980 年第 1 期
中国刺绣渊源浅谈,郭桂珍,文物世界,2006 年第 2 期
中国丹砂之应用及其推演,劳干,国立中央研究院历史语言研究所集刊,1938 年第 7 卷第 4 期
中国的茶叶,赵文,新陕西,1931 年第 1 卷第 9 期
中国的刺绣,龚敏,世界杂志,1931 年第 2 卷第 5 期
中国的宫殿与寺观,陆德麟,亚丹娜,1931 年第 1 卷第 2 期
中国的建筑,范文照,文化建设,1934 年第 1 卷第 1 期
中国的罗盘针考,蒋荫楼(译),国立中山大学语言历史学研究所周刊,1928 年第 3 卷第 29 期
中国的麻醉药,郑轩渠(著),王洪涛(校),光华医药杂志,1935 年第 3 卷第 1、2 期,1936 年第 3 卷第 4 期
中国梵钟,孙机,考古与文物,1998 年第 5 期
中国风筝及其风俗探源,郭伯南,民俗研究,1990 年第 1 期
中国服装史纲,包遵彭,东西文化,1967 年第 1 期
中国古瓷分类和命名,李正申等,中国文物报,1991 年第 4 卷第 7 期
中国古代兵器的铸造与武艺的发展,崔大庸,文史知识,1994 年第 1 期
中国古代茶馆考论,刘学忠,社会科学战线,1994 年第 5 期
中国古代车、步、骑的递嬗,龚留柱,河南大学学报·社会科学版,1988 年第 1 期
中国古代车战考略,顾颉刚,杨向奎,东方杂志,1937 年第 34 卷第 1 期
中国古代的玻璃,森汉,工业学院学报,1937 年第 3 期
中国古代的茶馆,刘学忠,中国典籍与文化,1994 年第 2 期
中国古代的茶具,姚伟钧,文史知识,1991 年第 4 期
中国古代的祠堂建筑,丁宏伟,文史知识,1987 年第 11 期
中国古代的计时器,管成学,教师博览,1995 年第 11 期
中国古代的钱币,吴荣曾,考古通讯,1956 年第 4 期
中国古代的扇子,杨琳,文化学刊,2007 年第 1 期
中国古代的射书,马明达,体育文化导刊,2004 年第 5 期
中国古代的鞋及其称谓,王功龙,文化学刊,2007 年第 6 期
中国古代的褒器,魏忠,文史知识,1997 年第 5 期
中国古代的窑具与装烧技术(前编),熊海堂,东南文化,1991 年第 6 期
中国古代的战场指挥信号——兼说号炮的来历,王曾瑜,文史知识,2005 年第 1 期
中国古代灯具中的科学知识,金秋鹏,中国科技史料,2001 年第 1 期
中国古代髑髅饮器考,松竹梅,畅流,1968 年 1 月 38 日
中国古代服色流变探讨,赵庆伟,湖北大学学报·哲学社会科学版,1997 年第 1 期
中国古代甲胄续论,杨泓,故宫博物院院刊,2001 年第 6 期
中国古代建筑中的门,宋远,文史知识,1991 年第 10 期
中国古代建筑装饰术之雕与画,朱枕木,中国建筑,

1934年第2卷第1期

中国古代建筑装修上的楔钉销峁,祁伟成,文物世界,2006年第5期

中国古代金丹家的设备和方法,曹元宇,科学,1933年第17卷第1期

中国古代乐器发展漫谈(上)(下),刘承华,文史知识,1994年第2期

中国古代冷兵器与武术器械,刘梦藻,文史知识,1993年第8期

中国古代犁的发展及其使用,何平和,文史知识,1991年第4期

中国古代陵墓建筑的文化心理特征,姜晓萍,文史知识,1996年第4期

中国古代日用器物图——床榻,万方,书屋,2007年第5期

中国古代日用器物图——纺车,万方,书屋,2007年第1期

中国古代日用器物图——肩舆,万方,书屋,2007年第4期

中国古代日用器物图——磨,万方,书屋,2007年第9期

中国古代日用器物图——水车,万方,书屋,2007年第2期

中国古代日用器物图——舟船,万方,书屋,2007年第3期

中国古代社会中之酒,一良,食货,1935年第2卷第7期

中国古代四大发明及其西传,于希贤,文史知识,1994年第5期

中国古代天文仪器释义,黄万里,交大唐院季刊,1931年第2卷第1期

中国古代鞋的起源,王功龙,寻根,2002年第6期

中国古代葬玉的研究,刘铭恕,历史与考古,1937年第4期

中国古建筑中的窗,赵丽雅,文史知识,1988年第1期

中国古陶瓷中的明珠——唐三彩,曾维华,文史知识,1987年第8期

中国火药之起源,曹焕文,西北实业月刊,1946年第1卷第1期

中国货币史上之大钱(通货膨胀之另一方式),朱偰,学识,1947年第1卷第8期

中国建筑材料发展史,戴岳,北京大学月刊,1920年第1卷第7期

中国建筑屋盖考,乐嘉藻,河北第一博物院半月刊,1931年第3、4、7期,1932年第8、11、12期

中国桨系的演变,周世德,文史知识,1989年第11期

中国酒之起源,凌纯声,"中央研究院"历史语言研究所集刊,1958年第29本下册

中国历代的货币,陈鼎正,宪政论坛,1958年第5期

中国历代民食问题,郎擎霄,建国月刊,1933年第8卷第3期

中国历代烧制瓷的成就与特点,陈万里,文物,1963年第6期

中国历史上之"奇器"及其作者,张荫麟,燕京学报,1928年第3期

中国罗盘针的故实,夏德(著),汪馥泉(译),青年界,1934年第5卷第1期

中国麻醉药,王吉民,广济医报,1922年第7卷第4期

中国青铜器的起源,郑德坤,文博,1987年第2期

中国青铜器的起源与发展,唐兰,故宫博物院院刊,1979年第1期

中国人的鞋史,郑慧生,寻根,1998年第5期

中国人发明火药火炮考,陆懋德,清华学报,1928年第5卷第1期

中国上古各地物产,王镇九,食货,1935年第2卷第4期

中国史前的家具,宋兆麟,中国历史文物,1992年00期

中国唐代的服装,原田淑人,美术研究,1958年第1期

中国陶瓷发展过程中几个概念的探索,刘秉城,自然科学史研究,1991年第10卷第4期

中国陶磁的制作和发展,傅振伦,新建设,1956年第2期

中国铁路史,陈沂,正谊杂志,1914年第1—6期,1915年第7—9期

中国鸦片考,王世恭,东方医学杂志,1935年第13卷第7期

中国鸦片历史的考据,汪企张,医药评论,1930年第45期

中国药物鱼类,伊博恩,中华医学杂志,1939年第25卷第11期

中国药物之分类法,叶劲秋,卫生报,1930年第2卷第21期

中国药用植物考证,伊博恩(著),宋大仁(译),中西医药,1936年第2卷第8、11期

中国衣冠之宗教,成世光,新思潮,1955年第48期

中国饮茶起原考,矢野仁一(著),黄孝先(译),科学,1926年第11卷第12期

中国印,钟炜,对外传播,2008年第3期

中国原始的住宅建筑,黄祖淼,中国建筑,1934年第9卷第5期

中国在计时器方面的发明,刘仙洲,天文学报,1956年第2期

中国之迷蒙药,张延栋,中国医药月刊,1924年第7期

中华旧医结核病观念变迁史,余严,华国,1924年第1卷第11期

中秋月饼,风人,正风,1936年第3卷第4期

冢中枯骨,裘友,文史知识,1987年第2期

周代车的社会功能与文化表现,戴吾三,中国文化研究,2000年第2期

周以来妇女足服考,尚节之,国闻周报,1933年第10卷第39期

朱碧山槎杯,北平晨报艺圃,1936年5月13日、19日、20日

"朱窝"与"骰子",岳国钧,辞书研究,1995年第6期

朱彝尊与晋祠文物考略,左正华,文物世界,2006年第6期

竹器释名,张静,西华师范大学学报·哲社版,2004年第6期

麈尾不是拂尘,王垂基,中学语文教学,1994年第6期

铸刑鼎,北京日报,1973年9月4日

铸刑鼎,师功,贵州日报,1973年10月27日

铸刑书和铸刑鼎,河北日报,1973年9月22日

幢考,钟惠芳,民族艺术研究,1999年第5期

粽的起源,吴槐,台北文物,1954年第3卷第1期

菹齑古今,张标,文史知识,1996年第2期

足衣种种,王作新,文史知识,1991年第12期

最早的"备忘簿",倪培森,教师博览,1997年第3期

最早的冶铸容器,王浩,文史知识,1999年第4期

柞伯鼎与周公南征,朱凤瀚,文物,2006年第5期

八、矿物

"镔铁"和张骞西行的动机,王子今,博览群书,2005年第4期

说"䴢煤",曹海东,文史知识,2005年第12期

我国先秦文献中关于原始玻璃唯一记载的考察,王贻梁,考古与文物,1995年第4期

中国古代的矿物学知识,艾素珍,文史知识,1994年第10期

中国古籍中有关石棉的记载,苏良赫,李仲均,地球科学·中国地质大学学报,1982年第1期

九、典章制度

安徽书院沿革考,吴景贤,学风,1932年第2卷第8期
安徽书院志,吴景贤,学风,1932年第2卷第4—8期
安魂之祭:士虞礼,彭林,文史知识,2003年第9期
八股制艺源流考(1,2),侯绍文,人事行政,1966年第21期
八旗制度考实,孟森,国立中央研究院历史语言研究所集刊,1936年第6本第3分
巴蜀戎事考,刘弘,四川文物,2006年第1期
白鹿洞书院之研究,俞敏良,协大艺文,1938年第9期
拜跪举废议,太炎,制言,1936年第22期
北朝兵制研究,傅安华,治史杂志,1937年第1卷第1期
北朝的军事监察官——监军、军司,陶新华,殷都学刊,2005年第1期
北朝隋唐之均田制度,万国鼎,金陵学报,1931年第1卷第2期
北京的国子监和首都图书馆,褚雪,中国青年报,1962年1月9日
北京国子监,金受申,旅行家,1958年第4期
北宋兵制研究,罗球庆,新亚学报,1957年第3卷第1期
北宋的科举改革与弥封制,徐规,杭州大学学报·哲学社会科学版,1981年第1期
北宋几个大思想家的井田论,陶希圣,食货,1935年第2卷第6期
北宋科举制度研究(上、下),金中枢,新亚学报,1964年第6卷第1—2期
北宋前期方田均税考,李裕民,晋阳学刊,1989年第6期
北宋制造母钱和样钱的京畿钱监,刘森,西安金融,1994年第8期
北宋铸钱诸问题考辨,徐东升,中国史研究,2006年第4期
北魏地方都督制补论,陶新华,求索,2004年第2期
北魏地方制度,谷霁光,天津益世报史学,1936年6月7日
北魏后期的中正制新论,陶新华,历史教学,2004年第1期
北魏均田与园庄制,杨劝曾,北平华北日报史学周刊,1935年3月28日,4月4、11日
北魏均田制度之一考察,武仙卿,食货,1936年第3卷第3期

北魏尚书制度考,严耕望,国立中央研究院历史语言研究所集刊,1948年第18本
北魏孝文帝以后北朝的清浊官、流外官和吏,陶新华,四川大学学报·哲学社会科学版,2003年第4期
北魏镇戍制度考,李栋,国民杂志,1941年第1卷第12期
北魏镇戍制度考,周一良,禹贡,1935年第3卷第9期
北魏镇戍制度续考,周一良,禹贡,1935年第4卷第5期
避讳制度纵横谈,楚庄,文史知识,1992年第9期
兵农合一之唐代府兵制,罗识武,前途,1935年第3卷第11期
帛书《易经》与西周法制,崔永东,孔子研究,2001年第5期
曹魏的屯田,鞠清远,食货,1936年第3卷第3期
曹魏田制考实,束世澂,学术月刊,1959年第9期
曹魏屯田刍议,王光照,安徽史学,1999年第3期
曹魏屯田制,束世澂,学术月刊,1959年第8期
茶税之沿革,潘忠义,国际贸易导报,1934年第6卷第6期
察举制度的变迁,阎步克,文史知识,1998年第2期
长沙走马楼三国吴简中所见孙吴的屯田制度,高敏,中国史研究,2007年第2期
朝贡制度的理论渊源与时代特征,李云泉,中国边疆史地研究,2006年第3期
朝聘礼仪称名通释,王子今,周叔平,三峡大学学报·人文社会科学版,1994年第2期
朝聘礼仪称名通释,王作新,三峡大学学报·人文社会科学版,1994年第2期
车战之制考,王玉章,史地学报,1922年第1卷第3、4期
车战之制之起源及其变迁,王玉章,史地学报,1922年第1卷第3、4期
陈亮法制思想的特色,肖建新,安徽师范大学学报·人文社会科学版,2004年第6期
重评司马光与王安石变法,顾全芳,学术月刊,1990年第9期
初盛唐是否存在守选制说,王勋成,兰州大学学报·社会科学版,2006年第5期
"初税亩"新探,臧知非,学术界,1992年第2期
楚国官制考,左言东,求索,1982年第1期

楚国衡制单位"间镒",黄锡全,中国钱币,2001年第2期
传统的农本主义,万国鼎,农业周报,1931年第1卷第1期
春秋"初税亩"释义,张荫麟,大公报史地周刊,1935年7月5日
春秋晋国军制探讨,杨英杰,晋阳学刊,1983年第6期
春秋晋军制考,徐景贤,国专月刊,1935年第1卷第5期
春秋时代的财政状况,高耘晖,食货,1936年第4卷第6期
春秋时期郑国的成文法与"悬书",李玉洁,中州学刊,2007年第1期
春秋县制新探,虞云国,晋阳学刊,1986年第6期
春秋战国间封建的军事组织和战争的变化,杨宽,历史教学,1954年第4期
祠堂制度略,李鲁人,天津益世报社会研究·复刊,1937年3月10日
刺配,刘勉之,人民日报,1959年5月14日
赐死制度考论,许仲毅,学术月刊,2003年第7期
从《长沙走马楼三国吴简·竹简(壹)》看孙权时期的口钱、算赋制度,高敏,史学月刊,2006年第2期
从丞相到三省制的变迁,孙钺,史学月刊,1982年第1期
从"刀笔吏"到相国,叶正渤,秘书工作,1994年第7期
从汉字看古代"法""律"的文化内涵,张玉梅,汉字文化,2002年第3期
从华太师为唐伯虎改名说起——"部曲"制度及其变迁,叶九如,文史知识,1994年第8期
从"荒阅"到"质要"——中国奴隶制法一瞥,武树臣,文史知识,1992年第1期
从"间"字之释说到商代的"间祀",郑慧生,史学月刊,1987年第3期
从金文看西周的媵婚制度,高兵,海南师范学院学报·社会科学版,2006年第5期
从鲁国继承制度看嫡长制的形成,王恩田,东岳论丛,1980年第3期
从明代的"一条鞭法"到清代的"地丁"制度——关于明清两代田赋之史的研究,史苏苑,史学月刊,1954年第9期
从肉刑刑名用字看古代刑法文化,胡继明,汉字文化,2001年第4期
从商代的先公和帝王世系说到他的传位制度,郑慧生,史学月刊,1985年第6期
从司马光十科举士看北宋的举官制度,金中枢,新亚书院学术年刊,1967年第9期

从"四民月令"看东汉大地主的田庄,邱汉生,历史教学,1959年第11期
从唐代考试中的舞弊方式看唐宋时期的社会变革,易禾,文史知识,1994年第2期
从"刑"字的演变看古代刑法文化,温斌,汉字文化,2006年第6期
从殷墟甲骨文论古代学校教育,王贵民,人文杂志,1982年第2期
大明律诰考,黄彰健,"中央研究院"历史语言研究所集刊,1953年第24本
大赦释例,杨毓节,遗族校刊,1935年第3卷第1期
"大蒐礼"新探,杨宽,中华文史论丛,1963年第3期
大宗小宗说,邵君朴,社会科学论丛季刊,1937年第3卷第1期
"待诏"小识,丁毅华,天津师范大学学报·自然科学版,1987年第3期
东汉诏举制度考(附表),孔玉芳,中国文化研究汇刊,1943年第3卷
东晋都督诸州军事与其所领将军职的关系探讨,张鹤泉,史学月刊,2006年第1期
东林书院·东林讲会·东林党人(一),赵承中,文史杂志,1987年第1期
东林书院·东林讲会·东林党人(下),赵承中,文史杂志,1987年第2期
东林书院和东林党,瞿林东,文史知识,1984年第11期
东周王陵"六马之驾"发现的学术史意义,杨朝明,河南科技大学学报·社会科学版,2003年第4期
度量衡标准制命名问题之研究:度量衡法确定公制定义与名称之意义(附表),吴承洛,时事月报,1935年第12卷第4期
度量衡沿革概要,张树德,辽宁实业月刊,1929年第1卷第1期
度量衡制考,谢彦谈,朝晖,1932年第11期
对刘劭《爵制》的评议,朱绍侯,南都学坛,2008年第4期
对《"士丧礼"、"既夕礼"中所记载的丧葬制度》几点意见,沈文倬,考古学报,1958年第2期
对于吾国度量衡制之商榷,胡刚复,东方杂志,1935年第32卷第7期
对于吾国古律例之探讨,刘希容,社会科学论丛季刊,1934年第1卷第1期
敦煌郡置年代考,方诗铭,经世日报禹贡周刊,1946年10月18日
顿首·稽首·空首,林洪文,文史知识,1982年第10期

《尔雅》法律使用域词语的训释理据与上古法文化,赵家栋,湘潭师范学院学报·社科版,2005年第6期

《二年律令·行书律》与汉代邮行制度,杨杰,肇庆学院学报,2006年第1期

二千年前中国之国立大学:汉之大学教育,盛朗西,民铎杂志,1924年第5卷第1期

番例考,任启珊,社会科学论丛季刊,1937年第3卷第1期

藩镇节度使——唐军事变革的产物,王玉群,广州大学学报·社会科学版,2007年第11期

藩镇制度沿革考,罗香林,国立中央大学社会科学丛刊,1934年第1卷第2期

"藩属"与"宗藩"辨析——中国古代疆域形成理论研究之四,刘志扬、李大龙,中国边疆史地研究,2006年第3期

范仲淹对封建官僚制度改革的尝试,范兆琪,历史教学,1984年第4期

"废井田,开阡陌"刍议,祝中熹,青海社会科学,1985年第6期

封还词头与北宋的封驳制度,宋靖,史学月刊,2007年第11期

封建社会的土地制度,束世澂,历史教学问题,1957年第3期

"伏准赦文"与晚唐行政运作,魏斌,中国史研究,2006年第1期

府兵制度的起源,谷霁光,天津益世报史学,1935年5月14日

府兵制溯源并质陈寅恪先生,王树椒,图书集刊,1943年第5期

高昌、西州时期量制考,徐庆全,河北学刊,1992年第5期

宫刑杂考,陈永生,文史知识,1988年第7期

贡院——明清的考场,赵洛,北京日报,1957年12月8日

古代的避讳制度及其影响,楚庄,河北学刊,1993年第2期

古代的烽火报警,武继山,文史知识,1991年第5期

古代的拱揖跪拜,张标,文史知识,1994年第8期

古代的九拜礼,李建国,文史知识,1993年第4期

古代的"刑"与"赎刑",斯维至,人文杂志,1958年第1期

古代的养老制度,刘松林,文史知识,2000年第3期

古代的尊师之礼"释菜",陆宗达,文史知识,1986年第7期

古代帝王的生日与祝寿,孙来臣,文史知识,1988年第2期

古代东方的最高学府(北京国子监),毛怀坤,中国青年报,1957年1月9日

古代宫刑述闻,许仲毅,文史知识,1982年第5期

古代官吏的退休制度,钟文,文史知识,1999年第2期

古代货币制度初探,武守志,甘肃师大学报,1963年第1期

古代祭祖漫谈,许永涛,文史知识,1991年第3期

古代郊祀之礼,黎正甫,大陆杂志,1966年第7期

古代救济农村制度考,龚山友,大道半月刊,1934年第6期

古代死刑种种,洪丕谟,文史知识,1988年第7期

古代的"衅"礼,江绍原,晨报副刊,1926年4月28日、5月1日、5月17日

古代刑制大赦、曲赦、德音小辨,吕友仁,河南师范大学学报·哲学社会科学版,1984年第4期

古代有关官职任免升迁的用语,徐传武,滨州师专学报,1994年第3期

古代簪笔制度探微,周晓薇,中国典籍与文化,2001年第3期

古代择兵标准拾零,张羽,中国民兵,1985年第9期

古代职官的划分和考核,成惕轩,军事与政治,1943年第4卷第6期

古代最高学府——国子监,北京日报,1962年7月7日

古宫刑考——从许仲毅同志《古代宫刑述闻》一文谈起,李安纲,运城学院学报,1986年第2期

古今学制之异同,颜昌峣,船山学报,1915年第5期

古今药剂权量不同略考,张山雷,湖北医药月刊,1935年第1期

古律笞督解,刘用光,大陆杂志,1966年第9期

古人的坐、跪、拜,吴晗,人民日报,1962年8月5日

古人座次的尊卑和堂室制度——从鸿门宴的座次谈起,王文锦,文史知识,1982年第4期

古社会田狩与祭祀之关系,陈槃,国立中央研究院历史语言研究所集刊,1948年第21本第1分

古史中地域的扩张,顾颉刚,禹贡,1934年第1卷第2期

古文字中之商周祭祀,陈梦家,燕京学报,1936年第19期

古刑法略说,蒙文通,史学,1935年第1期

古有宪法考,陈汉章,中央大学半月刊,1930年第1卷第6期

古制考——赋役篇,姚祖诏,浙江学报,1942年第1

卷第 1 期
顾亭林《日知录》之地方自治说,东方杂志,1906 年第 3 卷第 5 期
顾亭林日知录之地方自治说,东方杂志,1906 年第 3 卷第 5 期
关试与春关,王勋成,文史知识,1997 年第 5 期
关于曹魏屯田的规模问题,柳春藩,史学集刊,1990 年第 2 期
关于"茶角"——兼及宋代邮递二三事,扬之水,中国典籍与文化,2006 年第 4 期
关于度量衡及记数名称之意见,曾瑊益,学艺,1935 年第 14 卷第 4 期
关于宫中"对食",吴世昌,故宫博物院院刊,1982 年第 1 期
关于古代刑制的两个问题,吕友仁,河南大学学报·社会科学版,1984 年第 1 期
关于汉代的践更、卒更和过更,谢宗陶,历史教学,1956 年第 12 期
关于井田制的若干问题,金景芳,江汉论坛,1963 年第 4 期
关于唐的两税法,吉田虎雄(著),王哲夫(译),说文月刊,1940 年第 2 卷第 6—7 期
关于我国县的起源问题,钱林书,复旦学报·社会科学版,1980 年第 S1 期
关于"一晦三甽"问题的商榷并答杨君,陈啸江,食货,1933 年第 2 卷第 1 期
关于永贞蠲免欠税诏的颁发时间问题,陶敏,重庆师范大学学报·哲学社会科学版,1981 年第 3 期
关于中国度量衡问题之论断,王恒守,励学,1935 年第 4 期
关于中国警察制度史,林琳,中学历史教学参考,1997 年第 8 期
关于周代郊天的地点、时间与用牲——与张鹤泉同志商榷,杨天宇,史学月刊,1991 年第 5 期
官僚政治制度的产物——复杂多变的宋朝官制(一—六),朱瑞熙,文史知识,1986 年第 1、2、3、4、7、8 期
"冠礼"新探,杨宽,中华文史论丛,1962 年第 1 期
冠者礼之始也:冠礼,彭林,文史知识,2002 年第 7 期
管子之民食政策,向景华,国专月刊,1935 年第 1 卷第 5 期
贵溪象山书院,黄庆来,江西教育,1981 年第 3 期
"跪拜礼"的起源和消亡,姚荣涛,文史知识,1982 年第 2 期

国家礼制的地方回应:明代乡射礼的嬗变与兴废,赵克生,求是学刊,2007 年第 6 期
国子监,陈育丞,文物,1959 年第 9 期
国子监的前世今生,张尚视野,2006 年第 22 期
国子监——六百年间的太学,赵洛,文史知识,1985 年第 8 期
海关始于汉代之珠崖,房建昌,学术研究,1983 年第 3 期
"韩门弟子"与中唐科举,刘海峰,漳州师范学院学报·哲学社会科学版,1997 年第 3 期
汉百三郡国建置之始考,谭其骧,地学杂志,1934 年第 22 卷第 2 期
汉初之教育,陈东原,学风,1935 年第 5 卷第 1 期
汉代"百官所聚"之"府",马育良、郭文君,古代文明,2008 年第 3 期
汉代兵制考略,谷霁光,天津益世报史学,1936 年 10 月 12 日
汉代察举制度考,劳干,国立中央研究院历史语言研究所集刊,1948 年第 17 本
汉代的薄赋与苛捐杂徭,曹道安,财政评论,1947 年第 16 卷第 3 期
汉代的"发兵"制度,陶新华,史学月刊,2000 年第 2 期
汉代的"分田劫假"与豪民兼并,王彦辉,东北师大学报·哲学社会科学版,2000 年第 5 期
汉代的"将屯"与"将田"小考,李炳泉,史学月刊,2004 年第 4 期
汉代的童蒙识字教育,李建国,文史知识,1999 年第 2 期
汉代的屯田,王剑英,历史教学,1956 年第 9 期
汉代的制度,钱穆,天涯,2002 年第 6 期
汉代的訾算,黄今言,中国社会经济史研究,1984 年第 1 期
汉代地主的类别,柳春藩,史学集刊,1982 年第 2 期
汉代赋役考,李源澄,国立浙江大学文学院集刊,1941 年第 1 期
汉代官俸考略,杨天宇,河南大学学报·社会科学版,1994 年第 1 期
汉代豪民与乡里政权,王彦辉,史学月刊,2000 年第 4 期
汉代皇帝宗庙祭祖制度考论,郭善兵,史学月刊,2007 年第 1 期
汉代买地券的实质、渊源与意义,鲁西奇,中国史研究,2006 年第 1 期
汉代"名田宅制"与"田宅逾制"论说,贾丽英,史学月刊,2007 年第 1 期
汉代丧葬制度考,杨树达,清华学报,1932 年第 8 卷

第 1 期

汉代太学生出路问题研究,李峰,濮阳职业技术学院学报,2008 年第 1 期

汉代西域行政制度沿革述略,于鹤年,国立中山大学文史学研究所月刊,1934 年第 2 卷第 5 期

汉代限田制说,李恒全,史学月刊,2007 年第 9 期

汉代乡、亭制度浅论,朱绍侯,河南大学学报·社会科学版,1982 年第 1 期

汉代选官之"四科"标准的性质,阎步克,社会科学研究,1990 年第 5 期

汉代乐府《陌上桑》中的官制问题,阎步克,北京大学学报·哲学社会科学版,2004 年第 2 期

汉代之官学,陈东原,学风,1934 年第 4 卷第 9 期

汉代之选举制度,张震泽,学艺,1947 年第 17 卷第 1 期

汉代之徭役及人头税,范石轩(译),食货,1936 年第 3 卷第 7 期

汉代重农主义与均产思想论,丁广极,先导月刊,1934 年第 2 卷第 1 期

汉代坐次尊卑问题一瞥,杨树达,清华周刊,1931 年第 35 卷第 6 期

汉均输法考,钱宝琮,文理,1931 年第 4 期

汉里之实长,仇庐译,禹贡,1935 年第 4 卷第 2 期

汉灵帝中平五年"改刺史,新置牧"考,范学辉,河南大学学报·社会科学版,1997 年第 3 期

汉末荆州八郡考,方高峰,益阳师专学报,1999 年第 4 期

汉唐间地方行政区分的演变,桑伯华,天津益世报食货,1937 年 6 月 8 日

汉唐时期的"军吏",黎虎,阴山学刊,2006 年第 6 期

汉唐王朝的纳质制度,方铁,思想战线,1991 年第 2 期

汉唐之尺度及里程考,〔日〕足立喜六(著),吴晗(译),人文,1934 年第 5 卷第 6 期

汉唐之尺度里程考,〔日〕足立喜六(著),凡桐(译),北强月刊,1935 年第 2 卷第 3 期

汉"卫尉八屯"小考,朱绍侯,南都学坛,1991 年第 3 期

汉魏晋的肉刑论战,刘公任,人文,1937 年第 8 卷第 2 期

汉文帝废止肉刑与中国刑制之得失,王恒颐,国立中央大学半月刊,1930 年第 2 卷第 1 期

汉印制度杂考,汪桂海,历史研究,1997 年第 3 期

汉州郡县吏制考,强汝询,中国学报,1913 年第 6、8 期

翰林院制度考,高厚德,许梦瀛,教育学报,1941 年第 6 期

合二姓之好:婚礼,彭林,文史知识,2002 年第 8 期

"和亲"杂谈,郁贤皓,古典文学知识,1994 年第 3 期

河北省书院志初稿,王兰荫,师大月刊,1936 年第 25、29 期

洪武十年前后的祭礼改制初探——以郊、庙、社稷礼为中心,赵克生,东南文化,2004 年第 5 期

华夏宗族中"昭穆"名称溯源——夏夷融合之人类学透视,李瑾,许昌师专学报,1997 年第 1 期

皇帝制度之成立,雷海宗,清华学报,1934 年第 9 卷第 4 期

吉安白鹭洲书院,王泽民,江西教育,1981 年第 7 期

给事中制度论,但焘,华国,1924 年第 1 卷第 5 期

祭说,丁骕,社会科学战线,1993 年第 6 期

祭祀万世师表:释奠礼,彭林,文史知识,2003 年第 10 期

稷下学宫及其流派,韩振羽,文史知识,1987 年第 10 期

家长制探源,邹身城,杭州师范学院学报·社会科学版,1981 年第 2 期

"间田"非"王田"辨——兼评王莽王田,王彦辉,东北师大学报·哲学社会科学版,1993 年第 3 期

简牍所见汉代边塞徼巡制度,汪桂海,中国边疆史地研究,2006 年第 3 期

简析渤海国对其周边民族实行的羁縻政策,梁玉多,北方文物,2006 年第 1 期

江苏书院志初稿,柳诒徵,江苏国学图书馆年刊,1931 年第 4 期

"将从中御"始于宋太祖考,范学辉,安徽师范大学学报·人文社会科学版,2006 年第 1 期

金代学制之沿革,毛汶,学风,1935 年第 5 卷第 10 期

金鸡、青衣与赦免,赵克生,华夏文化,2001 年第 2 期

金文中所窥见的周货币制度,非斯,食货,1936 年第 4 卷第 7 期

金之货币制度,莫东寅,中国留日同学会季刊,1945 年第 10、11 期

近代书院学校制度变迁考,谢国桢,张菊生先生七十生日纪念论文集,商务印书馆,2012 年

近年来井田制研究综述,王和,文史知识,1984 年第 10 期

近四十年来"两税法"研究综述,魏明孔,刘进宝,文史知识,1990 年第 9 期

晋室八王乱后日趋衰落之农村经济,乔介林,长城,1936 年第 1 卷第 3 期

京师大学堂小史,拓堂,中心评论,1936 年第 11 期

井田的材料,卫聚贤,学艺,1935 年第 14 卷第 4 期

井田考,何健民,中国经济,1935 年第 3 卷第 3 期

井田考,郑行巽,经济学季刊,1934 年第 5 卷第 2 期

井田新证,倪今生,中山文化教育馆季刊,1935年第2卷第2期

井田新证别论,倪今生,食货,1937年第5卷第5期

井田与均田,陶希圣,大公报经济周刊,1936年10月28日

井田与土地私有制度,希圣,武汉中央日报副刊,1927年8月9日

井田之谜,万国鼎,金陵学报,1931年第1卷第2期

井田之研究,祝百英,文史汇刊,1935年第1卷第2期

井田制度崩坏过程之研究,光玖,复兴月刊,1933年第1卷第12期

井田制度的研究,赵琳,史地丛刊,1933年第1辑

井田制度考,边燮清,燕大月刊,1929年第4卷第1期

井田制度新考,余精一,东方杂志,1934年第31卷第14期

井田制度有无问题之经济史上的观察,朱偰,东方杂志,1934年第31卷第1期

井田制度有无之研究,胡适等,建设杂志,1920年第2卷第1、2、5号

井田制度有无之研究述评,万国鼎,地政月刊,1933年第1卷第1期

井田制非土地制度论,梁园东,经济学季刊,1935年第6卷第3期

井田制考辨,钱玄,南京师大学报·社会科学版,1993年第1期

井田制研究引论,潘渭年,北新,1929年第3卷第17期

井田制有无问题短论,嵇文甫,中国经济,1934年第2卷第10期

旧石器时代人类葬仪之研究,裴文中,天津益世报,1933年6月5日

就"白阳疏草"论晚明军费,刘阶平,经理月刊,1936年第2卷第1期

就历史上观察中国省制,李剑农,新时代半月刊,1931年第1卷第4期

军持之研究,韩槐准,南洋学报,1949年第6卷第1辑

军功爵制在西汉的变化,朱绍侯,河南大学学报·社会科学版,1983年第1期

军事屯垦问题之史的观察,束世澂,国风半月刊,1933年第1卷第10期

均田制的破坏,赵俪生,天津社会科学,1982年第5期

均田制讨论综述,吴宗国,文史知识,1986年第4期

"钧金"与"束矢"——先秦诉讼中的缴费问题,温慧辉,寻根,2004年第3期

看宋代官员如何公费用餐(上),朱瑞熙,观察与思考,1999年第11期

看宋代官员如何公费用餐(下),朱瑞熙,观察与思考,1999年第12期

抗俄战争中的台湾藤牌军,林其泉,文史知识,1990年第5期

考试制度,天一,教育杂志,1920年第12卷第5号

科举称谓"进士"的历史考察——兼与龚延明先生商榷,丁鼎,烟台大学学报·哲学社会科学版,1994年第3期

科举制的起源与进士科的起始,刘海峰,历史研究,2000年第6期

科举制定义再商榷,祖慧,历史研究,2003年第6期

科举制度的产生和考试程序的发展,李正中,史学月刊,1964年第9期

科举制度的创立,王道成,文史知识,1983年第6期

科举制度的发展,王道成,文史知识,1983年第7期

科举制度的极盛,王道成,文史知识,1983年第8期

科举制度的消亡,王道成,文史知识,1984年第8期

科举制——具有世界影响的考试制度,刘海峰,中国考试·研究版,2005年第1期

科举制与传统行政权力的尊师问道,胡成,文史知识,2002年第9期

恐惧中的祀典:祭厉,刘方玲,张文斌,文史知识,2006年第9期

狼兵狼田考,罗香林,广州学报,1937年第1卷第2期

厘金制度述略,受百,银行周报,1926年第10卷第28期

厘金制之起源及其理论,罗玉东,中国近代经济研究集刊,1932年第1卷第1期

礼的分类,彭林,文史知识,2002年第1期

礼的要素,彭林,文史知识,2002年第2期

礼与法,张庆桢,大陆杂志,1958年第8期

礼与乐,彭林,文史知识,2002年第3期

"礼"与秦人丧葬习俗,冯莉,文博,2006年第3期

里父老与汉代乡村社会秩序略论,马新,东岳论丛,2005年第6期

历代兵制论略,程石泉,建国月刊,1933年第9卷第2期,1934年第10卷第2、3期

历代成年制度考,美髯公,北平晨报艺圃,1935年9月6、7、9日

历代考察官吏的沿革(1—5),沈根源,考铨月刊,第68—72期,1956—1957年

历代书院沿革考略,李景铭,师大学刊,1942年第1集

历代田赋改制考,徐梗生,政治建设,1941年第5卷第4、5期

历代田赋税制述略,宋同福,经济汇报,1942年第5卷第4期

历代田亩统计,经济科学,1927年第1卷第4期,1928年第2卷第1期

历代县制考,杜涤尘,政治建设,1941年第1期

历代刑法书存亡考,谢冠生,东方杂志,1926年第23卷第3期

历代刑律沿革之概略,王文豹,社会学界,1927年第1期

历代州域政权考略,吴廷燮,四存月刊,1921年第6期

历史上第一部反腐败法典——元代的"赃罪法",郭立杰,文史知识,1998年第9期

历史上"断指"现象探源,赵克生,中州学刊,2004年第4期

历史语境中的王朝中国疆域概念辨析——以天下、四海、中国、疆域、版图为例,毕奥南,中国边疆史地研究,2006年第2期

"吏户"献疑——从长沙走马楼吴简谈起,黎虎,历史研究,2005年第3期

梁武帝萧衍优遇宗族之举措及整饬门风之失败,王永平,河南科技大学学报·社会科学版,2008年第2期

两汉币制略,费致俊,燕大月刊,1929年第5卷第1、2期

两汉兵制考,武宗灿,国专月刊,1936年第3卷第3期

两汉博士之选试,侯绍文,民主评论,1961年第10期

两汉的租税制度,黄君默,食货,1936年第3卷第7期

两汉地方行政史,黄绶,心力,1934年第10—12期

两汉地方政治制度之变迁,高炳春,金陵学报,1935年第5卷第2期

两汉赋税考,杨筠如,国立中央大学历史语言研究所周刊,1929年第6卷第66期

两汉货币制度,韩克信,食货,1935年第1卷第12期

两汉货币制度的研究,郭垣,中国经济,1934年第2卷第9期

两汉三大祭乐用周礼考,冒鹤亭,制言,1940年第60期

两汉选举制,邹文海,厦大学报,1943年第2集

两汉之县令制度,瞿昭旂,禹贡,1936年第6卷第1期

两汉州制考,顾颉刚,谭其骧,庆祝蔡元培先生六十五岁论文集(下),国立中央研究院历史语言研究所,1935年

两汉州制新考,辛德勇,文史,2007年第1辑

两宋书院制度,傅顺时,之江期刊,1937年新1卷第7号

辽朝科举考,李家祺,现代学苑,1968年第5卷第8期

辽代兵制,林瑞翰,大陆杂志,1958年第7期

辽代的部族制度,岛田正郎,蒙古学信息,2000年第3期

辽代的部族制度,岛田正郎,蒙古学信息,2000年第4期

辽代的部族制度,岛田正郎,蒙古学信息,2001年第1期

辽代的部族制度,岛田正郎,蒙古学信息,2001年第2期

辽代的部族制度,岛田正郎,蒙古学信息,2001年第3期

辽代"横帐"浅考,葛刚岩,北方文物,2000年第4期

辽金元之科举与教育,陈东原,学风,1932年第2卷第10期

刘铭传及其在台湾的"新政",吴密察,文史知识,1990年第5期

刘秀"度田"新探,臧知非,苏州大学学报·哲学社会科学版,1997年第2期

流刑何时被列入五刑,马新,东北师大学报·哲学社会科学版,1990年第2期

六朝买地券丛考,鲁西奇,文史,2006年第2辑

龙溪书院考略,郑师许,岭南学报,1935年第4卷第1期

庐山白鹿洞书院沿革考,陈东原,民铎杂志,1926年第7卷第1、2期

鲁国"一继一及"继承现象再考,杨朝明,东岳论丛,1996年第5期

铅山鹅湖书院,黄庆来,江西教育,1980年第3期

略论八旗土地制度形成的条件,刁书仁,北方文物,1990年第2期

略论曹魏军屯的类型,王鑫义,安徽大学学报·哲学社会科学版,1990年第4期

略论春秋刑罚的特点,徐祥民,法学研究,2000年第5期

略论汉代的三年丧,杨天宇,郑州大学学报·哲学社会科学版,2002年第5期

略论我国古代监察制度的运行机制和方式,邱永明,朱莲华,上海大学学报·社科版,1999年第6卷第5期

略论殷商的"作邑"及其源流,唐嘉弘,史学月刊,1988年第1期

略述科举制度,韩国磐,历史教学,1960年第4期

略述明代的民壮,黄松,文史知识,1986年第3期

略谈唐代的俸禄,迟乃鹏,文史知识,1987年第7期

论北宋漕运法,〔日〕青山定男(著),朱庆永(译),清华周刊,1934年第41卷第10期

论辟举制度与铨政,灞山,河北月刊,1937年第5卷第4期

论成吉思汗的奖惩机制,马曼丽,安俭,民族研究,2001年第4期

论春秋战国间的世卿制,杨善群,求是学刊,1988年

论汉代开拓边疆之盛,吴廷燮,四存月刊,1921年第8期
论汉代选举,但焘,华国,1924年第2卷第1期
论羁縻——土司制度对广西民族关系的影响,莫俊卿,学术论坛,1982年第6期
论金代的禁榷制度,王德朋,北方文物,2007年第4期
论井田制度,金景芳,吉林大学社会科学学报,1981年第1期
论井田制度(续),金景芳,吉林大学社会科学学报,1981年第2期
论井田制度(续),金景芳,吉林大学社会科学学报,1981年第3期
论井田制度(续完),金景芳,吉林大学社会科学学报,1981年第4期
论礼乐之起源,罗倬汉,学原,1947年第1卷第7期
论两汉乡村社会中的里社,马新,文史哲,1998年第5期
论凌迟之刑的起源及在宋代的发展,孔学,史学月刊,2004年第6期
论茂才考廉,李源澄,责善半月刊,1940年第1卷第15期
论孟子并没有所谓井田制,莫非斯,食货,1933年第2卷第2期
论明代品官的等级特权,林金树,史学月刊,1981年第4期
论秦汉的参夷法,王克奇,山东师范大学学报·人文社会科学版,1988年第6期
论秦疆域,陈恭禄,斯文,1941年第1卷第9、10期
论青海土官、土司制度的历史变迁,崔永红,青海民族学院学报,2004年第4期
论宋代的监司关系——以转运、提点刑狱和提举常平司为中心,徐东升,江西社会科学,2008年第5期
论唐朝藩镇军队的三级构成,王赛时,人文杂志,1986年第4期
论唐代边功之盛,吴廷燮,四存月刊,1921年第9期
论唐代封禅的变革,刘影,复旦学报·社会科学版,1998年第4期
论唐代之番将与府兵,陈寅恪,中大学报,1957年第2期
论唐代租庸调制度,曹道安,财政评论,1945年第13卷第5期
论《唐律》中的"出入人罪",李艳芳,河南公安高等专科学校学报,2003年第5期
论唐元时期的吐蕃政制,唐嘉弘,中国藏学,1998年第1期

论"天子驾六"车制产生的年代,戴雨林,洛阳大学学报,2004年第1期
论我国三老制度,苏莹辉,大陆杂志,1960年第9期
论我国宰相制度(上、下),周道济,民主评论,1960年第12、13期
论禹贡田赋不平均之故,许道龄,禹贡,1934年第1卷第1期
论"昭穆之常"及与宗法庙制的关系,唐友波,历史教学问题,1994年第6期
论中国度量衡制之单位,费德朗(P.Vittrant)(著),东方杂志,1921年第18卷第24期
论中国婚姻制度及其变迁,纪廷藻,江汉思潮,1936年第4卷第5、6期
论中国货币起源,李符桐,文化先锋,1937年第7卷第4、5期
论周代婚制,王焕镳,学衡,1922年第8期
论《周礼》的三公与六卿之制,彭林,人文杂志,1990年第3期
埋藏亲人的遗体:既夕礼,彭林,文史知识,2003年第7期
漫话冠礼,陈耀,文史知识,1989年第2期
漫话契约,郑春喜,文史知识,1993年第3期
漫话"三元及第",陶易,寻根,2008年第1期
盟与誓,辰伯,文学季刊,1934年第1卷第2期
孟子之农业政策观,梁家勉,农声,1931年第151期
庙号、谥号、尊号考述,史苏苑,社会科学战线,1983年第1期
名籍、户籍、编户齐民——试论春秋战国时期户籍制度的起源,辛田,人口与经济,2007年第3期
名教的破灭,阎步克,读书,1983年第10期
明朝的乡试、会试与殿试,方志远,文史知识,1998年第4期
明朝之学校,乔介林,师大月刊,1936年第30期
明初倡夫制度,常景宗,北平晨报艺圃,1935年3月20、22日
明初军屯之扩展及其组织,〔日〕清水泰次(著),王崇武(译),西北论衡,1936年第4卷第6期
明初开垦与庄田发生,〔日〕清水泰次(著),天津益世报学术周刊,1929年5月6日
明初施行屯田的社会背景,王崇武,北平华北日报史学周刊,1936年8月2日,9月7日
明初田赋考,〔日〕清水泰次(著),张锡纶(译),食货,1936年第4卷第2期

明初夏税本色考,方仲,清华周刊,1933年第40卷第11、12期

明初学制,赵九成,北平华北日报史学周刊,1936年10月22、29日

明初之屯垦政策与井田说,王崇武,禹贡,1936年第5卷第5期

明代边墙沿革考略,李溦芳,禹贡,1936年第5卷第1期

明代边墙沿革考略,一厂,国民杂志,1941年第1卷第9、10期

明代茶马金牌停止时间考,赵毅,西南师范大学学报·人文社会科学版,1993年第2期

明代大学生拔历制,侯绍文,民主评论,1958年第9期

明代的"均田定役"与"均田免粮",刘伯涵,史学集刊,1989年第3期

明代的商屯制度,王崇武,禹贡,1936年第5卷第12期

明代的书院制度,梁瓯第,现代史学,1935年第2卷第4期

明代的特务机构——东厂,商传,炎黄春秋,1995年第6期

明代的田赋制度与垦荒政策,戴博荣,现代史学,1935年第2卷第3期

明代的殉葬制度,吴晗,大公报史地周刊,1935年1月11日

明代地方行政制度之研究,王文山,经世,1937年第1卷第6—8期

明代丁忧制度述论,赵克生,中国史研究,2007年第2期

明代对于农民的征敛,张锡纶,大公报史地周刊,1936年8月14日

明代广州的"达官兵",马明达,回族研究,2005年第3期

明代国子监制度考略,于登,金陵学报,1936年第6卷第2期

明代蓟昌边墙之建置,杨淑英,大公报史地周刊,1936年7月31日

明代监察制度概述,于登,金陵学报,1936年第6卷第2期

明代郊礼改制述论,赵克生,史学集刊,2004年第2期

明代九边军饷,朱庆永,大公报经济周刊,1935年9月8日

明代科举中的官年现象,陈长文,史学月刊,2006年第11期

明代吏员和吏治,赵毅,史学月刊,1987年第2期

明代粮长制度,梁方仲,天津益世报史学,1935年5月28日

明代"两税"税目(夏税和秋粮),梁方仲,中国近代经济史研究集刊,1935年第3卷第1期

明代六科论略,赵毅,社会科学辑刊,1988年第6期

明代内阁的票拟制度,方志远,江西师范大学学报·哲学社会科学版,1987年第4期

明代台谏对当权者腐败的监督与制约,张薇,武汉大学学报·人文社会科学版,1999年第2期

明代贴黄制度考,赵毅,历史档案,1988年第2期

明代屯田考,万国鼎,金陵学报,1932年第2卷第2期

明代屯田制研究,孙媛贞,食货,1935年第3卷第2期

明代卫所制度兴衰考(附表),解毓才,说文月刊,1940年第2卷第9—12期

明代文官的省亲与展墓,赵克生,东北师大学报·哲学社会科学版,2008年第2期

明代以前婚嫁制度考,惟廉,北平晨报艺圃,1935年7月23、24、26、27、29日

明代驿递的设置、管辖和作用,沈定平,文史知识,1984年第3期

明代之漕运,〔日〕清水泰次(著),王崇武(译),禹贡,1936年第5卷第5期

明代之赋役制度,赵其芳,中国经济,1935年第3卷第3期

明代之科举与教育,陈东原,学风,1933年第3卷第1、2期

明代之农民,吴晗,天津益世报史学,1935年10月1、15日

明代总甲设置考述,王裕明,中国史研究,2006年第1期

明君臣上下相尊之义:燕礼,彭林,文史知识,2003年第2期

明末的兵与虏,知堂,宇宙风,1935年第2期

明清时期的祖先崇拜,常建华,文史知识,1991年第11期

明清以来乡绅、绅士与士绅诸概念辨析,徐茂明,苏州大学学报·哲学社会科学版,2003年第1期

《明史·刑法志》正误一则,房兆楹,大陆杂志,1965年第9期

明太祖蠲赋问题研究,张锡纶,大公报史地周刊,1937年4月13日

明堂制度与宗教,王治心,协大学术,1930年第1期

明之工兵制,姜开泰,经理月刊,1936年第2卷第1期

明之军饷,姜开泰,经理月刊,1936年第2卷第5期

"内阁"的由来,邹身城,语文世界,1999年第3期

耐刑、徒刑关系考,韩树峰,史学月刊,2007年第2期

南北朝色役考,武仙卿,食货,1936年第5卷第8、10期
南朝军府中的特殊府僚——典签,陶新华,历史教学,2001年第5期
南朝时代江南的田庄制度,万绳楠,历史教学,1965年第11期
南朝太学考,柳诒征,史学杂志,1929年第1卷第5、6期,1930年第2卷第1—4期
南宋杭州之国立大学,张其昀,国风,1936年第8卷第9、10期
南宋末年的民生与财政,张荫麟,北平华北日报史学周刊,1936年11月12日
南宋诗人眼中的农民痛苦,畜邻室主,国闻周报,1931年第8卷第24期
南雍述考,陈晓明,中国典籍与文化,1999年第1期
牛录·城守官·姓长——清初东北的地方行政机构,郑天挺,社会科学战线,1982年第3期
奴隶社会的土地制度,束世澂,历史教学问题,1957年第2期
"聘礼"与先秦的外交礼仪,陶磊,寻根,1998年第5期
齐国军事科技漫谈,王培元,文史知识,1989年第3期
齐量制辨析,陈冬生,中国史研究,2006年第3期
契丹"再生仪"探微,葛刚岩,昭乌达蒙族师专学报,1998年第3期
前汉货币问题之研究,王肇鼎,国立中央大学历史语言研究所周刊,1927年第1卷第7期
浅谈春秋战国时期的军事法,王贵民,军事历史,1991年第6期
浅议唐代的乡村养老,刘兴云,史学月刊,2007年第8期
羌族地区的土司制度与"改土归流",冉光荣,四川大学学报·哲学社会科学版,1980年第4期
妾制研究,关瑞梧,社会学界,1932年第6期
秦博士制度与廷议,齐觉生,大陆杂志,1957年第12期
秦代的苑囿,徐卫民,文博,1990年第5期
秦代官制考,作民,清华周刊,1932年第38卷第12期
秦代军法内容略述,梁民愫,玉林师专学报,1997年第1期
秦汉博士官的设置及其演变,张汉东,史学集刊,1984年第1期
秦汉博士制度源出稷下考,钟肇鹏,管子学刊,2003年第3期
秦汉的地方制度,桑毓英,天津益世报食货,1937年6月1、8日
秦汉的水利灌溉与屯田垦田,曾謇,食货,1937年第5卷第5期
秦汉二十等赐爵制与官僚制,卜宪群,文史知识,2000年第1期
秦汉后宫属吏考,李春艳,人文杂志,2000年第4期
秦汉末业税问题的探讨,黄今言,江西师范大学学报·哲学社会科学版,1985年第1期
秦汉时代的租税制度,马元材,河南政治月刊,1932年第2卷第7期
秦汉刑徒的考古资料,张政烺,历史教学,2001年第1期
秦汉中央集权制的"公天下"因素,张传玺,文史知识,2007年第6期
秦简中的"同居"与有关法律,张世超,东北师大学报·哲学社会科学版,1989年第3期
秦什伍连坐制度初探,吴翼中,文史知识,1988年第1期
秦之丞相制度及其人物(秦史研究未定稿之一),马非百,力行,1941年第4卷第6期
青苗法与反对派,顾全芳,山东社会科学,1990年第5期
清朝的地方官制之略述,郭世隆,社会科学论丛,1931年第3卷第11、12期
清朝中央官制之略述,郭冠杰,社会科学论丛,1931年第3卷第8、9期
清初东南沿海迁界考,谢国桢,国学季刊,1930年第2卷第4期
清代八旗制度中的"抬旗",杜家骥,史学集刊,1991年第4期
清代边疆行政,王文萱,政治季刊,1939年第3卷第2期
清代的八旗兵和绿营兵,郑天挺,历史教学,1955年第1期
清代的殿试,王道成,文史知识,1984年第4期
清代的殿试,朱由,文华,1946年第1期
清代的国子监,王道成,文史知识,1983年第11期
清代的会试,王道成,文史知识,1984年第2期
清代的幕制,张纯明,岭南学报,1949年第2期
清代的秋审制度,郑秦,文史知识,1992年第7期
清代的童试,王道成,文史知识,1983年第10期
清代的武科,王道成,文史知识,1984年第7期
清代的乡试(上),王道成,文史知识,1983年第12期
清代的乡试(下),王道成,文史知识,1984年第1期
清代的"养廉",万揆一,云南师范大学学报·哲学社会科学版,1990年第2期
清代的制科,王道成,文史知识,1984年第6期
清代殿试考略,傅增湘,国闻周报,1933年第10卷第1—3期

清代黄册与赋役问题,单士魁,文献论丛,1948年
清代考绩制度之研究,李飞鹏,江汉学报,1933年第1期
清代科举之次第,周幹庭,齐大月刊,1932年第2卷第4期
清代蒙古之兵制,征夫,新蒙古,1934年第2卷第5、6期
清代蒙古之军制,关震华,蒙藏月报,1935年第4卷第1期
清代内阁与军机处,赵希鼎,河南大学学报·社会科学版,1962年第3期
清代社会之宗族制度,萧一山,新时代,1961年第3期
清代文字狱研究新成果,郑秦,清史研究,1991年第4期
清代以前的漕运概况,吴士贤,天津益世报食货,1937年5月18日
清代永定河管理制度的建立与志书编纂,向燕南,北京社会科学,2004年第2期
清代灾赈制度中的"报灾"与"勘灾",吕美颐,文史知识,1995年第9期
清代之旌表制度,曾铁忱,中国社会,1935年第2卷第1期
清代之科举与教育,陈东原,学风,1933年第3卷第4期
清律名例,郭卫,中华法学杂志新编,1936年第1卷第4期
清末官制改革中的大理院,韩秀桃,法商研究,2000年第17卷第6期
清末田赋与农民,王毓铨,食货,1936年第3卷第5期
清末宪政编查馆考察,吕美颐,史学月刊,1984年第6期
清太宗嗣位与大妃殉葬及相关问题考辨,杜家骥,清史研究,1997年第3期
清雍正朝试行井田制的考察,魏建猷,史学年报,1933年第1卷第5期
清治时期的行政组织及司法运作,王泰升,月旦法学,1989年第64期
《曲礼》中的古代官制及卜、祝之由尊而贱,顾颉刚,中国社会科学院研究生院学报,1986年第2期
"趋"和礼,建珉,文史知识,1981年第6期
群经军事学,陆修祜,国专月刊,1937年第5卷第5期
儒家对于婚丧祭礼之理论,冯友兰,燕京学报,1928年第3期
儒家丧服制度论,曾謇,北平华北日报史学周刊,1936年11月26日,12月3、10、17日
儒家推行丧服制度之史的考察,曾謇,北平华北日报,1936年8月6日
三代赋税"彻""助""贡"今解,姚传淦,财政评论,1947年第16卷第2期
三公制度新论,谢之勃,国专月刊,1936年第3卷第4期
三国疆域今释,廖诚泰,辅仁广东同学会半年刊,1934年第2卷第1期
三国时代疆域考,郑璜,史地丛刊,1933年第1辑
三国吴简"旱田""熟田"与田租征纳方式,臧知非,中国农史,2003年第2期
"三年之丧"的流变,俞晓群,文史知识,1996年第8期
"三年之丧"应为殷代遗制说,杨朝明,史学月刊,1995年第2期
桑弘羊的解决民食问题方案,秦含章,新生命,1930年第3卷第6期
山东省书院志初稿,王兰荫,师大月刊,1936年第29期
"禅让"及其历史变幻,姚嗰冰,文史知识,1986年第3期
商代兵制管窥,林沄,吉林大学社会科学学报,1990年第1期
商代的别都制度,杨宽,复旦学报·社会科学版,1984年第1期
商代的王畿与四土,王震中,殷都学刊,2007年第4期
商代的媵臣制度,郑慧生,殷都学刊,1991年第4期
商代外服制探讨,周书灿,河北大学学报·哲学社会科学版,2003年第2期
商鞅变法与两汉田赋制度,刘道元,食货,1935年第1卷第3期
商鞅变法与秦兵制,杨华,文博,1999年第6期
"商鞅量"与"商鞅量尺",唐兰,国学季刊,1936年第5卷第4期
商殷王室之婚姻制度,丁骕,殷都学刊,1989年第3期
商族的婚姻制度,郑慧生,史学月刊,1988年第6期
上海龙门书院纪略,沈恩浮,人文,1937年第8卷第9、10期
射箭述略,刘世明,文史知识,1993年第8期
"升隶"与"落厢":试论北宋厢军与禁军的互动关系,淮建利,河北大学学报·哲学社会科学版,2006年第3期
省的意义和沿革,屠双,清华周刊,1936年第45卷第4、5期
省陌制度名称通考,彭占清,辞书研究,1993年第1期
《诗经》与周代的俘虏政策,赵月恒,文史知识,1996年第8期
诗礼传家:家礼,彭林,文史知识,2003年第11期
十八世纪中国亲属法的基本概念,郑秦,比较法研究,2000年第1期

"士丧礼"、"既夕礼"中所记载的丧葬制度,陈公柔,考古学报,1956年第4期
世界最古之刑法,窦维藩(译),震旦,1913年第3期
世袭制的起源、演变及其影响,郑昌淦,文史知识,1984年第8期
侍奉逝者的魂魄:士丧礼,彭林,文史知识,2003年第6期
试论北宋的官僚政治,赵胜,河北师范大学学报·哲学社会科学版,1980年第2期
试论春秋列国的土地所有制,陶磊,徐州师范大学学报·哲学社会科学版,1997年第3期
试论贡、赋、税的早期历程——先秦时期贡、赋、税源流考,王贵民,中国经济史研究,1988年第1期
试论节度使为晚唐中枢的一元,王玉群,河北师范大学学报·哲学社会科学版,2001年第1期
试论刘铭传的台湾建省方案,邓孔昭,台湾研究集刊,2005年第4期
试论秦国的辕田制,祝中熹,丝绸之路,2001年第S1期
试论隋唐对于先代帝王的祭祀,雷闻,文史,2007年第1辑
试论唐代的弘文、崇文馆生,李锦绣,文献,1997年第2期
试论先秦时期两种主要的契约形式:"傅别"与"质剂",温斌,史学月刊,2004年第12期
试论中国古代编户齐民制度的起源,辛田,兰台世界,2007年第6期
试论中国古代的井田制度和村社组织,杨宽,学术月刊,1959年第6期
试论左郡左县制,方高峰,中国边疆史地研究,2006年第2期
试说楚国黄金货币称量单位"半镒",黄锡全,江汉考古,2000年第1期
试析明初卫所军户群体的形成,张金奎,中国史研究,2007年第2期
试析唐代党项羁縻府州制,杨浣,宁夏大学学报·社会科学版,2000年第4期
释曹魏屯田制中的"分田之术",施光明,许昌学院学报,1985年第2期
释"九族",吕绍纲,东南文化,1999年第1期
释明代都司卫所制度,谭其骧,禹贡,1935年第3卷第10期
授绥与执绥,朱启新,文史知识,2000年第7期
书院生徒考,班书阁,女师学院期刊,1935年第3卷第1期

书院史略,陈东原,学风,1931年第1卷第10、11期
书院通征,王镜第,国学论丛,1927年第1卷第1期
书院兴废考,班书阁,女师学院期刊,1933年第2卷第1期
书院掌教考,班书阁,女师学院期刊,1933年第1卷第2期
书院制的历史与精神,胡适,教育与人生,1923年第9期
书院制度之源流,陈道生,思与言,1963年第1卷第4期
书院制史略,胡适,东方杂志,1924年第21卷第3期
书院制之缘起及其优点,杨家骆,东方杂志,1940年第37卷第15期
庶子为其母党服辨,马其昶,民彝,1927年第1卷第3期
说"奠",吕友仁,文史知识,2002年第11期
说藩镇,赵俪生,文史知识,1999年第6期
说"军吏"——从长沙走马楼吴简谈起,黎虎,文史哲,2005年第2期
司马光与青苗法,顾全芳,太原师范学院学报·社会科学版,1991年第1期
祀龙祈雨考,樊恭烜,新中华·复刊,1948年第6卷第4期
祀与戎——中国古代法律的源头,马小红,文史知识,1993年第6期
宋朝"敕命"的书行和书读,朱瑞熙,中华文史论丛,2008年第1期
宋朝的宫廷制度,朱瑞熙,学术月刊,1994年第4期
宋朝的配隶法与厢军中的配军,淮建利,史学月刊,2007年第11期
宋朝的休假制度,朱瑞熙,学术月刊,1999年第5期
宋朝官员子弟初探,朱瑞熙,上海师范大学学报·哲学社会科学版,1993年第1期
宋朝审官院演变考述,施伟,肖建新,安徽师范大学学报·人文哲学社会科学版,1995年第4期
宋朝厢军职能新探,淮建利,文史哲,2006年第6期
宋朝御史制度和监察的独立性问题,肖建新,安徽师范大学学报·人文社会科学版,1993年第4期
宋代保甲,林瑞翰,大陆杂志,1960年第7期
宋代的法律,杨鸿烈,吴淞月刊,1929年第1卷第2期
宋代的"公债",程民生,中国史研究,2006年第3期
宋代的官田,张邦炜,甘肃师大学报,1962年第4期
宋代的救济事业,高迈,文化建设,1936年第2卷第12期
宋代的书院制度,梁瓯第,社会研究季刊,1935年第1

卷第1期
宋代的枢密院制度,张伟民,文史知识,1987年第9期
宋代的童子举,汪圣铎,文史哲,2002年第6期
宋代的役与乡村下户的负担,王晓如,历史教学,1999年第11期
宋代地契考,小林高四郎,前途,1933年第1卷第9期
宋代房钱考,〔日〕加藤繁(著),王桐龄(译),师大月刊,1933年第6期
宋代贡举制度,杨树藩,政大学报,1965年第12期
宋代官员礼品馈赠管理制度,朱瑞熙,学术月刊,2001年第2期
宋代羁縻州"虚像"及其制度问题,刘复生,中国边疆史地研究,2007年第4期
宋代"禁寺、观毋市田"新解,游彪,中国经济史研究,2002年第4期
宋代科举考略,聂崇岐,史学年报,1938年第2卷第5期
宋代科举与教育,陈东原,学风,1932年第2卷第9期
宋代六部架阁官制度,刘斌,晋阳学刊,2005年第6期
宋代榷酤考,武田金作(著),傅安华(译),中国经济,1935年第3卷第1、2期
宋代桑税考论,吴树国,史学月刊,2006年第11期
宋代书院的兴起,张天量,大公报史地周刊,1935年4月12日
宋代"天文院"考,龚延明,杭州大学学报·哲学社会科学版,1984年第2期
宋代铜钱铸造业的盛衰与铸钱成本变动,徐东升,西南师范大学学报·人文社会科学版,2002年第4期
宋代头子、宣头考略,汪圣铎,文献,2004年第1期
宋代"武科"考论,李英,杨爱华,刘红,山东体育学院学报,2007年第2期
宋代贤良方正科考,王德毅,文史哲,1965年第14期
宋代学士院名物制度志略,龚延明,西南师范大学学报·人文社会科学版,1988年第2期
宋代学制表略,朱炳煦,姚绍华,中华教育界,1931年第19卷第5期
宋代宰相制度、职权述略,诸葛忆兵,文史知识,1999年第2期
宋代之大学教育,盛朗西,民铎杂志,1926年第7卷第2—5期
宋代之赋税,方豪,幼狮,1955年第6期
宋代之官制,方豪,民主评论,1954年第4期
宋代"中书"刍议,龚延明,杭州大学学报·哲学社会科学版,1986年第1期

宋辽金元的科举概略,曾资生,东方杂志,1944年第40卷第17期
宋史刑法志考正,邓广铭,国立中央研究院历史语言研究所集刊,1948年第20本下
宋元书院讲学制,盛朗西,民铎杂志,1925年第6卷第1期
宋元明清书院概要,曹松叶,国立中央大学历史语言研究所周刊,第10卷第111—115期,1929年12月—1930年1月
隋代宰相制度,赵和平,历史教学,1985年第3期
隋唐的科举,陈东原,学风,1932年第2卷第8期
隋唐五代的岁贡科举,曾资生,东方杂志,1944年第40卷第4期
隋唐五代买地券丛考,鲁西奇,文史,2007年第2辑
隋唐之均田,曾了若,食货,1936年第4卷第2期
隋文帝时的府兵制究竟是怎样的制度,杨志玖,历史教学,1954年第11期
隋宰辅官制考,曾了若,文史学研究所月刊,1934年第2卷第3、4期
太平天国的六等爵考,贾熟村,人文杂志,1957年第5期
太平天国爵制初探,徐力,史学月刊,1956年第12期
太学、皇家图书馆,王剑英,历史教学,1956年第8期
太医院,中西医学报,1910年第2期
泰山崇拜与封禅大典,徐北文,文史知识,1987年第10期
谈汉代的卒史,杨天宇,新乡师范高等专科学校学报,2003年第1期
谈甲骨文㓛字并略论殷代的人祭制度,童恩正,四川大学学报·哲学社会科学版,1980年第3期
谈礼,金景芳,历史研究,1996年第6期
谈谈古书中的"仞",黄怀信,文史知识,1988年第5期
谈谈"章邯军"与"王离军",施丁,史学月刊,2001年第3期
唐朝"村"制度的确立,刘再聪,史学集刊,2008年第2期
唐朝的《丧葬令》与唐五代丧葬法式,吴丽娱,文史,2007年第3辑
唐朝的侍老制度,陈明光,文史知识,1991年第11期
唐代的赐姓赐名制度,郝黎,文史知识,2003年第9期
唐代的"飞钱",李锦绣,文史知识,1998年第8期
唐代的赋税制度——从租庸调到两税法,张泽咸,文史知识,1988年第11期
唐代的户税,鞠清远,食货,1935年第1卷第8期
唐代的借贷契约,梁凤荣,文史知识,2004年第12期
唐代的考试制度,陈森,世界月刊,1948年第3卷第3期

唐代的两税法，鞠清远，北大社会科学季刊，1936年第6卷第3期
唐代的钱荒，陶希圣，北大社会科学季刊，1936年第6卷第3期
唐代的书院，陆新朔，文史知识，1998年第5期
唐代的选人与官阙，宁欣，人文杂志，1991年第5期
唐代的学校，苏渭昌，文史知识，1983年第10期
唐代的左藏、右藏与内藏，葛承雍，人文杂志，1990年第5期
唐代藩镇的历史真相，张国刚，文史知识，1986年第9期
唐代藩镇使府辟署制度，杨志玖，社会科学战线，1984年第1期
唐代府兵制度考，姚薇元，建国青年，1946年第1卷第5期
唐代官吏的考课制度，徐连达，文史知识，1983年第6期
唐代官员常服的服色文化，李怡，华夏文化，2006年第4期
唐代官员常服制度考，李怡，哈尔滨学院学报，2006年第10期
唐代官员赐服初探，李怡，贵州文史丛刊，2006年第2期
唐代官员的袴褶服，李怡，西北美术，2003年第2期
唐代户婚律溯源，胡咏超，新亚书院学术年刊，1961年第3期
唐代宦官干政及其影响，王定璋，文史杂志，1992年第6期
唐代婚姻制度，董家遵，现代史学，1933年第1卷第1、2期
唐代甲库考察，葛承雍，人文杂志，1987年第1期
唐代禁卫军考略，张国刚，南开学报·哲学社会科学版，1999年第6期
唐代均田法中僧尼的给田，森庆来（著），高福怡（译），食货，1937年第5卷第7期
唐代科举的"宾贡"，杨成鉴，文史知识，1997年第12期
唐代两税法之研究，孙殿柏，财政评论，1939年第2卷第2期
唐代两税考，师戴勋，民族，1936年第4卷第11期
唐代禄制与内外官之轻重，李燕捷，河北学刊，1994年第5期
唐代门荫制度考论，田廷柱，历史教学，1986年第3期
唐代史馆官员设置初探，孙永如，扬州大学学报·人文社会科学版，1986年第4期
唐代属地管理法，陈大经，磐石杂志，1933年第1卷第2—4期

唐代文官服饰的文化内涵解析，李怡，殷都学刊，2006年第4期
唐代选官"四才"制度的推行与意义考察，王元军，史学月刊，2004年第3期
唐代盐政的二使分掌制，杨权，盐业史研究，1990年第2期
唐代幽州镇组织体制探微，冯金忠，中国史研究，2002年第2期
唐代庄园考，〔日〕加藤繁（著），王桐龄（译），师大月刊，1933年第2期
唐代宗族制度考述，魏承思，史林，1987年第3期
唐代租庸调税制的单位问题，傅安华，大公报，1935年5月3日
唐后期的虚钱、实钱问题，李锦绣，北京大学学报·哲学社会科学版，1989年第2期
唐节度使建置分并考，吴翔寅，华国，1925年第2卷第9期
唐末及五代之民生论，萧公权，民族，1936年第4卷第1期
唐前期"轻税"制度初探，李锦绣，中国社会经济史研究，1993年第1期
唐宋白麻规制及相关术语考述，沈小仙，历史研究，2007年第6期
唐宋地方政府铸钱管理职能的演变，徐东升，厦门大学学报·哲学社会科学版，2004年第1期
唐宋官仃地主的庄宅，北平华北日报史学周刊，1934年11月15日
唐宋买地券习语考释，姚美玲，运城学院学报，2004年第1期
唐宋迄清取士科目考略，史鼐，古学丛刊，1940年第9期
唐宋时代家族共产制度与法律，陈鲲化，法律评论，1934年第12卷第1、2期
唐五代藩镇解说，于鹤年，大公报史地周刊，1935年3月8日
唐虞刑法考，刘仰之，文化批评，1935年第3卷第1期，1936年第3卷第2期
唐之均田制与租庸调制的关系，〔日〕铃木俊（著），何仲珉（译），农村经济，1936年第3卷第9期
唐之考试制度与诗赋，〔日〕铃木虎雄（著），张我军（译），天津益世报副刊，1929年3月30日
"提封田"考问题的提出，臧知非，中国社会经济史研究，1994年第3期
天宝乱后农村崩溃之实况，黄谷仙，食货，1934年第1

卷第1期
天宝乱后唐人如何救济农村,黄谷仙,食货,1935年第1卷第10、11期
田赋税沿革考略,中外经济周刊,1923年第39期
田·公田·藉田——《诗经》与上古文化系列研究,黄维华,苏州科技学院学报·社会科学版,2003年第4期
田祭歧说释义,陈槃,大陆杂志,1951年第4期
巢界制滥觞新探,杨权,中山大学学报·社会科学版,1989年第4期
铁券,叶晨辉,文史知识,1982年第3期
铁券制略论,朱子彦,许仲毅,学术月刊,1983年第1期
通行证溯源,丰家骅,寻根,2005年第6期
同文馆考,傅任敢(译),中华教育界,1935年第23卷第2期
土地兼并与井田思想,陶希圣(讲演),维民(记),骨鲠,1935年第63期
王安石保甲法之利弊和唐代兵制,贺学海,国光杂志,1936年第18期
王充"仕数不偶"与汉代的选官制度,王敬平,商丘师范学院学报,2007年第1期
王莽的改制,金家瑞,历史教学,1953年第11期
王莽用古文经篡汉改制说质疑,杨天宇,齐鲁学刊,1990年第2期
为长子服辨,马其昶,民彝,1927年第1卷第3期
"惟楚有才,于斯为盛"——长沙岳麓书院,黄鹤,文史知识,1994年第1期
魏晋南北朝的兵制,何兹全,国立中央研究院历史语言研究所集刊,1948年第16本
魏晋南北朝的门阀制度,杨德炳,文史知识,1984年第7期
魏晋南北朝军礼鼓吹刍议,梁满仓,中国史研究,2006年第3期
魏晋南北朝"吏户"问题三献疑,黎虎,史学集刊,2006年第4期
魏晋南北朝田租与户调对立的税法,天津益世报食货,1936年12月13日
魏晋南朝的地方护军和都护将军——兼说都护与督护,陶新华,杭州师范学院学报·社会科学版,2001年第2期
魏晋南朝的军师、军司、军副——军府职官辨析,陶新华,杭州师范学院学报·社会科学版,2000年第4期
魏晋南朝地方武职官的法律制度——以法律惩罚制度为内容,陶新华,杭州师范学院学报,1999年第5期

魏晋时期庄园经济的雏形,何兹全,食货,1934年第1卷第1期
魏晋士家休假制度考论,陶新华,中国史研究,1999年第2期
魏中书制度,闵孝吉,新民,1935年第1卷第6期
我国度量衡之史的研究,周仰钊,河南建设,1934年第1卷第1期
我国古代大学的特点及其起源——兼论教师称"师"和"夫子"的来历,杨宽,学术月刊,1962年第8期
我国古代刑法发明的种族及其时代,陈光虞,民鸣周刊,1935年第1卷第45期
我国古代纸币的起源和发展,周铭等,人民日报,1964年7月5日
我国古时农荒及备荒之制度,廖增益,北平华北日报经济周刊,1936年10月16、23日
我国过去朝代称号的由来,张锡勤,黑龙江日报,1962年3月18日
我国历代疆域和政治区划的变迁,丁绍恒,地学季刊,1935年第2卷第1、2期
我国历代考试制度平议,钟竞生,中国内政,1957年第2期
我国历代田赋沿革考,侯寿三,银行月刊,1924年第4卷第3期
我国历代乡村组织之变迁,许振鸾,农业周报,1933年第2卷第38期
我国骑兵的诞生和发展,阎涛,文史知识,1986年第5期
我国三千年来地方制度的演变,臻郊,中学生,1931年第15期
我国往昔之婚律,陈顾远,法令月刊,1966年第12期
我国刑罚变迁之纵的研究,钟达宏,民钟季刊,1935年第1卷第2期
我国刑法沿革论,郝乃毅,法学季刊,1928年第3卷第7、8期
我国之租佃制度,经济科学,1928年第2卷第11、12期
我国最早用"钱"命名的币制——《钱律》,刘森,西安金融,2004年第4期
巫术的发展和文字的起源,胡培俊,江汉论坛,1993年第5期
巫术对中国传统法律文化的影响,何瑛,法律科学,2000年第104期
巫祀中舞祭的模式——八卦舞谱,周冰,文史知识,1989年第4期
"巫"与"史"之社会学的研究,林履信,社会科学论丛,

1933年第4卷第7期
吴简中所见孙权时期户等制度的探讨,高敏,史学月刊,2006年第5期
吾国度量衡之研究,沧水,银行周报,1922年第6卷第36、37期
五百年前南京之国立大学,柳诒征,学衡,1923年第13、14期
五代的兵制(上、下),石垒,幼狮学志,1962年第1卷第2—3期
五代的庄田,陶希圣,食货,1935年第1卷第11期
五代货币制度,戴振辉,食货,1935年第2卷第1期
五代十国正赋苛捐考,卢逮曾,中山文化教育馆季刊,1935年第2卷第1期
五户丝制述略,李桂枝、赵秉昆,社会科学辑刊,1982年第6期
戊戌变法与官制改革,吕美颐,河南师范大学学报·哲学社会科学版,1984年第1期
西汉兵制考,武宗灿,国专月刊,1936年第3卷第3期
西汉财政之演变,朱慕曾,文化批判,1936年第3卷第3期
西汉财政制度之一斑,周筠溪,食货,1936年第3卷第8期
西汉"察廉"考,阎步克,首都师范大学学报·社会科学版,1987年第4期
西汉的兵制,孙毓棠,中国社会经济史集刊,1937年第5卷第1期
西汉监察制度考,陈世材,东方杂志,1935年第32卷第20期
西汉矫制考论,孙家洲,中国史研究,1998年第1期
西汉"受鬻法"探论,赵凯,中国史研究,2007年第4期
西汉台谏制度,杨宗适,新民,1936年第2卷第2、3期
西汉秀才已为岁举考,阎步克,北京大学学报·哲学社会科学版,1987年第5期
西汉诏举考,孔玉芳,中国文化研究汇刊,1942年第2卷
西晋的占田制,金家瑞,史学月刊,1955年第11期
西晋禁军考,王树椒,图书集刊,1942年第2期
西晋田赋制度,燕铭,盍旦,1935年第1卷第2期
西夏工匠制度管窥,杨浣,宁夏社会科学,2003年第4期
西夏巡检简论,李华瑞,中国史研究,2006年第1期
西周官制概述,左言东,人文杂志,1981年第3期
西周官制考略,牛夕,清华周刊,1933年第39卷第2期
西周时代楚国疆域的几个问题,段渝,中国史研究,1997年第4期

西周时代的生产概况,曾謇,食货,1935年第1卷第7期
西周土地制度与井田,高耘晖;食货,1935年第1卷第7、12期
"西周无世卿"辨正,王和,人文杂志,1984年第4期
西周选卿制度探讨,杨善群,宝鸡文理学院学报·社会科学版,1987年第3期
歙县之飞布书院与师山书院,郑浩然,学风,1936年第6卷第3期
先秦车辆的乘员及乘车习俗,王子今、周叔平,文史杂志,1995年第1期
先秦货币沿革考,陈鲲化,正风半月刊,1935年第1卷第11期
先秦及汉代之货币沿革考,明夫,湖南大学期刊,1934年第2卷第5期
先秦教育制度,盛郎西,民铎杂志,1925年第6卷第2期
先秦时代学校名称辨考,方爱龙,杭州师范学院学报,1998年第1期
先秦献捷礼考,景红艳、辛田,中央民族大学学报·哲学社会科学版,2006年第4期
先秦衅礼研究——中国古代用血制度研究之二,杨华,江汉论坛,2003年第1期
先秦血祭礼仪研究——中国古代用血制度研究之一,杨华,世界宗教研究,2003年第3期
先秦战车编制探讨,杨英杰,辽宁师范大学学报·社会科学版,1986年第3期
先秦战车制度考述,杨英杰,社会科学战线,1983年第2期
"县官"与秦汉皇帝财政,刘德增,文史哲,2006年第5期
限田均田制度论,但焘,华国,1925年第2卷第6期
"乡饮酒礼"与"飨礼"新探,杨宽,中华文史论丛,1963年第4期
"枭首"之制的起源,马振亚,辞书研究,1993年第5期
新旧刑律比较概论,董康,法学季刊,1927年第3卷第5期
姓、婚姻、家庭的存废问题,潘光旦,新月,1930年第2卷第11期
"悬灋象魏"考辨——兼论"铸刑书"与"铸刑鼎"问题,温斌,河南省政法管理干部学院学报,2006年第3期
学校的变迁,杨梅,浙江日报,1962年3月17日
燕王哙"禅让"事件剖析,杨善群,历史教学问题,1986年第5期
杨炎与两税法,郭坦,财政学报,1943年第1卷第3期
洋川毓文书院考,吴景贤,学风,1937年第7卷第4期

野蛮的殉葬制度,兰殿君,文史天地,2008年第6期

一条鞭法的争论,梁方仲,天津益世报·史学,1936年9月13日

一条鞭法,梁方仲,中国近代经济史研究集刊,1936年第4卷第1期

《仪礼·丧服》的亲属称谓所反映的上古婚姻遗俗,丁鼎,河南大学学报·社会科学版,2002年第3期

《仪礼·丧服》所体现的周代宗法制度,丁鼎,史学集刊,2002年第4期

《仪礼·丧服》所体现的周代宗法制度与伦理观念,丁鼎,民俗研究,2002年第3期

《仪礼·丧服》所蕴含的"三纲"、"五伦"观念,丁鼎,管子学刊,2002年第3期

《仪礼·士丧礼》中所见丧葬、祭奠器物考略,陈克伦,郑州大学学报·哲社,1989年第3期

以诗赋取士并非始于唐代,何易展,文史杂志,2007年第4期

殷代乐制遗考,柯莼卿,故都旬刊,1946年第1卷第3期

殷代人祭考,吴其昌,清华周刊,1932年第37卷第9、10期

殷代"兄终弟及"平议,彭林,北京师范大学学报·社会科学版,1986年第4期

殷代占卜及卜筮袭用的取从标准,梁钊韬,现代史学,1941年第4卷第3期

殷商的家族与亲族关系,正文,天地人月刊,1936年第1卷第5期

殷商家族制度与亲族制度的一个解释,董书方,食货,1936年第3卷第10期

殷商时代宜祭的研究,张玉金,殷都学刊,2007年第2期

殷墟卜辞中的商代筮法制度——兼释甲骨文爻、学、教诸字,徐葆,中原文物,1996年第1期

殷周货币考,王名元,文史学研究所月刊,1935年第3卷第3期

殷周之际的农业的发达与宗法社会的生产,曾謇,食货,1933年第2卷第2期

引钞盐制起源新探,杨权,盐业史研究,1989年第3期

永佃制与过密型生产,赵冈,中国史研究,2006年第3期

虞舜五刑说,董康,法学季刊,1928年第3卷第3—8期

虞夏商周之民食政策,冯柳堂,社会月刊,1931年第2卷第11期

御史制度论,但焘,华国,1924年第1卷第6期

元白诗中俸钱问题,陈寅恪,清华学报,1935年第10卷第4期

元朝驿传杂考,羽田亨(著),冯健文(译),师大月刊,1936年第30期

元代的军队,史卫民,文史知识,1985年第7期

元代的四等人制,丁国范,文史知识,1985年第3期

元代科举与私试,朱瑞平,文史知识,1997年第2期

元代书院制度,梁瓯第,现代史学,1937年第3卷第2期

元代游学初探,申万里,中国史研究,2006年第2期

元世祖与入祀明朝历代帝王庙,赵克生,历史档案,2005年第1期

原法,汪荣宝,甲寅,1926年第1卷第32期

原始社会的土地制度,束世澂,历史教学问题,1957年第1期

原刑,龚尔恭,史地学报,1925年第3卷第6期

再论曹魏屯田制中的"分田之术"——兼答周国林同志,施光明,许昌学院学报,1987年第1期

再论唐代秀才科的存废,刘海峰,历史研究,1999年第1期

再论"一畴三甽岁代处",杨中一,食货,1935年第2卷第4期

葬期论,马其昶,民彝,1927年第1卷第4期

展限、住催和倚阁——宋代赋税缓征析论,徐东升,中国史研究,2007年第4期

占卜的源流,容肇祖,国立中央研究院历史语言研究所集刊,1928年第1本第1分

战国秦汉间博士制度考论,齐觉生,政大学报,1961年第4期

战国秦汉新爵制的社会基础及历史作用,祝中熹,青海社会科学,1989年第4期

战国时代郡县制度的发展及其完成,曾謇,北平华北日报史学周刊,1936年2月20、27日

战国时期的食邑与封君述考,刘泽华,首都师范大学学报·社会科学版,1982年第3期

张家山汉简中"隶臣妾"身份探讨,杨颉慧,中原文物,2004年第1期

赵抃《御试官日记》考释——兼论北宋殿试制度的演变,王瑞来,东北师大学报·哲学社会科学版,1986年第4期

"谪戍制"考析,臧知非,徐州师范大学学报·哲学社会科学版,1984年第3期

浙江紫阳书院掌故征存录,孙延钊,浙江省通志馆馆刊,1945年第1卷第2—4期

郑成功对台湾高山族的民族政策,师连,文史知识,1990年第5期

治古无肉刑而有象刑说之误解象刑辨,彭翔生,齐大月刊,1931年第2卷第1期
"赘见礼"新探,杨宽,中华文史论丛,1964年第5辑
中国边防的过去与将来,华企云,新亚细亚,1937年第13卷第4期
中国博士制度考,朱遏先,文史杂志,1945年第5卷第11、12期
中国仓库制度之史的考察,刚田巧(著),张汉(译),中国经济,1934年第2卷第12期
中国钞币源流考,卓天祺,新东方,1940年第2卷第2期
中国大赦考,徐武圭,学艺,1928年第9卷第2、3期
中国的法制起源说,宗韶,华北日报中国文化,1935年1月20日
中国地方行政制度之起源,王文山,时事月报,1936年第14卷第3期
中国地方自治之沿革,陈灿,建国月刊,1933年第8卷第1期
中国地方自治之由来,有高岩(著),雷震(译),社会杂志,1932年第4卷第1期
中国地方自治制考,东方杂志,1905年第4卷第10期
中国佃农问题的考察,玖喆,进展月刊,1934年第3卷第10期
中国佃制史略,徐式圭,学艺,1934年第13卷第4期
中国佃租制度的研究,石桦,农学杂志,1929年特5—6期
中国度量衡制之研究,孙文郁,科学,1926年第11卷第7期
中国对外贸易史料中之水产品,问渔,人文,1930年第1卷第5期
中国多妻制度的起源,蔡献荣,新社会科学,1934年第1卷第2期
中国封建皇帝的名位制度,柏桦,李春明,文史知识,1990年第10期
中国封建时代之财政,朱公准,社会科学论丛,1931年第3卷第10期
中国古代财政研究,刘秉麟,武汉大学社会科学季刊,1930年第1卷第1号
中国古代的"成人"观念,胡发贵,文史知识,1995年第1期
中国古代的成人礼,江绍原,晨报副刊,1926年6月9、12、21、23、30日,7月7、14、26、28日,8月23、28日,9月1、4、6日
中国古代的丰收祭及其与"历年"的关系,管东贵,"中央研究院"历史语言研究所集刊,1960年第31本
中国古代的婚姻制度,东川德治(著),君岑(译),珞珈月刊,1933年第1卷第1期
中国古代的命将礼仪,杨英杰,沙宪如,文史知识,1997年第7期
中国古代的农村自治,杨开道,农业周报,1930年第23—26期
中国古代的收继婚,李卉,大陆杂志,1954年第4期
中国古代的廷杖,曹国庆,文史知识,1992年第12期
中国古代的限田论,周光琦,农村经济,1936年第3卷第7期
中国古代的学校考试制度,杨雅文,文史知识,1997年第8期
中国古代的宗族制度,白钢,文史知识,1988年第4期
中国古代帝王的称谓,张晓东,当代传播,1991年第3期
中国古代赋税制度,〔日〕宫崎市定(著),草心(译),清华周刊,1934年第41卷第1、2期
中国古代公医制度,孔繁煜,华西医药杂志,1947年第2卷第6—7期
中国古代官员的回避制度,岑大利,文史知识,1996年第6期
中国古代货币的起源,西村真次(著),诸志政(译),新学生,1947年第3卷第6期
中国古代家族之形成及其流变,王梦鸥,政大学报,1962年第5期
中国古代酷刑的滥觞——零口姑娘祭,张在明,刘彦博,文博,2007年第5期
中国古代农业经济形态,柳若讯,文化论衡,1936年创刊号
中国古代人才举用制度和青年士人的仕宦实践,王建华,上海青年管理干部学院学报,2003年第2期
中国古代社会果有群婚制吗,陈伟旋,食货,1936年第4卷第10期
中国古代赦宥权,时昭瀛,武大社会科学季刊,1930年第1卷第2号
中国古代土地及赋税制度研究,陈汝夔,学风,1935年第5卷第9期
中国古代校名考释,俞允海,湖州师范学院学报,2004年第5期
中国古代邮递,王永宽,寻根,2004年第6期
中国古代有无井田制度的探讨,樊希牵,进展月刊,1932年第1卷第7期
中国古代政治制度的起源、嬗变与特征,姚伟钧,高等

函授学报·哲学社会科学版,2000年第2期
中国古代之货币及制钱,李立侠,中国社会,1935年第2卷第2期
中国古代重农主义,范秉彤,中国经济,1934年第2卷第11期
中国婚姻制度的演变,叶霞翟,思想与时代,1963年第102期
中国货币的考察,成信,世界月刊,1929年第2卷第2期
中国货币史上之大钱:通货膨胀之另一方式,朱偰,学识,1947年第1卷第8期
中国货币演变述略(附图),卫聚贤,说文月刊,1940年第2卷第4期
中国家族制度的起源,刘定远,厦大社会学刊,1933年第1卷第1期
中国监察史略,徐式圭,学艺,1934年第13卷第7—10期
中国井田制度崩坏之研究,〔日〕池田静未(著),谢建伯(译),中国经济,1933年第1卷第2期
中国井田制度之探讨,邱运熹,文哲月刊,1936年第1卷第9期
中国井田制沿革考,胡范若,科学,1925年第10卷第1期
中国酒税考略,戴铭礼,银行杂志,1926年第3卷第21期
中国考试制度概况,戴季陶,文化建设,1934年第1卷第1期
中国考试制度之起源,周匡,真知学报,1942年第1卷第4期
中国考试制度,朱偰,东方杂志,1927年第24卷第20期
中国科举制度起源考,邓嗣禹,史学年报,1934年第2卷第1期
中国历代币制沿革,丁福保,文友,1943年第1卷第3期
中国历代兵制综论,孙鼎宸,民主评论,1960年第11期
中国历代尺数考,曾士莪,国闻周报,1934年第11卷第38期
中国历代地方行政制度之变迁及其得失,沈轫,国专月刊,1936年第3卷第1期
中国历代度量衡沿变概略,杨效曾,北平华北日报史学周刊,1935年1月17日
中国历代度量衡制度之变迁与其行政上之措施,吴承洛,工业标准与度量衡,1934年第1卷第2期
中国历代"度"制沿革,谢彦谈,河南政治,1934年第4卷第1期

中国历代监察制度的变迁,赵希鼎,历史教学,1979年第4期
中国历代监察制度的变迁(续),赵希鼎,历史教学,1979年第5期
中国历代劝农制度考,宋希库,农业推广,1934年第6、7期
中国历代田赋考略,萧理,农学杂志,1929年特5—6期
中国历代田赋征实考,凌舒谟,经济汇报,1942年第6卷第10期
中国历代田赋制度述略,孙谦六,农村经济,1934年第1卷第9期
中国历代刑名考,张金鉴,政大学报,1968年第17期
中国历代宰辅制度的演变,张金鉴,政大学报,1962年第6期
中国历代之边防,华企云,经理月刊,1936年第2卷第1期
中国历代之尺度,王国维,学衡,1926年第57期
中国历代之荒政制度,徐钟渭,经理月刊,1936年第2卷第1期
中国历代之考选制度(一、二),罗篁,考铨月刊,1955年第52—53期
中国历代中央与地方政治关系之研究,白德,南风,1933年第8卷第1期
中国历史上的流放制度,马新,文史知识,1992年第3期
中国历史上的赎刑,李衡梅,文史知识,1989年第8期
中国历史上之国防区域,张其昀,史地杂志,1937年第1期
中国历史上之考试制度,钱穆,考铨月刊,1951年第1期
中国立嗣制度研究,周琎,新生命,1930年第3卷第1期
中国两汉以来税制纲要,朱公准,社会科学论丛,第4卷第5—8期,1932年5月—1933年3月
中国内阁制度的沿革,高一涵,北大社会科学季刊,1925年第3卷第4期
中国农村组织略史,杨开道,社会学刊,1930年第1卷第4期
中国农民问题之史的叙述,熊得山,读书杂志,1931年第1卷第4、5期,1932年第3卷第3、4期
中国上古时代刑罚史,孙传瑗,学风,1934年第4卷第1期
中国上古刑法,黄公觉,民族,1936年第4卷第3期
中国税制之研究,刘秉麟,经济学季刊,1930年第1卷第1、3期
中国司法制度改进之沿革,严榕,法学季刊,1922年

第 1 卷第 1 期
中国田产税制问题,周培智,国闻周报,1929 年第 6 卷第 9—11、17—20 期
中国田赋改革之史的演进,刘支藩,政衡,1934 年第 1 卷第 10 期
中国田赋之考查,〔日〕天野元之助(著),邓伯(译),地政月刊,1934 年第 2 卷 12 期
中国田赋之史的研究,吴乃立,新生命,1930 年第 3 卷第 9、10 号
中国田赋之研究,何鲁瞻,民钟季刊,1935 年第 1 卷第 2 期
中国田赋之一考察,〔日〕天野元之助(著),刘刚(译),中国经济,1934 年第 2 卷第 8 期
中国田赋之一考察,徐羽冰,东方杂志,1934 年第 31 卷第 10 期
中国田赋制度改革议,愈之,东方杂志,1917 年第 14 卷第 4—6 期
中国县官制度沿革述略,鹿谞慧,文史哲,1991 年第 2 期
中国刑法之沿革,甄绍桑,东方杂志,1918 年第 15 卷第 10 期
中国刑法之渊源及其发达,卢谦斋,河南政治,1935 年第 5 卷第 2 期
中国学校制度的沿革,宋云彬,中学生,1933 年第 38—40 期
中国巡回审判考,法学杂志,1935 年第 8 卷第 5 期
"中国"一词和中国疆域形成再探讨,杨建新,中国边疆史地研究,2006 年第 2 期
中国邮政制度考,杨志章,学林,1925 年第 1 卷第 9 期
"中国"与"天下"的重合:古代中国疆域形成的历史轨迹——古代中国疆域形成理论研究之六,李大龙,中国边疆史地研究,2007 年第 3 期
中国原始婚姻的诸形态,刘兴唐,文化批评,1937 年第 4 卷第 1 期
中国政治制度的变迁,陶希圣(讲),樊怀祥(记),中外月刊,1937 年第 2 卷第 4 期
中国租佃制度之研究,马寅初,经济学季刊,1930 年第 1 卷第 1 期
中国租税史略,刘秉麟,太平洋,第 2 卷第 8—10 期,1920 年 12 月—1921 年 3 月
中国租税史上之实物输纳与货币输纳,〔日〕小竹文夫(著),高夷卞(译),现代史学,1936 年第 3 卷第 1 期
中国租税制度论,张效敏,大中华,1916 年第 2 卷第 8、9 期

中国最早的公债,胡宪立,郭熙生,文史知识,1993 年第 7 期
中国最早的外语学校——清代的同文馆,李喜所,文史知识,1982 年第 2 期
中央政府制度略史(上古及古代),陶希圣,文化建设,1935 年第 1 卷第 5 期
重农思想之历史性与阶级性,石径斜,中国经济,1934 年第 2 卷第 3 期
州与岳的演变,顾颉刚,史学年报,1933 年第 1 卷第 5 期
周勃为什么要闯入北军——谈西汉的南北军,许树安,文史知识,1981 年第 6 期
周朝之大学教育,盛郎西,民铎杂志,1926 年第 8 卷第 2 期,1927 年第 8 卷第 4 期
周代兵制探源,石璋如,大陆杂志,1954 年第 9 期
周代的教育制度,梁瓯第,现代史学,1942 年第 4 卷第 4 期
周代赋税考,黄应欢,农业周报,1931 年第 1 卷第 32 期
周代教育之研究,胡士莹,史地学报,1924 年第 3 卷第 1、2 期
周代君统、宗统的系统分析,李勤德,上饶师范学院学报,1986 年第 3 期
周代列国之民食政策及诸家之学说,冯柳堂,东方杂志,1931 年第 28 卷第 4 期
周代丧制概略,汪章才,史地学报,1925 年第 3 卷第 5 期
周代"五刑"探微,景戎华,文史知识,1982 年第 2 期
周代用鼎制度商榷,林沄,史学集刊,1990 年第 3 期
周代宗法制度辨说,杨英杰,辽宁师范大学学报·社会科学版,1982 年第 6 期
周公制礼,胡戟,陕西师范大学学报·哲学社会科学版,1997 年第 3 期
周金文中的宗法纪录,曾謇,食货,1935 年第 2 卷第 3 期
《周礼》的礼与刑,彭林,孔子研究,1990 年第 1 期
《周礼》畿服所见中央与地方的关系,彭林,史学月刊,1990 年第 5 期
周礼三大祭乐申郑,冒鹤亭,制言,1940 年第 60 期
周礼上赋税法的研究,薛念梅,社会杂志,1931 年第 1 卷第 1 期
周礼所述之司法制度,陈顾远,中华法学杂志新编,1937 年第 1 卷第 5、6 期
周礼中的兵制,许倬云,大陆杂志,1954 年第 3 期
《周礼》冢宰及周代辅相问题,彭林,福建论坛·人文社会科学版,1987 年第 3 期
《周礼》诸臣冕服的两种推定与中古冕制,阎步克,文

史,2006年第4辑
周秦以前之法律考略,司徒黼,民钟季刊,1936年第2卷第3期
朱元璋废丞相述论,赵毅,东北师大学报·哲学社会科学版,1996年第1期
诸侯相接以敬让:聘礼,彭林,文史知识,2003年第3期
竹帛上的周代封建制井田制,吴承仕,文史,1934年第1卷第3号
竹简秦汉律中的"赎罪"与"赎刑",朱红林,史学月刊,2007年第5期
庄、庄子、庄地、庄头、皇粮庄,朱松山,红楼梦学刊,1981年第1期
赘增制度考,陈顾远,经世,1937年第1卷第8期
梓人遗制,〔元〕筛石(著),刘敦桢(图译),中国营造学社汇刊,1932年第3卷第4期
紫阳书院沿革考,吴景贤,学风,1934年第4卷第7期
宗经、复古与尊君、实用(上)——中古《周礼》六冕制度的兴衰变异,阎步克,北京大学学报·哲学社会科学版,2005年第6期
宗经、复古与尊君、实用(中)——《周礼》六冕制度的兴衰变异,阎步克,北京大学学报·哲学社会科学版,2006年第1期
宗经、复古与尊君、实用(下)——《周礼》六冕制度的兴衰变异,阎步克,北京大学学报·哲学社会科学版,2006年第2期
走马楼简"莞钱"考,珠玛,四川文物,2006年第4期
租佃制度研究,刘秉仁,清华周刊,1934年第41卷第11、12期
祖庙与神主之起源,陈梦家,文学年报,1937年第3期
尊左与尊右的源与流,黄发忠,文史知识,1985年第6期
《左传》"继室"考,刘丽文,学术探索,2003年第9期
《左传》礼数、数术举隅,俞晓群,文史知识,2004年第3期
左氏兵法,魏禧(辑),国学杂志,1915年第2、3期

十、天文历法

八面风名考,叶正渤,人文杂志,1992年第6期
《豳风·七月》历法考辨,聂鸿音,中华文史论丛,1981年第3期
僰夷历法考源,董彦堂,西南边疆,1939年第3期
卜辞历法小记,孙海波,燕京学报,1935年第17期
卜辞中所见之殷历,董作宾,安阳发掘报告,1931年第3期
参商略考,祁开智,安徽大学月刊,1933年第1卷第5期
初吉等记时术语与西周年代问题申论——答李仲操先生,王占奎,文博,1997年第6期
初吉月首说,陶磊,徐州师范大学学报·哲学社会科学版,2002年第3期
楚国纪年法简论,刘彬徽,江汉考古,1988年第2期
春秋日食考,朱文鑫,艺浪,1932年第8期
春秋周殷历法考,莫非斯,燕京学报,1936年第20期
丛瓿甲骨金文中所涵殷历推证,吴其昌,国立中央研究院历史语言研究所集刊,1934年第4本第3分
大洪水的历史传说与汉字"昔"、"灾",廖森,文史知识,1993年第6期
地支与十二禽,邓尔雅,岭南学报,1931年第2卷第1期
东汉以前时月日纪法之研究,钱宝琮,国立中央大学历史语言研究所周刊,1929年第8卷第94、95、96期
东皇太一为大火星考,李炳海,江汉论坛,1993年第4期
冬至,宋文良,光明日报,1961年12月21日
读"殷商无四时说",郑师许,岭南学报,1934年第3卷第2期
对伐纣纪年的看法,李志超,科学技术与辩证法,2002年第6期
敦煌本历日之研究,王重民,东方杂志,1937年第34卷第9期
敦煌文献中的天文历法,邓文宽,文史知识,1988年第8期
二十八宿释名,刘操南,社会科学战线,1979年第1期
二十八宿之起原说,〔日〕新城新藏(著),沈璿(译),学艺,1928年第9卷第4、5期
盖天图仪考,秦建明,文博,2008年第1期
干支记日趣谈,张丽君,文史知识,1996年第9期
"干支"考,周凤玲,汉字文化,2006年第2期
干支论,赵曾俦,史学杂志,1931年第2卷第5、6期
干支与肖属释引,孙学悟,科学,1917年第3卷第2期

干支与肖属续考,唐钺,科学,1917年第3卷2期
古代的立春日,锄笔,中国青年报,1963年2月5日
古代历法的置闰,张闻玉,学术研究,1985年第6期
古代中国的历法,王宜昌,食货,1935年第2卷第3期
古代中国天文学发达史,〔日〕新城新藏(著),知几(译),南开大学周刊,1927年第37期
古汉语年月日表达法考察,刘百顺,语言科学,2004年第5期
古历法之研究,赵曾俦,史学杂志,1932年第3卷第1期
古历管窥,刘师培,国粹学报,1910年第6卷第12期
古气候学概论,杨钟健,科学,1931年第6期
关于太平天国的历法(并答薛澄清君),谢兴尧,大公报史地周刊,1935年4月20日
关于"天再旦"年代确定的几个问题,王化钰,海南师范学院学报·人文社会科学版,1998年第4期
"关于西周月相纪日法"补说,黄怀信,西北大学学报·哲学社会科学版,1998年第3期
关于月亮的神话和用典,徐传武,山东师范大学学报·人文社会科学版,1986年第6期
汉补正朔考,敖士英,国学季刊,1930年第2卷第4期
汉朝以来中国灾荒年表,李秦初,新建设,1931年第14期
汉初正朔考,敖士英,国学季刊,1930年第2卷第4期
汉人月行研究,钱宝琮,燕京学报,1935年第17期
华表与古代测量术,秦建明,考古与文物,1995年第6期
"火历"三探,庞朴,文史哲,1984年第1期
"鸡鸣""人定"起于何时,赵益夫,文史知识,1990年第7期
"祭岁星"是怎么回事,董中基,文史知识,1987年第5期
甲骨文中的日月食,赵却民,南京大学学报·天文学,1963年第1期
见于《春秋》《左传》之历法,士心,齐大月刊,1931年第2卷第2期
金文初吉等四个记时术语的阐释与西周年代问题初探——(4×9)×10+5=365,王占奎,考古与文物,1996年第5期
金文历朔疏证续补,吴其昌,武大文哲季刊,1932年第2卷第2、3、4期
晋侯苏钟和月相四分法,陶磊,徐州师范大学学报·哲学社会科学版,1999年第3期

历法的起源和先秦的历法,雷海宗,历史教学,1956年第8期

历书的变迁,京人,光明日报,1965年3月20日

两汉历法考,〔日〕薮内清(著),方从矩(译),文化汇刊,1941年第2卷第1期

略论西周铭文的记时方式,叶正渤,徐州师范大学学报·哲学社会科学版,2000年第3期

论《尔雅》《淮南子》《史记》之岁阳岁阴,叶芝生,大陆杂志,1961年第12期

论廿八宿之来历,钱宝琮,思想与时代,1947年第43期

论新月令,竺可桢(讲),郑子政(记),科学,1931年第15卷第10期

论以岁差定《尚书·尧典》"四仲中星"之年代,竺可桢,科学,1926年第11卷第12期

民俗及历法上之一问题(十二支十二生肖),吴贯因,正风半月刊,1935年第1卷第13期

明代黄河泛滥考,廉君,北平晨报艺圃,1935年9月7日

明清时期年号纪年法的规避,江庆柏,文史知识,2003年第7期

明堂与月令关系新证萧放民族艺术,2001年第1期

南北朝日蚀表,张鸿翔,师大史学丛刊,1931年第1卷第1期

廿八宿起源之时代与地点,竺可桢,思想与时代,1944年第34期

农历纪年与十二生肖,张霭堂,临沂师范学院学报,1988年第1期

七曜历的起源——中国天文学史上的一个问题,刘世楷,北京师大学报·自然,1959年第4期

七曜历入中国考(附表),叶德绿,辅仁学志,1942年第11卷第1、2期

牵星法与天文导航,王月桂,文史知识,1992年第7期

秦汉改月论,俞平伯,清华学报,1937年第12卷第2期

秦末汉初之正朔闰法及其意义,陈振光,国闻周报,1934年第11卷第4、5、6、7、10、13、16、18、20、23、26期

秦至汉魏民众岁时观念初探,萧放,北京师范大学学报·人文社会科学版,2001年第6期

《日书》与古历法研究综述,陶磊,中国史研究动态,2004年第9期

日月异称考释,刘蕴璇,汉字文化,2003年第4期

三论殷历(驳董作宾先生对于殷历诸说),刘朝阳,史学专刊,1936年第1卷第2期

陕西古代天文学发展概况,秦建明,文博,2005年第2期

商代卜辞四方神名、风名与后世春夏秋冬四时之关系,郑慧生,史学月刊,1984年第6期

商代春秋季节与岁建问题,谢元震,东南文化,1992年第6期

少昊与中国古代的"鸟历",尹荣方,农业考古,1996年第3期

沈括的天文研究(二)日食和星度,李志超,中国科学技术大学学报,1980年第1期

生肖偶说,魏建功,北大学生,1931年第1卷第5、6期

十二辰考,傅运森,张菊生先生七十生日纪念论文集,商务印书馆,2012年

十二辰相属考:缪拉氏及羽田氏说疑,阎文儒,边疆研究,1940年第1期

十二生肖的来龙去脉,张演生,文史杂志,1987年第2期

十三月新历法,王云五,东方杂志,1931年第28卷第24期

时节日暑说明书,常福元,国学季刊,1935年第5卷第1期

《世俘》、《武成》月相辨正——兼说生霸、死霸及西周月相纪日法,黄怀信,西北大学学报·哲学社会科学版,1992年第3期

释干支,陈启彤,雅言,1914年第3、4期

《释支干》辨补——《释支干》研究之四,王宁,郭沫若学刊,1997年第2期

《书经》《诗经》的天文历法,周富美(译),孔孟学报,1964年第7期

《书经》《诗经》之天文历法,〔日〕饭岛忠夫,陈啸仙(译),科学,1928年第13卷第1期

说十三月,孙海波,学文,1932年第5期

司马迁笔下的星汉世界,杜升云,文史知识,1985年第9期

苏颂使辽与历法改革,赵永春,昭乌达蒙族师专学报,2000年第5期

岁时——传统中国人的时间体验,萧放,史学理论研究,2001年第2期

岁、时起源初考,于省吾,历史研究,1961年第4期

岁首话历书,黄华,文汇报,1961年1月4日

岁星辨正,黄巩,船山学报,1936年第2期

太平天国历法考(附太平新历与阴历阳历对照表),谢兴尧,史学年报,1934年第2卷第1期

太平天国历法质疑,薛澄清,大公报史地周刊,1935年3月15日

太阳历与太阴历,蔡钟瀛,东方杂志,1915年第12卷第7期

谈甲骨文中的日月食,胡振宇,文史知识,1996年第

11期

谈谈夏历,唐汉良,天文爱好者,1965年第12期

唐代洛阳的水害,王化昆,河南科技大学学报·社会科学版,2003年第3期

唐人打令考,罗庸,叶玉华,北京大学四十周年论文集乙编上卷,北京大学,1940年

王亥故事与星辰传说,尹荣方,华东师范大学学报·哲学社会科学版,2005年第4期

纬书中的天文资料——以《河图帝览嬉》为例,刘乐贤,中国史研究,2007年第2期

我国古代的"十二时",王启明,文史知识,1989年第1期

我国古代的天文历法,新三,吉林日报,1957年3月11日

我国古代有关太阳的描述和用典,徐传武,渭南师范学院学报,1987年第2期

我国古人对几种天象的看法,戴天赛,科学大众,1956年第10期

我国农历的异称,王月桂,郭俊峰,文史知识,1993年第12期

五帝夏商周历史纪年发微,王化钰,学习与探索,1999年第5期

武王伐纣与上古天文学,李志超,寻根,2005年第3期

西夏月份名称考,黄振华,宁夏大学学报·人文社会科学版,1996年第4期

西周金文月相词语与静簋铭文的释读研究,叶正渤,文博,2002年第4期

夏历与东方文化,齐觉生,东方文化,1963年第1卷第1期

夏商周断代工程中的主要天文学成果,席泽宗,中原文物,2001年第2期

先秦历法中的"三正",杜建民,文史知识,1992年第9期

先秦时期是如何记时的,宋镇豪,文史知识,1986年第6期

扬子江泛滥及洪水的传说,德佑,东方杂志,1932年第29卷第2期

《尧典》"四仲中星"图说,金心斋,国学论衡,1935年第6期

《尧典》天文历法新证,董作宾,清华学报,1957年第2期

也说"毕月乌",吉发涵,文史知识,1991年第12期

《逸周书》与武王克商日程、年代研究,叶正渤,南京社会科学,2001年第8期

"阴阳·五行·十二兽相配纪年法"非吐蕃所创,李树辉,敦煌研究,2006年第1期

殷历质疑,刘朝阳,燕京学报,1931年第10期

殷历中几个重要问题,董作宾,国立中央研究院历史语言研究所集刊,1934年第4本第3分

殷商岁时缀述,崔恒升,安徽史学,1998年第4期

殷商无四时说,商承祚,清华周刊,1932年第37卷第9期

殷周之际年历推证,吴其昌,国学论丛,1929年第2卷第1期

月霸论,赵曾涛,史学杂志,1930年第2卷第2期

《月令》记述与王官之时,萧放,宝鸡文理学院学报·社会科学版,2001年第4期

月名异称考释,刘蕴璇,内蒙古社会科学·汉文版,2001年第6期

月相词词义分析,黄怀信,中国文化研究,1999年第2期

月相和西周金文月相词语研究,叶正渤,考古与文物,2002年第3期

越历朔闰考,章用,西南研究,1940年第1期

再论殷历,刘朝阳,燕京学报,1933年第13期

战国秦汉之历法,〔日〕新城新藏(著),沈璿(译),学艺,1929年第9卷第8期,1930年第10卷第2、4期

中国古代的气象观测,潘耀昆,文史知识,1987年第11期

中国古代纪年之研究,〔日〕新城新藏(著),陈啸仙(译),科学,1928年第13卷第2期

中国古代社会之天文学,曾铁忱,中国社会,1934年1卷1期

中国古代天文学考,〔英〕湛约翰(著),向达(译),科学,1926年第11卷第12期

中国古代星象浅说,刘操南,丽水师范专科学校学报,1981年第1期

中国历法变迁志略,吴家煦,政治月刊,1944年第7卷第1期

中国历史上气候之变迁,竺可桢,东方杂志,1925年第22卷第3期

中国历史上之旱灾,竺藕舫(讲),庄耄璋(记),史地学报,1925年第3卷第6期

中国历史时代之气候变迁,竺可桢(著),朱炳海(译),国风半月刊,1933年第2卷第4期

中国灾荒之史的分析,吴毓昌,中国实业杂志,1935年第1卷第10期

周初岁朔日名考,曾运乾,文史汇刊,1935年第1卷第1期

周历典,刘师培,中国学报,1916年复4期

周人月相纪日法探实,黄怀信,文博,1999年第5期

周懿王元年"天再旦于郑"为日食说质疑,赵光贤,人文杂志,1993年第4期

颛顼历(名词解释),历史教学,1961年第7期

十一、经籍学术

"阿穆尔"源于契丹语的"黑水"说,刘凤翥,北方文物,1984年第1期
安子介汉字分析的几个问题——兼说"六书",汪耀楠,湖北大学学报·哲学社会科学版,2004年第4期
八卦的"秘密",曹础基,文史知识,1986年第5期
八卦源流与汉字起源,萧甫春,大庆社会科学,1994年第2期
八思巴字的性质及其与汉字的关系,金欣欣,南阳师范学院学报,2003年第5期
八思巴字研究概述,杨耐思,民族语文,1981年第1期
"八王之乱"爆发原因试探,祝总斌,北京大学学报·哲学社会科学版,1980年第6期
"八王之乱"始末,杨耀坤,文史知识,1982年第7期
八阵图与古代的阵法,孙红昺,文史知识,1984年第6期
"巴国"是一个奴隶王国吗,唐嘉弘,四川文物,1984年第1期
巴人来源的传说与史实,段渝,历史研究,2006年第6期
巴族文字的发现及文字特征,钱玉趾,三峡大学学报·人文社会科学版,2005年第2期
巴族与蜀族文字考辨,钱玉趾,三星堆与巴蜀文化,巴蜀书社,1993年
巴族之"巴"字涵义,杨华,四川文物,1994年第2期
巴族之族源考,杨华,三峡学刊,1994年第Z1期
白居易讽谕诗的语言分析,谢思炜,文学遗产,2006年第1期
白莲教与元末农民战争,杨讷,文史知识,1985年第3期
白山鞨鞘史论,李德山,社会科学战线,2006年第1期
"白文"非"白话",宦荣卿,读书,1983年第12期
百越族系人名释要,李锦芳,民族研究,2005年第3期
柏梁台诗真伪考辨,王晖,文学遗产,2006年第1期
包山遣册考释(四篇),李家浩,古籍整理研究学刊,2003年第5期
鲍照诗歌"险俗"释证,徐国荣,中国韵文学刊,1997年第2期
杯酒释兵权,卜获,文史知识,1983年第9期
北楷南行,余冰,语文世界·高中版,2007年第10期
北凉简论,黎尚诚,西北民族大学学报·哲学社会科学版,1984年第2期
北宋"三冗"弊政述评,王恩厚,历史教学,1981年第1期

北魏迁都洛阳述略,李凭,文史知识,2005年第5期
北魏直勤考,罗天云、陈益刚,历史研究,2004年第5期
北洋水师的兴灭,戚其章,文史知识,1984年第9期
贝丘遗址与贝丘人,邢湘臣,化石,1989年第2期
本草史话,朱中德,新中医刊,1939年第2卷第1期
本草史略,庄时俊,铁樵医学月刊,1934年第1卷第1期
本草学的起源及神农本草经,郑师许,科学月刊,1930年第2卷第7、8期
比较文化诗学视域中的"楚辞"传统,刘绪义,湘南学院学报,2006年第3期
编年体和编年体史籍,袁庭栋,文史知识,1982年第12期
《兵车行》本事系年考,戴建华,杜甫研究学刊,2003年第4期
博物与本草——中国传统的分类学,刘君灿,文史知识,1989年第9期
渤海"旧国"诹议,刘晓东,学习与探索,1985年第2期
"逋慢"释义,董志翘,学术研究,1985年第3期
卜辞郙方即獿犹说,王玉哲,殷都学刊,1995年第1期
部族的形成及特点浅探,徐杰舜,云南社会科学,1983年第2期
蔡伦造纸与丝路考古新发现,魏明孔,丝绸之路,1994年第3期
曹操夜袭乌巢——官渡之战,张习孔,历史教学,1985年第2期
草原天骄——匈奴,赵秉昆,文史知识,1985年第8期
草原文化的创造者之一——敕勒族,吴焜,文史知识,1988年第2期
测圆海镜批校,李俨,北平图书馆馆刊,1934年第8卷第2期
"长吉诗派"论,阮堂明,阜阳师范学院学报·社科版,2001年第2期
长平之战时间再辨,张景贤,历史教学,1983年第11期
"长勺之战"不是"弱军战胜强军"——简说《曹刿论战》的历史背景,龚维英,徐州师范大学学报·哲学社会科学版,1982年第3期
唱喏考,孙楷第,辅仁学志,1933年第4卷第1期
陈下之战与垓下之战,施丁,中国社会科学院研究生院学报,1998年第6期

谶纬研究述略,杨权,中国史研究动态,2001年第6期

谶纬与两汉经学,余江,天府新论,2002年第1期

成吉思及撑黎孤涂释义,蔡美彪,中国史研究,2007年第2期

成语词典编纂与成语探源,刘尚慈,辞书研究,1991年第4期

赤壁之战拾遗,万绳楠,安徽师范大学学报·人文社会科学版,1991年第2期

赤壁之战与东风之谜——兼与易中天先生商榷,钱玉趾,文史杂志,2007年第1期

赤壁之战与三国鼎立,张大可,兰州学刊,1985年第2期

赤壁之战中曹操究竟有多少兵马,魏堂,文史知识,1982年第4期

储光羲诗歌新论,冯建国,学术界,2007年第3期

楚帛书与"式图",李零,江汉考古,1991年第1期

《楚辞章句》征引楚语考,骆鸿凯,师大国学丛刊,1931年第1卷第2期

楚国论,黄瑞云,湖北师范学院学报·哲学社会科学版,2002年第2期

楚国灭巴考,沈仲常,贵州社会科学,1984年第6期

楚简《太一生水》"托其名"考,谭宝刚,管子学刊,2007年第3期

楚简文字中的"櫜"字,施谢捷,语文研究,2002年第4期

楚简中的诸"司"及其经学意义,杨华,中国文化研究,2006年第1期

楚、苗的南迁及其和濮、越的关系,龚维英,民族论坛,1988年第1期

楚墓竹简文字考释,徐宝贵,清华大学学报·哲学社会科学版,2005年第3期

楚器"邟子鬵缶"跋,施谢捷,江汉考古,1989年第4期

楚人亦自称"荆",龚维英,社会科学辑刊,1993年第5期

楚未灭越考辨,杨善群,史林,1986年第1期

楚系文字与楚国风俗,陈松长,东南文化,1990年第4期

楚竹书《孔子诗论》与孔门后学的诗学倾向,刘毓庆,北京师范大学学报·社会科学版,2004年第4期

楚族氏酋含考释,龚维英,社会科学辑刊,1991年第4期

"舡"字的读音讹化及其他,孙中运,大连教育学院学报,1998年第4期

春秋绞国灭亡时间考,王一军,十堰职业技术学院报,1998年第4期

春秋金文研究概况,罗卫东,古汉语研究,1997年第2期

春秋末期的吴越争霸,孙香兰,文史知识,1983年第7期

春秋秦史三考,祝中熹,丝绸之路,1999年第S1期

春秋时期的第一次"弭兵盟会"考——兼论对"弭兵"盟会的评价,杨升南,史学月刊,1981年第6期

"春秋五霸"辨,刘浦江,齐鲁学刊,1988年第5期

"春秋五霸"提法不科学,王玉德,史学月刊,1988年第3期

春秋战国百家争鸣的相互影响,孙开泰,文史知识,1988年第2期

淳于髡、黄老学派与稷下学风,胡新生,山东大学学报·哲学社会科学版,2003年第6期

词的"派"与"体"之争,施蛰存,西北大学学报·哲学社会科学版,1980年第3期

词调三类:令、破、慢——释"均(韵断)",罗勇来,文艺研究,2000年第5期

词义训诂四则,王育新,哈尔滨师专学报,1994年第2期

《辞海》"三庆会"条一疑,李祥林,戏曲艺术,1993年第3期

从"安州所献六器"铭文谈到《诗经》中的"周道"、"周行"——纪念赵荫棠憩之先生,张平辙,西北师范大学报·社会科学版,1987年第3期

从成吉思汗的成功看蒙古族的优秀思想文化传统,马曼丽,安俭,西北史地,1999年第1期

从出土古车马看训诂与考古的关系,滕志贤,古汉语研究,2002年第3期

从出土文物中看东汉黄巾起义,谢国桢,史学月刊,1982年第2期

从枞阳会议到三河战役,苏双碧,社会科学战线,1979年第2期

从敦煌文献看中国古代从左向右的书写格式,杨森,敦煌研究,2001年第2期

从鄂西考古发现谈巴文化的起源,杨华,考古与文物,1995年第1期

从高句骊县到安东都护府——高句骊和历代中央王朝关系述论,李大龙,民族研究,1998年第4期

从"勾栏"看元代城市的戏剧演出,李祥林,文史杂志,2003年第2期

从古籍中探索我国的西部民族——羌族,顾颉刚,社会科学战线,1980年第1期

从古文字谈胡、胡国与东胡,张亚初,文博,1992年第1期

从鼓字论及相关地名和国族,彭邦炯,殷都学刊,1994年第3期

从金批《西厢》看金圣叹对俗文学的贡献,丁鼎,文教资料,2007年第4期

从考古材料看楚灭杞国,王恩田,江汉考古,1988年第2期

从名实观看刘知几的史体论,赵梅春,兰州大学学报·社会科学版,1999年第2期

从秦人、汉人、唐人到汉族族称的确定,徐杰舜,广西民族学院学报·哲学社会科学版,1995年第2期

从"禽庞涓"谈"马陵之战"及其他,王文涛,聊城大学学报·社会科学版,2006年第3期

从《清太祖武皇帝实录》看满族族源,郑天挺,社会科学战线,1983年第3期

从文献和文物看古代的"策",张觉,贵州文史丛刊,1987年第3期

从"五色土"说起——古代社稷坛小史,刘德谦,文史知识,1984年第4期

从张家山汉简《二年律令》看汉初法典的儒家化,杨颉慧,学术论坛,2006年第10期

从"障塞"一词看海上丝路的起始年代,刘明金,湛江海洋大学学报,2002年第2期

达斡尔族名考,孟祥义,北方文物,2002年第1期

鞑靼 瓦剌 兀良哈 明朝蒙古人的历史——兼说"都沁·都尔本"一词,贾敬颜,内蒙古社会科学·汉文版,1993年第3期

大九九表特性,高克标,科学世界,1935年第4卷第9号

大写数字考,梁岵庐,东方杂志,1933年第30卷15期

大衍术论,高均学,工科杂志,1920年第2期

戴震对清代训诂学的贡献,周斌武,复旦学报·社会科学版,1990年第1期

单弦牌子曲与长阳南曲渊源关系探讨,杨华,湖北民族学院学报·哲学社会科学版,2008年第3期

"叠韵"诸说质疑,于智荣,长春师范学院学报,2001年第3期

东汉党锢之祸,肖黎,文史知识,1984年第2期

东汉时期羌族内迁探析,王力、王希隆,中国边疆史地研究,2007年第3期

东汉以前中国天文学史大纲,〔日〕新城新藏(著),陈啸仙(译),国立中央大学历史语言研究所周刊,1929年第8卷第94、95、96期

东晋北伐三论,施光明,历史教学问题,1992年第3期

东晋十六国时期北方各少数民族的融合,孙钺,史学月刊,1980年第1期

东坡赤壁天下闻,彭卿云,文史知识,1983年第1期

东突厥的归附与隋前期的边政,李方,西域研究,2004年第1期

东突厥建牙漠南小考,张文生,中国边疆史地研究,2007年第3期

东夷与鸟图腾,刘德增,文史知识,2006年第4期

东周兵器铭文考释(三则),施谢捷,南京师大学报·社会科学版,2002年第2期

董仲舒对儒家天命说的发展,祝中熹,青海师范大学学报·哲学社会科学版,1991年第3期

读古文字中的变形造字法,张亚初,庆祝苏秉琦考古五十五年论文集,文物出版社,1989年

读内经上古天真论感言,李廷玉,国学,1937年第1卷第3期

读上博楚简小识,刘彬徽,考古与文物,2003年第4期

读章鸿钊先生石雅"琉璃为璆琳"说,方国瑜,师大国学丛刊,1921年第1卷第3期

"独尊儒术"的背后,刘绪义,书屋,2008年第3期

"杜撰"语源考,杨琳,古汉语研究,2000年第3期

对冯衍赋"六枳"或"八枳"的怀疑,王显,汉字文化,1990年第4期

对皋陶与其裔族的族属和史实的辨识,龚维英,安徽史学,1995年第4期

对"廪君"巴人起源几个问题的分析,杨华,吉首大学学报·社会科学版,1998年第2期

对数之发明及其东来,李俨,科学,1927年第12卷第2期

对"一"字异读音 yāo 的初步考察,孙继善,河北师范大学学报·哲学社会科学版,1999年第3期

对于勿吉·靺鞨种族与名称之管见(上、下),李学智,大陆杂志,1957年第9期

敦煌历史上的曹元忠时代,荣新江,敦煌研究,2006年第6期

敦煌曲子词的地位特点和影响,汪泛舟,兰州学刊,1985年第1期

敦煌石室古本草之考察,朱中翰,浙江图书馆馆刊,1935年第4卷第5期

敦煌俗别字补正,汪泛舟,敦煌研究,2001年第4期

敦煌写本六祖坛经中的"獦獠",潘重规,中国文化,1994年第2期

敦煌遗书与训诂学,叶爱国,敦煌研究,1993年第2期

"堕三都"新证,杨剑虹,历史教学,1979年第11期

《儿女英雄传》的满语语汇特色,季永海,民族文学研究,1985年第3期

《尔雅》"二义同条"研究琐谈,杨尚贵,山西大学师范学院学报,2000年第3期

法律之语源,丘汉平,法学杂志,1931年第5卷第2期
法医学史,林几,法医月刊,1935年第14期
反切说略,王一鸣,文史知识,1990年第6期
范晔的文学主张,徐志啸,上海师范大学学报·哲学社会科学版,1991年第3期
范仲淹变革思想论——兼论与王安石变革之异同,诸葛忆兵,北京大学学报·哲学社会科学版,2008年第3期
"焚书坑儒"小议,张烈,文史知识,1981年第4期
封建官僚的自救药方——洋务运动,杜经国,文史知识,1983年第1期
夫余起源新论,李德山,社会科学战线,1991年第2期
扶南民族族属探讨,黎道纲,东南亚研究,2007年第5期
扶桑采"风",李中华,日语知识,1995年第10期
富于反侵略传统的高山族,许良国,文史知识,1985年第1期
盖天·浑天·宣夜——两千年前的宇宙论,绍成,新民晚报,1962年8月22日
盖天说和浑天说,席泽宗,天文学报,1960年第1期
干宝史学思想钩沉,李峰,殷都学刊,2002年第1期
干支数的计算法,史永元,历史教学,1955年第12期
干支字新证,尹黎云,北京联合大学学报,1992年第2期
高句丽官制中的兄与使者,高福顺,北方文物,2007年第2期
高句丽族称及其族属考辨,李德山,社会科学战线,1992年第1期
高句丽族人口去向考,李德山,社会科学辑刊,2006年第1期
"高夷"考辨,刘子敏,延边大学学报·社会科学版,1996年第4期
高祖非庙号,王同策,吉林大学社会科学学报,1984年第2期
"高祖"未必是庙号,宦荣卿,山东师范大学学报·人文社会科学版,1986年第2期
葛洪社会政治思想探析,许抗生,学术月刊,1985年第1期
工艺与绘画,扬之水,收藏家,2007年第1期
公羊"三统"说与何休《春秋》"王鲁"论,黄朴民,管子学刊,1998年第4期
"宫体"与"徐庾体",李正春,苏州科技学院学报·社会科学版,1987年第2期
"勾吴"立国与吴、越民族之分合,王卫平,历史教学问题,1991年第4期

"狗马病"辨,董志翘,学术研究,1984年第1期
《古本竹书纪年》之白、方、畎、蓝诸夷考略,李德山,古籍整理研究学刊,1994年第5期
《古本竹书纪年》之赤、玄、风、阳、于、黄诸夷考略,李德山,古籍整理研究学刊,1993年第6期
古代巴境内民族考,童恩正,思想战线,1979年第4期
古代氏族的演变,杨耀坤,文史知识,1983年第7期
古代东西方几种"五经"说,刘以焕,求是学刊,1988年第2期
《古代汉语》词语商补四则,于智荣,廊坊师范学院学报,2008年第2期
古代化学:金丹术,金雪湖,科学画报,1939年第5卷第18期
古代算学发达史略,马地泰,复旦学报,1935年第1期
古代药剂量名考:刀圭:方寸匕,杨志一,医药之声,1948年第4—5期
古代中医的诊断方法,廖育群,文史知识,1988年第3期
古方剂之分两,叶劲秋,自强医刊,1931年第20期
古方权量考,章太炎,上海国医学院院刊,1929年第1期
古方权量考证及折衷,陈中权,医界春秋,1931年第58期
古方权量考证及折衷,王允孚,中医杂志,1926年第18期
古方权量考证及折衷,杨志一,医药之声,1948年第4—5期
古方权量说,孙永祚,苏州国医杂志,1935年第7期
古汉语注音方法及古韵书,薄守生,曾晓舸,中国矿业大学学报·社科版,2002年第2期
古籍防蠹初考,唐嘉弘,中原文物,1983年第3期
古今权量考,高炳寅,中国医药月刊,1941年1卷10期
古蜀王徙治成都原因考释,钱玉趾,四川文物,1998年第4期
古蜀文字是"蚕丛文字"吗?——与钱玉趾先生商榷,刘志一,四川文物,1989年第6期
古算名原,黄节,国粹学报,1908年第4卷第9、12期
古饕餮民族考,杨希枚,民族学研究所集刊,1967年第24期
古陶文考释三篇,施谢捷,古汉语研究,1997年第3期
古文说之起源,胡继明,固原师专学报,1992年第1期
古文字考释四则,徐宝贵,考古与文物,2001年第1期
古文字杂识(五则),李零,国学研究,北京大学出版社,1995年
古玺印文字丛考(十篇),施谢捷,南京师大学报·社会

科学版,1998年第1期
古医十四科,医学杂志,1927年第38期
古筝摇指和音色构成技术分析,赵毅,黄钟·武汉音乐学院学报,2006年第1期
古筝早期谱式与弦式流变脉络,赵毅,黄钟·武汉音乐学院学报,1999年第1期
骨伤药物学发凡,任应秋,华西医药杂志,1946年第1卷第7期
关于"杯酒释兵权"若干问题的再探讨,范学辉,史学月刊,2006年第3期
关于长平之战的时间,杨宽,历史教学,1983年第3期
关于钞跋的几句话,扬之水,出版史料,2008年第2期
关于春秋时代绞国的方位,王一军,十堰职业技术学院学报,1998年第3期
关于"大南"国号,郑文,东南亚纵横,1982年第3期
关于《都门纪略》早期版本的一些问题,辛德勇,中国典籍与文化,2004年第4期
关于"焚书坑儒"研究的几个问题,李殿元,文史杂志,2007年第6期
关于光武中兴,臧嵘,文史知识,1981年第1期
关于汉代乌孙的几个问题,杨建新,新疆大学学报·哲学人文社会科学版,1980年第2期
关于汉武帝立乐府,王运熙,镇江师范学报·社会科学版,1998年第2期
关于嘉靖朝"倭寇"的几个问题,刁书仁,史学集刊,1995年第3期
关于鲁国建国史的两个问题,王恩田,齐鲁学刊,1981年第6期
关于马陵之战及其他——赵逵夫致徐敏,赵逵夫,中国社会科学院研究生院学报,1988年第4期
关于齐国建国史的几个问题,王恩田,东岳论丛,1981年第4期
关于契丹迭剌部的几个问题,肖爱民,北方文物,2006年第1期
关于契丹左大部与右大部——契丹遥辇氏阻午可汗二十部研究之三,肖爱民,内蒙古民族大学学报,2005年第2期
关于三苗与三苗文化的讨论,刘彬徽,江汉考古,2003年第4期
关于宋金"海上之盟"的几个史实问题,赵永春,北方文物,1985年第2期
关于天地会的起源问题,蔡少卿,北京大学学报,1964年第1期

关于桐城派及近百年来对它的评论,周中明,文学评论,1997年第4期
关于土尔扈特部落东迁,王明春,兵团职工大学学报,2000年第1期
关于吐谷浑游牧经济商业化的几个问题,马曼丽,西北民族研究,1988年第1期
关于"奚"、"羌"的阶级地位,孙香兰,学术月刊,1983年第1期
关于殉葬问题的再认识,王恩田,齐鲁学刊,1983年第1期
关于洋务运动若干问题的讨论综述,赵保佑,文史知识,1982年第11期
关于"异体字"的几个问题,李运富,语言文字应用,2006年第1期
关于越国灭亡年代的再商讨,杨宽,江汉论坛,1991年第5期
关于"张楚"问题的一封信,张政烺,文史哲,1979年第6期
关于"支那"名称的来源,方汉文,寻根,2003年第3期
关于中国尺度起源之探讨,刘蕙孙,历史教学,1987年第2期
关于中国的王位纪年,郑慧生,华侨大学学报·哲学社会科学版,1998年第2期
关于"中国训诂学"学科名称定义界说之我见:兼与白兆麟先生商榷,邓声国,东方论坛,2003年第1期
关于周初年代的几个问题,赵光贤,人文杂志,1988年第1期
关于"阻卜"的语源、对音及语义,余大钧,内蒙古大学学报·人文社会科学版,1982年第1期
官渡之战曹操并非以少胜多,张铁民,文史知识,1991年第6期
贵州土司现况(南龙桥土司),安健,地学杂志,1911年第2卷第8期
郭店楚简《老子》释读札记四则,谭宝刚,牡丹江教育学院学报,2005年第2期
郭店楚简研究三则,徐宝贵,古籍整理研究学刊,2003年第2期
郭店道家简考辨二则,谭宝刚,沙洋师范高等专科学校学报,2004年第4期
郭店竹简与楚文化,任继愈,中国哲学史,2000年第1期
国语探源,李志超,寻根,2003年第2期
哈剌契丹说——兼论拓跋改姓和元代清代的国号,陈述,历史研究,1956年第2期

"海东盛国"始称年代考辨,刘晓东,北方文物,1987年第3期
海瑞重农思想初探,吴申元,中国农史,1983年第1期
海上丝绸之路疏证,唐嘉弘,南方文物,1997年第2期
韩混的"五牛图"及其学术价值,常洪,中国牛业科学,1987年第4期
汉代"白狼夷"的族属新探,刘尧汉,西南师范大学学报·人文社会科学版,1985年第4期
汉代北边"亡人":民族立场与文化表现,王子超,南都学坛,2008年第2期
汉代的疫病及其流行特点,王文涛,史学月刊,2006年第11期
汉代鼓舞考,殷亚昭,北京舞蹈学院学报,1992年第2期
汉代木雕简述,杨泓,美术研究,1980年第4期
汉代太学考略,毛礼锐,北京师大学报,1962年第4期
汉代"亡人""流民"动向与江南地区的经济文化进步,王子超,历史教学·高校版,2008年第4期
汉代鱼鸟图小考,刘弘,四川文物,1991年第1期
汉代"杂治"考,虞云国,史学集刊,1987年第3期
汉乐府与清商乐,阴法鲁,文史哲,1962年第2期
汉民族的形成和发展,朱绍侯,文史知识,1984年第11期
汉末社会动荡与曹操"惟才是举",张湛彬,文史知识,1999年第12期
汉隋间之地理总志,以中,国闻周报,1937年第14卷第28期
汉唐之际书肆考,杨希义,江汉论坛,1991年第4期
汉魏六朝的珍贵语音资料——"声辞合写"乐府诗,叶桂桐,烟台师范学院学报·哲学社会科学版,2005年第2期
汉魏南北朝从国外传来的医药文化,陆曼炎,新中医药,1955年第3期
汉魏南北朝外来的医术与药物的考证,陈竺同,中西医药,1936年第2卷第6、7期
"汉魏南北朝外来的医术与药物的考证"商榷,范行准,中西医药,1936年第2卷第7期
汉武帝"广关"与西汉前期地域控制的变迁,辛德勇,中国历史地理论丛,2008年第2期
汉武帝徙民会稽史事证释,辛德勇,历史研究,2005年第1期
汉熹平石经概说,罗福颐,文博,1987年第5期
汉匈冲突的再审视,龚留柱,史学月刊,2006年第11期
"汉匈奴为鞮台耆且渠"印考释,唐嘉弘,人文杂志,1984年第1期
汉语网络工具书的现状与前景,刘奇惕,辞书研究,2005年第4期
汉属国与属国都尉考,贾敬颜,史学集刊,1982年第4期
汉字假借义试谈,甄尚灵,词典研究丛刊,1980年第1辑
汉字起源的一元说和二元说,李孝定,古文字学论集初编,中国语文研究中心,1983年
汉字起源问题浅议,孟维智,语文研究,1980年第1期
杭州西湖成因一解,章鸿钊,科学,1924年第9卷第6期
杭州西湖生成的原因,竺可桢,科学,1921年第6卷第4期
浩然之气不可及——论范仲淹的诗歌创作,诸葛忆兵,江苏社会科学,2007年第2期
何休"仁义说"论略,黄朴民,史学月刊,1999年第3期
河北出土古陶文字零释,施谢捷,文物春秋,1996年第2期
河伯传说与夏文化,李炳海,晋阳学刊,1993年第6期
河洛在中国文化史上的地位,张岱年,文史知识,1994年第3期
黑龙江与隋唐两代之黑水靺鞨,李学智,大陆杂志,1956年第8期
黑水靺鞨史论,李德山,史学月刊,2006年第5期
黑水靺鞨思慕部探索,冯恩学,中国边疆史地研究,2006年第2期
《红楼梦》脂评"狱神庙"新论,吴晓龙,南昌大学学报·人文社会科学版,2005年第1期
侯甸男邦采卫考——古史新说之五,张平辙,西北师大学报·社会科学版,1999年第6期
侯景之乱新探,郑显文,吉林师范大学学报·人文社会科学版,1993年第1期
后东突厥汗国复兴,李方,中国边疆史地研究,2004年第3期
后凉史事述略——兼述氐族文化渊源,黎尚诚,天水师范学院学报,1984年第2期
后周高平之战述论,曾国富,湛江师范学院学报·社会科学版,1994年第2期
呼吁重新评价桐城派,周中明,安徽史学,1995年第2期
忽剌温与忽剌温野人,贾敬颜,黑龙江民族丛刊,1991年第1期
"互文"与"并提"管窥,贾延柱,丹东师专学报,1998年第1期
"华夏"考——兼论中国早期国家政制的酝酿与形成,张富祥,东方论坛,2003年第4期

"华夏"人文意义新探,易存国,北方文物,2003年第1期
"华夏"臆说,李得贤,中国历史地理论丛,1985年第1期
话说南戏,黄竹三,古典文学知识,2000年第1期
话说年号,李申,群言,2003年第3期
《淮南子·天文》与古代数术,陶磊,徐州师范大学学报·哲学社会科学版,2005年第2期
"皇帝"称号与先秦信仰崇拜,周新芳,孔子研究,2003年第5期
回纥宗教艺术大观,祝重禧,敦煌研究,2006年第1期
回鹘部族考,李符桐,中国边疆,1954年第2期
回回名源古今论,马肇曾,回族研究,1996年第1期
回历甲子考,严敦杰,科学,1949年第31卷第10期
回文诗起源考辨,于广元,中国典籍与文化,2008年第1期
浑邪休屠族源探赜,武沐,兰州大学学报·社会科学版,2004年第1期
"鸡三足"说,庞朴,学术月刊,2000年第9期
嵇康"非汤武而薄周孔"说献疑,滕福海,广西大学学报·哲学社会科学版,2004年第6期
嵇康思想略论,许抗生,齐鲁学刊,1980年第3期
疾病与唐蕃战争,于赓哲,历史研究,2004年第5期
记数法源流考,钱宝琮,学艺,1921年第3卷第5期
纪昀怎样编《四库全书》,章永源,百科知识,1980年第1期
纪传体和纪传体史籍,陈秉才,文史知识,1982年第6期
嘉庆朝新疆"玉努斯案",聂红萍,中国边疆史地研究,2007年第1期
甲骨文的发现及其学术意义,戴家祥,历史教学问题,1957年第3期
《甲骨文合集》与商史研究工作,胡厚宣,文史知识,1986年第5期
甲骨文"来"字辨析,罗琨,中原文物,1990年第3期
甲骨文,余冰,语文世界·高中版,2007年第Z1期
甲骨文与殷墟,王宇信,文史知识,1999年第7期
甲骨文字释三篇,施谢捷,南京师大学报·社会科学版,1995年第4期
甲骨文字虚词释例,陈虎,清华大学学报·哲学社会科学版,1990年第1期
甲骨学史上的"四堂",沈抗,文史知识,1983年第10期
甲金文"朕"和"般"的真象——同游顺钊先生商榷,孙中运,古汉语研究,2002年第3期
甲、金文中的奴隶名称考略,殷寄明,江西教育学院学报,1990年第2期

甲午中国海军战绩考,张荫麟,清华学报,1935年第10卷第1期
简牍,余冰,语文世界·高中版,2007年第5期
简论春秋战国时期的寮祭及其源流——先秦原始宗教新探之一,唐嘉弘,齐鲁学刊,1986年第4期
简论刘禹锡的诗歌创作,张凤,辽宁师范大学学报·社会科学版,1997年第4期
简论南宋时期的永嘉学派,周梦江,杭州师范学院学报·社会科学版,1983年第3期
简论《说文》中之"亦声"、"省声"和"省",姚炳祺,学术研究,1987年第5期
简论司马迁的人才思想,肖黎,青海社会科学,1982年第5期
简论彝族海菜腔,王保德,民族艺术研究,2006年第4期
建议增加一个汉语方块字"〇",于光远,辞书研究,1988年第6期
"建筑"一词溯本清源辨,姜艳华,张翰杰,许晔,广州大学学报·社科版,2007年第5期
《谏逐客书》注释,黑龙江日报,1974年12月10日
"江湖诗祸"的产生及其影响,张宏生,文史知识,1990年第12期
"江陵汉简"研究中的若干问题,杨剑虹,江汉考古,1992年第1期
江苏坍江失地考,施和金,南京师大学报·社会科学版,1999年第5期
讲述和平降临背后的故事,游彪,国学,2008年第7期
解放后出土的若干西周铜器铭文补释,张亚初,出土文献研究,文物出版社,1985年
"解数"的"解"怎么念,黎良军,语文建设,1988年第4期
介绍一个中国经济思想上的学派"先秦农家",金受申,崇实季刊,1933年第15期
金朝始祖函普族属考辨,赵永春,满族研究,2006年第1期
金代的"驱"及其相关的几种人户,贾敬颜,社会科学辑刊,1987年第5期
金代女真人与酒,王孝华,北方文物,2007年第3期
《金瓶梅词话》注释、校勘拾误,徐复岭,济宁师范专科学校学报,2003年第1期
《金瓶梅方言俗语汇释》补,李申,镇江师专学报·社会科学版,1995年第1期
金田起义出大湟,戴逸,文史知识,1981年第4期
金文考释两篇,徐宝贵,考古与文物,2003年第5期
金文,余冰,语文世界·高中版,2007年第3期

金文中几个奔字,吴匡,大陆杂志,1983年第5期
金熙宗对宋议和述论,赵永春,昭乌达蒙族师专学报,1988年第4期
劲勇喜武的賨人,杨耀坤,文史知识,1985年第7期
近百年中国边事史,周馥昌,边事研究,1935年第1卷第2、3、5、6期,第2卷第3、4、6期
京剧脸谱,钟炜,对外传播,2008年第2期
"京剧"之名小考,王政尧,中国京剧,2006年第2期
经和经学,汤志钧,文史知识,1983年第4期
景颇族历史上的"贡萨"与"贡龙"制,赵学先,中国边疆史地研究,2007年第1期
竟陵派与晚明时代,商传,历史研究,2004年第1期
"靖康耻"是怎样造成的? 臧嵘,史学月刊,1965年第2期
靖康之变,李华瑞,文史知识,2005年第11期
九九传说及九九表,孙文青,学艺,1934年第13卷第7期
九章及两汉之数学,张荫麟,燕京学报,1927年第2期
九章算法源流考,钱宝琮,学艺,1921年第3卷第2期
九章算术补注,李俨,北平图书馆月刊,1929年第2卷第2期
九章算术盈不足术传入欧洲考,钱宝琮,科学,1927年第12卷第6期
九章算术源流考,孙文青,女师大学术季刊,1931年第2卷第1期
九章问题分类考,钱宝琮,学艺,1921年第3卷第1期
康乾盛世与西方文明,李治亭,社会科学辑刊,1994年第1期
"康衢童谣"考析,周海平,北京大学学报·哲学社会科学版,2006年第2期
康熙三征噶尔丹,马汝珩,文史知识,1983年第10期
"考证法显传"(足立喜六〔日〕著),达多,大公报图书副刊,1936年3月19日
"空城计"和"实城计",沈玉成,文史知识,1992年第7期
孔壁竹书的文字国别,杨泽生,中国典籍与文化,2004年第1期
孔雀之乡的古老居民——傣族先民金齿和茫蛮,胡绍华,文史知识,1983年第8期
孔子、儒家与传统文化,赵光贤,北京师范大学学报·社会科学版,1989年第1期
孔子删诗说新议,张志和,南都学坛,2001年第1期
"侉戏"的最早记录,王政尧,紫禁城,2005年第1期
"蓝青官话"说略,朱永锴,语文研究,1998年第2期

郎世宁《百骏图》卷及其稿本和摹本,聂崇正,美术观察,2008年第7期
"老板"语源考辨,兰殿君,文史杂志,2003年第6期
乐山大佛建造始末及其造型特征,干树德,乐山师范学院学报,1990年第1期
乐山大佛造型的民族化特征,干树德,文史杂志,1990年第4期
勒尼——一种未知的古代藏缅语,聂鸿音,宁夏大学学报·社会科学版,1996年第4期
嫘祖文化的内涵,段渝,中华文化论坛,2003年第1期
嫘祖文化流变,周书灿,文史知识,2007年第4期
李鸿章与中日琉球交涉,戚其章,历史教学·高校版,2007年第3期
李悝变法,郑鹤声,文史哲,1974年第3期
李商隐散文简论,董乃斌,西南师范大学学报·人文社会科学版,1984年第3期
李商隐诗的艺术特色浅谈,周振甫,社会科学战线,1982年第1期
李商隐诗风格分期论纲,董乃斌,西北大学学报·哲学社会科学版,1982年第3期
李斯《谏逐客书》注释,南钟,光明日报,1974年7月11日
李渔的居室美学思想,王功龙,美与时代,2005年第3期
里耶秦简释义商榷,杨宗兵,中国历史文物,2005年第2期
历代本草及其作者简述,裴鉴,药学通报,1955年第3期
历代国号的由来,冯振广,学习论坛,1994年第9期
历代旧医学史评之一——灵素,陈方之,学艺,1924年第6卷第4期
历代医政考略,李修来,吴兴医药月刊,1947年复第14期
"历史剧"术语溯源浅说,史革新,寻根,2007年第2期
"隶变"问题讨论(下)——从出土简牍看篆隶关系,殷伟仁,历史教学,1992年第9期
"连珠"略说,陈汝法,读书,1982年第6期
联绵字"琵琶"探源,马麦贞,山西大学学报·哲社版,2003年第2期
两汉社会的"小男""小女",王子超,清华大学学报·哲学社会科学版,2008年第1期
两汉魏晋南北朝史书词语考释,徐时仪,南阳师范学院学报,2006年第7期
两汉之胡风,次公,史学年报,1929年第1期
两晋南北朝民族的分化与融合,斯维至,文史知识,

2000年第1期

两周金文韵文和先秦"楚音",喻遂生,西南师范大学学报·人文社会科学版,1993年第2期

辽朝大贺氏考辨——契丹遥辇氏阻午可汗二十部研究之四,肖爱民,内蒙古师范大学学报·哲学社会科学版,2005年第4期

辽朝境内市场探析,肖爱民,河北大学学报·哲学社会科学版,2007年第6期

辽朝年节刍议,肖爱民,辽宁工程技术大学学报·社会科学版,2008年第1期

辽代契丹人的婚姻,岛田正郎,蒙古学信息,2004年第3期

"辽东外徼"考释,刘子敏,延边大学学报·社会科学版,1996年第2期

《聊斋志异》的命题艺术:兼谈辞书对"画皮"的注释,邓景滨,蒲松龄研究,1996年第3期

林逋和他的山林隐逸诗,钟必琴,中国典籍与文化,1997年第2期

灵宝派,刘琳,宗教学研究,1983年第2期

刘大櫆在桐城派中地位的再认识,何天杰,华南师范大学学报·社会科学版,1989年第2期

刘基经济思想浅论,吴申元,浙江学刊,1983年第2期

刘勰的创作论,陆侃如,编辑之友,1981年第3期

刘勰的美学思想,周振甫,怀化学院学报,1989年第3期

刘勰的"征圣"、"宗经"思想,牟世金,文史哲,1986年第2期

刘勰思想三论,牟世金,文史哲,1981年第1期

刘勰"原道"论管见,牟世金,文史哲,1984年第6期

刘知几史学理论初探,张振佩,贵州文史丛刊,1986年第3期

琉球(民族的由来与隋书的流求),徐建平,建设,1959年第5期

柳宗元贬谪期创作的"骚怨"精神——兼论南贬作家的创作倾向及其特点,戴伟华,文学遗产,1994年第4期

"六律六吕"与"六律六同",阴法鲁,中国典籍与文化,1993年第1期

"六诗"本义新探,滕福海,广西大学学报·哲学社会科学版,2002年第1期

《六书故》词义系统研究,党怀兴,陕西师范大学学报·哲学社会科学版,1988年第3期

《六书故》所引唐本《说文解字》,党怀兴,陕西师范大学学报·哲学社会科学版,1999年第4期

《六书故》"因声以求义"论,党怀兴,陕西师范大学学报·哲学社会科学版,1992年第1期

《六书故》运用钟鼎文考释文字评议,党怀兴,中央民族大学学报·哲学社会科学版,2001年第4期

"六书"理论的历史回顾及其在当代的发展,赵学清,聊城师范学院学报·哲学社会科学版,1998年第3期

六书新证,萧甫春,宜春师专学报,1995年第6期

六书新证(续),萧甫春,宜春师专学报,1996年第1期

龙榆生的词学成就及其特色,张宏生,江西社会科学,2004年第3期

"鲁季氏立费国"说商榷——兼论曾子处费之地所在,杨朝明,东岳论丛,1999年第6期

吕氏春秋之农学,孙谦六,农村经济,1934年第2卷第2期

略论巴文化与巴族的迁徙,尹盛平,文博,1992年第5期

略论杜甫君臣观的转变,葛晓音,中州学刊,1983年第6期

略论汉代今古文经学的斗争与融合,杨天宇,郑州大学学报·哲学社会科学版,2001年第2期

略论"礼是郑学",杨天宇,齐鲁学刊,2002年第3期

略论契丹"营州之乱"对武周立嗣的影响,肖爱民,赤峰学院学报·汉文哲学社会科学版,2005年第4期

略论张之洞的目录学,方衍,学习与探索,1981年第3期

略论朱温的早期用人和晚期恐怖统治,郑显文,吉林师范大学学报·人文社会科学版,1990年第1期

略说康乾盛世,李治亭,百科知识,1996年第1期

略说严羽诗歌理论之本质,梁超然,西北大学学报·哲学社会科学版,1986年第3期

略谈成语辞典的书证和释义,刘尚慈,古汉语研究,1989年第3期

略谈东胡族,张秀荣,文史知识,1996年第3期

略谈古代小说的类别,程毅中,明清小说研究,2006年第1期

略谈汉民族的形成,贾敬颜,文史知识,1987年第2期

略谈山戎,张秀荣,文史知识,1993年第4期

略谈畲族,张秀荣,文史知识,1995年第8期

略谈永贞革新,王素,文史知识,1994年第8期

论八旗制度,李旭,中华文史论丛,1964年第5辑

论鲍照诗歌的几个问题,曹道衡,社会科学战线,1981年第2期

论车战的兴衰,杨英杰,辽宁师范大学学报·社会科学版,1983年第5期

论陈子昂对唐代近体诗的贡献,徐文茂,上海社会科

学院学术季刊,1988年第3期
论初期"叶韵",祝敏彻,兰州大学学报·社会科学版,1982年第1期
论"鞑靼"名称的演变,那顺乌力吉,内蒙古民族大学学报·社会科学版,2008年第2期
论戴侗的《说文解字》研究,党怀兴,陕西师范大学学报·哲学社会科学版,2001年第3期
论氐和羌、戎的关系,李绍明,西南民族大学学报·人文社科版,1980年第4期
论东汉党锢之祸,肖黎,湘潭大学社会科学学报,1982年第4期
论范仲淹"积极防御"的守边策略,诸葛忆兵,南京师大学报·社会科学版,2007年第1期
论方苞的思想,王镇远,江淮论坛,1985年第5期
论国号,史苏苑,历史教学,1982年第5期
论假借和假借义,叶正渤,古籍整理研究学刊,2006年第3期
论假借,张双棣,辞书研究,1980年第2期
论孔子学说中"仁"与"礼"的关系,赵光贤,北京师范大学学报·社会科学版,1985年第1期
论"凉州之乱",施光明,甘肃社会科学,1984年第2期
论林则徐经世匡时思想与中国传统文化的关系,林岷,贵州文史丛刊,2002年第3期
论刘大櫆在桐城派中之地位,王镇远,江淮论坛,1984年第5期
论"麓川之役",赵毅,史学集刊,1993年第3期
论"毛传"、"郑笺"的异同,祝敏彻,兰州大学学报·社会科学版,1983年第1期
论年号,史苏苑,历史教学,1983年第7期
论乾嘉诗坛,黄瑞云,湖北师范学院学报·哲学社会科学版,2001年第1期
论乾嘉"扬州学派",王俊义,青海社会科学,1989年第3期
论清初诗歌,黄瑞云,湖北师范学院学报·哲学社会科学版,2000年第2期
论日本遣隋使,王心喜,历史教学,2002年第7期
论《三国演义》中的"八阵图",萧甫春,学习与探索,1995年第1期
论三苗文化,李炳海,中州学刊,1992年第5期
论司马迁的地理思想,徐日辉,青海师范大学学报·哲学社会科学版,1986年第1期
论司马迁的经济思想,肖黎,中南民族大学学报·人文社会科学版,1984年第1期
论司马迁与儒、道、法之关系,肖黎,人文杂志,1984年第2期
论宋濂的文论与散文创作,张仲谋,徐州师范大学学报·哲学社会科学版,1996年第2期
论汤显祖的文学理论及其文气说,周锡山,华东理工大学学报·社会科学版,1997年第1期
论唐代宫观诗,杨华,江汉论坛,2000年第2期
论唐代谱学,孙永如,陕西师范大学学报·哲学社会科学版,1987年第4期
论桐城文派在散文史上的地位,何天杰,首都师范大学学报·社会科学版,1997年第4期
论吐谷浑与周邻的关系,马曼丽,甘肃社会科学,1987年第4期
论拓跋鲜卑之得名,罗天云,陈益刚,历史研究,2006年第6期
论王弼的谋略思想与贵无论玄学的关系,余敦康,孔子研究,1986年第3期
论魏晋南北朝的私学,王建军,华南师范大学学报·社会科学版,1990年第4期
论魏晋士人的"觉醒",孙立群,聊城师范学院学报·哲学社会科学版,2001年第1期
论吴棫在古音学史上的光辉成就,李思敬,天津师范大学学报·社会科学版,1983年第2期
论吴之振的诗学观及其创作,张仲谋,苏州大学学报·哲学社会科学版,1997年第2期
论五代初期的汴晋争衡,臧嵘,史学月刊,1984年第3期
论西汉的"盐铁官营",浙江学刊,李迪,冯立升,1993年第6期
论辛弃疾的旷达词,周乔建,赣南师范学院学报,1995年第4期
论姚鼐的诗歌艺术,王镇远,苏州大学学报·哲学社会科学版,1985年第2期
论永明声律说的本质和起源,聂鸿音,兰州大学学报·社会科学版,1984年第4期
论庾信的"和诗",林怡,福建论坛·人文社会科学版,1996年第2期
论元末明初中国与高丽、朝鲜的边界之争,刁书仁,北华大学学报·社会科学版,2001年第1期
论元杂剧"一本四折"和"一脚主唱"的体制,王珏,语文学刊,2006年第24期
论章句与章句之学,杨权,中山大学学报·社会科学版,2002年第4期
论"钟伯敬体"的形成,陈广宏,中国文学研究,1999

年第4期
论朱权的戏曲创作与理论贡献,朱万曙,安徽大学学报·哲学社会科学版,2000年第4期
论纵横家的辩证法思想,熊宪光,四川职业技术学院学报,1999年第1期
论纵横家的衰落,熊宪光,涪陵师范学院学报,1999年第1期
论走马楼简所见"小妻"——兼说两汉三国社会的多妻现象,王子超,学术月刊,2004年第10期
麻风病"虫"说考,肖荣,文史,2007年第1辑
马凤图,马明达,回族研究,2004年第3期
《马关条约》与台湾民众的反殖民斗争,许良国,文史知识,1990年第5期
马钧的科技成就,杨荣垓,洛阳大学学报·社科版,1994年第1期
马王堆帛画《社神护魂图》阐释,杨琳,考古与文物,2000年第2期
满文的创制,章宏伟,文史知识,2007年第1期
满族的起源及其姓名,斯维至,文史知识,2000年第11期
满族"靰鞡",孟祥义,北方文物,2006年第2期
满族与京剧赵志忠,满族研究,2004年第1期
漫话回纥,张国杰,文史知识,1983年第5期
漫话中国古代的地道战,陶易,军事历史,1993年第4期
漫谈胡食,段塔丽,文史知识,1995年第6期
漫谈"跳加官",么书仪,中国京剧,2000年第3期
"美姑岩刻"的年代、族属及内涵初考,钱玉趾,西南民族大学学报·人文社科版,2006年第9期
蒙古和蒙古族的形成,周清澍,文史知识,1985年第3期
"蒙古"一词的由来,楚勒特木,内蒙古社会科学,1981年第2期
孟浩然诗歌艺术风格的再思考,李景白,西南师范大学学报·人文社会科学版,1989年第3期
孟蜀石经,王家祐,四川文物,1992年第6期
孟蜀石经与蜀文化,李均惠,文史杂志,1998年第6期
孟子的"仁政"思想及其在中国古代文学史上的影响,董治安,文史哲,1978年第6期
孟子荀子心论之比较,赵彩花,韶关学院学报,2007年第1期
孟子与齐燕战争——兼论《孟子》相关篇章的文本编年,杨华,中国哲学史,2001年第3期
米芾书艺的特点和成就,蒋文光,中国历史文物,1987年
灭辽辱宋的"霸主"——女真的崛起与金朝的强盛,黄斌,东北之窗,2006年第15期
民俗、民俗学的探究,胡耐安,边政学报,1963年第2期
名家名称及其含义与范围刍言,李耀仙,西华师范大学学报·哲学社会科学版,1987年第2期
名字训诂与名字学,吉常宏,语文研究,1987年第1期
明初的文字狱,魏连科,文史知识,1989年第4期
明初削藩的悲喜剧,王世华,文史知识,1995年第7期
明代的拟话本小说,程毅中,明清小说研究,2002年第2期
明代的廷杖与皇权,王恩厚,文史知识,1994年第4期
明代广东社仓、义仓考,倪根金,广东史志,2002年第2期
明代蒙古部落大批入据青海考论,杨建新,王东春,中国边疆史地研究,2007年第2期
明代女画家与春宫画刍议,杨新,故宫博物院院刊,1995年第3期
明代杂剧界说,戚世隽,文艺研究,2000年第1期
明代杂剧体制探论,戚世隽,戏剧艺术,2003年第4期
明代之土司制度,余贻泽,禹贡,1936年第4卷第11期
明代中期"西海"蒙古述略,杨建新,青海社会科学,1982年第4期
明代总志评述,王剑英,中国历史地理论丛,1991年第2期
明末张居正改革失败始末,黄爱平,炎黄春秋,1992年第4期
明清两代土司,胡耐安,大陆杂志,1959年第7期
明清时期土司制度与藏区少数民族的文化变迁——以嘉绒藏区文化变迁为例,贾霄锋,王希隆,中国边疆史地研究,2007年第2期
明清时期瑶族向西南边疆及越南、老挝的迁徙,玉时阶,中国边疆史地研究,2007年第3期
明中叶黄萧养起义的几个问题,傅同钦,历史教学,1980年第2期
"冥"字与"黾勉"词两者音义关系分析,李瑾,华中师范大学学报·人文社会科学版,1987年第3期
貊族的族源及其发展演变,李德山,社会科学战线,1998年第1期
墨子兼爱阐释,钟肇鹏,东岳论丛,2006年第1期
目连戏旨引义,刘念兹,四川戏剧,1992年第1期
内迁中原前的沙陀及其族源,徐庭云,中央民族大学学报·哲学社会科学版,1993年第6期
内算与外算,俞晓群,文史知识,1991年第10期
南北朝造象题记中的一些惯用词语,赵超,中国社会

科学院研究生院学报,1981年第5期
南朝的侯景之乱,文锐,文史知识,1995年第8期
南凉略论,黎尚诚,青海社会科学,1986年第4期
"南人"辨,潘啸龙,社会科学辑刊,1982年第2期
南宋的"浙东学派",柳明晔,杭州师范学院学报·社会科学版,1992年第1期
南宋永嘉学派与道学的分歧,周梦江,河南大学学报·社会科学版,1992年第1期
《霓裳羽衣曲》考,杨荫浏,人民音乐,1962年第4期
年羹尧西征问题——兼论雍正西北民族政策,王钟翰,青海社会科学,1990年第4期
鸟书考,容庚,中山大学学报·社会科学版,1964年第1期
"鸟""佳"同源试证,孙玉文,语言研究,1995年第1期
农家古籍之考索,马超群,吉林农矿月刊,1929年第10期
"女儿国"的传说与史实,王子超,河北学刊,2008年第3期
女书生成源起析辨,邓艳珍,汉字文化,2005年第4期
女真,李桂枝,文史知识,1983年第12期
女真人的下落,沈一民,文史知识,2007年第2期
女真文字研究概况,金启孮,中国民族古文字研究,中国社会科学出版社,1984年
女真字奥屯良弼诗刻石初释,罗福颐,民族语文,1982年第2期
女真族的崛起与完颜阿骨打,周喜峰,文史知识,2007年第2期
欧阳修排抑"太学体"新探,葛晓音,北京大学学报·哲学社会科学版,1983年第5期
欧阳修与宋辽关系,郭正忠,社会科学辑刊,1982年第2期
瓯越人和东瓯国,杨成鉴,宁波大学学报·人文科学版,1998年第2期
琵琶名曲《海青拏天鹅》,杨荫浏,人民音乐,1961年第10期
平地瑶出现的历史背景与称谓及时间考略,盘福东,社会科学家,2003年第4期
平水韵,聂鸿音,文史知识,1982年第1期
评段玉裁对"不毛之地"的误解——再论通假字与假借字,孙中运,大连教育学院学报,1998年第2期
评红学中的"丰润说",刘世德,文学遗产,1995年第5期
评黄宗智过密型增长的理论,赵冈,中国经济史研究,1995年第2期

评苏轼对词的贡献,薛瑞生,陕西师范大学学报·哲学社会科学版,1981年第3期
濮人,胡绍华,文史知识,1982年第11期
《七略》"互著"、"别裁"辨正,杨新勋,史学史研究,2001年第4期
栖霞寺印楞禅师塔铭,章炳麟,国学丛编,1931年1卷2期
"岐舌"之谜,周士琦,文史杂志,1995年第1期
"弃物"论——谈明代宗藩,王春瑜,学术月刊,1988年第4期
契丹,"翱翔"在北方的鹰民族,黄斌,东北之窗,2006年第13期
契丹官制里的南北,杨志玖,大公报文史周刊,1947年3月19日
"契丹"——汉人之别名,贾敬颜,中央民族大学学报·哲学社会科学版,1987年第5期
契丹礼俗研究,韩道诚,反攻,1968年第310期
契丹,李桂枝,文史知识,1983年第1期
契丹、女真文字简介,刘凤翥,历史教学,1980年第5期
契丹人消失之谜,肖爱民,寻根,2006年第3期
契丹"岁时杂议"考,戴瑞生,反攻,1965年第277期
契丹字研究概况,刘凤翥,中国民族古文字研究,中国社会科学出版社,1984年
契丹族的礼仪风俗与服饰,朱筱新,文史知识,1991年第6期
契丹族的遥辇帐,岛田正郎,蒙古学信息,2004年第1期
千古风范话汉碑,刘灿章,东方艺术,2007年第16期
千年沧桑丝绸路,徐庆全,丝绸之路,1994年第2期
前仇池国述论,徐日辉,甘肃社会科学,1988年第3期
钱大昕的历史文献学,曾贻芬,史学史研究,1998年第1期
钱大昕"实事求是"史学(上篇),施丁,求是学刊,2001年第3期
钱大昕"实事求是"史学(下篇),施丁,求是学刊,2001年第4期
钱大昕佚文及"地"字古音考,刘世明,西华大学学报·哲学社会科学版,2007年第6期
钱大昕与清代音韵学,周斌武,复旦学报·社会科学版,1985年第4期
"钱粮"名词之由来,刘振卿,北平晨报艺圃,1937年3月14日
乾嘉学术与乾嘉学派,陈祖武,文史知识,1994年第9期
浅论敦煌曲子词中的文化习俗,李珺,路成文,南阳师

范学院学报,2006年第7期
浅论隋唐时期的医学用语,钱群英,肇庆学院学报,2004年第6期
浅谈李益的边塞诗,王冠英,殷都学刊,1985年第3期
浅谈王渔洋"神韵说"的美学思想,张光兴,东岳论丛,1988年第3期
浅议假借造字兼及"三书说",杨薇,古汉语研究,2000年第3期
羌人与中华民族,张得祖,文史知识,2006年第2期
羌戎说,张晟,青海民族学院学报·社会科学版,2000年第2期
墙盘铭文通释,戴家祥,上海师范大学学报·自然科学版,1979年第2期
秦汉文字札丛,陈雍,史学集刊,1986年第4期
秦器铭文丛考,王辉,文博,1988年第2期
秦石鼓文形体特征、书写风格论析,杨宗兵,陕西师范大学学报·哲学社会科学版,2005年第2期
秦始皇"焚书坑儒"辨析,张世龙,文史知识,1989年第6期
秦、隋早亡探因,王玉章,瞭望,1988年第51期
秦文字"草化"论析,杨宗兵,中国历史文物,2006年第2期
秦以前之数学,刘朝阳,国立中央大学历史语言研究所周刊,1928年第2卷第19期
青海的土官与土司,崔永红,文史知识,2006年第2期
青霉素之发明小史,医药学,1947年第4期
清代地理沿革讨论,于鹤年,钱春斋,禹贡,1935年第3卷第2、3期
清代徽州朴学,曹国庆,文史知识,1997年第11期
清代吉金书籍述评(上),容庚,学术研究,1962年第2期
清代吉金书籍述评(下),容庚,学术研究,1962年第3期
清代蒙古地区票照制度初探,吕文利,中国边疆史地研究,2007年第4期
清代新疆屯戍与越南人,杨镰,中国边疆史地研究,1993年第3期
清代之土司制度,佘贻泽,禹贡,1936年第5卷第5期
清末"学校教科书委员会"史略,王宏凯,首都师范大学学报·社会科学版,1998年第3期
庆历新政与王安石变法得失管窥,熊光慈,史学月刊,2006年第10期
庆历新政与熙丰变法,顾全芳,西南师范大学学报·人文社会科学版,1987年第2期
"丘民"命名探源,宋永培,辞书研究,2005年第2期

曲牌一同名异曲问题——重读1979年的资料想到一些问题,杨荫浏,音乐研究,1984年第3期
趣说药名信,倪培森,咬文嚼字,2001年第10期
全祖望的史学与"七校"、"三笺",曾贻芬,史学史研究,1999年第2期
人痘与牛痘接种术,汤学良,文史知识,1989年第6期
日本"遣隋使"简论,王心喜,杭州教育学院学报,1997年第1期
日本"遣隋使"简论(二),王心喜,杭州教育学院学报,1997年第3期
日本"遣隋使"来华目的及年次探讨,王心喜,杭州师范学院学报·人文社会科学版,2002年第1期
《日知录》之地方自治说,顾亭林,东方杂志,1906年第3卷第5期
儒家"六天"说辨析,陈中浙,孔子研究,2002年第3期
儒学"仁""礼"源于邹鲁析,项永琴,泰山学院学报,2003年第2期
阮籍、嵇康玄学思想的演变,余敦康,文史哲,1987年第3期
撒拉族的来源及其历史,李松茂,历史教学,1986年第2期
"三顾茅庐"的确切含义,谢质彬,文史知识,1996年第6期
三律考,杨荫浏,音乐研究,1982年第1期
三苗南迁与湖南境内虞夏传说的发生,周书灿,南方文物,2007年第4期
三苗与饕餮,芮逸夫,庆祝李济先生七十岁论文集,(台北)清华学报社,1967年
《三前卫释甲骨文集解》求疵五则,孙中运,古汉语研究,2001年第3期
"三十六计"的来源,知非,人民日报,1958年10月20日
"筛酒"就是斟酒,孙中运,咬文嚼字,2004年第5期
山顶洞人的年代问题,陈原,历史教学,1982年第7期
《山海经》中的东北亚诸民族考略,李德山,日本学论坛,1989年第1期
陕西出土秦陶文字丛释,施谢捷,考古与文物,1998年第2期
商朝国号浅议,史苏苑,历史教学,1981年第7期
商代的六艺,朱启新,文史知识,1989年第4期
商代的王畿、四土与四至,宋镇豪,南方文物,1994年第1期
商代甫族、甫地考,王运熙,郑州大学学报·哲学社会科学版,2000年第2期

商代陶文,高明,高明论著选集,科学出版社,2001年
商代叶族考,王运熙,华夏考古,2003年第1期
商和西周的金文,马承源,书法,1982年第2期
商王朝疆域探索,李民,史学月刊,2004年第12期
商文明在古代世界的位置,王贵民,史学月刊,1985年第3期
商周干国考,宋镇豪,东南文化,1993年第5期
"商"字三解,孔繁信,山东师范大学学报·人文社会科学版,1983年第3期
商尊铭文通释和微史家族的国别,孙斌来,松辽学刊·社会科学版,1999年第6期
上古汉语四声别义例证,孙玉文,古汉语研究,1993年第1期
上古时称大采、小采命名之义初探,雷紫翰,殷都学刊,2002年第1期
上清派,刘琳,宗教学研究,1983年第2期
少数民族的姓名制度,王大良,文史知识,1993年第2期
畲族的名称、来源和迁徙,徐规,杭州大学学报·哲学社会科学版,1962年第1期
畲族原始社会残余浅探,徐杰舜,福建论坛·人文社会科学版,1986年第1期
什么叫民俗学,金克木,文史知识,1984年第12期
什么是"反切",邢公畹,文史知识,1981年第2期
什么是甲骨文,唐兰,语文建设,1962年第10期
什么是钟鼎文,唐兰,语文建设,1962年第11期
沈约与《楚辞》,林家骊,中州学刊,1995年第1期
《诗·大雅·桑柔》"刘"字新解,孙玉文,湖北大学学报·哲学社会科学版,1986年第5期
诗歌、戏曲、小说词语杂释,熊飞,咸宁学院学报,1986年第1期
《诗经》爱情诗艺术探赏（五）望夫速归情急心切——《诗经·召南·殷其雷》欣赏,李培坤,唐都学刊,1990年第2期
诗经二南探微,秦坚,新疆教育学院学报·汉文版,1998年第2期
诗经芣苢莱菔为中国女界最古药物学,沈香波,医界春秋,1927年第17期
《诗经·关雎》新论,余江,汉中师范学院学报,2001年第5期
《诗》"周行""周道"辨,刘乃叔,古籍整理研究学刊,1991年第2期
十进位值制——被人漠视的"先知",金屯,文史知识,1993年第12期

十七字诗和说诨话,于天池,中国文化研究,2005年第3期
十三经的形成与经学类别,牟钟鉴,文史知识,1988年第6期
十世纪中叶粤赣地区"赤军子"的起义,董家遵,中山大学学报·社会科学版,1959年第Z1期
"十一年皋落戈"铭文补释,施谢捷,文教资料,1994年第4期
什邡巴蜀印文考义,冯广宏,四川文物,1996年第3期
石鼓年代考,唐兰,故宫博物院院刊,1958年第1期
石鼓文及其时代研究评述,杨宗兵,考古与文物,2006年第3期
石刻文字,余冰,语文世界·高中版,2007年第4期
史籍所见明清时期西北地区的"土人"与"土达",杜常顺,青海社会科学,1998年第2期
《史记》"滑稽"解,徐仁甫,文史杂志,1986年第1期
《史记》"太伯奔吴"说质疑,崔凡芝,山西大学学报·哲学社会科学版,2002年第5期
《史记》一用字研究,徐广才,牡丹江大学学报,2007年第12期
士之溯源及其早期衍变,余江,文史哲,2006年第3期
试论《沧浪诗话》成书年代及严羽对江西派诗论的态度,程自信,安徽教育学院学报,1993年第3期
试论复社的宗旨,赵毅,东北师大学报·哲学社会科学版,1990年第2期
试论古诗之流——赋,徐宗文,安徽大学学报·哲学社会科学版,1986年第2期
试论"光武中兴",李恩普,苏州大学学报·哲学社会科学版,1985年第3期
试论郭璞及其《游仙诗》,凌迅,晋阳学刊,1982年第3期
试论侯景之乱,邓奕琦,北京师范大学学报·社会科学版,1989年第6期
试论"连珠体"的产生及影响,陈汝法,国家图书馆学刊,1994年第Z2期
试论王杨卢骆体,陶易,青海民族学院学报,1989年第2期
试论曾巩的文道观,朱东根,海南大学学报·人文社会科学版,2006年第4期
试论"澶渊之盟"对宋辽关系的影响,赵永春,社会科学辑刊,2008年第2期
试论中国古代冶铁技术的发明和发展,杨宽,文史哲,1955年第2期
试论中国文字之起源,李先登,天津师大学报·社会科

学版,1985 年第 4 期
试释汉族,李一氓,文史知识,1984 年第 8 期
试说"其家半三军",孙玉文,语文教学与研究,1987 年第 2 期
试谈唐叔虞始封的年代问题,杨朝明,中国社会科学院研究生院学报,2001 年第 5 期
拭却尘封话徐国,张乃格,江苏地方志,2003 年第 4 期
拭却尘封话徐国(续),张乃格,江苏地方志,2003 年第 5 期
释"唐"字,赵超,中国历史文物,1983 年
释家,王治功,东北师大学报,1983 年第 2 期
释"家",郑慧生,河南大学学报·社会科学版,1985 年第 4 期
释皎然的诗歌主张,郑文,甘肃社会科学,1982 年第 3 期
释"乐康"——读屈原赋札记,龚维英,求是学刊,1981 年第 3 期
释陌·释贯,彭占清,古汉语研究,1993 年第 2 期
释女真(上、中、下),李学智,大陆杂志,1958 年第 16 期
释商——也谈商族族称的由来,徐葆,河洛文明论文集,中州古籍出版社,1993 年
释"十九年邦司寇铍"铭的"奠易"合文,施谢捷,文教资料,1996 年第 2 期
释"一条鞭",杨荣垓,辞书研究,1984 年第 5 期
释"中霤"、"中庭",李淑惠,辽宁师专学报·社会科学版,1999 年第 1 期
释住,宋镇豪,殷都学刊,1987 年第 2 期
首倡"均贫富"义旗卷川陕——北宋王小波、李顺起义,胡昭曦,文史知识,1983 年第 8 期
数名原始,方国瑜,东方杂志,1931 年第 28 卷第 10 期
"数"音变构词的三则考辩,孙玉文,语言研究,1998 年第 2 期
数字卦与简帛易,史善刚,中州学刊,2005 年第 6 期
数字易卦与易经,史善刚,齐鲁学刊,2006 年第 6 期
谁是夏朝的创始人,朱绍侯,中原文物,1978 年第 4 期
"水边"幽隐"痴"与"泪"——曹雪芹笔下的艺术情境与水边意象,周小兵,红楼梦学刊,2001 年第 2 期
水书:古老文明的遗存,刘守华,寻根,2007 年第 5 期
说"哀牢"就是今"仡佬",张惠英,汉语学报,2005 年第 2 期
说"恶"去人别义的时间,孙玉文,语文研究,1995 年第 4 期
说《风》《雅》《颂》,袁长江,内蒙古民族师院学报·汉文版·哲学社会科学版,1995 年第 1 期

说弘,季旭升,大陆杂志,1981 年第 4 期
说"箕敛",孙机,中国历史文物,2003 年第 1 期
说六通,白寿彝,史学史研究,1983 年第 4 期
说"明夷",吴辛丑,辞书研究,2000 年第 1 期
说"商"与"桑",吴郁芳,东南文化,1989 年第 2 期
说"万舞",龚维英,宁夏大学学报·人文社会科学版,1981 年第 1 期
《说文》中之"省声"问题,姚炳祺,广东技术师范学院学报,1988 年第 2 期
说"乡党",宋昌斌,文史知识,1986 年第 11 期
说"雅",孙作云,文史哲,1957 年第 1 期
说"韵"和"韵部",杨亦鸣,中国语文,2002 年第 3 期
说"转注",艾荫范,渤海大学学报·哲学社会科学版,1980 年第 3 期
说"诗经、大小雅"同为西周末年诗,孙作云,文史哲,1957 年第 8 期
丝绸古道上的骆驼客,田迎五,丝绸之路,1998 年第 2 期
司空图在审美心理学上的理论贡献,周乔建,九江师专学报,1991 年第 3 期
司马光的政治思想,顾全芳,河南师范大学学报·哲学社会科学版,1984 年第 4 期
司马迁道德思想简论,肖黎,东岳论丛,1983 年第 3 期
司马迁的民族一统思想试探,肖黎,中南民族大学学报·人文社会科学版,1982 年第 3 期
司马迁批判精神探源,过常宝,北京师范大学学报·社会科学版,1994 年第 1 期
司马迁在历史编写体制上的创造和贡献,许绍光,阜阳师范学院学报·社科版,1982 年第 2 期
司马迁在文学方面的成就,许绍光,扬州大学学报·人文社会科学版,1984 年第 1 期
"四声一贯"说之我见,孟蓬生,河北学刊,1992 年第 3 期
四史五行志所载地震一览表,地学杂志,1921 年第 12 卷第 6、7 期
四史中所记诸野蛮民族之婚姻与家庭,曾謇,北平华北日报史学周刊,1935 年 8 月 8、15 日
四元开方释要,郑之蕃,清华学报,1924 年第 1 卷第 2 期
祀太一为天神始于汉武吗,龚维英,学术论坛,1981 年第 4 期
宋朝"火运"论略——兼谈"五德转移"政治学说的终结,刘复生,历史研究,1997 年第 3 期
宋代潮州之韩学,饶宗颐,韩山师范学院学报,1989 年第 1 期
宋代官窑探索,李刚,东南文化,1996 年第 1 期

宋代官窑续论,李刚,东方博物,2006年第2期
宋代吉金书籍述评,容庚,学术研究,1963年第6期
宋代"泸夷"非乌蛮集团的民族成分,刘复生,西南民族大学学报·人文社科版,1987年第1期
宋代"蛇妻"故事与《白蛇传》的构成,刘守华,古典文学知识,1998年第5期
宋代"私觌"问题研究,吴晓萍,安徽师范大学学报·人文社会科学版,2004年第6期
宋代私家目录管窥,姚伟钧,文献,1999年第3期
宋代小品画艺术成就研究,王东,消费导刊,2008年第9期
宋金"海上之盟"评议,赵永春,上饶师范学院学报,1987年第4期
宋金杂剧与元杂剧,王毅,湖北大学学报·哲学社会科学版,1989年第4期
宋濂与台阁体,许建中,浙江社会科学,2008年第2期
宋陵灵禽碑,白文明,美术大观,1994年第4期
宋明的联绵字研究,范建国,黄冈师范学院学报,2005年第4期
宋应星在化学方面的贡献,李迪,内蒙古师范大学学报·自然科学汉文版,1982年第2期
宋元明六书理论中的兼书说,党怀兴,陕西师范大学学报·哲社版,2005年第6期
苏轼《赤壁》词中"酹江月"一词的佛禅意义,张福庆,名作欣赏,2001年第1期
苏颂的入狱及法律思想,管成学,长春师范学院学报,1993年第2期
苏洵与"纵横",熊宪光,西南师范大学学报·人文社会科学版,2002年第3期
肃慎与挹娄之商榷,李学智,大陆杂志,1957年第6期
素族、庶族解,祝总斌,北京大学学报·哲学社会科学版,1984年第3期
隋开皇元年击陈述论,王光照,安徽大学学报·哲学社会科学版,1997年第6期
隋书律历志祖冲之圆率记事释,严敦杰,学艺,1936年第15卷第10期
隋《虞弘墓志》所见史事系年考证,杨晓春,文物,2004年第9期
孙子算经补注,李俨,北平图书馆月刊,1930年第4卷第4期
孙子算经考,钱宝琮,科学,1929年第14卷第2期
所谓"永贞革新",黄永年,青海社会科学,1986年第5期
台湾十八世纪的林爽文起义,实之,文史知识,1990年第5期
太极图渊源辩,李申,周易研究,1991年第1期
太平天国改"六经"为"六韵"考,白坚,学术论坛,1980年第4期
太学,加陵,上海大公报,1951年5月5日
谈百科辞书的"保养"问题,刘玲,语文研究,2001年第4期
谈"才"、"在"、"栽"的古今关系,孙中运,大连教育学院学报,1994年第1期
谈赣剧——在上海剧协和作协座谈会上的发言,赵景深,上海戏剧,1962年第7期
谈柳宗元的本体论山水审美观,范能船,学术论坛,1989年第6期
谈茂腔,赵景深,上海戏剧,1960年第11期
谈"琵琶记",赵景深,中国戏剧,1956年第8期
谈司马迁的美学思想,肖黎,吉林师范大学学报·人文社会科学版,1984年第4期
谈谈图解词典的功能与特点,刘玲,辞书研究,1997年第6期
谈"无"字的形、音、义,孙中运,大连教育学院学报,2006年第4期
谈曾侯乙墓钟磬铭文中的几个字,裘锡圭,李家浩,古文字论集,1992年第8辑
谈战国文字的简化现象,林素清,大陆杂志,1986年第5期
探马赤军问题再探,杨志玖,民族研究,1981年第1期
汤显祖的戏曲理论,周锡山,华东理工大学学报·社会科学版,1997年第3期
唐朝文学作品中的袁晁起义,胡正武,台州学院学报,2004年第4期
唐敕使王玄策使印度路线再考,孙修身,中国历史地理论丛,1997年第2期
唐代的"胡食",黄正新,文史知识,1999年第6期
唐代格、式的编纂,侯雯,文史知识,1997年第8期
唐代和诗的演变论略,赵以武,社科纵横,1994年第4期
唐代河朔移民及其社会文化变迁,王义康,民族研究,2007年第5期
唐代算学史,李俨,西北史地,1938年第1卷第1期
唐代吐蕃赞普的族属新探,唐嘉弘,郑州大学学报·哲学社会科学版,1984年第3期
唐代中后期宦官之祸原因初探,何草,文史知识,1997年第4期
唐楷,余冰,语文世界·高中版,2007年第11期

"唐丽战争"初探,刘进宝,兰州学刊,1990年第5期
唐平淮西之役,林岷,文史知识,1985年第6期
唐人汉赋观简述,王朝源,西南民族大学学报·人文社科版,2005年第5期
唐宋时音乐观念中的节奏——板·拍·眼,罗勇来,交响·西安音乐学院学报,1998年第3期
唐太宗与琵琶乐曲,周晓薇,中国典籍与文化,1995年第4期
唐·唐人·大唐街——读史札记之一,方诗铭,学术月刊,1994年第5期
唐西州的突厥游弈部落,李方,西北民族论丛,2003年
唐寅之起兵性质商榷,施光明,浙江学刊,1984年第2期
"趍"与"蹚"应该写哪个,魏励,语文建设,1992年第6期
陶弘景道教文学论略,张兰花,浙江社会科学,2008年第3期
陶渊明美学思想简论,张永明,甘肃社会科学,1987年第3期
陶渊明诗文渊源考(之一),张永明,甘肃社会科学,1986年第1期
通假义释义问题的认识,洪笃仁,辞书研究,1982年第5期
通假字管见,陆锡兴,辞书研究,1981年第3期
"彤管"本义初探,李传印,东方丛刊,2001年第4期
桐城派诗论初探,王镇远,江淮论坛,1983年第2期
桐城派与程朱理学,任访秋,中州学刊,1983年第5期
铜人与针灸,宋大仁,中西医药,1947年复刊第32期
透过"胡姬"诗看唐代的民族融合,王建军,柳州师专学报,2002年第3期
突厥的叛乱与安北都护府南迁,王世丽、王世伟,中国边疆史地研究,2006年第4期
突厥的兴衰,邱久荣,文史知识,1983年第6期
突厥官号研究,韩儒林,中国文化研究所集刊,1940年第1卷第1期
突厥·南诏·柔然·沙陀现在都属于那个民族,朱绍侯,新史学通讯,1955年第5期
突厥之始源,胡秋原,反攻,1961年第236期
突厥职官名号考,朱延丰,女师学院期刊,1934年第2卷第2期
涂山氏的源流和变迁,龚维英,中州学刊,1988年第5期
屠各称谓的变化与部落迁移,陈勇,文史,2007年第1辑
吐蕃统治河陇西域时期的军事、畜牧业职官二题,陆离,敦煌研究,2006年第4期
吐蕃之王族与宦族,韩儒林,中国文化研究所集刊,1940年第1卷第1期
吐蕃族源及相关问题,唐嘉弘,中国藏学,1988年第2期
土尔扈特史,格垥克楚勒特木,蒙古学信息,1988年第4期
吐火罗国史考(下),内田吟风,世界民族,1981年第3期
"土木之变"与土木堡,华实,文史知识,1983年第2期
"吐延"、"奢延"为匈奴语南北考,武沐,中国边疆史地研究,2002年第4期
"吐谷浑"试释,王民信,大陆杂志,1962年第12期
陀洹县陵二国考——唐代泰境古国考,黎道纲,南洋问题研究,1999年第4期
拓跋鲜卑在接受汉族文化过程中新旧势力的斗争,孙钺,中央民族大学学报·哲学社会科学版,1983年第1期
"唾面自干"来自佛教,于石,咬文嚼字,2008年第8期
王安石的文学观及其实践,熊宪光,西南师范大学学报·人文社会科学版,1981年第1期
王安石的义利观与儒家思想传统,关履权,晋阳学刊,1986年第4期
王安石《字说》的盛与衰,钟来因,读书,1987年第4期
王船山儒士观初探,宋元强,船山学刊,1993年第1期
王夫之创见三题,冯天瑜,湖北大学学报·哲学社会科学版,1982年第5期
王夫之的考据学,李峰、闫喜琴,船山学刊,2003年第3期
王夫之的易学与史论,吴怀祺,安徽大学学报·哲学社会科学版,2000年第6期
王符的治边思想,赵梅春,中国边疆史地研究,2002年第2期
王莽究竟几改币制,潘良炽,西北大学学报·哲学社会科学版,1991年第1期
王渔洋的神韵说,赵蔚芝,山东社会科学,1988年第S1期
王渔洋与"神韵说",张光兴,齐鲁学刊,1990年第6期
王禹偁文学思想简论,徐志啸,中州学刊,1985年第1期
王禹偁与西昆体关系之辨正,张明华,阜阳师范学院学报·社科版,2003年第6期
王占奎,初吉等记时术语与西周年代问题申论——答李仲操先生,文博,1997年第6期
为李训、郑注的是非一辩,田廷柱,辽宁大学学报·哲学社会科学版,1983年第3期
为什么宋版书最好,丁瑜,文史知识,1983年第9期
维吾尔源流考,刘义棠,边政学报,1963年第2期

魏晋南北朝"吏户"问题再献疑——"吏"与"军吏"辨析,黎虎,史学月刊,2007年第3期

魏晋南朝的军府管理与地方变乱,陶新华,史学月刊,2006年第7期

魏源的"变易"思想和《诗》《书》古微,汤志钧,求索,1984年第5期

魏忠贤专权探源,滕秋耘,文史知识,1985年第12期

"文姜之乱"异议,杨朝明,管子学刊,1994年第1期

"文康"是国名,龚维英,戏剧艺术,1981年第4期

文王受命说新探,祝中熹,人文杂志,1988年第3期

文王、武王享年考,杨朝明,求是学刊,1996年第5期

文艺创作"发愤""导达意气"说初探,滕福海,广西大学学报·哲学社会科学版,2002年第4期

文字起源二源说质疑,喻遂生,达县师范高等专科学校学报,1994年第1期

我国本草学之沿革,沈其震,光华医药杂志,1936年第2期

我国古代的"国号",楚庄,天津师范大学学报·社会科学版,1981年第3期

我国古代关于铅的化学知识,朱晟,化学通报,1983年第4期

我国古代书籍的装帧,夏桂苏,夏南强,文史知识,1993年第3期

我国之回归热病,魏曦,中华医学杂志,1937年第23卷第7期

"乌台诗案"是怎么回事,王学太,文史知识,1986年第12期

无辜的"奔马图",刘荣升,中国监察,2004年第21期

吴昌硕的绘画艺术,郑文,美术研究,1984年第2期

"吴门画派"名实辨,单国强,故宫博物院院刊,1990年第3期

吴越文化的分野,杨成鉴,宁波大学学报·人文科学版,1995年第4期

五代时期甘州回鹘可汗世系考,孙修身,敦煌研究,1990年第3期

五代夏州拓跋部世系与婚姻考论,杨浣,宁夏社会科学,2005年第1期

"五德终始"说之终结——兼论宋代以降传统政治文化的嬗变,刘浦江,中国社会科学,2006年第2期

五帝时代与中国古代文明的起源,李先登,中原文物,2005年

"五经"的排列次第及其形成过程,曹道衡,文史知识,2002年第8期

"五凉文化"及其历史地位,曹道衡,文史知识,1997年第6期

《五牛图》流入清宫的确切日期,董建中,故宫博物院院刊,2006年第2期

五行说的起源,金谷治,世界哲学,1990年第3期

五行说对词语的影响,王垂基,江汉论坛,1995年第7期

武都国述论,徐日辉,民族研究,1987年第5期

武王观兵还师说质疑,祝中熹,青海师范大学学报·哲学社会科学版,1987年第3期

武王克商与周初年代的再探索,赵光贤,人文杂志,1987年第2期

武威、马王堆汉墓出土古医籍杂考,施谢捷,古籍整理研究学刊,1991年第5期

武兴国述论,徐日辉,西北师大学报·社会科学版,1988年第2期

武周新字"囻"制定的时间——兼谈新字通行时的例外,施安昌,故宫博物院院刊,1991年第1期

戊戌维新派"腹地自立"维新方略初探,田毅鹏,北华大学学报·社会科学版,1994年第2期

"西朝"释义补证,高明,西藏民族学院学报·哲学社会科学版,2005年第4期

西汉地理考辨,谭其骧,禹贡,1937年第6卷第10期

西汉西域都护略论,李大龙,中国边疆史地研究,1991年第2期

西昆体评介,金启华,齐鲁学刊,1985年第3期

西昆体与江西派,王镇远,西南师范大学学报·人文社会科学版,1984年第3期

西羌,李绍明,文史知识,1984年第6期

西魏之亡当在何年,宦荣卿,学术研究,1984年第3期

西夏龙(洛)族试考——兼谈西夏遗民南迁及其他,黄振华,中国藏学,1998年第4期

西夏文字的创制、失传及其发现,邢强,历史教学,1985年第6期

西域粟特移民聚落补考,荣新江,西域研究,2005年第2期

西域族国名与东北亚族名之关联(上),朱学渊,满语研究,2002年第1期

西域族国名与东北亚族名之关联(下),朱学渊,满语研究,2002年第2期

西藏的习俗,罗桑益西,边政学报,1964年第3期

西藏官制考略,邹文海,国闻周报,1929年第6卷第5期

西藏史略,资料室,边政导报,1947年第5期

西周"高禖"源流考——兼论巫术文化的历史地位,唐

嘉弘,人文杂志,1987年第6期
西周蛮夷"要服"新证——兼论"要服"与"荒服"、"侯服"之别,王晖,民族研究,2003年第1期
西周"三事大夫"析,杨善群,史林,1990年第3期
西周时代的楚国,杨宽,江汉论坛,1981年第5期
西周铜器铭文选释(上),高木森,故宫文物月刊,1988年第6卷第2期
西周铜器铭文选释(下),高木森,故宫文物月刊,1988年第6卷第3期
奚族增考,民族研究,李德山,1989年第5期
稀有文字——妇女字,潘慎,语文研究,1987年第1期
溪族的结论,古直,光明日报,1957年7月14日
熙宁变法的流弊,郑宜秀,文史知识,1986年第2期
戏曲中"跳加官"的官者——冯道,谢美生,戏文,2004年第4期
夏代是中国国家的起源,赵希鼎,河南师范大学学报·哲学社会科学版,1979年第1期
夏代域限探讨综述,李民,王健,中国史研究动态,2006年第39期
夏侯阳算经考,钱宝琮,科学,1929年第14卷第3期
夏商周年代考,赵光贤,人文杂志,1998年第2期
夏、商、周之前还有个虞朝,王树民,河北学刊,2002年第1期
先秦巴蜀地区百濮和氐羌的来源,段渝,贵州民族研究,2006年第5期
先秦簿戏考,张觉,文献,1995年第2期
先秦车战述略,杨英杰,辽宁师范大学学报·社会科学版,1985年第5期
先秦川西高原的氐与羌,段渝,阿坝师范高等专科学校学报,2007年第1期
先秦帝王称号及其演变,周新芳,史学月刊,2004年第6期
先秦墨家孝道简论,王长坤,张玲,史学月刊,2007年第10期
先秦显学之一——杨朱学说,李均惠,文史杂志,2007年第6期
鲜卑,邱久荣,文史知识,1982年第7期
鲜卑民族及其语言(上),朱学渊,满语研究,2000年第1期
鲜卑民族及其语言(下),朱学渊,满语研究,2000年第2期
鲜卑源流及其族名初探,米文平,社会科学战线,1982年第3期

猃狁、鬼方的族属及其与周族的关系,尹盛平,人文杂志,1985年第1期
向秀玄学思想简论,许抗生,文史哲,1986年第4期
削除三藩与康乾盛世,李治亭,文史知识,1990年第8期
小议《说文》中的等级观念,罗会同,呼兰师专学报,1994年第3期
小篆为战国文字说,徐无闻,西南师范学院学报,1984年第2期
"歇家"考,王致中,青海社会科学,1987年第2期
"挟天子"并非挟持控制天子,程瑞君,文史知识,1996年第5期
"斜粘"与"斜对":格律诗平仄规律的奥妙,朱英贵,成都大学学报·社会科学版,2003年第3期
写经·写经生·写经书法,刘涛,文史知识,1995年第9期
谢朓诗歌齐梁接受状况研究,陈传君,琼州学院学报,2007年第S1期
《新唐书》"符架"考,刘乐贤,中国史研究,2005年第1期
"新乐府运动"辨,刘学忠,衡阳师范学院学报,1995年第4期
行书,余冰,语文世界·高中版,2007年第9期
匈奴单于号研究,罗新,中国史研究,2006年第2期
匈奴的分化,刘义棠,边政学报,1967年第6期
雄居西北的党项族,吴天墀,文史知识,1983年第9期
徐福东渡新考,王颋,复旦学报·社会科学版,1995年第2期
徐光启经济思想简论,吴申元,世界科学,1984年第4期
徐光启学术思想的特色,冯天瑜,社会科学,1983年第11期
许慎《说文解字》与阴阳五行说,庞子朝,华中师范大学学报·人文社会科学版,1988年第5期
"畜民"为奴隶说质疑,李衡梅,历史教学,1987年第3期
"玄武门之变"探源,魏明孔,西北民族大学学报·哲学社会科学版,1987年第4期
玄武门之变真相推测,葛剑雄,领导文萃,2002年第10期
薛逢蜀中诗简论,王红霞,四川师范大学学报·社会科学版,2005年第4期
"训诂"的由来及含义,黄怀信,西北大学学报·哲学社会科学版,1993年第4期
鸦片战争时期广东以社学为中心的抗英斗争,郑海麟,深圳大学学报·人文社会科学版,1990年第3期
鸭绿江与图门江流域之人文地理,王维屏,华声半月刊,1946年第1卷第1期

焉耆——龟兹文的研究,李铁,中国民族古文字研究,1982年
"阏氏"并非匈奴皇后的专称,兰殿君,文史杂志,1989年第2期
严复关于近代国家理念的阐释,史革新,福州大学学报·哲学社会科学版,2008年第2期
严复科学民主思想议略,史革新,北京师范大学学报·社会科学版,2005年第2期
炎姜、姬周两后稷的时代及其代兴考,王晖,宝鸡文理学院学报·社会科学版,2008年第1期
"阎""闫"的历史和现状,孙中运,咬文嚼字,2003年第9期
郾王职剑跋,施谢捷,文博,1989年第2期
《晏子春秋》的军事名词研究,周勤,电影评介,2008年第9期
燕国玺印中的"身"字,吴振武,胡厚宣先生纪念文集,科学出版社,1999年
燕族的族称、发展及对东北的开发,李德山,黑龙江民族丛刊,2000年第1期
"鞅掌"古今谈,石云孙,淮南师范学院学报,2000年第1期
扬雄的性"善恶混"论实际是荀况的性恶论,郑文,西北师大学报·社会科学版,1997年第4期
"扬州八怪"艺术思想散论,薛勤,艺术百家,1997年第2期
阳关·阳关曲·阳关三迭,丰家骅,寻根,2007年第5期
杨慎的神话观,董晓萍,思想战线,1992年第2期
杨慎论民间传说,董晓萍,四川师范大学学报·社会科学版,1990年第6期
仰韶文化与原始华夏族炎、黄部族,黄怀信,考古与文物,1997年第4期
尧、舜、禹禅让的历史真相,王树民,河北学刊,1999年第4期
尧、舜、禹"禅让"与"篡夺"两种传说并存的新理解,王玉哲,历史教学,1986年第1期
姚鼐并非桐城派鼻祖,于石,咬文嚼字,2001年第2期
"瑶蛊"的哲学思想与《周易》之学,盘福东,东南文化,1993年第1期
瑶族《过山榜》何来,蔡邺,文史知识,1994年第12期
也说"玄武门之变",华晓林,文史知识,1983年第10期
也谈官渡之战,赵荣植,文史知识,1993年第5期
也谈"建安风骨",常振国,许昌学院学报,1985年第4期
也谈"鞍鞯"名称之始见,李玲,北方文物,1997年第2期

也谈宋应星的《思怜诗》——与杨维增、陈庚两同志商榷,谢先模,江西教育学院学报,1987年第4期
也谈"澶渊之盟"形成的原因,李大龙,中央民族大学学报·哲学社会科学版,1991年第3期
也谈章学诚"六经皆史",仓修良,史学月刊,1981年第2期
也谈"转注",杨薇,西北农林科技大学学报·社会科学版,2005年第4期
夜郎史迹初探,徐中舒,贵州社会科学,1980年第1期
夜郎与巴蜀相关民族的族属问题,李绍明,华中师范大学学报·人文社会科学版,2006年第4期
"一再"和"再三"的辨析,周小兵,汉语学习,2002年第1期
"一中同长"话周率,金屯,文史知识,1995年第11期
医籍五行论,徐瀛芳,天津益世报医学周刊,1929年4月26日
沂南画像石墓所见汉故事考证,扬之水,故宫博物院院刊,2004年第6期
移米河之战,米文平,北方文物,2006年第1期
彝、白族先民建立的政权——南诏,金石,文史知识,1983年第4期
彝族"白话腔",王保德,民族音乐,2006年第1期
彝族的主要源流——唐代滇西乌蛮中的顺蛮、南诏、磨弥、罗仵及仲牟由,刘尧汉,学术研究,1962年第5期
彝族和土家族同源于虎伏羲,刘尧汉,吉首大学学报·社会科学版,1984年第2期
彝族祖先与三星堆先民的关系,钱玉趾,毕节学院学报,2006年第5期
义和团的旗帜,陈振江,文史知识,1984年第9期
义和团源流答问,李世瑜,史学月刊,1985年第2期
义和团源流试探,李世瑜,历史教学,1979年第2期
亿佬三事考辨,国光红,文史知识,1993年第11期
异体词需要规范化,周诗惠,辞书研究,1982年第4期
挹娄族考略,李德山,黑河学刊,1988年第4期
阴平国述论,徐日辉,西北民族大学学报·哲学社会科学版,1987年第1期
殷代的羌与蜀,董作宾,说文月刊,1942年第3卷第7期
殷代"西戉(越)"考,饶宗颐,东岳论丛,2005年第3期
"殷"名号起源考,张富祥,殷都学刊,2001年第2期
殷商名称的由来,郑慧生,历史教学,1981年第7期
殷商为神本时代说,王晖,殷都学刊,2000年第2期

殷墟"大邑商"族邑布局初探,郑若葵,中原文物,1995年第3期

殷墟甲骨文中的邑和族,杨升南,人文杂志,1992年第1期

殷周年代质疑,高鲁,申报月刊,1932年第1卷第5期

应恢复戴名世桐城派鼻祖的地位,周中明,安徽大学学报·哲学社会科学版,1994年第3期

郢都之战论略,夏子贤,安庆师范学院学报·社会科学版,1989年第2期

由《武成》、《世俘》与《利簋》看武王伐纣之年,黄怀信,西北大学学报·哲学社会科学版,1999年第3期

由《禹贡》至《职方》时代之地理知识所见古今之变,蒙文通,图书集刊,1943年第4期

有关唐安北都护府的几个问题,李大龙,北方文物,2004年第2期

有关挹娄族几个问题的探讨,李德山,黑龙江民族丛刊,1990年第4期

于京新见秦封泥中的地理内容,周晓陆、陈晓捷、汤超、李凯,西北大学学报·哲学社会科学版,2005年第4期

与"五行说"有关的词语和典故,徐传武,辞书研究,1989年第5期

庾信的创作艺术,葛晓音,中州学刊,1982年第4期

裕固族婚礼,田澍,文史知识,1997年第6期

元朝秘史所见蒙古人的婚姻,李咏林,大公报史地周刊,1936年2月14日

元代八思巴文的汉语拼音,杨耐思,语文建设,1963年第3期

元代敦煌壁画舞蹈形象的考察与研究,王克芬,舞蹈,1996年第6期

元代航海家汪大渊周游非洲的历史意义,沈福伟,西亚非洲,1983年第1期

元代后期诗风的代表——"铁崖体",张晶,古典文学知识,2001年第5期

元末大夏政权述评,刘孔伏,社会科学战线,1989年第3期

元气学说的科技史价值,关增建,文史知识,1993年第3期

元史与回回史,李松茂,文史知识,1994年第7期

《元史》之国俗旧礼蒙古珊蛮,茚卢,中国内政,1953年第5期

圆率进化史,孙塘,学生杂志,1920年第7卷第4期

圆周率考,齐汝璜,北大数理杂志,1919年第1卷第1期

圆周率π之历史及其超越性,何汝鑫,东吴学报,1936年第4卷第1期

袁枚"性灵说"探源,王英志,云南师范大学学报·哲学社会科学版,1982年第4期

月氏,唐善纯,文史知识,1993年第7期

"乐府"产生于何时,宋万学,辽宁师范大学学报·社会科学版,1982年第6期

越国都邑、疆域考释,邹身城,杭州师范学院学报·社会科学版,1990年第4期

越国民族源流考,杨成鉴,宁波大学学报·人文科学版,1996年第3期

云南土司考略,童振藻,新亚细亚,1936年第11卷第6期

云南之土司,雪生,云南,1908年第14期

韵转探究,俞允海,湖州师范学院学报,1995年第1期

杂技赋溯源,余江,青海社会科学,2004年第2期

再论康乾盛世,李治亭,人民论坛,2001年第11期

再论岳飞的《满江红》词不是伪作,邓广铭,文史哲,1982年第1期

再评"丰润说",刘世德,红楼梦学刊,1996年第1期

再谈长平之战的时间,杨宽,历史教学,1983年第11期

在西汉和亲中一共嫁出几位公主,王兰锁,文史知识,1983年第12期

早期儒家与易学,陶磊,周易研究,2004年第4期

曾巩文学创作观念初探,朱东根,镇江师专学报·社会科学版,1998年第3期

曾国灭亡年代小考,刘彬徽,江汉考古,1984年第4期

曾国之谜试探,杨宽,复旦学报·社会科学版,1980年第3期

"澶渊之盟"对宋金和战的影响,赵永春,黑龙江民族丛刊,2008年第1期

战国地理杂考,钟凤年,齐鲁学刊,1941年第2期

战国古玺文考释十三则(一),徐宝贵,考古与文物,2004年第6期

战国古玺文考释十三则(二),徐宝贵,考古与文物,2005年第1期

"战国"释名,叶志衡,杭州师范学院学报·社科版,2003年第6期

战国玺印文字考释七篇,徐宝贵,考古与文物,1994年第3期

张中的写意花鸟画,穆益勤,故宫博物院院刊,1985年第3期

章太炎古方权量考补正,徐瀛芳,中医新生命,1935

年第15期

章学诚"史德"释义,吴士勇,昭通师范高等专科学校学报,2002年第4期

"招帖"小考,易严,江海学刊,1994年第2期

"赵盾弑其君"质疑,石玉铎,史学集刊,1989年第2期

赵孟頫的绘画艺术,穆益勤,故宫博物院院刊,1980年第4期

赵孟頫"行""隶(戾)"说发覆,戚世隽,艺术百家,2002年第4期

针灸古今谈,廖育群,文史知识,1989年第2期

郑和首次下西洋日期论析,池敬嘉,台声,2005年第4期

郑和下西洋的性质及其历史功绩,范兆琪,历史教学,1985年第4期

郑和下西洋的真正目的之一,池敬嘉,台声,2004年第11期

郑和下西洋的真正目的之二,池敬嘉,台声,2004年第12期

郑和下西洋的真正目的之三,池敬嘉,台声,2005年第1期

郑和下西洋简论,郑鹤声,吉林大学社会科学学报,1983年第1期

郑和下西洋在世界航海史上的地位,范金民,江苏社会科学,2005年第1期

郑和下西洋终止相关史实考辨,万明,暨南学报·哲学社会科学版,2005年第6期

郑樵的史学思想,吴怀祺,史学史研究,1983年第2期

郑樵学术精神的时代价值,吴怀祺,福建论坛·文史哲版,1998年第3期

郑玄《三礼注》中的汉史资料,杨天宇,河南师范大学学报·哲学社会科学版,1982年第4期

郑玄《三礼注》中的汉史资料(续),杨天宇,河南师范大学学报·哲学社会科学版,1984年第1期

植物分类学发达史,吴元涤,博物学杂志,1922年第1卷第4期

中俄国界史地考,翁文灏,地学杂志,1928年第17卷第1期

中国本草图谱史略,章次公,中西医药,1935年第1卷第4期

中国本草之演进,昭阳,医事公论,1935年第2卷第11期

中国的圆周率,许莼舫,科学世界,1933年第2卷第10期

中国地质史窝,徐式庄,科学,1922年第7卷第10期

中国地质史上两次巨大的海浸与昆仑海浸,斯行健,国立中央大学历史语言研究所周刊,1928年第2卷第17期

中国古代的化学,彭民一,清华周刊,1932年第38卷第10、11期

中国古代的"中国"与"国号"的背离与重合——中国古代"中国"国家观念的演进,赵永春,学习与探索,2008年第4期

中国古代地质思想及近十年来地质调查之经过,章鸿钊,地学杂志,1922年第13卷第2期

中国古代建筑与宇宙观,王功龙,寻根,2006年第1期

中国古代科学上的发明,王治心,协大学术,1930年第1期

中国古代生理卫生学说,袁善征,中庸,1933年第1卷第8期

中国古代诗歌中"江湖"概念的嬗变,丁启阵,中国典籍与文化,2002年第3期

中国古代算学,严忠铎,交大半月刊,1935年第2卷第1期

中国古代天文学略考,王石安,学风,1935年第5卷第10期

中国古代圆周率之算法,〔日〕三上义夫(著),编者(译),科学,1927年第12卷第7期

中国古代之学科,陈东原,文化先锋,1943年第2卷第22期

中国古圣发明药效与剖视的历史略述,赵岑梅,光华医药杂志,1934年第7期

中国汉字和古埃及、苏美尔文字的发展——比较文明史又一例,江林昌,文史知识,2004年第3期

中国回教史研究,白寿彝,大公报图书副刊,1936年6月11日

中国旧石器时代考古简介,裴文中,第四纪研究,1994年第4期

中国历代科学概观,蒋希益,社会半月刊,1935年第1卷第18期

中国历代医学考试制度之一斑,胡定安,医药评论,1932年第74期

中国历代医政概况,何骏德,华西医药杂志,1946年第1卷第6期

中国上古的国族,柯昌济,社会科学,1984年第1期

中国上古生物学史述要,章辑胎,国立北平研究院院务汇报,1931年第2卷第5期

中国生物学发达史,吴子修(讲),刘咸(记),农学,1923年第1卷第3期

中国数学源流考略,李俨,北大月刊,1919年第1卷第4、5、6期

中国数学源流考略识语,张崧年,北大月刊,1919年第1卷第4期

中国算书中之圆率研究,钱宝琮,科学,1923年第8卷第2期

中国算学史余录,李俨,科学,1917年第3卷第2期

中国隋唐前圆周率之研究,崔宏,北强月刊,1934年第1卷第5期

中国西北宗山水画说,饶宗颐,敦煌研究,2006年第6期

中国小说的起源和演变,周楞伽,上海师范大学学报·哲学社会科学版,2004年第2期

中国医学中之尺寸,润东,神州国医学报,1937年第5卷第8期

中国圆周率历代之变迁,王金印,励学,1933年第1卷第1期

中国圆周率略史,茅以升,科学,1917年第3卷第4期

中国圆周率值之演变,程纶,武大理科季刊,1935年第5卷第4期

中国之古生物学,葛利普(著),张鸣韶(译),科学,1931年第15卷第8期

中国植物学发达史略,方文培,科学世界,1932年第1卷第2期

中国重农轻商思想之史的考察,宾雁,史地丛刊,1933年第1辑

中国珠算之起源,吕炯,东方杂志,1928年第25卷第14期

中华名号溯源,王树民,中国历史地理论丛,1985年第1期

中日两国《洗象图》,伊永文,中外文化交流,1993年第3期

中山国史杂考,何直刚,河北学刊,1985年第3期

中山国史杂考(二),何直刚,文物春秋,1991年第3期

中算家之方程论,李俨,科学,1930年第15卷第1期

中算家之级数论,李俨,科学,1929年第13卷第9、10期

中算输入日本之经过,李俨,东方杂志,1925年第22卷第18期

中算之起原及其发达,李俨,东方杂志,1937年第34卷第7期

中医脏腑经络学的沿革,谢恩增,科学,1921年第6卷第1期

中庸之道的演变及其对中国社会的影响,罗祖基,文史知识,1987年第1期

《钟鼎籀篆大观》中的石鼓文是较晚的摹刻本,徐宝贵,社会科学战线,2004年第6期

钟鼓乐三折"戚·雩·旄",周龙,中央音乐学院学报,1985年第1期

重评"澶渊之盟",金石,民族研究,1981年第2期

周髀算经考,钱宝琮,科学,1929年第14卷第1期

周初主要封国名称由来初探,李衡梅,齐鲁学刊,1987年第2期

周代的医学制度,大冢敬节(著),王可法(译),中医科学,1936年第1卷第4期

周代"国人"探析,杨善群,江汉论坛,1983年第8期

周代"四史"析论,许兆昌,史学集刊,1998年第2期

周敦颐的主静说及其审美情趣,周乔建,九江师专学报,1995年第2期

周公东征史实诠说,杨朝明,史学月刊,2000年第6期

周公东征与嬴姓西迁,林剑鸣,文史知识,1982年第11期

周口店山顶洞之文化(中文节略),裴文中,文物春秋,2002年第2期

周口店中国猿人之文化,裴文中,地质论评,1946年第Z3期

《周礼》地域职官训释——附论上古时期王官之学中的地理学体系,辛德勇,中国史研究,2007年第1期

周平王东迁乃避秦非避犬戎说,王玉哲,天津社会科学,1986年第3期

周文王克商方略考,王晖,陕西师范大学学报·哲学社会科学版,2000年第3期

周殷地理考(西周地理之一),唐兰,禹贡,1935年第3卷第12期

周昭王南征史实索隐,龚维英,人文杂志,1984年第6期

周族的起源地及其迁徙路线,杨善群,史林,1991年第3期

朱熹的易学思想,余敦康,中国哲学史,1997年第4期

朱熹的注释和辨伪,曾贻芬,史学史研究,1993年第4期

朱熹"格物致知论"小议,邱汉生,历史教学,1979年第9期

朱仙镇之役与岳飞班师考辨,徐规,杭州大学学报·哲学社会科学版,1978年第1期

朱振家本《古代汉语》指瑕,王启明,新疆教育学院学报,1996年第2期

珠算归诀之改良,陆在新,小学教师,1934年第1卷第23期

珠算之起源,袁在辰,钱业月报,1932年第12卷第1期

珠算制度考,李俨,燕京学报,1931年第10期

诸葛亮军事思想论略,朱大渭,史学月刊,1980年第2期

"著"字的源流,孙中运,大连教育学院学报,2000年第1期
专书词典的新成果——读两部《世说新语词(辞)典》,刘尚慈,辞书研究,1995年第2期
转注异说辩证,孙剑艺,固原师专学报,1989年第3期
涿鹿之战论析,黄朴民,军事历史,1997年第5期
字马考,梁岵庐,东方杂志,1931年第28卷第17期
自开户牖 四面涵虚——试论李渔诗词,肖荣,浙江学刊,1982年第3期
纵横家源起论,傅剑平,华南师范大学学报·社会科学版,1997年第5期
纵横家之兴考辨,熊宪光,文献,1997年第1期
"纵横"流为谋士说,熊宪光,西南师范大学学报·人文社会科学版,2003年第2期
"纵横"流为文士说,熊宪光,北京师范大学学报·社会科学版,1998年第2期
"纵横"流为侠士说,熊宪光,西南师范大学学报·哲学社会科学版,1997年第4期
左传兵事类钞按语,国专月刊,1936年第2卷第5期
座右铭文化溯源,张宝明,江苏社会科学,2004年第5期
坐徒考,吴郁芳,江汉考古,1985年第1期
20世纪中国王安石及其变法的研究,朱瑞熙,安徽师范大学学报·人文社会科学版,2003年第2期
π之略史,杨荃骏,北京高师数理杂志,1918年第1卷第1期

十二、文学艺术

八股文和试帖诗,王道成,文史知识,1984年第5期
班固《竹扇赋》体裁之我见,冯超颖,文史杂志,2006年第6期
北魏的楷书,刘涛,文史知识,1996年第6期
别树一帜的阳湖文派,黄建民,文史知识,1990年第10期
彩瓷史话,江川,陶瓷美术,1962年第6期
常州词派,李伯敬,文史知识,1987年第8期
"诚斋体"与宋诗的超越,张晶,文史知识,1993年第4期
《楚辞》洪兴祖直音研究,尹戴忠,邵阳学院学报·社科版,2007年第4期
传奇的定名及其它,金启华,文史知识,1982年第2期
词调三类:令、破、慢——释"均(韵断)",洛地,文艺研究,2000年第5期
辞赋的源流、类型及特点,程千帆,文史知识,1992年第3期
从《白鹤舞》到《白纻舞》——吴舞探索,殷亚昭,文史知识,1990年第11期
从孔子闻韶说到齐国乐舞,乔荣涛,文史知识,1989年第3期
大唐乐舞,杨剑虹,文史知识,1996年第1期
董永故事发生在什么年代,宋焕文,文史知识,1989年第11期
对"郑声淫"的重新审视,张小平,文史知识,1991年第12期
伏羲女娲神话的地域特征及文化内涵,李炳海,河南大学学报·社会科学版,1992年第2期
赋诗源流小考,周春健,文史知识,2002年第9期
"噶孜"画派——唐卡中的奇葩,杨金凤,四川文物,2007年第3期
公文术语考略,亦韦,北平晨报艺圃,1935年9月2日
古代的宫怨诗和闺怨诗,卞良君,文史知识,1989年第9期
古代的舞蹈,董锡玖等,舞蹈,1959年第3期
古文文体是如何分类的,林兴仁,文史知识,1984年第5期
古舞考,邵茗生,剧学月刊,1933年第2卷第6期
古舞谈,柏年,国闻周报,1927年第4卷第17期
古音是怎样研究出来的(一),李思敬,文史知识,1982年第1期
古音是怎样研究出来的(二),李思敬,文史知识,1982年第3期
古音是怎样研究出来的(三),李思敬,文史知识,1982年第5期
古音是怎样研究出来的(四),李思敬,文史知识,1982年第8期
古音是怎样研究出来的(五),李思敬,文史知识,1982年第10期
关于宋词别名长短句的补充,何根基,文史知识,1995年第5期
关于院体画和文人画之史的考查,滕固,辅仁学志,1931年2卷2期
贯穿一部俗文学史的梁祝故事,黄秉泽,文史知识,1991年第6期
国画源流概述,刘海粟,京沪周刊,1947年第1卷第24期
"虹霓"与两头蛇传说,詹鄞鑫,文史知识,1991年第9期
"后羿射日"神话形成的根据,邹德荣,文史知识,1988年第3期
"滑稽戏"漫谈,董每戡,戏剧艺术,1980年第2期
画家南北宗派论,王守素,中日文化,1942年第2卷第9期
画品的源流(画史随笔),俞剑华,文汇报,1961年4月15日
画史编年表,黄宾红,古学丛刊,1939年第1期
画学南北宗之辨似,予向,中国文艺,1939年第1卷第2期
话说参军戏,陶易,文史知识,1997年第12期
话说明代的梨园,陈宝良,文史知识,1993年第5期
话说性灵派,王英志,文史知识,1997年第7期
绘画的起源,根天,艺观,1929年第3期
几社与复社,胡寄尘,越风,1935年第3期
夹纻漆像源流考,陆树勋,古学丛刊,1939年第4期
"江西诗派"杂谈,张展,文史知识,1990年第2期
近年汉赋研究综述,朱一清,文史知识,1984年第12期
晋代乐舞考,廖蔚卿,文史哲,1964年第13期
晋顾恺之《女史箴图》考证,孙桂恩,大学,1942年第1卷第12期

晋人吟诗与"洛生咏",范子烨,文史知识,1995年第2期
京剧的行当——旦行,吴同宾,文史知识,1999年第8期
京剧的行当——生行,吴同宾,文史知识,1999年第7期
绝句的兴起与特点,蔡义江,文史知识,2003年第4期
跨越时空的群体性唱和——"苏门"晚期交游考述,崔铭,石油大学学报·社会科学版,2006年第1期
昆曲的继承与发展,王若皓,文史知识,2004年第11期
隶书小史,陈虎,文史知识,1994年第8期
脸谱,吴同宾,文史知识,1999年第3期
两汉乐舞考,台静农,文史哲学报,1950年第1期
两宋杂剧新说,戴不凡,社会科学战线,1990年第3期
陆游的书法,刘石,文史知识,2005年第11期
律吕的来源(律吕是律同之讹),阴法鲁,经世日报读书周刊,1947年9月17日
律吕考略,火杏,国民杂志,1941年第1卷第9期
略论宋代文化娱乐市场与南戏的发展,黄斌,江苏工业学院学报·社会科学版,2006年第3期
略说雅乐,姚喁冰,文史知识,1984年第12期
略谈古代两种著名乐舞,杨宪益,长江日报,1955年7月21日
论明七子在诗论复古中对民间"真诗"的发微,董晓萍,北京师范大学学报·社会科学版,1992年第4期
论女娲神话源生于西北山区,王子超,宁夏师范学院学报,2007年第4期
论《诗经》"赋比兴"之"赋",褚斌杰,文史知识,1989年第10期
论隋唐间两歌舞剧——之一:《文康乐》,董每戡,戏剧艺术,1983年第2期
论隋唐间两歌舞剧——之二:《踏谣娘》,董每戡,戏剧艺术,1983年第3期
马麟《静听松风图》浅析,梁济海,文史知识,1985年第6期
漫话古诗文中的蝉,曹海东,文史知识,1991年第4期
漫说中国戏曲脸谱,周立波,文史知识,2005年第1期
明代传奇的价值,郭英德,文史知识,1996年第8期
明季杭州读书社考,朱倓,国学季刊,1929年第2卷第2期
明州天一富藏书,康贤国,浙江日报,1978年8月27日
莫高窟第220窟"胡旋舞"质疑,巩恩馥,敦煌研究,2006年第2期
南社的始末,胡怀琛,越风,1935年第1期

南宋皇帝赵构的书法艺术,许国平,文物世界,2006年第4期
乾嘉考证学风的形成及其文化意义,陈其泰,文史知识,1995年第11期
浅谈楚辞的产生,胡友鸣,文史知识,1982年第8期
浅谈中国戏曲声腔名称由来,陈慧雯,文史知识,1997年第11期
《秦王破阵》与《霓裳羽衣》,姚喁冰,文史知识,1982年第10期
青铜器铭文的书法,杜迺松,中国文物报,1990年6月21日
清代朴学重镇——"扬州学派",李帆,文史知识,2000年第12期
"饶头戏",么书仪,文史知识,2000年第7期
润笔,卜巨,文史知识,1984年第6期
三分损益法与十二平均律——我国古代的音律学成就,王月桂,聂为生,文史知识,1995年第6期
山水画的南北宗,温肇炘,新学生,1948年第5卷第2期
伤寒论单论本题词,章炳麟,华国,1924年第1卷第6期
射日与填海,屈育德,文史知识,1987年第8期
诗法举隅——说"翻进",张福勋,文史知识,1994年第7期
《诗经》章句与韵例之研究,向映富,金声,1931年1卷1期
诗"眼"与"活字"、"响字",周振甫,文史知识,1998年第3期
诗韵杂谈,仲跻培,文史知识,1991年第11期
诗之删修,诸桥辙次,益世报,1929年11月10—16日
什么是"赋、比、兴",王晴漪,新晨报副刊,1928年10月4—7日
什么是唐传奇——唐传奇的体制特征及其渊源,朱迎平,文史知识,1988年第3期
什么是"徐庾体",李正春,文史知识,1988年第1期
试论"铙歌"的演变,曹道衡,中国社会科学院研究生院学报,1994年第3期
试谈唐代舞蹈,欧阳予倩,舞蹈,1959年第3、4、5期
书法小史,孙以悌,史学论丛,1934年第1期
说徽戏,崔恒升,江淮论坛,1994年第3期
说"绝句",曹一兵,文史知识,1982年第6期
说《木兰诗》,徐公持,文史知识,1992年第9期
说"诗牌",王鹤龄,文史知识,1997年第4期
说说宋词的异名,暴拯群,文史知识,1994年第5期
司空图诗论综述,朱东润,武大文哲季刊,1934年第3

卷第2期

宋初水边林下的"白体"诗风,张鸣,文史知识,1997年第8期

宋代的"队舞"与"舞队",沈逸波,文史知识,1991年第11期

宋代的合生,于天池,李书,文史知识,2007年第5期

宋代的皇家军乐团——钧容直,汪圣铎,郭兰,文史知识,2006年第1期

宋代画院和宋徽宗赵佶,尚仪,美术,1956年第1期

宋代瓦舍中的流行歌曲——唱赚,于天池,1999年第3期

宋诗派别,陈植锷,文史知识,1985年第6期

宋元南戏,刘念兹,文史知识,1983年第2期

谈谈宫体诗,钱志熙,文史知识,2003年第3期

唐代舞蹈续谈,欧阳予倩,舞蹈,1960年第6期

唐诗宋词中"茶烟"的统计分析,任继昉,语言科学,2003年第4期

唐宋乐舞考,邵茗生,剧学月刊,1933年第2卷第12期

唐宋时音乐观念中的节奏——板·拍·眼,交响·西安音乐学院学报,1998年第3期

陶渊明田园诗问题讨论综述,曾远闻,文史知识,1983年第12期

桐城派浅说,季城,文史知识,1983年第3期

桐城派在清代长期兴盛的原因,周中明,文史知识,1997年第11期

桐城文章流变,陈平原,文史知识,1996年第1期

王铎草书艺术简评,刘灿章,文博,2006年第2期

为什么说《玉树后庭花》是亡国之音,祁和辉,文史知识,1985年第7期

文人画之源流及其评价,陈中凡,文史杂志,1944年第4卷第1、2期

我国戏曲史上的"吴江派"与"临川派",金宁芬,文史知识,1986年第8期

吴昌硕的篆书,陈祖范,文史知识,1987年第4期

吴歌渊源何处寻,金煦,文史知识,1990年第11期

"西昆体"浅谈,张展,文史知识,1988年第7期

《西洲曲》与"西洲体",刘淑丽,文史知识,2007年第9期

"息壤"神话与早期夏史,王子超,中州学刊,2003年第5期

戏曲的行当,吴同宾,文史知识,1999年第6期

戏文——我国"真戏剧"之成,罗勇来,戏文,2004年第5期

先秦时期的特殊外交语言——赋诗言志,靳干,文史知识,1986年第5期

先秦杨朱学派,孙道升,正风半月刊,1935年第1卷第13—24期,1936年第2卷第1期

先唐诔文的职能变迁,徐国荣,文学遗产,2000年第5期

"新乐府运动"名称溯源——兼论"运动"在文学史研究中的运用,刘学忠,文史知识,1996年第1期

兴的界说,金明凯,文史知识,1981年第5期

雪苑社和望社,陆树枬,越风,1936年第10期

颜真卿的书法,刘涛,文史知识,1996年第7期

也说"玉阑干",杜清军,文史知识,1995年第9期

一个影响深远的唐代民间故事——《望夫冈》与"云中落绣鞋"型故事,刘守华,文史知识,1997年第1期

一种古老的戏剧形态——队戏,白秀芹,文史知识,1996年第4期

"永明体"的形成及影响,林家骊,文史知识,1997年第3期

由《南词引正》说起——关于魏良辅、昆腔、昆山曲派,董每戡,学术研究,1979年第6期

又说又唱诸宫调,于天池,李书,文史知识,2006年第7期

玉台体,章必功,文史知识,1986年第7期

元明乐舞考,邵茗生,剧学月刊,1934年第3卷第4期

元杂剧"楔子"简论,黎传绪,江西社会科学,2003年第7期

元张渥《九歌图》卷,梁济海,文史知识,1987年第6期

圆润苍劲 俊逸飘洒——略谈董其昌的书法艺术,王玉池,文史知识,1984年第3期

"月中桂"与"吴刚伐桂",尹荣方,文史知识,1993年第6期

乐府民歌的音乐背景探源,韩梅,史学月刊,2006年第9期

战国时期的百家争鸣,刘泽华,文史知识,1982年第2期

"章草"絮谈,陈振濂,文史知识,1987年第11期

浙东学派,楼毅生,文史知识,1996年第10期

浙西词派,程郁缀,文史知识,1986年第2期

中国的宫调,张锦鸿,乐苑,1968年第2期

中国的古典绘画艺术,蔚明,文汇报,1953年12月16、17日

中国古代的石书,李峰,李克,中州今古,2000年第3期

中国古代的舞蹈,常任侠,新建设,1955年第11期

中国古代的舞蹈,陆树枬,文化建设,1937年第3卷第5期

中国古代的舞乐,黄觉寺,艺浪,1933年第9、10期

中国古代民歌的成就,余冠英,文史知识,1991年第8期
中国古代跳舞史,陈文波,清华学报,1925年第2卷第1期
中国古代之舞,君绥,艺观,1929年第5、6期
中国画的种类,陈之佛,京沪周刊,1947年第1卷第30期
中国绘画源流变迁,葛嗣天,艺观,1929年第4期
中国绘画之起源与动向,俞剑华,东方杂志,1937年第34卷第7期
中国历代乐舞考,李华萱,进德月刊,1936年第1卷第7期
中国人物画衰落之原因,许士骐,社会教育季刊,1943年第1卷第2期
中国山水画南北分宗说新考(附表),童书业,齐鲁学报,1941年第2期
中国神话研究和《山海经》,袁珂,文史知识,1983年第5期
中国岩画与甲骨文、金文,宋耀良,文艺理论研究,1992年第3期
周秦时期的篆书——钟鼎文字,张志和,中国文物报,2001年3月4日
篆刻的起源和流派,吴朴堂,光明日报,1961年4月15日
追忆:一种特殊的潜在交往——"苏门"晚期交游考述,崔铭,中国韵文学刊,2004年第3期

十三、宗教信仰

八仙与道士,王树民,河北师范大学学报·哲学社会科学版,2004年第1期
白莲教的源流及其和摩尼教的关系,方庆英,历史教学问题,1959年第5期
白莲教正义,李世瑜,历史教学,1987年第9期
北方民族与萨满教,赵志忠,黑龙江民族丛刊,2005年第3期
北魏太武灭佛原因考辨,向燕南,北京师范大学学报·社会科学版,1984年第2期
变羊惩妒妇故事的佛道文化溯源,王立,华南师范大学学报·社会科学版,2003年第5期
钵教源流,马松龄,民族学研究集刊,1943年第3期
粤夷佛历解,章用,科学,1939年第23卷第9期
"插秧偈"小考,张子开,宗教学研究,2005年第3期
茶禅一味——禅林谈艺录之四,孙宗文,法音,1987年第4期
禅籍词语选释,雷汉卿,马建东,天水师范学院学报,2005年第6期
禅学考源,吕澂,中国文化研究所集刊,1943年第3卷第1、2、3、4期
禅学述原,吕澂,中国文化,1945年第1期
"禅学述源"辨正,陈铭枢,中国文化,1946年第2期
禅宗与中国文化,任继愈,社会科学战线,1988年第2期
禅宗——中外文化相融的范例(上),许嘉璐,文史知识,2006年第7期
禅宗——中外文化相融的范例(下),许嘉璐,文史知识,2006年第8期
成语佛源举例,高兵,语文学刊,2007年第14期
大成教之远源,陶元珍,经世日报经世副刊,1946年第2期
大小乘的区别,黄雨梅,同愿月刊,1941年第2卷第7期
道家精神与养生文化,王家祐,中国道教,1990年第2期
道家与道教,任继愈,国土资源高等职业教育研究,1987年第3期
道教的法术——啸,胥洪泉,四川戏剧,2005年第5期
道教的几种修炼方法,吴受琚,文史知识,1987年第5期
道教的戒律与清规,华颐,文史知识,1987年第5期
道教的起源和形成,喻松青,历史研究,1963年第5期
道教的渊源,李养正,中国道教,1987年第1期

道教的源与流,卿希泰,文史知识,1983年第6期
道教的宗派,吉冈义丰,华文国际,1948年第1卷第13期
道教概述,李养正,中国道教,1980年第1期
道教起源与黄色、黄帝崇拜,汪启明,宗教学研究,1992年第Z1期
道教起源杂考,吕思勉,齐鲁学报,1941年第2期
道教文化与唐代诗歌,王定璋,文史哲,1997年第3期
道教文献词义札记,冯利华,宗教学研究,2006年第4期
道教与气功,陈兵,文史知识,1987年第5期
道教与我国传统文化,李养正,孔子研究,1989年第3期
道教与中国传统文化,牟钟鉴,文史知识,1987年第5期
道教之起源与流布,傅连森,东方杂志,1947年第43卷第14期
道藏纂修简史,杨琳,世界宗教文化,2004年第3期
东汉佛经词语拾补,高兵,唐都学刊,2002年第3期
敦煌六祖坛经读后管见,潘重规,中国文化,1992年第2期
敦煌莫高窟唐代前期菩萨璎珞,李敏,敦煌研究,2006年第1期
敦煌石窟中的佛座图像研究之一——须弥座,杨森,敦煌研究,2008年第2期
二郎神信仰的嬗变,干树德,文史知识,1995年第6期
法鼓轶闻——禅林谈艺录之一,孙宗文,法音,1987年第1期
方便三昧业报业障顽石点头,中国佛教协会研究部供稿,文史知识,1988年第3期
佛典中所谓藏者,〔日〕常盘大定(著),汪友其(译),大中华,1916年第2卷第2期
佛教的色彩观念和习俗,杨健吾,西藏艺术研究,2005年第2期
佛教的饮食习俗,万建中,佛教文化,1995年第4期
佛教的坐禅修炼,单纯,文史知识,2005年第7期
佛教戒律文献释词,钱群英,语言研究,2004年第2期
佛教"名相"与"附佛外道",白化文,文史知识,2000年第2期
佛教术语溯源举隅,谭代龙,四川职业技术学院学报,2005年第3期
佛教与茶文化——略谈宋代的"水丹青"和"水书法",

刘竹庵,文史知识,1995 年第 6 期
佛教与医学,陈兵,法音,1991 年第 6 期
佛教语"作业"、"作孽"源流考,杨同军,敦煌学辑刊,2007 年第 4 期
佛教源流,冯达庵(讲),伍普聪(记),圆言月刊,1947 年第 1、2 期
佛教在中国的流传和发展,杨曾文,文史知识,1986 年第 10 期
佛教之初输入,梁启超,改造,1921 年第 3 卷第 12 期
佛说佛母出生三法藏般若波罗密多经卷第十七释文,罗福成,北平图书馆馆刊,1930 年第 4 卷第 3 期
佛学名词释要序,熊十力,北平晨报思辨,1936 年 8 月 7 日
《佛游天竺记》考释,岑仲勉,大公报图书副刊,1935 年 2 月 28 日
佛与佛教徒,常正,文史知识,1986 年第 10 期
佛藏溯源——禅林谈艺录之三,孙宗文,法音,1987 年第 3 期
葛洪道教思想研究,许抗生,北京大学学报·哲学社会科学版,1981 年第 3 期
古今海龙王信仰概观,吕洪年,文史知识,1991 年第 8 期
关于"五祖宏忍"、"六祖惠能"、"上座神秀"和惠能、神秀的偈,朱松山,红楼梦学刊,1980 年第 4 期
关于"住持"的释义,谢重光,辞书研究,1989 年第 5 期
观世音菩萨之研究,李圣华,民俗,1929 年第 78 期
鬼与地狱·经忏法事——中国佛教琐谈(二),印顺,法音,2005 年第 9 期
汉语佛源释例,陈文杰,古籍整理研究学刊,2002 年第 1 期
和尚"炔顶"是怎么回事,黄炳章,文史知识,1983 年第 2 期
华山道教石窟调查,秦建明,文博,1998 年第 5 期
华严宗开教记略,广觉,圆音月刊,1948 年第 9、10 期
华严宗思想略论,任继愈,哲学研究,1961 年第 1 期
华严宗之创建及其发展,大涵,佛学月刊,1942 年第 2 卷第 1、2 期
华严宗之源流及其演变,雨垩,微妙声,1937 年第 1 卷第 8 期
话盂兰,上元,北平晨报艺圃,1924 年 8 月 24 日
黄教·白教等,人民日报,1959 年 4 月 25 日
回鹘宗教演变考,李符桐,政治大学卅周年纪念论文集,(台北)政治大学,1957 年
"回回"一词和伊斯兰教,李松茂,新疆社会科学,1987 年第 1 期
回教传入中国考,沈春航,回民言论,1939 年第 1 卷第 10 期
回教徒对于中国历法的贡献,刘凤五,青年中国季刊,1940 年第 1 卷第 4 期
回教之十二月祝典,子宽,国闻周报,1926 年第 3 卷第 5 期
慧远佛学的"寂智论",赖功欧,江西社会科学,2004 年第 11 期
慧远及其因果报应说,周齐,文史知识,1986 年第 10 期
基督教的色彩观念和习俗,杨健吾,文史杂志,2003 年第 4 期
井中捞月 开山 六根清净,中国佛教协会研究部供稿,文史知识,1988 年第 7 期
景教传播的几个特征,周燮藩,文史知识,1995 年第 12 期
净人新探,谢重光,社会科学战线,1991 年第 2 期
"居士佛教"刍议,常正,法音,1998 年第 7 期
"居士佛教"之我见,常正,佛学研究,1998 年
拉萨的清真寺,房建昌,百科知识,1997 年第 7 期
喇嘛教小史,范石轩(译),新蒙古,1935 年第 3 卷第 4 期
喇嘛教与回教,何培琛(译),丁巳杂志,1917 年
喇嘛教之分派及其发达,〔日〕渡边海旭(著),寂悟(译),海潮音,1934 年第 15 卷第 7 期
辽藏笔谈,任继愈,中国历史博物馆馆刊,1983 年
六朝道经词语研究发微——以古上清经为中心,冯利华,唐都学刊,2006 年第 3 期
六祖慧能与禅宗,许抗生,文史知识,1986 年第 10 期
庐山宗教文化鸟瞰,梅俊道,文史知识,1992 年第 9 期
论大乘起义——北魏僧侣起义性质再探,施光明,固原师专学报,1988 年第 2 期
论道教何以讬始于老子,唐擘黄,中山文化教育馆季刊,1937 年第 1 期
论唐代艺僧,施光明,唐都学刊,1988 年第 4 期
论中国佛教无"十宗",汤用彤,哲学研究,1962 年第 3 期
漫话盂兰盆会,王景琳,文史知识,1991 年第 2 期
漫谈道教的几个基本信仰,传芗,文史知识,1987 年第 5 期
"弥勒佛"为何要携带布袋,黄炳章,文史知识,1983 年第 2 期
弥勒信仰与弥勒造像的演变,干树德,宗教学研究,1990 年第 Z2 期
"婆姨"称谓的源起,杨森,寻根,2008 年第 1 期

"婆姨"与"优婆姨"称谓刍议,杨森,敦煌研究,1994年第 3 期
千古之谜谁解说——敦煌藏经洞封闭时间及原因讨论综述,刘进宝,文史知识,1991 年第 7 期
秦时佛教已流行中国考,马元材,力行,1943 年第 8 卷第 2 期
青帮、天地会、白莲教,李世瑜,文史哲,1963 年第 3 期
全真道,羊华荣,宗教学研究,1983 年第 2 期
全真教的儒教成分,王宗昱,文史知识,2006 年第 12 期
萨迦派喇嘛教,李安宅,边政公论,1945 年第 4 卷第 7、8 期
"萨满"词考,赵志忠,中央民族大学学报·哲社版,2002 年第 3 期
萨满教神话浅论,赵志忠,满族研究,2005 年第 1 期
萨满、羡门与沙门:佛教入华时间新释,方汉文,中国文化研究,2004 年第 1 期
"三寸不烂之舌"与《法华经》,刘影,文史知识,2007 年第 6 期
僧人姓"释",白化文,文史知识,1998 年第 2 期
蛇鼠、藏宝、掘宝秘诀与佛经故事——中国古代掘宝母题动植物功能的跨文化探源,王立,苏州科技学院学报·社会科学版,2005 年第 1 期
舍利与佛舍利,白化文,文史知识,2004 年第 7 期
生·死·临终助念·带业往生——中国佛教琐谈(一),印顺,法音,2005 年第 8 期
十年来道教典籍词汇研究综述,张婷,滁州学院学报,2005 年第 4 期
试说大乘佛教的兴起,华山,文史哲,1962 年第 3 期
释迦牟尼是如何成佛的? 佛经是他的著作吗,圣辉,文史知识,1986 年第 8 期
说飞天,望舒,佛教文化,2001 年第 Z2 期
说魔,李富华,佛教文化,1993 年第 1 期
说坛,孙宗文,法音,1990 年第 4 期
说文谈物:谏佛骨与捧真身,朱启新,文史知识,2001 年第 6 期
四川道教古印与神秘文字,冯广宏,四川文物,1996 年第 1 期
寺钟琐语——禅林谈艺录之二,孙宗文,法音,1987 年第 2 期
宋代摩尼教,牟润孙,辅仁学志,1938 年第 7 卷第 1、2 期
宋代僧人受戒制度研究,汪圣铎,中国史研究,2007 年第 3 期
宋代之三佛齐,张礼干,东方杂志,1948 年第 44 卷第 11 期
隋炀帝与天台宗,王光照,学术月刊,1994 年第 9 期
"太平道"与"五斗米道",万绳楠,历史教学,1964 年第 6 期
太平道与五斗米道,中一,北平华北日报史学周刊,1934 年第 2 期
太一教,羊华荣,宗教学研究,1983 年第 2 期
昙鸾净土思想初探,施光明,五台山研究,1986 年第 6 期
昙鸾净土信仰探源——昙鸾研究之二,施光明,五台山研究,1987 年第 3 期
昙鸾与慧远净土思想比较研究——昙鸾研究之四,施光明,五台山研究,1990 年第 4 期
昙鸾与净土祖庭玄中寺——昙鸾研究之三,施光明,五台山研究,1990 年第 3 期
谈佛教词语"业"向"孽"的嬗变,杨同军,宗教学研究,2004 年第 4 期
谈谈道教的几点特征,李养正,文史知识,1987 年第 5 期
谈我国民间的观音信仰,孙秋云,文史知识,1991 年第 4 期
唐代禅宗慧能学派,肖箑父,武大学报,1962 年第 1 期
唐代的景教,杨志玖,历史教学,1997 年第 4 期
唐代的茅山道,汪桂平,文史知识,1995 年第 1 期
唐代的许逊崇拜与宋元净明道的发生,李刚,中国道教,1990 年第 3 期
唐代景教考略,方豪,中国史学,1946 年第 1 期
唐代景教史稿,方豪,东方杂志,1945 年第 41 卷第 8 期
唐代墓志所见佛徒称谓词释,姚美玲,语言科学,2005 年第 4 期
唐代三教中的佛教,任继愈,五台山研究,1990 年第 3 期
唐代寺院的统制组织,道端良秀(著),何兹全(译),华北日报史学周刊,1936 年第 72 期
唐宋敦煌岁时佛俗——二月至七月,谭蝉雪,敦煌研究,2001 年第 1 期
唐宋敦煌岁时佛俗——八月至十二月,谭蝉雪,敦煌研究,2001 年第 2 期
唐宋敦煌岁时佛俗——正月,谭蝉雪,敦煌研究,2000 年第 4 期
唐宋文殊菩萨信仰和五台山,杨曾文,五台山研究,1990 年第 1 期
天花乱坠 一尘不染 世界 一丝不挂 三生有幸,中国佛教协会研究部供稿,文史知识,1986 年第 11 期
天师道的创立及其沿革,郭树森,江西社会科学,1981 年第 Z1 期

天师道与中国文化,郭树森,中国道教,1988年第4期
天台八教说,泉峰,同愿,1940年第1卷第1期
天台宗与中国佛教,任继愈,世界宗教研究,1998年第2期
图腾·八祠·封禅——齐地的原始宗教和宗教学说,邓杰文,文史知识,1989年第3期
土地神崇拜与道教的形成,赵毅,学习与探索,2000年第1期
外佛内道的黄天教,马西沙,文史知识,1987年第5期
魏晋"服散"颓风与道教信仰,金正耀,文史知识,1987年第5期
魏晋南北朝佛经词释,颜洽茂,杭州大学学报·哲学社会科学版,1996年第1期
魏晋南北朝佛经词语考释,钱群英,杭州师范学院学报,1999年第5期
我国少数民族的宗教信仰,清立柱,光明日报,1956年10月19日
西藏宗教源流考,张其勤,东方杂志,1911年第8卷第1、4、5、6期
现身说法泡影魔地狱如是,中国佛教协会研究部供稿,文史知识,1987年第3期
小乘和大乘,顾农,出版广角,1999年第9期
小乘与大乘,师觉月,世间解,1947年第4期
也谈二郎神信仰的嬗变,干树德,宗教学研究,1996年第2期
伊斯兰的教仪:五功,王文萱,边政公论,1941年第1卷第3—4期
伊斯兰教常识,马利强,文史知识,1995年第10期
"影塑"和"塔柱"——北朝佛教艺术札记之一,杨泓,美术,1982年第2期
盂兰节的古代风俗,蒋星煜,羊城晚报,1962年8月13日
瑜伽唯识宗与外道,罗时宪,现代史学,1944年第5卷第3期
浴佛节与佛成道节,王景琳,文史知识,1991年第7期
元末大头陀教的一则史料,刘晓,中国史研究,2007年第1期

元人杂剧中所见之火袄教,刘铭恕,金陵学报,1941年第11卷第1期
原始道教——五斗米道和太平道,楼宇烈,文史知识,1984年第4期
袁宏道净土归趣略析,周齐,佛学研究,1999年
藏传佛教密宗,李冀诚,文史知识,1986年第10期
藏传佛教女尼考,房建昌,中央民族大学学报·哲学社会科学版,1988年第4期
早期道教与岷山,王家祐,文史杂志,2006年第6期
真大道教,羊华荣,宗教学研究,1983年第2期
郑和航海与天妃信仰史料的补遗及考释,时平,南洋问题研究,2005年第1期
支遁及其佛学思想,许抗生,北京社会科学,1988年第4期
中古佛经借词略说,颜洽茂,浙江大学学报·人文社会科学版,2002年第3期
中国禅宗历史之演变,东初,海潮音,1936年第17卷第10、11、12期,1937年第18卷第2期
中国道教的产生、发展和演变,卿希泰,文史知识,1987年第5期
中国佛教的宗派,思源,文史知识,1986年第10期
中国佛教史略,李翼庭,河南大学文学院季刊,1930年第2期
中国佛教之沿革,林坚之,北平晨报学圃,1931年6月26、27、30日,7月1、3日
中国古代宗教,毛一波,台湾风物,1962年第3期
中国古代宗教系统——帝道后土研究,梁子涵,中国一周,1960年第533期
中国回回名称的起源,马肇曾,文史知识,1996年第12期
中国回教史,陈汉章,史学与地学,1926年第1期
中国居士佛之历史与未来,谭伟,四川大学学报·哲学社会科学版,2001年第2期
中国元明时(1280—1661)几个阿林,白寿彝,中国穆斯林,1958年第1期
中国宗教小史,穆超,军事与政治,1945年第8卷第9期

十四、民俗游艺

巴山汉水之间的民居文化,祁今燕,城市开发,2003年第3期
"巴蛇食象"新释,杨华,四川文物,1996年第6期
巴族崇"虎"考,杨华,华夏考古,1997年第4期
巴族崇"蛇"考(上),杨华,重庆三峡学院学报,1995年第3期
巴族崇蛇考(下),杨华,重庆三峡学院学报,1995年第4期
"白蚂蚁"与寡妇改嫁——清代江南的逼醮与抢醮,宋立中,文史知识,2004年第3期
百戏在六朝的流行及隋唐的极盛,马兴胜、王志鹏,敦煌研究,2006年第2期
拜月的旧俗,万汇藻,羊城晚报,1965年7月26日
爆竹二题,杨琳,寻根,1999年第6期
北朝民族通婚研究,施光明,民族研究,1993年第4期
"本色""当行"比较论,杨东甫,广西师院学报·哲学社会科学版,2002年第2期
辟邪御鬼的桃人,杨琳,世界宗教文化,2001年第4期
辨中国古代女子蔽面的风俗,鸿斋,文物周刊,1948年第70期
辫子的故事,李映发,文史杂志,1988年第2期
辫子经,秋宗章,逸经,1936年第12、13期
"伯禹愎鲧"与产翁习俗,程德祖,文史知识,1986年第5期
卜筮决婚,曹定军,文史知识,1992年第9期
不见面的礼仪:书信,彭林,文史知识,2003年第12期
不死药传说与女人的因缘,龚维英,贵州文史丛刊,1993年第3期
岑嘉州交游事辑,闻一多,清华周刊,1933年第39卷第8期
茶令、茶谜,邢湘臣,农业考古,2001年第2期
茶与婚礼,万建中,农业考古,1996年第2期
缠足、跷与性别歧视,王学泰,读书,2001年第4期
长江三峡地区远古人类埋葬习俗(墓葬)资料的考古发现与研究,杨华,东南文化,2000年第3期
长寿面与寿星崇拜——生日习俗考索之一,杨琳,寻根,2007年第6期
沉祭说略,王建,文史知识,1991年第9期
谶纬的散失和明清时期的辑佚,李勤德,古籍整理研究学刊,1987年第1期
谶纬与象数,王步贵,青海社会科学,1992年第1期
谶纬与阴阳,王步贵,西北师大学报·社会科学版,1992年第4期
重阳节,廉君,北京晨报艺圃,1934年10月16日
重阳旧俗插茱萸,邢湘臣,东方药膳,2006年第9期
出老殡,徐金星,江苏地方志,1996年第1期
"樗蒲"质疑,〔日〕大谷通顺,文史知识,1993年第2期
楚帛书的四季神像及其创世神话,杨宽,文学遗产,1997年第4期
穿越时空的典礼——春节祭祀史话,萧放,中华遗产,2006年第1期
传统节日与民族文化,萧放,领导之友,2007年第3期
春节的由来,温茂华,畅流,1968年第12期
春节风俗与蜡祭,徐杰舜,文史知识,1997年第1期
春节、上元节史话,中国青年报,1959年2月20日
春节习俗与岁时通过仪式,萧放,北京师范大学学报·社会科学版,2006年第6期
"春酒"辨析,萧东海,文史知识,1990年第8期
春联起源考,杨琳,文博,1999年第6期
祠堂族长族权的形成及其作用试说,左云鹏,历史研究,1964年第5、6期
从古代捶丸到现代高尔夫球,肖冲,文史知识,1993年第8期
从古代习俗看词义训释,汪少华,古汉语研究,2003年第2期
从《汉武大帝》谈古代席地而坐等礼俗,王曾瑜,文史知识,2005年第7期
从考古学谈吴文化,梁白泉,文史知识,1990年第11期
从两汉人名看汉代的神仙信仰,杨颉慧,西南大学学报·人文社会科学版,2007年第1期
从"龙马"管窥巫楚文化,龚维英,长江大学学报·社会科学版,1986年第3期
从秦简《日书》看战国时期的相宅术,杜林渊,文博,2007年第5期
从秦人、汉人、唐人到汉族族称的确定,徐杰舜,广西民族学院学报·哲学社会科学版,1995年第2期
从《释名·释饮食》看汉代饮食文化,魏宇文,湖南社会科学,2006年第3期

从"王授几杖"谈古代尊老风尚,俞允尧,紫金岁月,1994年第1期
从文字学上所见初民之习性,陈钟凡,国学丛刊,1923年第1卷第2期
从物质生活管窥楚文化,姚伟钧,中华文化论坛,1999年第1期
从殷虚遗文窥测上古风俗的一斑,迈五,南开周刊,1925年第19期
从乐器到玩具的演变——拨浪鼓漫谈,王义芝,寻根,2006年第5期
蹴踘和打球,宋云彬,中学生,1936年第62期
蹴鞠小史,崔乐泉,寻根,2003年第5期
打脸、唾面及其他,刘以焕,学习与探索,1983年第4期
打马图说,朱南铣,北平图书馆馆刊,1937年第1卷第1期
大河村类型文化与祝融部落,王震中,中原文物,1986年第2期
大禹与汉民族的起源,徐杰舜,浙江学刊,1995年第4期
黛史,黄华节,东方杂志,1933年第30卷第1期
弹棋,童寿,大陆杂志,1952年第7期
灯节怪俗,刘振卿,北平晨报艺圃,1932年3月2—11日
灯节话元宵,丁武,文史知识,1984年第1期
灯节小史,观今,论语,1937年第105期
地狱观念的本土化与早期的地狱经变图,郑文,新疆艺术学院学报,2008年第1期
东汉风俗及其因果,弓英德,励学,1933年第1期
东亚"克仗斗石"考,刘晓峰,民俗研究,2006年第2期
冬至节俗的原型,萧放,百科知识,2006年第24期
斗蟋源流,莫容,文史知识,1987年第4期
斗鸭史话,何小颜,文史知识,1991年第10期
豆腐诗话,邢湘臣,农业考古,1995年第3期
端午"恶日"考,欧阳飞云,逸经,1937年第32期
端午节的掌故与习俗,温茂华,艺文志,1967年第21期
端午节考,间堂,论语,1937年第114期
端午节与水神信仰——保存于日本典籍中有关端午节起源的一则重要史料,刘晓峰,民俗研究,2007年第1期
端午漫话,毓芬等,中国青年报,1962年6月5日
端午民俗考,徐中玉,国闻周报,1936年第13卷第25期
"端午"始源又一说,刘德谦,文史知识,1983年第5期
端阳,念生,北平华北日报徒然副刊,1929年4月23日
端阳话民俗,文农,人民日报,1958年6月21日
端阳习俗琐谭,陈跃星,畅流,1967年第9期

对联考源,谭步云,中山大学学报·社会科学版,1994年第3期
对乌孙收继婚制度的再认识,武沐,西域研究,2003年第4期
敦煌古代的马球运动,林琳,丝绸之路,2001年第3期
敦煌祈赛风俗,谭蝉雪,敦煌研究,1993年第4期
敦煌唐宋时期的"助供",杨森,敦煌研究,2006年第5期
二十四节气,陈旸,文史知识,1987年第11期
二月二龙抬头,徐金星,江苏地方志,1999年第2期
二月二日知何节,尹荣方,文史知识,1991年第2期
罚觥与劝盏,扬之水,收藏家,2007年第12期
饭含琐谈,王月桂,文史知识,1996年第9期
"肥猪拱门"的吉凶风俗,袁津琥,文史知识,2003年第9期
"分茶"并非"品茶"说,薛瑞生,文史知识,2004年第7期
风水与葬埋,陈怀桢,社会研究季刊,1937年第1卷第3期
佛教与中国饮食文化,姚伟钧,民主,1997年第9期
福、禄、寿、喜、财——民间装饰字体的文化蕴涵,辛艺华,文史知识,1998年第2期
福寿康宁慕白傅高情厚谊敦乡风——宋代的怡老会,熊海英,寻根,2007年第5期
俯身葬,李济,安阳发掘报告,1931年第3期
妇女缠足考,傅振伦,新苗,1936年第10期
干支漫话,徐传武,民俗研究,1987年第4期
赶会,徐金星,江苏地方志,2002年第5期
"旰食"及古两餐制疏证,张其昀,扬州大学学报·人文社科版,2004年第5期
工匠"魔镇"——顺势巫术之一例,刘桂秋,民俗研究,1989年第3期
古代茶礼与婚俗,邢湘臣,文史杂志,1997年第6期
古代的成人仪式——冠礼,王思鲁,文史杂志,1996年第2期
古代的斗鸭习俗,袁津琥,寻根,2003年第1期
古代的儿童游戏——抢窝,白维国,文史知识,2006年第10期
古代的儿童游戏——学演戏,白维国,文史知识,2006年第11期
古代的儿童游戏——抓子儿,白维国,文史知识,2006年第12期
古代的"贺年片",刘桂秋,寻根,1997年第1期
古代的婚月和婚会,李建国,文史知识,1995年第8期
古代的"快餐",伊永文,深交所,2007年第9期

古代的腊祭——兼谈腊八节、祭灶节的来历,李玉洁,文史知识,1999年第2期
古代的秋千习俗,方川,文史知识,1994年第11期
古代的水嬉,康弘,文史知识,1995年第2期
古代的微型马戏,黄新宇,文史知识,1991年第5期
古代的巫术与迷信犯罪,殷啸虎,文史知识,1990年第12期
古代的悬棺葬,唐嘉弘,文史知识,1984年第10期
古代的迎春与进春,温显贵,文史知识,2004年第2期
古代婚龄漫谈,张涛,文史知识,1991年第8期
古代婚俗——"撒帐"和"撒豆谷",刘桂秋,民俗研究,1988年第2期
古代婚仪中的"结发"与"合卺",向黎,文史知识,1983年第12期
古代嫁娶说,王明,雅言,1914年第1卷第11期
古代"劫夺婚",向黎,文史知识,1981年第4期
古代年岁的别称,余志鸿,语文建设,2001年第12期
古代钱戏,赵庆伟,文史知识,2003年第6期
古代肉食品类谈概,王子今,周叔平,中国典籍与文化,1998年第1期
古代社主的类型,杨琳,中国典籍与文化,1998年第3期
古代食物类说,王子今,周叔平,文史杂志,1994年第2期
古代相扑的起源与发展,周伟良,文史知识,1993年第8期
古代媵、妾制,向黎,文史知识,1982年第5期
古代有球门的蹴鞠,刘秉果,文史知识,2004年第2期
古代"赘婚"漫议,向黎,文史知识,1986年第3期
古汉语左右尊考释,张霭堂,玉溪师范学院学报,1987年第2期
古籍图书中的避讳,朱积孝,红河学院学报,1991年第1期
古礼安葬用"柔日"考,丁鼎,烟台师范学院学报·哲学社会科学版,1997年第1期
古棋戏樗蒲,王宏凯,文史知识,1992年第7期
古人唱喏小考,李映发,文史杂志,1989年第3期
古人的坐姿和坐具,林沄,中国典籍与文化,1993年第1期
古人的坐姿与座次,汪少华,南昌大学学报·社会科学版,1999年第3期
古人多大岁数结婚,师竹,新民报·晚刊,1957年3月19日
"谷"与《诗经》中三首女性悲怨诗,黄维华,文史哲,1998年第1期
《关雎》婚俗背景新考,黄维华,文史知识,1992年第12期
关于两晋南北朝的"书"和"信",张永言,语文研究,1985年第2期
贵池傩戏,王政,文史知识,2000年第6期
寒食蹴鞠,刘秉果,文史知识,2004年第4期
寒食风俗,丰家骅,寻根,2003年第6期
寒食风俗由来考,丰家骅,江苏大学学报·高教研究版,1990年第1期
寒食·改火·复活节,庞朴,文史知识,1991年第4期
寒食和清明,徐彦,逸经,1937年第27期
寒食考,庞朴,民俗研究,1990年第4期
寒食·清明,筱雨,文史知识,1983年第4期
寒食清明考,谢国桢,国学月报,1927年第2卷第2期
寒食诗话,汤文熙,文史知识,1997年第2期
寒食与改火,文史知识,1991年第2期
汉代"蚩尤"崇拜,王子超,南都学坛,2006年第4期
汉代的角抵百戏,孙景琛,文史知识,1985年第5期
汉代的饮酒习俗(上),陈爱平,文史知识,1993年第7期
汉代的饮酒习俗(下),陈爱平,文史知识,1993年第9期
汉代婚俗的生动画卷——"亲迎图"释读,滕雪慧,四川文物,2007年第3期
汉代集市考略,段渝,文史杂志,1991年第5期
汉代民间的西王母崇拜,王子今,周叔平,世界宗教研究,1999年第2期
汉代三老、父老的地位与作用,黄今言,江西师范大学学报·哲学社会科学版,2007年第5期
汉代中国民间的色彩民俗,杨健吾,盐城师范学院学报·人文社会科学版,2006年第1期
汉画乐舞的娱神功能,冯振琦,史学月刊,2006年第8期
汉画所见游戏考,赵邦彦,庆祝蔡元培先生六十五岁论文集(上),国立中央研究院历史语言研究所,1933年
汉人祀灶考,胡嘉,逸经,1937年第21期
汉唐饮食制度考论,姚伟钧,中国文化研究,1999年第1期
汉族"天梯"与土家族"天梯"神话的比较,李艳,湖北经济学院学报·人文社会科学版,2008年第1期
皓月香风话中秋,陈钧,文史知识,1990年第9期
河南的撒帐婚俗,康弘,中州今古,1994年第4期
《红楼梦》中的茶文化探究,王春华,华夏文化,2005年第2期

"洪水神话"与考古发现的对应试证,王建军,平顶山师专学报,2002年第3期
华夏民间俗信宗教——八仙,万方,书屋,2003年第7期
华夏民间俗信宗教——财神,万方,书屋,2003年第9期
华夏民间俗信宗教——城隍,万方,书屋,2003年第4期
华夏民间俗信宗教——虫王,万方,书屋,2004年第3期
华夏民间俗信宗教——福禄寿喜,万方,书屋,2003年第8期
华夏民间俗信宗教——关圣帝君,万方,书屋,2003年第5期
华夏民间俗信宗教——管仲,万方,书屋,2003年第10期
华夏民间俗信宗教——黄大仙,万方,书屋,2004年第10期
华夏民间俗信宗教——济公,万方,书屋,2004年第11期
华夏民间俗信宗教——梨园神,万方,书屋,2004年第6期
华夏民间俗信宗教——门神,万方,书屋,2004年第8期
华夏民间俗信宗教——孟婆神,万方,书屋,2004年第2期
华夏民间俗信宗教——庞杂的神谱,万方,书屋,2003年第1期
华夏民间俗信宗教——天后娘娘,万方,书屋,2004年第5期
华夏民间俗信宗教——土地公、婆,万方,书屋,2004年第12期
华夏民间俗信宗教——五道(盗)将军,万方,书屋,2004年第7期
华夏民间俗信宗教——阎王,万方,书屋,2003年第3期
华夏民间俗信宗教——药王菩萨,万方,书屋,2004年第9期
华夏民间俗信宗教——玉皇大帝,万方,书屋,2003年第2期
华夏民间俗信宗教——灶神,万方,书屋,2003年第6期
华夏民间俗信宗教——钟馗,万方,书屋,2004年第4期
华夏民间俗信宗教——子孙娘娘,万方,书屋,2003年第11期
华夏民间俗信宗教——紫姑,万方,书屋,2003年第12期
话说"打醮",杨波,文史知识,2005年第9期
话说《狮舞》,王克芬,文史知识,1991年第3期
话说抓周习俗,李松龄,屈春海,文史知识,1991年第10期
"换庚帖"与"坐花轿"——明清婚姻民俗(二),萧放,文史知识,2004年第3期
黄河流域冬至节的产生与变异,郭春梅,文史知识,1995年第3期
婚礼杂谈,启垿,中和,1943年第4卷第9、10期
婚姻和家庭在历史上的演变,马起,东北人民大学学报,1956年第4期
火葬考,柳诒征,史学杂志,1929年第1卷第3期
击鞠,庄申,大陆杂志,1953年第4期
鸡子卜与鸡崇拜,紫鹃,文史杂志,2007年第2期
济南乐舞杂技陶俑与汉代百戏,于中航,文史知识,1988年第7期
祭说,丁骕,社会科学战线,1993年第6期
祭灶旧俗漫谈,何浒,文史知识,1985年第2期
甲骨文女性文化简论,陈发喜,湖北民族学院学报·哲学社会科学版,2004年第2期
"俭梳妆"释,席云蓉,文史知识,1981年第6期
江湘文化古今谈,刘彬徽,长江论坛,1996年第5期
交杯酒及其他——漫话宋都婚俗,刘德谦,文史知识,1983年第9期
"金鸡消息"仰面看,伊永文,明清小说研究,1994年第1期
"精卫填海"与亡灵化鸟,龚维英,贵州社会科学,1985年第1期
"九二码子"与字谜,戌丁,文史杂志,2007年第6期
九九话重阳,俞允尧,文史杂志,1998年第5期
酒信的文化诠释,万伟成,江西财经大学学报,2007年第2期
"痀偻承蜩"与古人的"食蝉"习俗,董志翘,文史知识,1989年第7期
菊花酒·茱萸佩·长寿节——重阳节俗漫话,萧放,文史知识,1999年第10期
"哭吊"与"烧七"——明清民间丧葬礼俗,萧放,文史知识,2005年第7期

"哭嫁"习俗溯源——与邱国珍同志商榷,万建中,民俗研究,1991年第1期
"腊八节"始原考释,邢湘臣,上海市农业考古,1998年第3期
"老君眉"的产地,金文明,咬文嚼字,2008年第5期
"礼"的嬗变与文化传统的继承,姚炳祺,广东技术师范学院学报,1990年第1期
礼俗稽古,黄华节,黄钟,1934年第4卷第9期
立春风俗谈,碧薇,光明日报,1961年2月4日
立春与"打春牛",伊永,紫禁城,2003年第1期
傈僳族的图腾与姓氏,杨杰,云南民族学院学报·哲学社会科学版,2001年第4期
两汉寡妇再嫁之俗,吴景超,清华周刊,1932年第37卷第9、10期
两宋茶诗与茶事,扬之水,文学遗产,2003年第2期
两宋之煎茶,扬之水,中国历史文物,2002年第4期
两周时期中国民间色彩习俗,杨健吾,盐城师范学院学报·人文社会科学版,2007年第5期
六博考,杨宽,文物周刊,1948年第70期
六朝之门阀婚姻,舒连景,励学,1934年第2期
龙抬头节,吉成名,文史知识,2005年第3期
龙舟竞渡活动的历史渊源,万建中,体育文史,1995年第3期
龙舟竞渡习俗渊源新探,万建中,四川文物,1996年第2期
陋习割股,王旭光,文史知识,1999年第5期
鹿棋,崔乐泉,体育文史,1994年第4期
略论汉字与古代生育文化,叶正渤,徐州师范大学学报·哲学社会科学版,1999年第3期
略论商周天人观,夏子贤,吉林师范大学学报·人文社会科学版,1992年第4期
略说乾隆的"十全武功",黄爱平,文史知识,1989年第10期
略谈我区民间春节习俗,刘介,广西日报,1962年2月3日
伦理文化浅议,朱绍侯,洛阳师范学院学报,2007年第1期
论"对偶婚",童书业,文史哲,1951年
论古代的食人之风——并附释寅、禽、醢、靧、烹、将、肴、屠、戴、敢等有关古文字,夏渌,1984年第4期
论两汉时期的农村集市贸易——以乡市、里市研究为中心,黄今言,中国经济史研究,1999年第4期
论山越和汉民族的融合——山越研究之二,施光明,杭州师范学院学报·社会科学版,1988年第1期
论"五行说"与中国古代文化的联系,俞晓群,辽宁教育行政学院学报,1990年第4期
论"武当韵"与楚文化的渊源关系,刘红,黄钟·武汉音乐学院学报,1991年第4期
论徐渭的民俗文艺观,董晓萍,文艺理论研究,1990年第6期
论炎黄时代之易卦,史善刚,中州学刊,2007年第3期
论中国龟崇拜的历史演变,程自信,安徽大学学报·哲学社会科学版,1995年第1期
论中国先秦时期腰坑墓葬俗文化的起源与发展(上),杨华,三峡大学学报·人文社会科学版,2005年第6期
满族婚姻习俗源流述略,杨英杰,民族研究,1987年第5期
满族祭祀风俗源流考述,杨英杰,辽宁师范大学学报·社会科学版,1988年第1期
漫话各民族的"端午节",玉菁等,云南日报,1961年6月17日
漫话古代的足球,张爽,文史知识,1990年第12期
漫话古人食鱼,王赛时,文史知识,1994年第4期
漫话火葬,杨存田,文史知识,1982年第1期
漫话闹房,曹定军,文史知识,1991年第3期
漫话宋代"蹴鞠",伊永文,当代体育,1986年第8期
漫话我国古代足球,左坚,人民日报,1957年4月26日
漫话"相思卦",刘桂秋,文史知识,1992年第7期
漫话元宵,俞允尧,文史杂志,1999年第1期
漫谈清代的雩祀礼,陈桦,文史知识,1986年第7期
漫谈"相扑",徐传武,阅读与写作,2001年第2期
毛诗纺绩考略,王明辉,理论月刊,2003年第4期
毛诗稼穑考略,王明辉,社会科学家,2003年第3期
眉史(中国妇女装饰史稿之一),黄华节,东方杂志,1932年第29卷第5期
煤的词义演变与古代民俗,杨琳,文化学刊,2006年第2期
门当户对与童养入赘——明清婚姻民俗(一),萧放,文史知识,2004年第2期
门神的祭祀及演变,杨琳,民族艺术,2000年第2期
蒙古丧葬习俗种种,梁甫,文史知识,1985年第3期
蒙·元时期马奶酒考,杨晓春,西北民族研究,1999年第1期
迷语之考证及其价值,周绍贤,大陆杂志,1956年第1期
"面首"词义考源,蒋维崧,东岳论丛,1980年第3期
明初的"养子"风气,王崇武,天津益世报读书周刊,

1935年10月31日
明代的上元节,非繁,北平晨报艺圃,1936年2月8日
明代生祠现象探析,赵克生,历史教学·高校版,2007年第1期
明清笔记小说"像生"撷拾,伊永文,明清小说研究,1993年第3期
明清宫词与宫俗,伊永文,紫禁城,2005年第6期
明清时期的端午节俗,萧放,文史知识,2004年第6期
明清市场名称的历史演变——以市、镇、墟、集、场为中心,徐东升,中国经济史研究,2007年第3期
明清小说中的"后门",伊永文,明清小说研究,1993年第2期
明人称同年为年丈补证,曦钟,学习与探索,1997年第1期
冥婚,华节,民治月刊,1938年第20期
冥婚,台静农,大陆杂志,1950年第10期
魔镇迷信浅说,万建中,文史杂志,1995年第5期
"抹黑"俗语与抹黑的风俗,萧放,民间文化论坛,1999年第3期
"抹黑"——一种古老的习俗,萧放,文史知识,1998年第8期
男子发制考,管明,大中华,1916年第2卷12期
南方藏冰亦有悠久历史,孙无痕,文史知识,1990年第2期
南通童子戏,曹琳,文史知识,2003年第8期
女旁字的文化观照,邓明,晋中师范高等专科学校学报,2004年第3期
女人和不死药关系的始末,龚维英,学术月刊,1993年第12期
"女娲补天"与生殖崇拜,刘毓庆,文艺研究,1998年第6期
傩礼·傩舞·傩戏,李勤德,文史知识,1987年第6期
匹夫、仇民,和奴隶繁殖,夏渌,江汉考古,1988年第1期
七宝与八吉祥,白化文,佛教文化,1994年第2期
七夕,廉君,北平晨报艺圃,1935年8月6、7日
七夕传说考源,邝利安,文学世界,1961年第31期
"七夕"风俗谈,庄俊华,文史知识,1991年第8期
七夕故事,中玉,国闻周报,1936年第13卷第33期
七夕节俗的文化变迁,萧放,文史知识,2001年第8期
七夕考源,郑康民,建设,1967年第16卷第4期
七夕漫谈,清水,民俗,1929年第81期
七夕乞巧女儿节,俞名尧,文史杂志,1997年第4期
棋社?秋千?圆戏——《金瓶梅》反映的宋明体育,肖冲,体育文化导刊,1992年第6期
乞巧,黄石,妇女杂志,1931年第17卷第7期
浅谈中国古代体育的活动场地与器材,崔乐泉,文史知识,1997年第3期
浅议观风鸟在墓葬中的作用,耿超,文博,2007年第5期
秦兵马俑所见的羌戎文化,斯维至,文博,1994年第6期
秦汉郊礼初探,杨天宇,河南大学学报·社会科学版,1989年第1期
秦简中的鬼怪,刘钊,中国典籍与文化,1997年第3期
秦《诅楚文》所表演的"诅"的巫术,杨宽,文学遗产,1995年第5期
清代色彩民俗的流变及特点,杨健吾,盐城师范学院学报·人文社会科学版,2006年第5期
清宫"洗三"漫话,李松龄,紫禁城,1986年
清明节,浓浓亲情结,萧放,百科知识,2006年第7期
清明节考源,杨琳,寻根,1996年第2期
驱邪避灾的门神,萧放,百科知识,2007年第17期
趣话秋千,李飞,文史知识,2005年第12期
日本、朝鲜古代的"克仗斗石",刘晓峰,文化学刊,2007年第2期
日本冬至考——兼论中国古代天命思想对日本的影响,刘晓峰,清华大学学报·哲学社会科学版,2007年第3期
撒马儿罕之名胜,Boris Pestovski(撰),刘穗九(译),暨大文学院集刊,1931年 第2期
三国时代的几种社会风俗之研究,赵殿诰,新文化,1934年第1卷第7—8期
三国时代的丧葬礼,余维炯,正风半月刊,1936年第3卷第4期
三教融合的敦煌丧俗,谭蝉雪,敦煌研究,1991年第3期
"三年之丧"源流考论,丁鼎,史学集刊,2001年第1期
三月三日考,徐彦,逸经,1937年第28期
桑·桑中·桑女——《诗经》与上古文化研究,黄维华,中国文化研究,2004年第3期
"桑梓"考,萧放,民俗研究,2001年第1期
丧服经带规格考略——兼与彭林先生商榷,丁鼎,社会科学战线,2006年第6期
扫帚的起源及礼俗,杨琳,文化学刊,2006年第1期
扫帚的俗信及其膜拜,杨琳,民族艺术,2006年第3期
色彩与时间:一种特殊的民俗现象,杨健吾,文史杂志,2004年第1期
《山海经》"浴日""浴月"神话的文化底蕴,杨琳,民族艺术,2002年第3期

山西皮影,张一,朱景义,文史知识,1989年第12期
善待传统节日 弘扬民族文化,彭林,文史知识,2004年第10期
商代卜辞中祈雨巫术的文化意蕴,李晖,文史知识,1999年第8期
商代的农耕活动,郑慧生,农业考古,1986年第2期
商代"余子"类卜辞所反映的原始婚俗,胡新生,山东大学学报·社会科学版,1997年第1期
商周妇女称谓及婚姻制度浅探,胡进驻,殷都学刊,2002年第1期
商周时期的发式,吴爱琴,史学月刊,2008年第3期
上古婚姻行为中的"奔"——《氓》中婚俗现象辨正,黄维华,中国文化研究,1993年第1期
上古鸟纹载负的文化信息,扬之水,寻根,2001年第3期
上古之时华夏先民的色彩习俗,杨健吾,盐城师范学院学报·人文社会科学版,2007年第1期
上巳端午七夕重九考,庄敬梓,励学,1936年第6期
上巳节的节俗,周幼涛,文史知识,1992年第4期
上元,忍心,北平华北日报徒然副刊,1929年4月23日
上元灯,徐彦,逸经,1937年第25期
上元灯话,梧生,论语,1937年第105期
"烧拔"与"冷淘",尹荣方,寻根,2007年第5期
社神的源流,杨琳,文献,1998年第1期
社神与树林之关系探秘,杨琳,民族艺术,1999年第3期
社戏与祝福,裘士雄,文史知识,2004年第9期
社之功用考述(上),杨琳,文献,1999年第4期
"射侯"考略,崔乐泉,成都体育学院学报,1995年第2期
射箭技艺与唐代豪侠精神,王立,渤海大学学报·哲学社会科学版,2004年第5期
《诗经》稷农文化现象,陈发喜,湖北民族学院学报·哲学社会科学版,2000年第4期
《诗经》篇中所见之周代政治风俗,张世禄,史地学报,1926年第4卷第1期
《诗经》束薪与上古婚俗,白显鹏,文史知识,1995年第5期
《诗经》中反映的先秦婚俗,袁梅,文史知识,1987年第11期
诗经篇中所见之周代政治风俗,张世禄,史地学报,1926年第4卷第1期
十二生肖的起源及其流变,李树辉,喀什师范学院学报,1999年第1期
试论"寅"字的本义与十二支的来源,汤炳正,江汉论坛,1983年第8期

试论麒麟崇拜的性质及其渊源,王永波,四川文物,1992年第5期
试论丧服习俗的起源,丁鼎,思想战线,2001年第4期
试说"多生""百生"与"婚媾",刘桓,陕西历史博物馆馆刊,1995年第2期
试谈先秦齐鲁两国风俗及其差异,杨朝明,民俗研究,1995年第4期
释"巴蛇食象",杨华,四川大学学报·哲学社会科学版,1996年第4期
释菜、奠菜漫议,李炳海,文史知识,1994年第9期
释"句吴"与"工虞"——兼论吴文化起源的特色,殷伟仁,铁道师院学报·社会科学版,1991年第1期
释"青精饭",闫艳,广播电视大学学报·哲学社会科学版,2003年第2期
"手谈"与"坐隐":魏晋南北朝的围棋风尚,范子烨,文史知识,2000年第5期
书信探源,马增芳,文史知识,1994年第9期
蜀文化发展渊源的探索,王毅,成都大学学报·社会科学版,1988年第1期
述"社邑",宁可,首都师范大学学报·社会科学版,1985年第1期
数字诗、谜、联拾趣,倪培森,咬文嚼字,2001年第1期
数字易卦与易经,史善刚,齐鲁学刊,2006年第6期
说茶,尹荣方,农业考古,1997年第2期
说端阳,谢宗陶,河北月刊,1936年第4卷第7期
说裹足,赵群才,文史知识,2006年第10期
说"勺药之和",扬之水,中国历史文物,2004年第2期
说"虚"兼及"天人合一",姚炳祺,广东职业技术师范学院学报,2000年第3期
《说文》所反映的古代葬俗,赵小刚,古汉语研究,1994年第4期
说文谈物 高年授几杖(上),朱启新,文史知识,1999年第11期
说文谈物 高年授几杖(下),朱启新,文史知识,1999年第12期
"四面楚歌"是什么地方的歌,孟棨,文史知识,1983年第1期
宋代的婚姻礼仪,朱瑞熙,文史知识,1988年第12期
宋代的球类运动,施惠康,上海师范大学学报·哲学社会科学版,1991年第2期
宋代的丧葬习俗,朱瑞熙,学术月刊,1997年第2期
宋代的赏花钓鱼礼制,刘秉果,中国钓鱼,1994年第8期
宋代的象棋,汪圣铎,寻根,2007年第6期

宋代的孝,王晓如,西安联合大学学报,1999年第1期
宋代的簪花习俗,张庆,文史知识,1992年第5期
宋代宫廷饮食略说,姚伟钧,中国典籍与文化,1999年第4期
宋代婚俗零考,初白,燕大月刊,1929年第5卷第3期
宋代立春习俗,吴宝琪,文史知识,1989年第4期
宋代马戏,施惠康,文史知识,1991年第7期
宋代社会风尚概述,朱瑞熙,抚州师专学报,1991年第1期
宋代种花、赏花、簪花与鲜花生意,汪圣铎,文史知识,2003年第7期
宋六陵一瞥,遁庚,北平晨报艺圃,1935年11月23日
宋人内婚,牟润孙,民主评论,1955年第17期
宋元时期中国民间的色彩民俗,杨健吾,阴山学刊,2005年第6期
素食探源,邢湘臣,农业考古,2007年第1期
隋唐时期中国民间的色彩民俗,杨健吾,中南民族大学学报·人文社会科学版,2007年第6期
"踏歌"舞探——兼谈元代铜女舞俑的踏舞之姿,殷亚昭,舞蹈,1997年第4期
台湾歌仔戏的过去、现在与未来,曾永义,文史知识,1990年第4期
太极图、《易》与伏羲图腾,国光红,中国文化研究,2005年第3期
谈百戏,董每戡,志林,1944年第7期
谈秦简中的"鬼怪",刘钊,文物世界,1997年第2期
谈岁时令节,合江县志办,四川文献,1968年第72期
谈谈胡同,于光远,文史天地,2007年第8期
谈谈中国的婚姻风俗,非斯,学艺,1942年第2辑
谈中国古代服饰中的佩挂制度,吴爱琴,华夏考古,2005年第4期
唐代波罗球戏考,罗香林,史学专刊,1935年7卷1期
唐代的改火,张勃,文史知识,2006年第8期
唐代的流氓,周楞伽,华夏文化,1998年第4期
唐代的马球戏,吕艺,文史知识,1982年第10期
唐代的名茶与流通,布目潮渢,农业考古,1989年第2期
唐代的书仪,赵和平,文史知识,1988年第8期
唐代的双鬟,枫野,光明日报,1957年7月21日
唐代的洗儿礼,任士英,文史知识,1996年第1期
唐代的斋郎与挽郎,黄正建,史学月刊,1989年第1期
唐代的占卜,黄正建,文史知识,2003年第6期
唐代的中和节和中和尺,朱红,文史知识,2006年第3期
唐代妇女化妆术,王维,妇女杂志,1940年1卷3期
唐代妇女"红妆"考,童书业,文物周刊,1947年第58期
唐代婚姻礼俗考略,赵守俨,文史,1963年第3辑
唐代女子化妆考,韵情,小说月报,1910年第1卷第2期
唐诗中的"裙"刍议,徐颂列,宁波大学学报·人文科学版,2003年第4期
唐诗中的红色系列衣服词,徐颂列,语文研究,2004年第1期
唐诗中的绿色和青色系列上衣词,徐颂列,浙江教育学院学报,2003年第6期
唐诗中的僧道衣服词考,徐颂列,浙江教育学院学报,2003年第3期
唐宋"斗茶",孙必鹏,文史知识,1998年第3期
唐宋"文身"及其文化意蕴,伊永文,中国文化研究,1995年第2期
唐宋文人茶的自然之趣,陈瑜、杜晓勤,文史知识,2007年第4期
桃人·桃符·春联·对联,余清逸,徐州师范大学学报·哲学社会科学版,1984年第4期
陶艺浅说,杨耀文,交大季刊,1935年第17期
跳伞溯源,赫建华,文史知识,1993年第8期
跳丸,庄申,大陆杂志,1953年第10期
投壶趣谈,吴曾德,文史知识,1983年第8期
土地神的性别衍变及其神格的沉沦,龚维英,天府新论,1998年第1期
晚明人的茶癖,张天畴,越风,1936年第11期
晚唐五代时期的沙陀,徐庭云,中央民族大学学报·哲学社会科学版,1987年第1期
围棋的起源,惠文恺,解放日报,1962年1月7日
围棋史话,王又庸,光明日报,1961年4月8日
围棋溯源,马净,文史知识,1984年第8期
围棋小史,孙以悌,史学论丛,1934年第1期
围棋源流考,李旭华,河北第一博物院画刊,1935年第82、89、91期
魏晋南北朝时期中国民间的色彩习俗,杨健吾,盐城师范学院学报·人文社会科学版,2008年第2期
《魏书》所记鲜卑拓跋部妇女婚姻关系研究,施光明,中央民族大学学报·哲学社会科学版,1992年第3期
我国的传统大节——春节,王文宝,文史知识,1987年第2期
我国"夫权"的出现与发展,刘蕙孙,福建师范大学学报·哲学社会科学版,1981年第1期
我国古代的弹棋,刘秉果,体育文化导刊,1988年第5期
我国古代的集市,张演生,文史杂志,1988年第6期

我国古代的溺女陋习,黄朴民,文史知识,1992年第10期
我国古代的游泳,梁存信,文史知识,1995年第6期
我国古代的足球,郑树荣,新体育,1957年第4期
我国古代华夏人的肤发观,郑慧生,史学月刊,2004年第11期
我国远古的食鼠风俗,陶喻之,化石,1986年第1期
我国远古的一种婚姻形态,王文锦,文史知识,1987年第11期
乌牛早,邢湘臣,农业考古,1999年第2期
乌鸦吉凶考辨,翟燕,菏泽师范专科学校学报,2003年第1期
乌鸦民俗的三大源流,刘瑞明,寻根,2001年第6期
五辛盘略考,黄华节,太白,1935年1卷10期
五月风俗文物寻微,扬之水,中国历史文物,2006年第6期
五月五日,陆侃如,国学月报汇刊,1924年第1期
"伍伯"略说,崔乐泉,体育文化导刊,1989年第6期
"舞象"考辨,杨雅冬、郭小燕,延安大学学报·社科版,2005年第1期
西周郊天礼考辨二题,杨天宇,文史哲,2004年第3期
西周墓中"毁兵"葬俗的考古学观察,井中伟,考古与文物,2006年第4期
洗澡漫话,伊永文,寻根,1995年第6期
喜鹊民俗纵横谈,刘瑞明,寻根,2001年第1期
戏曲曲牌与宋元民俗,翁敏华,文史知识,1988年第9期
"禊事"风俗谈,隽雪艳,文史知识,1982年第3期
仙家服食话乌饭,俞允尧,文史杂志,2000年第6期
先秦车辆的乘员及乘车习俗,王子今、周叔平,文史杂志,1995年第1期
先秦社会的巫、巫术与祭祀,许兆昌,史学集刊,1997年第3期
先秦时代的宗教与婚丧,陈应槐,民俗,1936年1卷1期
先秦时代之不婚,陈贻祥,法学季刊,1931年第4卷第8期
先秦时期中国民间的色彩民俗,杨健吾,成都大学学报·社会科学版,2004年第1期
先秦同姓不婚观考索,刘晓东,韩山师范学院学报,1999年第4期
先秦饮食礼仪文化初探,万建中,南昌大学学报·人文社会科学版,1992年第3期
先秦饮馔技艺考论,姚伟钧,文献,1996年第1期
闲话春节风俗,闻宜,新疆日报,1963年1月25日

乡饮酒礼探微,姚伟钧,中国史研究,1999年第1期
香品、香具与香文化(上),常正,法音,2005年第7期
香品、香具与香文化(下),常正,法音,2005年第8期
象棋源流考略,万国鼎,边疆,1936年第1期
薪在古婚礼中的实际作用,胡渐逵,文史知识,2003年第9期
信、书信小考,马增芳,文史知识,1996年第6期
悬棺葬释谜,姜可瑜,民俗研究,1986年第2期
压岁钱,萧放,文史知识,2005年第5期
"秧歌"溯源——兼谈"南方花鼓"即"北方秧歌",殷亚昭,上海艺术家,1997年第2期
也说"斗香",朱松山,红楼梦学刊,1988年第2期
也谈古代落成礼,张孝纯,文史知识,1991年第6期
也谈宋代"分茶",杜来梭,文史知识,2005年第10期
叶子戏的流传与变迁,王赛时,文史知识,1995年第5期
易经书中之古代人民的生活,汪震,晨报六周年增刊,1924年第12月期
弈史,博山,民权素,1914年
殷墟卜辞中俎祭材料的整理与探讨,王建军,平顶山师专学报,1999年第3期
殷墟文化与商易,史善刚,殷都学刊,2004年第3期
油条的传说,邢湘臣,东方食疗与保健,2004年第8期
酉年话酉及酒,禾木,民主与科学,1993年第1期
与女性相关的甲骨文,郑春兰,汉字文化,2006年第6期
"羽衣仙女"故事的中国原型及其世界影响,刘守华,湖北民族学院学报·哲学社会科学版,1997年第2期
"禹步"考论,李剑国、张玉莲,求是学刊,2006年第5期
禹步探源,胡新生,文史哲,1996年第1期
预兆(汉风俗之一断片),荪荃,新晨报副刊,1928年10月16日
"御"的符号意义及其文化内涵,黄维华,常熟高专学报,1994年第2期
毓祖丁卣铭文与古代"归福"礼,叶正渤,古籍整理研究学刊,2007年第6期
元代农民生活探讨,国师月刊,1934年第5卷第6、7期
元明时期的伎女蹴鞠,王赛时,寻根,2004年第6期
元宵灯节的传说,俞允尧,文史杂志,2001年第1期
元宵灯事史话,赵仲邑,南方日报,1962年2月18日
元宵为何张灯,孙永如,文史知识,1988年第2期
原始农艺与妇女——释象形文字"妇"的形义来源,夏渌,农业考古,1987年第1期
月亮与兔儿爷,王连海,文史知识,1988年第11期
驵侩、牙人、经纪、捐客——中国古代交易中介人主要

称谓演变试说,陈明光,中国社会经济史研究,1998年第4期

战国秦汉时期的里社与私社,杨华,天津师范大学学报·社会科学版,2006年第1期

赵州茶与赵州,邢湘臣,农业考古,2000年第4期

争奇斗异话发式,王恩厚,文史知识,1993年第9期

中国辫发史,〔日〕桑原隲藏(著),苏乾英(译),东方杂志,1934年第31卷第3期

中国茶叶的文化阐释——在日本京都演讲纲要,余悦,农业考古,2007年第5期

中国传统婚礼中的"奠雁"习俗,曾昭聪,文史杂志,1998年第5期

中国的狗文化,朱积孝,赣南师范学院学报,1994年第3期

中国的婚姻习惯,欧阳畹兰,国闻周报,1926年第3卷第18期

中国古代蹴鞠的起源与发展,崔乐泉,中原文物,1991年第2期

中国古代的儿童骑竹马游戏,王义芝,宋琪,文史知识,2005年第7期

中国古代的畸型婚姻:"对食"与"菜户",胡发贵,文史杂志,1993年第4期

中国古代的酒令,赵群才,文史知识,1997年第3期

中国古代的求雨方式,张庆捷,文史知识,1991年第3期

中国古代的市声,刘桂秋,民俗研究,1990年第2期

中国古代的挽歌,王功龙,寻根,2001年第4期

中国古代的巫,童恩正,中国社会科学,1995年第5期

中国古代赌博的流变,涂文学,文史知识,1994年第10期

中国古代祖露礼俗研究,杨琳,民族艺术,2004年第3期

中国古代文献中的饮食调配规则与方法,姚伟钧,文献,2000年第4期

中国古代星占学的功过,柳卸林,文史知识,1988年第9期

中国古典小说中的体育,刘秉果,体育文化导刊,1989年第1期

中国古人的佩饰:荷包,王义芝,寻根,2006年第2期

中国节日食俗的形成、内涵及流变,万建中,东南文化,1993年第4期

中国木偶艺术的源流,庄晏成,许在全,张敬尊,文史知识,1986年第11期

中国人供神的缘由,蔡少卿,百科知识,2004年第5期

中国上古犬耕的再考证,谭步云,中国农史,1998年第2期

中国史前的女神信仰,宋兆麟,中国历史博物馆馆刊,1995年第1期

中国文化传统概评,姚炳祺,广东技术师范学院学报,2007年第1期

中国文化中的避讳,王建,贵州社会科学,1997年第3期

中国象棋的源流,居荣鑫,解放日报,1962年1月28日

中国象棋源出于印度考,常任侠,新中华,1947年第5卷第6期

中国"盐文化"琐谈,王心喜,今日中国·中文版,1991年第6期

中国饮茶起源考,科学,1926年第11卷第12期

中国原始文化中的图腾崇拜及社会影响述略,丁柏峰,青海师范大学学报·哲学社会科学版,1999年第3期

中华妇女缠足考,贾伸,史地学报,1924年第3卷第3期

中秋节的来源初探,陈晓中,文汇报,1961年9月24日

中秋节的历史流传、变化及当代意义,萧放,民间文化论坛,2004年第5期

中秋节的起源,杨琳,寻根,1997年第4期

中秋节及其节俗内涵在唐宋时期的兴起与流变,熊海英,复旦学报·社会科学版,2005年第6期

中秋节起源的文化思考,熊飞,文史知识,1996年第11期

中秋节源自新罗考,刘德增,文史哲,2003年第6期

中秋玩月考,陈隽如,北平晨报艺圃,1935年9月13、14日,10月16日

周代傩礼考述,胡新生,史学月刊,1996年第4期

周人祭天以祖配天考,杨天宇,史学月刊,2005年第5期

周文化中"火"与赤鸟崇拜考,王晖,陕西师范大学学报·哲学社会科学版,1999年第4期

诸神的起源——中国上古神话新探·三皇考,何新,中国社会科学院研究生院学报,1985年第2期

"筑球"与"白打"——宋代蹴鞠略说,崔乐泉,中国体育·中英文版,2003年第3期

走近民俗学(29):年节产品之一:春联——岁时节日(三),董晓萍,文史知识,2001年第2期

最早的六博棋盘石博局,崔乐泉,体育文史,1994年第1期

醉司命——祀灶与民间信仰,萧放,文史知识,2001年第2期

18—19世纪中韩"岁时记"及岁时民俗比较,萧放,江西社会科学,2007年第1期

十五、起居经营

蚕业之历史,尹良莹,国立中央大学农学院旬刊,1930年第51期
"出版"史论,王振铎,出版发行研究,2006年第10期
稻之种植与中国文化,孙宕越(讲),罗开富(笔记),自然科学,1934年第6卷第3期
扶桑,蒋猷龙,中国蚕业,1996年第1期
古代灌溉工程发展史之一解,翁文灏,庆祝蔡元培先生六十五岁论文集(下),国立中央研究院历史语言研究所,1935年
古徽州活跃的民间金融组织——钱会,胡中生,中国金融,2008年第5期
古陶瓷装饰技法——剔花,吕成龙,中国陶瓷,1987年第5期
汉代钢铁冶铸业的辉煌成就,曾国富,文史知识,1991年第7期
汉代建筑式与装饰,鲍鼎,刘敦桢,梁思成,中国营造学社汇刊,1934年第5卷第2期
甲骨金文中所见的殷代农稼情况,吴其昌,张菊生先生七十生日纪念论文集,商务印书馆,2012年
勘修大高殿及社稷坛工程档案,故宫周刊,1932年第175、176、180—186期
历代治黄史,山东民政公报,1934年第181、185、186、188、189、194、197、198、199、208、209、210期
论明代茶马互市的经营管理,赵毅,重庆师范大学学报·哲学社会科学版,1992年第4期
论明代汉藏茶马互市的历史意义,赵毅,重庆师范大学学报·哲学社会科学版,1991年第1期
论中国建筑之几个特征,林徽音,中国营造学社汇刊,1932年第3卷第1期
马尾船政厂述要,际唐,福建文化,1934年第2卷第15期
明代的汉藏茶马互市,赵毅,中国藏学,1989年第3期
明代辽东的马市贸易,田静,史学月刊,1960年第6期
农桑撮要考略,万国鼎,图书馆学季刊,1931年第5卷第1期
农史随笔,万国鼎,金陵学报,1932年第2卷第2期
秦汉时代的农业,马元材,河南政治月刊,1932年第2卷第10期
清代宝伊局考,王永生,中国钱币,2006年第4期

清代晋商之盐商和票号再探讨,秦佩珩,郑州大学学报·哲学社会科学版,1989年第5期
清宫式石闸及石涵洞做法,王璧文,中国营造学社汇刊,1935年第6卷第2期
清故宫文渊阁实测图说,刘敦桢,梁思成,中国营造学社汇刊,1935年第6卷第2期
桑落,蒋猷龙,中国蚕业,1996年第3期
傻子金和中国银——中国古代黄铜和白铜的冶炼技术,李亚东,文史知识,1987年第9期
商民族之农业,万国鼎,金陵光,1930年第17卷第1期
《诗经》中蚕桑丝织的探索,蒋猷龙,中国纺织科技史资料,1981年第7期
《诗经》中的纺织活动,赵变伟,文史知识,1997年第8期
诗书时代的农业演进,影秋,河南政治月刊,1932年第2卷第3期
史记货殖列传校释,晏炎吾,华中师范大学学报·人文社会科学版,1981年第1期
说亩——兼谈我国垄作的起源,莫铭,文史知识,1994年第7期
《说文》所反映的古代商贸进程,赵小刚,西北师大学报·社会科学版,1994年第5期
宋永思陵平面及石藏子之初步研究,陈仲箎,中国营造学社汇刊,1936年第6卷第3期
苏州古建筑调查记,刘敦桢,中国营造学社汇刊,1936年第6卷第3期
谈陶瓷装饰工艺——绞脱,杨静荣,故宫博物院院刊,1986年第4期
唐朝大明宫初建史事考述,高本宪,文博,2006年第6期
唐古忒的市场和准噶尔的商路,Mildred Cable(著),颜滋(译),地学杂志,1935年第2、3期
唐宋塔之初步分析,鲍鼎,中国营造学社汇刊,1937年第6卷第4期
我国古代杰出的蔬菜、果树园艺技术,范楚玉,文史知识,1994年第11期
五代蚕盐考,郭正忠,中国社会经济史研究,1988年第4期
"哑交易"遗风,侯丕勋,文史知识,1997年第6期
殷代的农业,万国鼎,金陵光,1930年第16卷第2期
元"大都""上都"平面考,〔日〕驹井和爱(著),薛兰

（译），中和，1943年第4卷第1期

元大都城坊考，王璧文，中国营造学社汇刊，1936年第6卷第3期

元大都宫殿图考（朱偰著），王璧文，中国营造学社汇刊，1937年第6卷第4期

元大都宫苑图考，朱紫江，阚铎，中国营造学社汇刊，1930年第1卷第2期

赵广汉的"钩距法"和汉代的物价，朱桂昌，中国社会经济史研究，1982年第3期

中国蚕业史，尹良莹，国立中央大学农学院旬刊，1930年第57、58、61—64期

中国蚕业书籍考，万国鼎，农村新报，1924年第9、10期

中国茶事丛考，商鸿逵，中法大学月刊，1933年第4卷第1期

中国古代稻米稻作考，冈崎文夫（著），方哲然（译），食货，1937年第5卷第6期

中国古代的炼丹术，赵匡华，文史知识，1986年第3期

中国古代的炼金术，赵匡华，文史知识，1985年第8期

中国古代都市建筑工程的鸟瞰，杨哲明，中国建筑，1933年第1卷第1期

中国古代机械技术一瞥，张柏春，文史知识，1994年第4期

中国古代制造陶瓷的规范，傅振伦，东南文化，1985年第1期

中国机械工程史料（刘仙洲），图书展望，1936年第1卷第8期

中国建筑简史，毛心一，金渚啸，说文月刊，1940年第2卷第8期

中国建筑艺术进化大略，王登第，南开大学周刊，1930年第87期

中国历代宗教建筑艺术的鸟瞰，孙宗文，中国建筑，1934年第2卷第2、3、4、5期

中国农业的起源，洪振铄，学风，1937年第7卷第4期

中国农业技术发展史，王兴瑞，现代史学，1935年第2卷第3、4期，1936年第3卷第1期

中国农业起源地的新探索，王盈川，学风，1935年第5卷第8期

中国水利掌故与书籍，燮廷，交大季刊，1930年第2期

中国塔之建筑，黄祖淼，中国建筑，1934年第9卷第5期

中国铁路发展之历史，大中华，1916年第2卷第6期

中国铁路建筑史，中华工程师学会会报，1919年第6卷第11期

中国渔业史考略，金传玠，地学杂志，1916年

中国造园史略，陈植，新农通讯，1930年第1卷第4期

周初农业生产与火的使用，丁廸豪，进展月刊，1932年第1卷第6期

后　　记[*]

辞书的编纂与修订，资料先行，《辞源》也不例外。《辞源》的这三本资料是《辞源》第三版修订过程中资料准备工作的副产品。

《〈辞源〉修订资料索引》共收录语词方面论文1万余篇，百科方面论文1万余篇，内容几乎涵盖了百年来，特别是近三十年来古汉语研究与传统文化研究的全部重要成果。《〈辞源〉修订资料索引》是《辞源》吸收最新学术成果的重要物质准备，也是《〈辞源〉研究论文集》《〈辞源〉修订参考资料》之后的最重要的一个修订参考资料。

一、收集《辞源》研究资料

"国无辞书，无文化之可言也。"《辞源》主编陆尔奎一百年前的这句话，是20世纪初内忧外患的大背景下知识分子对辞书、对文化的认识。同样，无索引无文献，学术研究也无创新可言。论著文献索引记载着前人和今人在学术领域的研究成果，标示着梳理学术成果的历程。通过论文的目录索引分析，可以发现学界研究的热点、难点，掌握学界目前的研究水平、动态和存在的问题，是治学的途径和基本功之一。

2007年2月，《辞源》修订项目启动。作为修订准备工作的重要内容，《辞源》百年来研究的相关资料的收集提上议程。史建桥提议做《辞源》资料收集工作，得到馆领导和项目组同仁一致赞成。从2007年7月开始，一方面是编务人员提取语料，按修订本的辞目在《中国基本古籍库》中搜索、整理；另一方面是搜索已有的学术成果。我们就资料范围、规模做了商定，并拟定了三本资料书的选题。由于我当时兼着商务印书馆语言学期刊方阵的工作，与期刊打交道多年，就安排我做期刊资料搜集工作。首先就是查找收集百年来各种有关论著索引目录。2007年8月，徐从权进入项目组，我们一起做起了长达5年的资料整理工作。

我们以商务印书馆出版的语言学类索引为基础，以已出版的《中国语言学论文索引》甲编、乙编为切入点，整理《中国语言学论文索引》(1991—1995)、《古汉语语法研究论文索引》、《二十世纪现代汉语语音论著索引和指要》、《中国语文索引》(1952—2002)、《二十世纪现代汉语词汇论著指要》、《语言学论丛》第1—21辑篇目分类等。广泛收集人大复印资料《语言文字学》、《中国语文》、《方言》、《古汉语研究》、《语言研究》、《语文研究》、《辞书研究》、《汉语学报》、《汉语史研究集刊》等专刊目录。还参考了上海辞书出版社出版的《二十世纪辞书学论文索引》和《中国辞书学论文索引》(1911—1989)等专类索引书。

百科的论文目录索引则主要通过整理《文史知识》《考古与文物》《文史哲》等，以及农业、植物、动物、器物、服饰等几十种期刊和有关索引制成。百科论文目录的挑选非常复杂，必须先看了文章内容才能决定索引收不收。浏览论文，下载论文成了我们的主要工作，从权投入了大量的精力。有一段时间，他天天跑国家图书馆、北大图书馆，早出晚归，下载、复印、整理。我们共下载11765篇论文，复印了5400余篇论文，并对部分论文做了勾词、标注《辞源》修订本页码的工作。下载和复印的过程中，我们进一步补充了《〈辞源〉修订资料索引》缺漏的内容，爬罗剔抉，孜孜以求，从下载的论文中寻找可能有用的资料和线索。这些百科论文都是以前没有被整理过的，对今后的辞书修订和研究非常有价值。

特别感谢《古汉语研究》《语言研究》和《辞书研究》三家编辑部，感谢蒋冀骋、黄树先、徐祖友等主编们，当得知是为修订《辞源》准备资料时都慷慨襄助，将发刊以来的全部期刊送给我们。记得我去拜访《辞书研究》编辑部是2008年1月25日，上海下了罕见的一场大雪，雪水泥泞。中午从上海图书馆出来，冒着大雪赶到《辞书研究》编辑部。徐祖友、陆嘉琦接待了我。说明来意后，二位翻遍了整个书库找全了期刊送给我们。黄

---

[*] 这篇后记已收入拙著《辞源史论》第七章第二节，商务印书馆国际有限公司，2016年。

树先整理了两套完整的《语言研究》赠给项目组。

对于百科索引的制作,浙江大学黄金贵先生提供了大力支持,把他搜集到的很多杂志索引提供给我们参考。中华书局的秦淑华编审也帮我们找到了《文史知识》索引。

二、三本资料书成书过程

《辞源》出版一百年来,除编纂者、修订者如陆尔奎、方毅、吴泽炎、刘叶秋等写了编纂方面的研究文章与介绍外,还一直受到学界的极大关注,出现了一大批评论、商榷、考释方面的文章。以这些材料为基础,我们把《辞源》修订的内容编成了三大本资料书,以飨读者。

论文集和论文索引的整理工作与编纂成书过程如下。

搜集大量已经出版的各种索引著作和期刊的论文目录,以及历年人大复印资料《语言文字学》和《中国语言学年鉴索引》。收集的范围包括三个层次。首先是内容针对《辞源》字头、注音、释义、书证与体例的批评、讨论方面的文章。其次是对其他辞书字头、注音、释义、书证与体例进行批评、讨论的文章。再其次是对古代汉语字形、注音、释义和某些具体词语进行研究的论文,以及对中国古代历史文化、名物制度进行研究的论文和著作。后来是所有有关古汉语字形、词类、读音、释义和书证的论文和有可能涉及《辞源》修订和古汉语辞书编纂的内容都尽量纳入。

在精选的《辞源》研究的400余篇论文中,我们以时代和代表性为标准抽出50余篇,编辑了《〈辞源〉研究论文集》,约30万字,2009年商务印书馆出版。其中最早的论文发表于1915年,最晚的发表于2008年。有《辞源》编纂者、修订者的经验总结,有专家学者的研究评价,也有读者的意见与建议。既有宏观的概述,也有微观的解剖。这本论文集精选的《辞源》研究资料,对现代辞书史和辞书理论研究都具有重要的参考价值。像《辞源说略》《辞源简评》等,对读者认识《辞源》很有价值,出版后得到了修订者和读者的好评。书后附了《〈辞源〉研究论文目录》(1915—2008)。

接着,我们系统整理学界对《辞源》进行研究的文章、书稿和对其他辞书如《辞海》《汉语大字典》《汉语大词典》等进行研究而对《辞源》修订有参考价值的文章、书稿,最终编成了《〈辞源〉修订参考资料》,2011年商务印书馆出版。这些文章虽见仁见智,内容庞杂,但有些指出了《辞源》的不足,发现了释义、注音、书证等方面的具体问题。从中选择与《辞源》有联系的,吸取有益的东西分析和整理,作为借鉴,将收集到的论文分类,对《辞源》修订有很大帮助。

《〈辞源〉修订参考资料》分类编排了已发表的有关《辞源》的文章,包括题目中含"辞源"和内容专论"辞源"的文章,将300多位研究者以《辞源》的形、音、义和书证等为研究对象,阐述自己的见解和体会的论文,去芜存精,按照辞目分别切分成若干块,然后将这些块按照收目、注音、释义、引证、体例分成五大部分,在每部分前面加上此类概述内容,每一部分均按照《辞源》辞目的顺序排列,每个辞目后标上《辞源》修订本的页码(失收辞目标首字页码或相关辞目页码)。这样编排既有利于修订者使用,也便于读者查考。辞目保留用繁体字,正文改用简体字。由于作者、时代不同,文章体例复杂不一,为了全书统一,有些地方我们做了少许改动,如书名号、下划线等。我们尽量保持原稿面貌,有些显误径直改过,不加注明。有的文章见仁见智,虽然我们不一定同意作者的观点,但也姑存一说,给《辞源》修订和其他辞书的修订以有益的启发。为了查检方便,我们在文后编了《本书涉及〈辞源〉辞目笔画索引》,还附有《选文篇目》,以便读者进一步阅读全文。这两本书在后来的修订中发挥了很重要的作用,得到修订者和读者肯定。

近几十年来,古汉语文字、音韵、训诂和文献的研究取得了很大的进展,研究的范围不断扩大,研究新成果不断涌现。我们收集、整理了学界对古代汉语字形、注音、释义或某些具体词语进行考证、诠释的文章和著作。特别是对某些字词的具体研究,在新资料的基础上,对旧有的解释加以更正或补充,得出了新的结论。如《古汉语研究》《语言研究》《汉语学报》《汉语史集刊》等刊物,特别是《辞书研究》《文史知识》等发表了不少材料充实、观点新颖、颇有见地的文章,对《辞源》的修订具有很高的参考价值。

整理论文索引加以概括分类是一个艰苦的工作。各种索引有重复,也有遗漏,不一而足。整理工作中最复杂的是索引的选择。我们从各种渠道抄写、复印、下载的论文目录近 10 万条,哪些有用,哪些没用,哪些应归入哪一类,需要一条一条审查核实。史建桥、徐从权和我三人,一部分一部分整理归类,花了整整一年半时间才完成。记得有一年在军都召开的年终总结会期间,别人都抽空打球、游泳,放松放松,我们三人却在房间里一人抱着一沓稿子打勾画叉,决定论文去留。我们将选取的论文索引按篇名、人名、期刊名、出版时间输入计算机,分类排序,校对整理,花费了大量的时间和人力。直到 2009 年底,《辞源》纪念版出版后,三本资料书才基本完成,收集整理资料的工作才告一段落。

在整理三种资料的基础上,三年时间我们编辑了三种资料性质的参考书。先是将有关《辞源》编写、注音、释义、书证,以及与其他辞书比较的资料编成《〈辞源〉研究论文集》和《〈辞源〉修订参考资料》。后是在近 10 万条论文目录中,按文字、音韵、训诂、词汇、文献、书证等分类,从有关《辞源》形、音、义的研究,有关辞书形、音、义的研究,有关汉语语言与文化等的研究三个角度选取对《辞源》修订和古汉语辞书编纂有用的论文。将有关汉语形、音、义和传统文化的资料分语词、百科两部分,各 10000 篇左右,编成《〈辞源〉修订资料索引》。后面这本索引的编纂用工最多,时间最长。我们一起摸索编辑模式,探讨用音序还是用部首排序。将搜集到的 20000 余条语词和百科论文信息整理分类,共分 570 类,其中语词 7 类,百科 563 类。在 2011 年修订工作聘请主编、修订专家之前,完成《〈辞源〉修订参考资料》和《〈辞源〉修订资料索引》工作。

同时,随着近年中国古代文化研究的深入,《辞源》修订本的有些百科内容已显得陈旧,有些又显得不足。近年来出现的许多新资料,还有考古发掘出土的大量实物,为《辞源》修订中重新订正有关古代名物制度的辞目及内容提供了有利的条件。收集、整理的学界研究中国古代历史文化的文章或著作,丰富的中国古代名物制度的百科辞目,为文史研究工作者提供了方便。我们整理、编辑了《〈辞源〉修订资料索引》,收集的有关百科资料篇目 10000 多篇。百科内容的增补可以使《辞源》的修订再上一个新台阶,也为同类古汉语辞书的编纂或修订提供重要的参考作用。

近年来还出版了不少专书词典和断代词典,像《十三经辞典》《诗经词典》《左传词典》《吕氏春秋词典》,以及《唐代语言词典》《宋元语言词典》《红楼梦语言词典》等。这些断代词典和专书词典,也是颇有深度的学术性著作,是提高大型综合性辞书质量的基础。吸收体现历时变化的专书词典中有用的东西,对修订《辞源》时体现词义的源流发展很有意义。我们还广泛收集如《中国古代文化词典》《三礼词典》《古文物称谓图典》等这些百科为主的资料,认真加以整理和筛选。

三、我们的编纂理想

《〈辞源〉研究论文集》《〈辞源〉修订参考资料》和《〈辞源〉修订资料索引》是三本不同类型又互相补充的资料,对《辞源》的修订工作有着重要的参考价值。它也可为古代汉语语词和百科辞书的编纂与修订服务,也可供语言学、辞书学和文史研究者使用,提供一定的参考作用。

2011 年底,《辞源》修订专家开始修订时,他们同时拿到了《〈辞源〉研究论文集》和《〈辞源〉修订参考资料》。这两本书结合我们做的《辞源》辞目电子语料卡片,给主编和修订者带来了惊喜,给修订者提供了方便。三本修订资料书是《辞源》项目组整个修订工作重要的组成部分,前两本都按计划准时出版了。应该说,《〈辞源〉修订资料索引》对修订工作需求更急迫。无论修订者需要哪方面的最新材料,一册在手,随手查到,《〈辞源〉修订资料索引》对修订工作意义更大,但却遇到了一些麻烦与困难,错过了最佳的出版时间。由于难度太大,所有索引复核的工作进展缓慢。

辞书编纂与修订的学术含量,体现在对最新学术研究前沿成果的吸收,索引尤显重要。《辞源》索引的整理使我们了解了《辞源》编纂、出版与修订的历史,了解了曾经参与编纂与修订《辞源》的那些人,让我们记住了陆尔奎、方毅、吴泽炎、刘叶秋等一大批学者的名字。《辞源》是古代语言知识和百科知识的集大成,几乎涵盖了中国传统语言和历史文化的各个方面,展现了中华文化之源,百年来为商务印书馆赢得了声誉。《辞源》

始终受大众青睐,与它始终站在学术前沿密不可分。

《辞源》从出版以来,就有很多的学者使用它,研究它,评论它。对它的收字、收词、注音、释义,以及溯源书证等,发表了大量的论文,有的甚至汇集成书。我们选取、整理了有关《辞源》和全部语言文字训诂及古代百科研究的论文制成索引,奉献给修订者和读者。像王力、唐作藩、裘锡圭,像田忠侠、骆伟里等,他们的研究成果虽然见仁见智,但都是有益的探索和思考。

编词典是苦差事,"好汉子不干,赖汉子干不了",是要"一辈人接一辈人前后相继的事业";研究辞书的编纂及其形、音、义也是苦差事,没有学术积累和学术功底也干不了。百年来,对于辞书编纂与修订的研究,商务人坚持下来了,学者们也坚持下来了,而且要一直坚持下去。

随着辞书编纂手段的进步和学术研究水平的提高,《辞源》中存在的不足和问题就逐渐显露出来,有些方面已不能完全满足读者的需要,只有与时俱进,才能永葆长青。整理索引资料的过程中,我们发现了《辞源》的一些问题,也找到了、认识了许多研究和热爱《辞源》、关心辞书编纂与修订的人。我们通过文章认识了他们的真知灼见,也进一步认识了《辞源》。索引的整理过程,让我们发现了更多的可以修订《辞源》的人,了解了他们的专长、特点,在聘请修订专家时根据他们的专长分配任务。

《辞源》修订是艰苦而复杂的工作。搜集资料和整理索引是我们众多工作中的一部分。为了《辞源》新版能更上一层楼,为了国家的文化事业,我们不惜力气。但愿它能为今后的《辞源》修订和其他辞书修订的事业贡献一点微薄的力量。

商务已经出版了一些语音、语法和词汇研究的索引类工具书,但为《辞源》和《辞源》修订而专门编辑出版的目录索引,这是第一本,也是辞书界的第一本。在浮躁、急功近利的今天,对我们来说,编索引费时费力,对出版社来说,出索引没什么效益,真是太难了。但我们坚持不懈地编了,商务不计成本地出了。《〈辞源〉修订资料索引》的出版,是商务印书馆社会责任和奉献精神的体现,也是商务印书馆为中华文化百年来的发展做出的贡献,这是我们的目标。

心仪古人,道追前贤。我们赶上了好时代,能为《辞源》的修订做一些事情。搜集与整理索引的几年时间里,充满了艰辛,也受尽了委屈。到现在,整整8年了,搜集与整理索引是枯燥、琐碎的,也是没有报酬的。只是为了热爱的辞书事业,花费了我们老中青三代大量的业余时间。史建桥已经退休,我也已经人过中年,两鬓斑白,垂垂老矣。为了能出版它,我们也遭受了挫折与无奈——不是所有人都能理解它的价值。经过多年的磨难,这本索引总算要出版了,了却了我们的一桩心愿。

感谢一直关心与支持我们劳动的人们。

乔永
2015年10月